명리실무

■ 저자 : 도관 박흥식

周易, 命理, 奇門, 六壬, 太乙, 鐵版神數 研究家

저서 : 사주명리학의 핵심

작명해명 | 이름 속에 운명을 바꾸는 비결이 있다

기문둔갑옥경

사주대성

신수대전

육효대전

기문둔갑 비급대성

명리실무

전화 016—9707—1383

명리실무

1판 1쇄 인쇄일 | 2010년 1월 06일

1판 1쇄 발행일 | 2010년 1월 16일

발행처 | 삼한출판사

발행인 | 김충호

지은이 | 박흥식

신고년월일 | 1975년 10월 18일

신고번호 | 제305-1975-000001호

411-776 경기도 고양시 일산서구 일산동 1654번지
산들마을 304동 2001호

대표전화 (031) 921-0441

팩시밀리 (031) 925-2647

값 39,000원

ISBN 978-89-7460-145-4 03180

신비한 동양철학 · 94

명리실무

박흥식 편저

■ 머리말

오술지학(五術之學)인 산(山)·의(醫)·명(命)·상(相)·복(卜)은 동양의 전통 문화이자 철학이다. 청대에 편찬한『고금도서집성(古今圖書集成)』과『사고전서(四庫全書)』에 상세히 실려 있는데 내용이 심오막측하다. 예측하는 방법은 자평학(子平學)·자미두수(紫微斗數)·면상(面相)·수상(手相)·골상(骨相)·측자(測字)·감여·점복(占卜)·점성(占星) 등이 있다.

사주학(四柱學)은 팔자학(八字學) 또는 명리학(命理學)이라고 한다. 오랜 세월 많은 철인(哲人)들이 전승 발전시켜 왔고, 지금도 수많은 사람이 임상과 연구에 임하고 있다. 그리고 이제는 제도권 교육 안으로 끌어들여 몇몇 대학에 학과도 개설하여 체계적인 교육을 하고 있다.

그러나 아직도 서양사상에 물들은 일부 사람들이 역학(易學)을 미신이라며 배척하는데 이것은 역학(易學)에 대한 상식이 없기 때문이다. 그리고 후학들의 연구 부족과 통변의 미숙, 일부 역술인들의 오용으로 인하여 미신으로 취급받으며 역학계 모두가 비난을 받는 일이 있으니 이런 사람들은 각성하고 참된 인간성과 자질을 갖추었으면 한다.

사주학(四柱學)을 공부하는 사람이라면 누구를 막론하고 명리학(命理學)의 고전인 『적천수(滴天髓)』·『삼명통회(三命通會)』·『자평진전(子平眞詮)』·『궁통보감(窮通寶鑑)』·『오행정기(五行精紀)』·『명리일득(命理一得)』·『적천수집요(滴天髓輯要)』 등을 자세히 읽고 연구해야 한다. 필자의 부족한 글이 세상에 나가 무슨 보탬이 될지 두려운 마음이 앞서지만 그래도 명리학(命理學)을 공부하는 초학자들에게 작은 도움이 되었으면 하는 기대를 가져본다.

편저자 박흥식

제 l 편. 사주팔자의 기초

제Ⅲ편. 사주팔자의 예측

제Ⅳ편. 사주팔자 실제감정

제 I 편.
사주팔자의 기초

1장. 음양(陰陽)과 오행(五行)

 천지가 열리기 전인 우주본체의 상태를 혼돈(混沌)이라 한다. 이 혼돈(混沌) 상태가 무극(無極)의 태극(太極)인데 무극(無極)은 본래 시간과 공간을 초월한 시작도 끝도 없는 무시무종(無始無終)의 상태를 말한다. 이와 같은 상태에서 무극위(無極位)인 대생명력인 대기운력에 의하여 태극(太極)의 일기(一氣)가 응결하여 양의(兩儀)인 음양(陰陽)이 생겼고, 건곤(乾坤)의 이기(二氣)가 생겨 천지가 열렸다.

 천지가 열릴 때 태역(太易)은 수(水)를 생(生)하고, 태초(太初)는 화(火)를 생(生)하고, 태시(太始)는 목(木)을 생(生)하고, 태소(太素)는 금(金)을 생(生)하고, 태극(太極)은 토(土)를 생(生)하였다. 이리하여 태극(太極)의 물질인 수화목금토(水火木金土)의 오행(五行)이 생긴 것이다. 우주이원론(宇宙二元論)이란 우주는 음기(陰氣)와 양기(陽氣) 두 기운으로 이루어지고, 이 두 기운이 순환하며 변함에 따라 세상만사가 흥망성쇠한다는 것이다.

세상의 모든 사상(事象)은 양성(陽性)인 강(剛)과 음성(陰性)인 유(柔)로 나눌 수 있다. 하늘은 양(陽)이고 땅은 음(陰)이다. 남자는 양(陽)이고 여자는 음(陰)이다. 아버지는 양(陽)이고 어머니는 음(陰)이다. 낮은 양(陽)이고 밤은 음(陰)이다. 나아가는 것은 양(陽)이고 물러나는 것은 음(陰)이다. 겉은 양(陽)이고 속은 음(陰)이다. 찬 것은 양(陽)이고 빈 것은 음(陰)이다. 열리는 것은 양(陽)이고 닫히는 것은 음(陰)이다. 오르는 것은 양(陽)이고 내려가는 것은 음(陰)이다. 참은 양(陽)이고 거짓은 음(陰)이다. 움직이는 것은 양(陽)이고 고요한 것은 음(陰)이다. 해는 양(陽)이고 달은 음(陰)이다. 밝음은 양(陽)이고 어둠은 음(陰)이다.

위는 양(陽)이고 아래는 음(陰)이다. 나온 것은 양(陽)이고 들어간 것은 음(陰)이다. 앞은 양(陽)이고 뒤는 음(陰)이다. 봄과 여름은 양(陽)이고 가을과 겨울은 음(陰)이다. 따뜻한 것은 양(陽)이고 추운 것은 음(陰)이다. 착한 것은 양(陽)이고 악한 것은 음(陰)이다. 부귀는 양(陽)이고 빈천은 음(陰)이다. 길복은 양(陽)이고 흉화는 음(陰)이다. 긴 것은 양(陽)이고 짧은 것은 음(陰)이다. 가벼운 것은 양(陽)이고 무거운 것은 음(陰)이다. 피부는 양(陽)이고 피는 음(陰)이다. 과학은 양(陽)이고 종교와 철학은 음(陰)이다. 이처럼 모든 사물은 상대성으로 나눌 수 있다.

오행(五行)이란 목화토금수(木火土金水)의 5가지 행(行)을 말한다. 목(木)은 식물성, 화(火)는 염열성, 토(土)는 지토성, 금(金)은 광물성, 수(水)는 수액성을 지닌다. 오행(五行)에는 기(氣)와 질

(質), 물상(物象)이 있어 우주에는 오행(五行)의 기(氣)가 흐르고, 삼라만상은 이 오행(五行)의 작용을 받으며 오행(五行)의 물류가 형성된 것이다. 오행(五行)은 쉬지 않고 운동하여 만물에 작용시키므로 한난조습(寒暖燥濕)의 기후변화가 생겨 춘하추동의 사계를 만들고, 이런 작용이 인생의 여정에서 길흉화복을 만드는 것이다.

오행(五行)은 서로 생(生)하고 극(剋)하는 작용을 한다. 금(金)은 쇠가 녹으면 물이 되니 금생수(金生水)하고, 목(木)은 수(水)를 만나면 생장하니 수생목(水生木)하고, 화(火)는 목(木)을 만나면 발하니 목생화(木生火)하고, 토(土)는 화(火)를 만나면 강해지니 화생토(火生土)하고, 금(金)은 토(土)를 만나면 강해지니 토생금(土生金)한다.

금(金)은 목(木)을 자르니 금극목(金剋木)하고, 목(木)은 토(土)를 뚫고 들어가니 목극토(木剋土)하고, 토(土)는 수(水)를 막으니 토극수(土剋水)하고, 수(水)는 화(火)를 끄니 수극화(水剋火)하고, 화(火)는 금(金)을 녹이니 화극금(火剋金)한다.

상생(相生)과 상극(相剋)에도 이로움과 해로움이 있다. 금(金)은 토(土)의 생을 받으나 흙이 너무 많으면 쇠가 매몰되니 해롭고, 토(土)는 화(火)의 생을 받으나 불이 너무 강하면 흙이 뜨거워 못쓰

오행(五行)의 상생(相生)·상극(相剋)·비화(比和)

相生	木生火	火生土	土生金	金生水	水生木
相剋	木剋土	土剋水	水剋火	火剋金	金剋木
比和	木比木	火比火	土比土	金比金	水比水

게 되니 해롭고, 화(火)는 목(木)의 생을 받으나 나무가 너무 많으면 불이 꺼지니 해롭고, 목(木)은 수(水)의 생을 받으나 물이 너무 많으면 나무가 떠내려가니 해롭고, 수(水)는 금(金)의 생을 받으나 쇠가 너무 많으면 물이 탁해지니 해롭다. 이것을 인성(印星)의 해(害)라고 한다.

금(金)이 수(水)를 생(生)하나 물이 너무 많으면 쇠가 가라앉으니 해롭고, 수(水)가 목(木)을 생(生)하나 나무가 너무 많으면 물이 말라버리니 해롭고, 목(木)이 화(火)를 생(生)하나 불이 너무 강하면 나무가 타버리니 해롭고, 화(火)가 토(土)를 생(生)하나 흙이 너무 많으면 불이 꺼지니 해롭고, 토(土)가 금(金)을 생(生)하나 쇠가 너무 많으면 흙을 못쓰게 되니 해롭다. 이것을 식상(食傷)의 해(害)라고 한다.

금(金)이 목(木)을 극(剋)하나 나무가 너무 강하면 쇠가 일그러지니 해롭고, 목(木)이 토(土)를 극(剋)하나 흙이 너무 많으면 나무가 꺾어지니 해롭고, 토(土)가 수(水)를 극(剋)하나 물이 너무 많으면 흙이 무너지니 해롭고, 수(水)가 화(火)를 극(剋)하나 불이 너무 강하면 물이 말라버리니 해롭고, 화(火)가 금(金)을 극(剋)하나 쇠가 너무 강하면 불이 꺼지니 해롭다. 이것을 재성(財星)의 해(害)라고 한다.

금(金)이 약한데 왕성한 화(火)를 만나면 쇠가 녹아버리니 해롭고, 화(火)가 약한데 왕성한 수(水)를 만나면 불이 꺼지니 해롭고, 수(水)가 약한데 왕성한 토(土)를 만나면 물이 흡수되어 버리니 해롭고, 토(土)가 약한데 왕성한 목(木)을 만나면 흙이 무너지니 해롭고, 목(木)이 약한데 강한 금(金)을 만나면 나무는 꺾어지거나 쪼개지니 해롭다. 이것을 관살(官殺)의 해(害)라고 한다.

금(金)이 왕성한데 수(水)를 만나면 강함을 설(泄)하니 이롭고, 수(水)가 왕성한데 목(木)을 만나면 세력을 설(泄)하니 이롭고, 목(木)이 강한데 화(火)를 만나면 활력이 통하니 이롭고, 화(火)가 왕성한데 토(土)를 만나면 열기가 통제되니 이롭고, 토(土)가 왕성한데 금(金)을 만나면 좋은 전답이 되니 이롭다. 이것을 식상(食傷)의 이(利)라고 한다.

금(金)이 왕성한데 화(火)를 만나면 좋은 기물이 이루어지니 이롭고, 화(火)가 왕성한데 수(水)를 만나면 기제(旣濟)의 공을 이루니 이롭고, 수(水)가 왕성한데 토(土)를 만나면 연못·저수지·댐 등을 이루니 이롭고, 토(土)가 왕성한데 목(木)을 만나면 소통되니 이롭고, 목(木)이 왕성한데 금(金)을 만나면 좋은 재목을 이루니 이롭다. 이것을 관살(官殺)의 이(利)라고 한다.

1. 목(木)의 속성

봄·따뜻함·갑을인묘(甲乙寅卯)·동방·3·8·신맛·청색·녹색·새벽·인정(仁情)·희열·경사·간·쓸개·신경·모발·수족·어깨·인후·머리·맥·촉각·풍질·초목·묘목·목재·펄프·제지·화원·섬유·섬유·지물·지업사·발·목기·칠기·돗자리·화문석·악기·가구·목각·의류·문방(文房)·목수·목공예·동량지목(棟樑之木)·무근지목(無根之木)·지엽목근(枝葉木根)·양류목(楊柳木)·송죽·삼림·곡직(曲直)·건축·분식·농장·예능·교육·교수·문교부·장대·의약·약제사·침구·지압·마사지·승려·사제(司祭)·신관(神官)·목사·행정공무원·보건복지부·역술인·점술가·무당·박수 등.

2. 화(火)의 속성

여름·더움·화기(火氣)·낮·병정사오(丙丁巳午)·남방·2·7·쓴맛·적색·자색·더위·화려함·불꽃·태양·달·열성(列星)·전기·광선·적외선·자외선·방사선·번개·전자파·폭발물·촛불·등불·노야지화(爐冶之火)·조갈(燥渴)·화공·화약·섬유·화학·유류·화장품·이미용·화장·고급의류·건조·난방·소방·

오행(五行)의 기본 상의(象義)

象義＼五行	木	火	土	金	水
方位	동	남	중앙	서	북
時序	춘	하	장하	추	동
五氣	바람	더움	습함	메마름	차가움
五色	청	적	황	백	흑
五味	신맛	쓴맛	단맛	매운맛	짠맛
生化過程	生	長	化	收	藏
五臟	간장	심장	비장	폐장	신장
六腑	담	소장	위장	대장	방광
五體	근육	맥	살	피부·털	뼈
五竅	눈	혀	입	코	귀
五志	노여움	기쁨	생각	근심	두려움

위험물 · 심장 · 소장 · 시력 · 정신 · 혀 · 체온 · 혈압 · 예의 · 명랑 · 정직 · 조급 · 직언 · 달변 · 즐김 · 산만 · 이산 · 항공 · 그림 · 조각 · 미술공예 · 소리 · 노래 · 가곡 · 가요 · 서화 · 신문 · 잡지 · 편집 · 역상(逆上) · 투시력 · 초능력 · 동력자원부 · 과학기술부 · 문공부 · 법무사 · 변호사 · 연예인 · 배우 · 연기 · 극단 · 조류 등.

3. 토(土)의 속성

해가 긴 여름 · 무기진술축미(戊己辰戌丑未) · 중앙 · 중심 · 간방(間方) · 5 · 10 · 단맛 · 황색 · 비장 · 위 · 허리 · 복부 · 기육(肌肉) · 입 · 미각 · 비만 · 신용 · 후중 · 오램 · 옛 · 과거 · 건체(蹇滯) · 허경(虛驚) · 가색(稼穡) · 집결 · 주체 · 중매 · 산 · 제방 · 언덕 · 밭 · 논 · 흙 · 토목 · 타일 · 도자기 · 토석 · 자갈 · 벽돌 · 스레트 · 시멘트 · 토건 · 부동산 · 중개업 · 목축 · 양잠 · 토산품 · 곡물 · 양금(養禽) · 안개 · 가랑비 · 족복류(足腹類) · 원(圓) · 농수산부 · 내무부 · 건설부 등.

4. 금(金)의 속성

가을 · 경신신유(庚辛申酉) · 서방 · 4 · 9 · 매운맛 · 흰색 · 석양 · 의리 · 냉정 · 변혁 · 급속 · 견고 · 결실 · 숙살 · 갱신 · 혈광 · 폐장 · 대장 · 골격 · 치아 · 피부 · 기관지 · 치질 · 맹장 · 코 · 혈액병 · 후각 · 냉기 · 서리 · 철 · 구리 · 금 · 은 · 구슬 · 비철금속 · 차량 · 동선 · 경공업 · 공구 · 금은세공 · 대장간 · 기계 · 고물 · 정비 · 철물 · 병기 · 도끼 · 낫 · 칼 · 시계 · 주물 · 은행 · 금융 · 유가증권 · 전당포 · 광

산 · 군인 · 운동 · 양품 · 곤충류 · 갑골동물 · 뿔 · 변화운동 · 장례 ·
제사 · 경찰 · 경비원 · 운수업 · 교통부 · 국방부 등.

5. 수(水)의 속성

겨울 · 임계해자(壬癸亥子) · 밤 · 북쪽 · 1 · 6 · 짠맛 · 흑색 · 지혜 ·
포용 · 원만 · 유동 · 인내 · 완만 · 적응 · 오래된 병 · 슬픔 · 근심 · 비
밀 · 암매 · 음흉 · 신음 · 기만 · 응고 · 결빙 · 용해 · 신장 · 신기(腎
氣) · 방광 · 생식기 · 비뇨기 · 수분 · 침 · 가래 · 콧물 · 귀 · 배설물 ·
청각 · 수분 · 수기(水氣) · 바닷물 · 호수 · 물가 · 강 · 냇가 · 수맥 · 이
슬 · 비 · 습함 · 얼음 · 눈 · 구름 · 안개 · 수산물 · 빙과류 · 목욕탕 ·
수도 · 수영장 · 해양 · 선박 · 선원 · 조선 · 어족류 · 양식업 · 식품 ·
주류 · 냉동업 · 간장 · 된장 · 차 · 커피 · 맥주 · 주스 · 사이다 · 콜
라 · 음식물 · 요식업 · 다방 · 술집 · 카페 · 카바레 · 유흥업 · 게임
방 · 카지노 · 아름다움 · 초음파 · 외판 · 무역 · 외무부 · 법무부 등.

2장. 천간(天干)과 지지(地支)

　천간(天干)은 하늘의 기(氣)와 물상(物象)을 상징하는 천기(天氣)로, 하늘의 오운(五運)인 목화토금수(木火土金水)로 기상(氣象)을 이룬다. 천간(天干)은 간(干)이라 하고, 10가지이므로 십간(十干) 또는 십천간(十天干)이라고도 한다.

　지지(地支)는 땅의 질상(質象)과 물상(物象)을 상징하는 지기(地氣)로, 땅의 형체를 이루는 것이다. 지지(地支)를 지(支)라 하고, 12가지이므로 십이지(十二支) 또는 십이지지(十二地支)라고 한다. 그

천간(天干)과 지지(地支)의 음양(陰陽)과 오행(五行)

五行	木		火		土				金		水	
天干	甲	乙	丙	丁	戊		己		庚	辛	壬	癸
陰陽	陽	陰	陽	陰	陽		陰		陽	陰	陽	陰
地支	子	丑	寅	卯	辰	巳	午	未	申	酉	戌	亥
陰陽	陽	陰	陽	陰	陽	陰	陽	陰	陽	陰	陽	陰

천간(天干)과 지지(地支)의 방위

東	東南	南	西南	西	西北	北	東北	中央
甲卯乙	辰巳	丙午丁	未申	庚酉辛	戌亥	壬子癸	丑寅	戊己
東方木局		南方火局		西方金局		北方水局		
寅卯辰		巳午未		申酉戌		亥子丑		

지지(地支)의 배속표

地支	寅	卯	巳	午	辰	戌	未	丑	申	酉	亥	子
띠	호랑이	토끼	뱀	말	용	개	양	소	원숭이	닭	돼지	쥐
月	1	2	4	5	3	9	6	12	7	8	10	11
節氣	立春	驚蟄	立夏	亡種	淸明	寒露	小暑	小寒	立秋	白露	立冬	大雪

리고 천간(天干)과 지지(地支)를 합쳐 간지(干支)라고도 한다.

천간(天干)과 지지(地支)에는 음양(陰陽) · 오행(五行) · 방위 · 동물 등 여러 가지가 배속되어 있다.

1. 천간(天干)의 물상(物象)

1) 갑(甲)

대림목(大林木) · 동량지목(棟樑之木) · 무근지목(無根之木) · 강목(剛木) · 고층 · 우레 · 십간지수(十干之首) · 생육만물의 주재 · 큰 나무 · 고목 · 죽은 나무 · 목재 · 원목 · 소나무 · 지도자 · 낭비자 등.

2) 을(乙)

초목·지엽목(枝葉木)·활목(活木)·생목(生木)·습목(濕木)·유목(柔木)·양류목(楊柳木)·풀·묘목·화초목·작은 나무·덩굴·잎사귀·채소·바람·교통·여행자·사상자 등.

3) 병(丙)

태양지화(太陽之火)·군왕지화(君王之火)·노야지화(爐冶之火)·정기·큰 불덩이·밝은 불·큰 불·전기·광선·전자파·자외선·적외선·방사선·건물·건축자·초능력·투시력·허영자 등.

4) 정(丁)

등불·등·촛불·유화(柔火)·작은 불·횃불·불씨·달·별·포교자·사학자·신분 등.

5) 무(戊)

성원토(城垣土)·조토(燥土)·산·언덕·제방·강토(剛土)·성곽토(城郭土)·고원·황야·안개·오래됨·건체(蹇滯)·무성함·고체·도전자·대립자·큰 흙덩이·태산·운동장·벽·건물·산야 등.

6) 기(己)

전원토(田園土)·논·밭·진토기(眞土氣)·작은 흙·토기·초원·화분의 흙·도자기·법률자·기장(記帳)·기술자(記述者) 등.

7) 경(庚)

검극(劍戟)·원금장철(元金丈鐵)·무쇠·강금(剛金)·철부금(鐵斧金)·큰 쇳덩이·병혁(兵革)·무기·자동차·연장·총·칼·숙살기·갱신·서리·냉정·무관·정복자·수렵자 등.

8) 신(辛)

주옥·금·은·보석·연금(軟金)·유금(柔金)·비철금속·제련된금·바늘·침·수저·면도칼·작은 쇠·도술·도술자·보증자 등.

9) 임(壬)

강호수·바닷물·포수(浦水)·호수·유수(留水)·택수(澤水)·정지수(停止水)·횡류·큰 물·대해수·감옥·도주자·이탈자 등.

10) 계(癸)

우로수·유수(柔水)·유수(流水)·천·강·활수(活水)·생수(生水)·종류(從流)·작은 물·이슬비·눈물·샘물·진액·시체·사망자·밤에 활동하는 자 등.

2 지지(地支)의 물상(物象)

1) 자(子)

씨앗·정액·난자·자궁·액체·임신·창조적 사색·세탁·목욕·상하수도·농업용 관개수·한냉한 물·강하·바다·냇물·샘

물・소금물・땀・음료수・기름・종류(從流)・원자・먹・잉크・지하실・변소・양어장・산부인과・소아과의원・전자제품・탁아소술・된장・간장・미생물・어류・생선・해초류・항구・홍등가・미용실・이발관・구성(九星)의 문곡성(文曲星)・이십팔수(二十八宿)의 여허위(女虛危)・점성(占星)의 보병궁(寶瓶宮)・팔문(八門)의 휴문(休門)・육임(六壬)의 신후(神后)・우로・상설(霜雪)・무하(霧霞) 등.

2) 축(丑)

수전노・구두쇠・쓰레기・무기・무기창고・금고・은행・세무서・견우성・직녀성・동토(凍土)・습토(濕土)・유토(柔土)・얼음판・음식・의복・이불・커튼・비품・안주・인쇄기・전자제품・부엌・마루・각종 창고・차고・정류장・사찰・교회・농토・농장・언덕・채소밭・산소・자물쇠・열쇠・방앗간・철근・반지・보석・광산・주차장・고궁・세관・증권회사・보험・군부대・건재・골재상・사기그릇・유리・복덕방・중개업・결혼상담소・전당포・갯놀이・과수원・구성(九星)의 거문성(巨門星)・이십팔수(二十八宿)의 두우(斗牛)・점성(占星)의 마갈궁(磨蝎宮)・팔문(八門)의 생문(生門)・육임(六壬)의 대길(大吉) 등.

3) 인(寅)

바람・우레・불빛・청룡지상(青龍之象)・부엌・보일러실・발전실・발전기・서재・책상・오락실・학교・학원・방송실・조목(燥

木)·어린나무·동량지목(棟樑之木)·산림·가로수·기둥·인화
물질·나루터·계곡·도로·교량·피아노·목재소·터미널·통신
소·우체국·극장·서점·섬유질·양복점·의상실·산신당·무
당·서적·신문사·신문·문화회관·법원·국회·옷·안테나·동
상·탑·고층건물·전주·연료·화로·무서운 사람·건망증 환
자·구성(九星)의 거문성(巨門星)·이십팔수(二十八宿)의 기미(箕
尾)·점성(占星)의 인마궁(人馬宮)·삼태성(三台星)·팔문(八門)
의 생문(生門)·육임(六壬)의 공조(功曹) 등.

4) 묘(卯)

섬유질·토목·건축·정문·들보·서까래·목재·목기·재목·
화초·초목·산림·초원·화원·과수원·정원·종묘원·농장·임
업시험장·습목(濕木)·활목(活木)·생목(生木)·풀·뿌리·양류
목(楊柳木)·현관·장롱·묘목·창문·옷장·상자·가구·책상·
그릇·낚싯대·노동자·건축업자·종이·편물·재봉·공예품·의
복·피아노·오르간·교량·가로수·신경환자·운동구·비누·제
재소·제사공장·방직공장·제지공장·양복점·완구점·인쇄소·
레코드·지팡이·손잡이·구성(九星)의 탐랑성(貪狼星)·이십팔수
(二十八宿)의 저방심(氐房心)·점성(占星)의 천갈궁(天蝎宮)·팔
문(八門)의 상문(傷門)·육임(六壬)의 태충(太沖) 등.

5) 진(辰)

습토(濕土)·진토(眞土)·진흙·가색지토(稼穡之土)·대목지토

(帶木之土)・토석・골재・기상변화・지붕・장판・물탱크・냉장고・이불장・돌・언덕・연못・평원・전원・염전・둑・항만・부두・수산시장・하천・양어장・불청객・범법자・법원・형무소・군부대・경찰서・사찰・교회・여관・비행장・보호실・특허・외래품・위조・비밀장소・약재・보호실・바위・생선・해물・병풍・도자기・선풍기・비행기・부채・농수산청・세관・물통・자궁・생식기・꽃밭・투쟁・씹는 것・과욕・모여듦・구성(九星)으로는 복음성(伏吟星)인 보필(輔弼)・이십팔수(二十八宿)의 각항(角亢)・점성(占星)의 천칭궁(天秤宮)・팔문(八門)의 두문(杜門)・육임(六壬)의 천강(天罡) 등.

6) 사(巳)

태양・광선・노야지화(爐冶之火)・큰 불・강렬한 불・가스・연료・석유・화약・화공약품・보일러실・부엌・공장지대・공업도시・제련소・화학공장・철강공장・종점・정류장・담배・편지・대형차량・고무공장・주유소・번화가・극장・염색공장・전화・전화국・사진・사진관・현상소・그림방・백화점・미장원・양품점・화로・솥・폭발물・물감・타일・활자・레이저광선・엑스선・방사선・미용재료・다리미・형광등・전등・연탄・동전・구성(九星)의 복음성(伏吟星)인 보필(輔弼)・이십팔수(二十八宿)의 익진(翼軫)・점성(占星)의 쌍녀궁(雙女宮)・팔문(八門)의 두문(杜門)・육임(六壬)의 태을(太乙) 등.

7) 오(午)

태양열 · 광명 · 등촉 · 생화(生火) · 약한 불 · 청명 · 별빛 · 달빛 · 총총한 별 · 정오 · 부드러운 불 · 여름 · 현관 · 붉은 것 · 열 · 이별 · 유원지 · 유흥장소 · 장대 · 세균 · 서재 · 번화가 · 극장 · 문화관 · 경마장 · 백화점 · 학교 · 예식장 · 서화점 · 간판 · 간판업소 · 오염물질 · 국기 · 염색공장 · 사진 · 사진관 · 엑스선 · 방사선 · 레이저무기 · 연료공장 · 안과 · 언론기관 · 출판업소 · 보도기관 · 광고업소 · 화장품공장 · 화장품 · 전등 · 조명기구 공장 · 전기용품 공장 · 안경 · 안경점 · 정신과 · 양품 · 명함 · 훈장 · 휘장 · 볼펜 · 전화 · 텔레비전 · 액세서리 · 화초 · 모자 · 학용품 · 무용품 · 필름 · 이혼장 · 잡지 · 설계도 · 기록장 · 구성(九星)의 염정성(廉貞星) · 이십팔수(二十八宿)의 유성장(柳星張) · 점성(占星)의 사자궁(獅子宮) · 팔문(八門)의 경문(景門) · 육임(六壬)의 승광(勝光) 등.

8) 미(未)

조토(燥土) · 왕토(旺土) · 부엌 · 정원 · 양념 · 조미료 · 용마루 · 장독대 · 인삼밭 · 과수원 · 목장 · 농장 · 전원 · 전답 · 찬장 · 언덕 · 공동묘지 · 어음수표 · 시멘트 · 석회석 · 비료 · 물감 · 모자 · 의상 · 다방 · 요정 · 음식점 · 식품점 · 연회장 · 방직공장 · 토건 · 양복점 · 사찰 · 교회 · 제방 · 교량 · 청과시장 · 살롱 · 바 · 정육점 · 아리송함 · 의심 · 석재 · 골재 · 토기 · 음식물 · 과일 · 식품 · 주류 · 간장 · 된장 · 포목 · 털실 · 혼수품 · 구성(九星)의 녹존성(祿存星) · 이십팔수(二十八宿)의 정귀(井鬼) · 점성(占星)의 거해궁(巨蟹宮) · 천주성

(天廚星)・팔문(八門)의 사문(死門)・육임(六壬)의 소길(小吉) 등.

9) 신(申)

군병・병기・도검・침・의사・무당・종교・신(神)・전화・통신・복도・수도・차고・차량・철도・철근・도로・터널・여행사・역・정류장・관광회사・주차장・완금(頑金)・강금(剛金)・큰 쇠・연마기・교차로・환송대・극장・빚쟁이・비단공장・은행・조선소・해로・수로・항로・조폐공장・행군부대・전차부대・비행기・차바퀴 공장・야전군 사령부・공항・항공사・신당・하천・승강기・사찰・세차장・지폐・동전・비단류・포목・수도관・전선・기계류・영구차・칼날・절단기・중기・농기구・정화조・신청서류・구성(九星)의 녹존성(祿存星)・이십팔수(二十八宿)의 자삼(觜參)・점성(占星)은 음양쌍자궁(陰陽雙子宮)・천전성(天錢星)・팔문(八門)은 사문(死門)・육임(六壬)의 전송(傳送) 등.

10) 유(酉)

주옥・청백(淸白)・비철금속・후문・창공・화장실・보석상자・찬장・현금・은행・금은・시계・반지・철공장・기계상・부속품상・귀금속・장신구・칼날・노랫소리・그릇・마이크・중계・선전・총탄・고추장・된장・식혜・술・술통・발효식품・군부대・유리・거울・이발기구・의약기구・양조장・장류공장・침구원・악기・악기점・술집・닭고기・전문식당・식료품상・조미료 판매점・탁구장・볼링장・당구장・야구경기장・기원・음료수・세균검

사소·세균배양소·산부인과·바늘·침·마취약·창문·금속기
계·새의 알·세균·비행기·전선·구성(九星)의 파군성(破軍
星)·이십팔수(二十八宿)의 위묘필(胃昴畢)·점성(占星)의 금우궁
(金牛宮)·천문성(天文星)·팔문(八門)의 경문(驚門)·육임(六壬)
의 종괴(從魁) 등.

11) 술(戌)

조토(燥土)·왕토(旺土)·제방·창고·공장·수위·골키퍼·보안
등·밀회자·사기꾼·고산준령·산석·기암절벽·두뇌·대륙·옛
무덤·고적지·동굴·관광지·광산·공동묘지·성곽·담·변소·
굴뚝·부엌·전택·사찰·교회·학교·학원·도서관·국회·회의
장·법원·경찰서·형무소·국가정보원·천문·안보기구·감사
원·계엄사·방위사령부·과학기술처·토기·운동장·극장·장례
식장·여관·금은보석 시계점·골동품·골동품점·서점·문방
구·통계청·법제처·화로·도자기·보온·밥솥·저울·자·전자
계산기·비석·곡식류·분뇨·도서·경전·온도계·주판·컴퓨
터·기계류·텔레비전·전화·표구·진공관·가방·안경렌즈·반
도체·구성(九星)의 무곡성(武曲星)·이십팔수(二十八宿)의 규루
(奎婁)·점성(占星)의 백양궁(白羊宮)·하괴성(河魁星)·팔문(八
門)의 개문(開門)·육임(六壬)의 하괴(河魁) 등.

12) 해(亥)

하늘·아버지·따뜻한 물·횡류·큰 물·가방·씨·투기업자·

주류 · 술주정 · 소주 · 필묵 · 주먹구구식 장사꾼 · 태양 · 변소 · 내
실 · 하수구 · 수도 · 취사장 · 세면장 · 지하실 · 암실 · 장독대 · 해
양 · 강하 · 호수 · 연못 · 해수욕장 · 어장 · 양어장 · 염전 · 댐 · 저수
지 · 수력발전소 · 수원지 · 등대 · 온천 · 산부인과 · 소방서 · 섬유공
장 · 사창가 · 탁아소 · 병원 · 종묘원 · 양조장 · 스케이트장 · 수영
장 · 바닷물 · 소금물 · 음료수 · 생선 · 해초 · 어류 · 포목 · 커튼 · 섬
유류 · 털실 · 완구 · 세탁기 · 군함 · 배 · 상선 · 어선 · 기차 · 전차 ·
비누 · 구성(九星)의 무곡성(武曲星) · 이십팔수(二十八宿)의 실벽
(室壁) · 점성(占星)의 쌍어궁(雙魚宮) · 팔문(八門)의 개문(開門) ·
육임(六壬)의 등명(登明) 등.

3. 사주와 질병

사주에 상관(傷官) · 칠살(七殺) · 양인(陽刃)이 강왕하면 병에 걸
리거나 상잔하기 쉽다. 월지(月支) · 일지(日支) · 시지(時支) · 년지
(年支)를 본다.

사주와 인체

時干	日干	月干	年干
외음	뇌부	복부	두부
時支	日支	月支	年支
내음	왼발	오른발	오른어깨
人元	人元	人元	人元
精卵	왼손	흉부	오른손

천간(天干)과 지지(地支)의 인체 배속표

天干	甲	담 · 머리 · 수염
	乙	간장 · 목 · 눈썹
	丙	소장 · 어깨
	丁	심장 · 명치 · 가슴
	戊	위장 · 옆구리 · 겨드랑 밑
	己	비장 · 배
	庚	대장 · 배꼽
	辛	폐장 · 넓적다리
	壬	방광 · 삼초 · 정강이 · 종아리
	癸	신장 · 심포 · 발
地支	子	방광 · 요도 · 수도 · 귀 · 생식기
	丑	비장 · 자궁 · 배 · 왼발 · 입술
	寅	모발 · 맥 · 맥박 · 손바닥 · 왼다리 · 쓸개
	卯	왼쪽옆구리 · 손가락 · 간장
	辰	피부 · 흉부 · 왼쪽어깨뼈
	巳	얼굴 · 인후 · 치아 · 엉덩이 · 항문 · 왼쪽어깨
	午	정신 · 머리 · 눈
	未	위장 속 · 횡격 · 오른어깨 · 척추 · 삼초
	申	오른쪽어깨뼈 · 대장 · 간장 · 폐장
	酉	정혈 · 소장 · 오른옆구리
	戌	명문 · 오른다리 · 복사뼈 · 양다리 사이
	亥	머리 · 음낭 · 신장 · 오른발

1. 천간(天干)의 질병

1) 갑(甲)

담낭종 · 담낭결석 · 황달 · 담관 가로막힘 · 척수결핵 · 담즙불통 · 담낭염증 · 담관염증 · 담불통 · 흰대변 · 담낭경화 · 담중결석 · 담중에 잔 모래 · 담간암 등.

2) 을(乙)

간종기 · 간결석 · 간경화 · 간염 · 간관 가로막힘 · 간부장혈 · 간막염증 · 세균성 간염 · 간경화 · 양성간종양 · 악성간종양 · 간막종양 · 유방암 · 간담암 등.

3) 병(丙)

장수포병 · 소장외막염 · 소장점막염 · 소장군살 · 소장염증통 · 맹장염증통 · 소장 가로막힘 · 소장외막종양 · 적리 · 백리 · 소장암 등.

4) 정(丁)

심장확대 · 심판막폐쇄부전 · 좌대동맥 가로막힘 · 우대동맥 가로막힘 · 유풍습성 · 심장질환 · 심내막염 · 심근통 · 심포막염 · 심근경색 · 관장혈관경화 · 심판막경화 · 심장근육의 혹 · 혈관의 혹 · 심도관암 등.

5) 무(戊)

위산과다 · 위적통 · 위출혈 · 위점막궤양 · 위벽 기층궤양 · 위염 ·

분문염증 · 위창기 · 위 외벽의 혹 · 위종양 · 위점막 결핍 · 위하수 · 위암 등.

6) 기(己)

비장종기 · 비장경화 · 십이지궤양 · 십이지장궤양 터짐 · 십이지장출혈 · 비장염증 · 십이지장염증 · 십이지장 가로막힘 · 십이지장외혹 · 백혈구 소내종기 · 홍반성낭창 · 백혈구 높음 · 혈암(백혈병) · 십이지장암 등.

7) 경(庚)

대장외수포 · 대장창기 · 대장궤양 · 대장궤양 터짐 · 대장출혈 · 대장외막염증 · 대장내막염증 · 대장 가로막힘 · 대장의 혹 · 직장의 혹 · 치질 · 설사 · 대장암 등.

8) 신(辛)

간적수 · 폐기종 · 폐섬유화 · 폐결핵 · 폐동맥출혈 · 기관지염 · 폐렴 · 폐정맥 가로막힘 · 식도의 혹 · 폐종양 · 폐정맥출혈 · 갑상선의 혹 · 폐암 등.

9.) 임(壬)

전립선종기 · 난소물집 · 요로결석 · 큰 췌장종기 · 췌장경화 · 방광출혈 · 췌장염 · 방광염 · 오줌관염 · 자궁이나 고환의 염증 · 방광의 혹 · 췌장혹 · 전립선염 · 자궁이나 나팔관의 혹 · 방광암 · 췌장암 등.

10) 계(癸)

신장물집 · 신장결석 · 신장경화 · 신장결핵 · 신장출혈 · 신장염 · 신장허약 · 내분비병 · 나팔관 막힘 · 요단백 · 당뇨병 · 신장의 혹 · 정충이 희소함 · 배란온도가 낮음 · 신장암 · 자궁암 · 내분비 부조화 등.

2. 지지(地支)의 질병

① 자(子) : 하부의 질병

② 축(丑) : 비위 소화계통의 질병

③ 인(寅) : 비위 소화계통의 질병

④ 묘(卯) : 하지 · 비위의 질병

⑤ 진(辰) : 소아간질 · 비위의 질병

⑥ 사(巳) : 폐질환 · 폐결핵 · 부인혈기부조의 질병

⑦ 오(午) : 머리 · 눈의 질병

⑧ 미(未) : 비위 소화계통의 질병

⑨ 신(申) : 허리 · 발 · 근골 · 관절의 질병

⑩ 유(酉) : 입 · 치아의 질병

⑪ 술(戌) : 변혈 · 치루의 질병

⑫ 해(亥) : 시청각신경의 질병

■ 명리(命理) 질병가

천간(天干)

갑담을간병소장(甲膽乙肝丙小腸) 정심무위기비향(丁心戊胃己脾鄕)

경시대장신속폐(庚是大腸辛屬肺) 임계방광계신장(壬係膀胱癸腎藏)

삼초역향임중기(三焦亦向壬中寄) 포락동귀입계향(包絡同歸入癸鄕)

지지(地支)

자속방광요도이(子屬膀胱尿道耳) 축위포두급비향(丑爲胞肚及脾鄕)

인담발맥병양수(寅膽髮脈幷兩手) 묘본십지내간방(卯本十指內肝方)

진토위피견흉류(辰土爲皮肩胸類) 사면인치하고항(巳面咽齒下尻肛)

오화정신사안목(午火精神司眼目) 미토위완격척량(未土胃腕膈脊梁)

신금대장경락폐(申金大腸經絡肺) 유중정혈소장장(酉中精血小腸藏)

술토명문퇴과족(戌土命門腿踝足) 해수위두급신낭(亥水爲頭及腎囊)

3장. 사주팔자 세우는 방법

1. 년주(年柱) 세우는 방법

년주(年柱)는 태어난 해의 간지(干支)로 정한다. 예를 들어 갑자(甲子)년에 태어났으면 갑자(甲子)가 년주(年柱)이고, 을축(乙丑)년에 태어났으면 을축(乙丑)이 년주(年柱)이고, 병인(丙寅)년에 태어났으면 병인(丙寅)이 년주(年柱)가 된다.

이때 주의할 것은 년(年)의 분계점은 정월 초하루가 아니라 입춘(立春)이 드는 월일시각이다. 따라서 음력 12월생과 1월생은 입춘(立春) 전인지 후인지를 잘 살펴야 한다. 그래서 같은 정월생이라도 입춘(立春)이 드는 월일시각 이전에 태어났으면 전년의 간지(干支)가 년주(年柱)가 되고, 입춘(立春)이 드는 월일시각 이후에 태어났으면 금년의 간지(干支)가 년주(年柱)가 된다.

예를 들어 을미(乙未)년 1월 10일생이라면 년주(年柱)는 을미(乙未)가 아니라 갑오(甲午)가 된다. 왜냐하면 입춘(立春)이 을미(乙

육십갑자(六十甲子)의 납음오행(納音五行)과 공망(空亡)

甲子旬中		甲戌旬中		甲申旬中		甲午旬中		甲辰旬中		甲寅旬中	
甲子	海中金	甲戌	山頭火	甲申	泉中水	甲午	沙中金	甲辰	覆燈火	甲寅	大溪水
乙丑		乙亥		乙酉		乙未		乙巳		乙卯	
丙寅	爐中火	丙子	澗下水	丙戌	屋上土	丙申	山下火	丙午	天河水	丙辰	沙中土
丁卯		丁丑		丁亥		丁酉		丁未		丁巳	
戊辰	大林木	戊寅	城頭土	戊子	霹靂火	戊戌	平地木	戊申	大驛土	戊午	天上火
己巳		己卯		己丑		己亥		己酉		己未	
庚午	路傍土	庚辰	白鑞金	庚寅	松柏木	庚子	壁上土	庚戌	釵釧金	庚申	石榴木
辛未		辛巳		辛卯		辛丑		辛亥		辛酉	
壬申	劍鋒金	壬午	楊柳木	壬辰	長流水	壬寅	金箔金	壬子	桑柘木	壬戌	大海水
癸酉		癸未		癸巳		癸卯		癸丑		癸亥	
戌亥空亡		申酉空亡		午未空亡		辰巳空亡		寅卯空亡		子丑空亡	

未)년 1월 12일 23시 18분에 들기 때문이다. 또 계묘(癸卯)년 12월 23일생이라면 년주(年柱)는 계묘(癸卯)가 아니라 갑진(甲辰)이 된다. 12월 22일 4시 5분에 입춘(立春)이 들기 때문이다.

2 월주(月柱) 세우는 방법

월주(月柱)는 태어난 달의 간지(干支)로 정한다. 그러나 1일부터 그 달의 간지(干支)를 쓰는 것이 아니라 월절입(月節入)을 보아야 한다. 생일(生日) 생시(生時)가 그 월절입(月節入)이 드는 시각 이전이면 전월의 간지(干支)가 월주(月柱)가 되고, 월절입(月節入)이 드는 시각 이후이면 그 생월(生月)의 간지(干支)가 월주(月柱)가 된다.

예를 들어 을묘(乙卯)년 1월 25일에 태어났으면 월주(月柱)는 정월의 간지(干支)인 무인(戊寅)이 아니라 2월의 간지(干支)인 기묘(己卯)가 된다. 왜냐하면 을묘(乙卯)년 2월 절입(節入)은 1월 24일 14시 6분이기 때문이다.

또 임술(壬戌)년 4월 12일에 태어났는데 4월 절입(節入)이 4월 13일 5시 20분이라면 월주(月柱)는 4월의 간지(干支)인 을사(乙巳)가 아니라 3월의 간지(干支)인 갑진(甲辰)이 된다. 또 병인(丙寅)년 10월 7일 1시에 태어났는데 10월 절후인 입동(立冬)이 10월 7일 2시 13분에 들었으면 월주(月柱)는 10월 간지(干支)인 기해(己亥)가 아니라 9월 간지(干支)인 무술(戊戌)을 쓴다. 왜냐하면 10월 절후인

월간지표(月干支表)

生月 / 年干		甲己	乙庚	丙辛	丁壬	戊癸
1(寅)	입춘 후~경칩 전	丙寅	戊寅	庚寅	壬寅	甲寅
2(卯)	경칩 후~청명 전	丁卯	己卯	辛卯	癸卯	乙卯
3(辰)	청명 후~입하 전	戊辰	庚辰	壬辰	甲辰	丙辰
4(巳)	입하 후~망종 전	己巳	辛巳	癸巳	乙巳	丁巳
5(午)	망종 후~소서 전	庚午	壬午	甲午	丙午	戊午
6(未)	소서 후~입추 전	辛未	癸未	乙未	丁未	己未
7(申)	입추 후~백로 전	壬申	甲申	丙申	戊申	庚申
8(酉)	백로 후~한로 전	癸酉	乙酉	丁酉	己酉	辛酉
9(戌)	한로 후~입동 전	甲戌	丙戌	戊戌	庚戌	壬戌
10(亥)	입동 후~대설 전	乙亥	丁亥	己亥	辛亥	癸亥
11(子)	대설 후~소한 전	丙子	戊子	庚子	壬子	甲子
12(丑)	소한 후~입춘 전	丁丑	己丑	辛丑	癸丑	乙丑

입동(立冬)이 드는 시각 이전이기 때문이다. 그러나 4월 7일 3시에 태어났으면 월주(月柱)는 10월 간지(干支)인 기해(己亥)를 쓴다. 왜냐하면 10월 절후인 입동(立冬) 이후이기 때문이다.

3. 일주(日柱) 세우는 방법

일주(日柱)는 태어난 날의 간지(干支)로 정하는데 년주(年柱)나 월주(月柱)가 바뀌어도 그대로 쓴다. 이때 주의할 것은 일(日)의 분계선은 밤 12시가 아니라 밤 11시라는 것이다. 밤 11시부터 자

(子)시로 보는 것은 우리나라 표준시각은 동경 127도 30분에 의한 시각인데 현재 우리가 사용하는 것은 일본의 동경 135도 시각이다. 현재 동경 135도 시각을 사용하는 상황에서 보면 오후 11시 30분이 날짜 분계선인 셈이다. 그러므로 오늘 밤 23시 30분부터 내일 밤 23시 30분까지가 하루가 된다.

이처럼 지역에 따라 시각이 다르지만 일일이 시차를 구분하는 것은 매우 불편하므로 오후 11시 30분부터 오전 1시 30분까지를 자(子)시, 오전 1시 30분부터 오전 3시 30분까지를 축(丑)시, 오전 3시 30분부터 오전 5시 30분까지를 인(寅)시로 본다. 조견표를 보면 자세히 알 수 있다.

이때 주의할 것은 서머타임제도다. 서머타임은 여름의 긴 낮시간을 유용하게 활용한다고 표준시각을 한 시간 앞당기는 제도다. 유럽과 일본 등 몇몇 나라에서 사용하며 우리나라에서도 몇 차례 시행한 적이 있다. 그러나 일상생활과 학술적으로 혼란을 일으키므로 앞으로는 사용하지 않기를 위정자들에게 부탁드린다.

4. 시주(時柱) 세우는 방법

시주(時柱)는 태어난 시간의 간지(干支)로 정한다. 일진(日辰)에 따라 시간(時干)은 바뀌나 시지(時支)는 변하지 않는다. 시간(時干)을 정할 때는 시두법(時頭法)을 쓰는데 다음과 같다.

갑기야반(甲己夜半)은 갑자(甲子)시, 을경야반(乙庚夜半)은 병자(丙子)시, 병신야반(丙辛夜半)은 무자(戊子)시, 정임야반(丁壬夜半)

시간지표(時干支表)

生時	日干	甲己	乙庚	丙辛	丁壬	戊癸
子	23시 30분~01시 30분	甲子	丙子	戊子	庚子	壬子
丑	01시 30분~03시 30분	乙丑	丁丑	己丑	辛丑	癸丑
寅	03시 30분~05시 30분	丙寅	戊寅	庚寅	壬寅	甲寅
卯	05시 30분~07시 30분	丁卯	己卯	辛卯	癸卯	乙卯
辰	07시 30분~09시 30분	戊辰	庚辰	壬辰	甲辰	丙辰
巳	09시 30분~11시 30분	己巳	辛巳	癸巳	乙巳	丁巳
午	11시 30분~13시 30분	庚午	壬午	甲午	丙午	戊午
未	13시 30분~15시 30분	辛未	癸未	乙未	丁未	己未
申	15시 30분~17시 30분	壬申	甲申	丙申	戊申	庚申
酉	17시 30분~19시 30분	癸酉	乙酉	丁酉	己酉	辛酉
戌	19시 30분~21시 30분	甲戌	丙戌	戊戌	庚戌	壬戌
亥	21시 30분~23시 30분	乙亥	丁亥	己亥	辛亥	癸亥

은 경자(庚子)시, 무계야반(戊癸夜半)은 임자(壬子)시이다. 그러면
년주(年柱)·월주(月柱)·일주(日柱)·시주(時柱)를 정하여 사주 4
기둥을 세우는 방법을 연습해보자.

만일 1970년 경술(庚戌)년 음력 5월 4일 오전 10시 15분생이라면
사주 4기둥은 다음과 같다.

時 日 月 年

丁 戊 壬 庚

巳 午 午 戌

경술(庚戌)년에 태어났으니 년주(年柱)는 경술(庚戌)이고, 5월 절후인 망종(芒種) 이후에 태어났으니 월주(月柱)는 임오(壬午)이고, 4일은 무오(戊午)일이니 일주(日柱)는 무오(戊午)이고, 오전 10시 15분은 사(巳)시인데 무(戊)일 사(巳)시는 정사(丁巳)시이니 시주(時柱)는 정사(丁巳)가 된다.

만일 1986년 병인(丙寅)년 음력 10월 6일 오후 3시 40분생이라면 사주 4기둥은 다음과 같다.

時 日 月 年
甲 乙 戊 丙
申 卯 戌 寅

병인(丙寅)년에 태어났으니 년주(年柱)는 병인(丙寅)이고, 10월 절후인 입동(立冬) 전에 태어났으니 월주(月柱)는 무술(戊戌)이고, 6일은 을묘(乙卯)일이니 일주(日柱)는 을묘(乙卯)이고, 오후 3시 40분은 신(申)시인데 을(乙)일 신(申)시는 갑신(甲申)시이니 시주(時柱)는 갑신(甲申)이 된다.

만일 2001년 신사(辛巳)년 음력 3월 15일 오전 2시 10분생이라면 사주 4기둥은 다음과 같다.

時 日 月 年
己 辛 壬 辛
丑 丑 辰 巳

신사(辛巳)년에 태어났으니 년주(年柱)는 신사(辛巳)이고, 3월 절
후인 청명(淸明) 이후에 태어났으니 월주(月柱)는 임진(壬辰)이고,
15일은 신축(辛丑)일이니 일주(日柱)는 신축(辛丑)이고, 오전 2시
10분은 축(丑)시인데 신(辛)일 축(丑)시는 기축(己丑)시이니 시주
(時柱)는 기축(己丑)이 된다.

5. 대운(大運) 세우는 방법

대운(大運)은 월주(月柱)에서 양남음녀(陽男陰女)는 순행하여 정
하고, 음남양녀(陰男陽女)는 역행하여 정한다. 양남음녀(陽男陰女)
와 음남양녀(陰男陽女)는 출생한 해로 구분하는데 갑병무경임(甲
丙戊庚壬)의 양간(陽干)년에 태어났으면 남자는 양남(陽男)이라
하고 여자는 양녀(陽女)라고 한다. 그리고 을정기신계(乙丁己辛癸)
의 음간(陰干)년에 태어났으면 남자는 음남(陰男)이라 하고 여자
는 음녀(陰女)라고 한다.

■ 남양명(男 陽命)

```
時 日 月 年
丁 戊 甲 戊   四
巳 午 寅 子   柱
            ↘
庚 己 戊 丁 丙 乙   大
申 未 午 巳 辰 卯   運
```

■ 여음명(女陰命)

```
時 日 月 年
乙 壬 己 癸   四
巳 子 未 巳   柱
            ↘
乙 甲 癸 壬 辛 庚   大
丑 子 亥 戌 酉 申   運
```

■ 남음명(男陰命)　　　　■ 여양명(女陽命)

```
時 日 月 年            時 日 月 年
己 戊 辛 辛  四        癸 丁 壬 甲  四
未 申 卯 卯  柱        卯 未 申 申  柱
          ↘                    ↘
乙丙丁戊己庚  大       丙丁戊己庚辛  大
酉戌亥子丑寅  運       寅卯辰巳午未  運
```

6. 대운수(大運數) 산출하는 방법

　대운수(大運數)는 양남음녀(陽男陰女)는 미래절을 쓰고, 음남양녀 (陰男陽女)는 과거절을 쓴다. 대운(大運)이 순행하는 양남음녀(陽 男陰女)는 출생일부터 다가오는 절입(節入)까지의 날짜를 세어 3 으로 나누어 나온 수가 대운수(大運數)가 되고, 대운(大運)이 역행 하는 음남양녀(陰男陽女)는 출생일부터 지나간 절입(節入)까지의 날짜를 세어 3으로 나누어 나온 수가 대운수(大運數)가 된다.

　이때 3으로 나누어 1이 남으면 버리고, 2가 남으면 나눈 수에 1을 더한다. 이것을 일사이입법(一捨二入法)이라 한다. 대운수(大運數) 는 행운세수(行運歲數)라고도 한다. 정확한 만세력을 구하여 보기 바란다. 그러면 대운수(大運數) 산출하는 방법을 연습해 보자.

■ 남명, 무인(戊寅)년 3월 15일 유(酉)시생

時	日	月	年		57	47	37	27	17	7
己	丁	丙	戊		壬	申	庚	己	戊	丁
酉	丑	辰	寅		戌	酉	申	未	午	巳

양남(陽男)은 미래절을 쓴다고 했으니 생일인 3월 15일에서 앞으
로 가면 첫번째 절후인 입하(立夏)가 4월 7일에 들었다. 3월 15일에
서 4월 7일까지 날짜를 세어보니 21일이다. 이 21을 3으로 나누면 7
이 된다. 따라서 이 사람의 대운수(大運數)는 7이다.

■ 여명, 신사(辛巳)년 11월 9일 축(丑)시생

時	日	月	年		54	44	34	24	14	4
癸	戊	庚	辛		丙	乙	甲	癸	壬	辛
丑	申	子	巳		午	巳	辰	卯	寅	丑

음녀(陰女)는 미래절을 쓴다고 했으니 생일인 11월 9일에서 앞으
로 가면 첫번째 절후인 소한(小寒)이 11월 20일에 들었다. 생일인
11월 9일부터 미래절인 소한(小寒)까지의 날짜를 세어보니 11일이
다. 이 11을 3으로 나누면 3이 되고 2가 남는다. 2가 남으면 일사이
입법(一捨二入法)에 의하여 1을 더한다고 했으니 나누어진 수 3에
1을 더하면 4가 된다. 따라서 이 사람의 대운수(大運數)는 4이다.

■ 남명, 신묘(辛卯)년 5월 20일 술(戌)시생

時	日	月	年		56	43	36	26	16	6
丙	乙	甲	辛		戊	己	庚	辛	壬	癸
戌	未	午	卯		子	丑	寅	卯	辰	巳

음남(陰男)은 과거절을 쓴다고 했으니 생일인 5월 20일에서 뒤로 가면 지나간 달의 절후인 망종(芒種)이 5월 2일에 들었다. 생일인 5월 20일부터 과거절인 망종(芒種)이 든 5월 2일까지의 날짜를 세어보니 18일이다. 이 18을 3으로 나누면 6이 된다. 따라서 이 사람의 대운수(大運數)는 6이다.

■ 여명, 갑자(甲子)년 11월 29일 해(亥)시생

時	日	月	年		55	45	35	25	15	5
癸	戊	丁	甲		辛	壬	癸	甲	乙	丙
亥	午	丑	子		未	申	酉	戌	亥	子

양녀(陽女)는 과거절을 쓴다고 했으니 생일인 11월 29일에서 뒤로 가면 지나간 달의 절후인 소한(小寒)이 11월 15일에 들었다. 생일인 11월 29일부터 소한(小寒)이 든 11월 15일까지의 날짜를 세어보니 14일이다. 이 14를 3으로 나누면 4가 되고 2가 남는다. 2가 남으면 일사이입법(一捨二入法)에 의하여 1을 더한다고 했으니 나누어진 수 4에 1을 더하니 5가 된다. 따라서 이 사람의 대운수(大運數)는 5이다.

4장. 사주론

1. 년주(年柱)

년주(年柱)는 사주의 첫째 기둥으로 그 사람의 근본이나 뿌리가 되므로 근(根)이라고 하며, 세덕(歲德) 또는 진태세(眞太歲)라고도 한다. 년주(年柱)로는 조상·전생·과거·선산·묘지·가통·생활 근거지·집터·터전·본동·대지·출생환경·발복·재액 등을 보는데, 주로 출생에서 15세까지의 학업·질병·빈부 등을 본다.

년주(年柱)는 4격 중에서는 원격(元格)에 해당하고, 계절 중에서는 봄에 해당하고, 일수로는 365일에 해당한다. 이외에 국가·조국·임금·사회의 상사·기관장·천시(天時)·주체·시대·그림자·원(遠)·시(始)에 해당한다.

― 년주(年柱)에 희신(喜神)이나 길신(吉神)이 있으면 조상덕이 있고 일찍 발달하나 기신(忌神)이나 흉신(凶神)이 있으면 어릴 때 고생을 많이 한다.

— 년주(年柱)에 비견(比肩)이 있으면 장남이 아니거나 분가한 집안의 출생이고, 겁재(劫財)가 있으면 조상덕이 작고 재산을 물려받아도 지키지 못한다.

— 년주(年柱)에 식신(食神)이 있으면 조상이 양반이거나 부자이며 조상덕과 수복을 누리나, 상관(傷官)이 있으면 조상의 업을 파하거나 부모가 장수하지 못하고 여명은 남편의 집안을 극(剋)한다.

— 년주(年柱)에 편재(偏財)가 있으면 부모가 상업에 종사하며 조부나 아버지가 양자를 간 명이고, 정재(正財)가 있으면 부잣집 출생으로 부모덕을 본다.

— 년주(年柱)에 정관(正官)이 있으면 명문가 출생이고, 재성(財星)과 함께 있으면 부귀를 겸한 집안의 출생이다.

— 년주(年柱)에 편인(偏印)이 있으면 타향이나 외국에 나가 사는데 다른 곳에 또 편인(偏印)이 있으면 홀아버지나 홀어머니를 모시거나 양자로 갈 명이고, 인수(印綬)가 있으면 권세가의 출생으로 조상은 문장가나 명망가이며 조상의 업을 계승하고 부귀를 누린다.

— 년주(年柱)와 일주(日柱)가 천충지충(天沖地沖)되면 단명하거나 변사하고, 년주(年柱)가 공망(空亡)되면 조종이 빛이 없고 옛터와 인연이 없다.

— 년주(年柱)가 희신(喜神)에 해당하면 조상이 부귀하며 조상덕이 지대하나, 기신(忌神)에 해당하면 조상이 미미하며 소년기에 빈천하다.

— 년주(年柱)가 길성(吉星)에 해당하는데 월(月)이 기신(忌神)이
  되거나 월(月)이 년(年)을 극(剋)하면 부모가 조상의 기반을 파
  하여 부모대에 빈천해진 사람이다.

— 년주(年柱)의 비겁(比劫)이 희신(喜神)에 해당하면 장남이라도
  장남 역할을 못하고, 기신(忌神)에 해당하면 조상이 빈천하다.

— 년월간(年月干)이 합(合)하여 희신(喜神)이나 길성(吉星)이 되
  면 조상과 부모가 상속을 받고 음덕이 지대하며 일찍 발달한다.

— 년월(年月)이 공망(空亡)되면 고아가 되거나 양자로 가고 출신
  이 빈천하며 모든 일이 용두사미가 된다.

— 년월(年月)이 삼합(三合)하여 인성(印星)이 되면 두 어머니에
  두 집 살림이니 가정이 복잡하다.

2. 월주(月柱)

월주(月柱)는 사주의 둘째 기둥으로 잎이나 줄기에 해당하므로
묘(苗)라고 하며, 제강(提綱)이라고도 한다. 4격 중에서는 형격(亨
格)에 해당하고, 계절 중에서는 여름에 해당하고, 일수로는 30일에
해당하고, 하루 중에서는 낮에 해당하고, 나이로는 15세부터 30세까
지의 청년기를 보는데 혹자는 출생부터 25세까지를 보기도 한다.

월주(月柱)로는 부모·형제자매·사회인·사회·직장·상사·국
장·과장·친구·집안·가정·가문·가옥·사업·유산·상속·사
춘기·학업·목표·욕망·포부·군복무·후원·골(骨)·금세·현
재·현생·현실 등을 본다.

— 월주(月柱)에 비견(比肩)이나 겁재(劫財)가 있으면 형제가 있고, 다른 곳에 비견(比肩)이나 겁재(劫財)가 여러 개 있으면 양자로 갈 명이거나 생가를 떠나고, 부모가 재산을 탕진하며 형제가 유산문제로 싸운다.

— 월주(月柱)에 식신(食神)이 있는데 신왕(身旺)하면 체격이 좋고 도량이 넓으며 복력이 두텁다. 그러나 편인(偏印)을 만나면 그렇지 않다.

— 월주(月柱)에 상관(傷官)이 있으면 백부·숙부·형제가 온전하지 못하고, 다른 곳에 또 상관(傷官)이 있으면 빈한해지고, 겁재(劫財)가 있으면 빈한한 집안의 출생이다.

— 월주(月柱)에 재성(財星)이 있으면 사업하는 가정으로 부모가 부유하며 유산이 가득하고 일찍 사장이 된다.

— 월주(月柱)에 정재(正財)가 있는데 식상(食傷)이 생부(生扶)해 주고 신왕(身旺)하면 부잣집에서 태어나거나 자수성가한다.

— 월주(月柱)에 편관(偏官)이 있으면 부모덕이 없고, 다른 곳에 편관(偏官)이 많으면 생활이 어려우며 형제자매연도 박하다.

— 월주(月柱)가 기신(忌神)이면 액이 많으나 희신(喜神)이면 가정에 권세와 복록이 많다.

— 월주(月柱)에 정관(正官)이 있는데 왕성하면 직위가 높고 똑똑한 자녀를 두며 공무원 집안의 명문가 출신이다.

— 월주(月柱)에 편인(偏印)이 있는데 다른 곳에도 편관(偏官)이 2개 정도 있으면 부모가 온전하지 못하여 양자로 가거나 늙어서 자녀복이 없어 고독하다.

— 월주(月柱)에 인수(印綬)가 있는데 상하지 않으면 부잣집 출생으로 문장가나 학자의 가정이고, 총명하며 절개가 굳고 실천력이 있으며 견식이 높다.

— 월주(月柱)가 희신(喜神)인데 형충파해(刑沖破害)나 공망(空亡)이 없으면 좋은 집안에서 태어나 어린시절을 영화롭게 지낸다. 그러나 월주(月柱)가 공망(空亡)되면 부모와 인연이 없고 장해가 많다.

— 월주(月柱)에 편인(偏印)이 있으면 어머니·옛터와 인연이 없고 산재가 중중하며, 양자로 가거나 서자출신으로 고독하다.

— 년월(年月)이 형충(刑沖)되면 옛터나 조상과 부모와 인연이 박하여 고향을 일찍 떠난다.

— 월주(月柱)에 인수(印綬)가 있는데 편인(偏印)이 당령(當令)하면 서자로 태어나 적자로 입적되는데 어머니가 재가한 사람이다.

— 년월(年月)에 편인(偏印)이 있는데 일시(日時)에 인수(印綬)가 있으면 어머니가 재취로 들어온 사람이다.

— 월주(月柱)에 정재(正財)가 있는데 편재(偏財)가 당령(當令)하면 형제 중에 본인이 부모의 재산을 물려받는다.

— 월주(月柱)가 편인격(偏印格)인데 인수(印綬)가 당령(當令)하면 생모와 인연이 적어 서모나 양모 밑에서 자란다. 사주가 식신격(食神格)인데 편관(偏官)이 당령(當令)하면 본인이 태어난 후 집안이 융성한다.

— 월주(月柱)가 희신(喜神)인데 년주(年柱)가 기신(忌神)이면 집안이 융성하고 부모가 현달한다.

3. 일주(日柱)

일주(日柱)는 사주의 셋째 기둥으로 꽃에 해당하므로 화(花)라고 한다. 4격 중에서는 이격(利格)에 해당하고, 계절 중에서는 가을에 해당하고, 일년 중에서는 1일에 해당하고, 좌(座)를 말한다. 나이로 는 30세부터 45세까지의 장년기를 보는데 혹자는 25세부터 50세까 지를 보기도 한다.

일간(日干)으로는 자기 자신을 보고, 일지(日支)로는 배우자·가 정·연하 사람을 본다. 육친관계는 주로 배우자·정부·애인·심 복·부하·비서·참모·신하·이성친구 등을 보고, 가정·인근· 우리집·부엌·생명·얼굴·피부·현재·현세·당시·현실·당면 환경을 본다.

― 일간지(日干支)의 오행(五行)이 같으면 배우자를 극(剋)하나 신 약(身弱)하면 배우자의 도움을 받는다.

― 일지(日支)에 식신(食神)이 있으면 배우자가 비대하며 도량이 넓고 의식주가 풍족하나 다른 곳에 편인(偏印)이 있으면 배우 자가 왜소한 편이다.

― 남명이 일지(日支)에 상관(傷官)이나 재성(財星)이 있으면 아내 가 아름답고 재능이 있으나 말이 많다. 일지(日支)에 상관(傷 官)이 있는데 다른 곳에 재성(財星)이 있으면 본인의 용모가 아 름답다. 일지(日支)에 편재(偏財)가 있으면 배우자가 명쾌하다.

― 남명이 일지(日支)에 편재(偏財)가 있는데 다른 곳에 재성(財

星)이 왕하면 여자관계가 복잡하며 연애결혼한다. 일지(日支)에 편재(偏財)가 있으면 아내가 수단이 좋고 재물을 모으는 능력이 좋다. 일지(日支)에 정재(正財)가 있으면 재물이 풍족하며 좋은 배우자와 인연이 있고, 여명은 부자 남편을 만난다.

— 일지(日支)에 편관(偏官)이 있으면 배우자가 영리하나 조급하며 흉폭하고 비정상적인 이성관계가 된다. 남명은 공처가이며 아내가 횡포하여 부부간에 불화가 많다.

— 일지(日支)에 정관(正官)이 있으면 인격이 높은 배우자와 인연이 있으나 형충(刑沖)되면 부부사이가 원만하지 못하다.

— 일지(日支)에 편인(偏印)이 있으면 정신적으로 부담스런 배우자와 인연이 있다. 묘계가 많으나 부부간에 불화하며 자기 꾀에 자기가 넘어가고 재물을 모으기 어렵다. 그러나 신약(身弱)하면 배우자의 도움을 받는다.

— 일지(日支)에 인수(印綬)가 있으면 현명하며 정의감이 강하나 다른 곳에 인수(印綬)가 많으면 중년 이후에 별거하거나 이별한다.

— 일지(日支)가 형충(刑沖)되면 부부사이가 원만하지 못하다. 년주(年柱)가 일지(日支)를 형충극해(刑沖剋害)하면 조상의 업을 이어받지 못하고 받아도 파한다.

— 일주(日柱)가 년주(年柱)를 극(剋)하면 타향이나 외국에 나가 살며 조상의 제사에 성의가 없다.

— 월주(月柱)가 일지(日支)를 충(沖)하면 부부간에 문제가 생겨 원만한 가정을 이루기 어렵다.

— 일주(日柱)와 년주(年柱)가 같으면 부부간에 정이 없다. 일주
  (日柱)에 녹(祿)이 있으면 남녀 모두 사업을 하며, 남명은 아내
  가 사업을 하거나 직업이 있다.
— 남명이 일지(日支)의 정재(正財)가 희신(喜神)에 해당하면 아내
  의 내조가 많고 혼인 후에 재물을 모은다.
— 여명이 일지(日支)가 길신(吉神)에 해당하면 남편복이 많다. 그
  러나 남명이 일지(日支)가 기신(忌神)에 해당하는데 망신살(亡
  身殺)이 있으면 아내 때문에 화를 당한다.
— 일간지(日干支)가 합(合)하면 부부간에 정이 있으나 일지(日支)
  가 다른 천간(天干)과 간합(干合)이나 암합(暗合)하여 비견(比
  肩)이나 겁재(劫財)가 되면 아내가 사통한다.
— 일지(日支)가 인성(印星)과 형충(刑沖)되면 어머니와 아내가 불
  화한다. 여명이 일지(日支)가 시주(時柱)와 간합(干合)하고 관
  성(官星)이 형충(刑沖)되면 자녀를 좋아하나 자녀와 작당하여
  남편을 쫓아낸다.
— 일지(日支)와 월주(月柱)가 형충(刑沖)되면 배우자나 형제와 불
  화하며 인연이 없고, 일지(日支)와 시주(時柱)가 형충(刑沖)되
  면 자녀와 불화하며 자녀가 불효한다.

4. 시주(時柱)

시주(時柱)는 사주의 넷째 기둥으로 실(實)이라고 한다. 시주(時
柱)로는 재물·명예·학문·업적을 보며 만년과 자손궁을 본다. 나

이로는 45세부터 임종까지를 보는데 혹자는 50세부터 임종까지나 사후까지를 보기도 한다. 시주(時柱)로는 주로 자녀·자손·부하·후계자·후배·종업원·노예·측근·환경·입체·후손·미래를 본다.

시주(時柱)가 기신(忌神)에 해당하면 자녀가 따로 살며 노복이 적고 결과가 좋지 않다. 시주(時柱)가 희신(喜神)이나 생(生)·왕(旺)·양(養)에 해당하면 자녀가 많고 왕성하다. 시주(時柱)가 기신(忌神)이나 구신(仇神)에 해당하면 모든 일의 결과가 좋지 않다. 시주(時柱)에 사절(死絶)이나 묘(墓)가 놓이면 본인은 융성해도 자손이 없거나 약하다.

— 시주(時柱)가 공망(空亡)되면 자손이 없거나 있어도 없는 것과 같아 늙어서 고독하다.
— 시간(時干)이 시지(時支)를 극(剋)하면 자손이 약하거나 신체가 허약하다.
— 시주(時柱)에 편인(偏印)·상관(傷官)·겁재(劫財)가 있으면 자손을 적게 두거나 불효한다.
— 시주(時柱)의 양인(陽刃)이 희신(喜神)이면 권세를 잡으나 기신(忌神)이면 자손이 부모를 크게 욕보이며 파가한다.
— 시주(時柱)에 비견(比肩)이 있으면 길하나 다른 곳에도 비견(比肩)이나 겁재(劫財)가 많으면 재물운이 박하다.
— 시주(時柱)에 겁재(劫財)가 있는데 다른 곳에도 겁재(劫財)가 있으면 아내를 극(剋)하거나 아내에게 산액이 있고 자녀를 극

(剋)한다. 여명은 게으르며 남편을 배반하거나 항상 잔병으로 고생한다.

— 시주(時柱)에 식신(食神)이 있는데 왕하면 무병장수하고 자녀는 효순하며 집안을 크게 발전시킨다.

— 시주(時柱)에 상관(傷官)이 있으면 자녀가 우매하나 여명은 자녀복이 있다. 그러나 상관(傷官)과 양인(陽刃)이 함께 있으면 자녀가 도심이 있다.

— 시주(時柱)에 편재(偏財)가 있으면 중년 이후에 부귀해지고, 역마(驛馬)와 함께 있으면 타향에서 성공한다.

— 시주(時柱)에 정재(正財)가 있으면 자손이 재산을 모으고, 처음에는 가난하나 나중에는 부유해진다.

— 시주(時柱)에 편관(偏官)이 있는데 신강(身强)하면 자녀복이 두터우나 신약(身弱)하면 박하다.

— 시주(時柱)에 정관(正官)이 있으면 중년 이후에 영달하고 자녀복연이 있다.

— 시주(時柱)에 인성(印星)이 있으면 늙도록 부모나 조모를 모신다.

— 시주(時柱)에 편인(偏印)이 있는데 신강(身强)하면 박복하나 신약(身弱)하면 복이 있다. 그러나 식신격(食神格)이면 단명하거나 만년에 고독하다.

— 시주(時柱)의 편인(偏印)이 기신(忌神)에 해당하면 자기 대를 자손이 파하며 불효하고, 여명은 산액이 있다.

— 시주(時柱)에 인수(印綬)가 있으면 만년이 행복하며 자녀복이 있고 무병장수한다.

― 시주(時柱)와 태월(胎月)이 충(沖)하면 조산하거나 만산한다.

― 시주(時柱)에 문창(文昌)이나 학당(學堂)이 있으면 자손이 학문
이 높고 공부를 잘 한다. 그러나 일시(日時)가 형충(刑沖)되면
자손과 불화하며 자녀와 인연이 박하다.

― 시주(時柱)에 목욕(沐浴)이 있는데 기신(忌神)이면 자손이 유랑
하며 방탕하다.

― 시주(時柱)에 천을(天乙)·천덕(天德)·월덕(月德) 등이 있으면
귀한 자녀를 둔다.

― 일시(日時)가 삼형(三刑)되고 도화살(桃花殺)을 띠면 아내가 정
부를 둔다.

― 시주(時柱)는 내세·미래·가문·도로·담장·대문·부엌·쌀
창고·그릇·피 등을 본다. 일수는 12분의 1인 1시간에 해당하
고, 긴급함과 최후를 보고, 죽으면 장지와 어떻게 되는가를 추리
하니 사후의 세계를 관찰하는 곳이다.

5. 태월(胎月)

태월(胎月)은 임신한 달을 말하며, 선천적인 운명의 청순·혼탁·
보조·형파(刑破) 등을 암시한다.

― 태월(胎月)의 납음오행(納音五行)이 길신(吉神)과 상생(相生)하
고, 천을(天乙)·천덕(天德)·월덕(月德) 등이 있으면 부모덕이
있어 어릴 때 가정환경이 좋고 평생 안락하다.

― 태월(胎月)이 년월(年月)을 형충파해(刑沖破害)하면 부모와 일

찍 이별하고 옛터나 고향을 떠나며 형제와 이별한다.

— 태월(胎月)이 공망(空亡)되면 모든 육친과 일이 무실하고 백사
　가 불성이다. 공망(空亡) 중에 가장 흉하다.

— 태월(胎月)이 일시(日時)와 형충(刑沖)되면 아내궁이 아름답지
　못하고 노년에 쇠퇴한다.

— 태월(胎月)이 양인(陽刃)인데 사주와 형충(刑沖)되면 재앙이 따
　르고 불량아가 되어 가정의 기초를 크게 파한다.

— 태월(胎月)이 일시(日時)와 삼합(三合)되면 남녀 모두 부부가
　해로하지 못한다.

— 태월(胎月)이 명국을 형충파해(刑沖破害)하는데 양인(陽刃) 태
　월(胎月)이면 선천적으로 불구자가 많다.

— 태월(胎月)이 일주(日柱)의 녹지(祿地)이면 좋은 집안에서 태어
　나 음덕이 많다.

— 태월(胎月)이 년월(年月)과 형충(刑沖)되면 태어난 후 부모에게
　해를 끼치나 흉신(凶神)을 형충(刑沖)하면 길하다.

— 태월(胎月)에 양인(陽刃)이 있으면 조상의 기반을 파하고 난폭
　하며 살생하고 감옥에 들어간다.

— 태월(胎月)에 천을귀인(天乙貴人)이 있는데 녹지(祿地)이면 매
　우 길하다.

5장. 합형충파해(合刑沖破害)와 공망(空亡)

1. 합(合)

합(合)은 천간(天干) 또는 지지(地支)의 음양(陰陽)이 서로 만나 다른 물질로 변하는 것을 말한다. 우주본체를 항구적으로 계승·보전·성취하게 하는 작용으로 무한한 분열을 막아 통일하는 작용을 한다. 합(合)은 일정한 시간이 지나면 분리되므로 영원하지 않다.

1. 천간합(天干合)

甲己合	乙庚合	丙辛合	丁壬合	戊癸合
土	金	水	木	火

천간합(天干合)은 간합(干合)이라고도 하는데 마치 남녀가 다른 환경에서 자라 혼인하여 가정을 이루는 것과 비슷하다. 천간합(天干合)은 음양(陰陽)이 다르면서도 같은 기세로 집합하는 이치를

말하는데 남녀의 결합과 같은 원리이다. 천간합(天干合)은 주로 인연·유정·동중정(動中靜)·상통·결합·성취·유대·연결·통합·의합·취합·계약·약속·화순·만남·취득·결정·합격·가결·합법·융합·병합·응합·응기·혼합 등의 작용을 한다.

1) 갑기합(甲己合)

갑기합(甲己合)은 중정지합(中正之合)이라고도 하는데 도량이 넓고 자기 분수를 잘 지킨다. 순리를 따르며 남과 다투지 않고 주위의 존경을 받는다. 사주에 화(火)가 있는데 격(格)이 좋으면 출중한 명이 된다.

인묘(寅卯)월생은 매사 노력해도 성공하기 어렵고, 간혹 처신은 제대로 못하면서 간계에만 능한 경우도 있다. 갑(甲)일생은 기(己)와 합(合)되면 신의는 있으나 지혜가 부족하고, 기(己)일생은 갑(甲)과 합(合)되면 신의가 없고 음성이 탁하며 코가 낮은 편이고 십중팔구 이복형제가 있다. 갑기합(甲己合)이 있는데 지지(地支)에 형(刑)이 있으면 팔·어깨·다리에 질병이 따른다.

2) 을경합(乙庚合)

을경합(乙庚合)은 인의지합(仁義之合)이라고도 하는데 강건·불굴·과감·강직·용맹하며 인의가 두터우나 다소 지나침이 있다. 편관(偏官)·사(死)·절(絶)과 동주(同柱)하면 용감해도 천한 경향이 있다. 생월(生月)에 사고(四庫)가 놓이면 가문이 번영하나 화국(火局)을 이루면 의식주 문제로 분주하다.

을(乙)일생이 경(庚)과 합(合)하면 예의가 없고 결단력이 부족하다. 경(庚)일생이 을(乙)과 합(合)하면 자비심이 없고 의로운 척하나 치아가 튼튼한 편이다. 을경합(乙庚合)이 있는데 지지(地支)에 금(金)이 왕하면 남명은 인격과 권위가 있고, 여명은 용모가 아름답다.

3) 병신합(丙辛合)

병신합(丙辛合)은 위엄지합(威嚴之合)이라고도 하는데 위세가 당당하나 편굴하며 변덕이 심하고, 잔인하며 색정이 강하다. 병신합(丙辛合)이 있는데 사주에 편관(偏官)이 있으면 길하나 신(辛)이나 토(土)가 겹쳐 있으면 빈천하다.

병(丙)일생이 신(辛)과 합(合)하면 지혜는 뛰어나나 예의가 없고 사기와 모략에 능하다. 신(辛)일생이 병(丙)과 합(合)하면 체격이 작고 야망과 포부도 없다. 병신합(丙辛合)이 있는데 갑진(甲辰)이 있으면 매우 좋고, 금(金)이 왕하면 행복한 명을 이룬다. 그러나 진술축미(辰戌丑未)월생은 고심이 많고, 여기다 토(土)까지 있으면 빈천한 명이 된다.

4) 정임합(丁壬合)

정임합(丁壬合)은 인수지합(仁壽之合)이라고도 하는데 아첨을 잘하며 정에 흐르기 쉽고, 색을 탐하며 고결하지 않다. 정임합(丁壬合)이 있는데 사주에 편관(偏官)이나 도화(桃花)가 있으면 색정으로 망하고, 여명은 음란하며 늦게 혼인하거나 나이 많은 사람에게 시집간다. 일생 중 전반이 좋으면 후반이 나쁘고, 전반이 나쁘면 후반이 좋다. 월지(月支)에 인묘(寅卯)가 있으면 상당히 발달한다.

정(丁)일생이 임(壬)과 합(合)하면 키가 크고 날씬하나 소심하며 질투가 많다. 임(壬)일생이 정(丁)과 합(合)하면 체격이 크고 부지런하나 신의가 없고 편굴하며 화를 잘 낸다. 정임합(丁壬合)이 있는데 그 밑에 목욕(沐浴)이 있으면 첩 등에서 태어난 사생아이고, 여명은 사생아를 낳거나 남편의 외도가 심하다.

5) 무계합(戊癸合)

무계합(戊癸合)은 무정지합(無情之合)이라고도 하는데 용모는 아름다우나 정이 없고 사치한다. 색정에 빠질 염려가 많은데 남명은 독신주의자인 경우가 있고, 여명은 미남과 인연이 있다. 월지(月支)에 화국(火局)을 이루면 대귀격을 이룬다. 사주에 목(木)이 있으면 의식이 풍족하나 수(水)가 많으면 상극(相剋)하여 분파한다.

무(戊)일생이 계(癸)와 합(合)하면 겉으로는 다정한 것 같으나 속으로는 정이 없고, 얼굴은 붉은 편이며 총명하다. 계(癸)일생이 무(戊)와 합(合)하면 지능이 낮고 질투심이 많으며, 시작은 좋으나 끝맺음을 못하는 용두사미격이 된다. 남녀 모두 나이 많은 배우자를 만난다. 무계합(戊癸合)이 있는데 화(火)가 왕하고 인(寅)이나 묘(卯)가 있으면 행복한 명을 이루나 사주나 행운에 수(水)가 많으면 분파할 명이 된다.

2. 지지합(地支合)

子丑合	寅亥合	卯戌合	辰酉合	巳申合	午未合
土	木	火	金	水	不變

지지합(地支合)은 지합(支合) 또는 육합(六合)이라고도 한다. 남명이 지지합(地支合)이 많으면 교제가 넓고 외교가 뛰어나며 육친간에 화합하고, 성격이 온순하며 원만하고 인정도 많다. 그러나 여명은 정이 헤퍼 정조를 잃을 염려가 있다. 길신(吉神)이 합(合)되면 배로 좋아지나 흉신(凶神)이 합(合)되면 배로 흉해진다. 지합(支合)은 공망(空亡)이나 형충파해(刑沖破害)를 풀어주나 역량은 떨어진다.

년월(年月)이 지합(支合)을 이루면 부자유친하며 조상의 업을 계승하고, 장남이 아니라도 가권을 물려받는다. 년일(年日)이 지합(支合)을 이루면 배우자가 시부모와 화합하니 가정이 원만하다. 일시(日時)가 지합(支合)을 이루면 자녀와 화합하니 같이 살아도 좋고 노후가 행복하다. 년시(年時)와 월시(月時)의 지합(支合)은 요합(遙合)이니 작용이 약하므로 중요하게 여기지 않는다.

1) 자축합(子丑合)

자축합(子丑合)은 일지(日支)가 축(丑)인데 자(子)와 합(合)하면 복이 후하나 일지(日支)가 자(子)인데 축(丑)과 합(合)하면 복이 가볍다.

2) 인해합(寅亥合)

인해합(寅亥合)은 일지(日支)가 인(寅)인데 해(亥)와 합(合)하면 복이 두터우나 일지(日支)가 해(亥)인데 인(寅)과 합(合)하면 복이 가볍다.

3) 묘술합(卯戌合)

묘술합(卯戌合)은 일지(日支)가 묘(卯)인데 술(戌)과 합(合)하면 복이 후하나 일지(日支)가 술(戌)인데 묘(卯)와 합(合)하면 복이 가볍다.

4) 진유합(辰酉合)

진유합(辰酉合)은 일지(日支)가 유(酉)인데 진(辰)과 합(合)하면 복이 두터우나 일지(日支)가 진(辰)인데 유(酉)와 합(合)하면 복이 가볍다.

5) 사신합(巳申合)

사신합(巳申合)은 시비구설이 따른다. 일지(日支)가 신(申)인데 사(巳)와 합(合)하면 복이 후하나 일지(日支)가 사(巳)인데 신(申)과 합(合)하면 복이 가볍다.

6) 오미합(午未合)

오미합(午未合)은 일지(日支)가 미(未)인데 오(午)와 합(合)하면 복이 두터우나 일지(日支)가 오(午)인데 미(未)와 합(合)하면 복이 가볍다.

3. 삼합(三合)

寅午戌合	申子辰合	巳酉丑合	亥卯未合
火局	水局	金局	木局

삼합(三合)은 속성이 같은 오행(五行)이 장생(長生)·제왕(帝旺)·묘(墓) 등과 합(合)하여 국(局)을 이루는 것을 말한다. 마치 여러 사람이 조직이나 단체 등을 결성하는 것과 같아 세력이 커지며 공고해진다. 각자 있을 때는 독자적인 개성이 있으나 삼합(三合)하면 개성이 동화되어 귀의하게 된다.

일지(日支)와 행운이 삼합(三合)하면 혼인이 성사되거나 다른 사람과 협조할 일이 많아진다. 사주에 삼합(三合)이 있으면 육친간에 화목하며 용모가 수려하고, 총명하며 정직하고 인격을 갖춘다. 길신(吉神)이 삼합(三合)하면 더 좋아지나 흉신(凶神)이 삼합(三合)하면 더 흉해진다. 건록(建祿)이 삼합(三合)하면 명망과 복이 있고 뜻밖의 횡재를 한다.

식신(食神)이 삼합(三合)하면 의식주가 풍족하며 식도락가이다. 정관(正官)·인수(印綬)·천을귀인(天乙貴人)이 삼합(三合)하면 복이 많고 귀인의 도움을 받는다. 삼합(三合)이 있는데 원진(元辰)·형(刑)·해(害)가 있으면 무례하며 말은 선하게 하나 행동은 그렇지 않고 음성이 탁하다.

합(合)한 가운데 충(沖)을 만나면 국(局)이 깨진다. 함지(咸地)가 합(合)을 이루면 간악·사통·음란함이 따른다. 관부(官符)와 합(合)하면 형옥·송사·비방·시비 등을 잘 일으킨다.

합(合)을 볼 때는 긴합(緊合)·격합(隔合)·원합(遠合)을 가까이 가져와 좋아하는 경우와 나빠지는 경우를 잘 살펴야 한다. 근합(近合)은 길흉이 무겁고, 원합(遠合)과 격합(隔合)은 가볍다.

1) 인오술합(寅午戌合)

인오술(寅午戌)이 합(合)하면 화국(火局)을 이루며 염상(炎上)이 된다. 정신문화·화학공업·연료·색소·예술·화기(火氣)·법·홍등가·예도·학문의 전당·문화관·언론기관 등에 해당한다.

2) 신자진합(申子辰合)

신자진(申子辰)이 합(合)하면 수국(水局)을 이루며 윤하(潤下)가 된다. 액체물질·수자원·해안·어망·강하·상수도·댐·저수지·수력발전소·원자력발전소·전자제품·견직·섬유류·선(線) 등에 해당한다.

3) 사유축합(巳酉丑合)

사유축(巳酉丑)이 합(合)하면 금국(金局)을 이루며 종혁(從革)이 된다. 고체물질·금속자원·금은보석·철·기계류·무기·화폐·현금·전기제품·폭발물 저장소 등에 해당한다.

4) 해묘미합(亥卯未合)

해묘미(亥卯未)가 합(合)하면 목국(木局)을 이루며 곡직(曲直)이 된다. 식물성 자원·목재·토목건축·섬유질·영농·종묘·가구·

제사(製紗) · 방직 · 펄프 · 건축자재 등에 해당한다.

신자진(申子辰)은 임(壬)을 생산하고, 인오술(寅午戌)은 병(丙)을 생산하고, 사유축(巳酉丑)은 경(庚)을 생산하고, 해묘미(亥卯未)는 갑(甲)을 생산한다.

삼합(三合)에는 순합(順合)과 역류합(逆流合)이 있는데 년월일(年月日) 순으로 신자진(申子辰) 삼합(三合)은 순합(順合)이고, 진(辰)년 자(子)월 신(申)일이나 진(辰)월 자(子)일 신(申)시는 역류합(逆流合)이다. 순합(順合)은 순리를 따르므로 가정 · 부모 · 자녀의 관계가 정상으로 돌아가나 역류합(逆流合)은 역행하므로 그렇지 않다.

4. 암합(暗合)

子巳	子辰	子戌	寅丑	寅午	寅未	卯申	巳丑	午亥

암합(暗合)이란 지지장간(地支藏干)끼리 합(合)하는 것을 말한다. 사주에 암합(暗合)이 있으면 사교적이며 치밀하고 조직적이다. 기신(忌神)을 합(合)하여 길신(吉神)이 되면 길하나 길신(吉神)을 합(合)하여 흉신(凶神)이 되면 흉하다. 한신(閒神)은 암합(暗合)하여 길신(吉神)이 되기도 하고 흉신(凶神)이 되기도 한다. 특히 여명에 암합(暗合)이 많으면 부정하므로 매우 꺼린다. 년월일시지(年月日時支)의 인원사사(人元司事)로 암합(暗合)을 형성한다.

인오(寅午) · 인미(寅未) · 인축(寅丑)이 있으면 갑기합토(甲己合

土)가 되고, 자사(子巳)·자진(子辰)·자술(子戌)이 있으면 무계합화(戊癸合火)가 되고, 묘신(卯申)이 있으면 을경합금(乙庚合金)이 되고, 사축(巳丑)이 있으면 무계합화(戊癸合火)·병신합수(丙辛合水)가 되고, 오해(午亥)가 있으면 정임합목(丁壬合木)·갑기합토(甲己合土)가 되고, 인축(寅丑)이 개고(開庫)되면 갑기합토(甲己合土)·병신합수(丙辛合水)·무계합화(戊癸合火)가 된다.

5. 방합(方合)

寅卯辰合	巳午未合	申酉戌合	亥子丑合
東方木局	南方火局	西方金局	北方水局

 방합(方合)이란 동서남북 4방위나 춘하추동 사계의 3글자가 모여 국(局)을 이루는 것인데 작용은 삼합(三合)과 비슷하다. 인묘진(寅卯辰)은 동방이요 봄이니 목왕절(木旺節)이라 목국(木局)을 이루고, 사오미(巳午未)는 남방이요 여름이니 화왕절(火旺節)이라 화국(火局)을 이루고, 신유술(申酉戌)은 서방이요 가을이니 금왕절(金旺節)이라 금국(金局)을 이루고, 해자축(亥子丑)은 북방이요 겨울이니 수왕절(水旺節)이라 수국(水局)을 이룬다.

6. 준삼합(準三合)

申子	子辰	申辰	亥卯	卯未	亥未	寅午	午戌	寅戌	巳酉	酉丑	巳丑
水			木			火			金		

준삼합(準三合)이란 삼합(三合)의 3글자 중에서 2글자가 만나 합(合)하는 것을 말하는데 작용은 삼합(三合)보다 약하다. 그리고 반합(半合)이란 삼합(三合)에서 중간 글자가 빠진 것을 말한다. 준삼합(準三合)은 반합(半合)보다 약하다.

7. 준방합(準方合)

寅卯	卯辰	寅辰	巳午	午未	巳未	申酉	酉戌	申戌	亥子	子丑	亥丑
木			火			金			水		

준방합(準方合)이란 방합(方合)의 3글자 중에서 2글자가 만나 합(合)하는 것을 말하는데 작용은 3자 회국(會局)보다 약하다.

8. 우합(隅合)

丑寅	辰巳	未申	戌亥
艮	巽	坤	乾

우합(隅合)은 동서남북 네 모퉁인 간방(間方)에서 동궁(同宮)을 합(合)하는 것을 말하는데 오행(五行)은 변하지 않고 세력만 강해진다.

9. 동합(同合)

子子	丑丑	寅寅	卯卯	辰辰	巳巳	午午	未未	申申	酉酉	戌戌	亥亥

동합(同合)이란 같은 글자끼리 합(合)하는 것을 말하는데 오행(五行)은 변하지 않고 기세만 강해진다. 동합(同合) 가운데 진진(辰辰)·오오(午午)·유유(酉酉)·해해(亥亥)는 자형(自刑)이므로 흉하다. 동합(同合)은 복음(伏吟)이므로 태세(太歲)에서 본인이 화를 당하지 않으면 다른 사람에게 폐를 끼치고, 아내나 자녀를 극(剋)하지 않으면 생활의 근심이 따른다.

10. 명암합(明暗合)

辛巳	壬午	丁亥	戊子	癸巳	甲午	己亥	乙巳	戊辰	庚辰	丙戌	壬戌
純合								雜合			

명암합(明暗合)이란 천간(天干)이 아래의 지지(地支)와 합(合)하는 것을 말하며 천지합(天地合)이라고도 한다. 작용은 바꿔보자는 정신이 농후하므로 아이를 낳고 살다가도 가출하기 쉽고, 첩살이를 하거나 국제결혼을 하거나 애인을 숨겨놓고 사는 경우가 많다.

2. 형(刑)

형(刑)은 지지(地支)의 3글자 또는 2글자가 만나 흉작용을 하는 것을 말한다. 형액·관재·액난·구설·송사 등의 예측하지 못한 일이 생기고, 가정풍파·병고·산액·파탄·부부 생이사별 등이 따른다. 그러나 형(刑)이 있는데 사주가 길하면 군인·경찰·검찰·판사·변호사·검사·교도관으로 출세하여 만리에 이름을 떨치고, 때로는 의사·약사·간호사·식육점·식당업 등의 활인업에 종사하는 사람도 있다.

1. 상형(相刑)

寅巳申三刑(恃勢之刑)	丑戌未三刑(無恩之刑)	子卯相刑(無禮之刑)

삼형(三刑)으로 인한 질병은 심신장애·뇌신경장애·심장판막증·늑막염·골수염·좌골신경통 등이 있다. 남명이 양(陽)을 형(刑)하면 화가 따르고, 여명이 음(陰)을 형(刑)하면 화가 따른다. 삼형(三刑)이 있는데 양인(羊刃)이 일간(日干)을 극(剋)하면 검난이 따른다.

1) 인사신삼형(寅巳申三刑)

인사신삼형(寅巳申三刑)이 있으면 자기세력만 믿고 세게 나가다 큰 화를 당한다. 만일 사절(死絶)에 놓이면 소아마비에 걸리기 쉽고, 교활·간사·비굴하며, 남명은 어리석고 여명은 고독하다.

2) 축술미삼형(丑戌未三刑)

축술미삼형(丑戌未三刑)이 있으면 은혜를 원수로 갚거나 불의를 예사로 저지른다. 성격이 냉정하여 친구가 적고 비밀을 폭로하며 불량하다. 산액이 따르며 부부간에 생이사별수가 있다.

3) 자묘상형(子卯相刑)

자묘상형(子卯相刑)이 있으면 예의가 없고 건방지며 남을 불쾌하게 만들고 성병에도 1~2번 걸린다. 여명은 성격이 냉정하며 자궁수술수가 있고, 갑을(甲乙)일생은 음부에 털이 없다.

4) 인사형(寅巳刑)

인사형(寅巳刑)이 있으면 쟁투·세력갈등·경쟁·시비·망은·배신·형액·골육무정·송사·교통사고·독극물중독이 따르고, 소장·삼초·편도선에 질병이 생기며 고질병이 발생한다.

5) 사신형(巳申刑)

사신형(巳申刑)이 있으면 은인이 적으로 변하며 위아래를 모른다. 실패·불화·반목·시비 등이 따르고, 소장질환·삼초질환·대장질환과 한열 등이 생긴다.

6) 축술형(丑戌刑)

축술형(丑戌刑)이 있으면 배신·불신·투쟁·가정암투·관재·구설·재물손실·실패가 따르고, 여명은 부부간에 불화하여 고독하거나 이별하거나 배신당한다. 질병은 심신장애·신경질환·뇌신경질환·심장판막증·신장질환·위장질환 등이 따른다.

7) 술미형(戌未刑)

술미형(戌未刑)은 축술형(丑戌刑)과 비슷한데 재물손실·실패·

비장질환·위장질환·좌골신경통·폐막염 등이 따른다.

8) 자묘형(子卯刑)

자묘형(子卯刑)이 있으면 패륜·불륜·무례·간통·색정·변태·
성욕·간음 등의 일로 관재구설·음독자살·성병·자궁병·간장
질환 등이 따른다.

2. 자형(自刑)

辰辰自刑	午午自刑	酉酉自刑	亥亥自刑

자형(自刑)은 지지(地支)의 같은 글자가 만나 흉작용을 하는 것으
로 스스로 화를 부르는 형국이다. 잘난체하며 자기주장을 내세우다
적을 만들고, 의타심이 강하며 매사 용두사미가 된다. 지능이 부족
하며 불구가 되기도 한다. 남명이 일지(日支)에 자형(自刑)이 있으
면 아내가 병약하고, 시지(時支)에 있으면 자녀가 병약하다.

1) 진진자형(辰(辰自刑)

진진자형(辰(辰自刑)이 있으면 법원이나 검찰청을 출입하거나 천
재지변·억압·구속·관액·실형·구설·시비·당뇨·위장질환·
피부질환·붕괴·보관·냉동 등이 따른다.

2) 오오자형(午午自刑)

오오자형(午午自刑)이 있으면 폭발·불에 타죽음·가스폭발·차

량폭발·본드나 가스흡입·익사·자살·자해·충돌·교통사고·화재·화상·음독 등이 따른다.

3) 유유자형(酉酉自刑)

유유자형(酉酉自刑)이 있으면 억압·억제·자해·수술·상해가 따르고, 칼이나 유리나 쇠붙이에 다친다. 질병은 위장질환·간장질환·수족부상·기관지병이 따르고, 술·당구·볼링·전자오락 등에 빠진다. 유유자형(酉酉自刑)이 있으면 몸에 흉터가 생기는데 유(酉)가 재성(財星)에 해당하면 아내가 불구가 된다.

4) 해해자형(亥亥自刑)

해해자형(亥亥自刑)이 있으면 혈액병·요도병·당뇨·고혈압·수재·폭풍·풍랑·침수 등이 따르고, 직업은 어업·농작물·청소업·세탁업 등에 종사한다.

3. 충(沖)

충(沖)은 천간(天干)이나 지지(地支)에서 2글자가 만나 흉한 작용을 하는 것으로 지지충(地支沖)이라고도 한다. 사주에 있으면 황폭·망은·배우자와 상별·이별·파가·시비·관재·구설·교통사고·충돌사고·병고·불구·단명·재물손실·실패·배신 등이 따른다.

부모궁에 임하면 조실부모하거나 부모덕이 없거나 남의 부모를 모시고, 형제궁에 임하면 형제를 일찍 잃거나 불화하거나 각각 타향에서 살고, 자녀궁에 임하면 자녀를 두기 어렵거나 있어도 불순·불효·불구·단명·횡액이 따른다.

년지(年支)와 월지(月支)에 임하면 부모와 조부가 불화하여 따로 살았고, 조상의 업을 파하고 생가를 떠나며, 조상의 제사에 성의가 없다. 년지(年支)와 일지(日支)에 임하면 배우자와 부모가 불화하고, 존장을 공경하지 않으며, 상사와 윗사람의 덕이 없고, 조상의 제사에 성의가 없다.

월지(月支)와 시지(時支), 년지(年支)와 시지(時支)가 상충(相沖)하면 성격이 광폭하거나 병을 오래 앓는다. 월지(月支)와 일지(日支)가 상충(相沖)하면 자신과 배우자가 부모형제와 불화하여 같이 살지 못하여 타향으로 떠나고, 손윗사람과 인연이 없다. 일지(日支)와 시지(時支)가 상충(相沖)하면 자신과 배우자가 자손과 인연이 없고, 부부가 불화하거나 이별하고, 아랫사람과 인연이 없다. 그러나 기술이나 의술업으로 나가면 길하다.

간동지충(干同支沖)이 되면 조상의 업을 파하며 마음이 항상 불편하다. 여명이 일지(日支)와 시지(時支)에 진술충(辰戌沖)이 있으면 고독하고, 간합(干合)이 있는데 일지(日支)가 충(沖)되면 고생한다. 희신(喜神)은 충(沖)되면 흉해지고 흉신(凶神)은 충(沖)되면 길해진다. 사주에 충(沖)이 겹쳐 있으면 어릴 때 고생이 많고, 매사 초기 단계에 고난이 많아 구해주는 것이 없으면 평생 빈한하다. 사주에 공망(空亡)·충(沖)·원진(怨嗔)이 모두 있으면 빈천하다.

병오(丙午)일생이 임자(壬子)운을 만나거나 정사(丁巳)일생이 계해(癸亥)운을 만나면 천충지충(天沖地沖)이 되어 각종 재난과 냉증으로 인한 각종 질병이 생긴다. 을묘(乙卯)일생이 신유(辛酉)운과 천충지충(天沖地沖)이 되면 종교에 관여하고, 신유(辛酉)일생이 을묘(乙卯)가 있으면 성직자가 되어도 언젠가는 환속한다. 만일 명조에 형충파해(刑沖破害)가 중첩하면 군으로 나가는 것이 좋은데 신(辛)일생이 무토(戊土)가 있으면 군인으로 대성한다.

1. 천간충(天干沖)

甲庚沖	乙辛沖	丙壬沖	丁癸沖	戊甲沖	乙己沖	丙庚沖	丁辛沖	戊壬沖	己癸沖

천간충(天干沖)은 칠살(七殺)이라고도 하는데 양(陽)은 양(陽)끼리 음(陰)은 음(陰)끼리 화합하지 못하고 싸우는 것을 말한다. 불구·비명횡사·횡액이 따르고, 육친에 임하면 해당하면 사람이 흥액을 당한다.

천간충(天干沖)이 년간(年干)에 있으면 조실부모·횡액·불구·단명·질병이 따르고, 월간(月干)에 있으면 형제에게 급변사고·불구·단명·횡액·고생이 따르고, 일간(日干)에 있으면 본인에게 급변사고·비명·횡액·불구·고질이 따르고 밤낮 약으로 살며 단명하고, 시간(時干)에 있으면 자녀에게 급변사고·비명횡사·불구·고질병·불구가 따른다.

1) 갑경충(甲庚沖)

갑경충(甲庚沖)은 신경통·정신이상·광증·두통·눈병·중풍·

복부질환·혈압·콧병·비장질환·간질환이 따르고, 쇠붙이에 상
처를 당하거나 재물손실수가 있다.

2) 을신충(乙辛沖)

을신충(乙辛沖)은 신경통·하초질환·간장질환·담질환·목질
환·두통·가슴통·치통·수족상해·관절염이 따르고, 사기수가
있다.

3) 병임충(丙壬沖)

병임충(丙壬沖)은 대장질환·폐질환·심장질환·중풍·눈병·간
담질환·하초질환·마음의 병·혈압이상이 따르고, 주색으로 실패
한다.

4) 정계충(丁癸沖)

정계충(丁癸沖)은 심장질환·중풍·눈병·열병·소장질환·신경
성질환·신병(神病)이 따르고, 쇠붙이에 상처를 입거나 화액이나
수액이 따른다.

5) 무갑충(戊甲沖)

무갑충(戊甲沖)은 비장질환·위장질환·적혈·적담·피부질환·
척추질환·늑막염·신병(神病)·관액·송사 등이 따른다.

6) 기을충(己乙沖)

기을충(己乙沖)은 비장질환·중풍·늑막염·복막염·장부질환·

복부질환·하체손상·관형액이 따른다.

7) 경병충(庚丙沖)

경병충(庚丙沖)은 마음의 병·두통·눈병·귓병·입병·대장질환·폐질환·콧병·사지질환·화재·손절단 등이 따른다.

8) 신정충(辛丁沖)

신정충(辛丁沖)은 신경질환·폐렴·장질환·늑막질환·요통·다리질환·수족질환·화재·신병(神病)·당뇨가 따르고 쇠붙이에 상한다.

9) 임무충(壬戊沖)

임무충(壬戊沖)은 광병·두통·신장질환·방광질환·혈압이상·간암·복부질환·탈장·정강이질환·문서손실 등이 따른다.

10) 계기충(癸己沖)

계기충(癸己沖)은 기운이 흩어지고 신장질환·중풍·눈병·두려움·복부질환·설사·급병·신병(神病)·문서손재 등이 따른다.

2. 지지충(地支沖)

子午沖	丑未沖	寅申沖	卯酉沖	辰戌沖	巳亥沖

지지충(地支相沖)도 천간충(天干沖)과 같이 상극(相剋)이 되어 싸우는 것을 말하며 칠살(七殺)이라고 한다.

1) 자오충(子午沖)

자오충(子午沖)은 심장질환·방광질환·신장질환·폐질환·생식기질환·비장질환·눈병·수술·재물손실·실패·불안초조가 따르며 타향살이를 오래 한다. 갑경(甲庚)일생은 타향살이를 하며 수도·수리·문화·정신과 관계있다.

2) 축미충(丑未沖)

축미충(丑未沖)은 비장질환·위장질환·피부질환·내장질환·맹장질환·수족부상·수술·재물손실·실패가 따르며 매사에 막힘이 많다. 형제가 각각 다른 마음이며 재산으로 다투기 쉽다. 전택·토지매매·영농·토목공사와도 관계있다.

3) 인신충(寅申沖)

인신충(寅申沖)은 신경질환·간질환·두통·광증·폐질환·골절·위장질환·축농증·당뇨·충돌·색난·파패가 따르고, 바람을 피우며 구설수나 싸움이 따른다. 일시(日時)에 있으면 자녀가 없다. 인신충(寅申沖)은 도로·교통·희소식·흉소식·편지·전달·원행·이동과 관계있다.

4) 묘유충(卯酉沖)

묘유충(卯酉沖)은 신경질환·담낭질환·두통·폐질환·대장질환·간질환·간암·수족불구·당뇨·말초신경질환·주체·귀신침입·재물손실·실패가 따르고, 친한 사람을 배반하며 근심걱정이 많고 부부가 불화하며 골육이 상한다. 묘유충(卯酉沖)은 문호(門戶)갱신의 일·이동·거주불안·가문의 변화와 관계있다. 혹자는 상을 당하거나 자녀가 없다.

5) 진술충(辰戌沖)

진술충(辰戌沖)은 비장질환·위장질환·위암·심장질환·복부질환·피부질환·신장질환·당뇨·불치병·불안초조가 따르고, 배우자를 잃고 고독하며 친절한 면이 없다. 그러나 길경사가 생기는 수도 있다. 진술충(辰戌沖)은 전택·토지·소송·투쟁·시비와 관계있다.

6) 사해충(巳亥沖)

사해충(巳亥沖)은 광병·두통·심장질환·소장질환·신장질환·눈병·방광질환·혈압이상·요통·술병·대소변문제가 따르고, 가슴이 답답하며 쓸데없이 남의 걱정을 잘 한다. 작은 일이 크게 벌어지고, 처음에는 득이 있으나 나중에는 잃고, 권태와 변덕이 심하다. 형액수가 있고 반복이 많으며 가벼운 것이 중하게 되고 구한 뒤에 손해를 본다. 사해충(巳亥沖)은 연료·폭발·해사(海事)·이동·원행과 관계있다.

4. 파(破)

子酉破	寅亥破	丑辰破	卯午破	巳申破	戌未破

파(破)는 지지(地支)에서 2글자가 만나 흉작용을 하는 것을 말한다. 평생 재물손실과 실패가 따르고 교통사고와 가정풍파가 계속된다는 흉살(凶殺)이다. 파(破)가 년지(年支)에 임하면 양친과 일찍 상별하기 쉽고 부모와 조상덕이 없으며 타향살이를 한다. 월지(月支)에 임하면 변동이 심하고 형제간에 불화하며 객지를 전전한다. 일지(日支)에 임하면 일신이 고립되고 부부연이 약하며 풍파가 많다. 시지(時支)에 임하면 자손연이 박하며 만년에 고독하다. 일(日)과 월(月)이 상파(相破)되면 아내가 상한다.

인해파(寅亥破)나 사신파(巳申破)가 있으면 유혹에 약하다. 사주에 인신사해(寅申巳亥)가 모두 있으면 유혹을 당하기 쉬우나 남명은 대부대귀격을 이룬다. 그러나 여명은 음란방탕하며 파란이 많고 쌍둥이를 낳거나 과부가 되기 쉽다.

자유파(子酉破)나 오묘파(午卯破)가 있으면 주색을 좋아하나 기술·예술·문학 방면에 뛰어나다. 만일 자오묘유(子午卯酉)가 모두 있으면 음탕하나 남명은 부귀격을 이룬다. 그러나 여명은 사랑을 따라 도망간다. 자오묘유(子午卯酉)가 년월(年月)에 있으면 애인이 연상이고, 일시(日時)에 있으면 연하이나 만나기 바쁘게 헤어진다. 자오묘유(子午卯酉) 중에서 3개 이상 있으면 부부가 불화하여 풍파가 많고 매사에 막힘이 많으며 수술을 한다. 자오묘유(子午卯酉)생이 사(巳)가 있는데 장생(長生)을 만나면 도살이나 식육업에 종사하고, 자오(子午)생이 사오(巳午)를 만나면 조국을 떠나 빈한하게 산다.

축진파(丑辰破)나 술미파(戌未破)가 있으면 배우자와 자녀궁이 흉하고 육친간에 소원하다. 만일 사주에 진술축미(辰戌丑未)가 모두 있으면 성격이 집요하며 강하고 덕을 행한다. 겉으로는 온화하나 속으로는 화를 잘 내고, 배우자와 자녀를 극(剋)한다. 남명은 부귀격을 이루나 여명은 인품이 좋지 않고 음탕하여 풍파가 많고 남편과 자녀가 없기 쉽다. 남편의 직업은 의약계·형권직·식품영양사·술객인 경우가 많다. 여기다 관살(官殺)이 사고(四庫)에 암장(暗藏)되면 숨겨둔 남자가 있다.

1) 자유파(子酉破)

자유파(子酉破)는 폐렴·요통·골수염·요도염·성병·팔다리신경통·생리통 등이 있고 불륜을 범한다. 부모형제와 사이가 좋지 않고, 인덕이 없고, 부부가 정이 없는 등 풍파가 많다. 남녀 모두 본인이나 배우자가 신경쇠약·정신이상·변태·의처증·의부증이 심하고, 자녀가 불초하며 술이나 물과 관계있는 직업에 종사한다.

2) 축진파(丑辰破)

축진파(丑辰破)는 맹장염·피부질환·대장질환·소장질환·비장질환·요통·위장질환·복막염·치아손상·냉증·관재구설·납치·감금·교통사고·불구·축대붕괴·조경이나 땅의 경계다툼·경지정리·택지수리 등이 따르고, 인덕이 없으며 스스로 화를 부른다.

3) 인해파(寅亥破)

인해파(寅亥破)는 위장질환·방광염·담석·두통·당뇨·신경

통 · 마비증 · 요통 · 정신질환 · 불안초조 · 재물손실 · 실패가 따른
다. 정을 주고 배신당하거나 부부간에 풍파가 많다. 산신께 기도를
드려라.

4) 오묘파(午卯破)

오묘파(午卯破)는 위장질환 · 간장질환 · 색맹 · 담석 · 난시 · 신경
질환 등이 생긴다. 매사 막힘이 많고 주색 · 유흥 · 오락을 좋아하다
명예가 떨어지며 사업은 실패가 잦다.

5) 사신파(巳申破)

사신파(巳申破)는 소장질환 · 대장질환 · 삼초질환 · 심장질환 · 냉
증 · 불화 · 관재 · 구설 · 시비 · 가정파탄 · 파산 · 재물손실 등이 따
르고 만사에 장해가 따른다.

6) 술미파(戌未破)

술미파(戌未破)는 신경질환 · 척추질환 · 요통 · 신경통 · 마비 · 좌
골신경통 등이 생긴다. 골육간에 상쟁하고 주위사람들과도 배신 ·
시기 · 질투 · 재물손실 · 관액 등이 생긴다.

5. 해(害)

子未害	丑午害	寅巳害	卯辰害	申亥害	酉戌害

해(害)는 합(合)되는 것을 다른 지지(地支)에서 방해하는 것을

말한다. 모두 6가지이므로 육해(六害)라고 하며 상천살(相穿殺)이라고도 한다. 교란·파괴·이간·모사작용을 하며, 투쟁·대치·충돌·장해·풍파·무덕·오래된 병이 따른다.

1) 자미해(子未害)

자미해(子未害)는 부모형제·육친·골육간에 불화하며 떨어져 살고, 재물이 흩어지고, 부부가 불화하고, 관재구설·요통·자궁질환·생식기질환 등이 따른다.

2) 축오해(丑午害)

축오해(丑午害)는 부모형제와 무정하며 불화하고, 부부가 불화하거나 이별하고, 본인이나 배우자가 수액을 당하고, 화상·음독·수술·신경장애·중풍·반신불수·정신병이 따른다.

3) 인사해(寅巳害)

인사해(寅巳害)는 부모형제와 인연이 없고, 인덕이 없고, 부부간에 풍파가 많고, 시비구설·중상모략·관재구설·화상·음독·수술·간장질환·위장질환·소장질환·인후염·견비통이 따른다.

4) 묘진해(卯辰害)

묘진해(卯辰害)는 부모형제와 인연이 없고, 부부간에 풍파가 많고, 중상모략·배신·가산탕진·허무·관재구설·위장질환·간장질환이 따른다.

5) 신해해(申亥害)

신해해(申亥害)는 육친과 인연이 없고, 부부간에 풍파가 많고, 얼굴에 흉터가 생기고, 교통사고·수액·낙상·폐질환·대장질환·산후병·대소변질환 등이 따른다. 신(申)이 해(亥)를 만나면 물건을 잘 줍고, 해(亥)가 신(申)을 만나면 물건을 잘 잃어버린다.

6) 유술해(酉戌害)

유술해(酉戌害)는 인덕이 없고, 형제의 덕이 없고, 부부간에 변심하고, 자손으로 인한 근심이 있고, 가정불화·배신·말더듬·비장질환·신장염·간장질환 등이 따른다. 유(酉)일 술(戌)시생은 벙어리가 되기 쉽고, 얼굴에 악창이 생긴다.

6. 공망(空亡)

甲子旬中	甲戌旬中	甲申旬中	甲午旬中	甲辰旬中	甲寅旬中
戌亥空亡	申酉空亡	午未空亡	辰巳空亡	寅卯空亡	子丑空亡

공망(空亡)이란 헛된 것·빈 것·망한 것·없어지는 것·고독한 것을 뜻한다. 흉살(凶殺)이 공망(空亡)되면 좋아지나 길신(吉神)이 공망(空亡)되면 나빠진다.

공망(空亡)이 년지(年支)에 놓이면 조상덕이 약하고 조부모의 기지가 미약하니 조상의 업이나 유산이 없다. 어릴 때 불우하며 조상을 받들지 않고, 선대의 묘가 파손되거나 중년 전에 한쪽 부모와 생사이별하거나 고향을 떠나고, 노력해도 뜻을 이루지 못하니 평생 고생이 많다.

공망(空亡)이 월지(月支)에 놓이면 부모덕이 없고 형제가 발전하지 못하며 고향을 떠난다. 고독·독신·자수성가·타향살이가 따르며 중년에 풍파가 많다. 부모형제와 인연이 약하여 일찍 생이사별하거나 사이가 좋지 않거나 생가에서 멀리 떨어져 산다.

공망(空亡)이 일지(日支)에 놓이면 생가를 떠나 다른 집에서 자라는 경우가 많고 현달하지 못한다. 좋은 배우자를 만나기 어렵고 가정생활에 파란이 많다. 무위도식하며 부부간에 생이사별수가 있다.

공망(空亡)이 시지(時支)에 놓이면 집요하며 야망이 커도 성공하기 어렵다. 공망(空亡)이 화개(華蓋)와 동주(同柱)하면 자녀를 두기 어렵고, 있어도 불초하거나 힘이 되지 못하니 죽어서도 관이 없는 형상이다. 여명은 대개 친정이 무후하며 고독하고, 남명은 처자덕이 없다.

공망(空亡)이 태월(胎月)에 놓이면 고향을 일찍 떠나 동분서주하고, 한쪽 부모와 헤어지는 경우가 많다. 년주(年柱)에서 보아 월일시(月日時)에 공망(空亡)이 놓이거나 일주(日柱)에서 보아 년월시(年月時)에 공망(空亡)이 놓이면 다른 사람의 도움으로 복을 얻거나 양자로 가서 행복해지거나 구류술업에 종사한다.

공망(空亡)이 비겁(比劫)에 놓이면 형재자매가 없거나 있어도 힘이 되지 못하고, 비견(比肩)에 놓이면 형제·친구·동료가 빈약하고, 겁재(劫財)에 놓이면 동기간에 우애가 없다.

공망(空亡)이 식상(食傷)에 놓이면 일이 자주 막혀 좌절한다. 식신(食神)에 놓이면 남명은 활동력이 막혀 자주 실직하며 재능을 발휘하기 어렵고, 의식이 부족하며 건강도 좋지 않아 대개 단명한다. 여명은 자녀복이 박하며 큰 발전에 뜻이 없고, 가난하지 않으면 단명하고, 음식을 먹으면 잘 체한다. 상관(傷官)에 놓이면 고아가 되기 쉽고, 혼담에도 구설이 따른다. 주로 딸을 먼저 낳고 종교계로 나간다. 여명은 자녀를 1명 두나 자녀복이 박하다. 그러나 남편을 극(剋)하거나 사치하지 않는다.

공망(空亡)이 관성(官星)에 놓이면 명리를 원하지 않는다. 남명은 자녀연이 박하고, 여명은 남편덕이 없는데 심하면 생사이별하거나 남편에게 횡액이 따른다. 편관(偏官)에 놓이면 대개 길작용을 하나 지위는 높지 않고 떠돌이생활을 많이 한다. 남명은 벼슬운이 약하고, 여명은 혼사가 늦어지거나 남편운이 없다. 정관(正官)에 임하면 명리는 기대할 수 없고 지위는 낮으니 안정되지 못한다. 남명은 자녀복이 박하고, 여명은 혼사가 늦어지거나 남편덕이 없다.

공망(空亡)이 재성(財星)에 임하면 재물 때문에 어려움이 많고, 게으르며 무능하고, 아버지가 불구이거나 힘이 없다. 여명은 시어머니가 쇠약하고, 남명은 아내가 상하거나 덕이 없고 병약하며 불구가 되는 경우도 있다. 편재(偏財)에 임하면 남명은 직업운·재물운·아내운이 없다. 정재(正財)에 임하면 재물욕심이 없고 남명은 늦게 혼인하는데 아내를 극(剋)한다.

공망(空亡)이 인성(印星)에 임하면 어머니와 일찍 이별하고 학업이 중단되는 수가 있다. 그러나 의술이나 자선사업에 흥미를 느끼며 다른 사람의 도움을 구하지 않는다. 편인(偏印)에 임하면 아버지 형제와 인연이 박하고, 편업은 좋지 않고, 학업이 중단된다. 만일 신약(身弱)하면 흉이 많이 따르고 사회적으로 인정받기 힘들다. 인수(印綬)에 임하면 부모덕이 박하며 학업이 중단되고 집을 자주 옮긴다. 인격이 떨어지며 가정이 원만하지 못하고 부부가 해로하지 못한다.

공망(空亡)이 고진(孤辰)이나 과숙(寡宿)에 임하면 어릴 때 고생이 많고, 역마(驛馬)에 임하면 직장과 주거지를 자주 옮기고, 도화(桃花)에 임하면 재물이 흩어진다. 삼기(三奇)·학당(學堂)·화개(華蓋)에 임하면 총명하여 학자로 대성하고, 육해(六害)·함지(咸地)·양인(羊刃)에 임하면 성격이 난폭하며 흉하다. 여명은 색정이 강하여 개가하고, 남자는 신병으로 고생한다.

공망(空亡)이 건록(建祿)에 임하면 파란곡절이 많아 만년에 가난하며 노년에도 고생하며 쓸쓸하게 지낸다. 생왕(生旺)에 임하면 도량은 넓으나 실속이 없고, 사절(死絶)에 임하면 평생 변화와 기복이 심하고, 겁살(劫殺)에 임하면 교활하며 열등하나 만용을 부리고, 망신(亡身)에 임하면 신앙심이 좋지 않고 평생 방랑한다.

공망(空亡)이 사주 4기둥에 모두 임하면 타향에서 발달하고, 공망(空亡)이 합(合)되면 총명하고, 명조에 갑인(甲寅)과 계축(癸丑)이 있는데 힘이 없고 공망(空亡)되면 승도팔자이다.

년주(年柱)와 일주(日柱)가 서로 공망(空亡)이 되고 충파(沖破)와 양인(羊刃)이 있는데 일간(日干)을 극(剋)하면 남명은 신체가 허약하고 여명은 색정이 강하다.

공망(空亡)이 녹마귀인(祿馬貴人)에 임하면 인격이 떨어지고, 간합(干合)·지합(支合)·삼합(三合)에 놓이면 한가한 사람이 된다.

진술축미(辰戌丑未) 중에 재성(財星)이 있는데 공망(空亡)이 놓이면 의식주가 곤란하고, 공망(空亡)을 충(沖)하면 고독하며 빈천하다. 공망(空亡)이 흉신(凶神)에 놓이면 공망(空亡)이 나갈 때 재액이 따르고, 길신(吉神)에 놓이면 공망(空亡)이 나갈 때 길하다.

공망(空亡)이 년월(年月)에 놓이면 3흥3패하고, 사맹(四孟)에 놓이면 독하며 기교와 꾀가 출중하여 이름을 날리거나 술객이 되는 경우가 많다. 재성(財星)에 놓이면 실속이 없고, 식신(食神)에 놓이면 희신(喜神)이라도 실속이 없고, 파조(破祖)에 놓이면 조상의 기반을 파하며 조상을 욕되게 하고, 극해(剋害)에 놓이면 처자를 형극(剋)하거나 홀아비나 과부가 된다.

■ 사대공망(四大空亡)

甲子旬中	甲午旬中	甲寅旬中	甲申旬中
壬申·癸酉日	壬寅·癸卯日	庚申·辛酉日	庚寅·辛卯日

사대공망(四大空亡)을 범하면 단명하거나 빈한하고 장해와 고생이 많다. 대운(大運)에서 만나도 역시 불길하다.

■ 절로공망(截路空亡)

日干	甲己	乙庚	丙辛	丁壬	戊癸
截路空亡	申酉時	午未時	辰巳時	寅卯時	子丑時

절로공망(截路空亡)은 진퇴양난의 처지에 빠진다는 흉살(凶殺)이다. 사주에 있으면 평생 불길하며 고생한다.

6장. 육신(六神)

1. 육신(六神) 표출하는 방법

— 나를 생(生)하는 자는 부모이다.

— 내가 생(生)하는 자는 자손이다.

— 나를 극(剋)하는 자는 관귀(官鬼)이다.

— 내가 극(剋)하는 자는 처재(妻財)이다.

— 나와 같은 자는 형제이다.

— 나와 같은 자는 비견(比肩)과 겁재(劫財)이다.

— 내가 생(生)하는 자는 식신(食神)과 상관(傷官)이다.

— 내가 극(剋)하는 자는 편재(偏財)와 정재(正財)이다.

— 나를 극(剋)하는 자는 편관(偏官)과 정관(正官)이다.

— 나를 생(生)하는 자는 편인(偏印)과 인수(印綬)이다.

— 일간(日干)과 오행(五行)이 같고 음양(陰陽)도 같은 것은 비견(比肩)이다.

— 일간(日干)과 오행(五行)이 같고 음양(陰陽)이 다른 것은 겁재(劫財)다.

— 일간(日干)이 생(生)하고 음양(陰陽)이 같은 것은 식신(食神)이다.

— 일간(日干)이 생(生)하고 음양(陰陽)이 다른 것은 상관(傷官)이다.

— 일간(日干)이 극(剋)하고 음양(陰陽)이 같은 것은 편재(偏財)다.

— 일간(日干)이 극(剋)하고 음양(陰陽)이 다른 것은 정재(正財)다.

— 일간(日干)을 극(剋)하고 음양(陰陽)이 같은 것은 편관(偏官)이다.

— 일간(日干)을 극(剋)하고 음양(陰陽)이 다른 것은 정관(正官)이다.

— 일간(日干)을 생(生)하고 음양(陰陽)이 같은 것은 편인(偏印)이다.

— 일간(日干)을 생(生)하고 음양(陰陽)이 다른 것은 인수(印綬)다.

비견(比肩)과 겁재(劫財)를 합(合)하여 비겁(比劫) 또는 견겁(肩劫)이라 하고, 식신(食神)과 상관(傷官)을 합(合)하여 식상(食傷) 또는 상식(傷食)이라 하고, 편재(偏財)와 정재(正財)를 합(合)하여 재성(財星)이라 하고, 편관(偏官)과 정관(正官)을 합(合)하여 관성(官星) 또는 관살(官殺)이라 하고, 인수(印綬)와 편인(偏印)을 합(合)하여 인성(印星)이라 한다. 편관(偏官)은 칠살(七殺), 편인(偏印)은 도식(倒食) 또는 효신(梟神), 인수(印綬)는 정인(正印), 겁재(劫財)는 탈재(奪財)라고도 한다.

그리고 재성(財星)과 관성(官星)을 합(合)하여 재관(財官), 관성(官星)과 인성(印星)을 합(合)하여 관인(官印), 인성(印星)과 비겁(比劫)을 합(合)하여 인비(印比), 식상(食傷)과 재성(財星)을 합(合)하여 식재(食財)라고도 한다. 사(巳)와 해(亥)는 음(陰)이지만 육신법(六神法)에서는 양(陽)으로 보고, 오(午)와 자(子)도 양(陽)이지만 육신법(六神法)에서는 음(陰)으로 본다.

육신표(六神表)

日干 六神	甲	乙	丙	丁	戊	己	庚	辛	壬	癸
比肩	甲寅	乙卯	丙巳	丁午	戊辰戌	己丑未	庚申	辛酉	壬亥	癸子
劫財	乙卯	甲寅	丁午	丙巳	己丑未	戊辰戌	辛酉	庚申	癸子	壬亥
食神	丙巳	丁午	戊辰戌	己丑未	庚申	辛酉	壬亥	癸子	甲寅	乙卯
傷官	丁午	丙巳	己丑未	戊辰戌	辛酉	庚申	癸子	壬亥	乙卯	甲寅
偏財	戊辰戌	己丑未	庚申	辛酉	壬亥	癸子	甲寅	乙卯	丙巳	丁午
正財	己丑未	戊辰戌	辛酉	庚申	癸子	壬亥	乙卯	甲寅	丁午	丙巳
偏官	庚申	辛酉	壬亥	癸子	甲寅	乙卯	丙巳	丁午	戊辰戌	己丑未
正官	辛酉	庚申	癸子	壬亥	乙卯	甲寅	丁午	丙巳	己丑未	戊辰戌
偏印	壬亥	癸子	甲寅	乙卯	丙巳	丁午	戊辰戌	己丑未	庚申	辛酉
正印	癸子	壬亥	乙卯	甲寅	丁午	丙巳	己丑未	戊辰戌	辛酉	庚申

육신(六神) 배속표

比肩	남	형제자매 · 자부 · 처남의 아들 · 고모부 · 여형제의 시부 · 시댁식구 · 친구 · 선후배 · 동업자 · 직장동료 · 거래인 · 경쟁자 · 채무자 · 채권자 · 부하직원
	여	형제자매 · 시부 · 시백숙부 · 동서 · 남편의 애인 · 고모부 · 시고모 · 친구 · 선후배 · 동업자 · 경쟁자 · 동료직원 · 부하직원
劫財	남	형제자매 · 자부 · 처남의 딸 · 이복형제 · 사촌 · 딸의 시모 · 고조모 · 여형제의 시부 · 선후배 · 동업자 · 직장동료 · 부하직원 · 아내의 애인
	여	형제자매 시부 · 시백부 · 시숙부 · 시고모 · 동서 · 시댁식구남편의 첩 · 아들의 장인 · 친구 · 선후배 · 동업자 ·
食神	남	조모 · 손자 · 손녀 · 생질 · 장모 · 사위 · 외조부 · 증조부 · 타인의 자식 · 부하
	여	아들 · 딸 · 조모 · 편조모 · 시누이의 남편 · 조카 · 질녀 · 손부 · 외조부 · 증조부 · 손자의 첩 · 사위의 부친
傷官	남	조모 · 손자 · 손녀 · 생질녀 · 장모 · 사위 · 외조부 · 외숙모 · 증손부 · 타인의 자식 · 딸의 시동기
	여	아들 · 딸 · 조모 · 시누이 남편 · 조카 · 질녀 · 외숙모 · 외손부
偏財	남	부친 · 백부 · 숙부 · 고모 · 처남 · 처제 · 첩 · 애인 · 형수 · 제수 · 고손자 · 외사촌 · 여형제의 시모
	여	부친 · 백부 · 숙부 · 고모 · 시모 · 외손자 · 오빠의 첩 · 시가 · 시외숙 · 증손녀

육신(六神) 배속표

正財	남	아내 · 처형 · 처제 · 처남 · 숙부 · 백부 · 고모 · 의부 · 형수 · 제수 · 고손녀 · 여형제의 시모 · 어머니의 애인
	여	숙부 · 백부 · 고모 · 편시모 · 시모의 형제 · 오빠의 애인 · 증손자 · 시조부 · 어머니의 애인
偏官	남	아들 · 딸 · 조카 · 질녀 · 매부 · 외조모 · 고조부 · 딸의 시부
	여	편부 · 정부 · 시형제 · 아들의 첩 · 자부 · 자부의 오빠 · 증조모 · 사위의 모친
正官	남	아들 · 딸 · 조카 · 질녀 · 매부 · 외조모 · 증조모
	여	남편 · 시형제 · 아들의 첩 · 자부 · 자부의 형제 · 외조모 · 정부 · 사위의 모친
偏印	남	조부 · 편모 · 이모 · 외숙 · 모친 · 백모 · 숙모 · 장인 · 증손자 · 외손자 · 자부의 모친
	여	조부 · 편모 · 계모 · 사위 · 이모 · 외숙 · 손자 · 시외조부 · 시조모 · 사위의 형제
印綬	남	모친 · 외숙 · 이모 · 숙모 · 백모 · 장인 · 외손녀 · 처남의 댁 · 증손녀 · 고손부 · 종조부 · 자부의 편모
	여	모친 · 손자 · 손녀 · 조부 · 이모 · 외숙 · 사위 · 종조부 · 대고모 · 사위의 여동기

■ 육신(六神) 표출하는 방법

偏財	日干	傷官	傷官
壬	戊	辛	辛
戌	寅	丑	卯
比肩	偏官	劫財	正官

偏財	日干	偏財	偏印
甲	庚	甲	戊
申	午	子	子
比肩	正官	傷官	傷官

偏印	日干	偏印	偏印
丙	戊	丙	丙
辰	寅	申	戌
比肩	偏官	食神	比肩

劫財	日干	偏財	正官
丙	丁	辛	壬
午	卯	亥	寅
比肩	偏印	正官	印綬

比肩	日干	正財	偏財
丁	丁	庚	辛
未	卯	寅	亥
食神	偏印	印綬	正官

偏財	日干	印綬	印綬
癸	己	丙	丙
酉	酉	申	午
食神	食神	傷官	偏印

손부 자녀 正官	나 日干	매부 자녀 偏官	손부 자녀 正官	
壬	丁	癸	壬	남
寅	酉	卯	子	명
印綬 모친 장인	偏財 부친 여자	偏印 조부 이모	偏官 자녀 매부	

시모 부친 偏財	나 日干	조모 자녀 傷官	조모 자녀 傷官	
壬	戊	辛	辛	여
戌	寅	丑	卯	명
比肩 형제 자매	偏官 남자 남편	劫財 형제 자매	正官 남편 남자	

2 육신(六神)의 작용

1. 비견(比肩)

— 비견(比肩)이 왕한데 신왕(身旺)하면 아우로 태어난다.

— 비견(比肩)이 많은데 관살(官殺)이 없으면 재혼한다.

— 여명이 천간(天干)에 비견(比肩)이 많으면 정조를 잃는다.

— 비견(比肩)이 왕지(旺地)에 놓이면 형제의 도움을 받고, 약지(弱地)에 놓이면 내가 형제를 도와준다.

— 사주가 모두 비견(比肩)이면 아버지나 아내와 인연이 없고, 두 집안을 관장하거나 양자로 간다.

— 사주가 모두 비견(比肩)인데 재성(財星)이 1개 있으면 거지가 된다.

— 비견(比肩)과 겁재(劫財)가 동주(同柱)하면 부모형제의 덕과 인덕이 없다.

— 비견(比肩)과 겁재(劫財)가 모두 있으면 재물손실이나 부부이별이 따른다.

— 비견(比肩)이 사(死)·묘(墓)·절(絶)·욕지(浴地)에 놓이면 형제가 무능하여 빈천하거나 일찍 죽는다.

— 비견(比肩)과 건록(建祿)이 동주(同柱)하면 형제자매에게 부귀영화가 따른다.

— 비견(比肩)이 공망(空亡)되면 형제자매와 인연이 없고, 형충파해(刑沖破害)되면 부모와 배우자의 덕이 없고 이별한다.

— 비견(比肩)이 왕한데 형충(刑沖)되면 형제자매나 친구와 불목하며 도움이 없고, 비견(比肩)이 약한데 형충(刑沖)되면 형제자매에게 수술·불구·단명이 따른다.

— 비견(比肩)이 많으면 아버지를 극(剋)하며 재물손실이 따르고, 평생 고생이 많으며 형제와 배우자의 덕이 없고 이별한다.

— 남명이 비견(比肩)이 많으면 아내와 상별하거나 재물손실이 많고, 동기간이나 친구간에 손실을 많이 본다. 동업·합자·주식회사 등 공동사업과 금전대체업은 실패한다.

— 여명이 비견(比肩)이 많으면 고집이 세어 부부간에 불화하거나 남편이 첩을 얻어 나간다. 또는 본인이 첩이 되거나 독신으로 살며 색정으로 인한 번뇌가 많다.

— 여명이 비견(比肩)이 강한데 관살(官殺)이 약하면 부부간에 애정이 없다.

— 여명이 천간(天干)에 비견(比肩)이 많으면 정이 헤퍼 정조를 잃는다.

— 비견(比肩)이 지살(地殺)이나 역마(驛馬)에 놓이면 형제자매가 멀리 가거나 타향으로 간다.

— 비견(比肩)이 년주(年柱)에 있으면 장남이 아니며 고향을 떠난다.

— 비견(比肩)이 년간(年干)에 있으면 형이나 누나가 있고 양자로 가거나 타향에서 산다.

— 비견(比肩)이 월주(月柱)에 있으면 형제가 있고 고향을 떠나 산다. 여기다 신왕(身旺)하면 부모와 형제의 덕이 없고 생가를 떠나 타가를 상속한다.

— 비견(比肩)이 월간(月干)에 있으면 형제자매가 있고 고향을 떠나 산다.

— 비견(比肩)이 월지(月支)에 있으면 장자가 아닌 경우가 많고, 유산을 받아도 탕진하고 자수성가한다. 아버지와 일찍 사별하는 수가 많다.

— 비견(比肩)이 월지(月支)에 있는데 편재(偏財)가 월간(月干)에 있으면 아버지가 가산을 탕진하거나 객사한다.

— 비견(比肩)이 월지(月支)에 있는데 사주에 비견(比肩)이나 겁재(劫財)가 많으면 부모형제와 인연이 없고 성품이 포악하며 양자로 간다.

— 비견(比肩)이 일지(日支)에 있는데 동생이 있으면 부부간에 다른 마음을 지녀 불화한다.

— 비견(比肩)이 시주(時柱)에 있는데 왕하면 양자로 대를 잇는다. 여기다 신왕(身旺)하면 자손덕이 없고 재물을 모으지 못하며 늙어서 빈천해진다.

— 년간(年干)에 비견(比肩)이 있는데 월간(月干)이나 지지(地支)에 정관(正官)이 없고 월지(月支)에 인성(印星)이 없으면 형이나 누나가 있거나 양자로 간다. 이런 사람은 자아가 강하며 독립하거나 분가하는 경향이 있다.

— 년간(年干)에 비견(比肩)이 있는데 월간(月干)에 정관(正官)이 있으면 장자나 장녀의 권한을 갖는다.

— 년간(年干)에 비견(比肩)이 있고 년지(年支)에 재성(財星)이 있는데 월주(月柱)에 관살(官殺)이 없거나 사주에 인성(印星)이 유력하면 본인이 태어난 후 가정형편이 영창하거나 곤고한 가운데서도 흥왕한다.

— 년간(年干)에 비견(比肩)이 있는데 월지(月支)에 정관(正官)이 있으면 장자나 장녀의 권위를 갖는다.

— 년간(年干)에 비견(比肩)이 있고 년월(年月)에 관살(官殺)이 있

는데 일간(日干)이 실령(失令)하고 비견(比肩)이 실지(失地)하
면 어릴 때 가정형편이 좋지 않다.

— 년간(年干)에 비견(比肩)이 있는데 년지(年支)에 겁재(劫財)가
있으면 아버지와 인연이 박하거나 사별하고, 늦게 혼인하는 경
우가 많다.

— 년지(年支)에 비견(比肩)이 있으면 형이나 누나가 문호(門戶)를
세우고 개성이 강하며 소통이 잘 되지 않는다.

— 년간지(年干支)에 모두 비견(比肩)이 있으면 부모와 인연이 박
하거나 양자로 가고 늦게 혼인한다.

— 년월간(年月干)에 비견(比肩)이나 겁재(劫財)가 있으면 어릴 때
가정형편이 좋지 않다.

— 월간(月干)에 비견(比肩)이 있으면 형제자매가 있거나 양자로
간다. 자아가 강하며 독립·분가·창업하며 이재에 밝다. 그러
나 비견(比肩)이 공망(空亡)되면 비록 형제가 있어도 힘이 되지
못하고 사별한다.

— 월간(月干)에 비견(比肩)이 있고 년간(年干)에 상관(傷官)이 있
는데 비견(比肩)이 당령(當令)하고 관살(官殺)이 동주(同柱)하
지 않으면 어릴 때 가정이 부귀하다.

— 월간(月干)에 비견(比肩)이 있고 년간(年干)에 식신(食神)이 있
는데 비견(比肩)이 당령(當令)하고 관살(官殺)이 동주(同柱)하
지 않으면 어릴 때 가정이 부귀하다.

— 월간(月干)에 비견(比肩)이 있고 년지(年支)에 상관(傷官)이 있
는데 비견(比肩)이 당령(當令)하고 관살(官殺)이 동주(同柱)하

지 않으면 어릴 때 가정이 부귀하다.

— 월간(月干)에 비견(比肩)이 있고 년지(年支)에 식신(食神)이 있
  는데 비견(比肩)이 당령(當令)하고 관살(官殺)이 동주(同柱)하
  지 않으면 어릴 때 가정이 부귀하다.

— 월간(月干)에 비견(比肩)이 있고 년간(年干)에 정관(正官)이 있
  는데 비견(比肩)이 당령(當令)하고 식상(食傷)이 동주(同柱)하
  지 않으면 어릴 때 가정이 부귀하다.

— 월간(月干)에 비견(比肩)이 있고 년간(年干)에 칠살(七殺)이 있
  는데 비견(比肩)이 당령(當令)하고 식상(食傷)이 동주(同柱)하
  지 않으면 어릴 때 가정이 부귀하다. 그러나 비견(比肩)이 실령
  (失令)하고 살성(殺星)이 득령(得令)하면 한미한 집안에서 태어
  난 사람이다.

— 월간(月干)에 비견(比肩)이 있고 년지(年支)에 정관(正官)이 있
  는데 비견(比肩)이 당령(當令)하고 식상(食傷)이 동주(同柱)하
  지 않으면 어릴 때 가정이 부귀하다.

— 월간(月干)에 비견(比肩)이 있고 년지(年支)에 칠살(七殺)이 있
  는데 비견(比肩)이 당령(當令)하고 식상(食傷)이 동주(同柱)하
  지 않으면 어릴 때 가정이 부귀하다.

— 월간(月干)에 비견(比肩)이 있고 년간(年干)에 상관(傷官)이 있
  는데 비견(比肩)이 당령(當令)하고 관살(官殺)이 동주(同柱)하
  면 가난하다.

— 월간(月干)에 비견(比肩)이 있고 년간(年干)에 식신(食神)이 있
  는데 비견(比肩)이 당령(當令)하고 관살(官殺)이 동주(同柱)하

면 가난하다.

— 월간(月干)에 비견(比肩)이 있고 년간(年干)에 정관(正官)이 있
  는데 비견(比肩)이 당령(當令)하고 식상(食傷)이 동주(同柱)하
  면 가난하다.

— 월간(月干)에 비견(比肩)이 있고 년간(年干)에 칠살(七殺)이 있
  는데 비견(比肩)이 당령(當令)하고 식상(食傷)이 동주(同柱)하
  면 가난하다.

— 월지(月支)에 비견(比肩)이 있으면 주관이나 독립심이 있고 경
  험을 중시한다. 그러나 사주에 관살(官殺)이 없으면 성격이 조
  급하며 온순하지 않고, 월지(月支)의 비견(比肩)이 공망(空亡)
  되면 비록 형제가 있어도 힘이 되지 못하고 사별한다.

— 월지(月支)에 비견(比肩)이 있는데 천간(天干)에 정관(正官)이
  투출(透出)하면 귀격을 이룬다.

— 월지(月支)에 비견(比肩)이 있는데 천간(天干)에 재성(財星)이
  투출(透出)하면 부격을 이룬다.

— 일지(日支)에 비견(比肩)이 있으면 늦게 혼인하거나 재혼하거
  나 독신으로 사는데 배우자가 고집이 있고 자아가 강하다.

— 시간(時干)에 비견(比肩)이 있으면 자녀가 적거나 양자를 두고,
  중년 이후에 적막하며 사업운이 좋지 않다. 여기다 사주에 비견
  (比肩)이 많으면 자손이 졸렬하다. 특히 여명은 혼인이 나쁘다.

— 시지(時支)에 비견(比肩)이 있으면 독립으로 일을 한다. 이런
  사주는 재성(財星)을 기뻐하는데 관성(官星)이 나타나면 수명
  이 짧다. 자녀는 온건하며 의지가 굳고 호방하며 의기가 있고

충동적이며 고집이 세다.

— 시간지(時干支)에 모두 비견(比肩)이 있으면 자녀가 없고, 여명은 남편연이 좋지 않다.

2. 겁재(劫財)

— 여명이 겁재(劫財)와 비견(比肩)이 많으면 부부간에 원한이 생긴다.

— 겁재(劫財)와 편관(偏官)이 합(合)되면 형제가 힘이 된다.

— 겁재(劫財)와 양인(陽刃)이 많은데 관살(官殺)이 없으면 재혼하며 일생이 빈천하다.

— 겁재(劫財)와 양인(陽刃)이 동주(同柱)하면 성격이 포악무도하며 타향살이를 하고, 재물과 여자로 인한 재앙이 그치지 않고, 매우 가난하거나 단명한다.

— 겁재(劫財)와 상관(傷官)과 양인(陽刃)이 함께 있으면 형옥·재앙·변사·단명이 따른다.

— 겁재(劫財)와 상관(傷官)이 동주(同柱)하면 이중인격자이며 사기성이 있고 간악하다. 칼에 맞거나 감옥에 들어가고 가난하지 않으면 일찍 죽는다.

— 겁재(劫財)가 두 기둥에 동주(同柱)하면 혼사가 잘 깨진다. 곤고하고 적막하며 여자나 재물 때문에 재앙을 당한다.

— 사주에 겁재(劫財)가 많으면 겉으로는 화려하나 속은 비어 있다. 부부간에 불화하여 이별수가 있고, 형제자매나 친구와도 불

화한다. 가정이 적막하며 재물 때문에 종종 흉화를 입고, 혼담이 깨지기 쉬우며 약혼 후에도 파혼이 잘 된다.

— 사주에 겁재(劫財)가 있으면 이복형제가 있고, 겁재(劫財)가 매우 왕하면 이중인격자가 된다.

— 겁재(劫財)가 왕한데 정재(正財)가 쇠하면 형제간에 잘 싸우고, 사주가 비견(比肩)이나 겁재(劫財)로 구성되었는데 재성(財星)이 1개 있으면 거지가 되는데 재운(財運)을 만나면 사망하고, 비겁(比劫)이 많은데 재성(財星)이 있으면 도심이 있다.

— 사주에 비겁(比劫)과 상관(傷官)이 많으면 부부간에 이별하고 자녀를 극(剋)한다.

— 남명이 비겁(比劫)과 인성(印星)이 많으면 아내에게 산액이 따른다.

— 년주(年柱)에 겁재(劫財)가 있으면 가난한 집에서 태어나 조상 덕이 없고 출생지를 떠나 산다.

— 년월(年月)에 겁재(劫財)가 있으면 장자가 아니다.

— 남명이 사주 대부분을 겁재(劫財)와 비견(比肩)이 차지하면 화류계 여자를 아내로 삼는 경우가 많다.

— 월주(月柱)에 겁재(劫財)가 있으면 형제의 아우로 태어나 고향을 떠나 산다.

— 신왕(身旺)한데 월지(月支)에 겁재(劫財)가 동주(同柱)하면 가난한 집에서 태어나 형제의 정과 인덕이 없고 부모를 일찍 잃는다.

— 월간(月干)에 겁재(劫財)가 있으면 아버지에게 병이 따른다.

— 일지(日支)에 겁재(劫財)가 있으면 부부가 불화하며 냉정하다.

— 일지(日支)에 겁재(劫財)가 있는데 신왕(身旺)하면 배우자궁이 매우 흉하나 신약(身弱)하면 오히려 길하다.

— 일시(日時)에 비겁(比劫)이 함께 있으면 아내에게 산액이 있다.

— 시주(時柱)에 겁재(劫財)와 상관(傷官)이 함께 있으면 자녀를 극(剋)한다.

— 시지(時支)에 겁재(劫財)가 있으면 아내가 어질지 못하고 자녀 때문에 집안이 망한다.

— 신왕(身旺)한데 시지(時支)에 겁재(劫財)가 있고 일지(日支)에 재성(財星)이 있으면 상처한다.

— 년간(年干)에 겁재(劫財)가 있으면 형과 누나가 있고, 교제를 좋아하며 의기를 중시하나 조상의 유산은 받기 어렵다. 만일 다른 곳에 겁재(劫財)가 있으면 혼사에 변화가 있거나 이복형제가 있기 쉽다.

— 년간(年干)에 겁재(劫財)가 있고 년월(年月)에 관살(官殺)이 있는데 실지(失地)하거나 일주(日主)가 실령(失令)하면 어릴 때 가정형편이 좋지 않다.

— 년간지(年干支)에 겁재(劫財)가 있는데 일주(日主)가 당령(當令)하면 어릴 때 가정형편이 좋지 않다.

— 년월간(年月干)에 겁재(劫財)가 있는데 일주(日主)가 당령(當令)하면 어릴 때 가정형편이 좋지 않다.

— 년월간(年月干)에 비견(比肩)이 있는데 일주(日主)가 당령(當令)하면 어릴 때 가정형편이 좋지 않다.

— 년간(年干)에 겁재(劫財)가 있는데 월간(月干)에 정관(正官)이 있으면 장자나 장녀의 권한을 갖는다.

— 년간(年干)에 겁재(劫財)가 있는데 월지(月支)에 정관(正官)이 있으면 장자나 장녀의 권한을 갖는다.

— 년간(年干)에 겁재(劫財)가 있고 년지(年支)에 재성(財星)이 있는데 월간지(月干支)에 관살(官殺)이 없고 사주에 인성(印星)이 유력하면 본인이 태어난 후 가정형편이 좋아지거나 곤고한 가운데 흥왕한다.

— 년지(年支)에 겁재(劫財)가 있으면 형제자매가 양자로 간다.

— 월간(月干)에 겁재(劫財)가 있으면 형제자매가 있고, 사치·낭비·친구 때문에 재물을 모으기 어렵고, 투기와 꾸미기 좋아하며 동업은 좋지 않다. 만일 겁재(劫財)가 공망(空亡)되면 비록 형제자매가 있어도 힘이 되지 못하고 생리사별의 조짐이 있다.

— 월간(月干)에 겁재(劫財)가 있는데 월지(月支)에 정재(正財)가 있으면 평생 부자가 되지 못한다.

— 월간(月干)에 겁재(劫財)가 있고 년간(年干)에 상관(傷官)이 있는데 겁재(劫財)가 당령(當令)하고 관살(官殺)이 동주(同柱)하지 않으면 어릴 때 가정이 부귀하다.

— 월간(月干)에 겁재(劫財)가 있고 년간(年干)에 식신(食神)이 있는데 겁재(劫財)가 당령(當令)하고 관살(官殺)이 동주(同柱)하지 않으면 어릴 때 가정이 부귀하다.

— 월간(月干)에 겁재(劫財)가 있고 년간(年干)에 정관(正官)이 있는데 겁재(劫財)가 당령(當令)하고 식상(食傷)이 동주(同柱)하

지 않으면 어릴 때 가정이 부귀하다.

— 월간(月干)에 겁재(劫財)가 있고 년간(年干)에 칠살(七殺)이 있
  는데 겁재(劫財)가 당령(當令)하고 식상(食傷)이 동주(同柱)하
  지 않으면 어릴 때 가정이 부귀하다.

— 월간(月干)에 겁재(劫財)가 있고 년지(年支)에 상관(傷官)이 있
  는데 겁재(劫財)가 당령(當令)하고 관살(官殺)이 동주(同柱)하
  지 않으면 어릴 때 가정이 부귀하다.

— 월간(月干)에 겁재(劫財)가 있고 년지(年支)에 식신(食神)이 있
  는데 겁재(劫財)가 당령(當令)하고 관살(官殺)이 동주(同柱)하
  지 않으면 어릴 때 가정이 부귀하다.

— 월간(月干)에 겁재(劫財)가 있고 년지(年支)에 정관(正官)이 있
  는데 겁재(劫財)가 당령(當令)하고 식상(食傷)이 동주(同柱)하
  지 않으면 어릴 때 가정이 부귀하다.

— 월간(月干)에 겁재(劫財)가 있고 년지(年支)에 칠살(七殺)이 있
  는데 겁재(劫財)가 당령(當令)하고 식상(食傷)이 동주(同柱)하
  지 않으면 어릴 때 가정이 부귀하다.

— 월간(月干)에 겁재(劫財)가 있고 년간(年干)에 상관(傷官)이 있
  는데 겁재(劫財)가 당령(當令)하고 관살(官殺)이 동주(同柱)하
  면 가난하다.

— 월간(月干)에 겁재(劫財)가 있고 년간(年干)에 식신(食神)이 있
  는데 겁재(劫財)가 당령(當令)하고 관살(官殺)이 동주(同柱)하
  면 가난하다.

— 월간(月干)에 겁재(劫財)가 있고 년간(年干)에 정관(正官)이 있

는데 겁재(劫財)가 당령(當令)하고 식상(食傷)이 동주(同柱)하면 가난하다.

— 월간(月干)에 겁재(劫財)가 있고 년간(年干)에 칠살(七殺)이 있는데 겁재(劫財)가 당령(當令)하고 식상(食傷)이 동주(同柱)하면 가난하다.

— 월지(月支)에 겁재(劫財)가 있으면 성격이 솔직하며 바른 말을 잘 하고, 비평을 좋아하며 불평불만이 많고, 재물을 모으기 어려우며 겉모습을 잘 꾸미고, 자존심이 강하다.

— 일지(日支)에 겁재(劫財)가 있으면 늦게 혼인하거나 혼사에 변화가 있고 동업은 좋지 않다. 만일 남명이 양인(陽刃)을 띠면 아내를 형(刑)하며 아버지를 극(剋)하고, 아내와 재물을 빼앗기거나 빼앗는다.

— 시간(時干)에 겁재(劫財)가 있으면 자녀가 적거나 자녀연이 박하다. 자녀가 솔직하고 기회를 보아 이익을 취하며 제멋대로 행동한다. 만일 상관(傷官)과 동주(同柱)하면 자녀가 손상되고, 사절(死絶)에 앉으면 형제자매가 없다.

— 시간(時干)의 겁재(劫財)와 시지(時支)의 상관(傷官)이 양인(陽刃)에 앉으면 아버지를 극(剋)하고 자녀가 손상된다. 자녀를 가르치기 어렵고 창업은 불리하다.

— 시지(時支)에 겁재(劫財)가 있으면 자녀가 부정한 방법으로 이익을 꾀하며 제멋대로 결단하여 행한다.

— 시지(時支)의 겁재(劫財)와 시간(時干)의 상관(傷官)이 양인(陽刃)에 앉으면 아버지를 극(剋)하고 자녀가 손상된다. 자녀를 가

르치기 어렵고 창업은 불리하다.

3. 식신(食神)

— 신왕(身旺)한데 식신(食神)과 재성(財星)이 있으면 여자와 재물
  복이 있고, 뭇사람의 사랑으로 성공하고, 여명은 효자를 둔다.
— 식신(食神)이 왕한데 겁재(劫財)가 많고 편인(偏印)이 있으면
  걸식하거나 일찍 죽는다.
— 식신(食神)이 있는데 편인(偏印)이 많으면 굶어죽고, 식신(食
  神)과 편인(偏印)이 동주(同柱)하면 노고와 재해가 많다.
— 식신(食神)이 너무 많으면 신체가 허약하고 부모와 자녀의 덕
  이 없다. 여명은 양(陽)일생이면 창녀가 되고, 음(陰)일생이면
  기생이 되거나 첩살이를 하거나 과부가 된다.
— 편인(偏印)이 식신(食神)을 극(剋)하면 신체가 왜소하거나 추하
  며 단명하고, 음식이나 약물에 중독되거나 굶어죽는다. 여명은
  공방살이를 하거나 산액이 있고, 자녀들이 질병을 자주 앓거나
  불구가 되는 자녀가 있고, 젖이 부족한 경향이 있는데 만일 풍
  족하면 유종병을 앓는다.
— 식신(食神)·겁재(劫財)·편인(偏印)이 함께 있으면 단명하고,
  식신(食神)과 편인(偏印)이 함께 있으면 고생이 많고 큰 액을
  당한다.
— 식신(食神)과 양인(陽刃)이 중첩되면 몸이 약하거나 병이 있으
  나 식신(食神)과 편인(偏印)이 있는데 양인(陽刃)을 만나면 큰

인물이 된다.

— 식신(食神)이 있는데 편관(偏官)과 정관(正官)이 있으면 구류술
업에 종사한다.

— 식신(食神)이 공망(空亡)이나 충극(沖剋)되었는데 편인(偏印)이
있으면 정신병이나 위장병으로 갑자기 죽는다.

— 식신(食神)이 간합(干合)하면 관리로 출세하고, 여명이 음(陰)
일생인데 식신(食神)이 인수(印綬)와 합(合)하면 자녀를 친정어
머니가 길러주거나 친정에서 자란다.

— 여명이 신왕(身旺)한데 식신(食神)이 건록(建祿)이나 왕지(旺
地)에 놓이면 자녀가 출세하고, 시주(時柱)에 건록(建祿)이나
제왕(帝旺) 등이 있으면 자녀가 대부대귀격을 이룬다. 남명은
비견(比肩)이나 겁재(劫財)가 식신(食神)을 생(生)하면 부귀격
을 이룬다.

— 식신(食神)에 목욕(沐浴)·병(病)·사(死)·묘(墓)·절(絶) 등
이 놓이면 미천하며 자녀를 극(剋)한다. 만일 식신(食神)이 형
충(刑沖)되면 어머니와 이별한다.

— 여명이 식신(食神)이 형충(刑沖)되면 자궁이나 나팔관 수술을
하고 처녀시절에 유방이 작다. 그렇지 않으면 유종병을 앓고 유
산이나 산후에 병에 걸리기 쉽다. 운이 나쁘면 유방을 제거할
수도 있다.

— 식신(食神)이 인성(印星)과 형충(刑沖)되면 첫 아이를 친정에서
낳지 마라. 한 생명을 잃고 눈물을 흘릴 수 있다.

— 식신(食神)에 급각살(急脚殺)이 임하거나 형충(刑沖)이나 공망

(空亡)을 만나면 자녀가 소아마비에 걸리거나 교통사고나 낙상 등으로 다리를 다친다.

— 여명이 양식신(陽食神)이 합(合)이나 암합(暗合)하면 아들이 바람나고, 음식신(陰食神)이 합(合)이나 암합(暗合)하면 딸이 바람난다.

— 여명이 왕한 식신(食神)이 쇠약한 재관(財官)을 파극(破剋)하면 자녀는 잘 되나 남편은 무능하며 어리석다.

— 년주(年柱)에 식신(食神)이 있으면 부귀한 양반집에서 태어나며 조상덕이 있다.

— 년간(年干)에 식신(食神)이 있는데 년지(年支)에 비견(比肩)이 있으면 경제적으로 윤택하다. 귀인의 도움을 받고 부잣집에 양자로 가거나 다른 사람의 도움을 받으며 경제적인 수단이 있다.

— 년간(年干)에 식신(食神)이 있는데 년지(年支)에 겁재(劫財)가 있으면 남의 흉사로 이득을 볼 수 있다.

— 월주(月柱)에 식신(食神)이 있으면 조상의 업이 융성하다.

— 월주(月柱)에 식신(食神)이 있는데 시주(時柱)에 정관(正官)이 있으면 관리로 출세한다.

— 사주에 식신(食神)이 있는데 일지(日支)에 정관(正官)이 있거나 월지(月支)나 시지(時支)에 건록(建祿)이 있으면 대부대귀격을 이룬다.

— 식신(食神)이 월지(月支)에 있으면 명랑하며 신체가 비대하고, 일지(日支)에 있으면 어진 아내를 만나고, 일지(日支)의 식신(食神)이 왕하면 배우자가 뚱뚱하나 마음이 너그럽고 의식이

풍족하다. 그러나 편인(偏印)이 가까이 있으면 그렇지 않다.

- 일지(日支)에 식신(食神)이 있는데 시간(時干)에 정관(正官)이 있으면 명리(命理)를 통달하고, 일시(日時)에 식신(食神)과 정관(正官)이 함께 있으면 얼굴에 흉터가 있다.

- 일간(日干)이 월지(月支)나 시지(時支)에서 녹(祿)을 얻었는데 식신(食神)이 1개 있으면서 왕하면 부귀격을 이룬다.

- 시주(時柱)에 식신(食神)이 있는데 왕하면서 길신(吉神)에 해당하면 아내복이 있고 장수한다.

- 시주(時柱)에 식신(食神)과 편인(偏印)이 함께 있으면 어릴 때 젖이 부족하다. 여명은 산액이 따르며 늙어서는 굶어죽는다.

- 년간(年干)에 식신(食神)이 있는데 득위지(得位地)에 앉으면 조상덕이 있고 상냥하며 복록을 누린다. 만일 사주에 재성(財星)이 있으면 복록이 더 많아진다.

- 년지(年支)에 식신(食神)이 있으면 사소한 일에 얽매이지 않고 편안하다.

- 월간(月干)에 식신(食神)이 있는데 월지(月支)에 정관(正官)이 있으면 크게 발달하는데 정치나 공직으로 나가면 좋다.

- 월간지(月干支)에 식신(食神)이 있는데 사주에 식신(食神)이 매우 왕하면 어릴 때 집안이 가난하다.

- 월간(月干)에 식신(食神)이 있는데 시간(時干)에 정관(正官)이 있으면 크게 발달하는데 정치나 공직으로 나가면 좋다.

- 월간(月干)에 식신(食神)이 있는데 시지(時支)에 정관(正官)이 있으면 크게 발달하는데 정치나 공직으로 나가면 좋다.

─ 월간(月干)에 식신(食神)이 있으면 부모덕이 좋다.

─ 월지(月支)에 식신(食神)이 있는데 왕지(旺地)에 앉으면 도량이 넓고 인화력이 좋아 만사가 원만하다. 그러나 암장(暗藏)된 식신(食神)이 투간(透干)하면 성격이 맹렬하다.

─ 식신(食神)이 일지(日支)에만 있는데 사주에 편인(偏印)이 없으면 배우자가 온순하며 상냥하다.

─ 년간(年干)에 식신(食神)이 있는데 일지(日支)에 정관(正官)이 있으면 부귀격을 이룬다.

─ 월간(月干)에 식신(食神)이 있는데 일지(日支)에 정관(正官)이 있으면 부귀격을 이룬다.

─ 시간(時干)에 식신(食神)이 있는데 일지(日支)에 정관(正官)이 있으면 부귀격을 이룬다.

─ 시간(時干)에 식신(食神)이 있으면 만년에 의식이 풍족하며 장수한다.

─ 시간(時干)에 식신(食神)이 있는데 시지(時支)에 편인(偏印)이 있으면 남명은 액이 많이 따르고, 여명은 빈 방을 지킨다.

─ 시지(時支)에 식신(食神)이 있는데 시간(時干)에 정관(正官)이 있으면 존귀함이 평범하지 않다.

─ 시지(時支)에 식신(食神)이 있는데 시간(時干)에 비견(比肩)이 있으면 겸양하며 조화를 잘 이룬다.

─ 시지(時支)에 식신(食神)이 있는데 시간(時干)에 정인(正印)이 있으면 번거로운 일이 많다.

─ 시지(時支)에 식신(食神)이 있는데 시간(時干)에 재성(財星)이

있으면 순조롭다.

— 시지(時支)에 식신(食神)이 있는데 시간(時干)에 칠살(七殺)이 있으면 모략과 결단력이 있고 일을 미세하게 처리한다. 여명은 용모가 아름답다.

— 시지(時支)에 식신(食神)이 있는데 득위지(得位地)에 앉으면 아내의 도움을 받는다.

— 일지(日支)에 겁재(劫財)가 있는데 시간(時干)에 상관(傷官)이 있으면 처음에는 부유하나 나중에는 가난하다.

4. 상관(傷官)

— 사주에 상관(傷官)이 많으면 병약하며 자녀를 극(剋)하고 음란하다. 남명은 관운이 없고, 여명은 용모가 아름다우나 첩살이를 하거나 화류계로 나가거나 과부가 된다. 만일 신왕(身旺)한데 상관(傷官)이 많으면 예술가나 음악가로 출세하거나 종교가가 된다.

— 상관(傷官)과 겁재(劫財)가 함께 있으면 재산 때문에 혼인하는 탐욕스런 사람이다.

— 사주에 상관(傷官)만 있고 재성(財星)이 없으면 재주는 있으나 빈천하고, 상관(傷官)은 많으나 재성(財星)이 없으면 부부연이 박하다.

— 여명이 상관(傷官)과 편인(偏印)이 동주(同柱)하거나 상관(傷官)과 편인(偏印)이 가까이 있으면 남편과 자녀의 복이 없고,

상관(傷官)과 편인(偏印)이 중첩되면 자녀와 이별하거나 자녀를 데리고 재혼한다.

— 상관(傷官)과 정관(正官)이 함께 있으면 호색다음하다. 상관(傷官)이 많은데 정관(正官)이 없으면 관골이 높고 눈썹이 거칠며 눈빛이 예리하고, 재예가 있으나 교만하다. 여명이 상관(傷官)만 있고 관살(官殺)이 없으면 정조관념이 강하다.

— 상관(傷官)이 있는데 정관(正官)을 만나면 예절과 법을 무시하며 하극상하고, 비난을 들으면 화를 낸다. 상관(傷官)이 있는데 편관(偏官)이 있으면 영민하며 사람을 좋아한다.

— 상관(傷官)이 있는데 인수(印綬)가 있으면 원만하고, 상관(傷官)만 있고 인수(印綬)가 없으면 욕심이 많고, 정관(正官)이 없으면 재주는 있으나 교만하며 재물이 없고 비천하다.

— 상관(傷官)이 있는데 비겁(比劫)이 많으면 예절과 법을 무시하며 하극상하고, 비난을 들으면 화를 잘 낸다.

— 신왕(身旺)하고 상관(傷官)이 많은데 제(制)하지 못하면 예술가나 승려가 된다.

— 상관(傷官)과 양인(陽刃)이 동주(同柱)하면 부모에게 해롭고 고용살이를 한다.

— 상관(傷官)이 삼합국(三合局)을 이루었는데 양인(陽刃)이나 겁재(劫財)가 있으면 조상을 욕되게 한다.

— 상관(傷官)이 사지(死地)에 놓이면 질투심이 강하며 우유부단하다.

— 토일주(土日主)가 월시(月時)에 상관(傷官)이 있으면 얼굴이나

머리에 결함이 있고, 어릴 때 농혈병을 앓는다.

— 년주(年柱)에 상관(傷官)이 있으면 아우로 태어나고, 가난한 집 태생이면 한쪽 부모를 일찍 여의고 조상의 업을 파한다.

— 남명이 년주(年柱)에 상관(傷官)이 있으면 재혼하는 어머니를 따라가 성장한다. 년간(年干)에 상관(傷官)이 있으면 부모덕이 없고 생가에 오래 머물지 못하기 때문이다.

— 상관(傷官)이 년간지(年干支)에 모두 있으면 단명하고, 년월주(年月柱)에 모두 있으면 부모와 아내가 온전하지 못하다.

— 년주(年柱)에 상관(傷官)이 있는데 월주(月柱)에 재성(財星)이 있으면 복록이 있다.

— 월주(月柱)에 상관(傷官)이 있으면 부모와 형제자매가 온전하지 못하고, 여기다 사주에 상관(傷官)이 많으면 빈천하거나 단명한다.

— 일지(日支)에 상관(傷官)이 있으면 부부궁과 자녀궁이 온전하지 못하고, 욕을 잘 하며 구설이 많다. 일지(日支)에 상관(傷官)이 있는데 왕성하면 여명은 남편과 이별하나 남명은 배우자가 미인이다.

— 여명이 상관(傷官)이 있는데 일지(日支)에 양인(陽刃)이 함께 있으면 남편이 횡사하고, 년주(年柱)에 상관(傷官)이 있으면 산액이 따른다.

— 여명이 일지(日支)에 상관(傷官)이 있는데 재성(財星)이 없고 비겁(比劫)이 많으면 남편과 사별하고, 처음에는 부유하나 나중에는 가난하다. 여기다 시지(時支)에 재성(財星)이 있으면 다능

다변하며 미인이다.

— 일지(日支)와 시주(時柱)에 상관(傷官)이 있으면 얼굴에 상처가 생긴다.

— 시주(時柱)에 상관(傷官)이 있으면 남명은 자녀가 우매하고 온전하지 못하며 자신보다 먼저 죽고, 여명은 자녀복이 있다. 시주(時柱)에 상관(傷官)이 있는데 양인(陽刃)이 있으면 도심이 있고, 년주(年柱)와 시주(時柱)에 상관(傷官)이 있으면 자녀에게 해롭고 자녀를 극(剋)한다.

— 년간(年干)에 상관(傷官)이 있는데 기신(忌神)에 해당하면 조상의 업이 몰락하고 재액이 많으며 힘들게 뛰어다닌다.

— 년월간(年月干)에 상관(傷官)이 있는데 겁재(劫財)가 있으면 가난한 집에서 태어나 평생 고생이 많다.

— 년간(年干)과 일지(日支)에 상관(傷官)이 있는데 상관운(傷官運)을 만나면 얼굴이 상한다.

— 년지(年支)와 일지(日支)에 상관(傷官)이 있는데 상관운(傷官運)을 만나면 얼굴을 상한다.

— 년간(年干)과 시간(時干)에 상관(傷官)이 있는데 기신(忌神)에 해당하면 자녀를 극(剋)하며 키우기 어렵다. 그러나 희신(喜神)이나 용신(用神)에 해당하면 풀린다.

— 년간(年干)에 상관(傷官)이 있고 월간(月干)에 정재(正財)가 있는데 희신(喜神)이나 용신(用神)에 해당하고 신왕(身旺)하면 부유하나 기신(忌神)이면 재액이 따른다.

— 년간(年干)에 상관(傷官)이 있고 월간(月干)에 편재(偏財)가 있

는데 희신(喜神)이나 용신(用神)에 해당하고 신왕(身旺)하면 부유하나 기신(忌神)에 해당하면 재액이 따른다.

─ 년간지(年干支)에 상관(傷官)이 있으면 평생 재액과 질병이 많고 수명이 짧다. 이런 사람은 집안이 몰락할 때 태어나 비록 부유해도 오래 가지 못한다. 여기다 상관운(傷官運)을 만나면 얼굴이 상한다.

─ 년간지(年干支)에 상관(傷官)이 있는데 월간(月干)에 정재(正財)가 있으면 신왕(身旺)하면 대길하나 신약(身弱)하면 발달하기 어렵다.

─ 년간지(年干支)에 상관(傷官)이 있는데 월지(月支)에 정재(正財)가 있으면 신왕(身旺)하면 대길하나 신약(身弱)하면 발달하기 어렵다.

─ 년간지(年干支)에 상관(傷官)이 있는데 월간(月干)에 편재(偏財)가 있으면 신왕(身旺)하면 대길하나 신약(身弱)하면 발달하기 어렵다.

─ 년간지(年干支)에 상관(傷官)이 있는데 월지(月支)에 편재(偏財)가 있으면 신왕(身旺)하면 대길하나 신약(身弱)하면 발달하기 어렵다.

─ 년간지(年干支)에 상관(傷官)이 있는데 월간(月干)에 정인(正印)이 있으면 신왕(身旺)하면 대길하나 신약(身弱)하면 발달하기 어렵다.

─ 년간지(年干支)에 상관(傷官)이 있는데 월지(月支)에 정인(正印)이 있으면 신왕(身旺)하면 대길하나 신약(身弱)하면 발달하

기 어렵다.

— 년간지(年干支)에 상관(傷官)이 있는데 월간(月干)에 편인(偏印)이 있으면 신왕(身旺)하면 대길하나 신약(身弱)하면 발달하기 어렵다.

— 년간지(年干支)에 상관(傷官)이 있는데 월지(月支)에 편인(偏印)이 있으면 신왕(身旺)하면 대길하나 신약(身弱)하면 발달하기 어렵다.

— 월간(月干)에 상관(傷官)이 있으면 형제연이 박하여 형제간에 화목하지 않고 부모를 공경하지 못한다. 이런 사람은 항상 말을 실수하여 적을 만들고 은혜를 원수로 갚는다.

— 월지(月支)에 상관(傷官)이 있으면 총명하나 반역한다. 여명은 사주에 정인(正印)이나 재성(財星)이 없으면 혼인이 좋지 않다.

— 년간(年干)에 정관(正官)이 있는데 월지(月支)에 상관(傷官)이 있으면 여명은 남편연이 좋지 않다.

— 년지(年支)에 정관(正官)이 있는데 월지(月支)에 상관(傷官)이 있으면 여명은 남편연이 좋지 않다.

— 여명이 월간(月干)에 정관(正官)이 있는데 월지(月支)에 상관(傷官)이 있으면 남편연이 좋지 않다.

— 월간지(月干支)에 상관(傷官)이 있으면 형제를 저버리고 부부에게 이별수가 따른다.

— 년간(年干)과 월지(月支)에 상관(傷官)이 있으면 부모·아내·자녀가 온전하지 못하다.

— 년간(年干)과 월일지(月日支)에 상관(傷官)이 있는데 년월(年

月)에 유력한 정관(正官)이나 정인(正印)이 없으면 출신이 빈한
하다.

— 년월일지(年月日支)에 상관(傷官)이 있는데 년월(年月)에 유력
한 정관(正官)이나 정인(正印)이 없으면 출신이 빈한하다.

— 년간(年干)과 월일지(月日支)에 식신(食神)이 있는데 년월(年
月)에 유력한 정관(正官)이나 정인(正印)이 없으면 출신이 빈한
하다.

— 년월일지(年月日支)에 식신(食神)이 있는데 년월(年月)에 유력
한 정관(正官)이나 정인(正印)이 없으면 출신이 빈한하다.

— 일지(日支)에 상관(傷官)이 있으면 배우자가 준수하나 속임수
가 많다.

— 일지(日支)에 상관(傷官)이 있는데 시간(時干)에 재성(財星)이
있으면 복이 크며 중년에 발달한다.

— 일지(日支)에 상관(傷官)이 있는데 시간(時干)에 정인(正印)이
있으면 복이 크며 중년에 발달한다.

— 일지(日支)에 상관(傷官)이 있는데 시간(時干)에 편인(偏印)이
있으면 복이 크며 중년에 발달한다.

— 일지(日支)에 상관(傷官)이 있는데 시간(時干)에 겁재(劫財)가
있으면 처음에는 부유하나 나중에는 가난하다.

— 시간(時干)에 상관(傷官)이 있으면 자녀연이 박하여 자녀가 현
명하지 못하고 효심이 없으며 몸이 약하거나 딸이 많고 아들이
적다. 여명은 혼인이 좋지 않다.

— 시간(時干)에 상관(傷官)이 있는데 시지(時支)에 겁재(劫財)가

있으면 소년에는 발달하나 만년이 좋지 않다. 그러나 관성운(官
星運)을 만나면 발달한다.

— 시간(時干)에 겁재(劫財)가 있는데 시지(時支)에 상관(傷官)이
있으면 소년에는 발달하나 만년에는 좋지 않다. 그러나 관성운
(官星運)을 만나면 발달한다.

— 시간지(時干支)에 상관(傷官)이 있으면 만년이 처량하며 자녀
가 상한다.

— 시지(時支)에 상관(傷官)이 있으면 아들이 적고 만년이 처량하
다. 자녀는 뜻이 높으나 위세를 부리며 제멋대로 반역한다.

5. 편재(偏財)

— 편재(偏財)가 천간(天干)에만 있으면 주색을 좋아하며 의로운
일에 재물을 내놓고, 지지(地支)에만 있으면 교제를 좋아하며
재리에 힘쓰고 에누리를 잘 한다.

— 편재(偏財)가 왕성한데 신왕(身旺)하면 사업이 대성하고, 편재
(偏財)가 왕성한데 천덕(天德)이나 월덕(月德)이 있으면 아버지
가 현명하며 명망이 있고 복록이 많다.

— 사주에 편재(偏財)가 많으면 다정다욕하며 주색을 좋아한다. 아
내보다 첩을 좋아하며 양자로 가고, 돌아다니기를 좋아하며 타
향에서 성공한다. 그러나 편재(偏財)가 너무 많으면 첩을 많이
둘 수 있고, 여명은 재물복이 없다.

— 편재(偏財)가 비견(比肩)이나 편관(偏官)과 함께 있으면 여난이

따르며 아버지덕이 없다. 그러나 간지(干支)에 모두 편재(偏財)가 있으면 아내덕이 많다.

— 편재(偏財)가 공망(空亡)되면 아버지와 아내의 덕이 없고, 편재(偏財)가 간합(干合)하면 독립하여 부귀를 이루고, 재성(財星)이 충(沖)이나 공망(空亡)되면 양자로 갈 팔자이며 남에게 폐를 끼친다.

— 편재(偏財)와 정재(正財)가 동주(同柱)하거나 나란히 있으면 처첩과 같이 살고, 편재(偏財)와 편관(偏官)이 동주(同柱)하면 아버지덕이 없고 여자 때문에 재물을 잃는다.

— 편재(偏財)와 비겁(比劫)이 동주(同柱)하면 아버지덕이 없고, 부모의 유산을 받아도 탕진하며 여자 때문에 재물을 잃는다. 만일 년주(年柱)에 편재(偏財)와 비견(比肩)이 함께 있으면 아버지가 객사한다.

— 재성(財星)이 명암(明暗)으로 투합(妬合)이나 쟁합(爭合)하면 재혼하거나 처첩이 부정하고, 재성(財星)이 편관(偏官)과 합(合)하면 뜻밖의 재물이 들어오고 아내가 미인이다.

— 인신사해(寅申巳亥)가 재관(財官)이 되면 여명은 고향을 떠나 시집을 가고, 진술축미(辰戌丑未)가 재성(財星)이 되거나 재성(財星)이 묘고(墓庫)에 놓이면 객사한다.

— 편재(偏財)가 장생(長生)에 놓이면 외부에서 재물이 많이 들어오고 부자간에 화목하며 아버지가 장수하고, 도화(桃花)나 목욕지(沐浴地)에 놓이면 아버지가 풍류를 즐기고, 묘고(墓庫)에 놓이면 아버지와 일찍 이별하고, 생(生)·왕(旺)·묘(墓)에 놓이

면 큰 부자가 된다.

— 년주(年柱)에 편재(偏財)가 있으면 상업에 종사하는 집안에서 태어난 사람이고, 아버지나 조부가 양자이거나 유산을 늦게 받는 경향이 있다.

— 년주(年柱)에 편재(偏財)가 동주(同柱)하는데 비겁(比劫)이 없으면 부유한 집안에서 태어난 사람이다. 만일 비겁(比劫)이 많으면 형제간에 유산문제로 싸운다.

— 년지(年支)에 편재(偏財)가 있는데 공망(空亡)되면 아버지가 남에게 양육된 사람이고, 년간지(年干支)에 모두 편재(偏財)가 있으면 양자로 가는 경우가 있다.

— 월주(月柱)에 편재(偏財)가 있으면 부잣집에서 태어난 사람으로 청년기에 발복한다. 그러나 재성(財星)이 많아 신약(身弱)하면 인색하며 박복하다.

— 월주(月柱)에 편재(偏財)가 있는데 비겁(比劫)이 많으면 쟁재(爭財)와 파재가 따르고, 월주(月柱)에 편재(偏財)가 있는데 겁재(劫財)가 있으면 처음에는 부유하나 나중에는 가난하다.

— 월주(月柱)에 편재(偏財)가 있는데 시주(時柱)에 겁재(劫財)가 있으면 처음에는 부귀하나 만년에는 빈천하기 쉽고, 월간지(月干支)에 모두 편재(偏財)가 있으면 고향을 떠나 성공한다.

— 일지(日支)에 편재(偏財)가 있으면 에누리를 잘 하며 연애결혼하는데 배우자가 명쾌하다. 만일 남명이 다른 곳에 재성(財星)이 있으면 삼각관계가 이루어진다.

— 일지(日支)에 재성(財星)이 있는데 상하지 않고 희신(喜神)에

해당하면 남명은 내조를 잘 하는 아내를 만나고, 여명은 부잣집으로 시집간다.

— 일시(日時)에 편재(偏財)가 있으면 독립하여 집안을 일으키며 중년에 발복한다.

— 사주에 비견(比肩)이나 겁재(劫財)가 있는데 시간(時干)에 편재(偏財)가 있으면 재산탕진·패가·상처가 따른다.

— 년간(年干)에 편재(偏財)가 있으면 조상의 재산을 물려받으나 상속이 더디고 타향에서 발달한다. 만일 편재(偏財)가 매우 많으면 어릴 때 가정이 매우 가난하다.

— 년간(年干)에 편재(偏財)가 있는데 년지(年支)에 비견(比肩)이 있으면 아버지가 타향에서 돌아가신다.

— 년간지(年干支)에 편재(偏財)가 있으면 아버지와 인연이 박하고 출신이 좋지 않으며 어릴 때 양자로 가는 경우가 많다.

— 년월간(年月干)에 편재(偏財)가 있는데 모두 당령(當令)하거나 득지(得地)하면 출신이 불량하며 양자로 가거나 아버지가 많다.

— 월간(月干)에 편재(偏財)가 있으면 우의를 중시하나 친구가 서로 도움이 되지 못하며 정 때문에 파재한다.

— 월간(月干)에 편재(偏財)가 있는데 시간(時干)에 겁재(劫財)가 있으면 처음에는 부유하나 나중에는 가난하다.

— 월간(月干)에 편재(偏財)가 있는데 년간(年干)에 비견(比肩)이 있으면 아버지의 수명이 길지 않다.

— 월간(月干)에 편재(偏財)가 있는데 년간(年干)에 겁재(劫財)가 있으면 처음에는 가난하나 나중에는 부유하다. 그러나 아버지의

수명은 길지 않다.

— 월간지(月干支)에 편재(偏財)가 있으면 타향에서 창업하여 발달하나 거짓과 욕심 때문에 망한다.

— 년월간(年月干)에 편재(偏財)가 있는데 당령(當令)하거나 득지(得地)하면 아버지가 가권을 잡거나 어릴 때 양자로 간다.

— 월지(月支)에 편재(偏財)가 있으면 재원(財源)이 넓으며 남을 위하다 손해를 보는 경우가 많고, 사람이 검박하며 감정을 잘 숨긴다.

— 월지(月支)에 편재(偏財)가 있는데 월간(月干)에 겁재(劫財)가 있으면 아버지의 일생이 불우하다.

— 일지(日支)에 편재(偏財)가 있으면 배우자가 강개하며 의리를 중시하나 성급하며 재물을 경시하고 실속없이 겉만 화려하게 꾸미기를 좋아한다.

— 시간(時干)에 편재(偏財)가 있는데 시지(時支)에 비견(比肩)이 있으면 가산을 탕진하고 아내가 손상되며 곤궁해진다. 만년에는 초라해지는데 비겁운(比劫運)을 만나면 더 심하다.

— 시간(時干)에 편재(偏財)가 있는데 시지(時支)에 겁재(劫財)가 있으면 가산을 탕진하고 아내가 손상되며 곤궁하다. 만년에는 가난해지는데 비겁운(比劫運)을 만나면 더 심하다.

— 시간(時干)에 편재(偏財)가 있는데 희신(喜神)이나 용신(用神)에 해당하면 반응이 빠르며 인연이 넓고 다정하며 강개하고 의를 중하게 여기나 재물을 소홀히 여긴다.

— 시간(時干)에 편재(偏財)가 있는데 천간(天干)에 정관(正官)이

있으면 사업심이 강하며 총명하고, 영리하며 교제를 잘 한다.

— 시간(時干)에 편재(偏財)가 있는데 다른 주에 비겁(比劫)이 있
  으면 친구가 의리를 버리고 아내가 손상되며 가산을 탕진한다.
  그러나 식상(食傷)이 있으면 흉작용이 풀린다.

— 년월시간(年月時干)에 편재(偏財)가 있으면 남명은 타향에서
  발달하나 주색을 좋아한다.

— 일지(日支)와 시간(時干)에만 편재(偏財)가 있는데 형(刑)·충
  (沖)·비겁(比劫) 등이 없으면 스스로 한 집안을 이루고 중년과
  만년에 발달한다.

— 일시지(日時支)에 편재(偏財)가 있고 년월(年月)에 편재(偏財)
  가 없는데 형(刑)·충(沖)·비겁(比劫) 등이 없으면 스스로 일
  가를 이루고 중년과 만년에 발달한다.

— 시지(時支)에 편재(偏財)가 있으면 자녀가 강개하며 의를 중시
  하나 재물을 경시하며 제멋대로 하고 투기를 좋아한다.

6. 정재(正財)

— 정재(正財)와 식신(食神)이 가까이 있으면 아내의 내조가 많고,
  정재(正財)와 정관(正官)이 가까이 있으면 어진 아내를 만나 내
  조를 많이 받는다.

— 정재(正財)나 도화(桃花)가 목욕지(沐浴地)에 놓였는데 비겁(比
  劫)이 있으면 아내가 부정하다.

— 정재(正財)와 겁재(劫財)가 동주(同柱)하면 아버지가 파산하거

나 가난하고, 아버지와 일찍 이별하거나 아버지가 객사하므로 임종을 못하거나 아내덕이 없다.

— 정재(正財)와 인수(印綬)가 동주(同柱)하면 뜻을 이루기 어렵다. 여명이 정재(正財)와 인수(印綬)가 많으면 음란하며 화류계로 흐르기 쉽다.

— 사주에 정재(正財)가 있으면 어진 아내를 만나고, 의협심이 있고 남의 의사를 존중하며 공명정대하다. 만일 신왕(身旺)한데 정재(正財)가 있으면 처첩과 향락을 누리나 신약(身弱)하면 부귀한 집에서 빈천하게 사는 명이 된다.

— 정재(正財)가 공망(空亡)되면 아내덕이 없고 재화를 얻기 힘들다. 정재(正財)가 쇠(衰)・병(病)・사(死)・묘(墓)・절(絶)에 놓이면 아내가 병약하거나 어리석고 재가하기 쉽다.

— 재성(財星)이 왕한데 관살(官殺)이 많아 신약(身弱)하면 처첩이나 여자 때문에 치욕을 당하며 주색으로 망한다. 재성(財星)이 약하고 관살(官殺)이 왕한데 식상(食傷)이 없고 인성(印星)이 있으면 아내가 병약하거나 어리석다.

— 재성(財星)이 살지(殺地)에 놓이면 상처하거나 가정을 돌보지 않고 남에게 금전적인 피해를 준다. 여명이 정재(正財)와 인수(印綬)가 형(刑)・충(沖)・극(剋)・파(破)되면 시어머니와 화목하지 않다.

— 사주에 정재(正財)가 많으면 정 때문에 손해를 보며 엄처시하에 놓인다. 어머니와 이별하거나 어머니가 병약하고, 재산을 모으기 힘들고, 배운 것이 있어도 빈한하고, 여명은 빈천하다.

─ 재성(財星)이 일간(日干) 외와 간합(干合)하면 아내가 부정하거
나 재혼한다. 사주에 정재(正財)와 식신(食神)이 있으면 행복한
가정을 이루나 겁재(劫財)가 있으면 흉하다.

─ 천간(天干)에 정관(正官)이 있고 지지(地支)에 정재(正財)가 있
으면 부귀격을 이룬다. 정재(正財)는 지지(地支)에 있는 것이
좋은데 월지(月支)에 있으면 명문가의 딸과 혼인하고, 일지(日
支)나 시지(時支)에 있는 것도 좋다.

─ 년주(年柱)에 정재(正財)가 있는데 월령(月令)과 통하면 부잣집
에서 태어난 사람으로 조부가 부귀하며 조부의 덕이 있다.

─ 년주(年柱)에 정재(正財)가 있는데 비겁(比劫)이 많으면 집안이
기울거나 재산문제로 싸운다.

─ 년월(年月)에 정재(正財)와 정관(正官)이 있으면 부모가 부귀하
고, 년간(年干)에 정재(正財)가 있으면 조부모가 부귀하다.

─ 정재(正財)가 월간(月干)에 있으면 부지런하고, 월지(月支)에
있으면 행복한 가정에서 태어난 사람으로 어질며 내조를 잘 하
는 아내를 만나고, 성격이 온후하며 덕망이 높고 단정하다. 그러
나 정재(正財)가 묘(墓)와 동주(同柱)하면 인색하다.

─ 일지(日支)나 월간(月干)에 정재(正財)가 있으면 아내덕이 있고
근면하며 자수성가한다. 일지(日支)에 정재(正財)가 있는데 다
른 곳에 편재(偏財)가 있으면 첩을 두거나 바람을 피운다.

─ 일지(日支)의 정재(正財)가 장성(將星)에 놓이면 남명은 명문가
로 장가가고, 여명은 부잣집으로 시집간다. 그러나 일지(日支)에
정재(正財)가 있는데 재성(財星)이 합(合)되면 아내가 외정을

갖는다.

— 시간(時干)에 정재(正財)가 있으면 아내에게 길하며 자수성가 하나 성질이 급하며 데릴사위가 되기 쉽다. 시지(時支)에 정재(正財)가 있는데 상하지 않으면 아내가 미인이며 외부에서 재물이 들어온다.

— 년간(年干)에 정재(正財)가 있는데 희신(喜神)이나 용신(用神)에 해당하면 조상이 부유하며 조상덕이 많다.

— 년간(年干)에 정재(正財)가 있는데 월간(月干)에 정관(正官)이 있으면 부귀한 집안에서 태어나거나 두 집에서 상속받는다.

— 년간(年干)에 정재(正財)가 있는데 월간(月干)에 정재(正財)가 있으면 부귀한 집안에서 태어났거나 두 집에서 상속을 받는다.

— 년월일시지(年月日時支)에 정재(正財)가 있는데 천간(天干)에 재성(財星)이 없으면 가난한 집에서 태어난 사람이다.

— 년월일시지(年月日時支)에 편재(偏財)가 있으면 빈한한 집에서 태어난 사람이다.

— 년지(年支)에 정재(正財)가 있으면 형제자매가 온화하며 집안 일을 잘 돌본다.

— 년월지(年月支)에 정재(正財)가 있고 형(刑)·충(沖)·비겁(比劫)이 없는데 신왕(身旺)하면 조상의 업이 번영하거나 두 집에서 상속을 받는다.

— 월간(月干)에 정재(正財)가 있으면 노력하며 절약하고 검소하다. 이재에 밝고 부모가 부유하며 부모덕을 본다.

— 년간(年干)에 겁재(劫財)가 있고 월간(月干)에 정재(正財)가 있

는데 겁재(劫財)가 가까이 있으면 처음에는 가난하나 나중에는 부유하다.

— 년지(年支)에 겁재(劫財)가 있고 월지(月支)에 정재(正財)가 있는데 겁재(劫財)가 가까이 있으면 처음에는 가난하나 나중에는 부유하다.

— 월간지(月干支)에 정재(正財)가 있으면 다정하며 근검절약하고, 부모가 부유하며 산업을 계승할 수 있다.

— 월간(月干)에 정재(正財)가 있는데 시간(時干)에 겁재(劫財)가 있으면 처음에는 부유하나 나중에는 가난하고, 아버지는 성하나 자녀는 좋지 않다.

— 월지(月支)에 정재(正財)가 있으면 이재에 밝고 사업에 힘쓰며 명망을 중시한다. 만일 남명이 형(刑)·충(沖)·합(合)이 없으면 어진 아내를 만나나 형(刑)·충(沖)·양인(陽刃)을 만나면 재액이 따른다.

— 일지(日支)에 정재(正財)가 있으면 배우자가 현숙하고 집안 일을 잘 처리하며 근검절약하나 질투심이 많다.

— 시간(時干)에 정재(正財)가 있으면 인색하며 조급하다. 만일 희신(喜神)이나 용신(用神)에 해당하고, 형충파해(刑沖破害)가 없고, 월간(月干)이나 시지(時支)에 비겁(比劫)이 없고, 시지(時支)에 정재(正財)가 있고, 시간(時干)에 정관(正官)이 있으면 독립으로 창업하여 부귀를 이룬다.

— 시지(時支)에 정재(正財)가 있으면 자녀가 근검절약하며 효순하고, 단정하며 독실하고, 부모의 재물을 물려받는다. 만일 시간

지(時干支)에 정재(正財)가 있으면 그 다음으로 길하다.

7. 편관(偏官)

— 사주에 편관(偏官)이 많은데 재성(財星)이 있으면 정부를 둔다.

— 편관(偏官)이 공망(空亡)되면 남명은 상사의 도움이 없고 여명
은 남자복이 없어 이별하거나 별거한다.

— 편관(偏官)과 인수(印綬)가 있는데 인수(印綬)가 더 왕하면 문
관으로 출세하고, 편관(偏官)이 더 왕하면 무관으로 출세한다.
편관(偏官)과 인수(印綬)가 모두 있으면 크게 성공하고 많은 사
람을 거느린다.

— 편관(偏官)이 괴강(魁罡)에 해당하면 군인으로 출세하고, 편관
(偏官)·괴강(魁罡)·양인(陽刃)이 모두 있으면 무관으로 성공
하고, 편관(偏官)과 양인(陽刃)이 동주(同柱)하면 군인으로 공
명을 세우나 뇌질환으로 죽는다.

— 편관(偏官)과 편인(偏印)이 동주(同柱)하면 외국이나 타향으로
가거나 행상인이 되고, 편관(偏官)과 편재(偏財)가 동주(同柱)
하면 아버지와 인연이 없다.

— 편관(偏官)과 식신(食神)이 있는데 신왕(身旺)하면 대부대귀를
이루나 신약(身弱)한데 식신(食神)이 너무 많으면 빈한하다.

— 정관(正官)과 편관(偏官)이 동주(同柱)하는데 비견(比肩)과 겁
재(劫財)가 많으면 한 남자를 두고 자매나 친구와 다툰다.

— 여명이 지지(地支)에서 편관(偏官)이 충(沖)되면 부부간에 불화

하고, 편관(偏官)이 많은데 정재(正財)와 편재(偏財)가 있으면 남편 외에 다른 남자를 둔다.

— 관살(官殺)이 혼잡되면 잔꾀가 많고 호색다음하며 뜻밖의 재화를 당하거나 잔 근심이 그치지 않는다. 그러나 거살유관(去殺留官)이나 거관유살(去官留殺)이 되면 귀격을 이룬다.

— 여명이 편관(偏官)과 정관(正官)이 혼잡되었는데 제(制)하지 못하면 간부를 두거나 재혼하고, 첩이나 광대ㆍ화류계로 흐르며 색정으로 패가망신한다.

— 관살(官殺)이 혼잡되었는데 삼합(三合)이나 육합(六合)이 있으면 정부를 알아보지 못할 정도로 음란하다.

— 편관(偏官)이 충(沖)되었는데 합(合)이 없으면 난폭하며 도덕을 어기고 흉사한다.

— 병오(丙午)ㆍ무오(戊午)ㆍ임자(壬子)일생이 편관(偏官)이 있으면 남편과 이별하기 쉬운데 첩ㆍ간호사ㆍ조산원 등이 되면 면할 수 있다.

— 편관(偏官)과 건록(建祿)이 동주(同柱)하면 신체가 건강하며 부귀한 배우자를 만나고, 여명이 편관(偏官)이 장생(長生)에 놓이면 어질며 학식이 풍부하고 귀한 남편을 만난다.

— 편관(偏官)이 목욕(沐浴)이나 도화(桃花)에 놓이면 남편이 풍류를 좋아하며 바람을 피우고, 묘고(墓庫)에 놓이면 근심이 많거나 남편과 사별하기 쉽다.

— 년주(年柱)에 편관(偏官)이 있으면 장남이 아니며 조부덕이 적다. 만일 장남이면 부모에게 불리하다.

― 년주(年柱)에 관살(官殺)과 비견(比肩)이 함께 있으면 아우가 가계를 잇고, 년월(年月)에 편관(偏官)이 있는데 신약(身弱)하면 빈천한 집안에서 태어나 부모덕이 없고 형제와 불목한다.

― 월주(月柱)에 편관(偏官)과 양인(陽刃)이 함께 있으면 어머니와 일찍 이별하고, 편관(偏官)이 있으면 부모와 인연이 없고 부모의 재산을 받지 못하며 이마가 일그러진다.

― 월주(月柱)에 편관(偏官)이 있는데 관살(官殺)이 많아 신약(身弱)하면 부모덕이 없어 고생하고, 형제가 없거나 있어도 일찍 죽는다.

― 일지(日支)에 편관(偏官)이 있으면 총명하나 성격이 급하며 부부궁이 흉하다. 여기다 다른 주에 편관(偏官)이 또 있는데 제(制)하지 못하면 성격이 험독하며 병이 많거나 단명한다.

― 일지(日支)에 편관(偏官)이 있는데 묘고(墓庫)에 임하면 매사 걱정이 끊이지 않아 즐거움이 적고, 일시(日時)에 편관(偏官)이 있으면 타향에서 성공한다.

― 시주(時柱)에 편관(偏官)이 있으면 자녀를 늦게 둔다. 만일 제화(制化)하면 인격자로 크게 출세하고, 제화(制化)하지 않으면 성격이 강직하며 불굴의 기상이 있다.

― 시주(時柱)에 편관(偏官)이 있으면 성품이 강직하나 세정이 서투르다. 여기다 신왕(身旺)하면 자녀덕이 있으나 신약(身弱)하면 자녀덕이 없고 불효한다.

― 시주(時柱)에 편관(偏官)이 있는데 입묘(入墓)되면 반드시 죽고, 시주(時柱)에 편관(偏官)이 있는데 일시(日時)에 식신(食神)

과 편인(偏印)이 나란히 있으면 아내에게 산액이 따른다.

— 살왕(殺旺)한데 인성(印星)으로 설(泄)하면 성정이 화순하며 이성적이고 공명이 현달한다.

— 칠살격(七殺格)인데 괴강(魁罡)을 띠거나 충(沖)을 만나면 성격이 완강하며 속박을 받지 않는다.

— 칠살격(七殺格)이 양인(陽刃)을 만나면 권위있는 무관이 된다.

— 살중신약(殺重身弱)한데 일주(日主)가 지나치게 극제(剋制)되면 심신의 압박이 크고 성격이 음침하며 극단적이다. 이런 사람은 걱정이 많고 자극·억압·육체노동·운동을 좋아한다.

— 관살(官殺)이 희신(喜神)이나 용신(用神)에 해당하는데 극파(剋破)되지 않으면 자녀가 어질며 효도하고 힘이 된다.

— 신약(身弱)하고 관살(官殺)이 강왕한데 시주(時柱)에 칠살(七殺)이 있으면 자녀가 없거나 불효한다. 만일 년주(年柱)에 칠살(七殺)이 있으면 빈한한 집안에서 태어난 사람이다.

— 남명은 칠살(七殺)이 자녀에 해당하는데 충(沖)되면 아들과 헤어지나 합(合)되면 잘 어울린다. 만약 칠살(七殺)이 유력하고 일주(日主)가 강왕하면 귀한 자녀를 둔다.

— 남명이 관살(官殺)이 없거나 있어도 충극(沖剋)되고 식신(食神)과 상관(傷官)이 많으면 자녀와 인연이 없고 있어도 헤어진다.

— 남명이 관살(官殺)이 희신(喜神)이나 용신(用神)에 해당하는데 관살(官殺)이 약하고 보조가 없으면 자녀가 고생하며 성취하기 어려우나 부자간에는 정이 있다.

— 남명이 시주(時柱)에 칠살(七殺)이 있으면 일주(日主)를 충극

(沖剋)하므로 자녀와 인연이 약하다.

— 관살(官殺)이 왕성하면 비겁(比劫)인 형제성을 제(制)하므로 형제연이 박하여 서로 등지거나 이해관계로 충돌한다.

— 여명이 정관(正官)이 있는데 칠살(七殺)이 있으면 혼인이 좋지 않아 일부종사하기 어렵다. 이런 사주는 신약살왕(身弱殺旺)하여 일주(日主)가 의지할 데가 없으니 남에게 좌우되기 쉽고, 정숙하지 못하거나 버림을 받으니 늦게 혼인하는 것이 좋다.

— 여명이 칠살(七殺)이 많으면 정조를 잃으나 식신(食神)으로 제복(制伏)시키면 오히려 길하여 대부대귀격을 이룬다.

— 일지(日支)에 칠살(七殺)이 있는데 관살(官殺)이 왕하면 아내의 성격이 거칠며 급하여 화목하기 어렵다. 만일 일지(日支)가 충(沖)되는데 구하지 못하면 반드시 혼사에 변동이 있고 해로하기 어렵다.

— 여명이 칠살(七殺)이 도화(桃花)에 앉았는데 충(沖)을 만나면 혼사에 변화가 있고, 칠살(七殺)이 목욕(沐浴)에 앉으면 풍류와 색을 좋아하는 남편을 만난다.

— 여명이 칠살(七殺)이 일찍 투출(透出)하면 조숙하여 정이 움직이기 쉽고 혼인을 일찍 한다.

8. 정관(正官)

— 정관(正官)이 합(合)되면 다정한데 특히 여명은 애교가 많다. 그러나 정관(正官)이 일간(日干) 외와 간합(干合)하면 명리가

공허하다.

— 사주에 정관(正官)이 있으면 목소리가 밝고 용모가 수려하다. 정관(正官)이 1개 있으면 길하나 많으면 빈곤과 재난이 따른다. 정관(正官)·정재(正財)·편재(偏財)가 있으면 대길하나 상관(傷官)·편관(偏官)·형충파해(刑沖破害)가 있으면 흉하다.

— 정관(正官)이 1개 있는데 편관(偏官)이나 상관(傷官)이 없으면 강직하며 돈독하고 후덕한 군자가 된다. 여명이 정관(正官)이 1개 있는데 유기하고 천덕(天德)·월덕(月德)·천을(天乙)이 있고 형충파(刑沖破)나 공망(空亡)되지 않으면 귀부인이 된다.

— 정관(正官)과 인수(印綬)가 함께 있으면 명예와 복이 따르나 정관(正官)이 있어도 인수(印綬)가 없으면 명리를 이루기 어렵다.

— 여명이 정관(正官)이 너무 많으면 부부간에 불화하고 독신·기생·여급·창녀·과부가 되기 쉽다. 정관(正官)이 약한데 인성(印星)이 많거나 정관(正官)과 인수(印綬)가 많으면 남편을 먹여살리거나 공방수가 있다.

— 정관(正官)이 형충(刑沖)이나 공망(空亡)되면 군인이거나 하급 관리이고, 여명이 정관(正官)이 공망(空亡)되면 남편연이 없다.

— 정관(正官)이 충(沖)되면 관록이 길지 못하며 생가나 고향을 떠나 산다. 정관(正官)이 약한데 상관(傷官)이 왕하면 남명은 손자가 가계를 잇고, 여명은 아들을 낳은 후 남편과 헤어진다.

— 여명이 정관(正官)이 도화(桃花)에 앉으면 남편이 온순하며 풍류를 알고, 목욕(沐浴)에 놓이면 남편이 색을 좋아하고, 역마(驛馬)에 놓이면 이동이 많으며 친정을 멀리 떠나 산다.

— 정관(正官)이 장생(長生)에 놓이면 학식이 있고, 여명은 귀한 남편을 만난다. 정관(正官)이 사(死)·묘(墓)·절(絶)·공망(空亡)에 놓이면 남편덕이 없고 생이사별한다.

— 년주(年柱)에 정관(正官)이 있으면 명문가의 장남으로 태어나 일찍 출세한다. 년주(年柱)에 정관(正官)이 있는데 비겁(比劫)이 많으면 아우로 태어나나 가업을 물려받는다.

— 년주(年柱)에 정관(正官)이 있는데 재성(財星)이 있으면 부귀한 집안에서 태어나 가문을 잇는다.

— 년월간(年月干)에 정관(正官)이 투출(透出)하면 선조의 덕을 누리며 가권을 잇는다.

— 월주(月柱)에 정관(正官)이 있으면 장남이 아니며 명문가 태생으로 노고가 적고 안락하다. 월지(月支)에 정관(正官)이 있는데 인성(印星)이 있으면 부귀한데 정관운(正官運)을 만나면 대귀격을 이룬다.

— 일지(日支)에 정관(正官)이 있으면 장남이 아니며 노고가 적고 영민하며 임기응변에 능하다. 만일 신왕(身旺)하면 어진 배우자를 만나나 신약(身弱)한데 형충(刑沖)되면 부부가 불화하다 이별한다.

— 시주(時柱)에 정관(正官)이 있으면 늦게 영달하고, 형충(刑沖)되지 않으면 어진 아들을 둔다.

— 년간(年干)에 정관(正官)이 1개 있으면 장자의 명으로 가권을 잡고 가업을 계승한다.

— 남명이 정관(正官)을 거듭 만나 강왕한데 일주(日主)가 쇠약하

면 자녀가 많아도 성취하는 자가 적고, 평생 수고하거나 자녀 때문에 피곤하다.

— 남명이 정관(正官)이 많으면 아들보다 딸을 많이 낳는다.

— 남명이 관살(官殺)이 약한데 공망(空亡)되거나 강왕한 식상(食傷)이 극제(剋制)하면 자녀연이 박하다.

— 정관(正官)이 약한데 양인(陽刃)이나 비겁(比劫)이 중첩되면 양자로 가거나 친척이 매우 적다.

— 남명이 정관(正官)이 매우 많으면 형제성인 비겁(比劫)을 극제(剋制)하여 형제가 적거나 형제연이 박하다.

— 여명이 정관(正官)이 뚜렷하며 희신(喜神)이나 용신(用神)에 해당하면 반드시 좋은 남편을 만나 깊은 애정을 받는다.

— 여명이 정관(正官)이나 칠살(七殺)이 1개 있는데 왕하면 반드시 남편이 매우 발달한다. 만일 관성(官星)이 매우 약한데 재성(財星)이 도와주면 남편의 운이 열린다.

— 여명이 정관(正官)이 공망(空亡)이나 충극형해(沖剋刑害)되면 남편에게 불리하고, 좋은 인연을 만나지 못한다.

— 여명이 상관(傷官)이 강왕한데 관성(官星)이 미약하면 혼인에 변화가 생기기 쉬우므로 여러 번 시집갈 수 있다.

— 여명이 관살(官殺)이 혼잡되어도 식신(食神)이나 상관(傷官)이 있으면 남편을 극(剋)하지 않는다.

— 여명이 신약(身弱)하고 관성(官星)이 매우 많은데 인수(印綬)가 가벼우면 남편이 무지막지하여 처자를 돌볼 줄 모르고, 대개 늦게 혼인한다.

— 여명이 일지(日支)에 정관(正官)이 있는데 충(沖)되면 부부가 해로하기 어렵다.

— 여명이 년주(年柱)에 정관(正官)이 있으면 대개 일찍 혼인한다.

— 여명이 정관(正官)이 여러 개 있으면 남편 외에 다른 남자가 있으니 마음이 확고해야 가정풍파를 면할 수 있다.

9. 편인(偏印)

— 편인(偏印)과 인수(印綬)가 혼잡되면 한 가지 일에 전념하지 못하여 직업이 두 가지인 경우가 많고, 어머니가 둘이다.

— 사주에 편인(偏印)이 많으면 부모와 일찍 이별하며 처자와 인연이 없고, 명예가 손상되며 재난과 재앙이 많이 따른다.

— 사주에 재성(財星)과 관살(官殺)이 있는데 편인(偏印)이 있으면 부귀격을 이룬다.

— 천성(天星)과 지성(地星)이 모두 편인(偏印)이거나 상관(傷官)과 함께 있으면 남편·자녀와 인연이 없다.

— 편인(偏印)이 상관(傷官)과 식신(食神)을 만나면 재물의 성패가 많고, 편인(偏印)이 식신(食神)을 만나면 기복이 심하며 신체가 왜소하다. 여명이 식신(食神)이 있는데 편인(偏印)이 많으면 산액과 자녀에게 해가 따른다.

— 편인(偏印)과 비견(比肩)이 동주(同柱)하면 계모나 이복형제를 두거나 양자로 가고, 편인(偏印)과 겁재(劫財)가 동주(同柱)하면 혼담에 장해가 많으며 남 때문에 실패가 많고, 편인(偏印)이

상관(傷官)과 동주(同柱)하면 남편·자녀와 인연이 없다.

— 편인(偏印)이 장생(長生)에 놓이면 생모와 인연이 없으나 조부는 장수하고, 편인(偏印)이 건록(建祿)과 함께 있으면 부귀한 집에서 태어나나 13세를 전후하여 아버지를 잃고 패가한다. 이런 사람은 학자나 의사가 되는 것이 좋다.

— 편인(偏印)이 제왕(帝旺)에 놓이면 계모 때문에 고생이 많고, 편인(偏印)이 관대(冠帶)에 놓였는데 양(陽)일생이면 아버지와 이별수가 있고, 음(陰)일생이면 계모나 의모 밑에서 자란다.

— 편인(偏印)이 쇠(衰)·병(病)·사(死)·묘(墓)·절(絶) 등에 놓이면 한쪽 부모와 이별하며 고생이 많고, 목욕(沐浴)에 놓이면 계모가 부정하거나 계모 밑에서 자란다.

— 년주(年柱)에 편인(偏印)이 있으면 조상의 업을 파하거나 계승하지 못하고 타향이나 외국에서 산다.

— 년주(年柱)에 편인(偏印)이 있는데 인성(印星)이 많으면 한쪽 부모를 모시거나 양자로 간다. 년주(年柱)의 편인(偏印)이 양(養)에 놓이면 계모나 유모에게 양육되고 조상의 업을 파한다.

— 월지(月支)에 편인(偏印)이 있으면 운명가·의사·배우·예술가·이발사 등이 길하고, 편인(偏印)이 왕하면 변심을 잘 한다.

— 월지(月支)에 편인(偏印)이 있는데 식신(食神)이 있으면 신체가 왜소하며 윗사람이 방해한다. 월지(月支)에 편인(偏印)이 있는데 편관(偏官)이 많으면 부모가 온전하지 못하며 아버지의 재산을 물려받지 못하고 양자로 가거나 자녀를 극(剋)한다.

— 월지(月支)에 편인(偏印)이 있는데 쇠(衰)·병(病)·사절(死絶)

에 놓이면 인기가 없고, 일지(日支)에 편인(偏印)이 있으면 남녀 모두 혼인운이 나쁘고 배우자와 인연이 없다.

— 일지(日支)에 편인(偏印)이 있는데 식신(食神)이 있으면 어릴 때 젖이 부족하고, 일지(日支)에 편인(偏印)이 있는데 신약(身弱)하면 길하나 신왕(身旺)하면 처자복이 없다.

— 남명이 음일간(陰日干)인데 일지(日支)에 편인(偏印)이 있으면 아내에게 의존하고, 여명이 양일간(陽日干)인데 일지(日支)에 편인(偏印)이 있으면 부부가 현명하나 박정하여 중년에 남편과 사별한다.

— 여명이 일지(日支)나 시지(時支)에 편인(偏印)이 있으면 산액이 있고 자녀에게 질병이 많이 따른다. 만일 시주(時柱)에 편인(偏印)이 있으면 조상의 업을 파하고 자녀를 두지 못하거나 자녀를 극(剋)한다.

— 년간(年干)에 편인(偏印)이 있는데 기신(忌神)에 해당하면 조상의 업이 없고 가정교육을 받지 못한다. 이런 사람은 집안을 욕보이며 친척과 소원하나 고향을 떠나 발전한다.

— 년간(年干)에 편인(偏印)이 있는데 쇠(衰)·절(絶)에 앉고 신약(身弱)한데 재성(財星)이 왕하면 가난한 집에서 태어난 명이다.

— 년월시간(年月時干)에 편인(偏印)이 있고 일주(日主)가 당령(當令)했는데 재성(財星)이 뚜렷하지 않으면 아내와 인연이 없고 재혼한다.

— 년월시간(年月時干)에 정인(正印)이 있고 일주(日主)가 당령(當令)했는데 재성(財星)이 뚜렷하지 않으면 아내와 인연이 없고

재혼한다.

— 년월시간(年月時干)에 인성(印星)이 있고 일주(日主)가 당령(當令)했는데 재성(財星)이 뚜렷하지 않으면 아내와 인연이 없고 재혼한다.

— 년간(年干)에 편인(偏印)이 있고 월간(月干)에 편재(偏財)가 있는데 식상(食傷)에 앉으면 아버지를 여의고 집이 가난해진다.

— 년지(年支)에 편인(偏印)이 있는데 기신(忌神)에 해당하면 조상의 업이 없고 가정교육을 받지 못하며 집안의 명성을 손상시킨다. 이런 사람은 친척과 소원하며 고향을 떠나 발전한다.

— 년간지(年干支)에 편인(偏印)이 있으면 항렬이 높은 친척이 불리하고 조상이 가난하며 권세가 없다.

— 월간(月干)에 편인(偏印)이 있으면 완고하며 제멋대로 한다. 만일 양인(陽刃)에 앉거나 통근(通根)하면 난폭하나 가까이 극합(剋合)이 있으면 풀린다. 만일 천월덕(天月德)과 동주(同柱)하면 성품이 온화하며 길하다.

— 월간지(月干支)에 편인(偏印)이 있으면 형제와 인연이 없고 고독하다.

— 월지(月支)에 편인(偏印)이 있으면 사랑과 미움이 극단적이고 고독하다. 마음을 털어놓기가 쉽지 않아 일을 당하면 소극적이며 배척한다. 편업이나 오술업으로 나가면 발전하나 쇠(衰)·병(病)·사(死)에 앉으면 인기가 없다.

— 일지(日支)에 편인(偏印)이 있는데 사주에 편인(偏印)이 뚜렷하게 있으면 인연이 좋지 않다. 남명은 좋은 아내를 만나지 못하

고, 여명은 귀한 남편을 만나지 못하며 늦게 혼인한다.

— 시간(時干)에 편인(偏印)이 있으면 겸직을 많이 하며 만년에 청
  한하지 못하고 술과 도박을 좋아한다. 만일 시간(時干)의 편인
  (偏印)이 희신(喜神)이나 용신(用神)에 해당하면 자녀가 세심하
  며 총명하고 솜씨와 재능이 많으나 고집이 있고 고독하다.

— 시지(時支)에 편인(偏印)이 있으면 청정함을 좋아하며 학문·
  종교·기예 방면에서 성취하고, 희신(喜神)이나 용신(用神)에
  해당하면 자녀가 세심하며 총명하고 솜씨와 재능이 많으나 고
  집이 있고 고독하다.

— 시지(時支)에 편인(偏印)이 있는데 천간(天干)에 정인(正印)이
  있으면 두 가지 이상의 일이 있고 여러 가지 직업에 종사하는
  것을 좋아한다.

— 시지(時支)에 편인(偏印)이 있는데 시간(時干)에 정인(正印)이
  있으면 두 가지 이상의 일이 있고 여러 가지 직업에 종사하는
  것을 좋아한다.

10. 인수(印綬)

— 인수(印綬)와 편인(偏印)이 동주(同柱)하면 결단력이 없다.
— 인수(印綬)가 많으면 어머니가 두 분이거나 남명은 아내와 인
  연이 없고 자녀가 불효하며, 여명은 어머니와 이별하고 남편·
  자녀와 인연이 없다.
— 인수(印綬)가 많아 신왕(身旺)하면 주색을 좋아하며 빈곤하고,

자녀를 적게 두는데 다른 사람이 키운다.

— 여명이 인수(印綬)가 매우 왕한데 관살(官殺)이 약하면 남편을 벌어먹이고 늙어서는 남의집살이를 한다. 만일 인수(印綬)가 많은데 관성(官星)이 없으면 예술가로 이름을 떨치나 고독하다.

— 인수(印綬)와 비견(比肩)이 동주(同柱)하면 형제와 친구를 위해 노력을 아끼지 않고, 인수(印綬)와 겁재(劫財)가 동주(同柱)하면 형제나 친구를 위해 노력하나 결과는 나쁘다.

— 인수(印綬)가 식신(食神)이나 편재(偏財)와 함께 있으면 사업이 번창하고 가정이 원만하며 존경을 받는다.

— 인수(印綬)와 상관(傷官)이 동주(同柱)하면 어머니와 충돌이 많은데 여명은 승려가 되기 쉽다. 여명이 인수(印綬)가 상관(傷官)이나 양인(陽刃)과 함께 있으면 남편과 자녀의 덕이 없다.

— 사주에 인수(印綬)가 있는데 정재(正財)가 많으면 만사에 실패하고 어머니와 일찍 이별한다. 이런 사람은 재운(財運)을 만나면 흥사한다. 만일 인수(印綬)와 정재(正財)가 동주(同柱)하면 어머니와 아내 사이가 나쁘고, 여명은 시어머니와 맞지 않는다.

— 인성(印星)이 많고 투합(妬合)하는데 재성(財星)이 없으면 어머니가 재가한다. 여명은 인수(印綬)가 있는데 정재(正財)가 너무 많으면 화류계로 나가거나 음란하다.

— 인수(印綬)와 정관(正官)이 동주(同柱)하면 명리가 좋은데 특히 여명은 남편과 자녀의 복이 좋다. 그러나 관살(官殺)이 약한데 인수(印綬)가 왕하면 남편복이 없다.

— 인수(印綬)가 건록(建祿)과 함께 있으면 부모덕이 많고, 제왕

(帝旺)과 동주(同柱)하면 아버지가 데릴사위로 들어온 사람이고, 목욕(沐浴)과 동주(同柱)하면 어머니가 과부로 늙고, 관대(冠帶)와 함께 있으면 부잣집 자손이고, 장생(長生)에 놓이면 부모가 단정하며 어머니가 현명하고 다른 사람의 사랑을 많이 받는다.

— 인수(印綬)가 약한데 재성(財星)이 많으면 매사에 막힘이 많으며 어머니와 일찍 이별하고, 여명은 음란하며 천하다.

— 인수(印綬)가 있는데 편인(偏印)이나 양인(陽刃)이 있으면 심신이 허약하거나 결단력이 없고, 인수(印綬)가 있는데 상관(傷官)이 많으면 인색하며 간악한 지혜가 많고, 인수(印綬)와 양인(陽刃)이 동주(同柱)하면 여명은 남편·자녀와 인연이 없고 승려가 되기 쉽다.

— 인수(印綬)가 쇠(衰)·병(病)·사(死)·묘(墓)·절(絶)에 놓이면 부모덕이 없고 어머니가 건강하지 않아 항상 질액이 따른다.

— 인수(印綬)와 장성(將星)이 함께 있으면 부모가 훌륭하다.

— 인수(印綬)가 년간(年干)에 있는데 초년운이 길하면 좋은 집안에서 태어나 부모덕이 많고, 년주(年柱)에 있으면 권세가에서 태어나 조상의 업이 있고 문장으로 이름을 날린다. 그러나 인수(印綬)가 년간(年干)에 있고 쇠(衰)·병(病)·사절(死絶)에 놓였는데 겁재(劫財)가 있으면 아우가 물려받는다.

— 인수(印綬)가 월주(月柱)에 있으면 부잣집 태생으로 총명하며 지조와 실천력이 강하고, 형충파해(刑沖破害)되지 않으면 용모와 인격이 고상하며 문장으로 이름을 떨친다. 그러나 재성(財

星)이 파극(破剋)하거나 형충(刑沖)하면 외가가 몰락한다.

― 인수(印綬)가 일지(日支)에 있으면 현명·유정·친절하며 학식
있는 배우자를 만나고, 신약(身弱)하면 서로 협조한다.

― 인수(印綬)가 시주(時柱)에 있으면 재주가 있고 늦게 영화를 누
리며, 자녀가 출세하며 효자이다. 그러나 인성(印星)이 많아 신
왕(身旺)한데 관살(官殺)이 없으면 예술가로 이름을 떨치나 고
독하고, 관살(官殺)이 있으면 식도락가이고 높이 출세하며 무병
장수한다.

― 정인(正印)이 년간(年干)에 있는데 월간(月干)의 겁재(劫財)가
쇠(衰)·절(絶)에 앉으면 아우가 조상의 업을 계승한다.

― 월간(月干)에 정인(正印)이 있으면 영리·인자·정직·지혜가
따르고 평생 편안하며 병이 적으나 재성(財星)이 가까이 있으
면 흉하다. 사주의 천간(天干)에 정관(正官)이나 편관(偏官)이
있으면 복록이 두텁다.

― 월지(月支)에 정인(正印)이 있으면 인격이 고상하며 지혜와 인
정이 있고 부모의 사랑을 받으며 안락하나 의타심과 이기심이
많다. 만일 일지(日支)와 충(沖)되면 외가가 시든다.

― 일지(日支)에 정인(正印)이 있으면 배우자가 총명·인자·돈
후·선량하다.

― 시간(時干)에 정인(正印)이 있으면 총명하며 선량하고 계획이
원대하나 직업이나 주소에 변동이 많다. 이런 사람은 자녀도 총
명하고 인자한데 왕운을 만나면 귀한 자녀를 두고 효도를 받으
며 행복하게 산다.

— 시지(時支)에 정인(正印)이 있으면 모사에 능하고 식록이 풍부하며 명성이 있다.

— 시지(時支)에 정인(正印)이 있고 월간(月干)에 정재(正財)가 있는데 월주(月柱)의 왕한 재성(財星)이 시지(時支)의 정인(正印)을 충(沖)하고 관성(官星)이 쇠(衰)·절(絶)에 앉으면 백사가 이루어지지 않고 가난하다.

— 시지(時支)에 정인(正印)이 있고 월지(月支)에 정재(正財)가 있는데 월주(月柱)의 왕한 재성(財星)이 시지(時支)의 정인(正印)을 충(沖)하고 관성(官星)이 쇠(衰)·절(絶)에 앉으면 백사가 이루어지지 않고 가난하다.

— 시지(時支)에 정인(正印)이 있고 월간(月干)에 정관(正官)이 있는데 관성운(官星運)이나 인성운(印星運)을 만나면 높은 지위에 올라 만년에 존귀해지며 권세가 높아진다.

— 시지(時支)에 정인(正印)이 있고 월지(月支)에 정관(正官)이 있는데 관성운(官星運)이나 인성운(印星運)을 만나면 높은 지위에 올라 만년에 존귀해지며 권세가 높아진다.

— 시간지(時干支)에 정인(正印)이 있으면 모사에 능하며 식록이 풍부하다.

7장. 십이운성(十二運星)

　십이운성(十二運星)이란 포태법(胞胎法)을 말하는데 육신(六神)
의　강약을 측정하며 사람이 태어나 죽을 때까지의 과정을 천리순
환의 이치로 논한 것이다. 다시 말해 생장성멸(生長成滅)의 십이순
환이며 불교에서 말하는 십이인연과 같다.

　절(絶)은 아무것도 없는 상태이며 영혼이 들어가기 직전의 과정
으로 포(胞)라고도 하고, 태(胎)는 부모의 정자와 난자가 만나 모
태에 잉태되는 과정이고, 양(養)은 태아가 모태에서 자라는 과정이
고, 장생(長生)은 세상 밖으로 나오는 과정이고, 목욕(沐浴)은 세상
에 나와 처음으로 목욕을 하는 과정이다.

　관대(冠帶)는 소년이 되어 허리에 띠를 두르며 관을 쓰는 과정이
고, 건록(建祿)은 벼슬길에 올라 직업을 갖는 과정으로 임관(臨官)

이라고도 하고, 제왕(帝旺)은 장년이 되어 혈기왕성하게 활동하는 과정이고, 쇠(衰)는 나이가 들어 쇠약해지는 과정이고, 병(病)은 늙어서 병이 드는 과정이고, 사(死)는 죽음에 이르는 과정이고, 묘(墓)는 무덤에 들어가는 과정으로 장(葬)이라고도 한다.

 십이운성(十二運星)은 천간(天干)을 각 지지(地支)에 대비하여 살고 죽는 것을 구분하며 응용하는데 이것을 잘 알아야 일주(日主)의 강약을 판단할 수 있다. 그리고 일주(日主)의 강약을 판단할 줄 알아야 길흉화복과 수명까지도 내다볼 수 있다. 이러한 십이운성(十二運星)은 인간사에만 해당하는 것이 아니라 만물의 생성과 소멸에도 해당한다.

 인신사해(寅申巳亥)는 사맹(四孟)이며 사생지(四生地)라고도 한다. 사물에 대한 창조와 창의, 계획과 설계, 발명과 개발, 발상과 시발 등을 담당한다.

 자오묘유(子午卯酉)는 사중(四仲) 또는 사정(四正)이며 사왕지(四旺地)라고도 한다. 순수한 정기이며 오행(五行)의 기세가 패(敗: 沐浴)됨을 뜻한다. 주로 현실위주이므로 실권진행과 당면진행을 담당하는데 화려한 유행과 행위의 첨단을 만족으로 한다.

 진술축미(辰戌丑未)는 사계(四季) 또는 사고(四庫)이며 사묘지(四墓地)라고도 한다. 수확한 곡식이나 생산한 물품을 저장하거나 주검을 장사지내는 것과 같다. 사물의 마지막과 수장, 보관과 흡수, 종합과 조화의 의미가 있다. 예산집행이나 결과, 결산 등의 원칙을 반복한다.

십이운성표(十二運星表)

日干 十二運星	甲	乙	丙戊	丁己	庚	辛	壬	癸
絶·胞	申	酉	亥	子	寅	卯	巳	午
胎	酉	申	子	亥	卯	寅	午	巳
養	戌	未	丑	戌	辰	丑	未	辰
長生	亥	午	寅	酉	巳	子	申	卯
沐浴	子	巳	卯	申	午	亥	酉	寅
冠帶	丑	辰	辰	未	未	戌	戌	丑
建祿 臨官	寅	卯	巳	午	申	酉	亥	子
帝旺	卯	寅	午	巳	酉	申	子	亥
衰	辰	丑	未	辰	戌	未	丑	戌
病	巳	子	申	卯	亥	午	寅	酉
死	午	亥	酉	寅	子	巳	卯	申
墓· 庫·葬	未	戌	戌	丑	丑	辰	辰	未

1. 십이운성(十二運星) 표출하는 방법

1) 일간(日干) 대 년월일시지(年月日時支)

壬	戊	辛	辛
戌	寅	丑	卯
墓	長生	養	沐浴

甲	庚	甲	戊
申	午	子	子
建祿	沐浴	死	死

丙	丁	辛	壬
午	卯	寅	亥
建祿	病	胎	死

癸	己	丙	丙
酉	酉	申	午
長生	長生	沐浴	建祿

癸	癸	癸	壬
丑	酉	卯	申
冠帶	病	長生	死

丙	乙	壬	戊
子	巳	戌	戌
病	沐浴	墓	墓

2) 천간(天干) 대 지지(地支)

壬	戊	辛	辛
戌	寅	丑	卯
冠帶	長生	養	絶

甲	庚	甲	戊
申	午	子	子
絶	沐浴	沐浴	胎

丙	丁	辛	壬
午	卯	寅	亥
帝旺	病	沐浴	病

癸	己	丙	丙
酉	酉	申	午
病	長生	病	帝旺

癸	癸	癸	壬
丑	酉	卯	申
冠帶	病	長生	長生

丙	乙	壬	戊
子	巳	戌	戌
胎	沐浴	冠帶	墓

2. 사주와 십이운성(十二運星)의 작용

1. 절(絶 : 胞)

1) 년절(年絶)

절(絶)이 년(年)에 놓이면 선대가 양자나 서계이기 쉽다. 조상과 부모의 덕이 약하며 조상의 업을 파한다. 타향에서 자립으로 창업하고 성격이 급하며 저돌적이다.

2) 월절(月絶)

절(絶)이 월(月)에 놓이면 부모형제의 덕이 없고 성장할 때 고생을 많이 하며 매사 손실이 많다. 대인관계가 원만하지 않아 고립되기 쉽고 부침과 변동이 많다.

3) 일절(日絶)

절(絶)이 일(日)에 놓이면 객지에서 고생이 많고 가정에 소홀하다. 부모와 인연이 박하며 주관이 없고 충동적이며 조급하여 유혹에 잘 넘어간다. 색에 빠져 화를 당하기 쉽고 배우자연이 박하다. 여명이 갑신(甲申)이나 신묘(辛卯)일생이면 성격이 급하며 부부궁이 나쁘고 춤과 노래를 좋아한다.

4) 시절(時絶)

절(絶)이 시(時)에 놓이면 말년에 고생을 많이 한다. 자녀연이 박하며 자손 때문에 앞길이 막히고 봉양을 받지 못한다. 자녀가 처음에는 똑똑해도 나중에는 학업을 중단하거나 근심거리가 된다.

2. 태(胎)

1) 년태(年胎)

태(胎)가 년(年)에 놓이면 선대에 발복하려다 말았으나 조상의 마음이 원만하여 별탈없이 살아간다. 어릴 때 부모에게 변화가 많아 고생을 많이 하고, 늙어서는 가족 때문에 근심한다. 성격은 명랑하나 의지가 약하여 남에게 좌우되기 쉽다.

2) 월태(月胎)

태(胎)가 월(月)에 놓이면 형제가 많지 않고 부모대에 이사를 자주 하였다. 직업에 변화가 많고 계획과 행동이 자주 바뀐다. 집안의 운기가 약하여 사업의 기복이 심하고, 자신도 대성하기 어려우니 매사 굳게 밀고 나가야 한다.

3) 일태(日胎)

태(胎)가 일(日)에 놓이면 시비를 일으키기 쉬운데 입에서 화가 나온다. 되는 일이 없고 마련만 하다가 세월을 보낸다. 어릴 때 허약하며 고생을 많이 하나 중년 이후부터는 건강해진다. 육친연이 박하고 직업을 자주 바꾼다. 여명은 시어머니와 갈등이 심하며 자녀 때문에 근심한다. 여명이 병자(丙子)나 을해(乙亥)일생이면 가

정에 불화가 많고, 삼태(三胎)가 있으면 심중이 적막하다.

4) 시태(時胎)

 태(胎)가 시(時)에 놓이면 자손이 내 재산을 지키기 어렵고, 아들보다 딸을 많이 두고, 늙어서 친척을 괴롭힌다. 여명은 남편이나 시부모와 풍파가 많다.

3. 양(養)

1) 년양(年養)

 양(養)이 년(年)에 놓이면 아버지나 본인이 양자로 간다. 일찍 분가하거나 다른 부모를 모신다.

2) 월양(月養)

 양(養)이 월(月)에 놓이면 남의 부모를 모신다. 어릴 때부터 타향살이를 하며 중년에는 이성문제로 시끄럽고 재난을 자초한다.

3) 일양(日養)

 양(養)이 일(日)에 놓이면 남의 집에서 지내거나 주색을 좋아한다. 사교에 능하며 이성문제가 많고 재혼할 가능성이 많다. 여명이 경진(庚辰)일생이면 남편운이 좋지 않다.

4) 시양(時養)

 양(養)이 시(時)에 놓이면 자손이 효심이 있어 늙어서 봉양을 받는다. 여명은 대개 길한 편이나 자녀연이 없을 수도 있고 인연이 있어도 따로 살 수 있다.

4. 장생(長生)

1) 년장생(年長生)

장생(長生)이 년(年)에 놓이면 선대가 발달한 집안으로 선조의 덕이 있다. 복록이 많고 만년에 길운이 오나 형충파(刑沖破)나 공망(空亡)이 되면 복이 줄어든다.

2) 월장생(月長生)

장생(長生)이 월(月)에 놓이면 부모대에 영화를 누린 집안이고 형제가 발복하며 인덕이 있다. 윗사람을 잘 모시고 사업이 발달하며 행복하다.

3) 일장생(日長生)

장생(長生)이 일(日)에 놓이면 부모의 혜택을 많이 받고 언행이 온순하다. 품덕과 명망이 있고 재능도 특이하다. 부모형제와 화목하며 다른 사람들과 잘 지낸다. 그러나 무인(戊寅)·정유(丁酉)일생은 박복하고, 병인(丙寅)·임신(壬申)일생 여명은 남편덕이 없다.

4) 시장생(時長生)

장생(長生)이 시(時)에 놓이면 자손이 귀하게 되며 효도를 받는다. 남명은 만년에 발복하여 영화를 누리며 자녀가 이름을 드날리고, 여명은 자녀가 많은데 총명하며 건강하다.

5. 목욕(沐浴)

1) 년목욕(年沐浴)

목욕(年沐浴)이 년(年)에 놓이면 선조가 주색으로 망했거나 빈한하다. 부모는 감정의 변화가 많고 고향을 떠나 고생한다. 유소년기에는 성패가 많고 부부간에 이별수도 있다. 인수(印綬)가 목욕(沐浴)에 놓이면 어머니가 풍류인이고, 여명은 정편관(正偏官)이 목욕(沐浴)에 놓이면 기생이나 첩이 되어 바람둥이에게 시집간다.

2) 월목욕(月沐浴)

목욕(年沐浴)이 월(月)에 놓이면 어머니가 재가했거나 소실이거나 아버지가 풍류로 가산을 패한 사람이다. 청년기에 사업과 가정에 기복과 변동이 많고 형제가 화목하기 어렵다. 이복형제가 있거나 장자가 손상된다. 배우자와 생리사별하거나 남자 형제가 주색잡기를 좋아한다.

3) 일목욕(日沐浴)

목욕(年沐浴)이 일(日)에 놓이면 부모의 유산을 지키기 어렵고 사치나 색으로 풍파가 많다. 어릴 때 잔질로 병원출입이 많아 부모의 마음을 상하게 하고 타향살이를 한다. 부모와 인연이 없어 생리사별 할 수도 있고 부부는 감정의 변화와 주색을 조심해야 한다. 갑자(甲子) · 신해(辛亥)일생은 고집이 세며 부부간에 이별수가 있고, 을사(乙巳)일생 남명은 덕망이 있고 존경받으나 재물을 모으면 불구가 되기 쉽다.

4) 시목욕(時沐浴)

목욕(年沐浴)이 시(時)에 놓이면 말년에 첩을 두고 여명은 대개 부부가 함께 망한다. 만년에는 거주지가 일정하지 않고 자녀에게 버림받기 쉽다. 말년에는 자녀문제로 고민이 많고 고독하다. 처자가 무정하거나 아내궁에 변화가 생기고 자녀가 풍류를 좋아하며 바람을 피우기도 한다.

6. 관대(冠帶)

1) 년관대(年冠帶)

관대(冠帶)가 년(年)에 놓이면 예의있는 가문에서 태어나 복을 누리며 평안하다. 유산을 물려받고 총명하며 일찍 출세한다. 그러나 중년에 부부연이 바뀔 수 있고 노년에 재혼할 수 있다.

2) 월관대(月冠帶)

관대(冠帶)가 월(月)에 놓이면 부모형제가 중흥하여 사회에서 두각을 나타낸다. 고집이 세고 집념이 강하며 출세와 명예욕이 대단하다. 청년기에 사업이 발전하며 출세하나 가정에는 불화가 자주 생긴다. 그러나 40세 후에는 복을 누린다.

3) 일관대(日冠帶)

관대(冠帶)가 일(日)에 놓이면 이기는 것을 좋아하며 인내심이 있다. 용모가 좋고 미인과 인연이 있다. 형제간에 우애가 좋고 준재로 공명을 얻으나 애정이 순탄하지 않으며 주소변동이 잦다. 중년 이후 사업이 크게 진전되어 명망과 명성이 따른다. 자녀가 총명하고 영리하여 만년에 행복하다. 임술(壬戌)·계축(癸丑)일생 여명은 고집이 세며 남편이 바뀔 수 있다.

4) 시관대(時冠帶)

관대(冠帶)가 시(時)에 놓이면 자손이 크게 발복하여 영화로우나 늙어서 재혼할 수 있다. 재능이 뛰어나며 인망을 얻어 늦게 흥왕하여 천수를 누린다.

7. 건록(建祿 : 臨官)

1) 년건록(年建祿)

건록(建祿)이 년(年)에 놓이면 선대에 발달하고 아버지가 자수성가한 사람이다. 부유한 집안에서 태어나 자영업이 좋다. 초년에는 가정이 순탄하고 만년에는 행복하다.

2) 월건록(月建祿)

건록(建祿)이 월(月)에 놓이면 장남이나 장녀이다. 사회생활을 일찍하는데 고향을 떠나 발전하고, 자립심이 강하며 고집이 세다. 부모가 크게 성공하여 유산을 받을 수도 있고, 30세 정도에 순탄한 길로 들어서 중년에 발전하며 형제는 자수성가한다. 여명은 맞벌이를 하거나 가정의 경제를 책임진다.

3) 일건록(日建祿)

건록(建祿)이 일(日)에 놓이면 건강하며 예능에 소질이 있다. 성격이 좋아 남에게 칭찬과 환영을 받는다. 만일 가난한 집에서 태어났으면 말년에 부자가 된다. 독립심이 강하고 사상이 건전하여 성공하나 애정문제에는 애로가 많다. 남명은 장남역할을 하는 경우가 있고, 여명은 남편이 첩을 두거나 혼자되기 쉽고 생활전선에서 고생한다. 남명은 재물이 있으면 아내가 흉하고 재물이 없으면 아내가 장수한다.

4) 시건록(時建祿)

건록(建祿)이 시(時)에 놓이면 자녀가 입신출세하고 말년이 행복하다. 그러나 다른 주에도 너무 많으면 흉하고 부부궁이 부실하여 재혼하는 경우가 많다.

8. 제왕(帝旺)

1) 년제왕(帝旺)

제왕(帝旺)이 년(年)에 놓이면 품위있는 가문 출신으로 선조가 부자이거나 고관으로 부귀영화를 누린 사람이다. 자신감과 자비심이 많고, 적극적이며 진취적이고, 독립심이 강하며 뜻이 크다.

2) 월제왕(帝旺)

제왕(帝旺)이 월(月)에 놓이면 형제가 많고 장남이나 장녀 또는 아버지에게 흠이 있다. 기개와 개성이 있고 고집이 세며 자존심과 독립심이 강하며 수완이 뛰어난다. 심성이 엄격하며 장대한 것을 좋아하고 남에 밑에 있는 것을 싫어한다.

3) 일제왕(帝旺)

제왕(帝旺)이 일(日)에 놓이면 건강하나 재물이 모이지 않는다. 고집이 대단하며 아내궁이 부실하고 부모연이 박하며 고향을 떠난다. 역경에 처해도 절처봉생으로 나약하거나 비관적이지 않고 용감하며 인내하나 성격이 매우 강하여 흉함도 있다. 무오(戊午)·병오(丙午)·정사(丁巳)·기사(己巳)·임자(壬子)·계해(癸亥)일생은 부부연이 변하거나 이별하거나 과부가 되기 쉽다. 제왕(帝旺)이 중하면 배우자에게 해롭고 반드시 피해를 입는다.

4) 시제왕(帝旺)

제왕(帝旺)이 시(時)에 놓이면 의지가 강하고 적극적이기 때문에 성취하는 바가 있다. 자녀는 투지가 충만하고 의지가 굳건하여 발달하며 가문을 빛내나 자녀를 잃거나 질병으로 고생할 수도 있다. 말년이 좋고 학문으로 명성을 얻을 수 있다.

9. 쇠(衰)

1) 년쇠(年衰)

쇠(衰)가 년(年)에 놓이면 선대가 쇠퇴하여 파산한 집안이다. 가산과 가운이 기울 때 태어나 어릴 때 곤란과 역경이 있고 신체가 쇠약하다. 가정에서는 성실해도 사회적으로는 두각을 나타내기 어렵고, 부모덕이 없고 만년운이 불길하다.

2) 월쇠(月衰)

쇠(衰)가 월(月)에 놓이면 부모대에 쇠진한 집안이고 부모형제의 덕이 없다. 청년기의 운세가 좋지 않으니 발전하지 못하고 타격을 받거나 좌절하기 쉽다. 남의 형편을 봐주다 금전적인 손해를 보고, 마음이 약하여 피해를 입을 수 있고 가산을 탕진하기 쉬우니 조심해야 한다.

3) 일쇠(日衰)

쇠(衰)가 일(日)에 놓이면 온순하나 박력이 없어 큰 일을 하지 못한다. 교제를 싫어하며 주체의식이 부족하여 유혹에 빠져 뜻하지 않은 재물손실을 많이 당한다. 부모운이 없고 타향살이를 하나 경제관념이 강하며 차분하고 조용한 편이다. 혼인운이 약하여 가정을 꾸리기가 쉽지 않다. 갑진(甲辰)·을축(乙丑)·경술(庚戌)·신미(辛未)일생은 부부가 해로하기 어렵고 박력과 줏대가 없다. 현모양처형이나 시부모를 잘 모시지 못한다.

4) 시쇠(時衰)

쇠(衰)가 시(時)에 놓이면 자녀의 근심걱정이 있고, 자녀가 몸이 약하여 부진하며 자녀덕이 약하다. 말년에 신체가 쇠약하며 고독하거나 고생하고 불효하는 자녀가 있다.

10. 병(病)

1) 년병(年病)

병(病)이 년(年)에 놓이면 선대가 병약하거나 곤궁하고 운세가 좋지 않을 때 태어난 사람이다. 선천적으로 몸이 약하고 병이 많아 어릴 때 병으로 고생한다. 그렇지 않으면 만년에 집안 일로 마음고생을 하거나 병약해진다.

2) 월병(月病)

병(病)이 월(月)에 놓이면 어려운 가정에서 태어난 사람이다. 부모형제 중 누군가가 없거나 청년기에 운이 좋지 않고, 병이 많거나 집안 일로 어려움이 따른다. 겉으로는 태연하나 속으로는 근심걱정이 많고 비관을 잘 한다. 소극적이며 결단력과 실천력이 부족하다.

3) 일병(日病)

병(病)이 일(日)에 놓이면 어릴 때 큰 병을 앓거나 몸이 약해 고생하고 부모연이 박하다. 다정다감하나 조실부모하거나 부모를 일찍 떠나고, 배우자가 몸이 약하며 병이 많고, 배우자덕이 박하여 혼인생활이 만족스럽지 않다. 양일간(陽日干)은 진취성이 있으나 성질이 급하고, 음일간(陰日干)은 활발하지 못하다. 형제간에 우애가 좋지 않고 힘이 되기 어렵다. 무신(戊申)·임인(壬寅)·병신(丙申)·계유(癸酉)일생 여명은 고독한 경우가 많다.

4) 시병(時病)

병(病)이 시(時)에 놓이면 자손의 질병으로 근심걱정이 많다. 만년에는 파란곡절이 많고 청한하게 지내기 어렵다. 자녀가 건강이 좋지 않아 병이 많다. 여명은 남편에게 버림을 받는 경우가 있다.

11. 사(死)

1) 년사(年死)

사(死)가 년(年)에 놓이면 선대가 빈천하거나 병약하였고 덕이 없는 사람이다. 부모연이 박하여 부모를 떠나 타향에서 산다. 성격이 소극적이며 적극성과 진취성이 부족하다.

2) 월사(月死)

사(死)가 월(月)에 놓이면 부모형제와 인연이 박하며 고독하다. 머리는 좋으나 활동력이 부족하고 청년기 운세가 좋지 않다.

3) 일사(日死)

사(死)가 일(日)에 놓이면 생기가 없고 좋은 일을 많이 하고도 욕을 먹는다. 큰 병으로 고생하거나 유산을 받기 어렵다. 부부사이는 점점 냉담해지고 아내에게 병이 있거나 아내연이 박하다. 자녀를 두기 어렵고 근심이 많다. 을해(乙亥)·경자(庚子)일생 여명은 남편과 이별하거나 자녀를 두기 어렵다.

4) 시사(時死)

사(死)가 시(時)에 놓이면 자손이 없거나 자녀연이 박하고, 만년에는 막힘이 많고 순조롭지 못하여 괴롭고, 자녀가 용기가 없다.

12. 묘(墓 : 葬)

1) 년묘(年墓)

묘(墓)가 년(年)에 놓이면 몰락한 집안에서 태어나 어릴 때 빈곤하나 선조의 묘를 잘 돌보아 혜택을 받는다.

2) 월묘(月墓)

묘(墓)가 월(月)에 놓이면 부모형제 때문에 망한다. 육친덕이 없고 매사 손실이 많으며 다른 사람 때문에 손해를 볼 수 있다. 인색하며 수입이 많지 않으나 검소하며 절약하여 저축을 한다. 중년 후 전환의 기회가 생긴다.

3) 일묘(日墓)

묘(墓)가 일(日)에 놓이면 나이보다 늙고 잔질로 고생한다. 부모·형제·배우자연이 박하며 고향을 떠난다. 비교적 변동이 많고 인색하나 검소하며 절약한다. 가난한 집에서 태어나면 중년 이후

발전하나 부잣집에서 태어나면 중년 이후 쇠퇴한다. 여명이 기축(己丑)일생이면 낯가림이 많으며 말재주가 없고, 정축(丁丑)·임진(壬辰)일생이면 부부연이 박하거나 남편의 근심걱정이 많다.

4) 시묘(時墓)

묘(墓)가 시(時)에 놓이면 신체가 허약하여 어려서 질병으로 고생하는 수가 있다. 자손의 걱정이 많고 만년에는 외롭다.

3. 육신(六神)과 십이운성(十二運星)의 작용

1. 절(絶 : 胞)

1) 비겁절(比劫絶)

절(絶)이 비겁(比劫)에 놓이면 형제덕과 인정이 없고 미약하다.

2) 비견절(比肩絶)

절(絶)이 비견(比肩)에 놓이면 형제연이 박하여 사별할 수 있고, 양자가 되어도 양부의 산업을 계승하기 어렵다.

3) 겁재절(劫財絶)

겁재(劫財)에 절(絶)이 놓이면 가운을 파하고 조상의 이름을 더럽히기 쉽다. 불우하게 지내기 쉬우니 고집을 부리지 마라. 사업과 가정이 내리막길로 갈 수 있다.

4) 식신절(食神絶)

절(絶)이 식신(食神)에 놓이면 좋은 집안에서 태어나도 우연히 재액이 생겨 몰락하기 쉽다. 의식주가 곤란하고 활동력도 약하다. 남명은 복록·인기·인덕이 끊어지고, 여명은 자녀덕이 없어 자녀를 두기 어렵고 있어도 훌륭하게 되기 어렵다. 사주에 재성(財星)이 있으면 풀리나 여명은 자녀를 적게 둔다.

5) 상관절(傷官絶)

절(絶)이 상관(傷官)에 놓이면 양쪽 부모나 한쪽 부모와 일찍 사별할 수 있고 고난과 재액이 따른다. 평생 가족을 돌보느라 고생하고, 친한 사람을 도와주려다 곤경에 처하기 쉽다.

6) 재성절(財星絶)

절(絶)이 재성(財星)에 놓이면 재물 때문에 고생이 많고, 아내에게 질병이 따르거나 이별하는 등 애로가 많으며 빈곤하다.

7) 편재절(偏財絶)

절(絶)이 편재(偏財)에 놓이면 아버지와 일찍 사별하기 쉬우니 가정이 적막하다. 가정운이 나쁘고 평생 성패가 많다.

8) 정재절(正財絶)

절(絶)이 정재(正財)에 놓이면 부유한 집안에서 태어나도 운세가 쇠하여 중년 후반부터 고생이 많고, 아내연이 박하거나 사별한다.

갑병(甲丙)일생은 혼인이 실패하기 쉽고, 을정(乙丁)일생은 상처하기 쉽고, 무기(戊己)일생은 데릴사위가 되기 쉽고, 경신(庚辛)·임계(壬癸)일생은 처가가 좋다.

9) 관성절(官星絶)

절(絶)이 관성(官星)에 놓이면 남명은 자녀복이 박하며 지위와 명예를 얻기 어렵고 직업운이 약하여 구직난을 겪는다. 여명은 남편복이 없다.

10) 편관절(偏官絶)

절(絶)이 편관(偏官)에 놓이면 주거가 불안하며 금전적으로 고통이 심하고, 자녀운이 없으며 수명이 짧다. 여명은 남편연이 나쁘며 사별한다.

11) 정관절(正官絶)

절(絶)이 정관(正官)에 놓이면 가문을 더럽히고 유산이 있어도 운이 좋지 않아 다 없앤다. 평생 고생하며 다툼이 있기 쉽고 자녀연이 박하다. 여명은 남편이 열심히 일하지만 생리사별할 수 있다.

12) 인성절(印星絶)

절(絶)이 인성(印星)에 놓이면 부모덕이 없고 평생 곤란함이 많은데 특히 어머니와 인연이 박하다. 공부에 취미가 없고 학업운이 나쁘며 문서분실도 따른다.

13) 편인절(偏印絕)

절(絶)이 편인(偏印)에 놓이면 출신이 빈곤하며 부모와 형제의 덕이 없다. 고립된 상태라 자수성가해야 하니 친구나 남의 덕을 볼 생각은 하지 마라.

14) 인수절(印綬絕)

절(絶)이 인수(印綬)에 놓이면 부모덕이 없는데 특히 어머니와 인연이 박하다. 평생 곤란함이 많으나 근면하게 노력하면 생활의 기반을 잡을 수 있다.

2. 태(胎)

1) 비겁태(比劫胎)

태(胎)가 비겁(比劫)에 놓이면 형제나 동료의 도움으로 발전의 기틀을 세운다.

2) 비견태(比肩胎)

태(胎)가 비견(比肩)에 놓이면 장남으로 태어나도 양자로 가는 경우가 있으니 아버지의 업을 계승하기 어렵다.

3) 겁재태(劫財胎)

태(胎)가 겁재(劫財)에 놓이면 다른 아버지를 섬기거나 이복형제가 있을 수 있으니 가정이 불안하며 복잡하다.

4) 식신태(食神胎)

태(胎)가 식신(食神)에 놓이면 좋은 가정에서 태어나 평생 태평하게 지낸다. 부모덕과 인덕이 많아 의식주가 윤택하고, 노력하면 이루는 바가 있고, 아내가 임신한다. 여명은 자녀가 노력하면 이루는 것이 있다.

5) 상관태(傷官胎)

태(胎)가 상관(傷官)에 놓이면 평생 길흉이 심하고, 가정이 복잡하다. 조모·숙부모·당숙 밑에서 자라거나 산업을 계승하고, 처가에 의지하기 쉽다.

6) 재성태(財星胎)

태(胎)가 재성(財星)에 놓이면 의식주가 좋아지고 재산이 늘며 아내가 임신한다.

7) 편재태(偏財胎)

태(胎)가 편재(偏財)에 놓이면 아버지의 사업이 독립하지 못하고, 가정의 혜택이 없다. 그러나 자라면서 금전적인 애로는 없고 일생이 평온하다.

8) 정재태(正財胎)

태(胎)가 정재(正財)에 놓이면 유족한 가정에서 태어나 부모의 혜택을 받고 가운이 날로 창성하나 아내의 건강이 좋지 않다. 을정

(乙丁)일생은 아내의 병으로 고생한다.

9) 관성태(官星胎)

태(胎)가 관성(官星)에 놓이면 직무에서 발전하여 직장인은 승진하고 자녀의 임신 소식이 있다.

10) 편관태(偏官胎)

태(胎)가 편관(偏官)에 놓이면 유족한 가정에서 태어나고 타인의 도움으로 성공하여 평생 행복하게 산다. 여명은 남편운이 좋다.

11) 정관태(正官胎)

태(胎)가 정관(正官)에 놓이면 좋은 가문에서 태어나 행복하다. 재능이 뛰어나 크게 발전하고 타인의 도움으로 일취월장하여 성공하나 건강을 조심해야 한다. 여명은 남편운이 날로 창성한다.

12) 인성태(印星胎)

태(胎)가 인성(印星)에 놓이면 학문이 발전한다.

13) 편인태(偏印胎)

태(胎)가 편인(偏印)에 놓이면 생모와 인연이 없어 부모 밑에서 단란하게 자라지 못하고 고독하며 불운한 생애를 보낸다.

14) 인수태(印綬胎)

태(胎)가 인수(印綬)에 놓이면 안정되고 평화로운 가정에서 태어나 집안이 날로 번영하며 행복하게 산다.

3. 양(養)

1) 비겁양(比劫養)

양(養)이 비겁(比劫)에 놓이면 형제들이 온순하며 선량하나 이복형제가 있다.

2) 비견양(比肩養)

양(養)이 비견(比肩)에 놓이면 이복형제가 있기 쉽고 형제자매 중에 양자로 가는 사람이 있기 쉽다. 형제가 중간에 헤어졌다가 노년에 다시 만나며 부지런하다.

3) 겁재양(劫財養)

양(養)이 겁재(劫財)에 놓이면 다른 사람 손에서 자라는 수가 있다. 아내를 고생시키거나 다른 여자와 인연을 맺는다. 비교적 부부연이 얕은 편이다.

4) 식신양(食神養)

양(養)이 식신(食神)에 놓이면 의식주의 방편으로 가축을 사육하거나 세균·효소를 배양하면 성공한다. 부유한 집에서 태어나 평생 궁색하지 않고, 평범한 것도 복이 된다. 남명은 장모의 배려를 받고, 여명은 자녀복이 있다.

5) 상관양(傷官養)

양(養)이 상관(傷官)에 놓이면 평생 평탄하여 큰 고생이나 근심이 없으나 어릴 때 조모나 숙모 밑에서 자라기 쉽다.

6) 재성양(財星養)

양(養)이 재성(財星)에 놓이면 재물이 풍족하지는 않으나 점점 좋아진다. 다른 아버지나 다른 곳에서 성장할 수 있고, 아내가 둘일 수 있고, 여자로 인한 구설이 따를 수 있다.

7) 편재양(偏財養)

양(養)이 편재(偏財)에 놓이면 아버지나 본인이 양자이기 쉬우나 발전하려는 마음이 있고 재물을 모을 수 있다.

8) 정재양(正財養)

양(養)이 정재(正財)에 놓이면 유족한 가정에서 태어나 호강하다 좋은 집안의 딸을 아내로 맞는다. 가운이 날로 창성하나 처가는 쇠퇴하는 편이다.

9) 관성양(官星養)

양(養)이 관성(官星)에 놓이면 명리는 별로 높지 않으나 직업운은 좋고, 자녀가 대체로 양호하다.

10) 편관양(偏官養)

양(養)이 편관(偏官)에 놓이면 풍족한 가정에서 태어나 극진한 사랑을 받으며 성장하여 명리를 이룬다. 험한 일부터 시작하여 발전할 수 있다. 여명은 남편운이 날로 좋아진다.

11) 정관양(正官養)

양(養)이 정관(正官)에 놓이면 온건·착실·세심·정직함으로 무슨 일이든 크게 이루고 뭇사람의 윗자리에 앉는다. 여명은 남편운이 날로 창성한다.

12) 편인양(偏印養)

양(養)이 편인(偏印)에 놓이면 어릴 때 부모와 생이별하고 한쪽 부모를 섬기거나 타인의 부양을 받는다. 계모 밑에서 자라는 수가 있고 이복형제가 있기 쉽다. 어려움이 많으나 편업에 종사하면 재물은 궁핍하지 않다.

13) 인수양(印綬養)

양(養)이 인수(印綬)에 놓이면 큰 가정에서 태어나 가도가 날로 흥하고 연구정신이 있다. 농업이나 공업인의 자식으로 태어나 가업을 계승하여 발전시킨다.

4. 장생(長生)

1) 비겁장생(比劫長生)

장생(長生)이 비겁(比劫)에 놓이면 형제덕이 있으나 양자가 되거나 이복형제가 있을 수 있다.

2) 비견장생(比肩長生)

장생(長生)이 비견(比肩)에 놓이면 어릴 때 행복하게 자라며 형제자매와 유쾌하게 지내나 양자로 가거나 남에게 의지하기 쉽다.

3) 겁재장생(劫財長生)

장생(長生)이 겁재(劫財)에 놓이면 형제가 발전한다. 만일 형충파해(刑沖破害)되면 가정이 분열되고 아버지가 후처를 얻기 쉬우나 형충파해(刑沖破害)되지 않으면 친구의 도움을 받는다.

4) 식신장생(食神長生)

장생(長生)이 식신(食神)에 놓이면 천성이 온후하고 의식주가 풍족하며 가업이 번창한다. 사람을 좋아하여 호감을 받는다. 학문이나 예술 방면에 종사하는 것이 좋다. 여명은 자녀가 우수하나 자기주장을 하기 쉽고, 식신(食神)이 너무 많으면 남편을 업신여긴다.

5) 상관장생(傷官長生)

장생(長生)이 상관(傷官)에 놓이면 부모연이 박하여 조부모나 숙부모 밑에서 성장하며 평생 부침이 많다. 예술계로 나가면 길하고 여명은 자녀덕을 본다.

6) 재성장생(財星長生)

장생(長生)이 재성(財星)에 놓이면 큰 부자가 된다.

7) 편재장생(偏財長生)

장생(長生)이 편재(偏財)에 놓이면 부모덕이 많아 평생 의식이 족하며 아버지의 유산을 계승한다. 부자간에 화목하며 장수한다.

8) 정재장생(正財長生)

장생(長生)이 정재(正財)에 놓이면 부잣집 명문가에서 태어나 호강한다. 아내덕으로 발달하여 귀격을 이루고, 여명은 좋은 남편을 만나 행복하게 산다.

9) 관성장생(官星長生)

장생(長生)이 관성(官星)에 놓이면 영예로운 자리에 오른다. 남명은 현명한 자녀를 두고, 여명은 남편덕이 많다.

10) 편관장생(偏官長生)

장생(長生)이 편관(偏官)에 놓이면 평생 행복하며 윗사람이 되고, 처자와 상사의 덕이 있다. 여명은 초혼은 이롭지 않으나 재혼하면 좋은 남편을 만나 행복하게 산다.

11) 정관장생(正官長生)

장생(長生)이 정관(正官)에 놓이면 부모의 유업을 계승하며 사회적으로 신용을 얻는다. 천성이 정성스럽고 곧으며 실력이 있다. 첫 혼인은 만족스럽지 못하나 여명은 훌륭하며 관록이 높은 남자와 혼인하며 남편연이 좋다.

12) 편인장생(偏印長生)

장생(長生)이 편인(偏印)에 놓이면 인기와 예능·기술로 이름을 날린다. 생모와 인연이 없어 계모나 남에게 양육되기 쉽고 수고가 많다.

13) 인수장생(印綬長生)

장생(長生)이 인수(印綬)에 놓이면 학업이 우수하며 문필로 이름을 얻는다. 어머니·친구·상사의 덕이 있고, 여명은 현모양처가 된다.

5. 목욕(沐浴)

1) 비겁목욕(比劫沐浴)

목욕(沐浴)이 비겁(比劫)에 놓이면 형제자매가 주색에 빠져 가업을 탕진하기 쉽다.

2) 비견목욕(比肩沐浴)

목욕(沐浴)이 비견(比肩)에 놓이면 형제자매와 인연이 박하여 일찍 사별하거나 부침이 많고, 거주지를 자주 옮긴다.

3) 겁재목욕(劫財沐浴)

목욕(沐浴)이 겁재(劫財)에 놓이면 빈곤하여 거주에 문제가 많고, 형제자매의 덕이 없다. 본인은 물론 친구의 운도 좋지 않다.

4) 식상목욕(食傷沐浴)

목욕(沐浴)이 식상(食傷)에 놓이면 잘 되면 연예계나 예술계에서 이름이 나지만 그렇지 않으면 화류계로 흐르기 쉽다. 부잣집에서 태어나도 파산수가 있고, 대인관계가 불리하고, 고독하며 곤고하다.

5) 식신목욕(食神沐浴)

목욕(沐浴)이 식신(食神)에 놓이면 부유한 집에서 태어나도 파산하고, 어릴 때 양자로 가기 쉬우나 재성(財星)이 있으면 풀린다. 여명은 색과 향락에 빠지거나 다방이나 술집 등을 하며 후처나 첩이 되기 쉽다. 자녀복이 없고 자녀가 풍류를 좋아한다. 불행한 일이 생기기 쉬우나 비겁(比劫)이 있으면 풀린다.

6) 상관목욕(傷官沐浴)

목욕(沐浴)이 상관(傷官)에 놓이면 남의 충고를 잘 듣지 않아 손해를 많이 본다. 고독하며 곤고하고 반항심이 강하며 대인관계가 원만하지 못하다. 여명은 산액이 있다.

7) 재성목욕(財星沐浴)

목욕(沐浴)이 재성(財星)에 놓이면 돈을 버는 것보다 쓰는데 더 적극적이니 가산을 탕진할 수 있다. 투기를 피해야 한다.

8) 편재목욕(偏財沐浴)

목욕(沐浴)이 편재(偏財)에 놓이면 아버지가 풍류를 좋아한다. 양자로 가거나 고향을 떠나 어려운 환경에서 자란다. 아내나 여자 때문에 번민이 많다.

9) 정재목욕(正財沐浴)

목욕(沐浴)이 정재(正財)에 놓이면 어릴 때 고생을 많이 한다. 아내가 부정하여 가정에 풍파가 생기며 가정형편이 점점 나빠진다.

10) 관성목욕(官星沐浴)

목욕(沐浴)이 관성(官星)에 놓이면 직업에 애로가 많으며 명예를 지키기 어렵고 낭비벽이 심하다. 남명은 자녀가 바람을 피우며 방탕하고, 여명은 남편이 바람둥이이며 사치방탕한다.

11) 편관목욕(偏官沐浴)

목욕(沐浴)이 편관(偏官)에 놓이면 평생 만사가 순조롭지 못하여 곤고하다. 직업에 발전이 없고 변동이 심하며 상업에 손대면 고전을 면하지 못한다. 여명은 남자문제로 고민하며 불우하게 살기 쉽고, 남편이 풍류를 좋아한다.

12) 정관목욕(正官沐浴)

목욕(沐浴)이 정관(正官)에 놓이면 상속문제로 분쟁이 생기고, 친한 사람에게 소외당하고, 건강을 조심해야 한다. 여명은 혼담이 잘 깨지며 남편과 불목한다. 남편이 유흥업소를 들락거리거나 외도하고, 심하면 독신으로 살 수 있다.

13) 편인목욕(偏印沐浴)

목욕(沐浴)이 편인(偏印)에 놓이면 복록이 작고 부모연도 박하다. 다른 사람 밑에서 자라며 어머니 때문에 애로가 많고, 금전적인 고통도 많다.

14) 인수목욕(印綬沐浴)

목욕(沐浴)이 인수(印綬)에 놓이면 가정이나 사업에 문제가 많다. 사업실패·실직 등으로 곤고하다. 후처나 과부 어머니를 섬기는데 어머니가 방탕하기 쉽다.

6. 관대(冠帶)

1) 비겁관대(比劫冠帶)

관대(冠帶)가 비겁(比劫)에 놓이면 다른 사람의 도움을 받고, 청년기에는 여유있는 생활을 한다.

2) 비견관대(比肩冠帶)

관대(冠帶)가 비견(比肩)에 놓이면 일생이 행복하다. 성격이 온후하며 자신의 힘으로 성공한다. 양자로 가거나 남의 집에서 자라는 경우가 있으나 그 곳의 혜택을 크게 받는다.

3) 겁재관대(劫財冠帶)

관대(冠帶)가 겁재(劫財)에 놓이면 중간에 운이 역전된다. 청년기에는 풍족하게 지내나 중년기에는 파란이 많고, 형제자매의 문제로 상심이 크다.

4) 식신관대(食神冠帶)

관대(冠帶)가 식신(食神)에 놓이면 좋은 환경에서 호강하며 자라 평생 편안하고 행복하게 산다. 처자덕이 있고 사업확장이나 승진이 평탄하다. 형충파해(刑沖破害)나 공망(空亡)이 없으면 가운과 사업이 나날이 번영한다. 여명은 훌륭한 남편을 만나고 자녀가 발달하며 현모양처가 된다.

5) 상관관대(傷官冠帶)

관대(冠帶)가 상관(傷官)에 놓이면 경제적으로 부유하며 총명하나 감정이 분명하지 않고 사업이 부진하다. 남명은 직장을 잃고, 여명은 남편과 이별하거나 질병이 따르거나 남편의 일에 장해가 따르거나 재취로 가기 쉽다.

6) 재성관대(財星冠帶)

관대(冠帶)가 재성(財星)에 놓이면 재물은 풍족하나 아내가 고집이 세며 가권을 잡는다.

7) 편재관대(偏財冠帶)

관대(冠帶)가 편재(偏財)에 놓이면 능력이 있고 운기가 좋으며 독립으로 창업하여 성취한다. 번영한 가정에서 태어나 부모의 은혜를 받고, 가업을 계승하여 발전시킨다. 남녀 모두 좋은 배우자를 만나고, 여자는 남편의 운을 돕는다.

8) 정재관대(正財冠帶)

관대(冠帶)가 정재(正財)에 놓이면 명문가에 태어나 호강하며 중년부터 가업을 중흥시킨다. 겁재(劫財)·형충파해(刑沖破害)·공망(空亡)이 없으면 가업이 크게 번성한 가정에서 태어난다. 여명은 다른 주에 겁재(劫財)가 있으면 부궁(夫宮)에 어려움이 따른다.

9) 관성관대(官星冠帶)

관대(冠帶)가 관성(官星)에 놓이면 각종 시험운이 좋다. 관직으로 나가면 승진이 잘 되고 중용된다. 그러나 상관(傷官)이 있으면 관직이나 직장을 잃는다.

10) 편관관대(偏官冠帶)

관대(冠帶)가 편관(偏官)에 놓이면 명문가에서 태어난 사람이다. 자아가 강하고 성격이 편굴되어 화를 당하나 자신의 힘으로 분투하여 성공한다. 여명은 남편 때문에 곤고함을 당하거나 남편이 높은 지위에 올라 부귀를 이룬다.

11) 정관관대(正官冠帶)

관대(冠帶)가 정관(正官)에 놓이면 행복을 누리며 계획하는 일을 이룬다. 형충(刑沖)이나 공망(空亡)이 없으면 총명하며 부귀영화를 누린다. 여명은 관록이 높은 남편을 만나 사랑받으며 산다.

12) 편인관대(偏印冠帶)

관대(冠帶)가 편인(偏印)에 놓이면 기술이나 예술계로 나가면 발전하고, 자유업이나 편업으로 나가도 성공할 수 있다. 그러나 사기·도난·실물·배신이 따른다. 음(陰)일생은 길하나 양(陽)일생은 파란만장하고, 여명은 자녀문제로 걱정이 많다.

13) 인수관대(印綬冠帶)

관대(冠帶)가 인수(印綬)에 놓이면 청고한 명문가에서 태어난 사람으로 지위와 명예를 모두 이룬다.

7. 건록(建祿: 臨官)

1) 비겁건록(比劫建祿)

건록(建祿)이 비겁(比劫)에 놓이면 형제가 발전하며 배경이 좋다.

2) 비견건록(比肩建祿)

건록(建祿)이 비견(比肩)에 놓이면 운도가 좋고 외유내강형이며 신망을 얻고 혜택을 받는다. 대개 타향에서 성공하는데 분가하거나 양자로 가기 쉽다. 형제자매 중에 집을 떠나 독립하는 사람이 있다.

3) 겁재건록(劫財建祿)

건록(建祿)이 겁재(劫財)에 놓이면 부모의 재물과 인연이 없고 파란이 중중하다. 성격이 위축된 사람이나 남에게 속박받는 것을 싫어하고, 가업은 동생이 계승한다. 여명은 재혼할 가능성이 있다.

4) 식신건록(食神建祿)

건록(建祿)이 식신(食神)에 놓이면 부유한 가정에서 태어나 복록수(福祿壽)를 모두 갖춘다. 의식주가 풍족하며 직장생활에 발전이 있다. 딸이 있으면 훌륭한 사위를 만나 크게 발전하고, 여명은 자녀가 우수하여 발전한다.

5) 상관건록(傷官建祿)

건록(建祿)이 상관(傷官)에 놓이면 타향에서 일찍 자수성가하며 진취심이 있다. 부모의 유산은 미약하나 조모나 당숙의 산업을 계승한다.

6) 재성건록(財星建祿)

건록(建祿)이 재성(財星)에 놓이면 재물이 풍족하며 직장생활로 발전한다. 남명은 아내덕으로 재물을 얻는다.

7) 편재건록(偏財建祿)

건록(建祿)이 편재(偏財)에 놓이면 부모덕이 있고 사업이 발전한다. 아버지가 발달하며 장수하고 아버지의 복을 받는다. 아내를 미워하고 첩을 사랑한다. 갑병(甲丙)일생은 재산가의 사위가 된다.

8) 정재건록(正財)建祿)

건록(建祿)이 정재(正財)에 놓이면 유복하고 현귀한 가정에서 태어나 가업을 번창시킨다. 특히 어진 아내를 만나 내조를 받으며 행복하게 산다.

9) 관성건록(官星建祿)

건록(建祿)이 관성(官星)에 놓이면 직장생활을 하면 간부급이 된다. 남명은 자녀가 현출하고 여명은 남편덕이 크다.

10) 편관건록(偏官建祿)

건록(建祿)이 편관(偏官)에 놓이면 명문가에서 태어나 윗사람의 천거를 받는다. 사회적으로 지도층이 되며 명성과 지위를 누린다. 여명은 남편이 입신출세하여 부귀를 누리지만 이별하거나 재혼할 염려가 있다.

11) 정관건록(正官建祿)

건록(建祿)이 정관(正官)에 놓이면 명문가 출신이지만 파란과 곤경이 많다. 중년에 크게 발달하나 말년에는 쇠퇴한다. 만일 형충(刑沖)이나 공망(空亡)이 없으면 명문가 출신으로 신뢰를 받으며 성공하나 시(時)에 정관(正官)이 있으면 말년에 쇠하기 쉽다. 여명은 관록이 높은 남편을 만난다.

12) 인성건록(印星建祿)

건록(建祿)이 인성(印星)에 놓이면 부모덕이 좋고 어머니가 발달하며 학문으로 이름을 얻는다.

13) 편인건록(偏印建祿)

건록(建祿)이 편인(偏印)에 놓이면 아버지와 인연이 박하며 유족한 집에서 태어나도 가운이 기운다. 편업으로 이름을 얻는다.

14) 인수건록(印綬建祿)

건록(建祿)이 인수(印綬)에 놓이면 부모덕으로 호강하며 자라 일생을 편안하게 보내나 본인이 부모의 근심이 된다.

8. 제왕(帝旺)

1) 비겁제왕(比劫帝旺)

제왕(帝旺)이 비겁(比劫)에 놓이면 너무 지나쳐 자신이 상하거나 남을 상하게 한다.

2) 비견제왕(比肩帝旺)

제왕(帝旺)이 비견(比肩)에 놓이면 형제자매와 친구의 도움이 있다. 인생살이에 파란이 많으나 독립심이 강하여 스스로 창업하며 장수한다.

3) 겁재제왕(劫財帝旺)

제왕(帝旺)이 겁재(劫財)에 놓이면 타가의 재산을 계승하며 무병장수하나 배우자가 변하기 쉽고 가정의 인연이 박하다. 여명은 재혼하기 쉽다.

4) 식신제왕(食神帝旺)

제왕(帝旺)이 식신(食神)에 놓이면 아버지덕이 있고 평생 행복하다. 기업을 운영하거나 의약업이나 식품업에 종사하면 성공한다. 백부모의 혜택이 있고 주위의 도움으로 발전하며 일생이 편안하다.

여명은 자녀가 영화를 누린다.

5) 상관제왕(傷官帝旺)

제왕(帝旺)이 상관(傷官)에 놓이면 자신이나 남을 손상시키고, 조모나 당숙의 업을 관장한다. 만일 재성(財星)이 있으면 크게 발전하고, 살면서 곤경에 처하기도 하나 말년에는 행운이 보장된다. 그러나 여명은 남편과 자녀연이 박하여 이별하고 재혼하기 쉽다.

6) 재성제왕(財星帝旺)

제왕(帝旺)이 재성(財星)에 놓이면 재물을 많이 모은 뒤 나가기 쉽다. 부잣집에 태어나 잘 살고, 누이 같은 아내를 만나 지배를 받거나 처가살이를 한다.

7) 편재제왕(偏財帝旺)

제왕(帝旺)이 편재(偏財)에 놓이면 아버지가 독립으로 창업한다. 어릴 때는 부모의 사랑을 많이 받으나 부모덕이 없다. 여명은 좋은 남편을 만난다.

8) 정재제왕(正財帝旺)

제왕(帝旺)이 정재(正財)에 놓이면 부유하고 현귀한 가정에서 태어나 높은 사람이 되며 안정된 생활을 한다. 남명은 아내에게 지배당하거나 처가살이를 하기 쉽고, 여명은 과부가 되기 쉽다.

9) 관성제왕(官星帝旺)

제왕(帝旺)이 관성(官星)에 놓이면 권위있는 자리에 오르거나 생살지권을 잡는다.

10) 편관제왕(偏官帝旺)

제왕(帝旺)이 편관(偏官)에 놓이면 재능이 있으나 성격이 과격하며 협조하는 마음이 부족하다. 실력이 있어도 성격이 편굴하여 기회를 놓치고 불우해진다. 여명은 남편이 출세하여 부귀를 누리나 독신으로 사는 경우도 많다.

11) 정관제왕(正官帝旺)

제왕(帝旺)이 정관(正官)에 놓이면 인망과 명리와 자녀덕이 있고 만년이 평안하다.

12) 인성제왕(印星帝旺)

제왕(帝旺)이 인성(印星)에 놓이면 재혼하는 어머니를 따라가 다른 아버지를 섬기거나 양부 밑에서 자라 지도자가 된다.

13) 편인제왕(偏印帝旺)

제왕(帝旺)이 편인(偏印)에 놓이면 부모궁이 불길하여 의부를 섬기거나 어릴 때 계모 밑에서 자라며 곤고함이 많다. 부모와 헤어져 친척집에서 자라는 경우가 많다.

14) 인수제왕(印綬帝旺)

제왕(帝旺)이 인수(印綬)에 놓이면 아버지가 양자로 간 사람이며 어머니가 아버지를 무시한다. 남보다 뛰어나 지도자가 된다.

9. 쇠(衰)

1) 비겁쇠(比劫衰)

쇠(衰)가 비겁(比劫)에 놓이면 선조가 몰락한 집안에서 태어난 사람으로 조상의 업이 없고 형제의 덕도 없다.

2) 비견쇠(比肩衰)

쇠(衰)가 비견(比肩)에 놓이면 형제자매의 인연이 박하다. 운도가 쇠락한 가정에서 태어나 양자로 간다.

3) 겁재쇠(劫財衰)

쇠(衰)가 겁재(劫財)에 놓이면 부모와 인연이 박하고 한쪽 부모와 일찍 이별하거나 남의 집에서 자라는 수가 있다. 중년 후에 동기간이 모두 행복해지나 건강은 좋지 않다.

4) 식신쇠(食神衰)

쇠(衰)가 식신(食神)에 놓이면 활동력·지능·사고력이 낮고 건강도 나쁘다. 부유하던 집안이 점점 기울고, 부모의 우환과 근심이 많으나 겁재(劫財)가 있으면 풀린다. 여명은 자녀의 운도가 좋지 않다.

5) 상관쇠(傷官衰)

쇠(衰)가 상관(傷官)에 놓이면 부모연이 박하여 부모와 헤어지고, 부부간에도 화목하지 못하다.

6) 재성쇠(財星衰)

쇠(衰)가 재성(財星)에 놓이면 가업이 쇠퇴하며 재물이 흩어진다.

7) 편재쇠(偏財衰)

쇠(衰)가 편재(偏財)에 놓이면 명문가에서 태어나도 소년 이후에 가운이 날로 기우나 정재(正財)나 식신(食神)이 있으면 풀린다. 만년에는 불우하다.

8) 정재쇠(正財衰)

쇠(衰)가 정재(正財)에 놓이면 부유하던 집안이 점점 나빠지나 식상(食傷)이 있으면 풀린다. 장성해서는 자신이 산업을 부흥시키고 재혼녀와 혼인하기 쉽다.

9) 관성쇠(官星衰)

쇠(衰)가 관성(官星)에 놓이면 지위가 낮고 가문이 번성하지 못한다. 자녀가 유약하고 직업운이 나쁘다. 여명은 남편이 저조하다.

10) 편관쇠(偏官衰)

쇠(衰)가 편관(偏官)에 놓이면 매우 곤고하며 일찍 고향을 떠난다. 남의 실패로 손상되고 평생 고난이 끊이지 않는다. 여명은 남편운이 나쁘며 금전의 고통이 심하다.

11) 정관쇠(正官衰)

쇠(衰)가 정관(正官)에 놓이면 운도는 나쁘나 온화하며 믿음직하다. 명리는 얻기 어려우나 평온무사하게 살아간다. 여명은 남편운이 나빠 극(剋)하기 쉽다.

12) 인성쇠(印星衰)

쇠(衰)가 인성(印星)에 놓이면 평생 평범하며 성격이 온화하다. 어릴 때 어머니와 이별하거나 부모덕이 없어 고독하다. 자신의 힘으로 삶을 영위해 나간다.

13) 편인쇠(偏印衰)

쇠(衰)가 편인(偏印)에 놓이면 부모연이 박하여 어릴 때 한쪽 부모와 이별하기 쉽다. 가운이 날로 기울어 평생 고생하며 고독하게 산다. 한가지 특기를 익혀야 한다. 여명은 자녀연이 박하다.

14) 인수쇠(印綬衰)

쇠(衰)가 인수(印綬)에 놓이면 예술계에서 재능을 발휘하여 안정된 삶을 살지만 부모덕은 없다.

10. 병(病)

1) 비겁병(比劫病)

병(病)이 비겁(比劫)에 놓이면 형제자매에게 질병이 있고 배경이 미약하며 선대가 병약하였다.

2) 비견병(比肩病)

병(病)이 비견(比肩)에 놓이면 고향과 인연이 박하고 가업을 계승하지 못하거나 양자로 간다. 형제 때문에 귀찮은 일이 생기고 가정에 복잡한 문제가 생겨 고통을 겪는다.

3) 겁재병(劫財病)

병(病)이 겁재(劫財)에 놓이면 부모덕이 없고 부모형제로 인하여어려움을 겪는데 형이나 누나 때문에 곤혹을 당한다. 본인도 역량이 부족하여 발전하기 어렵고 과도한 피로를 꺼린다.

4) 식신병(食神病)

병(病)이 식신(食神)에 놓이면 가운이 점점 기울며 복분이 작다. 병에 잘 걸리는데 식도나 소화기관 계통의 질병이 있다. 재산가에서 태어나지만 가정에 갈등이 많아 마음이 편하지 않다. 다만 자녀덕으로 만년에는 편안하다. 여명은 자녀에게 병이 많다.

5) 상관병(傷官病)

병(病)이 상관(傷官)에 놓이면 부모연이 박하고 친구의 도움이 적다. 질투심이 강하며 남을 무시하는 경향이 있다.

6) 재성병(財星病)

병(病)이 재성(財星)에 놓이면 아내가 질병으로 고생하거나 재물이 흩어져 모으기 어렵다.

7) 편재병(偏財病)

병(病)이 편재(偏財)에 놓이면 처음에는 좋으나 나중에는 나쁘다. 부유하던 집안이 파산하며 아내에게 병이 많이 따른다. 여명은 혼인 후에 병약하여 고생하며 남편의 사업에 도움을 주지 못한다.

8) 정재병(正財病)

병(病)이 정재(正財)에 놓이면 부유한 가정에서 태어나나 성쇠가 심하다. 운세가 날로 나빠지고 아내에게 병이 많다. 병(丙)일생은 양자로 갈 명이고, 을정(乙丁)일생은 경제적으로 안정된다.

9) 관성병(官星病)

병(病)이 관성(官星)에 놓이면 신분이나 직업이 미천하다. 남명은 자녀에게 질병이 있고, 여명은 남편에게 질병이 있거나 지위가 미천하다.

10) 편관병(偏官病)

병(病)이 편관(偏官)에 놓이면 복이 박하여 평생 파란과 부침이 많다. 여명은 남편운이 좋지 않고 남편이 몸이 약하며 병이 많다. 그러나 재혼하면 행복해질 수 있다.

11) 정관병(正官病)

병(病)이 정관(正官)에 놓이면 아버지 때문에 걱정이 많고 경제적인 혜택도 없다. 청소년기에는 거주지를 자주 옮기고 자녀덕이 없다. 여명은 남편이 몸이 약하여 병이 많다.

12) 인성병(印星病)

병(病)이 인성(印星)에 놓이면 부모덕이 없고 어머니가 병약하거나 생리사별한다. 학업운이 나쁘며 부모의 유산이 있어도 지키지 못한다.

13) 편인병(偏印病)

병(病)이 편인(偏印)에 놓이면 부모연이 박하고 유산을 지키지 못하며 평생 노고가 많다. 한쪽 부모 밑에서 자라는 경우도 있고 조상의 업을 이용하지 못하니 특기를 한 가지라도 익히는 것이 좋다.

14) 인수병(印綬病)

병(病)이 인수(印綬)에 놓이면 심성이 부정하며 만사가 순조롭지 않다. 직업을 자주 바꾸나 실패가 많고 신용까지 잃어 일어나기 힘들다.

11. 사(死)

1) 비겁사(比劫死)

사(死)가 비겁(比劫)에 놓이면 형제자매가 발전하지 못하고 어려움을 겪는다.

2) 비견사(比肩死)

사(死)가 비견(比肩)에 놓이면 운도가 좋지 않고, 가족과 인연이 박하거나 사별하고 육친덕도 없다. 그러나 중년부터 운이 열려 편안하게 산다.

3) 겁재사(劫財死)

사(死)가 겁재(劫財)에 놓이면 형제자매와 일찍 사별하기 쉽다. 성격이 괴팍하며 인정이 없고 냉혹하여 부랑아가 되기 쉽다.

4) 식신사(食神死)

사(死)가 식신(食神)에 놓이면 복분이 박하고 재화가 줄어들며 의식주에 어려움이 많다. 부모덕이 없으나 자수성가하는 노력형이다. 여명은 자녀가 약하다.

5) 상관사(傷官死)

사(死)가 상관(傷官)에 놓이면 부모와 일찍 사별하기 쉽다. 성격이 우유부단하며 의심이 많으나 베푸는 것을 좋아한다. 열등감과 질투심으로 대인관계가 원만하지 않아 고립되기 쉽고 곤액이 많다.

6) 재성사(財星死)

사(死)가 재성(財星)에 놓이면 재물운이 없어 도산한다.

7) 편재사(偏財死)

사(死)가 편재(偏財)에 놓이면 아버지운이 쇠퇴하여 유산이 없고 사별한다. 생활이 궁핍하며 가족과 이별을 많이 한다. 설령 아버지가 재산이 많아도 인색하여 가족을 고생시킨다.

8) 정재사(正財死)

사(死)가 정재(正財)에 놓이면 부유한 집안에서 태어나나 가운이 기울다 중년에 파산할 수 있고, 아내운도 좋지 않다. 갑병(甲丙)일생은 좋은 배우자를 만나나 을정(乙丁)일생은 중혼할 수 있다.

9) 관성사(官星死)

사(死)가 관성(官星)에 놓이면 지위가 낮고 명리도 구할 수 없다. 여명은 남편과 생이별이나 사별한다.

10) 편관사(偏官死)

사(死)가 편관(偏官)에 놓이면 친구나 윗어른의 실패로 영향을 받는다. 평생 기복이 심하니 환경을 바꾸지 않는 것이 좋다. 여명은 남편운이 나빠 사별하고 재취로 가기 쉽다.

11) 정관사(正官死)

사(死)가 정관(正官)에 놓이면 명예훼손으로 형사문제가 생길 염려가 있다. 운이 약하여 매사에 진전이 없다. 남에게 무시당하고 자포자기할 염려가 있다. 여명은 남편운이 좋지 않아 사별한다.

12) 인성사(印星死)

사(死)가 인성(印星)에 놓이면 부모덕이 없고 어머니와 생리사별한다. 복이 없고 재액으로 곤고하며 건강에 문제가 많다.

13) 편인사(偏印死)

사(死)가 편인(偏印)에 놓이면 건강에 문제가 많다. 항심과 의지·박력이 없어 중도에 그만둔다. 재앙이 따르고 박복하나 기술이나 예능계로 나가면 대성은 못해도 소성은 가능하다.

14) 인수사(印綬死)

사(死)가 인수(印綬)에 놓이면 생활이 고생스럽고 어머니와 생리사별한다. 인색하며 사업에 애로가 따르나 나중에는 안정된다.

12. 묘(墓 : 葬)

1) 비겁묘(比劫墓)

묘(墓)가 비겁(比劫)에 놓이면 형제자매가 편안하나 간혹 감옥에 들어가거나 사별하는 수가 있다.

2) 비견묘(比肩墓)

묘(墓)가 비견(比肩)에 놓이면 가족과 생리사별하며 고독하다. 성패가 극단적이며 평생 정처없이 떠돌아다닌다.

3) 겁재묘(劫財墓)

묘(墓)가 겁재(劫財)에 놓이면 가정이 원만하지 못하다. 부모의 혜택이 없고 형제자매와 사별한다. 성격이 냉혹하며 모가 나 불행한 삶을 산다.

4) 식신묘(食神墓)

묘(墓)가 식신(食神)에 놓이면 재산을 모을 줄은 아나 써보지도 못하고 죽는 경우가 많다. 조상의 유산을 물려받으나 청년기를 지나면서 운이 막혀 탕진한다. 운도가 몰락하나 비겁(比劫)이 있으면 풀린다. 여명은 자녀를 적게 두거나 사별할 수도 있다.

5) 상관묘(傷官墓)

묘(墓)가 상관(傷官)에 놓이면 부모연이 박하며 안정된 삶을 살기 어렵다. 학문·예술·기예 등으로 명성을 떨치나 요절하기도 한다. 직업이나 생활이 남에게 좌우되며 평생 변화가 많고 복잡하다.

6) 재성묘(財星墓)

묘(墓)가 재성(財星)에 놓이면 재산을 모을 줄만 아는 수전노이다. 의처증이 있고 아내가 질액으로 숨질 수 있다.

7) 편재묘(偏財墓)

묘(墓)가 편재(偏財)에 놓이면 아버지가 일찍 돌아가시거나 은혜를 받지 못한다. 평생 변화가 많고 중년에 크게 발전하나 만년에 다시 쇠퇴한다.

8) 정재묘(正財墓)

묘(墓)가 정재(正財)에 놓이면 유복한 가정에서 태어나 호강하며 지낸다. 소박하며 근검절약하여 재물을 모을 수 있다. 그러나 아내 연이 박하거나 사별한다. 갑(甲)일생은 배우자덕이 있으나 을정기(乙丁己)일생은 아내와 사별할 우려가 있다.

9) 관성묘(官星墓)

묘(墓)가 관성(官星)에 놓이면 지위와 명리가 좋지 않다. 남녀 모두 배우자와 생리사별수가 있고 남명은 아내와 별거수가 있다.

10) 편관묘(偏官墓)

묘(墓)가 편관(偏官)에 놓이면 부침과 변화가 많고 쇠패한다. 처자와도 별거하고 자녀연이 박하다. 여명은 남편연이 나빠 남편과 사별하거나 일찍 이별한다.

11) 정관묘(正官墓)

묘(墓)가 정관(正官)에 놓이면 가문에 욕될 일을 하기 쉽고, 법적인 문제가 많이 생긴다. 가정에 근심걱정이 늘 따르나 인내심이 있다. 여명은 남편과 사별하는 등 남편운이 좋지 않다.

12) 인성묘(印星墓)

묘(墓)가 인성(印星)에 놓이면 조상의 정기와 윗사람의 혜택을 받는다. 그러나 어머니에게 우환이 있고 생리사별한다. 의지가 약하며 게으르다.

13) 편인묘(偏印墓)

묘(墓)가 편인(偏印)에 놓이면 의지가 약하여 과감하게 밀고나가지 못하고, 시작은 있으나 끝이 없고, 게으르며 능력이 부족하다. 여명은 가정적으로 불행하며 노고가 끊이지 않는다.

14) 인수묘(印綬墓)

묘(墓)가 인수(印綬)에 놓이면 어머니와 인연이 박하거나 어머니의 우환으로 고생하나 근검절약하여 경제적으로는 안정된다.

8장. 신살(神殺)

사주의 8자가 만나 오행(五行)의 생극(生剋)과 음양(陰陽)의 조화가 좋으면 길신(吉神)이나 길성(吉星)이라 하고, 좋지 않으면 흉살(凶殺)이나 흉신(凶神) 또는 흉성(凶星)이라 한다. 그리고 길신(吉神)을 신(神)이라 하고, 흉신(凶神)을 살(殺)이라고도 한다.

길신(吉神)이 용신(用神)이나 희신(喜神)에 놓이면 더 좋아지고, 흉살(凶殺)이 기신(忌神)이나 구신(仇神)에 놓이면 더 흉해진다. 그러나 길신(吉神)이 형충파해(刑沖破害)나 공망(空亡)이 되면 길작용을 하지 못하고, 흉살(凶殺)이 합(合)되거나 공망(空亡)이 되면 흉작용을 하지 않는다.

그러나 길신(吉神)과 흉살(凶殺)은 더 나빠지거나 좋아질 수도 있다. 따라서 체(體)・용신(用神)・희신(喜神)・기신(忌神)・구신(仇神)・한신(閒神)・신강(身强)・신약(身弱)・정신기(精神氣)・중화(中和)・청탁(淸濁)・한난조습(寒暖燥濕)・왕상휴수사(旺相休囚

死) 등을 살펴 용신(用神)과 격국(格局)을 정한 다음 신살(神殺)을 대입하여 길흉을 판단해야 한다. 그렇지 않고 어느 신살(神殺) 하나를 놓고 흉하느니 길하느니 죽느니 사느니 하면 큰 실수를 저지르게 된다. 간혹 사이비 역술인들이 흉살(凶殺)을 미끼로 비방술이니 예방법이니 하면서 거금을 뜯어내는 경우가 있는데 각성하기 바란다.

1. 간학일(干學日)

生年納音	木	火	土	金	水
干學	己亥	丙寅	戊申	辛巳	甲申

간학일(干學日)에 해당하면 총명하며 학문과 기술이 뛰어나다.

2. 건각살(蹇脚殺)

月支	寅	卯	辰	巳	午	未	申	酉	戌	亥	子	丑
蹇脚	寅	卯	申	丑	戌	酉	辰	巳	午	未	亥	子

건각살(蹇脚殺)은 다리에 이상이 생긴다는 흉살(凶殺)이다. 해당하면 다리를 절거나 절단하거나 신경통을 앓는다.

3. 검봉살(劍鋒殺)

年日支	子	丑	寅	卯	辰	巳	午	未	申	酉	戌	亥
劍鋒	戊子	己丑	甲寅	乙卯	戊辰	丁巳	丙午	己未	庚申	辛酉	戊戌	癸亥

검봉살(劍鋒殺)은 총이나 칼에 다친다는 흉살(凶殺)이다. 양인(羊刃)과 함께 있으면 더 악화되고, 행운에서 검봉살(劍鋒殺)을 만나면 재해를 면하기 어렵다.

4. 격각살(隔角殺)

年日支	子	丑	寅	卯	辰	巳	午	未	申	酉	戌	亥
隔角	寅	卯	辰	巳	午	未	申	酉	戌	亥	子	丑

격각살(隔角殺)은 팔·다리를 상하거나 혈광을 본다는 흉살(凶殺)이다. 일시(日時)에 있으면 처자식이 해롭고, 태월(胎月)에 있으면 부모가 해롭다. 주로 육친덕이 없는데 운에서 만나면 원행한다.

5. 결항살(結項殺)

年日支	申子辰	巳酉丑	寅午戌	亥卯未
結項	壬子時	辛酉時	庚午時	乙卯時

결항살(結項殺)은 목을 매 죽는다는 흉살(凶殺)이다. 사주에 있으면 목을 매거나 높은 곳에서 뛰어내리는 등 자살한다.

6. 계비관살(鷄飛關殺)

日干	甲	乙	丙	丁	戊	己	庚	辛	壬	癸
鷄飛	巳酉丑	子	子	子	子	巳酉丑	亥卯未	寅午戌	寅午戌	寅午戌

계비관살(鷄飛關殺)은 살생을 보고 시름시름 앓다가 숨진다는 흉살(凶殺)이다. 사주에 있으면 살생하지 않는 것은 물론 살생된 것도 보면 안 된다.

7. 고란살(孤鸞殺)

고란살(孤鸞殺)은 과곡살(寡鵠殺) 또는 신음살(呻吟殺)이라고도 하는데 2~3남매를 낳은 뒤에 남편과 상별한다는 흉살(凶殺)이다. 갑인(甲寅) · 을사(乙巳) · 병오(丙午) · 무신(戊申) · 무오(戊午) · 기유(己酉) · 신해(辛亥) · 임자(壬子)일생이면 해당한다. 대개 초년에 남편과 생사이별하는데 2~3차례 재가해도 남편덕이 없으니 차라리 혼자 사는 게 낫다. 부부궁이 원만하지 못하여 생사이별하거나 남편이 무능하여 자신이 생활전선으로 나서고, 고집과 자기주장이 강하다. 특히 신해(辛亥) · 기유(己酉)일생은 자녀를 낳은 후 남편운이 쇠락한다.

8. 고신살(孤神殺)

年支	寅卯辰	巳午未	申酉戌	亥子丑
孤神	巳	申	亥	寅

고신살(孤神殺)은 고진(孤辰)이라고도 하는데 홀아비가 된다는 흉살(凶殺)이다. 해당하면 동분서주하며 아내와 생이사별한다. 고신살(孤神殺)이 있는데 화개(華蓋)가 있으면 승려가 되고, 고신살(孤神殺)이 월일(月日)에 있는데 일시(日時)에 화개(華蓋)가 있으

면 객지를 떠돌거나 승려·목사·신부·수녀 등이 되고, 역마(驛馬)와 동주(同柱)하면 주색에 빠져 타향을 떠돌고, 시주(時柱)에 있으면 처자식이 불초하고, 시주(時柱)에 있는데 공망(空亡)되면 소년기에 고생을 많이 한다.

9. 고허살(孤虛殺)

生日	甲子旬中	甲戌旬中	甲申旬中	甲午旬中	甲辰旬中	甲寅旬中
孤虛	辰巳	寅卯	子丑	戌亥	申酉	午未

사주에 고허살(孤虛殺)이 있으면 남녀 모두 난폭·방탕·음란하다. 부부간에 권태가 생겨 가출하거나 배우자와 이별이나 상별하여 독수공방한다.

10. 곡각살(曲脚殺)

곡각살(曲脚殺)은 손이나 발에 이상이 생기거나 몸에 흉터가 생긴다는 흉살(凶殺)이다. 을사(乙巳)·을축(乙丑)·기사(己巳)·기축(己丑)일생이 이곳에 충(沖)이나 형(刑)을 맞으면 해당하고, 시주(時柱)에 있어도 해당한다.

11. 곡배살(曲背殺)

年日支	子午	丑未	寅申	卯酉	辰戌	巳亥
曲背	卯酉時	辰戌時	巳亥時	子午時	丑未時	寅申時

곡배살(曲背殺)은 꼽추가 되거나 척추를 다쳐 수술을 하거나 허리가 아프다는 흉살(凶殺)이다.

12. 골파쇄(骨破碎)

年日支	子	丑	寅	卯	辰	巳	午	未	申	酉	戌	亥
남	2월	3월	10월	5월	12월	1월	8월	9월	4월	11월	6월	7월
녀	6월	4월	3월	1월	6월	4월	3월	1월	6월	4월	3월	1월

골파쇄(骨破碎)는 남명은 처가가 망하고, 여명은 시가가 망한다는 흉살(凶殺)이다.

13. 괘검살(掛劍殺)

괘검살(掛劍殺)은 사유축(巳酉丑) 금국(金局)을 이루고 신(申)이 있으면 해당한다. 괘검살(掛劍殺)이 있는데 백호대살(白虎大殺)·관부살(官符殺)·원진살(怨嗔殺)·금신(金神)이 있고 형충파해(刑沖破害)가 많으면 살인을 저지르거나 피살당한다.

14. 괴강살(魁罡殺)

庚辰日	庚戌日	壬辰日	壬戌日	戊戌日

괴강살(魁罡殺)은 모든 신살(神殺)을 극단으로 작용하게 하며 뭇사람을 제압하는 강렬한 살이다. 사주 네 기둥 어디에 있어도 해당하나 일주(日柱)를 중시한다. 길작용을 하면 대부대귀·엄격·총명

이 따르나 흉작용을 하면 횡포·살생·극빈·재앙이 강하게 따른다. 괴강살(魁罡殺)이 사주에 있으면 권세와 권력으로 출세한다. 남명은 약사·의사·군인·경찰·검찰·정객·열사가 되는 경우가 많고, 여명은 여장부이며 활동적이나 좋은 경우가 없다.

괴강살(魁罡殺)은 합(合)되면 작용이 약해진다. 남명은 대개 총명하며 지혜롭고 결백하며 편벽되지 않고 용단과 과감성이 있어 남아다운 기상으로 고귀하게 출세하는 사람도 많다. 그러나 여명은 대개 용모는 아름다우나 성격이 남자 같고 고집이 세며 자기주장을 하기 때문에 남편과 화합하지 못하여 이혼하거나 과부가 되는 경우가 많다. 남편이 급변사고·교통사고·납치·구속·흉액·흉사를 당하거나 무책임하게 가출하여 가정을 돌보지 않거나 직업이 없이 건달이나 깡패가 되므로 생계를 책임져야 한다.

괴강살(魁罡殺)이 있는데 편관(偏官)이 있으면 군인·법관·경찰에서 출세하고, 괴강살(魁罡殺)이 형충(刑沖)되면 백 가지 재앙이 닥쳐 일생이 빈한하고, 경진(庚辰)이나 경술(庚戌)일생이 관살(官殺)이 있거나 임진(壬辰)이나 무술(戊戌)일생이 재성(財星)이 있으면 매우 가난하기 쉽다. 괴강(魁罡)이 1개 있는데 형충(刑沖)되고 재관(財官)이 특출하면 재앙이 많다.

15. 교록성(交祿星)

사주에 교록성(交祿星)이 있으면 재주가 비범하며 능수능란하여 재주꾼으로 통한다. 갑신(甲申)생은 경인(庚寅)일, 경인(庚寅)생은 갑신(甲申)일, 병자(丙子)생은 계사(癸巳)일, 계사(癸巳)생은 병자

(丙子)일, 무자(戊子)생은 계사(癸巳)일, 계사(癸巳)생은 무자(戊子)일, 신묘(辛卯)생은 을유(乙酉)일, 을유(乙酉)생은 신묘(辛卯)일을 만나면 해당한다.

16. 교신살(交神殺)

丙子日	丙午日	辛卯日	辛酉日

교신살(交神殺)은 무슨 일이든 다른 사람과 같이 하지 못하는 흉살(凶殺)이다. 사주에 있으면 생각은 깊으나 자아와 자존심이 강하여 다른 사람이 하는 일이 마음에 들지 않는다. 친구도 적고 세상사나 환경에도 만족하지 못한다.

17. 교신살(絞神殺)

年日支	子	丑	寅	卯	辰	巳	午	未	申	酉	戌	亥
絞神	酉	戌	亥	子	丑	寅	卯	辰	巳	午	未	申

교신살(絞神殺)은 목을 매 죽은 귀신이 붙어 백사가 어렵다는 흉살인데 작용은 구신살(句神殺)과 비슷하다. 사주에 있으면 가정이 불화하고 몸을 다친다. 년운(年運)에서 만나면 본인이나 해당하는 육친이 몸을 상하거나 재물을 잃는 등 재앙이 많다.

18. 과분살(過分殺)

과분(過分)이란 분수를 넘는다는 뜻으로 육친에 임하면 해당하는

日支	子	丑	寅	卯	辰	巳	午	未	申	酉	戌	亥
過分	辰申	巳酉	午戌	未亥	申子	酉丑	戌寅	亥卯	子辰	丑巳	寅午	卯未

사람이 가출하거나 방탕하거나 큰 문제가 생긴다.

19. 과숙살(寡宿殺)

年支	子	丑	寅	卯	辰	巳	午	未	申	酉	戌	亥
寡宿	戌	戌	丑	丑	丑	辰	辰	辰	未	未	未	戌

과숙살(寡宿殺)은 과부가 된다는 흉살(凶殺)로 남편과 생이사별
한다. 과숙살(寡宿殺)이 화개(華蓋)와 동주(同柱)하면 독신으로 늙
거나 승려가 되고 육친덕이 없다. 시주(時柱)에 있으면 자녀덕이
없고, 역마(驛馬)와 동주(同柱)하면 주색에 빠져 타향을 떠돌고, 시
주(時柱)에 있는데 공망(空亡)되면 소년기에 고생을 많이 한다. 운
에서 만나면 남명은 아내와 생이사별하거나 사업을 실패하고, 여명
은 남자로 인한 근심과 정부가 생기니 남자문제를 조심해야 한다.

20. 관귀학관(官貴學館)

日干	甲	乙	丙	丁	戊	己	庚	辛	壬	癸
官貴	巳	巳	申	申	亥	亥	寅	寅	申	申

관귀학관(官貴學館)은 선망의 대상이 된다는 길신(吉神)이다. 사
주에 있으면 총명하며 학문이 뛰어나 교육자가 되는 경우가 많고,

관운이 좋아 남보다 먼저 승진하며 스카웃되기도 한다. 그러나 형충(刑沖)·공망(空亡)·사절(死絶)되면 작용을 하지 못한다.

21. 관부살(官符殺)

年日支	子	丑	寅	卯	辰	巳	午	未	申	酉	戌	亥
官符	辰	巳	午	未	申	酉	戌	亥	子	丑	寅	卯

관부살(官符殺)은 인덕이 없고 고독·빈곤·관재·구설이 따른다는 흉살(凶殺)이다. 실성한 소리를 한다고 하여 망어살(妄語殺)이라고도 한다. 일주(日主)나 시주(時柱)에 임하면 평생 관재가 많고, 양인(羊刃)과 함께 있으면 형벌을 받고, 공망(空亡)을 만나면 진실하지 않다.

22. 관형살(官刑殺)

年日支	子	丑	寅	卯	辰	巳	午	未	申	酉	戌	亥
官刑	卯	戌	巳	子	午	丑	寅	酉	未	亥	辰	申

관형살(官刑殺)은 관형을 받는다는 흉살(凶殺)이다.

23. 구신살(句神殺)

年日支	子	丑	寅	卯	辰	巳	午	未	申	酉	戌	亥
句神	卯	辰	巳	午	未	申	酉	戌	亥	子	丑	寅

사주에 구신살(句神殺)이 중첩했는데 삼형살(三刑殺)이 있으면 형액을 자주 당한다. 년일(年日)에 구신(句神)과 교신(絞神)이 있는데 상충(相沖)이나 삼형(三刑)이 있으면 부부 생이사별·작첩·정부 문제로 가정이 파탄나기 쉽다. 운에서 구신(仇神)이나 교신(絞神)을 만나면 항상 재앙이 따르며 퇴재·구속·납치·포로가 되고, 구신(仇神)과 교신(絞神)이 있는데 삼형살(三刑殺)이 가하면 재혼하거나 첩을 두고, 구설과 형옥이 따른다.

24. 구추살(九醜殺)

구추살(九醜殺)은 주색에 빠져 가정을 망각하고 아무 데서나 추행을 범하여 형벌을 받는다는 흉살(凶殺)이다. 무자(戊子)·무오(戊午)·임자(壬子)·임오(壬午)·정사(丁巳)·정묘(丁卯)·기유(己酉)·기묘(己卯)·신유(辛酉)·신묘(辛卯)일생이면 해당한다.

25. 국인(國印)

日干	甲	乙	丙	丁	戊	己	庚	辛	壬	癸
國印	戌	亥	丑	寅	丑	寅	辰	巳	未	申

국인(國印)은 결재도장이라는 뜻으로 권리를 의미하는데 흉함은 길로 바뀌고 길함은 더 길해진다는 길신(吉神)이다. 작용은 천덕(天德)이나 월덕(月德)과 비슷한데 사주에 있으면 공무원이나 국가가 인정하는 사람이 된다.

26. 권설살(卷舌殺)

年日支	子	丑	寅	卯	辰	巳	午	未	申	酉	戌	亥
卷舌	酉	戌	亥	子	丑	寅	卯	辰	巳	午	未	申

권설살(卷舌殺)은 재산문제로 걱정할 일이 많이 생긴다는 흉살
(凶殺)이다.

27. 귀문관살(鬼門關殺)

年日支	子	丑	寅	卯	辰	巳	午	未	申	酉	戌	亥
鬼門	酉	午	未	申	亥	戌	丑	寅	卯	子	巳	辰

귀문관살(鬼門關殺)은 정신이상이나 신경병에 걸린다는 흉살(凶
殺)이다. 부부가 남명의 일지(日支)와 여명의 일지(日支)를 대조하
여 귀문관살(鬼門關殺)에 해당하면 여자가 정신이상이 생기고, 여
명의 일주(日主)와 남명의 일주(日主)를 대조하여 귀문관살(鬼門
關殺)에 해당하면 남자가 정신이상이 생긴다. 때로는 본인이나 배
우자가 혈압 때문에 죽는 경우도 있다. 귀문관살(鬼門關殺)이 있으
면 여행·사찰·사당·묘지에 가지마라. 신경쇠약이나 정신이상이
생기고, 무당·박수·승려·목사·역술인이 되기도 한다.

운에서 귀문관살(鬼門關殺)을 만나면 각종 신경성질환·불면증·
신경쇠약·번뇌·망상이 따르고, 쇠에 부딪힌 것처럼 머리가 띵하
거나 비정상적인 행동을 하는데 특히 변태적인 애정행각을 조심해
야 한다. 혹자는 죽은 망령이 자주 보이고, 무당이나 박수가 되기도

한다. 만일 흉살(凶殺)이 겹쳐 있으면 정신병을 조심해야 한다.

28. 귀한일(鬼限日)

生年納音	木	火	土	金	水
鬼限	乙卯	丁丑	己亥	庚午	癸酉

　사주에 귀한일(鬼限日)이 있으면 용모와 자태가 나이보다 더 들어 보인다. 때로는 일찍 백발이 되거나 주름이 많아진다.

29. 금신(金神)

　금신(金神)은 강건·고체·견고·강단·절단·박치기·강압·뭉치는 성질·불굴의 의지·초지일관·명민·의강·단단한 물질·전기줄·각종 기계와 부품·칼·침·총기·총탄·둥근물건 등을 의미한다. 경일주(庚日主)가 계유금신(癸酉金神)이 있으면 무기·칼·침으로 출세하고, 계일주(癸日主)가 을축금신(乙丑金神)이면 무관으로 출세하고, 양인(羊刃)이나 칠살(七殺)이 금신(金神)이면 역사(力士)로 이름을 떨친다.

30. 금쇄관살(金鎖關殺)

月支	寅申	卯酉	辰戌	巳亥	子午	丑未
金鎖	申時	酉時	戌時	亥時	子時	丑時

　금쇄관살(金鎖關殺)은 단명한다는 흉살(凶殺)이다. 해당하면 본인

이나 자녀가 단명하거나 요절한다. 어릴 때는 쇠나 자물쇠·동전·금은·보석·반지·팔찌·못·바늘 등을 갖고 놀다가 변을 당하고, 커서는 형법을 범하여 옥살이를 한다. 금쇄관살(金鎖關殺)은 자물쇠를 열고 도둑질을 하거나, 도둑을 잡는 사람이거나, 자물쇠·보관·감금 등을 의미한다.

31. 금여록(金輿祿)

日干	甲	乙	丙	丁	戊	己	庚	辛	壬	癸
金輿	辰	巳	未	申	未	申	戌	亥	丑	寅

　금여(金輿)는 금수레라는 뜻으로 황족의 사주에 많은데 지위가 높아진다는 길신(吉神)이다. 해당하면 영리하며 정교하고 온후하며 유순하고 절의와 절도가 있다. 두뇌회전이 빠르며 음덕이 있어 행운이 따른다. 세인의 도움을 받으며 훌륭한 배우자를 만난다.

　남명은 발명의 재간과 미덕이 있으며 처가의 도움을 받고, 여명은 대개 용모가 아름답고 화애롭다. 특히 일시(日時)에 임하면 평생 편안하며 자손이 번창하고 가까운 사람의 도움을 받는다. 금여록(金輿祿)이 재성(財星)에 임하면 귀족집안의 배우자를 만난다. 관성(官星)에 임하면 남명은 자녀가 관리로 입신하고, 여명은 귀족에게 시집간다. 인성(印星)에 임하면 외가나 본인이 귀족출신이다. 식신(食神)에 임하면 남명은 장인·장모가 귀족출신이고, 여명은 자녀가 명문가의 배우자를 만난다. 그러나 충(沖)이나 공망(空亡)되면 길한 뜻이 사라진다.

32. 급각살(急脚殺)

月支	寅卯辰月	巳午未月	申酉戌月	亥子丑月
急脚	亥子	卯未	寅戌	丑辰

급각살(急脚殺)은 소아마비에 걸리거나 다리를 크게 다친다는 흉살(凶殺)이다. 사주에 있으면 골절·수술·신경통으로 고생하고, 치아가 빠지거나 상한다. 육친에 임하면 해당하는 사람의 다리에 이상이 생긴다. 운에서 만나도 마찬가지이며 집을 고치지마라.

33. 낙정관살(落井關殺)

日干	甲	乙	丙	丁	戊	己	庚	辛	壬	癸
落井	巳	子	申	戌	卯	巳	子	申	戌	卯

낙정관살(落井關殺)은 물에 빠져 죽거나 죽을 고비를 넘긴다는 흉살(凶殺)이다. 사주에 있으면 7~9세 때 가장 조심해야 하고, 바다·강·웅덩이·도랑·맨홀·인분통·정화조·구덩이를 조심해야 한다. 운에서 만나면 절벽·계단·맨홀·옥상·등산·피서·뱃놀이 등을 조심해야 하고, 중상모략이나 모함을 받을 염려도 있다.

34. 낭자살(狼藉殺)

年支	子	丑	寅	卯	辰	巳	午	未	申	酉	戌	亥
狼藉	辰月	申月	未月	未月	卯月	卯月	未月	子月	申月	申月	子月	子月

낭자살(狼藉殺)은 몸을 다치며 매사에 방해가 따른다.

35. 농아살(聾啞殺)

年日支	申子辰	巳酉丑	寅午戌	亥卯未
聾啞	酉時	午時	卯時	子時

농아살(聾啞殺)은 귀머거리나 벙어리가 된다는 흉살(凶殺)로 농아가 되지 않으면 귀나 입에 이상이 생긴다. 만일 부부가 모두 농아살(聾啞殺)이 있으면 벙어리 자녀를 낳는다.

36. 뇌공관살(雷公關殺)

日干	甲	乙	丙	丁	戊	己	庚	辛	壬	癸
雷公	丑午	午丑	子	子	戌未	戌未	寅	寅	酉亥	亥酉

뇌공관살(雷公關殺)은 벼락을 맞는다는 흉살(凶殺)이다. 지금은 주로 감전·화재·연탄·가스·폭발·교통사고 등으로 많이 죽는다. 사주에 있으면 천둥이나 벼락치는 날은 높은 곳에 올라가지 말고 철물을 지니지마라.

37. 뇌관살(腦關殺)

日干	乙戊	庚辛	壬癸
腦關	戌	寅	子酉

뇌관살(腦關殺)은 뇌막염이나 소아마비가 따른다는 흉살(凶殺)이다. 사주에 있으면 신체가 기형이 되기 쉬우니 조심해야 한다.

38. 다액살(多厄殺)

生年納音	木	火	土	金	水
남	子丑月	卯辰月	午未月	酉戌月	卯辰月
녀	卯辰月	子丑月	卯辰月	午未月	酉戌月

다액살(多厄殺)은 질병·재물손실·관재·구설 등이 자주 따르는 흉살이나 작용은 약하다.

39. 단교관살(斷橋關殺)

月支	寅	卯	辰	巳	午	未	申	酉	戌	亥	子	丑
斷橋	寅	卯	申	丑	戌	酉	辰	巳	午	未	亥	子

단교관살(斷橋關殺)은 인연이 저절로 끊어진다는 흉살(凶殺)이다. 해당하면 부모·형제·친척과 인연이 박하고, 외국이나 먼 곳으로 가서 소식이 끊어진다. 배를 타지 말고 외나무 다리나 돌다리를 조심해야 된다. 물에 빠지거나 다치거나 소아마비에 걸릴 수 있다. 운에서 만나도 마찬가지다.

40. 단명관살(短命關殺)

단명관살(短命關殺)은 어릴 때 밤에 잘 울거나 놀라거나 잔병이

年日支	申子辰	巳酉丑	寅午戌	亥卯未
短命	巳	寅	辰	未

많다는 흉살(凶殺)이다. 사주에 있으면 어릴 때 경기·비명횡사·
유괴·타살·조난·낙상·교통사고로 단명할 수 있으니 조심하고,
피부의 기생충을 조심해야 된다. 설사 어릴 때 잘 넘겨도 50세를
넘기기 어렵다.

41. 단명살(短命殺)

月支	寅	卯	辰	巳	午	未	申	酉	戌	亥	子	丑
短命	巳	辰	卯	寅	丑	子	亥	戌	酉	申	未	午

단명성(短命殺)은 일찍 죽는다는 흉살(凶殺)이다. 사주에 있으면
어릴 때 잘 놀라며 울고, 비명·횡액·불구·질병·수술이 따른다.

42. 단장관살(官殺)

日干	甲乙	丙丁	庚辛	壬癸
斷腸	午未	辰巳	寅	丑

단장관살(官殺)은 창자가 꼬이거나 끊긴다는 흉살(凶殺)이다. 사
주에 있으면 도살장 근처에 가지마라.

43. 당명관살(撞命關殺)

당명관살(撞命關殺)은 자녀가 병약하여 키우기 어렵다는 흉살(凶

年日支	子寅	丑戌	卯	辰巳申	午未	酉亥
撞命	巳	未	子	午	丑	亥

殺)이다. 사주에 있으면 어릴 때 경기가 발작하기 쉽다.

44. 당부(唐符)

日干	甲	乙	丙	丁	戊	己	庚	辛	壬	癸
唐符	酉	戌	子	丑	子	丑	卯	辰	午	未

당부(唐符)는 좋은 일은 더 좋아지고 흉한 일도 좋아진다는 길신
(吉神)이다. 작용은 천덕(天德)·월덕(月德)·국인(國印)과 비슷하다.

45. 대화살(大禍殺)

年日支	申子辰	巳酉丑	寅午戌	亥卯未
大禍	丙丁	甲乙	壬癸	庚辛

대화살(大禍殺)은 전쟁이나 싸움으로 재액을 입는다는 흉살(凶
殺)이다.

46. 도화살(桃花殺)

年日支	申子辰	巳酉丑	寅午戌	亥卯未
挑花	酉	午	卯	子

사주에 도화살(桃花殺)이 있으면 색과 풍류를 좋아하다 망하는

경우가 많다. 도화(桃花)가 관성(官星)에 임하면 처가덕으로 부자가 되거나 아내덕으로 벼슬길에 오르고, 재(財)의 녹지(祿地)에 임하면 첩의 덕으로 부자가 되고, 인수(印綬)에 임하면 후처의 장모를 모시고, 삼형살(三刑殺)을 만나면 화류병에 걸린다.

여명이 도화(桃花)가 건록(建祿)과 동주(同柱)하면 양귀비처럼 아름답고, 일지(日支)에 임하면 외모가 아름답고 청수하나 풍류와 색을 좋아하며 연애결혼하고, 역마(驛馬)와 동주(同柱)하면 정부를 따라 타향으로 도망간다.

남명이 도화(桃花)가 편재(偏財)에 임했는데 역마(驛馬)와 동주(同柱)하면 첩을 데리고 타향으로 간다. 도화(桃花) 아래에 생왕지(生旺地)가 있으면 용모가 아름다우나 환락에 빠져 끝내 망하고, 아래에 사절지(死絶地)가 놓이면 언행이 교활하며 방탕하고 망은과 배신을 잘 하며 가업을 소홀히 한다.

일시(日時)에 도화(桃花)와 양인(羊刃)이 함께 있으면 학문이나 예술에 뛰어나나 질병으로 고생하고, 도화(桃花)와 목욕(沐浴)에 진신(進神)이 임하면 절세미인이나 색을 좋아하고, 도화(桃花)가 있는데 칠살(七殺)이 있으면 창녀·기생·연예인이 된다.

47. 두중미경(頭重尾輕)

두중미경(頭重尾輕)은 년지(年支)와 월지(月支)가 같고, 일지(日支)와 시지(時支)의 기가 같으면 해당한다. 주로 신체가 약하며 어릴 때 병이 많아 요절할 수 있다.

○ ○ ○ ○	○ ○ ○ ○	○ ○ ○ ○
寅 丑 子 子	卯 寅 丑 丑	辰 卯 寅 寅
○ ○ ○ ○	○ ○ ○ ○	○ ○ ○ ○
巳 辰 卯 卯	午 巳 辰 辰	未 午 巳 巳
○ ○ ○ ○	○ ○ ○ ○	○ ○ ○ ○
申 未 午 午	酉 申 未 未	戌 酉 申 申
○ ○ ○ ○	○ ○ ○ ○	○ ○ ○ ○
亥 戌 酉 酉	子 亥 戌 戌	丑 子 亥 亥

48. 매아관살(埋兒關殺)

年日支	子午卯酉	辰戌丑未	寅申巳亥
埋兒	丑	卯	申

매아관살(埋兒關殺)은 어릴 때 땅에 묻힌다는 흉살(凶殺)이다. 사주에 있으면 장례식이나 묘지에 가지말고 시체를 보지마라. 어린아이 귀신이 붙어 되는 일이 없다.

49. 맹인살(盲人殺)

月支	寅卯辰	巳午未	申酉戌	亥子丑
盲人	酉日時	辰日時	未日時	戌日時

맹인살(盲人殺)은 장님이 된다는 흉살(凶殺)이다. 해당하면 장님이 되거나 시력이 나쁘거나 눈에 이상이 생긴다. 만일 부부가 모두

맹인살(盲人殺)이 있으면 자녀가 눈이 나쁘거나 장님이 된다.

50. 무정관살(無情關殺)

月支	寅卯辰	巳午未	申酉戌	亥子丑
無情	子寅酉	巳戌亥	丑申	子午

  사주에 무정관살(無情關殺)이 있으면 어릴 때 한쪽 부모와 이별
하거나 두 아버지나 두 어머니를 모시거나 양자로 간다.

51. 문곡귀인(文曲貴人)

日干	甲	乙	丙	丁	戊	己	庚	辛	壬	癸
文曲	亥	子	寅	卯	寅	卯	巳	午	申	酉

  문곡귀인(文曲貴人)은 문학이나 예술 방면에 깊고 사후에 더 평
가받는다는 길신(吉神)이다. 사주에 있으면 총명하며 준수하다. 사
주가 순청하면 재상이 되고, 육친에 임하면 해당하는 육친이 입신
양명한다. 그러나 공망(空亡)·형충(刑沖)·사절(死絶)되면 길작용
을 하지 못한다.

52. 문성귀인(文星貴人)

  사주에 문성귀인(文星貴人)이 있으면 고시에 합격하여 청고한 벼
슬에 오르거나 대학교수가 된다. 문성귀인(文星貴人)은 년월일시
(年月日時)의 천간(天干)과 태월(胎月)의 천간(天干)이 3병(丙) 1

갑(甲), 3정(丁) 1을(乙), 3무(戊) 1병(丙), 3기(己) 1정(丁), 3경(庚)
1무(戊), 3신(辛) 1기(己), 3임(壬) 1경(庚), 3계(癸) 1신(辛), 3갑(甲)
1임(壬), 3을(乙) 1계(癸)로 구성되면 해당한다.

53. 문창귀인(文昌貴人)

日干	甲	乙	丙	丁	戊	己	庚	辛	壬	癸
文昌	巳	午	申	酉	申	酉	亥	子	寅	卯

문창귀인(文昌貴人)은 총명하며 문채가 있고 풍류와 학문을 즐긴
다는 길신(吉神)이다. 사주에 있으면 사회적인 명성을 얻어 부귀를
누리고 사후에는 문장으로 남는다. 예술이나 학술 방면에 뛰어나
연구·발명·창조 등으로 크게 발전한다.

문창귀인(文昌貴人)이 있는데 사주가 순청하며 생왕(生旺)하면
당대 최고의 문장가가 되어 뭇사람의 존경을 받으나 합(合)이나
형충(刑沖)되면 가난한 선비에 지나지 않는다.

문창귀인(文昌貴人)으로 학력을 볼 수 있는데 년월(年月)에 있으
면 대졸이나 고졸이고, 일시(日時)에 있으면 중졸이나 초졸이다. 문
창귀인(文昌貴人)이 있는데 관인(官印)이 있으면 국가의 인정을
받고, 관인(官印)이 없으면 저급이나 무자격이고, 문창귀인(文昌貴
人)이 2~3개 있으면 오히려 힘이 없어진다.

문창귀인(文昌貴人)이 년월(年月)에 있으면 조상과 부모가 학자
이고, 일지(日支)에 있으면 본인이나 배우자의 학문이 높고, 시주
(時柱)에 있으면 자녀의 학문이 높다. 이때 관인(官印)이 있으면

국공립이고, 관인(官印)이 없으면 무자격이나 사립이다.

문창귀인(文昌貴人)이 천의성(天醫星)에 임하면 의약계에서 이름을 얻고, 식신(食神)에 임하면 학계나 교육사업으로 입신하고, 편인(偏印)에 임하면 연예계나 예능계에서 이름을 얻고, 인수(印綬)에 임하면 학계에서 이름을 얻고, 괴강(魁罡)에 임하면 의약이나 활인업에서 이름을 얻고, 상관(傷官)에 임하면 예능계나 기술계에서 이름을 얻고, 재성(財星)에 임하면 아내가 교수나 교사이며 학계나 교육사업에서 길하고, 문창귀인(文昌貴人)이 재성(財星)을 생(生)하면 교육사업이 길하다.

문창귀인(文昌貴人)이 식신(食神)에 놓였는데 희신(喜神)이나 기신(忌神)이 되면 필화사건이 생기고, 금재성(金財星)에 임하면 시계・귀금속・거울 등과 관계가 있고, 공망(空亡)되면 아나운서가 되는데 토금상관격(土金傷官格)이면 더 확실하고, 역마(驛馬)에 임하면 유학이나 학술세미나・국제회의 등으로 외국에 간다.

54. 방해일(妨害日)

生年納音	木	火	土	金	水
妨害	子丑	寅卯	酉戌	午未	酉戌

사주에 방해일(妨害日)이 있으면 부부연에 문제가 생기고 작은 일로 파경할 염려가 있다. 때로는 일찍 사별하고 오래 독신으로 살기 쉽다.

55. 백의살(白衣殺)

月支	寅	卯	辰	巳	午	未	申	酉	戌	亥	子	丑
白衣	巳	子	丑	申	卯	戌	亥	午	未	寅	酉	辰

백의살(白衣殺)은 배우자나 자녀를 일찍 잃는다는 흉살(凶殺)이다. 일주(日主)가 약하면 자신이 단명하고, 강하면 불구자가 되는 경우가 있다.

56. 백일관살(百日關殺)

月支	寅申巳亥	子午卯酉	辰戌丑未
百日	辰戌丑未	寅申巳亥	子午卯酉

사주에 백일관살(百日關殺)이 있으면 태어난 지 백일 전에 밖에 데리고 나가지마라. 특히 백일째 되는 날이 가장 위험하다.

57. 백호관살(白虎關殺)

日干	甲乙	丙丁	戊己	庚辛	壬癸
白虎	酉	子	午	卯	午

백호관살(白虎關殺)은 몸에 붉은 점이 있거나 몸에 큰 상처를 입는다는 흉살(凶殺)이다. 사주에 있으면 주로 수술을 받아 상처가 생기고, 홍역이나 마마·교통사고 등도 조심해야 한다.

58. 백호대살(白虎大殺)

甲辰	乙未	丙戌	丁丑	戊辰	壬戌	癸丑

가장 흉한 살로 주로 급변·재난·사고·교통사고·피살·타살·자살·총살·옥사·객사·횡사·변사·수술사·산망·혈압·중풍·낙상 등이 따르고, 광견·독충·맹수에 물리거나 쇠뿔에 받혀 피를 흘리며 비참하게 죽는다. 백호대살(白虎大殺)이 있는데 공망(空亡)을 만나면 불구·폭력·시위·투쟁·관형이 따른다.

그러나 백호대살(白虎大殺)이 있어도 사주가 길하면 무과에 급제하여 만리에 이름을 떨치며 생살권을 잡고, 사주가 평길하면 군인·경찰·형법관으로 출세한다. 평범한 사람은 운전·광산업·축산업·식육점·식당업 등에 많이 종사하나 백호대살(白虎大殺)이 일주(日柱)에 있으면 축산업은 절대 하지 말아야 한다.

백호대살(白虎大殺)이 년주(年柱)에 임하면 조부모 흉사·생이사별·불구·단명·질병이 따르고, 피를 흘리면서 죽기도 한다. 월주(月柱)에 있으면 부모형제와 생이사별·불구·단명·질병·조난·총사가 따르고, 피를 흘리며 죽는다. 일주(日柱)에 있으면 부부간에 생이사별하거나 본인이 불구가 되거나 단명하고, 어릴 때부터 장해가 많다. 시주(時柱)에 있으면 유산이나 낙태가 잦아 자손을 두기 어렵고, 자녀가 있어도 불구·단명·횡사·횡액 등이 많이 따른다.

갑진백호(甲辰白虎)가 있으면 조실부모·아버지 객사·부부 생이사별·아내의 음독·고독·당뇨·질병이 따르고, 을미백호(乙未白虎)가 있으면 조실부모·부부 생이사별·고독·아내의 음독·질병이 따르고, 병술백호(丙戌白虎)가 있으면 부부풍파·부부이별·자궁액·질병·무자식·자궁수술이 따른다.

정축백호(丁丑白虎)가 있으면 부부풍파·부부이별·자궁액·산액·무자식·자궁수술이 따르고, 무진백호(戊辰白虎)가 있으면 부부 생이사별·자식액·수술·산액·유산·낙태 등이 따르고, 임술백호(壬戌白虎)나 계축백호(癸丑白虎)가 있으면 고집과 자존심이 강하면서도 마음이 약하고, 부부 생이사별·객사·횡사·자녀불구·단명·자궁수술·무자식이 따른다. 정미(丁未)와 갑술(甲戌)도 준 작용을 한다.

백호대살(白虎大殺)이 육친에 임하면 해당하는 육친이 행방불명되거나 흉사한다. 비겁(比劫)에 놓이면 형제자매가 흉액을 당하고, 편재(偏財)에 놓이면 아버지나 처첩이 패망하거나 흉사하고, 관성(官星)에 놓이면 여명은 남편이 흉사하거나 단명하고, 남명은 자녀가 흉액을 당한다.

여명이 백호대살(白虎大殺)이 식상(食傷)에 임하면 자녀가 흉하고, 인성(印星)에 임하면 어머니·이모·조부·계모·숙모·백모가 흉액을 당한다. 남명이 백호대살(白虎大殺)이 재성(財星)에 놓이면 아내·아버지·처남·처형·처제·백부·숙부·고모가 흉하고, 식상(食傷)에 놓이면 조모·손자·장모가 흉하고, 운에서 만나면 교통사고를 당한다.

백호대살(白虎大殺)이 년주(年柱)에 있는데 년운(年運)에서 또 만나면 사회적으로 매우 흉하고, 월주(月柱)에 있는데 년운(年運)에서 또 만나면 부모나 형제가 악사하고, 일주(日主)에 있는데 년운

(年運)에서 또 만나면 배우자나 첩이 악사하고, 시주(時柱)에 있는데 년운(年運)에서 또 만나면 자손이 악사한다.

59. 병부살(病符殺)

年日支	子	丑	寅	卯	辰	巳	午	未	申	酉	戌	亥
病符	亥	子	丑	寅	卯	辰	巳	午	未	申	酉	戌

병부살(病符殺)은 질병이 많이 따른다는 흉살(凶殺)이다. 사주에 있는데 운에서 또 만나면 매우 흉하고, 년운(年運)에서 만나면 그 해에 질병이 많이 따른다.

60. 복덕(福德)

年日支	子	丑	寅	卯	辰	巳	午	未	申	酉	戌	亥
福德	酉	戌	亥	子	丑	寅	卯	辰	巳	午	未	申

복덕(福德)은 복록이 후하다는 길신(吉神)이다. 사주에 있으면 여행 중에 기쁜 일이 많이 생기고, 집을 새로 짓거나 이사하는 기쁨이 있다. 년운(年運)이나 월운(月運)에서 만나면 여행이나 전택(田宅) 생각을 하거나 기쁜 일이 생긴다.

61. 복마살(伏馬殺)

戊申日	癸巳日	癸亥日

사주에 복마살(伏馬殺)이 있으면 먹을 것도 없고 배우자도 없다. 여명은 떠돌아다니며 고독하게 산다.

62. 복성귀인(福星貴人)

日干	甲	乙	丙	丁	戊	己	庚	辛	壬	癸
福星	寅	丑亥	子戌	酉	申	未	午	巳	辰	卯

복성귀인(福星貴人)은 저절로 덕망을 갖추어 크게 성공하며 항상 복을 누린다는 길신(吉神)이다. 사주에 있으면 대중의 우러름을 받고, 식록이 풍부하며 명리가 따른다. 시지(時支)에 있는 것이 가장 좋고, 그 다음은 일지(日支)에 있는 것이 좋다.

63. 복신(福神)

甲寅日	戊辰日	戊寅日	戊子日	癸酉日

복신(福神)은 지혜와 인품이 고상하며 복록이 무궁하다는 길신(吉神)이다.

64. 봉장살(棒杖殺)

甲戌日	戊辰日	戊寅日	庚午日	庚辰日

봉장살(棒杖殺)은 신상에 상해·부상·타박을 당하거나 매를 맞는다는 흉살(凶殺)이다. 해당하면 울 일이 많이 생긴다.

65. 비렴살(飛廉殺)

年日支	子	丑	寅	卯	辰	巳	午	未	申	酉	戌	亥
飛廉	申	酉	戌	亥	子	丑	寅	卯	辰	巳	午	未

　비렴살(飛廉殺)은 남명은 떠도는 명이 되고, 여명은 화류계로 나가거나 불구가 된다는 흉살(凶殺)이다.

66. 부벽살(斧劈殺)

年日支	子午卯酉	寅申巳亥	辰戌丑未
斧劈	巳	酉	丑

　부벽살(斧劈殺)은 도끼나 칼 등의 쇠붙이에 크게 다친다는 흉살(凶殺)이다. 사주에 있으면 평생 재물손실과 실패가 많고, 빈뇨·잔질·파재·형액 등이 따른다.

67. 비부살(飛符殺)

年日支	子	丑	寅	卯	辰	巳	午	未	申	酉	戌	亥
飛符	辰	巳	午	未	申	酉	戌	亥	子	丑	寅	卯

　사주에 비부살(飛符殺)이 있는데 길신(吉神)이 도와주지 않으면 평생 관재가 따르는데 도박을 하면 빨리 망한다. 년운(年運)이나 월운(月運)에서 만나면 관사의 화를 당한다.

68. 비인살(飛刃殺)

日干	甲	乙	丙	丁	戊	己	庚	辛	壬	癸
飛刃	酉	戌	子	丑	子	丑	卯	辰	午	未

비인살(飛刃殺)은 무슨 일이든 처음에는 열중하나 싫증을 잘 낸다는 흉살(凶殺)이다. 사주에 있으면 모험을 좋아하나 실패도 잘하고, 요행수로 성공하기도 하나 오래 가지 못한다. 도박이나 투기를 좋아하고 급진적이며 외유내강형이다.

69. 사계관살(四季關殺)

月支	寅卯辰	巳午未	申酉戌	亥子丑
四季	丑巳	辰申	未亥	寅戌

사계관살(四季關殺)은 평생 질병이 떠날 날이 없다는 흉살(凶殺)이다. 사주에 있으면 감기에 잘 걸리니 조심해야 된다.

70. 사부살(死符殺)

年日支	子	丑	寅	卯	辰	巳	午	未	申	酉	戌	亥
死符	巳	午	未	申	酉	戌	亥	子	丑	寅	卯	辰

사부살(死符殺)은 관액·시비·구설·질병이 따른다는 흉살(凶殺)이다. 해당하면 신음하다 목숨을 잃고, 재물을 모으지 못한다.

71. 사주관살(四柱關殺)

月支	寅申	卯酉	辰戌	巳亥	子午	丑未
四柱	巳亥時	辰戌時	卯酉時	寅申時	丑未時	子午時

사주관살(四柱關殺)은 평생 한 번은 높은 곳에서 떨어져 크게 다치거나 불구가 되거나 단명한다는 흉살(凶殺)이다. 해당하면 가마·인력거·말·지붕·베란다·자동차·절벽·비행기를 조심해야 된다.

72. 사패일(四敗日)

月支	亥子丑	寅卯辰	巳午未	申酉戌
四敗	丙午·丁巳日	庚申·辛酉日	壬子·癸亥日	甲寅·乙卯日

사패일(四敗日)에 해당하면 평생 고통·불신·잔질이 따르고, 불구가 되거나 단명하기 쉽다. 변화와 장해가 많으니 걱정이 끊이지 않는다. 부부풍파·처자형극·극부가 따르며, 시작은 있어도 결과가 없다. 그러나 만일 인수(印綬)가 도와주면 흉은 면한다.

73. 삼구오묘(三丘五墓)

生月	春月	夏月	秋月	冬月
三丘	丑日	辰日	未日	戌日
五墓	未日時	戌日時	丑日時	辰日時

사주에 삼구오묘(三丘五墓)가 있으면 가끔 질병으로 고생하고, 일이 잘 되다가도 막히는 경우가 있다.

74. 삼기귀인(三奇貴人)

天上三奇	人中三奇	地下三奇
甲戊庚	辛壬癸	乙丙丁

사주에 삼기귀인(三奇貴人)이 있으면 기이한 것을 좋아하고 큰 것을 숭상하며 학문과 재능이 탁월하다. 삼기(三奇)는 반드시 년월일(年月日)이나 월일시(月日時) 순으로 있어야 하고, 술해천문(戌亥天門)이 있어야 한다. 만일 삼기(三奇)가 흩어져 있으면 성패가 많고, 형충(刑沖)이나 원진(怨嗔)·함지(咸池) 등이 있으면 쓸모없는 사람이 된다. 그러나 삼기귀인(三奇貴人)이 있는데 공망(空亡)이 있으면 세속에 물들지 않는 고상한 사람이 되고, 삼합(三合)이 있으면 거물이 되고, 천덕(天德)·월덕(月德)·천을귀인(天乙貴人)이 있으면 박학다식하며 큰 학자가 된다.

75. 삼재(三災)

年支	申子辰	巳酉丑	寅午戌	亥卯未
三災	寅卯辰	亥子丑	申酉戌	巳午未

삼재(三災)는 천재·인재·지재 또는 전란·병난·기근을 말하고, 팔난(八難)은 재물손실·주색·질병·부모·형제·부부·자식·

관재·학업 또는 수(水)·화(火)·도(刀)·병(兵)·한(寒)·서(暑)·갈(渴)·기(飢)를 말한다. 해당하면 3년 동안 일이 막히고, 천재지변이나 사람으로 인한 재물손실·실패·유혹·사기·관재·구설시비·망신·상해가 따라 고생한다.

삼재(三災)가 드는 첫 해에는 이동이나 변동이 따른다. 삼재(三災)는 대운(大運)이 흥하면 반드시 흥하나 구신(救神)이나 은성(恩星)이 있으면 흉이 줄어들고, 행운이 길하면 3배의 길경사가 있고, 대운(大運)이 흉한데 망신(亡身)·겁살(劫殺)·재살(災殺)이 있으면 반드시 질병이나 산재가 생긴다. 만일 가족 중 3명 이상이 삼재(三災)에 들면 화액이 크다. 삼재(三災)가 드는 해에 식구가 늘면 불길한데 복삼재(伏三災) 즉 유삼재(留三災)도 마찬가지다. 출삼재(出三災)는 가족 중 출타하면 길하다.

천재·인재·지재는 수해·한해·설해·풍해·냉해·낙뢰·전기·전염병·지진·화재·붕괴·사태·낙석·급변사고·낙상·교통사고·토지·가옥·대지문서·구설·시비·관재·매매손해·도난·재물손실·실패·형액·질병·수술·구타·사망·실직·좌천·학업저조·시험낙방·실패·부부파탄·유산·낙태 등을 말한다. 따라서 사주에 삼재(三災)가 들면 부부다툼·이별·가정운 나감·자식액·재물손해·여색·관재구설·명예손상·직장불길·조상(弔喪)·병고·재물실패·파산·사고 등이 있으니 각별히 조심해야 한다. 그러나 사주가 생생불식(生生不息)하며 은성(恩星)이 많으면 흉작용을 하지 못한다.

76. 상문살(喪門殺)

年支	子	丑	寅	卯	辰	巳	午	未	辛	酉	戌	亥
喪門	寅	卯	辰	巳	午	未	申	酉	戌	亥	子	丑

상문살(喪門殺)은 상가에 갔다가 사고를 당한다는 흉살(凶殺)이다. 사주에 있으면 재수가 없고 우환·질병·사고가 따르며 집안에 상을 당한다. 사주에 있는데 년운(年運)이나 월운(月運)에서 또 만나면 그해나 그달에 상복을 입을 일이 생기거나 친족이나 친구와 불화가 생기거나 친척이 불행한 일을 당한다.

77. 생이사별살(生離死別殺)

생이사별살(生離死別殺)은 생이별이나 사별한다는 흉살(凶殺)이다. 갑인(甲寅)·을묘(乙卯)·병오(丙午)·정사(丁巳)·무진(戊辰)·무술(戊戌)·기축(己丑)·기미(己未)·경신(庚申)·신유(辛酉)·임자(壬子)·계해(癸亥)일생이면 해당하는데 사정이 있어 멀리 떨어져 살거나 정이 없어 별거하거나 이혼하거나 사별한다.

78. 성덕귀인(聖德貴人)

성덕귀인(聖德貴人)은 성인이나 현인이 되어 천추에 이름을 남긴다는 길신(吉神)이다. 년월일시(年月日時)의 천간(天干)이 모두 양(陽)이고, 시(時)의 납음(納音)이 천상화(天上火)이고, 태월(胎月)의 지지(地支)에 양(養)·생(生)·관대(冠帶)·관(官)·왕(旺)이 놓이면 해당한다.

79. 세합(歲合)

年支	子	丑	寅	卯	辰	巳	午	未	申	酉	戌	亥
歲合	丑	子	亥	戌	酉	申	未	午	巳	辰	卯	寅

세합(歲合)은 목적을 순조롭게 이룬다는 길신(吉神)이다. 대운(大運)이나 년운(年運)에서 만나도 역시 길하다.

80. 소실살(小室殺)

소실살(小室殺)은 소실이 된다는 흉살(凶殺)이다. 처녀와 총각이 혼인하면 생이사별이 따르나 10세 이상 많은 사람과 하거나 재취로 들어가면 면할 수 있다. 갑술(甲戌)·을유(乙酉)·을사(乙巳)·병자(丙子)·병진(丙辰)·무진(戊辰)·기묘(己卯)·기해(己亥)·경오(庚午)·경술(庚戌)·임오(壬午)·계사(癸巳)·계해(癸亥)일생이면 해당한다.

81. 수익살(水溺殺)

丙子	癸未	癸丑

수익살(水溺殺)은 수액이 따른다는 흉살(凶殺)이다. 묘고(墓庫)·칠살(七殺)·관부(官符)·대모살(大耗殺) 등과 함께 있으면 물에 빠져 죽는다.

82. 수혈관살(水穴關殺)

月支	寅卯辰	巳午未	申酉戌	亥子丑
水穴	未戌	丑辰	酉	丑

　사주에 수혈관살(水穴關殺)이 있으면 하천·호수·연못·샘 등 물가에 가까이 가지말고, 뱀이나 독충도 조심해야 된다.

83. 수화관살(水火關殺)

月支	寅卯辰	巳午未	申酉戌	亥子丑
水火	未戌時	丑辰時	丑戌時	未辰時

　수화관살(水火關殺)은 물에 빠지거나 화상을 입거나 화재를 당한 다는 흉살(凶殺)이다.

84. 수성귀인(壽星貴人)

　수성귀인(壽星貴人)은 장수한다는 길신(吉神)이다. 태월(胎月)의 천간(天干)이 일간(日干)이나 시간(時干)과 같거나, 태월(胎月)의 지지(地支)가 일지(日支)나 시지(時支)와 같으면 해당한다.

85. 신통귀인(神通貴人)

　신통귀인(神通貴人)은 년월일시(年月日時)의 천간(天干)이 모두 목(木)이나 화(火)로 구성되고, 태월(胎月)의 간지(干支)에 토(土) 가 있으면 성립한다. 해당하면 신통·영통·도통하며 도사·술사·교주·종정이 된다. 크게 되면 신선이요 작게 되면 술사이다.

86. 심수관살(深水關殺)

月支	寅卯辰	巳午未	申酉戌	亥子丑
深水	寅申時	未時	酉時	丑時

심수관살(深水關殺)은 깊은 물에 빠진다는 흉살(凶殺)이다. 해당하면 배타는 것을 조심하고, 칠월 칠석날 사방에 절하지 말고, 청명절(淸明節) 제사에 가지마라. 치료하기 힘든 병에 걸리기 쉽다.

87. 십악대패살(十惡大敗殺)

십악대패살(十惡大敗殺)은 갑진(甲辰)·을사(乙巳)·병신(丙申)·정해(丁亥)·무술(戊戌)·기축(己丑)·경진(庚辰)·신사(辛巳)·임신(壬申)·계해(癸亥)일생이면 해당한다. 인간관계 실패·부부이별·재물실패 등 인패와 재패를 많이 당하고, 아이를 낳고 살다가도 정부를 따라 도망간다. 그러나 길신(吉神)이 도와주면 흉이 줄어든다.

88. 안맹살(眼盲殺)

月支	寅卯辰	巳午未	申酉戌	亥子丑
眼盲	申	未	寅	丑

안맹살(眼盲殺)은 맹인살(盲人殺)과 같이 장님이 되거나 시력이

나쁘거나 눈에 이상이 생기거나 자녀에게 이상이 생긴다.

89. 암금살(暗金殺)

日支	子午卯酉	寅申巳亥	辰戌丑未
暗金	巳	酉	丑

사암금(巳暗金)은 고문과 감금이 따르고, 유암금(酉暗金)은 파괴와 유혈이 따르고, 축암금(丑暗金)은 상복을 입고 자손을 극(剋)한다. 암금살(暗金殺)이 있는데 사주에 귀인(貴人)이 있고 청격이면 고관이 되고, 생왕(生旺)이 있으면 인품이 관대하며 도량이 넓고 결단력이 강하며 용모가 청수하다. 그러나 사주가 탁하고 천격이면 흉화가 많고, 기신(忌神)과 어울리면 관재·사상·유혈·질액이 있다.

암금살(暗金殺)이 망신살(亡身殺)과 함께 있으면 관재가 따르고, 겁살(劫殺)과 함께 있으면 비명횡사가 따르고, 백호대살(白虎大殺)이나 양인(羊刃)과 함께 있으면 칼에 찔리거나 상처가 생기며 혈병·악사·횡사·낙상·잔질 등이 따른다. 암금살(暗金殺)은 일주(日柱)에 있는 것이 가장 흉하고, 그 다음은 시주(時柱)에 있는 것이 흉하다.

90. 암록(暗祿)

日干	甲	乙	丙	丁	戊	己	庚	辛	壬	癸
暗祿	亥	戌	申	未	申	未	巳	辰	寅	丑

암록(暗祿)은 보이지 않는 도움을 받아 위기를 모면한다는 길신(吉神)이다. 사주에 있으면 재물이 끊이지 않고, 돈이 떨어지면 저절로 생기고, 성격도 온후하며 영리하다. 암록(暗祿)이 년월(年月)에 있으면 조상·부모·친족·연장자의 도움을 받고, 일지(日支)에 있으면 아내·친구·동료의 도움을 받고, 시지(時支)에 있으면 자녀나 후배의 도움을 받는다.

암록(暗祿)이 식신(食神)에 임하면 장인·장모·아랫사람·후배·부하의 도움을 받고, 관성(官星)에 임하면 관리나 관계의 도움을 받고 여명은 남편덕이 있다. 재성(財星)에 임하면 아내의 도움을 받고, 인성(印星)에 임하면 어머니·외가·윗사람의 도움을 받고, 비겁(比劫)에 임하면 형제자매·동료의 도움을 받는다.

91. 야제살(夜啼殺)

月支	寅卯辰	巳午未	申酉戌	亥子丑
夜啼殺	午	酉	子	卯

月支	寅申巳亥	子午卯酉	辰戌丑未
夜啼關殺	寅	未	酉

사주에 야제살(夜啼殺)이 있으면 어릴 때 낮에는 자고 밤에는 울어댄다. 커서는 슬픈 일이 자주 생긴다.

92. 양인살(羊刃殺)

양인(羊刃)은 형벌을 맡은 흉살(凶殺)이다. 국권·권력·무력 등

日干	甲	乙	丙	丁	戊	己	庚	辛	壬	癸
羊刃	卯	辰	午	未	午	未	酉	戌	子	丑

을 나타내며 강렬·폭력·성급·상신·수술 등을 나타내기도 한
다. 사주에 있으면 고집이 강하며 파란이 많고, 폭력·시비·피
살·타살 등으로 관형을 살고, 무기에 의한 악사나 교통사고로 죽
는 수가 많다. 그러나 때로는 불세출의 투사·괴걸·열사·열녀·
여걸 등이 되기도 하고, 군인·경찰·형법관·의사·간호사·식육
점·식당으로 나가 출세하는 경우도 많다.

만일 살인양정(殺刃兩停)이면 지위가 왕후에 이르나 신강(身强)
하면 재화가 닥친다. 양인(羊刃)이 년주(年柱)에 임하면 조상의 업
을 파하거나 은혜를 배반하고, 월주(月柱)에 임하면 성격이 편중·
편굴·괴팍하여 마음을 잘못 쓰는 경우가 있고, 일주(日主)에 임했
는데 시주(時柱)에 편인(偏印)이 있으면 아내가 난산하고, 시주(時
柱)에 임하면 처자식을 극(剋)하며 만년에 재화를 당한다.

양인(羊刃)이 겁재(劫財)와 동주(同柱)하면 조부모와 함께 살 수
없고, 겉으로는 겸양하며 부드러워 보여도 자비심이 없고 혹렬하며
가정도 적막한 경우가 많다. 양인(羊刃)이 정재(正財)와 동주(同
柱)하면 재물이 깨질 우려가 있고, 가정이 몰락하며 명예가 훼손될
염려가 있다. 양인(羊刃)이 겁재(劫財)와 상관(傷官)과 동주(同柱)
하면 만년에 재화가 따라 곤궁하거나 신고한다. 양인(羊刃)이 인수
(印綬)와 동주(同柱)하면 공명을 이루어도 병약하여 고생한다.

양인(羊刃)이 삼합(三合)을 이루면 고향을 떠나 객지를 떠돌고,

양인(羊刃)이 3개 이상 있으면 온후하며 유순하나 벙어리가 되는 수가 있고, 양인(羊刃)이 많으면 부부 생이사별·사업실패·재물손실이 많이 따르고, 양인(羊刃)이 희신(喜神)에 해당하면 만리까지 권위를 떨치며 만인을 제압하고, 기신(忌神)에 해당하면 형옥·불의의 사고·수술·비명횡사가 따른다.

화양인(火羊刃)은 수화상전(水火相戰)과 초멸(焦滅)을 뜻하고, 수양인(水羊刃)은 숙살·방해·용갈(湧渴)·익사를 뜻하고, 금양인(金羊刃)은 사고·악사·절상(折傷)을 뜻하고, 토양인(土羊刃)은 붕괴를 뜻하고, 목양인(木羊刃)은 잔질·꺾임을 뜻하고, 양인현침(羊刃懸針)은 침술·도살자·도적·살인을 뜻한다. 양인(羊刃)은 년월일시(年月日時) 순으로 흉한데 양인(陽人)은 강력함을 나타내고, 음인(陰人)은 내성적·간접적을 나타낸다.

양인(羊刃)이 합(合)되면 수술이 따르고, 형충(刑沖)되면 옥사·횡사·사고가 따른다. 양인(羊刃)에 살(殺)을 가하면 만리에 권위를 떨치거나 활인업에 종사한다. 양인(羊刃)이 년월(年月)에 있으면 조상이나 부모가 악사하거나 요사하는데 길신(吉神)이면 권세 있는 가정에서 태어나 의사가 되고, 일시(日時)에 있으면 아내에게 악사·산액이 따르며 가난해지거나 가정이 깨진다.

양인(羊刃)이 편관(偏官)에 임하면 만리에 권위를 떨치며 군인·법조·형법관·의업이 길하고, 정관(正官)에 임하면 권력을 행사하는 행정이 길하고, 인성(印星)에 임하면 권력기관의 우두머리나 병원장·법원장·검사장이 길하고, 정재(正財)와 합(合)하면 의사나 간호사 아내를 만나 욕을 보거나 화를 당하고, 목욕(沐浴)에 임하면 긴 병·성병·검난·강탈·겁탈이 따르고, 공망(空亡)되면 처사가 부실하며 잘난 척하다 뜻밖의 재액을 당하거나 원한을 산다.

양인(羊刃)이 태월(胎月)에 임하면 존친이 악인이거나 악사하고, 비인(飛刃)과 중첩되면 다른 사람과 연대하여 화를 부르며 악사하거나 급변사하고, 천을귀인(天乙貴人)에 임하면 권위가 양명하며 의술이나 역술로 이름을 날리고, 식신(食神)에 임하면 언론·방송·평론가·변호사 등이 길하다.

양인(羊刃)은 갑무경(甲戊庚)은 중하고 병임(丙壬)은 가볍다. 간재지인(干財支刃)이면 재백손실·불측재화·아내의 악사가 따르고, 간살지인(干殺支刃)이면 귀명(貴命)을 이루나 조화가 깨지면 비명횡사하고, 인두재(刃頭財)이면 재백이 흩어지며 도적을 만나 흉사하고 아내가 악사하거나 아내 때문에 욕을 당하고, 인두귀(刃頭鬼)이면 명령에 복종하지 않고 항거하다 액을 부르며 뇌질환이 있거나 선종하지 못한다.

양인(羊刃)이 나란히 있으면 남명은 아내를 극(剋)하며 농아나 불구가 되고, 여명은 남편과 자녀를 극(剋)한다. 조원양인(朝元羊刃)이면 자녀의 액이 많고 산후에 악사하거나 품성이 불량하며 선종하지 못한다. 첩신양인(貼身羊刃)이면 남명은 아내를 극(剋)하거나 재물이 흩어지고, 여명은 남편과 자녀를 극(剋)한다.

93. 양정살(陽情殺)

양정살(陽情殺)은 남연살(男戀殺)이라고도 하는데 애인을 숨겨 놓고 살거나 바람을 피운다는 살이다. 남명에 있으면 춤바람·관재·구설·망신이 따른다. 갑인(甲寅)·갑신(甲申)·정축(丁丑)·무신(戊申)·기축(己丑)·신미(辛未)·임인(壬寅)·계미(癸未)일생이면 해당한다.

94. 양차살(陽差殺)

丙子日時	丙午日時	戊寅日時	戊申日時	壬辰日時	壬戌日時

양차살(陽差殺)은 양착살(陽錯殺)이라고도 하는데 작용은 음착살(陰錯殺)과 비슷하다. 해당하면 혼인에 어려움이 많고, 부부간에 풍파·이별·상별이 따르기 쉽다. 만일 일(日)에 있으면 외가가 몰락하고, 시(時)에 있으면 처가가 고독하다.

남명은 양차살(陽差殺)이 더 흉하고, 여명은 음착살(陰錯殺)이 더 흉하다. 여명이 음착살(陰錯殺)과 양차살(陽差殺)이 3개 이상 있으면 반드시 시가가 망하고, 남명이 시(時)에 음착살(陰錯殺)과 양차살(陽差殺)이 있으면 처남이 고독하거나 처가가 망하며 처가와 원수진다. 그러나 귀격이면 무방하다.

95. 여착일(女錯日)

生年納音	木	火	土	金	水
女錯	丁丑	丙午,丁未,戊申	-	辛卯,辛酉	癸巳,癸亥

여착일(女錯日)은 여명에게만 해당하는데 육친연이 박하여 어릴 때 사별하거나 다른 집에서 자라고, 심하면 천애의 고독이 따른다.

96. 염왕관살(閻王關殺)

月支	寅卯辰	巳午未	申酉戌	亥子丑
閻王	丑未	辰戌	子午	卯酉

사주에 염왕관살(閻王關殺)이 있으면 불교의 장례식을 보지 말고 오래된 부처나 미륵에게 가지마라. 염라대왕에게 잡혀갈 수 있다.

97. 영학귀인(榮學貴人)

영학귀인(榮學貴人)은 년월일시(年月日時)의 납음오행(納音五行)이 태월(胎月)의 납음오행(納音五行)과 비화(比和)되면 해당한다. 해당하면 학덕이 높고 만인의 사표가 된다. 말년에는 지방관이 되거나 청고한 도인의 상을 이룬다.

98. 오귀관살(五鬼關殺)

年日支	子	丑	寅	卯	辰	巳	午	未	申	酉	戌	亥
五鬼	辰	巳	午	未	申	酉	戌	亥	子	丑	寅	卯

오귀관살(五鬼關殺)은 허깨비·사귀·요정·귀신에 홀린다는 흉살(凶殺)이다. 해당하면 산소나 장례식에 가지마라.

99. 오귀살(五鬼殺)

年日支	申子辰	巳酉丑	寅午戌	亥卯未
五鬼	酉戌	丑午	卯辰	子丑

오귀살(五鬼殺)은 질병과 공방수가 따른다는 흉살(凶殺)이다. 해당하면 귀신이 잘 붙고, 육친에 임하면 해당하는 사람에게 귀신이 잘 붙는다.

100. 욕분관살(浴盆關殺)

月支	寅卯辰	巳午未	申酉戌	亥子丑
浴盆	辰	未	戌	丑

사주에 욕분관살(浴盆關殺)이 있으면 출생 후 첫 목욕을 조심하고, 목욕탕·찬물·수영장·우물·끓는 음식도 조심해야 한다.

101. 용덕(龍德)

年日支	子	丑	寅	卯	辰	巳	午	未	申	酉	戌	亥
龍德	未	申	酉	戌	亥	子	丑	寅	卯	辰	巳	午

용덕(龍德)은 평생 귀인의 도움이 끊이지 않는다는 길신(吉神)이나 생활에 풍파가 많다. 용신(龍神)께 기도하라.

102. 용호귀인(龍虎貴人)

용호귀인(龍虎貴人)은 년월일시(年月日時)와 태월(胎月)의 납음(納音)이 4목(木) 1화(火), 4화(火) 1금(金), 4금(金) 1수(水)로 구성되면 해당한다. 해당하면 나가면 장수요 들어오면 정승이니 군장성이나 장차관이 되고, 행정관·무관·법관이 되기도 한다.

103. 원진살(怨嗔殺)

年日支	子	丑	寅	卯	辰	巳	午	未	申	酉	戌	亥
怨嗔	未	午	酉	申	亥	戌	丑	子	卯	寅	巳	辰

원진살(怨嗔殺)은 원진(元辰)이라고도 하는데 서로 미워하며 원망한다는 흉살(凶殺)이다. 사주에 있으면 부모형제와 불화하고, 부부간에 생이사별하며, 자녀가 없거나 있어도 불효한다. 평생 실패·불구·단명·질병·수술·색난이 따라 불행하다. 특히 부부간에 권태를 느끼거나 성생활이 맞지 않아 외도를 많이 하며 별거할 수도 있다. 여명은 목소리가 크고 성품이 탁하며 천한 사람과 사통하고 불효불순한 자녀를 둔다.

일월(日月)이 원진(怨嗔)이 되면 육친과 불화하여 이별하거나 파가하고, 일시(日時)가 원진(怨嗔)이 되면 부부가 불화하며 자녀와 불목하고, 년월(年月)이 원진(怨嗔)이 되면 아버지와 조부가 불목하는 집안으로 애정없이 자란다. 원진살(怨嗔殺)이 상관(傷官)과 동주(同柱)하면 겉과 속이 다르며 남의 흉을 잘 보고 간사하며 독하다.

자미원진(子未怨嗔)이 있으면 이별·횡액·원한·산액·고독·자녀고충·무자식·색난·사업실패가 따르고, 축오원진(丑午怨嗔)이 있으면 이별·횡액·고독·산액·유산·자녀실패·정신병·무자식·색난·사업실패가 따르고, 인유원진(寅酉怨嗔)이 있으면 질병·수족장해·불구·단명·부부이별·색난·사업실패가 따른다.

묘신원진(卯申怨嗔)이 있으면 질병·수족상해·수술·불구·단명·부부이별·색난·실패가 따르고, 진해원진(辰亥怨嗔)이 있으면 독립·질병·수술·도난·액운·원망·고독·이별·자녀고충·실패가 따르고, 사술원진(巳戌怨嗔)이 있으면 질병·화액·고독·이별·자녀실패·재물손실이 따른다.

원진살(怨嗔殺)은 종교가·운명철학가·무당·박수·의사·약사·신경성환자에서 많이 보이는데 운에서 만나면 수명이 위태롭다. 대운(大運)이 길하면 원행·관재구설·사고·놀람·불목·질시가 따르나 흉하면 부모상·중병·교통사고·고생·직장낙직·학업중지가 따른다.

104. 월공(月空)

月支	寅午戌	亥卯未	申子辰	巳酉丑
月空	壬	庚	丙	甲

월공(月空)은 명망이 높아지며 지도자가 된다는 길신(吉神)이다.

105. 월덕귀인(月德貴人)

月支	寅	卯	辰	巳	午	未	申	酉	戌	亥	子	丑
月德	丙	甲	壬	庚	丙	甲	壬	庚	丙	甲	壬	庚

월덕귀인(月德貴人)은 천덕귀인(天德貴人)에 버금가는 길신(吉神)으로 작용도 천덕귀인(天德貴人)과 비슷하다. 길신(吉神)과 함께 있으면 복력이 늘어 생각보다 크게 발전하나 흉살(凶殺)과 함

께 있으면 행포하다.

사주에 월덕귀인(月德貴人)이 있으면 선조덕이 있고 모든 재앙이 소멸된다. 월덕귀인(月德貴人)이 일간(日干)에 임하면 존경을 받으나 일간(日干)이 극(剋)하면 잘못된 언행으로 덕을 잃는다. 월덕귀인(月德貴人)이 재성(財星)에 임하면 재물복이 있고, 관성(官星)에 임하면 관록이 있고, 인성(印星)에 임하면 윗사람의 덕이 있다.

106. 월덕합(月德合)

月支	寅	卯	辰	巳	午	未	申	酉	戌	亥	子	丑
月德	辛	己	丁	乙	辛	己	丁	乙	辛	己	丁	乙

월덕합(月德合)도 모든 흉화를 길함으로 바꾼다는 길신(吉神)이다. 작용은 천덕합(天德合)과 비슷하다.

107. 유실살(有室殺)

유실살(有室殺)은 첩을 둔다는 살로 남명에 있으면 두 집 살림을 하는 경우가 많다. 갑오(甲午)·을사(乙巳)·정사(丁巳)·무진(戊辰)·경진(庚辰)·병술(丙戌)·임술(壬戌)·을해(乙亥)·신해(辛亥)·무자(戊子)·임오(壬午)·신묘(辛卯)·정유(丁酉)일생이면 해당한다.

108. 유하살(流霞殺)

사주에 유하살(流霞殺)이 있으면 다정다감하며 외정을 즐기고, 끼

日干	甲	乙	丙	丁	戊	己	庚	辛	壬	癸
流霞	酉	戌	未	申	巳	午	辰	卯	亥	寅

가 많아 연예계나 화류계로 나가기도 한다. 남명은 객사하고 여명
은 산망한다. 피나는 노력으로 모은 재물이 안개처럼 사라지고, 사
고를 당하여 피를 흘린다.

109. 육수성(六秀星)

丙午日	丁未日	戊子日	戊午日	己丑日	己未日

사주에 육수성(六秀星)이 있으면 얼굴이 잘 생긴 사람이며 뛰어
난 재주가 있다.

110. 음살(陰殺)

年日支	申子辰	巳酉丑	寅午戌	亥卯未
陰殺	丑	戌	未	辰

음살(陰殺)은 주색으로 망하거나 음독한다는 흉살(凶殺)이다. 사
주에 있는데 년운(年運)이나 월운(月運)에서 또 만나면 소리없이
재물을 잃는다.

111. 음양살(陰陽殺)

음양살(陰陽殺)은 남명은 병자(丙子)일생이면 해당하고, 여명은
무오(戊午)일생이면 해당한다. 미남 미녀와 혼인하며 대인관계도

미남 미녀와 많이 이루어진다. 그러나 도화살(桃花殺)이나 원진살
(怨嗔殺)이 함께 있으면 음란하다.

112. 음욕살(淫浴殺)

甲寅日	乙卯日	丁未日	戊戌日	己未日	庚申日	辛卯日	癸丑日

사주에 음욕살(淫浴殺)이 있으면 색정과 성격이 강하여 사람들이
싫어한다. 존친·아내·자식·육친과 불화하며 고생한다. 남명은
배우자궁에 중도실패와 생이사별수가 있고, 여명은 부모연이 박하
며 괴로움을 끼친다. 음욕살(淫浴殺)이 생시(生時)에 있으면 자녀
의 신상문제로 고생을 많이 한다.

113. 음정살(陰情殺)

乙丑日	丙申日	丁丑日	己未日	庚寅日	辛未日	壬寅日	壬申日

음정살(陰情殺)은 여연살(女戀殺)이라고도 하는데 남편 몰래 애
인이 있거나 바람을 많이 피운다는 살이다. 여명에 있으면 춤바
람·불륜·구설·망신·관액이 따른다.

114. 음착살(陰錯殺)

丁丑日時	丁未日時	辛卯日時	辛酉日時	癸巳日時	癸亥日時

음착살(陰錯殺)은 배우자와 이별하거나 상별하며 처가나 외가가

망한다는 흉살(凶殺)이다. 혼사에 장해가 있고 상 중에 아내를 얻거나 부부가 불화하며 풍파가 많다. 여명은 부부간에 불화하며 남편이 바람을 피우고, 근친 때문에 공방살이를 하거나 시가가 몰락한다. 음착살(陰錯殺)이 일(日)에 있으면 외가가 망하고, 시(時)에 있으면 처가가 망하며 외삼촌이나 처남이 고독하다.

115. 의처살(疑妻殺)

　의처살(疑妻殺)은 갑오(甲午)·을사(乙巳)·정사(丁巳)·을해(乙亥)·신해(辛亥)·병술(丙戌)·임술(壬戌)·무진(戊辰)·경진(庚辰)일생이면 해당하는데 의처증에 걸린다.

116. 일귀(日貴)

丁亥日	丁酉日	癸巳日	癸卯日

　해당하면 성격이 순수하며 인망이 있고 용모가 수려하며 가문을 빛낸다. 그러나 형충(刑沖)을 만나면 길작용을 하지 않는다.

117. 일덕(日德)

日干	甲	乙	丙	丁	戊	己	庚	辛	壬	癸
日德	寅	申	巳	亥	巳	寅	申	巳	亥	巳

　일덕(日德)은 흉운을 만나도 구제되고 어려움이 있어도 재액을 받지 않는다는 길신(吉神)이다. 사주에 있으면 성격이 온유하며 자

비심이 많고, 신왕(身旺)운을 만나면 발복하여 만사가 순조롭다.

118. 자결살(自結殺)

年日支	子	丑	寅	卯	辰	巳	午	未	申	酉	戌	亥
自結	寅日時	卯日時	辰日時	巳日時	午日時	未日時	申日時	酉日時	戌日時	亥日時	子日時	丑日時

자결살(自結殺)은 자살한다는 흉살(凶殺)이다. 해당하면 목을 매거나 음독하거나 총칼로 자해하거나 달리는 자동차에 뛰어들거나 높은 곳에서 뛰어내린다.

119. 자의살(自縊殺)

日支	子	丑	寅	卯	辰	巳	午	未	申	酉	戌	亥
自縊	酉	午	未	申	亥	戌	丑	寅	卯	子	巳	辰

자의살(自縊殺)이 천원(天元) 묘(墓)와 상극(相剋)되면 매우 흉하고, 천간(天干)에 관부(官符)·대모(大耗)·공망(空亡)이 있으면 목을 매고 죽는다.

120. 장군살(將軍殺)

月支	寅卯辰	巳午未	申酉戌	亥子丑
將軍	辰酉戌	子卯未	丑寅午	巳申亥

사주에 장군살(將軍殺)이 있으면 묘지나 장례식장 등 사람이 죽

은 곳에 가지마라. 특히 장군의 사당을 조심해야 된다. 병으로 고생하거나 직업군인이 되어 전사한다.

121. 장군전(將軍箭)

年日支	子	丑	寅	卯	辰	巳	午	未	申	酉	戌	亥
將軍箭	申	巳	酉	戌	辰	未	卯	子	午	寅	丑	亥

장군전(將軍箭)은 단명하거나 양자로 간다는 흉살(凶殺)이다. 해당하면 상가·장례식·무덤·장군의 사당에 가지마라. 상문(喪門)이 침입하기 쉽다.

122. 장명성(長命星)

月支	子	丑	寅	卯	辰	巳	午	未	申	酉	戌	亥
長命	丑	子	亥	戌	酉	申	未	午	巳	辰	卯	寅

장명성(長命星)은 장수한다는 길신(吉神)이다. 사주에 있으면 잔질이 적고, 죽을 고비를 만나도 살아난다.

123. 장형살(杖刑殺)

戊子日	戊戌日	戊申日	庚子日	庚寅日	庚申日	庚戌日	壬戌日

장형살(杖刑殺)은 가까운 일가나 친척이 액난을 많이 당한다는 흉살(凶殺)이다.

124. 재가살(再嫁殺)

年日支	子	丑	寅	卯	辰	巳	午	未	申	酉	戌	亥
再嫁	5월	6월	7월	8월	9월	10월	11월	12월	1월	2월	3월	4월

재가살(再嫁殺)은 남편과 생이사별하거나 다시 시집간다는 흉살(凶殺)이다.

125. 재고귀인(財庫貴人)

日干	甲乙	丙丁戊己	庚辛	壬癸
財庫	辰	丑	未	戌

재고귀인(財庫貴人)은 큰 부자가 된다는 길신(吉神)이다.

126. 재고일(財庫日)

生年納音	木	火	土	金	水
財庫	丙辰	乙丑	壬辰	癸未	甲戌

재고일(財庫日)은 가난한 집에서 태어나도 점점 발전하여 부귀를 이루는 날이다.

127. 정기살(旌旗殺)

年日支	寅卯辰	巳午未	申酉戌	亥子丑
旌旗	癸酉	癸卯	戊子	戊午

정기살(旌旗殺)은 주륙(誅戮)을 당한다는 흉살(凶殺)이다. 시주 (時柱)에 정기살(旌旗殺)이 있는데 악살이 또 있으면 악사하고, 하 급인은 동분서주하는 팔자가 된다.

128. 정도화일(正桃華日)

生年納音	木	火	土	金	水
正桃華	卯亥	午戌	午戌	巳酉	子申

사주에 정도화일(正桃華日)이 있으면 색정이 깊어 지위와 재능이 있어도 신용이 떨어지며 몸을 망친다.

129. 정수일(正綬日)

生年納音	木	火	土	金	水
正綬	癸未	甲戌	丙辰	乙丑	壬辰

사주에 정수일(正綬日)이 있으면 정·관계에서 이름을 날리고, 자 영업자는 사업이 매우 발달하여 명예까지 얻는다.

130. 절방살(絶房殺)

年支	子午卯酉	寅申巳亥	辰戌丑未
絶房	11월	7월	2월

절방살(絶房殺)은 홀로 빈방을 지킨다는 흉살(凶殺)이다. 때로는

부부가 불화하여 별거하거나 남편이 첩을 두어 따로 살거나 피치 못할 사정으로 떨어져 산다.

131. 절도귀인(節度貴人)

日干	甲	乙	丙	丁	戊	己	庚	辛	壬	癸
節度	巳	未	巳	未	巳	未	亥	丑	亥	丑

절도귀인(節度貴人)은 누구와도 조화를 잘 이루어 원만하다는 길신(吉神)이다. 사주에 있으면 인격이 원만하며 의리와 분수를 지키고 존경과 신뢰를 받는다. 그러나 소극적이며 통솔력은 부족하다.

132. 제좌(帝座)

時柱納音	木	火	土	金	水
帝座	卯	午	午	酉	子

제좌(帝座)는 시(時)의 납음오행(納音五行)이 제왕(帝旺)에 임하는 것을 말한다. 시(時)의 납음오행(納音五行)이 왕하면 길하고, 약하면 자녀가 불초한다.

133. 조객살(弔客殺)

年支	子	丑	寅	卯	辰	巳	午	未	申	酉	戌	亥
弔客	戌	亥	子	丑	寅	卯	辰	巳	午	未	申	酉

조객살(弔客殺)은 상가에 다녀와 시름시름 앓는다는 흉살(凶殺)이다. 사주에 있는데 년운(年運)이나 월운(月運)에서 또 만나면 그 해나 그달에 상복을 입을 일이 생긴다. 사주에 있으면 해당하는 날 상가에 가지마라.

134. 졸폭(卒暴)

年日支	子	丑	寅	卯	辰	巳	午	未	申	酉	戌	亥
卒暴	卯	辰	巳	午	未	申	酉	戌	亥	子	丑	寅

졸폭(卒暴)은 불의의 재앙을 당한다는 흉살(凶殺)이다. 사주에 있으면 항상 불안하며 폭발물 사고를 당한다.

135. 지모살(地耗殺)

年日支	子午	丑未	寅申	卯酉	辰戌	巳亥
地耗	巳	未	酉	亥	丑	卯

지모살(地耗殺)은 년운(年運)으로 본다. 지모살(地耗殺)년을 만나면 내적인 문제, 즉 집안 일이 모두 무너져 허사가 되고, 년운(年運)이나 월운(月運)에서 만나면 관재구설이 따른다.

136. 지배(指背)

年日支	申子辰	巳酉丑	寅午戌	亥卯未
指背	申	巳	寅	亥

지배(指背)는 배신당한다는 흉살(凶殺)이다. 사주에 있으면 남녀 모두 질투심이 강하다.

137. 지전살(地轉殺)

月支	寅卯辰	巳午未	申酉戌	亥子丑
地轉	辛卯日	戊午日	癸酉日	丙子日

지전살(地轉殺)은 단명하거나 요절한다는 흉살(凶殺)이다. 사주에 있으면 버는 것보다 쓸 일이 더 많아 재물을 모으지 못하고, 직업에 장래성이 없고, 불의의 지변·실패·전업·재난이 따른다.

138. 직난관살(直難關殺)

月支	寅卯	辰巳	午未	申酉	戌亥	子丑
直難	午	未	酉戌	巳申	寅卯	辰酉

직난관살(直難關殺)은 어릴 때 예리한 쇠붙이에 크게 다친다는 흉살(凶殺)이다.

139. 진신성(進神星)

月支	寅卯辰	巳午未	申酉戌	亥子丑
進神	甲子日	甲午日	己卯日	己酉日

진신성(進神星)은 매사 방해가 없고 발전한다는 길신(吉神)이다.

사주에 있으면 고집이 강하며 성공한다. 그러나 진신성(進神星)이 형충(刑沖)이나 공망(空亡)되면 길작용을 하지 못한다.

140. 주수(注受)

月支	寅	卯	辰	巳	午	未	申	酉	戌	亥	子	丑
注受	子	亥	戌	酉	申	未	午	巳	辰	卯	寅	丑

주수(注受)는 부귀를 부르는 길신(吉神)이다. 사주에 있으면 위험에 처해도 도움을 받아 해결된다.

141. 중혼살(重婚殺)

年日支	子	丑	寅	卯	辰	巳	午	未	申	酉	戌	亥
重婚	4월	5월	6월	7월	8월	9월	10월	11월	12월	1월	2월	3월

중혼살(重婚殺)은 2~3번 재혼한다는 흉살(凶殺)이다.

142. 천곡살(天哭殺)

年日支	子	丑	寅	卯	辰	巳	午	未	申	酉	戌	亥
天哭	午	巳	辰	卯	寅	丑	子	亥	戌	酉	申	未

천곡살(天哭殺)은 의지할 곳 없는 고아가 된다는 흉살(凶殺)이다. 사주에 있으면 하늘을 보며 신세한탄을 하고, 행운에서 만나면 효복을 입는다.

143. 천공(天空)

年日支	子	丑	寅	卯	辰	巳	午	未	申	酉	戌	亥
天空	丑	寅	卯	辰	巳	午	未	申	酉	戌	亥	子

천공(天空)은 실속이 없다는 흉살(凶殺)이다. 길신(吉神)이나 강한 것을 만나면 흉하나 칠살(七殺)이나 흉살(凶殺)을 만나면 좋다.

144. 천관귀인(天官貴人)

日干	甲	乙	丙	丁	戊	己	庚	辛	壬	癸
天官	未	辰	巳	酉	戌	卯	亥	申	寅	午

천관귀인(天官貴人)은 관직에서 출세한다는 길신(吉神)이다. 사주에 천관귀인(天官貴人)이 있는데 귀격을 이루면 고관대작이 되어 명진사해하고, 문장에도 능하며 하는 일마다 순조롭다. 천관귀인(天官貴人)이 시주(時柱)에 있으면 매우 좋으나 천관귀인(天官貴人)이 형충(刑沖)이나 공망(空亡)되면 관재구설이 따른다.

145. 천구관살(天狗關殺)

年日支	子	丑	寅	卯	辰	巳	午	未	申	酉	戌	亥
天狗	戌	亥	子	丑	寅	卯	辰	巳	午	未	申	酉

천구관살(天狗關殺)은 피를 본다는 흉살(凶殺)이다. 수술・파편・교통사고 등의 재액을 당하기 쉽고, 자녀연이 박하다.

146. 천덕귀인(天德貴人)

月支	寅	卯	辰	巳	午	未	申	酉	戌	亥	子	丑
天德	丁	申	壬	辛	亥	甲	癸	寅	丙	乙	巳	庚

천덕귀인(天德貴人)은 모든 흉을 막아 좋게 만든다는 길신(吉神)이다. 사주에 있으면 좋은 일은 더 좋아지고 나쁜 일은 줄어든다. 그러나 천덕귀인(天德貴人)이 형충파해(刑沖破害)나 공망(空亡)되면 길작용을 하지 못한다.

천덕귀인(天德貴人)이 관성(官星)에 임하면 관운과 자손운이 좋고, 인수(印綬)에 임하면 부모와 조상덕이 좋으며 이름을 얻고, 재성(財星)에 임하면 재물운이 좋으며 현모양처를 만나고, 식상(食傷)에 임하면 의식과 복록이 좋고, 비겁(比劫)에 임하면 형제가 고귀한데 길신(吉神)이면 형제자매나 동료의 덕으로 이름과 재물을 얻는다. 여명이 천월덕(天月德)과 함께 있으면 온순하며 덕이 있다.

천덕귀인(天德貴人)이 년간(年干)에 임하면 조상덕이 있고, 월주(月柱)에 임하면 부모형제의 덕이 있고, 일간(日干)에 임하면 평생 행복하고, 시주(時柱)에 임하면 귀한 자녀를 두며 늦복이 많다.

147. 천덕합(天德合)

月支	寅	卯	辰	巳	午	未	申	酉	戌	亥	子	丑
天德	壬	巳	丁	丙	寅	己	戊	亥	辛	庚	申	乙

천덕합(天德合)은 모든 재앙이 침범하지 못한다는 길신(吉神)으

로 사주에 있으면 모든 흉화를 막아준다.

148. 천도살(天屠殺)

日支	丑	寅	卯	辰	巳	未	申	酉	戌	亥
天屠	亥時	戌時	酉時	申時	未時	巳時	辰時	卯時	寅時	丑時

천도살(天屠殺)은 군자가 범하면 대개 이질·장풍·각기병에 걸리고, 소인배가 범하면 사지가 손상된다. 만일 거듭 범하면 귀양을 가거나 축출된다.

149. 천라지망(天羅地網)

사주에 천라지망(天羅地網)이 있으면 남명은 금전운이 약하며 만사가 순조롭지 않고, 여명은 남편연이 바뀌거나 파혼이 중중하며 자녀복이 없다. 남녀 모두 감금·구속·관재·시비·구설·송사를 당하기 쉽고, 교도관·경찰·군인·수사관·법관·종교인·약사·의사·간호사·역술인·무당이 되는 경우가 많다.

사주에 술해(戌亥)나 진사(辰巳)가 있으면 술해(戌亥)는 진사(辰巳)년에 진사(辰巳)는 술해(戌亥)년에 반드시 재액을 당한다. 술해(戌亥)는 남명이 더 해롭고, 진사(辰巳)는 여명이 더 해롭다. 술해(戌亥)는 개와 돼지가 서로 미워한다는 뜻이며 천문고성(天門孤星)이므로 처자를 극(剋)하여 고독하고, 진사(辰巳)는 땅에 거미줄이 끼여 전도가 보이지 않는다는 뜻이며, 용과 뱀이 혼잡하여 일진일퇴하는데 용이 뱀을 보면 물러나고 뱀이 용을 보면 조상(祖上)

이라 하여 나아간다. 년월(年月)에 천라지망(天羅地網)이 있는데 일시(日時)에 연하면 조상의 기반을 파하며 부모연이 없다. 진사(辰巳)가 혼잡하면 남녀 모두 부부연이 약하다.

150. 천랑살(天狼殺)

年日支	子	丑	寅	卯	辰	巳	午	未	申	酉	戌	亥
天狼	卯日時	辰日時	巳日時	午日時	未日時	申日時	酉日時	戌日時	亥日時	子日時	丑日時	寅日時

천랑살(天狼殺)은 자녀가 먼저 죽는다는 흉살(凶殺)이다. 사주에 있으면 자녀를 키우기 어렵고, 다 컸더라도 언젠가는 부모보다 먼저 세상을 떠난다.

151. 천록(天祿)

日干	甲	乙	丙	丁	戊	己	庚	辛	壬	癸
天祿	寅	卯	巳	午	巳	午	申	酉	亥	子

천록(天祿)은 정록(正祿) 또는 건록(建祿)이라고도 하는데 관록·식록·의록이 풍부하다는 길신(吉神)이다. 길신(吉神)과 동주(同柱)하면 복록이 왕성하며 크게 출세하나 흉살(凶殺)과 동주(同柱)하면 흉하다.

152. 천모살(天耗殺)

천모살(天耗殺)은 년운(年運)으로 본다. 천모살(天耗殺)이 일지

年日支	子	丑	寅	卯	辰	巳	午	未	申	酉	戌	亥
天耗	申	戌	子	寅	辰	午	申	戌	子	寅	辰	午

(日支)에 있는데 년운(年運)에서 또 만나면 외적인 문제, 즉 가정 밖의 일이 모두 무너져 허사가 되고, 년운(年運)이나 월운(月運)에서 만나면 관재구설이 따른다.

153. 천무살(天無殺)

年日支	寅	巳	申	亥
天無	4·8·10월	1·5·9월	2·6·12월	3·7·11월

사주에 천무살(天無殺)이 있으면 몸이 항상 나른하며 기력이 없고, 머리와 양 어깨가 쑤시며 가슴이 답답하다. 때로는 손발이 저리거나 따끔따끔한데 심하면 눈알이 빠지는 것처럼 아프다. 병원에 가보아도 신경성이라고만 하니 방법이 없다. 이런 사람은 무당·박수·점술가·승려가 되거나 독신으로 사는 경우가 많다.

154. 천복귀인(天福貴人)

日干	甲	乙	丙	丁	戊	己	庚	辛	壬	癸
天福	酉	申	子	亥	卯	寅	午	巳	丑未	辰戌

천복귀인(天福貴人)은 평생 부귀공명을 누리며 행복하게 산다는 길신(吉神)이다. 인품이 후덕하며 활달하고 정직하여 만인의 존경

을 받고, 군인·관리·공무원 등의 공직자는 기회가 많아 일찍 발전하며 경제적으로도 윤택하다. 천복귀인(天福貴人)이 육친에 임하면 해당하는 육친이 행복하게 잘 산다. 그러나 천복귀인(天福貴人)이 공망(空亡)이나 형충파(刑沖破)되면 인덕이 없고 재물손실이나 실패가 자주 따른다.

155. 천사성(天赦星)

月支	寅卯辰	巳午未	申酉戌	亥子丑
天赦	戊寅日	甲午日	戊申日	甲子日

천사성(天赦星)은 평생 우환이 적고 온갖 재해에서 구제된다는 길신(吉神)이다. 해당하면 큰 병과 난을 면하고 복록과 천수를 누리며 술을 좋아한다.

156. 천소살(天掃殺)

日干	甲	乙	丙	丁	戊	己	庚	辛	壬	癸
天掃	癸未	壬午	辛巳	庚辰	己卯	戊寅	丁丑	丙子	乙亥	甲戌

천소살(天掃殺)은 3번 이상 아내를 맞이한다는 흉살(凶殺)이다.

157. 천액살(天厄殺)

年日支	子	丑	寅	卯	辰	巳	午	未	申	酉	戌	亥
天厄	未	申	酉	戌	亥	子	丑	寅	卯	辰	巳	午

천액살(天厄殺)은 불구가 되거나 지병이 따른다는 흉살(凶殺)이
다. 칠살(七殺)과 동궁(同宮)하거나 년운(年運)이나 월운(月運)에
서 만나면 재액을 면하기 어렵다.

158. 천옥살(天獄殺)

年日支	子	丑	寅	卯	辰	巳	午	未	申	酉	戌	亥
天獄	甲日時	乙日時	丙日時	丁日時	戊日時	己日時	庚日時	辛日時	壬日時	癸日時	甲日時	乙日時

천옥살(天獄殺)은 감옥살이를 한다는 흉살(凶殺)이다. 육친에 임
하면 해당하는 사람이 감옥에 들어간다.

159. 천을귀인(天乙貴人)

日干	甲	乙	丙	丁	戊	己	庚	辛	壬	癸
天乙	丑未	子申	亥酉	亥酉	丑未	子申	丑未	寅午	巳卯	巳卯

천을귀인(天乙貴人)은 관록과 의식이 유여하다는 최고의 길신(吉
神)이다. 사주에 천을귀인(天乙貴人)이 있으면 총명하며 지혜롭고
활달하며 의기가 있어 세인의 존경을 받는다.

천을귀인(天乙貴人)이 제왕(帝旺)이나 장생(長生)에 놓이면 길하
나 형충(刑沖)이나 공망(空亡)되거나 쇠병사묘(衰病死墓)에 놓이
면 불길하다. 천을귀인(天乙貴人)이 관성(官星)에 놓이면 옥당급제
하고, 식신(食神)에 놓이면 의식이 풍족하다.

천을귀인(天乙貴人)이 있는데 합(合)되면 승승장구하며 사해에

이름을 떨치고, 정관(正官)·인수(印綬)·역마(驛馬)·장생(長生)·제왕(帝旺)·건록(建祿)에 놓였는데 합(合)되면 평생 복록이 넘친다.

천을귀인(天乙貴人)이 월일(月日)에 있으면 대귀격을 이루고, 일시(日時)에 있으면 국제경기나 각종 경기에서 입상하는 등 복력이 배가 되고, 괴강(魁罡)과 동주(同柱)하면 쾌활하며 용기가 있고 사리에 밝아 세인의 존경을 받는다.

천을귀인(天乙貴人)이 있는 주(柱)가 간합(干合)이나 지합(支合)하면 인품이 후덕하며 신용이 있어 존경받고, 크게 발달하여 한 평생 형벌이나 도난을 당하지 않는다.

천을귀인(天乙貴人)이 년지(年支)에 있는데 형충파해(刑沖破害)되지 않으면 조상덕이 많고, 월지(月支)에 있는데 형충파해(刑沖破害)되지 않으면 총명하며 현명한 배우자를 만나고, 시지(時支)에 있는데 형충파해(刑沖破害)되지 않으면 자녀가 귀하게 되며 자손덕이 있다.

년간(年干)에서 일지(日支)를 보아 천을귀인(天乙貴人)이 되면 남명은 현명한 아내를 만나 내조를 받고, 여명은 귀한 남편을 만난다. 그러나 남명이 천을귀인(天乙貴人)이 2개 있으면 아내와 일찍 상별한다.

삼형(三刑)이 천을귀인(天乙貴人)에 해당하면 인품이 정대하며 고관대작이 되고, 역마(驛馬)가 천을귀인(天乙貴人)에 해당하면 외교력이 좋아 외국에서 발달하거나 외교가가 되며 용모가 아름답다. 비겁(比劫)이 천을귀인(天乙貴人)에 해당하면 형제자매가 크게 발달하며 친구의 도움을 받는다.

상관(傷官)이 천을귀인(天乙貴人)에 해당하면 재능이 많아 발명을 잘 하고, 여명은 자녀가 총명하며 크게 발달한다. 천을귀인(天乙貴人)이 공망(空亡)되면 가무에 능하며 기예인·무당·가수가 되고, 겁살(劫殺)이 천을귀인(天乙貴人)에 해당하면 화기(和氣)가 있고 용모가 준수하며 지모와 계략이 있다. 화개(華蓋)가 천을귀인(天乙貴人)에 해당하면 문장과 예도에 뛰어나고 청고하며 지혜가 밝다.

160. 천의성(天醫星)

月支	寅	卯	辰	巳	午	未	申	酉	戌	亥	子	丑
天醫	丑	寅	卯	辰	巳	午	未	申	酉	戌	亥	子

사주에 천의성(天醫星)이 있으면 활인업인 의사·약사·간호사·종교인·역술가·점술가·침구사가 되거나 유흥업에 종사하면 좋다.

161. 천일관살(千日關殺)

日干	甲乙	丙丁	戊己	庚辛	壬癸
千日	辰午	申酉	巳戌	寅	丑亥酉

천일관살(千日關殺)은 생후 천 일이 되기 전에 경풍과 젖을 잘 토하며 잔질이 떠나지 않고 심하면 숨진다는 흉살(凶殺)이다. 사주에 있으면 3년 동안은 가정부·보모·유모 등 남의 손에 아기를 맡기지마라. 그리고 남의 집에 가서 맷돌질을 하지마라.

162. 천조관살(天弔關殺)

年日支	申子辰	巳酉丑	寅午戌	亥卯未
天弔	巳午	子卯	辰午	午申

천조관살(天弔關殺)은 부모상을 일찍 당한다는 흉살(凶殺)이다. 사주에 있으면 슬프고 답답한 일들이 생긴다.

163. 천전살(天轉殺)

月支	寅卯辰	巳午未	申酉戌	亥子丑
天轉	乙卯日	丙午日	辛酉日	壬子日

천전살(天轉殺)은 일정한 업에 종사하지 못하고 이일 저일을 하거나 여기 저기서 일한다는 흉살(凶殺)이다. 사주에 있으면 봄에는 변하지 않으나 여름에는 변하기 쉽고, 가을과 겨울에는 아침에는 우르고 저녁에는 파한다. 만일 한 가지 일을 꾸준하게 밀고나가면 오히려 돈이 안개처럼 사라지며 불행하다.

164. 천주귀인(天廚貴人)

日干	甲	乙	丙	丁	戊	己	庚	辛	壬	癸
天廚	巳	午	巳	午	申	酉	亥	子	寅	卯

천주귀인(天廚貴人)은 수복과 명리를 누리며 평생 곤궁한 일이 없다는 길신(吉神)이다. 사주에 있으면 재무나 은행계에서 요직을

차지하고, 정관(正官)이나 인수(印綬)에 임하면 관직으로 출세하고, 의식주를 주관하는 일을 맡으면 대부대귀격을 이룬다. 그러나 천주귀인(天廚貴人)이 형충(刑沖)·공망(空亡)·사절(死絶)이 되면 복력이 작아진다.

165. 천형살(天刑殺)

年日支	子	丑	寅	卯	辰	巳	午	未	申	酉	戌	亥
天刑	未	申	酉	戌	亥	子	丑	寅	卯	辰	巳	午

천형살(天刑殺)은 불구가 되거나 신액이 따른다는 흉살(凶殺)이다. 사주에 있는데 년운(年運)에서 또 만나면 친족이나 골육의 형각(刑角)이 생긴다.

166. 천화살(天火殺)

천화살(天火殺)은 사주에 인오술화국(寅午戌火局)이 있고, 천간(天干)에 병정(丙丁)이 투출(透出)하고, 사주에 수(水)가 하나도 없으면 성립된다. 사주에 천화살(天火殺)이 있는데 년운(年運)에서 화(火)를 생부(生扶)하거나 화기(火氣)가 생왕(生旺)한 곳을 만나면 화재를 조심해야 한다.

167. 천희신(天喜神)

月支	寅	卯	辰	巳	午	未	申	酉	戌	亥	子	丑
天喜	未	午	巳	辰	卯	寅	丑	子	亥	戌	酉	申

천희신(天喜神)은 눈 앞의 흉한 일이 길로 바뀐다는 길신(吉神)으로 작용은 황은대사(皇恩大赦)와 비슷하다. 사주에 있으면 활인업이 좋고, 년운(年運)에서 만나면 그 해에 경사가 생기고, 월운(月運)에서 만나면 그 달에 경사가 생긴다.

168. 철사관살(鐵蛇關殺)

日干	甲乙	丙丁	戊己	庚辛	壬癸
鐵蛇	辰	未申	寅	戌	丑

철사관살(鐵蛇關殺)이 있으면 돌림병이나 전염병을 앓다가 생명을 잃는다는 흉살(凶殺)이다. 어른이 되어서는 쇠에 크게 다치거나 수술을 하고, 짐승에게 화를 당하는 수도 있다. 습진이나 무좀·소아마비를 조심하고, 예방주사를 맞아라.

169. 철소추(鐵掃帚)

年日支	寅	卯	辰	巳	午	未	申	酉	戌	亥	子	丑
남	4월	2월	1월	6월	4월	2월	1월	12월	4월	2월	1월	6월
녀	7월	8월	12월	9월	7월	8월	12월	9월	7월	8월	12월	9월

철소추(鐵掃帚)는 남명은 처가가 망하고, 여명은 시가가 망한다는 흉살(凶殺)이다.

170. 취명관살(取命關殺)

日干	甲乙丙丁	戊己庚	辛壬癸
取命	申子辰	亥卯未	寅午戌

취명관살(取命關殺)은 잡귀가 침범한다는 흉살(凶殺)이다. 사주에
있으면 절·사당·묘지·하천 근처에 가지마라.

171. 탄함살(呑陷殺)

年日支	子	丑	寅	卯	辰	巳	午	未	申	酉	戌	亥
呑陷	戌	寅	丑	戌	辰	卯	寅	寅	戌	戌	寅	寅

탄함살(呑陷殺)은 각종 재난과 재액이 따른다는 흉살(凶殺)이다. 사
오미신술해자(巳午未申戌亥子)생은 몸을 상하고, 인묘(寅卯)생은 고
향을 멀리 떠나 살고, 유(酉)생은 아내가 도망가고, 진(辰)생은 수액
과 형옥을 당하고, 자(子)생은 악사하고, 축오(丑午)생은 상해를 입
고, 사오(巳午)생은 도형(徒刑)을 당한다. 일시(日時)에 탄함살(呑陷
殺)이 있는데 운에서 또 만나면 골육과 형해하거나 불화한다.

172. 탕화살(湯火殺)

湯火殺	甲午日	甲寅日	乙丑日	丙寅日	丙午日	丁丑日	戊寅日
	戊午日	庚午日	庚寅日	辛丑日	壬午日	壬寅日	癸丑日

탕화살(湯火殺)은 뜨거운 물이나 불에 데어 큰 상처를 입는다는

흉살(凶殺)이다. 사주에 있으면 화재·가스·농약·마약·독약·
총탄으로 죽거나 상처를 입는다.

173. 태극귀인(太極貴人)

日干	甲	乙	丙	丁	戊	己	庚	辛	壬	癸
太極	子午	子午	卯酉	卯酉	辰戌丑未	辰戌丑未	寅亥	寅亥	巳申	巳申

태극귀인(太極貴人)은 평생 곤란을 겪지 않고 반드시 두각을 나
타낸다는 길신(吉神)이다. 사주에 있으면 선천적으로 복록이 후하
고 주위의 도움이 많아 평생 고생을 모르며 생각지도 않은 복이
들어온다. 격국(格局)이 순청하면 고관이 되고, 육친에 임하면 해당
하는 육친이 입신출세하고, 년지(年支)에 있으면 공직에 이롭다. 그
러나 태극귀인(太極貴人)이 공망(空亡)·형충(刑沖)·사절(死絶)
되면 무위도식하며 뭇사람의 지탄을 받는다.

174. 태백살(太白殺)

年日支	子午卯酉	寅申巳亥	辰戌丑未
太白	巳	酉	丑

태백살(太白殺)은 고독·빈천·단명이 따른다는 흉살(凶殺)이다.

175. 태양(太陽)

태양(太陽)은 모든 재액을 풀어준다는 길신(吉神)이다. 해당하면

年日支	子	丑	寅	卯	辰	巳	午	未	申	酉	戌	亥
太陽	丑	寅	卯	辰	巳	午	未	申	酉	戌	亥	子

얼굴이 검붉고, 년운(年運)이나 월운(月運)에서 만나면 모든 흉재
가 풀린다.

176. 퇴신(退神)

丁丑日	丁未日	壬辰日	壬戌日

퇴신(退神)은 어려울 때 뒤로 물러나면 길리를 얻는다는 길신(吉
神)이다. 모든 것이 나아가면 불리하고 물러나면 의외의 편안함을
얻는다.

177. 파군(破軍)

年日支	子午卯酉	寅申巳亥	辰戌丑未
破軍	巳	酉	丑

파군(破軍)은 파재나 형사문제가 생긴다는 흉살인데 파쇄(破碎)
라고도 한다. 사주에 있는데 형충(刑沖)이 되고 년운(年運)에서 또
만나면 파재나 형사문제가 생긴다.

178. 팔풍일(八風日)

팔풍일(八風日)에 해당하면 주색으로 난을 당하고 지나치면 몸을
망친다.

月支	寅卯辰	巳午未	申酉戌	亥子丑
八風	丁丑·丁巳日	甲辰·甲申日	丁未·丁亥日	甲寅·甲戌日

179. 평두살(平頭殺)

甲子日	甲辰日	甲寅日	丙辰日	丙戌日	丙寅日

　사주에 평두살(平頭殺)이 있으면 무당이나 점술가가 되기도 한다. 양인살(羊刃殺)과 동주(同柱)하면 살생하거나 자신의 몸을 자해하고, 도축업·식육점·식당업에 종사하는 경우가 많다.

180. 폭패살(暴敗殺)

年日支	子	丑	寅	卯	辰	巳	午	未	申	酉	戌	亥
暴敗	未月	申月	酉月	戌月	亥月	子月	丑月	寅月	卯月	辰月	巳月	午月

　사주에 폭패살(暴敗殺)이 있으면 남명은 부부궁이 불길하고, 여명은 친가가 불길하며 혼인 후에는 시가가 점점 망한다. 술을 좋아하며 만용을 부리다 실패한다.

181. 표미살(豹尾殺)

年日支	申子辰	巳酉丑	寅午戌	亥卯未
豹尾	戌	未	辰	丑

　표미살(豹尾殺)은 파재와 구설이 많이 따른다는 흉살(凶殺)이다.

행운에서 만나면 구설과 가정에 불안한 일이 생긴다.

182. 피두살(披頭殺)

年日支	子	丑	寅	卯	辰	巳	午	未	申	酉	戌	亥
披頭	辰	卯	寅	丑	子	亥	戌	酉	申	未	午	巳

피두살(披頭殺)이 흉살(凶殺)과 동궁(同宮)하면 골육과 인연이 박하고 직업이 미천하며 인격이 떨어진다. 운에서 만나면 상복을 입는다.

183. 하정살(下情殺)

月支	寅卯辰	巳午未	申酉戌	亥子丑
下情	子丑寅酉	巳戌亥	丑申	子午

하정살(下情殺)은 동정심이 많아 감정과 인정에 약하다는 살이다. 사주에 있으면 자신의 일도 바쁘면서 어려운 사람을 보면 발벗고 나서는 경향이 있다.

184. 학당귀인(學堂貴人)

日干	甲	乙	丙	丁	戊	己	庚	辛	壬	癸
學堂	亥	午	寅	酉	寅	酉	巳	子	申	卯

학당귀인(學堂貴人)은 총명하며 문장이 뛰어나 관록이 좋다는 길신

(吉神)이다. 문장의 특성을 살리면 교사·학자·논설가로 명성을 얻고, 박사나 대학교수가 되거나 교직에 종사하는 경우가 많다. 사주가 청하면 부귀격을 이루나 탁하면 평범하고, 신약(身弱)한데 형충파해(刑沖破害)나 공망(空亡)이 되면 아무 도움이 되지 않는다. 학당귀인(學堂貴人)은 월지(月支)나 시지(時支)에 있는 것이 가장 좋다.

185. 해신(解神)

年日支	子	丑	寅	卯	辰	巳	午	未	申	酉	戌	亥
解神	戌未	酉未	申	未申	午未	巳酉	辰戌	卯戌	寅亥	子亥	子午	亥午

해신(解神)이 있으면 승려팔자이므로 속인으로 살면 구설이 많다.

186. 현침살(懸針殺)

甲午日時	甲申日時	辛卯日時	辛未日時

현침살(懸針殺)은 사주 어느 곳에 있어도 해당하는데 여자에게 가장 흉한 살이다. 일주(日柱)에 있으면 아내를 극(剋)하고, 사주에 기유(己酉)가 있으면 살상을 범한다. 생김새나 성격이 송곳처럼 예리하며 무도하여 관재나 재액을 자주 당한다. 의약업·침술업·기술업·역술업·종교인으로 나가는 경우가 많다.

현침살(懸針殺)이 길신(吉神)에 해당하면 활인업이나 침술로 뜻을 세우나 기신(忌神)에 해당하면 강도·검난·횡액·도적·불량함이 따른다. 현침살(懸針殺)이 있는데 사주에 형충(刑沖)이 많으면 도살업·포수·검난·흉번이 따르고, 양인살(羊刃殺)과 동주(同柱)하면 도살업이나 식육업에 종사한다.

187. 혈빈살(血貧殺)

혈빈살(血貧殺)이 있으면 하혈이나 혈변이 잦은데 폐가 약한 사람은 피를 토하기도 한다. 춘월생이 술(戌)일이나 술(戌)시에 태어나거나 하월생이 축(丑)일 미(未)시나 미(未)일 축(丑)시에 태어나면 해당한다.

188. 혈인살(血刃殺)

月支	寅	卯	辰	巳	午	未	申	酉	戌	亥	子	丑
血刃	丑	未	寅	申	卯	酉	辰	戌	巳	亥	午	子

혈인살(血刃殺)은 예리한 쇠붙이나 칼이나 유리, 그외의 사고로 피를 많이 흘려 수혈하거나 수술을 한다는 흉살(凶殺)이다. 운에서 만나면 피를 흘리는 사고나 출혈과 관계있는 질병에 걸린다. 년운(年運)에서 혈인(血刃)과 삼재(三災)를 같이 만나면 강도나 원수에게 피살되기도 한다.

189. 혈지(血支)

月支	寅	卯	辰	巳	午	未	申	酉	戌	亥	子	丑
血支	戌	亥	子	丑	寅	卯	辰	巳	午	未	申	酉

사주에 혈지(血支)가 있으면 위장과 복부를 조심하고, 교통사고 등의 급변재화를 조심해야 한다.

190. 협록(夾祿)

日干	甲	乙	丙	丁	戊	己	庚	辛	壬	癸
夾祿	丑卯	寅辰	辰午	巳未	辰午	巳未	未酉	申戌	戌子	丑亥

협록(夾祿)은 겉보기와는 달리 안으로 풍후한 복덕이 있다는 길신(吉神)이다. 사주에 있으면 친척이나 친구의 도움을 많이 받고, 재산이 풍족하며 편안하게 산다.

191. 홍란성(紅鸞星)

月支	寅	卯	辰	巳	午	未	申	酉	戌	亥	子	丑
紅鸞	丑	子	亥	戌	酉	申	未	午	巳	辰	卯	寅

홍란성(紅鸞星)이 사주에 있으면 남명은 용모가 준수하며 성격이 명랑쾌활하고, 여명은 용모가 아름답고 심성이 온후하다. 악성질환에 걸려도 잘 치유되나 이성이 많이 따라 골치가 아프기도 하다.

192. 홍염(紅艶)

日干	甲	乙	丙	丁	戊	己	庚	辛	壬	癸
紅艶	午	午	寅	未	辰	辰	戌	酉	申	申

홍염(紅艶)은 미색·수려함·치장·장식을 뜻하는데 사주에 있으면 남녀 모두 용모가 아름답다. 홍염(紅艶)이 정관(正官)에 임했는데 길신(吉神)이면 관(官)계에서 이름을 얻어 만인이 따르고, 식신(食神)에 임하면 화식·양식·양과 등의 화려한 음식과 관계가 있다. 남명이 홍염(紅艶)이 재성(財星)에 임하면 외모가 아름답고 화려한 업종에 종사하는 아내를 만나고, 을목(乙木) 재성(財星)에 임하면 양재나 양장과 관계있다. 그러나 여명은 낭만적인 면이 있으나 부정하여 정부를 따라가거나 화류계로 나가는 경우도 많다. 여명은 관재(官財) 홍염(紅艶) 외에는 좋은 경우가 별로 없다.

193. 화상관살(和尙關殺)

年日支	子午卯酉	辰戌丑未	寅申巳亥
和尙	辰戌丑未	子午卯酉	寅申巳亥

사주에 화상관살(和尙關殺)이 있으면 어릴 때 사찰이나 사당에 가지마라. 고독한 살이 침범하여 승려가 되기 쉽다.

194. 화상살(畫象殺)

화상살(畫象殺)은 마음이 허약하여 무서운 영화·그림·사건·사고를 보면 놀랜다는 흉살(凶殺)로 말만 들어도 잘 놀랜다. 인신사해(寅申巳亥)일생이 인신사해(寅申巳亥)가 있거나, 자오묘유(子午卯酉)일생이 자오묘유(子午卯酉)가 있거나, 진술축미(辰戌丑未)일생이 진술축미(辰戌丑未)가 있으면 해당하는데 4글자 중에 3글자만 있어도 해당한다.

195. 황번(黃旛)

年日支	申子辰	巳酉丑	寅午戌	亥卯未
黃旛	辰	丑	戌	未

황번(黃旛)은 만사가 순조롭지 않고 혼미해진다는 흉살(凶殺)이다.

196. 황은대사(皇恩大赦)

月支	寅	卯	辰	巳	午	未	申	酉	戌	亥	子	丑
皇恩	戌	丑	寅	巳	酉	卯	子	午	亥	辰	申	未

황은대사(皇恩大赦)는 관재나 관형을 받아도 군왕의 은총으로 특별히 사면된다는 길신(吉神)이다. 사주에 있으면 귀양·유배·좌천·실각한 사람도 복권되어 정치·군·행정계에 기용되거나 과거나 고시에 합격하여 큰 벼슬을 한다.

9장. 십이신살(十二神殺)

십이신살표(十二神殺表)

十二神殺＼年日支	申子辰	巳酉丑	寅午戌	亥卯未
劫殺	巳	寅	亥	申
災殺(囚獄)	午	卯	子	酉
天殺	未	辰	丑	戌
地殺	申	巳	寅	亥
年殺(桃花)	酉	午	卯	子
月殺(枯草)	戌	未	辰	丑
亡身	亥	申	巳	寅
將星	子	酉	午	卯
攀鞍	丑	戌	未	辰
驛馬	寅	亥	申	巳
六害	卯	子	酉	午
華蓋	辰	丑	戌	未

1. 십이신살(十二神殺) 표출하는 방법

1) 년지(年支) 대 년월일시지(年月日時支)

壬	戊	辛	辛
戌	寅	丑	卯
天殺	亡身	月殺	將星

甲	庚	甲	戊
申	午	子	子
地殺	災殺	將星	將星

丙	丁	辛	壬
午	卯	寅	亥
將星	年殺	劫殺	地殺

2) 일지(日支) 대 년월일시지(年月日時支)

庚	庚	戊	庚
辰	申	寅	申
華蓋	地殺	驛馬	地殺

丁	丁	庚	辛
未	卯	寅	亥
華蓋	將星	亡身	地殺

壬	丁	癸	壬
寅	酉	卯	子
劫殺	將星	災殺	六害

3) 년일지(年日支) 대 대운(大運)·유년(流年)

壬	戊	辛	辛	여
戌	寅	丑	卯	명

62	52	42	32	22	12	2
戊	丁	丙	乙	甲	癸	壬
申	未	午	巳	辰	卯	寅
劫殺	華蓋	六害	驛馬	攀鞍	將星	亡身

63	62	61	60	59	58	57
癸	壬	辛	庚	己	戊	丁
巳	辰	卯	寅	丑	子	亥
驛馬	攀鞍	將星	亡身	月殺	年殺	地殺

2. 십이신살(十二神殺)의 물상(物象)

1) 겁살(劫殺)

적장·괴수·역모주동자·방해살·대모살(大耗殺)·허가없이 지은 건물 · 고쳐야 할 곳 · 부숴버릴 곳 · 파산 · 겁살(劫殺)맞은 행위 · 비겁한 행위 · 흉한 물건 · 말썽이 될 물건 · 남들이 탐내는 곳 · 금융업 · 임대업 · 깡패나 선수 집합소 · 속성속패 · 낙상 · 상해 · 수술 · 교통사고 · 급질횡액 · 신속 · 결단 · 과단 · 급변 등.

2) 재살(災殺)

백호대살(白虎大殺) · 적병 · 습격자 · 역모동조자 · 도둑 · 강도 · 탈취자 · 수옥살(囚獄殺) · 행동원 · 배역살(背逆殺) · 손재 · 나쁜 사람 · 의료도구 · 봉해놓은 봉창 · 모든 재앙 · 문제있는 재산 · 떠나갈 재산 · 불투명한 창문 · 설계업 · 투기업 · 송사 · 납치 · 포로 · 감금 · 구속 · 못된 사람 운집소 · 교통사고 · 낙상 · 급성질환 · 재난 · 횡액 · 관형 등.

3) 천살(天殺)

상제 · 제왕 · 군왕 · 통치자 · 지도자 · 고관 · 신앙물 · 부모님이 앉는 곳 · 사찰 · 성당 · 교회 · 국기게양대 · 예배하거나 절하는 방위 · 부처 · 하늘을 보며 탄식하는 살 · 밤하늘의 별 · 교육업 · 종교업 · 가뭄 · 장마 · 우박 · 지진 등의 천재 · 현몽 · 영감 · 예감 · 하늘에서 주는 벌 등.

4) 지살(地殺)

군마 · 상제용 가마 · 군왕의 가마 · 대통령의 전용차와 전용기 · 고관의 자동차 · 외무대신 · 원행 · 부동산 · 거울 · 경대 · 문화시설

물·대문·현관·신발벗는 곳·눈물·땅·방문·문턱·뜨락·소
원하는 당·둥근 물건·산책로·유흥업·생산업·전초병·타향객
지에서의 풍파·자가용이 있는 집 등.

5) 년살(年殺)

시녀·비서·도화살(桃花殺)·함지(咸地)·목욕살(沐浴殺)·소변
보는 곳·청소도구 두는 곳·매일 걸레질하는 곳·요강·화장실·
깨끗하고 조용한 장소·보관업·위생업·풍류·색난·내집 앞을
지저분하게 만드는 집·음주가무·방탕호유·교태·낭비·직장태
만·허례허식·성병·당뇨·자궁수술 등.

6) 월살(月殺)

장애물·경계선·고초살(枯焦殺)·장애살(障碍殺)·고애살(苦哀
殺)·내당마님·침대·이부자리·장롱·보안등·형광등·스위
치·첩·사창가·이성의 파란·재혼·바람둥이·유흥업·여관·
야시장·건설업·새벽잠이 없는 집·침체·담보·중단·장벽·좌
절·두절·종교·개종·불화·반목·수술·절단·마비 등.

7) 망신(亡身)

격전지·패전자·임금의 친척·목욕탕·화장실·헌 물건 보관하는
곳·전망대·위법·심신의 망신·부정한 재물이 들어옴·부당한 행
위·이성간의 불륜·수집상·접객업·무식하지만 돈도 있고 왈가닥
한 집·육친망실·손해·실망·도난·실패·사기·정조를 잃음 등.

8) 장성(將星)

  충신 · 장성 · 장수 · 중군 · 총사령관 · 내무장관 · 최고권위자 · 출세 · 권세 · 벼슬 · 총지휘본부 · 입법 · 사법 · 예산 등 관리업무 · 문관 · 중간도매업 · 중개업 · 보일러 · 연료 · 탱크 · 부엌 · 베란다 · 장독대 · 조용한 곳 · 도둑침입로 · 공무원 · 소개를 잘 하거나 싸움을 잘 말리는 사람 · 순한 직장 등.

9) 반안(攀鞍)

  비서실장 · 경호실장 · 비서관 · 경호원 · 갑옷 · 철갑옷 · 방탄복 · 무장 · 내시 · 금가마 · 등의자 · 옷을 걸어두는 곳 · 출세 · 수단가 · 희망살 · 돈통 · 금고 · 보석함 · 장롱두는 곳 · 방석 · 장신구 · 부속상 · 의류상 · 시장 · 파출소 · 사대부 가정 표시 · 은행원이나 경찰관 등이 사는 집 등.

10) 역마(驛馬)

  이동하는 말 · 자동차 · 비행기 · 기차 · 배 · 우주선 · 외무장관 · 문공장관 · 우체국 · 신문사 · 방송국 · 모든 통신물 · 무선 · 라디오 · 전축 · 텔레비전 · 디브이디 · 녹음기 · 컴퓨터 · 전화기 · 수도 · 차고 · 뉴스 · 정기간행물 두는 곳 · 문공장 · 소방도로 · 우편물 · 집배원 · 도매업 · 청부업 · 운송업 · 이사 · 변동 · 여관 등.

11) 육해(六害)

  마부 · 운전기사 · 조종사 · 수문장 · 문지기 · 경비원 · 육액(六

厄)·신병살(神病殺)·심부름꾼·운수업·악한 사람·하수구·자전거 두는 곳·좁거나 작은 문·피흘리는 비극·오래된 병·수술·교통사고·폭행·뾰족하거나 돌출된 곳·무식하면서도 앙숙인 사람의 집·수심·피곤 등.

12) 화개(華蓋)

참모·고문관·종교인·승려·수도자·박사·성당·교회·사찰·기도처·굿당·수도원·학교·학원·도서관·시험장·무도장·극장·문화관·예술원·미술관·박물관·화장실·오락실·고물업·점술업·철학관·무관벼슬·정무관·병원·단골집·나를 믿어주는 집·예술품 두는 곳 등.

3. 십이신살(十二神殺)의 작용

1. 겁살(劫殺)

1) 년겁살(年劫殺)

겁살(劫殺)이 년(年)에 놓이면 조상이 패망하고, 선대조가 비병횡사한 집안이다. 육친덕이 없고 조상의 업을 계승하지 못한다. 어릴때 죽을 고비를 넘기고 고향을 떠나 분주하며 재산파탄이 많다.

2) 월겁살(月劫殺)

겁살(劫殺)이 월(月)에 놓이면 부모형제와 헤어지고 고독하며 객지생활을 한다. 조실부모하며 형제나 친척과 정이 없다. 부모형제나 친척 중에 불구가 되거나 단명하는 사람이 있고 처자식궁에 액이 따른다. 조상의 업이 흩어지거나 패하고 횡사가 따른다. 성격이 불 같으며 밀어붙이는 기질이 있다. 19세와 23세에는 큰 액과 관액을 조심해야 한다.

3) 일겁살(日劫殺)

겁살(劫殺)이 일(日)에 놓이면 부부간에 생이사별하거나 질병으로 고생하고 남명은 첩을 둘 수 있다. 타향에서 자수성가하여 의식이 풍족하다. 불구와 폐질을 조심해야 하고 아내가 3명일 운이다. 육친덕과 인덕이 없고 파란곡절이 많다.

4) 시겁살(時劫殺)

겁살(劫殺)이 시(時)에 놓이면 자녀가 귀하며 자녀에게 방탕·불구·단명이 따른다. 노상에서 횡액을 당하며 부모를 일찍 잃을 수 있고 도난과 실물을 조심해야 한다. 아내궁이 불리하며 처자를 극(剋)한다. 그러나 장생(長生)이나 관대(冠帶)에 임하면 이름을 떨칠 수 있다.

2. 재살(災殺)

1) 년재살(年災殺)

재살(災殺)이 년(年)에 놓이면 조상이 패망한 집안이며 조상 중에 옥살이를 한 사람이 있다. 관재구설이나 질병이 따르며 부모와 형제의 덕이 없다. 급질횡사·혈광사·일신재액·고독이 따른다.

2) 월재살(月災殺)

재살(災殺)이 월(月)에 놓이면 육친덕이 없고 아내가 손상된다. 질병으로 고생하며 자녀의 근심이 있고 실물수와 관액이 자주 따른다. 부모형제에게 비명횡사·객사·노상횡액이 있어 교통사고나 강탈을 당할 수도 있다. 그러나 왕지(旺地)에 임하면 복이 많다.

3) 일재살(日災殺)

재살(災殺)이 일(日)에 놓이면 상처·관재·실물이 따르며 승려 팔자이다. 도적 때문에 놀라는 일이 있고 평생 안정되지 못하며 파란곡절이 많다. 부부간에 비명횡사와 혈광사가 따르며 잔병이 많고 자손연이 박하다.

4) 시재살(時災殺)

재살(災殺)이 시(時)에 놓이면 자녀덕이 박하며 비명횡사와 혈광사가 두렵다. 자녀와 노비가 흩어지고 고생·재액·풍파·구설이 분분하다. 태(胎)에 임하면 공명출세하나 평생 재산은 없다.

3. 천살(天殺)

1) 년천살(年天殺)

천살(天殺)이 년(年)에 놓이면 어머니보다 아버지가 먼저 돌아가

시고, 아버지 대에 비명횡사한 사람이 있다. 정신적인 지주가 없고 타향객지에서 고생하며 심장과 간장질환이 중증하다. 그러나 장생(長生)이나 제왕(帝旺)에 임하면 만사가 대길하다.

2) 월천살(月天殺)

천살(天殺)이 월(月)에 놓이면 부모와 형제의 덕이 없고 친척이 거주지를 옮긴다. 처음에는 곤란하나 나중에는 길하다. 관재·구설·심장병·간염 등이 따르는데 19세와 27세에는 중병이 염려된다. 부모형제에게 급질·괴질·비명횡사가 따를 염려가 있다. 항상 건강이 좋지 않고 뜻밖의 일이 많이 생긴다.

3) 일천살(日天殺)

천살(天殺)이 일(日)에 놓이면 아버지와 친척의 덕이 없고 구설이 있다. 부부금실이 좋으나 배우자가 비명횡사할 수 있다. 일찍 외국이나 타향으로 나가 고생하나 말년에는 부유해진다. 관대(冠帶)와 동궁(同宮)하면 자손의 영화가 있고, 천덕귀인(天德貴人)이 있으면 백사가 대길하다.

4) 시천살(時天殺)

천살(天殺)이 시(時)에 놓이면 낙상할 팔자이다. 고학으로 대성하나 계절사업은 불리하니 조심하고, 재산은 넉넉하나 자녀에게 병이 많다. 효도한다고 해도 자녀가 감옥에 들어가거나 형액을 받는다.

4. 지살(地殺)

1) 년지살(年地殺)

지살(地殺)이 년(年)에 놓이면 조상의 업을 지키지 못하며 부모를 등지고 타향에서 산다. 조실부모하여 고생하며 선대에 객사한 사람이 있다. 그러나 중년 후에는 대길하여 자수성가한다.

2) 월지살(月地殺)

지살(地殺)이 월(月)에 놓이면 조상의 업은 간 데 없으나 자수성가한다. 부모가 망하며 질병이 따른다. 부모와 일찍 이별하거나 부모형제가 객사하고, 두 부모나 두 어머니를 섬긴다. 양자이거나 재가한 어머니의 소생이 많다. 그러나 중년 후에는 성가한다.

3) 일지살(日地殺)

지살(地殺)이 일(日)에 놓이면 문장과 재예가 출중하며 농공을 겸한다. 부부금실이 나빠지며 이별수가 있고 이사를 자주한다. 만년에는 질병을 조심해야 한다.

4) 시지살(時地殺)

시(時)에 지살(地殺)과 역마(驛馬)가 함께 있는데 합(合)되면 귀국한다. 말년에 부귀해지며 사방에 먹을 것이 있으나 애지중지 키운 자녀가 타향에서 객사할 수 있다. 시력이 나쁘며 돌아다니기를 좋아한다. 년살(年殺)이 있으면 눈에 질환이 생긴다.

5. 년살(年殺)

1) 년년살(年年殺)

년살(年殺)이 년(年)에 놓이면 조부모가 외도하며 도화(桃花)병으로 죽은 선조가 있다. 골육이 상쟁하며 여색으로 망신한다. 어릴 때는 사랑을 받으며 풍족하게 자라 부부가 다정하다. 목욕(沐浴)이 임하면 크게 실패하고, 관대(冠帶)나 제왕(帝旺)이 임하면 횡재하고, 공망(空亡)이 임하면 상처한다.

2) 월년살(月年殺)

년살(年殺)이 월(月)에 놓이면 부모형제가 화류병으로 숨질 염려가 있다. 어려서부터 연애를 하며 첩을 둘 팔자이다. 일생이 분주하며 자녀를 두기 어렵다. 육친덕과 인덕이 없고 어머니가 재취나 소실이다. 목욕(沐浴)에 임하면 부모를 일찍 잃는다.

3) 일년살(日年殺)

년살(年殺)이 일(日)에 놓이면 부부간에 변화가 있는 등 만사가 불길하다. 부부가 이별하거나 자녀를 두기 어렵고 본인이 생계를 책임져야 한다. 재물복은 많으나 술장사를 하며 주색을 밝힌다.

4) 시년살(年殺)

년살(年殺)이 시(時)에 놓이면 분주하며 늦바람을 피운다. 부부간에 변동이 생기며 자손이 화류계로 나간다. 대인은 등과하나 소인배는 우산쓰고 밭을 갈 팔자이니 고향을 떠나는 것이 좋다. 주색과 풍류를 즐기며 사는 팔자인데 년운(年運)에서 만나면 여색이 어지럽다.

6. 월살(月殺)

1) 년월살(年月殺)

월살(月殺)이 년(年)에 놓이면 승려가 된 조상과 굶주린 조상이 있다. 신불을 모시며 산에 의지하여 산다. 풍질·횡액·관재구설이 따르며 집안의 전통이 불안하다. 태(胎)에 임하면 풍병이 오고, 병무(丙戌)생은 횡액을 당하는 등 되는 일이 없다.

2) 월월살(月月殺)

월살(月殺)이 월(月)에 놓이면 부모형제가 거리에서 죽는다. 부모가 승려이며 신불을 좋아한다. 조실부모하며 조상의 업을 패한다. 성격은 불 같으나 이리저리 머리를 써도 되는 일이 없다. 관액이 따르고 타향이나 사찰에서 생활하며 자녀가 불효한다.

3) 일월살(日月殺)

월살(月殺)이 일(日)에 놓이면 조실부모하며 승도팔자이다. 신기(神氣)와 질병이 있고 부부간에 풍파가 많다. 처자가 불길하거나 상처한다. 허약하며 간질이 있고 박력이 없다. 특히 주색을 조심해야 한다.

4) 시월살(時月殺)

월살(月殺)이 시(時)에 놓이면 입산하여 귀의하는데 여자를 조심해야 한다. 실패와 풍파가 많고 장자가 다리를 전다. 객사하는 자녀가 있고 효도하는 자녀는 거의 없다. 절(絶)이 임하면 풍병으로 불구가 되기 쉽다.

7. 망신(亡身)

1) 년망신(年亡身)

망신(亡身)이 년(年)에 놓이면 정신이 조급하다. 조부모가 후처이거나 첩으로 서자출신이다. 선대의 유업은 광풍에 몰락하고 일찍 고향을 떠나 고생하다 객사하기 쉽다. 그러나 관대(冠帶)나 제왕(帝旺)이 임하면 백 가지 액이 사라지고, 장생(長生)이 임하면 귀인(貴人)이 많다.

2) 월망신(月亡身)

망신(亡身)이 월(月)에 놓이면 어머니가 후처이거나 첩으로 서자출신이다. 정신이 혼미하며 부모형제가 온전하지 않다. 변동수와 객사혼이 거듭 왕래하니 집안이 불안하다. 장생(長生)이 있으면 귀인(貴人)이 있고, 삼형살(三刑殺)이 있으면 형액과 형옥이 따른다.

3) 일망신(日亡身)

망신(亡身)이 일(日)에 놓이면 부부연이 바뀐다. 아내궁이 아름답지 않고 처자에게 액이 있다. 혼인은 늦게 하는 것이 좋고, 정신이 혼탁하니 신경질과 낙상을 조심해야 된다.

4) 시망신(時亡身)

망신(亡身)이 시(時)에 놓이면 후처 소생이며 재산을 탕진하고 자녀가 연애한다. 말년에 한탄할 일과 괴이한 일이 많이 생기고, 청춘귀가 왕래하니 가정이 불안하다. 겉으로는 실하게 보이나 속으로는 허하며 고독하다. 중년 후에 자립으로 성공하나 첩을 두거나 여자 때문에 망신을 당한다.

8. 장성(將星)

1) 년장성(年將星)

장성(將星)이 년(年)에 놓이면 조상 중에 권력가나 문(文)으로 성공하거나 전사한 사람이 있다. 제왕(帝旺)이 임하면 권세를 잡아 만리에 명성을 떨친다. 군인으로 나가면 길하나 목욕(沐浴)이 있으면 재물손실이 많다.

2) 월장성(月將星)

장성(將星)이 월(月)에 놓이면 부모가 권력가이나 형제덕이 없고 형난(荊蘭)의 덕이 있다. 문무가 뛰어나 병권을 잡지만 부모형제는 전쟁터에서 총사당한다. 사법관으로 나가면 생사여탈권을 잡는다. 성품이 어질며 영화가 있으나 여명은 남편을 극(剋)한다.

3) 일장성(日將星)

장성(將星)이 일(日)에 놓이면 권력과 관록이 있고 사업을 크게 이룬다. 만약 영귀하지 않으면 비천하여 깡패나 해결사가 된다. 명예가 있어도 근심이 있고, 부부가 별거·이별하거나 아내덕이 크다.

4) 시장성(時將星)

장성(將星)이 시(時)에 놓이면 옛터는 불리하나 타향에서 출세한다. 대인은 녹(祿)을 더하고 소인도 좋다. 자녀가 권력을 쥐며 나라에 충성한다. 문무를 겸하며 소년에 등과하여 말년에는 권세를 누린다.

9. 반안(攀鞍)

1) 년반안(年攀鞍)

반안(攀鞍)이 년(年)에 놓이면 문장과 관록이 대길하며 부귀격을 이룬다. 조상이 참모급 벼슬을 지냈으며 조상과 부모의 덕으로 평생 영화를 누린다. 그러나 진(辰)생은 관액과 횡액이 따른다.

2) 월반안(月攀鞍)

반안(攀鞍)이 월(月)에 놓이면 부모가 참모급 벼슬을 지낸 사람이다. 도처에 이름을 날리고 관운이 좋으며 부모형제와 화목하며 안락하다. 인품이 중후하며 온후하여 대우받으며 산다. 형제궁에 경사가 있고 자손에게 영화가 있다. 그러나 관직으로 나가지 않으면 평생 고생한다.

3) 일반안(日攀鞍)

반안(攀鞍)이 일(日)에 놓이면 선심으로 노력하여 자수성가하며 부유하지도 가난하지도 않다. 아내궁과 부부금실이 좋고 안락하다. 천을귀인(天乙貴人)이 임하면 성격이 유순하며 소년에 등과한다. 그러나 축술(丑戌)생은 부부궁에 액이 있다.

4) 시반안(時攀鞍)

반안(攀鞍)이 시(時)에 놓이면 문(文)으로 영귀를 누리며 말년이 평탄하다. 앞뒤로 처첩이니 자녀가 많다. 천을귀인(天乙貴人)이 있으면 자손덕으로 영화를 누리고, 화개살(華蓋殺)과 함께 있으면 기술로 대성한다.

10. 역마(驛馬)

1) 년역마(年驛馬)

역마(驛馬)가 년(年)에 놓이면 사방을 떠돌아다닌다. 부모의 근심이 많고 덕이 없다. 함지(咸地)가 충(沖)되면 타관에서 객사하고, 공망(空亡)되면 거주지가 불안하다. 아버지는 객사하고 타향에서 살 팔자이며 상처하는 수도 있다.

2) 월역마(月驛馬)

역마(驛馬)가 월(月)에 놓이면 성품이 순수하며 온후하다. 관직으로 성공하나 부자가 되지 못하면 허송세월한다. 초년에 고생하며 객지에서 풍파를 겪는다. 사업으로 재물을 얻으나 부모형제가 객사한다. 객려(客旅)를 탄식하지마라. 그렇지 않으면 상처한다. 아내가 둘일 팔자이다.

3) 일역마(日驛馬)

역마(驛馬)가 일(日)에 놓이면 소인은 행상인이 되고 대인은 관이 높이 올라 귀격을 이룬다. 배우자와 이별하고 슬퍼하나 객사한 영혼을 달랠 길이 없다. 아내궁에 풍파가 있으나 장사로 재물을 얻는다. 어머니가 둘이며 재혼한 팔자이다. 풍류와 유랑을 좋아하며 가끔 이성문제로 염문을 풍긴다.

4) 시역마(時驛馬)

역마(驛馬)가 시(時)에 놓이면 문서・여행・출국으로 분주하며 풍파가 많다. 양방에서 자녀를 낳아 경사이나 타향에서 청춘객사귀가 나를 찾으니 정신적으로 안정되기 어렵다. 사주에 장생(長生)이나 관대(冠帶)가 있으면 크게 성공한다.

11. 육해(六害)

1) 년육해(年六害)

육해(六害)가 년(年)에 놓이면 조부 때 패망한 집안이며 양자로 갈 팔자이다. 태어날 때부터 건강이 약하고 부모덕이 없어 고독하며 의지할 데가 없다. 선대는 신앙을 무시하다 신앙의 벌로 사망하였다. 그러나 사주에 관대(冠帶)나 제왕(帝旺)이 있으면 길하다.

2) 월육해(月六害)

육해(六害)가 월(月)에 놓이면 형제가 불화하며 골육의 정이 없다. 후손이 없고 부모가 쇠퇴한 집안이다. 조실부모하고 큰 집에 사는 가난한 사람이며 성격이 급독하다. 부부가 이별하며 남 때문에 해를 입는다. 신앙 때문에 해를 입으나 중생을 제도할 팔자이다.

3) 일육해(日六害)

육해(六害)가 일(日)에 놓이면 걸식할까 두렵다. 가산을 탕진하며 승려·무당·박수·도사가 될 팔자이다. 부부간에 산을 두고 살며 재력이 떨어지고 막힘과 파탄이 많다. 기술직으로 나가면 좋다.

4) 시육해(時六害)

육해(六害)가 시(時)에 놓이면 매사가 번거롭고 막힌다. 형제가 드물며 사찰에 의지하여 살 팔자이다. 기도하라. 자손이 신앙에 몸을 바칠 것이다. 소득없이 분주하게 보내나 말년에는 운이 따르며 가운이 번창한다. 사주에 역마(驛馬)가 있으면 출국하기 어렵다.

12. 화개(華蓋)

1) 년화개(華蓋)

화개(華蓋)가 년(年)에 놓이면 성품이 착하며 총명하고 재주가 있다. 학자이며 도덕군자이고 문장과 예술이 뛰어난 조상을 두었으나 조상의 업은 어디로 가고 일찍 타향으로 나가 곤고하게 살아간다. 그러나 반안(攀鞍)이 동주(同柱)하면 소년에 등과하고, 사주에 인수(印綬)가 있으면 귀한 자녀를 두며 영화를 누린다.

2) 월화개(月華蓋)

화개(華蓋)가 월(月)에 놓이면 부모가 고생하고 형제덕이 없으니 풍파가 많다. 차남이라도 장남역할을 하며 가문을 빛낸다. 일찍 고향을 떠나 상업으로 대성한다. 예술방면이 대길하다. 만약 도화(桃花)를 겸하면 배우자와 상별한다.

3) 일화개(日華蓋)

일(日)에 화개(華蓋)가 놓이면 아내와 이별한다. 불도의 집안으로 승려가 된 조상이 있고, 만약 관록이 없으면 부처님께 정성을 드린다. 재주가 뛰어난 팔방미인이며 상업이나 관직이 좋다. 그러나 목욕(沐浴)이 있으면 짝을 잃는다.

4) 시화개(時華蓋)

화개(華蓋)가 시(時)에 놓이면 문필·문학·예술에 재능이 있다. 40~50세 후에는 경영하는 일이 성공하여 도처에 이름을 날린다. 만일 사주에 공망(空亡)이 있으면 열성교인이나 승려가 되고, 역마(驛馬)가 있으면 부자가 되고, 양인(羊刃)이 있으면 출세한다.

■ 신강(身强)과 신약(身弱)

사주에 일간(日干)과 같은 비겁(比劫)이 많거나 일간(日干)을 생(生)하는 인성(印星)이 많으면 신강(身强)이라 하고, 일간(日干)을 설기(泄氣)하는 식상(食傷)이나 재성(財星)이 많거나 일간(日干)을 극(剋)하는 관살(官殺)이 많으면 신약(身弱)이라 한다.

다시 말해 신강(身强)은 일간(日干)이 강하다는 뜻이고, 신약(身弱)은 일간(日干)이 약하다는 뜻이다. 일간(日干)은 나 자신을 말하므로 아신(我身)이나 일주(日主) 또는 일원(日元)이라고도 한다.

월지(月支)에 비겁(比劫)이 있으면 태강(太强)으로 보고, 인성(印星)이 있으면 중강(中强)으로 본다. 월지(月支)에 인성(印星)이 있는데 인성(印星)이 극(剋)되어 약하거나 관살(官殺)이 있는데 살인상생(殺印相生)하여 인성(印星)을 도와주면 소강(小强)으로 본다.

월지(月支)에 식상(食傷)이 있으면 태약(太弱)으로 보고, 재성(財星)이 있으면 중약(中弱)으로 보고, 관살(官殺)이 있으면 소약(小弱)으로 본다.

월지(月支)와 일지(日支)를 얻었는데 년지(年支)나 시지(時支) 중 하나를 더 얻으면 최강(最强)으로 보고, 월지(月支)와 일지(日支)를 얻거나 년지(年支)와 시지(時支) 그리고 천간(天干) 3개를 잃으면 중강(中强)으로 보고, 월지(月支)를 얻었는데 년지(年支)나 시지(時支) 중 하나를 더 얻으면 강(强)으로 본다.

년월일시지를(年月日時支)를 모두 잃으면 최약(最弱)으로 보고, 월지(月支)는 잃었으나 시지(時地)나 일지(日支)나 년지(年支)를 얻으면 중약(中弱)으로 보고, 월지(月支)만 얻고 다른 지지(地支)

3개를 모두 잃으면 약(弱)으로 본다.

월지(月支)는 월령(月令)이라고도 하는데 다른 지지(地支)보다는 2배 강하고, 천간(天干)보다는 3배 강하다. 지지(地支) 1개는 천간(天干) 2개와 힘이 같다.

■ 득령(得令)과 실령(失令)

득령(得令)이란 월(月)의 기운을 얻은 것을 말하고, 실령(失令)이란 월(月)의 기운을 얻지 못한 것을 말한다. 월지(月支)에 일간(日干)을 도와주는 비견(比肩)·겁재(劫財)·편인(偏印)·인수(印綬)가 있으면 득령(得令)이라 하고, 일간(日干)을 설기(泄氣)하거나 극제(剋制)하는 식신(食神)·상관(傷官)·편재(偏財)·정재(正財)·편관(偏官)·정관(正官)이 있으면 실령(失令)이라 한다.

여기서 주의할 것은 월지(月支)에 인수(印綬)가 있다고 무조건 득령(得令)으로 보면 안 된다. 왜냐하면 갑을목(甲乙木)이 자(子)월에 태어났거나, 무기토(戊己土)가 축(丑)월에 태어났거나, 경신금(庚辛金)이 미술(未戌)월에 태어난 경우는 뿌리를 제대로 내리지 못하고, 또 오행(五行)이 변하면 그만큼 부실할 수밖에 없기 때문이다.

월지(月支)를 중요하게 다루는 것은 출생한 시기이며 자신과 가장 밀접한 관계에 있는 부모궁이기 때문이다. 득령(得令)하면 일간(日干)이 왕하므로 신왕(身旺)이 되고, 실령(失令)하면 일간(日干)이 약하므로 신약(身弱)이 된다. 그리고 득령(得令)은 득시(得時), 실령(失令)은 실시(失時)라고도 한다.

■ 득지(得地)와 실지(失地)

득지(得地)란 일지(日支)가 일간(日干)을 도와주는 것을 말하고, 실지(失地)란 일지(日支)가 일간(日干)을 도와주지 않는 것을 말한다. 따라서 일지(日支)에 인성(印星)이나 비겁(比劫)이 있으면 득지(得地)로 보고, 그렇지 않으면 실지(失地)로 본다.

여기서도 주의할 점이 있다. 예를 들어 정미(丁未)일생이면 미(未)는 비겁(比劫)도 인성(印星)도 아니지만 미(未) 중에 정화(丁火)가 있고 미(未)는 여름철 토(土)이므로 화기(火氣)가 많으니 득지(得地)로 본다.

또 갑진(甲辰)일생이면 진(辰)은 비겁(比劫)도 인성(印星)도 아니지만 진(辰) 중에 을목(乙木)이 있고, 진(辰)은 봄철에 목(木)을 띤 습토(濕土)이니 목(木)이 뿌리를 내릴 수 있어 득지(得地)로 본다.

또 계축(癸丑)일생이면 축(丑)은 비겁(比劫)도 인성(印星)도 아니지만 축(丑) 중에 계수(癸水)와 신금(辛金)이 있고, 축(丑)은 겨울철 토(土)이므로 득지(得地)로 본다.

또 병술(丙戌)일생이면 술(戌)은 비겁(比劫)도 인성(印星)도 아니지만 술(戌) 중에 정화(丁火)와 화토(火土)가 있고, 술(戌)은 가을철 토(土)이므로 득지(得地)로 본다. 그리고 득지(得地)는 착근(着根)·유근(有根)·통원(通源)이라고도 한다.

■ 득세(得勢)와 실세(失勢)

득세(得勢)란 월지(月支)와 일지(日支)를 제외한 곳에 인수(印綬)나 비겁(比劫)이 있어 일간(日干)에게 힘을 보태주는 것을 말하고,

실세(失勢)란 그렇지 않은 경우를 말한다. 그리고 비록 월령(月令)을 얻지 못해도 다른 간지(干支)가 일간(日干)을 도와주면 세력을 얻으니 득세(得勢)라고 한다.

여기서 주의할 것은 인수(印綬)나 비겁(比劫)이 아무리 많아도 뿌리가 없거나 충형(沖刑)되어 상하면 득세(得勢)가 될 수 없고, 또 합(合)되어 변했거나 제(制)를 많이 만나 일간(日干)에게 도움이 되지 않으면 득세(得勢)라고 할 수 없다.

10장. 용신(用神)

용신(用神)이란 사주에서 가장 필요한 것이므로 용신(用神)을 정확하게 찾아야 간명을 정확하게 할 수 있다. 용신(用神)을 찾는 방법에는 억부(抑扶)·조후(調候)·병약(病藥)·전왕(專旺)·통관(通關)·격국(格局) 등이 있다. 용신(用神)이 힘이 있으면 부귀한 명을 이루고, 용신(用神)이 힘이 없으면 평범한 명을 이루고, 용신(用神)이 없으면 빈천하며 요절하는 명이 된다.

용신(用神)이 년주(年柱)에 있으면 조상덕이 많고, 월주(月柱)에 있으면 부모와 형제자매의 덕이 많고, 월간(月干)에 있는데 충극(沖剋)이나 합거(合去)되지 않으면 아버지덕이 많고, 월지(月支)에 있는데 충극(沖剋)이나 설기(泄氣)되지 않으면 어머니덕이 많고, 일지(日支)에 있으면 배우자덕이 많고, 시주(時柱)에 있으면 자녀덕이 많다. 그러나 충극(沖剋)·합거(合去)·설기(泄氣)되면 그렇지 않다.

인성(印星)이 용신(用神)이면 어머니덕이 있고, 비겁(比劫)이 용신(用神)이면 형제덕이 있고, 남명은 재성(財星)이 용신(用神)이면 처첩덕이 있고, 여명은 관성(官星)이 용신(用神)이면 남편덕이 있고, 남명은 관성(官星)이 용신(用神)이면 자녀덕이 있고, 여명은 식상(食傷)이 용신(用神)이면 자녀덕이 있다. 그러나 충극(沖剋)되거나 흉신(凶神)에 해당하면 그렇지 않다.

1. 용신(用神)의 종류

1) 억부용신(抑扶用神)

억부용신(抑扶用神)은 사주의 신강(身强)과 신약(身弱)에 따라 억제하거나 돕는 것을 찾아 중화시켜주는 것을 말한다. 다시 말해 강한 것은 억제하고 약한 것은 도와주는 것이다. 만일 사주가 신강(身强)하면 관살(官殺)로 억제해야 하므로 관살(官殺)이 억부용신(抑扶用神)이다. 이때 관살(官殺)이 없으면 재성(財星)을 쓰고, 재성(財星)도 없으면 식상(食傷)을 쓴다. 만일 사주가 신약(身弱)하면 인성(印星)이나 비겁(比劫)으로 도와야 하므로 인성(印星)이나 비겁(比劫)이 억부용신(抑扶用神)이다. 다시 말해 신강(身强)하면 일주(日主)를 극제(剋制)하는 것이 용신(用神)이고, 신약(身弱)하면 일주(日主)를 도와주는 것이 용신(用神)이다.

2) 조후용신(調候用神)

세상의 만물이 한난조습(寒暖燥濕)의 조화로 이루어지는 것처럼 사주도 마찬가지이다. 만일 사주가 냉하면 따뜻하게 해주고, 뜨거우면 식혀주고, 습하면 말려주고, 건조하면 윤습하게 해주는 것을 조후용신(調候用神)이라고 한다. 금(金)은 한(寒), 수(水)는 냉(冷), 목(木)은 난(暖), 화(火)는 조(燥)이고, 축진(丑辰)은 습토(濕土), 미술(未戌)은 조토(燥土)이고, 무기토(戊己土)는 한난(寒暖)의 중간이다.

3) 병약용신(病藥用神)

병약용신(病藥用神)이란 사주에 병(病)이 있으면 억제하는 약(藥)을 찾아 중화시키는 것을 말한다. 따라서 사주에 병(病)이 있는데 약(藥)이 있으면 길명을 이루고, 약(藥)이 없으면 흉명을 이룬다. 만일 병(病)도 없고 약(藥)도 없으면 평범한 명이 된다.

4) 전왕용신(專旺用神)

전왕용신(專旺用神)이란 사주에 오행(五行)이 한 가지로 편중되어 억제하기 어려울 때 그 대세를 따라 순응하거나 변하게 하는 오행(五行)을 찾아 용신(用神)을 삼는 것을 말한다. 종격(從格)과 화격(化格)이 있다.

5) 통관용신(通關用神)

통관용신(通關用神)이란 두 세력의 강약이 비슷하여 대립할 때 소통시켜주는 것을 말한다. 비겁(比劫)과 재성(財星)이 대립하면 식상(食傷)이 통관용신(通關用神)이고, 재성(財星)과 인성(印星)이

대립하면 관성(官星)이 통관용신(通關用神)이고, 인성(印星)과 식
상(食傷)이 대립하면 비겁(比劫)이 통관용신(通關用神)이고, 관성
(官星)과 식상(食傷)이 대립하면 재성(財星)이 통관용신(通關用神)
이고, 비겁(比劫)과 관성(官星)이 대립하면 인성(印星)이 통관용신
(通關用神)이다.

금(金)과 목(木)이 대립하면 수(水)가 통관용신(通關用神)이고,
수(水)와 토(土)가 대립하면 금(金)이 통관용신(通關用神)이고, 목
(木)과 토(土)가 대립하면 화(火)가 통관용신(通關用神)이고, 수
(水)와 화(火)가 대립하면 목(木)이 통관용신(通關用神)이고, 화
(火)와 금(金)이 대립하면 토(土)가 통관용신(通關用神)이다.

6) 격국용신(格局用神)

일간(日干)을 기준으로 주(柱) 중이나 월지(月支)에서 격국(格局)
을 정한 다음 신왕(身旺)과 신약(身弱)을 구분하여 신왕(身旺)하면
격국(格局)이자 용신(用神)이 되고, 신약(身弱)하면 일간(日干)을
도와주는 인성(印星)이나 비겁(比劫)이 용신(用神)이 된다. 그러나
사주의 구성에 따라 달라질 수 있으니 잘 살펴야 한다.

2. 용신(用神) 정하는 방법

— 사주가 신약(身弱)하면 일간(日干)을 도와주는 것이 용신(用神)
  이다. 만일 도와주는 것이 너무 많으면 도와주는 것을 억제하는
  것이 용신(用神)이고, 도와주는 것이 부족하면 도와주는 것을

도와주는 것이 용신(用神)이다.

— 사주가 신강(身强)하면 억제하는 것이 용신(用神)이다. 만일 억제하는 것이 너무 많으면 억제하는 것을 억제하는 것이 용신(用神)이고, 억제하는 것이 부족하면 억제하는 것을 도와주는 것이 용신(用神)이다.

— 사주가 태왕(太旺)하면 설기(泄氣)하는 것이 용신(用神)이다. 만일 설기(泄氣)가 너무 심하면 설기(泄氣)하는 것을 억제하는 것이 용신(用神)이고, 설기(泄氣)가 너무 부족하면 설기(泄氣)하는 것을 도와주는 것이 용신(用神)이다.

— 일주(日主)와 관살(官殺)이 비슷하면 식상(食傷)이 용신(用神)이고, 일주(日主)와 재성(財星)이 비슷하면 인비(印比)가 용신(用神)이고, 사주에 합신(合神)이 있는데 용신(用神)이 없으면 화합시켜주는 것이 용신(用神)이다.

1. 용신(用神) 정하는 방법

— 일주(日主)와 인수(印綬)가 모두 왕하면 정재(正財)가 용신(用神)이고, 편재(偏財)가 많으면 편재(偏財)가 용신(用神)이다. 따라서 일주(日主)가 왕한데 인수(印綬)가 많으면 재성(財星)이 용신(用神)이다.

— 일주(日主)가 왕한데 비겁(比劫)이 많으면 관살(官殺)이 용신(用神)이다.

— 일주(日主)가 왕한데 재성(財星)도 없고 관살(官殺)도 없으면

식상(食傷)이 용신(用神)이다.

— 일주(日主)가 왕한데 식상(食傷)이 많으면 재성(財星)이 용신 (用神)이다.

— 일주(日主)가 왕하고 식상(食傷)이 많은데 재성(財星)이 없으면 인성(印星)이 용신(用神)이다.

— 일주(日主)가 왕하고 식상(食傷)이 많은데 재성(財星)도 없고 인성(印星)도 없으면 식상(食傷)이 용신(用神)이다.

— 일주(日主)가 왕한데 비견(比肩)이 매우 많으면 편관(偏官)이 용신(用神)이고, 겁재(劫財)가 매우 많으면 정관(正官)이 용신 (用神)이다.

— 일주(日主)가 왕하고 비겁(比劫)이 많은데 관살(官殺)이 없으면 식상(食傷)이 용신(用神)이다.

— 일주(日主)가 왕하고 비겁(比劫)이 많은데 재성(財星)이 없거나 무력하면 식상(食傷)이 용신(用神)이다.

— 일주(日主)가 왕하고 비겁(比劫)이 많은데 관살(官殺)도 없고 식상(食傷)도 없으면 재성(財星)이 용신(用神)이다.

— 일주(日主)가 왕한데 재성(財星)이 있으면 관성(官星)이 용신 (用神)이다.

— 일주(日主)가 왕하고 재성(財星)이 많은데 관살(官殺)도 없고 식상(食傷)도 없으면 재성(財星)이 용신(用神)이다.

— 일주(日主)가 왕하고 관살(官殺)이 많은데 식상(食傷)이 없으면 재성(財星)이 용신(用神)이다.

— 일주(日主)가 왕하고 관살(官殺)이 많은데 식상(食傷)도 없고

재성(財星)도 없으면 관성(官星)이 용신(用神)이다.

— 일주(日主)가 왕한데 관살(官殺)이 많으면 식상(食傷)이 용신(用神)이다.

— 일주(日主)가 왕하고 관살(官殺)이 가벼운데 재성(財星)이 있으면 재성(財星)이 용신(用神)이다.

— 일주(日主)가 왕하고 관성(官星)이 가벼운데 인성(印星)이 중하면 재성(財星)이 용신(用神)이다.

— 일주(日主)가 매우 왕하면 식상(食傷)이 용신(用神)이고, 일주(日主)가 매우 왕하면 인성(印星)이 용신(用神)이다.

— 일주(日主)가 왕하고 재성(財星)이 있는데 관성(官星)이 없으면 식상(食傷)이 용신(用神)이다.

— 일주(日主)가 약한데 식상(食傷)이 많으면 인성(印星)이 용신(用神)이다.

— 일주(日主)가 약한데 재성(財星)이 많으면 비겁(比劫)이 용신(用神)이다.

— 일주(日主)가 약한데 상관(傷官)이 많으면 인성(印星)이 용신(用神)이다.

— 일주(日主)가 약한데 관살(官殺)이 많으면 인수(印綬)가 용신(用神)이고, 식신(食神)이 많으면 편인(偏印)이 용신(用神)이다.

— 일주(日主)가 약한데 정재(正財)가 많으면 겁재(劫財)가 용신(用神)이고, 편재(偏財)가 많으면 비견(比肩)이 용신(用神)이다.

— 일주(日主)가 약하고 식상(食傷)이 많은데 인성(印星)이 없으면 재성(財星)이 용신(用神)이다.

— 일주(日主)가 약하고 식상(食傷)이 많은데 인성(印星)도 없고 재성(財星)도 없으면 비겁(比劫)이 용신(用神)이다.

— 일주(日主)가 약하고 관살(官殺)이 많은데 인성(印星)이 없으면 식상(食傷)이 용신(用神)이다.

— 일주(日主)가 약하고 관살(官殺)이 많은데 인성(印星)도 없고 식상(食傷)도 없으면 비겁(比劫)이 용신(用神)이다.

— 일주(日主)가 약하고 인성(印星)이 많은데 비겁(比劫)도 없고 재성(財星)도 없으면 관살(官殺)이 용신(用神)이다.

— 일주(日主)가 약한데 인성(印星)이 너무 많으면 재성(財星)이 용신(用神)이다.

— 일주(日主)가 약하면 인성(印星)과 비겁(比劫)이 용신(用神)이다. 그러나 일주(日主)가 매우 약하면 설기(泄氣)하는 것이 용신(用神)이다.

— 일주(日主)가 매우 약하면 관살(官殺)이 용신(用神)이고, 극도로 약하면 식상(食傷)이 용신(用神)이다.

— 일주(日主)가 매우 약한데 천간(天干)에 인성(印星)이 1개 있으면 식상(食傷)이 용신(用神)이다.

— 일주(日主)가 매우 쇠한데 인성(印星)이 없으면 관성(官星)이 용신(用神)이다.

2 여명의 용신(用神) 정하는 방법

— 여명이 일주(日主)가 강한데 식상(食傷)이 많으면 재성(財星)이

용신(用神)이다.

— 여명이 일주(日主)가 강하고 식상(食傷)이 많은데 재성(財星)이 없으면 인성(印星)이 용신(用神)이다.

— 여명이 일주(日主)가 강하고 식상(食傷)이 많은데 재성(財星)도 없고 인성(印星)도 없으면 식상(食傷)이 용신(用神)이다.

— 여명이 일주(日主)가 강한데 관살(官殺)이 많으면 식상(食傷)이 용신(用神)이다.

— 여명이 일주(日主)가 강하고 관살(官殺)이 많은데 식상(食傷)이 없으면 재성(財星)이 용신(用神)이다.

— 여명이 일주(日主)가 강하고 관살(官殺)이 많은데 식상(食傷)과 재성(財星)이 없으면 관살(官殺)이용신(用神)이다.

— 여명이 일주(日主)가 강한데 재성(財星)이 많으면 관살(官殺)이 용신(用神)이다.

— 여명이 일주(日主)가 강하고 재성(財星)이 많은데 관살(官殺)이 없으면 식상(食傷)이 용신(用神)이다.

— 여명이 일주(日主)가 강하고 재성(財星)이 많은데 관살(官殺)도 없고 식상(食傷)도 없으면 재성(財星)이 용신(用神)이다.

— 여명이 일주(日主)가 강한데 인성(印星)이 많으면 재성(財星)이 용신(用神)이다.

— 여명이 일주(日主)가 강하고 인성(印星)이 많은데 재성(財星)이 없으면 관살(官殺)이 용신(用神)이다.

— 여명이 일주(日主)가 강하고 인성(印星)이 많은데 재성(財星)이 없고 관살(官殺)도 없으면 식상(食傷)이 용신(用神)이다.

─ 여명이 일주(日主)가 강한데 비겁(比劫)이 많으면 관살(官殺)이
  용신(用神)이다.

─ 여명이 일주(日主)가 강하고 비겁(比劫)이 많은데 관살(官殺)이
  없으면 식상(食傷)이 용신(用神)이다.

─ 여명이 일주(日主)가 강하고 비겁(比劫)이 많은데 관살(官殺)도
  없고 식상(食傷)도 없으면 재성(財星)이 용신(用神)이다.

─ 여명이 일주(日主)가 약한데 식상(食傷)이 많으면 인성(印星)이
  용신(用神)이다.

─ 여명이 일주(日主)가 약하고 식상(食傷)이 많은데 인성(印星)이
  없으면 재성(財星)이 용신(用神)이다.

─ 여명이 일주(日主)가 약하고 식상(食傷)이 많은데 인성(印星)도
  없고 재성(財星)도 없으면 비겁(比劫)이 용신(用神)이다.

─ 여명이 일주(日主)가 약한데 관살(官殺)이 많으면 인성(印星)이
  용신(用神)이다.

─ 여명이 일주(日主)가 약하고 관살(官殺)이 많은데 인성(印星)이
  없으면 식상(食傷)이 용신(用神)이다.

─ 여명이 일주(日主)가 약하고 관살(官殺)이 많은데 인성(印星)도
  없고 식상(食傷)도 없으면 비겁(比劫)이 용신(用神)이다.

─ 여명이 일주(日主)가 약한데 재성(財星)이 많으면 비겁(比劫)이
  용신(用神)이다.

─ 여명이 일주(日主)가 약하고 재성(財星)이 많은데 비겁(比劫)이
  없으면 관살(官殺)이 용신(用神)이다.

─ 여명이 일주(日主)가 약하고 재성(財星)이 많은데 비겁(比劫)도

없고 관살(官殺)도 없으면 인성(印星)이 용신(用神)이다.

— 여명이 일주(日主)가 약한데 인성(印星)이 많으면 재성(財星)이
  용신(用神)이다.

— 여명이 일주(日主)가 약하고 인성(印星)이 많은데 재성(財星)이
  없으면 비겁(比劫)이 용신(用神)이다.

— 여명이 일주(日主)가 약하고 인성(印星)이 많은데 비겁(比劫)도
  없고 재성(財星)도 없으면 관살(官殺)이 용신(用神)이다.

3. 지지장간(地支藏干)

지지장간표(地支藏干表)

地支＼氣	餘氣	中氣	正氣
子	壬 10일 3분 5	0	癸 20일 6분 5
丑	癸 9일 3분	辛 3일 1분	己 18일 6분
寅	戊 7일 2분 3	丙 7일 2분	甲 16일 5분 4
卯	甲 10일 3분 5	0	乙 20일 6분 5
辰	乙 9일 3분	癸 3일 1분	戊 18일 6분
巳	戊 5일 1분 7	庚 9일 3분	丙 16일 5분 3
午	丙 10일 3분 5	己 9일 3분	丁 11일 3분 15
未	丁 9일 3분	乙 3일 1분	己 18일 6분
申	己 7일 2분 戊 3일 1분	壬 3일 1분	庚 17일 6분
酉	庚 10일 3분 5	0	辛 20일 6분 5
戌	辛 9일 3분	丁 3일 1분	戊 18일 6분
亥	戊 9일 2분 3	甲 5일 1분 7	壬 16일 5분

십이지(十二支)에는 각각 1개 또는 2~3개의 천간(天干)을 간직하고 있는데 이것을 지지장간(地支藏干)이라고 하며, 지장간(地藏干) 또는 지지암장(地支暗藏)이라고도 한다.

지장간(地藏干)은 실제로 다음과 같이 활용한다. 자장계(子藏癸), 축장기신계(丑藏己辛癸), 인장갑병무(寅藏甲丙戊), 묘장을(卯藏乙), 진장무계을(辰藏戊癸乙), 사장병무경(巳藏丙戊庚), 오장정기(午藏丁己), 미장기정을(未藏己丁乙), 신장경임무(申藏庚壬戊), 유장신(酉藏辛), 술장무정신(戌藏戊丁辛), 해장임갑(亥藏壬甲).

4. 오행(五行)의 왕쇠(旺衰) 취용하는 방법

1. 목(木)

① 목(木)이 왕하면 먼저 금(金)을 취하고, 그 다음에 화(火)를 취한다. 만일 금(金)이 적으면 토(土)를 취한다.

② 목(木)이 쇠하면 먼저 수(水)를 취하고, 그 다음에 목(木)을 취한다. 그러나 추동절의 목(木)은 수(水)를 취하지 않는다. 수(水)는 냉하기 때문이다.

③ 목(木)이 쇠한데 금(金)이 많으면 화(火)를 취한다. 만일 화(火)가 적으면 목(木)을 취한다.

④ 목(木)이 쇠한데 화(火)가 많으면 수(水)를 취한다. 만일 수(水)가 적으면 금(金)을 취한다.

⑤ 목(木)이 쇠한데 수(水)가 많으면 토(土)를 취한다. 만일 토(土)

가 적으면 화(火)를 취한다.

⑥ 목(木)이 쇠한데 토(土)가 많으면 목(木)을 취한다. 만일 목(木)
이 적으면 수(水)를 취한다.

2. 화(火)

① 화(火)가 왕하면 먼저 수(水)를 취하고, 그 다음에 토(土)를 취
한다. 만일 수(水)가 적으면 금(金)을 취한다.

② 화(火)가 쇠하면 먼저 목(木)을 취하고, 그 다음에 화(火)를 취
한다.

③ 화(火)가 쇠한데 수(水)가 왕하면 토(土)를 취한다. 만일 토(土)
가 적으면 화(火)를 취한다.

④ 화(火)가 쇠한데 토(土)가 많으면 목(木)을 취한다. 만일 목(木)
이 적으면 수(水)를 취한다.

⑤ 화(火)가 쇠한데 목(木)이 많으면 금(金)을 취한다. 만일 금(金)
이 적으면 토(土)를 취한다.

⑥ 화(火)가 쇠한데 금(金)이 많으면 화(火)를 취한다. 만일 화(火)
가 적으면 목(木)을 취한다.

3. 토(土)

① 토(土)가 왕하면 먼저 목(木)을 취하고, 그 다음에 금(金)을 취
한다. 만일 목(木)이 적으면 수(水)를 취한다.

② 토(土)가 쇠하면 먼저 화(火)를 취하고, 그 다음에 토(土)를 취
한다.

③ 토(土)가 쇠한데 목(木)이 많으면 금(金)을 취한다. 만일 금(金)이 적으면 토(土)를 취한다.

④ 토(土)가 쇠한데 금(金)이 많으면 화(火)를 취한다. 만일 화(火)가 적으면 목(木)을 취한다.

⑤ 토(土)가 쇠한데 화(火)가 많으면 수(水)를 취한다. 만일 수(水)가 적으면 금(金)을 취한다.

⑥ 토(土)가 쇠한데 수(水)가 많으면 토(土)를 취한다. 만일 토(土)가 적으면 화(火)를 취한다.

4. 금(金)

① 금(金)이 왕하면 먼저 화(火)를 취하고, 그 다음에 수(水)를 취한다. 만일 화(火)가 적으면 목(木)을 취한다.

② 금(金)이 쇠하면 먼저 토(土)를 취하고, 그 다음에 금(金)을 취한다.

③ 금(金)이 쇠한데 화(火)가 많으면 수(水)를 취한다. 만일 수(水)가 적으면 금(金)을 취한다.

④ 금(金)이 쇠한데 수(水)가 많으면 토(土)를 취한다. 만일 토(土)가 적으면 화(火)를 취한다.

⑤ 금(金)이 쇠한데 토(土)가 많으면 목(木)을 취한다. 만일 목(木)이 적으면 수(水)를 취한다.

⑥ 금(金)이 쇠한데 목(木)이 많으면 금(金)을 취한다. 만일 금(金)이 적으면 토(土)를 취한다.

5. 수(水)

① 수(水)가 왕하면 먼저 토(土)를 취하고, 그 다음에 목(木)을 취한다. 만일 토(土)가 적으면 화(火)를 취한다.

② 수(水)가 쇠하면 먼저 금(金)을 취하고, 그 다음에 수(水)를 취한다. 금(金)이 매우 왕하면 수(水)와 화(火)를 취한다.

③ 수(水)가 쇠한데 토(土)가 많으면 목(木)을 취한다. 만일 목(木)이 적으면 수(水)를 취한다.

④ 수(水)가 쇠한데 목(木)이 많으면 금(金)을 취한다. 만일 금(金)이 적으면 토(土)를 취한다.

⑤ 수(水)가 쇠한데 금(金)이 많으면 화(火)와 수(水)를 취한다. 만일 화(火)가 적으면 목(木)을 취한다.

⑥ 수(水)가 쇠한데 화(火)가 많으면 수(水)를 취한다. 만일 수(水)가 적으면 금(金)을 취한다.

5. 오행(五行)의 왕상휴수사(旺相休囚死)

① 갑을인묘목(甲乙寅卯木)은 봄에 왕하다. 입춘(立春) 후 72일 9시간 동안이다.

② 병정사오화(丙丁巳午火)는 여름에 왕하다. 입하(立夏) 후 76일 동안이다.

③ 경신신유금(庚辛申酉金)은 가을에 왕하다. 입추(立秋) 후 73일 10시간 동안이다.

④ 임계해자수(壬癸亥子水)는 겨울에 왕하다. 입동(立冬) 후 70일 8

왕상휴수사(旺相休囚死) 속견표

月日	甲乙木	丙丁火	戊己土	庚辛金	壬癸水
寅	當令最强	相令次强	死令最弱	囚令很弱	休令漸弱
卯	當令最强	相令次强	死令最弱	囚令很弱	休令漸弱
辰	囚令很弱	休令漸弱	當令最强	相令次强	死令最弱
巳	休令漸弱	當令最强	相令次强	死令最弱	囚令很弱
午	休令漸弱	當令最强	相令次强	死令最弱	囚令很弱
未	囚令很弱	休令漸弱	當令最强	相令次强	死令最弱
申	死令最弱	囚令很弱	休令漸弱	當令最强	相令次强
酉	死令最弱	囚令很弱	休令漸弱	當令最强	相令次强
戌	囚令很弱	休令漸弱	當令最强	相令次强	死令最弱
亥	相令次强	死令最弱	囚令很弱	休令漸弱	當令最强
子	相令次强	死令最弱	囚令很弱	休令漸弱	當令最强
丑	囚令很弱	休令漸弱	當令最强	相令次强	死令最弱

흔약(很弱)은 중약(中弱), 점약(漸弱)은 소약(小弱)을 말함.

오행(五行)의 왕상휴수사(旺相休囚死)

旺衰 五行	旺(最强)	相(次强)	死(最弱)	囚(次弱)	休(弱)
春	木	火	土	金	水
夏	火	土	金	水	木
秋	金	水	木	火	土
冬	水	木	火	土	金
사립전 18일 내	土	金	水	木	火

시간 동안이다.

⑤ 무기진술축미토(戊己辰戌丑未土)는 사계의 환절기에 왕하다. 입춘(立春)·입하(立夏)·입추(立秋)·입동(立冬) 사이의 18일 동안을 말하는데 모두 합(合)하면 72일 동안이다.

11장. 용신(用神) 정하는 방법의 실제 예

時 日 月 年
庚 癸 乙 庚
申 卯 酉 辰

　일주(日主) 계수(癸水)가 유(酉)월에 태어나 득령(得令)하였고, 천간(天干)의 을경(乙庚)은 금(金)으로 화하고, 지지(地支)의 진유(辰酉)는 합(合)하지 않는다. 진토(辰土)는 수고(水庫)이므로 신(身)을 도울 수 없고, 묘유(卯酉)가 상충(相沖)하여 유금(酉金)이 이기니 묘(卯)는 신(身)을 설기(泄氣)하지 못한다. 이처럼 간지(干支)가 모두 일주(日主)를 생조(生助)하니 계수(癸水)가 매우 왕하다. 따라서 경금(庚金) 정인(正印)이 용신(用神)이고 수(水)는 희신(喜神)이다.

```
時 日 月 年
乙 丁 丁 己
巳 卯 卯 未
```

일주(日主) 정화(丁火)가 묘(卯)월에 태어나 득령(得令)하였고, 천간(天干)의 기토(己土)가 신(身)을 설기(泄氣)하고, 지지(地支)의 미토(未土)는 정화(丁火)의 여기(餘氣)가 된다. 일주(日主)가 7 : 1로 득세(得勢)하여 매우 왕하니 을목(乙木) 효인(梟印)이 용신(用神)이고 화(火)는 희신(喜神)이다.

```
時 日 月 年
庚 壬 甲 癸
子 申 子 亥
```

일주(日主) 임수(壬水)가 득령(得令)하였고, 천간(天干)에 1개 있는 식신(食神)을 제외하면 사주가 모두 금수(金水)이다. 따라서 일주(日主)가 7 : 1로 득세(得勢)하여 매우 왕하니 경금(庚金) 편인(偏印)이 용신(用神)이다.

```
時 日 月 年
甲 甲 辛 壬
子 寅 亥 子
```

일주(日主) 갑목(甲木)이 득령(得令)하였고, 천간(天干)의 신금(辛金)을 제외하면 모두 수목(水木)이다. 따라서 일주(日主)가 7 : 1로 득세(得勢)하여 매우 왕하니 임수(壬水) 편인(偏印)이 용신(用神)이다.

時	日	月	年
甲	丁	甲	癸
辰	卯	寅	卯

일주(日主) 정화(丁火)가 인(寅)월에 태어나 득령(得令)하였고, 지지(地支)의 인묘진(寅卯辰)이 삼합(三合)하여 목국(木局)이 되었다. 년간(年干)의 계수(癸水) 1개를 제외하면 일주(日主)가 7 : 1로 득세(得勢)하여 매우 왕하다. 따라서 갑목(甲木) 정인(正印)이 용신(用神)이고 화(火)는 희신(喜神)이다.

時	日	月	年
己	己	丙	戊
巳	巳	戌	戌

일주(日主) 기토(己土)가 득령(得令)하였고, 사주가 모두 도와주니 일주(日主)가 매우 왕하다. 따라서 병화(丙火) 정인(正印)이 용신(用神)이다.

時 日 月 年
辛 癸 甲 癸
酉 亥 子 酉

일주(日主) 계수(癸水)가 자(子)월에 태어나 득령(得令)하였고, 천간(天干)의 상관(傷官) 1개를 제외하면 모두 금수(金水)이다. 따라서 일주(日主)가 7：1로 득세(得勢)하여 매우 왕하므로 신금(辛金) 편인(偏印)이 용신(用神)이다.

時 日 月 年
戊 辛 戊 丙
戌 丑 戌 戌

일주(日主) 신금(辛金)이 술(戌)월에 태어나 득령(得令)하였고, 년간(年干)의 정관(正官) 1개를 제외하면 모두 인토(印土)이니 일주(日主)가 7：1로 득세(得勢)하여 매우 왕하다. 따라서 무토(戊土) 정인(正印)이 용신(用神)이고 금(金)은 희신(喜神)이다.

時 日 月 年
癸 丙 甲 丙
巳 午 午 寅

일주(日主) 병화(丙火)가 오(午)월에 태어나 득령(得令)하였고,

시상(時上)의 정관(正官) 1개를 제외하면 모두 인비(印比)이니 일주(日主)가 7 : 1로 득세(得勢)하여 매우 왕하다. 따라서 갑목(甲木) 편인(偏印)이 용신(用神)이고 화(火)는 희신(喜神)이다.

```
時 日 月 年
丙 乙 甲 癸
子 卯 寅 卯
```

일주(日主) 을목(乙木)이 인(寅)월에 태어나 득령(得令)하였고, 시주(時柱)의 병화(丙火) 상관(傷官) 외에는 모두 을목(乙木)을 도와주니 일주(日主)가 7 : 1로 득세(得勢)하여 매우 왕하다. 따라서 계수(癸水) 편인(偏印)이 용신(用神)이다.

```
時 日 月 年
辛 甲 乙 癸
未 寅 卯 卯
```

일주(日主) 갑목(甲木)이 묘(卯)월에 태어나 득령(得令)하였고, 천간(天干)에 신금(辛金) 1개가 투출(透出)하고, 지지(地支)에 미토(未土)가 1개 있으니 지나치게 왕하지는 않다. 그러나 미토(未土)는 남방의 조토(燥土)이며 목(木)의 고근(庫根)이니 금(金)을 생(生)하지 않아 신(身)을 돕는 것으로 본다. 따라서 일주(日主)가 7 : 1로 득세(得勢)하여 매우 왕하므로 계수(癸水) 정인(正印)이 용신(用神)이다.

```
時 日 月 年
壬 甲 壬 壬
申 子 寅 子
```

일주(日主) 갑목(甲木)이 인(寅)월에 태어나 득령(得令)하였고, 시지(時支)에 신금(申金)이 있으니 지나치게 왕하지는 않다. 그러나 신자(申子)가 합(合)하여 수국(水局)을 이루어 신인(申寅)이 충(沖)하지 않으니 간지(干支)가 모두 일주(日主)를 도와주어 매우 왕하다. 따라서 임수(壬水) 편인(偏印)이 용신(用神)이고 목(木)은 희신(喜神)이다.

```
時 日 月 年
丁 己 戊 癸
卯 巳 午 丑
```

일주(日主) 기토(己土)가 오(午)월에 태어나 득령(得令)하였고, 천간(天干)에 무계화화(戊癸化火)가 있다. 시지(時支)의 묘목(卯木) 외에는 모두 기토(己土)를 도와주므로 일주(日主)는 7 : 1로 득세(得勢)하여 매우 왕하다. 따라서 신금(辛金) 식신(食神)이 용신(用神)이고 수(水)는 희신(喜神)이다.

時 日 月 年
辛 壬 辛 壬
丑 子 亥 寅

일주(日主) 임수(壬水)가 해(亥)월에 태어나 득령(得令)하였고, 지지(地支)의 해자축(亥子丑)이 삼합(三合)하여 수국(水局)을 이루고, 천간(天干)에 금(金) 2개와 수(水) 1개가 있고, 년지(年支)에 식신(食神)이 1개 있으니 일주(日主)가 7 : 1로 득세(得勢)하여 매우 왕하다. 따라서 갑목(甲木) 식신(食神)이 용신(用神)이다.

時 日 月 年
癸 壬 辛 壬
卯 子 亥 子

일주(日主) 임수(壬水)가 해(亥)월에 태어나 득령(得令)하였고, 간지(干支)에 수(水)가 6개 있고, 월간(月干)에서 금(金) 1개가 상생(相生)하고, 시지(時支)에 묘목(卯木) 상관(傷官)이 놓였으니 일주(日主)가 7 : 1로 득세(得勢)하여 매우 왕하다. 따라서 을목(乙木) 상관(傷官)이 용신(用神)이고 화(火)는 희신(喜神)이다.

時 日 月 年
癸 壬 壬 壬
卯 子 子 辰

일주(日主) 임수(壬水)가 자(子)월에 태어나 득령(得令)하였고, 천간(天干)이 모두 수(水)이고, 일시(日時)에서 자묘(子卯)가 상형相刑)하고, 년월(年月)에서는 자진(子辰)이 합(合)하니 일주(日主)가 7 : 1로 득세(得勢)하여 매우 왕하다. 따라서 시지(時支)의 을목(乙木)이 용신(用神)이다.

```
時 日 月 年
己 戊 戊 戊
未 申 午 辰
```

일주(日主) 무토(戊土)가 오(午)월에 태어나 득령(得令)하였고, 사주에 화토(火土)가 모두 7개 있고, 일지(日支)에 신금(申金)이 1개 있으니 일주(日主)가 7 : 1로 득세(得勢)하여 매우 왕하다. 따라서 식신(食神) 경금(庚金)이 용신(用神)이다.

```
時 日 月 年
乙 甲 乙 癸
亥 戌 午 未
```

일주(日主) 갑목(甲木)이 묘(卯)월에 태어나 득령(得令)하였고, 지지(地支)에 해묘미(亥卯未)가 목국(木局)을 이루고, 사주에 수목(水木)이 모두 7개 있고, 일지(日支)의 술토(戌土)에는 무토(戊土)가 암장(暗藏)되었으니 일주(日主)가 7 : 1로 득세(得勢)하여 매우 왕하다. 따라서 상관(傷官) 정화(丁火)가 용신(用神)이다.

```
時 日 月 年
丁 戊 丁 丁
巳 戌 未 酉
```

일주(日主) 무토(戊土)가 여름에 태어나 득령(得令)하였고, 사주에 화토(火土)가 모두 7개 있고, 년지(年支)에 상관(傷官)이 1개 있으니 일주(日主)는 7 : 1로 득세(得勢)하여 매우 왕하다. 따라서 경금(庚金) 식신(食神)이 용신(用神)이고 수(水)는 희신(喜神)이다.

```
時 日 月 年
己 辛 壬 辛
丑 亥 辰 酉
```

일주(日主) 신금(辛金)이 진(辰)월에 태어나 득령(得令)하였고, 간지(干支)에 상관(傷官)이 1개씩 있으니 일주(日主)는 6 : 2로 득세(得勢)하여 매우 왕하다. 따라서 계수(癸水) 식신(食神)이 용신(用神)이고 목(木)은 희신(喜神)이다.

```
時 日 月 年
壬 甲 丁 庚
申 辰 亥 辰
```

일주(日主) 갑목(甲木)이 해(亥)월에 태어나 득령(得令)하였고, 일시(日時)에 신진(申辰)이 수(水)로 화하고, 년지(年支)의 진토(辰土)는 갑목(甲木)의 여기(餘氣)이니 일주(日主)는 6 : 2로 득세(得勢)하여 매우 왕하다. 따라서 정화(丁火) 상관(傷官)이 용신(用神)이고 토(土)는 희신(喜神)이다.

時 日 月 年
甲 丙 壬 乙
午 戌 午 丑

일주(日主) 병화(丙火)가 오(午)월에 태어나 득령(得令)하였고, 술토(戌土)는 병화(丙火)의 고(庫)이니 신(身)을 돕고, 임축(壬丑)이 극설(泄)하는 것 외에는 모두 병화(丙火)를 도와주므로 일주(日主)는 6 : 2로 득세(得勢)하여 매우 왕하다. 따라서 기토(己土) 상관(傷官)이 용신(用神)이다.

時 日 月 年
癸 癸 丙 甲
亥 亥 子 辰

일주(日主) 계수(癸水)가 자(子)월에 태어나 득령(得令)하였고, 지지(地支)에서 신자(申子)가 합(合)하여 화(火)로 변하고, 년월일시지(年月日時支)가 모두 왕하고, 천간(天干)의 갑병(甲丙)이 일간

(日干)을 설기(泄氣)한다. 따라서 일주(日主)는 6 : 2로 득세(得勢)하여 매우 왕하므로 갑목(甲木) 상관(傷官)이 용신(用神)이다.

```
時 日 月 年
丁 乙 丁 甲
亥 未 卯 寅
```

일주(日主) 을목(乙木)이 묘(卯)월에 태어나 득령(得令)하였고, 지지(地支)의 해묘미(亥卯未)가 삼합(三合)하여 목국(木局)을 이루고, 년월일시지(年月日時支)는 모두 임목(林木) 일편이고, 천간(天干)의 정(丁) 2개가 을목(乙木)을 설기(泄氣)한다. 따라서 일주(日主)가 6 : 2로 득세(得勢)하여 매우 왕하므로 정화(丁火) 식신(食神)이 용신(用神)이다.

```
時 日 月 年
丁 甲 甲 戊
卯 辰 寅 寅
```

일주(日主) 갑목(甲木)이 인(寅)월에 태어나 득령(得令)하였고, 지지(地支)의 인묘진(寅卯辰)이 삼합(三合)하여 목국(木局)을 이루고, 천간(天干)의 무정(戊丁)이 갑목(甲木)을 설기(泄氣)한다. 따라서 일주(日主)가 6 : 2로 득세(得勢)하여 매우 왕하므로 시주(時柱)의 정화(丁火) 상관(傷官)이 용신(用神)이다.

```
時 日 月 年
丁 甲 壬 丙
卯 辰 辰 寅
```

일주(日主) 갑목(甲木)이 진(辰)월에 태어나 득령(得令)하였고, 지지(地支)의 인묘진(寅卯辰)이 삼합(三合)하여 목국(木局)을 이루고, 천간(天干)의 병정(丙丁)이 갑목(甲木)을 설기(泄氣)한다. 따라서 일주(日主)가 6 : 2로 득세(得勢)하여 매우 왕하므로 정화(丁火) 상관(傷官)이 용신(用神)이다.

```
時 日 月 年
戊 丙 甲 癸
戌 午 寅 卯
```

일주(日主) 병화(丙火)가 인(寅)월에 태어나 득령(得令)하였고, 지지(地支)의 인오술(寅午戌)이 삼합(三合)하여 화국(火局)을 이루고, 년시(年時)의 계무(癸戊)가 병화(丙火)를 극설(剋泄)하니 일주(日主)가 6 : 2로 득세(得勢)하여 매우 왕하다. 따라서 무토(戊土) 식신(食神)이 용신(用神)이다.

```
時 日 月 年
辛 壬 丁 丙
亥 申 酉 子
```

일주(日主) 임수(壬水)가 유(酉)월에 태어나 득령(得令)하였고, 지지(地支)가 모두 금수(金水)이고, 년월(年月)의 병정(丙丁)이 임수(壬水)를 설기(泄氣)한다. 따라서 일주(日主)가 6 : 2로 득세(得勢)하여 매우 왕하므로 해(亥) 중의 갑목(甲木) 식신(食神)이 용신(用神)이다.

時 日 月 年
辛 壬 己 庚
亥 寅 丑 子

일주(日主) 임수(壬水)가 12월 초순에 태어나 득령(得令)하였고, 지지(地支)의 해자축(亥子丑)이 삼합(三合)하여 수국(水局)을 이루고, 사주의 기인(己寅)이 극설(剋泄)하니 일주(日主)가 6 : 2로 득세(得勢)하여 매우 왕하다. 따라서 갑목(甲木) 식신(食神)이 용신(用神)이고 화(火)는 희신(喜神)이다.

時 日 月 年
丁 丁 乙 戊
未 巳 卯 子

일주(日主) 정화(丁火)가 묘(卯)월에 태어나 득령(得令)하였고, 지지(地支)의 묘미(卯未)가 반합(半合)으로 목국(木局)을 이루어 정화(丁火)를 생(生)한다. 년상(年上)의 무자(戊子)가 극설(剋泄)

하는 것 외에는 모두 정화(丁火)를 도와주니 일주(日主)가 6 : 2로 득세(得勢)하여 매우 왕하다. 따라서 무토(戊土) 상관(傷官)이 용신(用神)이다.

```
時  日  月  年
戊  己  癸  丁
辰  亥  丑  亥
```

일주(日主) 기토(己土)가 축(丑)월에 태어나 득령(得令)하였고, 지지(地支)의 토(土) 2개와 천간(天干)의 화토(火土)가 기토(己土)를 도와주니 일주(日主)가 5 : 3으로 득세(得勢)하여 매우 왕하다. 따라서 신금(辛金) 식신(食神)이 용신(用神)이고 수(水)는 희신(喜神)이다.

```
時  日  月  年
癸  丙  癸  丁
巳  辰  卯  巳
```

일주(日主) 병화(丙火)가 묘(卯)월에 태어나 득령(得令)하였고, 목(木) 1개와 화(火) 3개가 병화(丙火)를 도와주니 일주(日主)가 5 : 3으로 득세(得勢)하여 매우 왕하다. 따라서 무토(戊土) 식신(食神)이 용신(用神)이고 금(金)은 희신(喜神)이다.

時 日 月 年
丙 庚 丙 辛
戊 子 申 酉

일주(日主) 경금(庚金)이 신(申)월에 태어나 득령(得令)하였고,
지지(地支)의 신유술(申酉戌)이 삼합(三合)하여 금국(金局)을 이루
고, 천간(天干)의 병신(丙辛)이 합(合)하나 변하지 않고, 신금(辛
金)이 경금(庚金)을 도와주니 일주(日主)가 5 : 3으로 득세(得勢)
하여 매우 왕하다. 따라서 임수(壬水) 식신(食神)이 용신(用神)이
고 목(木)은 희신(喜神)이다.

時 日 月 年
壬 戊 辛 辛
戌 辰 丑 未

일주(日主) 무토(戊土)가 축(丑)월에 태어나 득령(得令)하였고,
지지(地支)가 모두 고(庫)가 되었으나 천간(天干)이 모두 설기(泄
氣)하니 일주(日主)가 5 : 3으로 득세(得勢)하여 매우 왕하다. 따라
서 신금(辛金) 상관(傷官)이 용신(用神)이다.

時 日 月 年
丙 甲 庚 辛
寅 辰 寅 卯

일주(日主) 갑목(甲木)이 인(寅)월에 태어나 득령(得令)하였고, 지지(地支)의 인묘진(寅卯辰)이 삼합(三合)하여 임목(林木)을 이루나 천간(天干)이 모두 극설(剋泄)하니 일주(日主)가 5 : 3으로 득세(得勢)하여 매우 왕하다. 따라서 병화(丙火) 식신(食神)이 용신(用神)이고 토(土)는 희신(喜神)이다.

```
時 日 月 年
丙 甲 辛 壬
寅 戌 亥 辰
```

일주(日主) 갑목(甲木)이 해(亥)월에 태어나 득령(得令)하였고, 지지(地支)의 진술(辰戌)이 상충(相沖)하여 진토(辰土)가 이겨 갑목(甲木)을 돕고, 시지(時支)에 인목(寅木)이 1개 있고, 년간(年干)의 임수(壬水)가 갑목(甲木)을 도와준다. 따라서 일주(日主)가 5 : 3으로 득세(得勢)하여 매우 왕하므로 병화(丙火) 식신(食神)이 용신(用神)이다.

```
時 日 月 年
癸 戊 癸 乙
丑 子 未 巳
```

일주(日主) 무토(戊土)가 미(未)월에 태어나 득령(得令)하였고, 지지(地支)의 자축(子丑)이 육합(六合)하여 토국(土局)을 이루고,

년월일시지(年月日時支)가 모두 화토(火土)이니 일주(日主)가 5 : 3으로 득세(得勢)하여 매우 왕하다. 따라서 경금(庚金) 식신(食神)이 용신(用神)이고 수(水)는 희신(喜神)이다.

時 日 月 年
壬 庚 庚 癸
午 寅 申 未

일주(日主) 경금(庚金)이 신(申)월에 태어나 득령(得令)하였고, 지지(地支)의 신인(申寅)이 상충(相沖)하여 신금(申金)이 이기니 일주(日主)가 4 : 3으로 득세(得勢)하여 매우 왕하다. 따라서 임수(壬水) 식신(食神)이 용신(用神)이고 목(木)은 희신(喜神)이다.

時 日 月 年
甲 戊 丙 壬
寅 子 午 辰

일주(日主) 무토(戊土)가 오(午)월에 태어나 득령(得令)하였고, 지지(地支)의 자오(子午)가 상충(相沖)하여 오화(午火)가 이기니 일주(日主)가 4 : 3으로 득세(得勢)하여 매우 왕하다. 따라서 경금(庚金) 식신(食神)이 용신(用神)이고 수(水)는 희신(喜神)이다.

```
時 日 月 年
壬 甲 丙 己
申 寅 寅 亥
```

일주(日主) 갑목(甲木)이 인(寅)월에 태어나 득령(得令)하였고, 년월(年月)의 인해(寅亥)가 합(合)하고, 일시(日時)의 인신(寅申)이 상충(相沖)하여 신(申)이 이기니 일주(日主)가 4 : 3으로 득세(得勢)하여 매우 왕하다. 따라서 월간(月干)의 병화(丙火) 식신(食神)이 용신(用神)이다.

```
時 日 月 年
乙 甲 庚 丙
丑 申 寅 寅
```

일주(日主) 갑목(甲木)이 인(寅)월에 태어나 득령(得令)하였고, 지지(地支)의 인(寅) 2개가 신(申) 1개를 충(沖)하여 인(寅)이 이기니 갑목(甲木)의 녹(祿)이 된다. 따라서 일주(日主)가 4 : 3으로 득세(得勢)하여 매우 왕하니 병화(丙火) 식신(食神)이 용신(用神)이다.

```
時 日 月 年
戊 辛 戊 戊
戌 丑 午 辰
```

일주(日主) 신금(辛金)이 오(午)월에 태어나 실령(失令)했으나 사주에 정인(正印)이 6개나 있으니 일주(日主)가 7 : 1로 득세(得勢)하여 매우 왕하다. 따라서 계수(癸水) 식신(食神)이 용신(用神)이고 목(木)은 희신(喜神)이다.

```
時 日 月 年
乙 甲 丙 癸
亥 寅 辰 卯
```

일주(日主) 갑목(甲木)이 진(辰)월에 태어나 실령(失令)하였고, 지지(地支)의 인묘진(寅卯辰)이 삼합(三合)하여 목국(木局)을 이루고, 월간(月干)의 병화(丙火) 외에는 모두 갑목(甲木)을 도와준다. 따라서 일주(日主)가 7 : 1로 득세(得勢)하여 매우 왕하므로 월간(月干)의 병화(丙火) 식신(食神)이 용신(用神)이고 토(土)는 희신(喜神)이다.

```
時 日 月 年
乙 甲 甲 甲
亥 寅 戌 子
```

일주(日主) 갑목(甲木)이 술(戌)월에 태어나 실령(失令)하였고, 천간(天干)에 목(木)이 4개 있고, 지지(地支)의 인해(寅亥)가 합(合)하여 목국(木局)을 이루고, 월지(月支)의 술토(戌土) 외에는 모두 갑목(甲木)을 도와준다. 따라서 일주(日主)가 7 : 1로 득세(得勢)하여 매우 왕하므로 정화(丁火) 상관(傷官)이 용신(用神)이다.

```
時 日 月 年
辛 辛 己 庚
卯 酉 丑 辰
```

일주(日主) 신금(辛金)이 축(丑)월에 태어나 실령(失令)하였고, 지지(地支)의 유축(酉丑)이 합(合)하여 화(火)가 되고, 유묘(酉卯)는 충(沖)으로 논하지 않는다. 따라서 일주(日主)가 7 : 1로 득세(得勢)하여 매우 왕하므로 계수(癸水) 식신(食神)이 용신(用神)이고 목(木)은 희신(喜神)이다.

```
時 日 月 年
辛 壬 壬 壬
丑 申 寅 申
```

일주(日主) 임수(壬水)가 인(寅)월에 태어나 실령(失令)하였고, 축(丑)은 임수(壬水)의 여기(餘氣)이니 신(身)을 돕고, 신(申) 2개가 인(寅)을 충거(沖去)한다. 일주(日主)가 7 : 1로 득세(得勢)하여 매우 왕하므로 갑목(甲木) 식신(食神)이 용신(用神)이다.

時	日	月	年
丁	戊	戊	辛
巳	戌	戌	未

일주(日主) 무토(戊土)가 술(戌)월에 태어나 실령(失令)하였고, 년간(年干)의 신금(辛金) 외에는 모두 인비(印比)이므로 무토(戊土)를 도와준다. 따라서 일주(日主)가 7 : 1로 득세(得勢)하여 매우 왕하므로 신금(辛金) 상관(傷官)이 용신(用神)이다.

時	日	月	年
庚	庚	甲	辛
辰	戌	午	酉

일주(日主) 경금(庚金)이 오(午)월에 태어나 실령(失令)하였고, 지지(地支)의 오술(午戌)이 합(合)하나 변하지 않고, 진술(辰戌)이 상충(相沖)하니 일주(日主)가 6 : 2로 득세(得勢)하여 매우 왕하다. 따라서 계수(癸水) 상관(傷官)이 용신(用神)이고 목(木)은 희신(喜神)이다.

時	日	月	年
癸	丁	甲	甲
卯	巳	戌	子

일주(日主) 정화(丁火)가 술(戌)월에 태어나 실령(失令)하였고, 년시(年時)의 살(殺) 외에는 모두 정화(丁火)를 도와주니 일주(日主)가 6 : 2로 매우 왕하다. 따라서 무토(戊土) 상관(傷官)이 용신(用神)이고 금(金)은 희신(喜神)이다.

```
時 日 月 年
壬 癸 乙 丁
子 酉 巳 丑
```

일주(日主) 계수(癸水)가 사(巳)월에 태어나 실령(失令)하였고, 지지(地支)의 사유축(巳酉丑)이 삼합(三合)하여 금국(金局)을 이루고, 시간지(時干支)의 임자(壬子)가 계수(癸水)를 도와주니 일간(日干)이 6 : 2로 득세(得勢)하여 매우 왕하다. 따라서 을목(乙木) 식신(食神)이 용신(用神)이다.

```
時 日 月 年
庚 壬 己 庚
子 辰 卯 辰
```

일주(日主) 임수(壬水)가 묘(卯)월에 태어나 실령(失令)하였고, 지지(地支)의 진(辰) 2개는 임수(壬水)의 고(庫)가 되고, 천간(天干)의 경(庚) 2개는 임수(壬水)를 도와주니 일주(日主)가 6 : 2로 득세(得勢)하여 매우 왕하다. 따라서 을목(乙木) 상관(傷官)이 용신(用神)이다.

```
時 日 月 年
癸 壬 辛 丙
卯 子 卯 子
```

일주(日主) 임수(壬水)가 묘(卯)월에 태어나 실령(失令)하였고, 지지(地支)에 양인(羊刃)이 있고, 천간(天干)에 계신(癸辛)이 투출(透出)하고, 년간(年干)의 병화(丙火)가 신금(辛金)과 합(合)하여 수(水)가 된다. 따라서 일주(日主)가 6 : 2로 득세(得勢)하여 매우 왕하므로 을목(乙木) 상관(傷官)이 용신(用神)이다.

```
時 日 月 年
甲 甲 庚 戊
子 子 申 辰
```

일주(日主) 갑목(甲木)이 신(申)월에 태어나 실령(失令)하였고, 지지(地支)의 신자진(申子辰)이 삼합(三合)하여 수국(水局)을 이루고, 시주(時柱)의 갑자(甲子)가 일간(日干)을 도와주니 일주(日主)가 6 : 2로 득세(得勢)하여 매우 왕하다. 따라서 병화(丙火) 식신(食神)이 용신(用神)이다.

```
時 日 月 年
癸 丁 甲 甲
卯 酉 戌 午
```

일주(日主) 정화(丁火)가 술(戌)월에 태어나 실령(失令)하였고, 지지(地支)의 오술(午戌)이 합(合)하여 화(火)가 되고, 묘유(卯酉)가 상충(相沖)하여 유금(酉金)이 이기니 일주(日主)가 5 : 2로 득세(得勢)하여 매우 왕하다. 따라서 무토(戊土) 상관(傷官)이 용신(用神)이고 금(金)은 희신(喜神)이다.

```
時 日 月 年
乙 丁 辛 丁
巳 亥 亥 未
```

일주(日主) 정화(丁火)가 해(亥)월에 태어나 실령(失令)하였고, 년월(年月)의 해미(亥未)가 합(合)하여 목(木)이 되고, 일시(日時)의 사해(巳亥)가 상충(相沖)하여 해(亥)가 이기니 일주(日主)가 5 : 2로 득세(得勢)하여 매우 왕하다. 따라서 무토(戊土) 상관(傷官)이 용신(用神)이고 금(金)은 희신(喜神)이다.

```
時 日 月 年
丁 己 戊 癸
卯 巳 午 丑
```

일주(日主) 기토(己土)가 오(午)월에 태어나 득령(得令)하였고, 지지(地支)에 사오화(巳午火)가 있고, 천간(天干)에 무계합(戊癸合)이 있다. 시지(時支)의 묘목(卯木) 외에는 모두 일주(日主)를 도와주니 일주(日主)는 7 : 1로 득세(得勢)하여 매우 왕하다. 따라서 신금(辛金) 식신(食神)이 용신(用神)이다.

```
時 日 月 年
癸 癸 壬 甲
亥 巳 申 寅
```

일주(日主) 계수(癸水)가 신(申)월에 태어나 득령(得令)하였고, 년월(年月)의 인신(寅申)이 상충(相沖)하여 신(申)이 이기고, 일시(日時)의 사해(巳亥)가 상충(相沖)하여 해(亥)가 이기고, 천간(天干)에 비겁(比劫)이 2개 있으니 일주(日主)가 5 : 3으로 득세(得勢)여 매우 왕하다. 따라서 갑목(甲木) 상관(傷官)이 용신(用神)이다.

```
時 日 月 年
庚 庚 丁 庚
辰 申 亥 辰
```

일주(日主) 경금(庚金)이 해(亥)월에 태어나 실령(失令)하였고, 천간(天干)의 경(庚) 3개와 지지(地支)의 토(土) 2개와 금(金) 1개가 경금(庚金)을 도와주고, 신(申)은 경금(庚金)의 녹(祿)이 되니 일주(日主)가 6 : 2로 득세(得勢)하여 매우 왕하다. 따라서 임수(壬水) 식신(食神)이 용신(用神)이다.

```
時 日 月 年
丁 己 戊 甲
卯 酉 辰 戌
```

일주(日主) 기토(己土)가 진(辰)월에 태어나 득령(得令)하였고, 지지(地支)의 토(土) 2개와 천간(天干)의 화토(火土)가 기토(己土)를 도와주고, 일시(日時)의 묘유(卯酉)가 상충(相沖)하여 유금(酉金)이 이기니 일주(日主)가 5 : 2로 득세(得勢)하여 매우 왕하다. 따라서 신금(辛金) 식신(食神)이 용신(用神)이다.

```
時 日 月 年
乙 壬 壬 丙
巳 申 辰 子
```

일주(日主) 임수(壬水)가 진(辰)월에 태어나 실령(失令)하였고, 지지(地支)의 신자진(申子辰)이 삼합(三合)하여 수국(水局)을 이루니 일주(日主)가 5 : 3으로 득세(得勢)하여 사주가 비교적 왕하다. 따라서 무토(戊土) 편관(偏官)이 용신(用神)이고 화(火)는 희신(喜神)이다.

```
時 日 月 年
辛 辛 辛 辛
卯 丑 卯 巳
```

일주(日主) 신금(辛金)이 묘(卯)월에 태어나 실령(失令)하였고, 천간(天干)이 모두 같고 일지(日支)에 금고(金庫)가 있으니 일주(日主)가 5 : 3으로 득세(得勢)하여 사주가 비교적 왕하다. 따라서 병화(丙火) 정관(正官)이 용신(用神)이다.

```
時 日 月 年
辛 己 丁 甲
未 巳 卯 午
```

일주(日主) 기토(己土)가 묘(卯)월에 태어나 실령(失令)하였고, 지지(地支)의 사오미(巳午未)가 삼합(三合)하고, 월간(月干)의 정화(丁火)가 상생(相生)하니 일주(日主)가 5 : 3으로 득세(得勢)하여 사주가 비교적 왕하다. 따라서 계수(癸水) 편재(偏財)가 용신(用神)이고 목(木)이 희신(喜神)이다.

```
時 日 月 年
戊 己 戊 壬
辰 酉 申 午
```

일주(日主) 기토(己土)가 신(申)월에 태어나 실령(失令)하였고, 일시(日時)의 진유(辰酉)가 합(合)하나 변하지 않고, 지지(地支)에 인겁(印劫)이 1개씩 있고, 천간(天干)의 무토(戊土) 2개가 기토(己土)를 도와준다. 따라서 일주(日主)가 5 : 3으로 득세(得勢)하여 사주가 비교적 왕하므로 을목(乙木) 편관(偏官)이 용신(用神)이고 수(水)는 희신(喜神)이다.

```
時 日 月 年
丙 丙 甲 丁
申 子 辰 卯
```

일주(日主) 병화(丙火)가 진(辰)월에 태어나 실령(失令)하였고, 지지(地支)의 신자진(申子辰)이 삼합(三合)하여 수국(水局)을 이루고, 년지(年支)의 묘목(卯木)이 병화(丙火)를 생(生)하고, 천간(天干)에 목화(木火)가 3개나 있으니 일주(日主)가 5 : 3으로 득세(得勢)하여 사주가 비교적 왕하다. 따라서 계수(癸水) 관성(官星)이 용신(用神)이다.

```
時 日 月 年
丁 庚 丁 庚
丑 辰 亥 辰
```

일주(日主) 경금(庚金)이 해(亥)월에 태어나 실령(失令)하였고,

년간(年干)의 경금(庚金)과 지지(地支)의 토(土) 3개가 경금(庚金)을 도와주니 일주(日主)가 5 : 3으로 득세(得勢)하여 사주가 비교적 왕하다. 따라서 정화(丁火) 정관(正官)이 용신(用神)이다.

時 日 月 年
丙 丙 丙 己
申 寅 子 卯

일주(日主) 병화(丙火)가 자(子)월에 태어나 실령(失令)하였고, 지지(地支)의 인신(寅申)이 상충(相沖)하여 인(寅)이 이기니 일주(日主)가 5 : 2로 득세(得勢)하여 사주가 비교적 왕하다. 따라서 임수(壬水) 편관(偏官)이 용신(用神)이고 금(金)은 희신(喜神)이다.

時 日 月 年
丁 戊 壬 己
巳 寅 申 丑

일주(日主) 무토(戊土)가 신(申)월에 태어나 실령(失令)하였고, 지지(地支)의 신인(申寅)이 상충(相沖)하여 신(申)이 이기니 일주(日主)가 5 : 2로 득세(得勢)하여 사주가 비교적 왕하다. 따라서 갑목(甲木) 편관(偏官)이 용신(用神)이고 수(水)는 희신(喜神)이다.

時 日 月 年
甲 庚 丁 己
申 辰 卯 酉

　일주(日主) 경금(庚金)이 묘(卯)월에 태어나 실령(失令)하였다.
년월(年月)의 묘유(卯酉)가 상충(相沖)하여 유금(酉金)이 이기고,
일시(日時)의 신진(申辰)이 합(合)하나 변하지 않고, 년간(年干)의
기토(己土)가 인성(印星)이니 일주(日主)가 5 : 2로 득세(得勢)하
여 사주가 비교적 왕하다. 따라서 정화(丁火) 정관(正官)이 용신
(用神)이다.

時 日 月 年
辛 庚 庚 丙
巳 申 寅 申

　일주(日主) 경금(庚金)이 인(寅)월에 태어나 실령(失令)하였다.
지지(地支)의 신(申) 2개가 인(寅)을 충거(沖去)하고, 천간(天干)의
비겁(比劫) 2개와 지지(地支)의 신금(申金)이 신(身)을 도와주니
일주(日主)가 5 : 2로 득세(得勢)하여 사주가 비교적 왕하다. 따라
서 병화(丙火) 칠살(七殺)이 용신(用神)이고 목(木)이 희신(喜神)
이다.

時 日 月 年
癸 戊 丁 己
丑 戌 卯 酉

일주(日主) 무토(戊土)가 묘(卯)월에 태어나 실령(失令)하였다. 지지(地支)의 묘유(卯酉)가 상충(相沖)하여 유금(酉金)이 이기고, 일시(日時)의 토(土) 2개와 천간(天干)의 인겁(印劫)이 신(身)을 도와주니 일주(日主)가 5 : 2로 득세(得勢)하여 사주가 비교적 왕하다. 따라서 을목(乙木) 정관(正官)이 용신(用神)이다.

時 日 月 年
丁 乙 丙 壬
亥 亥 午 子

일주(日主) 을목(乙木)이 오(午)월에 태어나 실령(失令)하였다. 년간(年干)의 임수(壬水)와 일시(日時)의 해(亥)가 신(身)을 도와주고, 지지(地支)의 자오(子午)가 상충(相沖)하여 자(子)가 이기니 일주(日主)가 5 : 2로 득세(得勢)하여 사주가 비교적 왕하다. 따라서 기토(己土) 편재(偏財)가 용신(用神)이다.

時 日 月 年
辛 癸 己 庚
酉 卯 卯 子

일주(日主) 계수(癸水)가 묘(卯)월에 태어나 실령(失令)하였다.
년월(年月)의 자묘(子卯)가 상형(相刑)하고, 일시(日時)의 묘유(卯
酉)가 상충(相沖)하여 유금(酉金)이 이기니 일주(日主)가 5：2로
득세(得勢)하여 사주가 비교적 왕하다. 따라서 정화(丁火) 편재(偏
財)가 용신(用神)이다.

時	日	月	年
乙	癸	庚	己
卯	酉	午	酉

계수(癸水)가 오(午)월에 태어나 실령(失令)하였다. 일시(日時)의
묘유(卯酉)가 상충(相沖)하여 유금(酉金)이 이기고, 년지(年支)의
유금(酉金)과 월간(月干)의 경금(庚金)이 신(身)을 도와주니 일주
(日主)가 4：3으로 득세(得勢)하여 사주가 비교적 왕하다. 따라서
정화(丁火) 편재(偏財)가 용신(用神)이다.

時	日	月	年
庚	壬	丙	甲
子	申	寅	申

일주(日主) 임수(壬水)가 인(寅)월에 태어나 실령(失令)하였다.
시간(時干)의 경금(庚金)이 신(身)을 생(生)하고, 일시(日時)의 신
자(申子)가 반합(半合)하여 수국(水局)을 이루고, 년월(年月)의 신

인(申寅)이 상충(相沖)하여 인(寅)이 이기니 일주(日主)가 4 : 3으로 득세(得勢)하여 사주가 비교적 왕하다. 따라서 무토(戊土) 칠살(七殺)이 용신(用神)이다.

時 日 月 年
丁 戊 甲 庚
巳 辰 申 寅

일주(日主) 무토(戊土)가 신(申)월에 태어나 실령(失令)하였다. 시간(時干)의 정화(丁火)와 지지(地支)의 화토(火土)가 신(身)을 도와주고, 년월(年月)의 신인(申寅)이 상충(相沖)하여 신금(申金)이 이기니 일주(日主)가 4 : 3으로 득세(得勢)하여 사주가 비교적 왕하다. 따라서 갑목(甲木) 칠살(七殺)이 용신(用神)이다.

時 日 月 年
丙 丙 戊 甲
申 寅 辰 寅

일주(日主) 병화(丙火)가 진(辰)월에 태어나 실령(失令)하였다. 천간(天干)의 목화(木火)와 년지(年支)의 인목(寅木)이 신(身)을 생(生)하고, 일시(日時)의 인신(寅申)이 상충(相沖)하여 신금(申金)이 이기니 일주(日主)가 4 : 3으로 득세(得勢)하여 사주가 비교적 왕하다. 따라서 경금(庚金) 편재(偏財)가 용신(用神)이다.

時 日 月 年
庚 壬 乙 戊
子 子 卯 午

일주(日主) 임수(壬水)가 묘(卯)월에 태어나 실령(失令)하였다. 지지(地支)의 수(水) 2개와 천간(天干)의 경(庚) 1개가 신(身)을 도와주니 일주(日主)가 4 : 4로 득세(得勢)하여 사주가 비교적 왕하다. 따라서 무토(戊土) 칠살(七殺)이 용신(用神)이고 화(火)는 희신(喜神)이다.

時 日 月 年
戊 丙 戊 丙
子 申 戌 寅

일주(日主) 병화(丙火)가 술(戌)월에 태어나 실령(失令)하였다. 지지(地支)의 인술(寅戌)이 반합(半合)하여 화국(火局)을 이루고, 인(寅)은 병화(丙火)의 장생지(長生地)이니 일주(日主)가 4 : 4로 득세(得勢)하여 사주가 비교적 왕하다. 따라서 계수(癸水) 정관(正官)이 용신(用神)이고 금(金)은 희신(喜神)이다.

時 日 月 年
癸 丙 己 癸
巳 午 未 酉

일주(日主) 병화(丙火)가 미(未)월에 태어나 실령(失令)하였다. 지지(地支)의 사오미(巳午未)가 삼합(三合)하여 화국(火局)을 이루고, 천간(天干)은 모두 신(身)을 극설(剋洩)하니 일주(日主)가 4 : 4로 득세(得勢)하고 비교적 왕하다. 따라서 계수(癸水) 정관(正官)이 용신(用神)이다.

```
時 日 月 年
戊 戊 甲 庚
午 申 申 午
```

일주(日主) 무토(戊土)가 신(申)월에 태어나 실령(失令)하였다. 지지(地支)에 오(午)가 2개 있으니 왕지(旺地)가 되고, 시간(時干) 비견(比肩)의 도움을 받으니 일주(日主)가 4 : 4로 득세(得勢)하여 사주가 비교적 왕하다. 따라서 갑목(甲木) 칠살(七殺)이 용신(用神)이다.

```
時 日 月 年
庚 丙 戊 庚
寅 寅 子 寅
```

일주(日主) 병화(丙火)가 자(子)월에 태어나 실령(失令)하였고, 인(寅)은 병화(丙火)의 장생지(長生地)가 되고, 지지(地支)의 인(寅) 3개가 신(身)을 생(生)하니 일주(日主)가 4 : 4로 득세(得勢)

하여 사주가 비교적 왕하다. 따라서 경금(庚金) 편재(偏財)가 용신(用神)이다.

```
時 日 月 年
乙 戊 己 壬
卯 戌 酉 戌
```

일주(日主) 무토(戊土)가 유(酉)월에 태어나 실령(失令)하였고, 지지(地支)의 술토(戌土) 2개와 천간(天干)의 기토(己土)가 신(身)을 도와주고, 술(戌)은 신(身)의 고(庫)가 되니 일주(日主)가 4 : 4로 득세(得勢)하여 사주가 비교적 왕하다. 따라서 시주(時柱)의 을목(乙木) 정관(正官)이 용신(用神)이다.

```
時 日 月 年
庚 丙 壬 癸
寅 午 戌 丑
```

일주(日主) 병화(丙火)가 술(戌)월에 태어나 실령(失令)하였고, 지지(地支)의 인오술(寅午戌)이 삼합(三合)하여 화국(火局)을 이루니 일주(日主)가 4 : 4로 득세(得勢)하여 사주가 비교적 왕하다. 따라서 임수(壬水) 칠살(七殺)이 용신(用神)이다.

時 日 月 年
己 辛 壬 壬
丑 酉 子 辰

일주(日主) 신금(辛金)이 자(子)월에 태어나 실령(失令)하였고, 일시(日時)의 유축(酉丑)이 반합(半合)하여 금국(金局)을 이루고, 년월(年月)의 자진(子辰)이 반합(半合)하여 수국(水局)을 이루고, 시간(時干)의 기토(己土)가 신(身)을 생(生)하니 일주(日主)가 4 : 4로 득세(得勢)하여 사주가 비교적 왕하다. 따라서 정화(丁火) 칠살(七殺)이 용신(用神)이다.

時 日 月 年
庚 己 庚 壬
午 酉 戌 午

일주(日主) 기토(己土)가 술(戌)월에 태어나 득령(得令)하였고, 지지(地支)의 화(火) 2개와 토(土) 1개가 신(身)을 도와주니 일주(日主)가 4 : 4로 득세(得勢)하여 사주가 비교적 왕하다. 따라서 을목(乙木) 칠살(七殺)이 용신(用神)이고 수(水)는 희신(喜神)이다.

時 日 月 年
甲 癸 庚 丙
寅 亥 子 申

일주(日主) 계수(癸水)가 자(子)월에 태어나 득령(得令)하였고, 지지(地支)의 신자(申子)가 합수(合水)하고 인해(寅亥)가 합목(合木局)하니 일주(日主)가 4：4로 득세(得勢)하여 사주가 비교적 왕하다. 따라서 무토(戊土) 칠살(七殺)이 용신(用神)이고 화(火)는 희신(喜神)이다.

```
時  日  月  年
甲  辛  乙  乙
午  巳  酉  丑
```

일주(日主) 신금(辛金)이 유(酉)월에 태어나 득령(得令)하였고, 지지(地支)의 사유축(巳酉丑)이 삼합(三合)하여 금국(金局)을 이루고, 천간(天干)이 모두 재성(財星)이니 일주(日主)가 4：4로 득세(得勢)하여 사주가 비교적 왕하다. 따라서 정화(丁火) 편관(偏官)이 용신(用神)이다.

```
時  日  月  年
辛  丁  丙  丁
亥  丑  午  酉
```

일주(日主) 정화(丁火)가 오(午)월에 태어나 득령(得令)하였고, 년월(年月)의 병정(丙丁)이 도와주니 일주(日主)가 4：4로 득세(得勢)하여 사주가 비교적 왕하다. 따라서 계수(癸水) 칠살(七殺)

이 용신(用神)이고 금(金)은 희신(喜神)이다.

```
時 日 月 年
己 丙 甲 辛
亥 戌 午 酉
```

일주(日主) 병화(丙火)가 오(午)월에 태어나 득령(得令)하였고, 지지(地支)의 오술(午戌)이 반합(半合)하여 화(火)가 되고, 월간(月干)의 갑(甲)이 신(身)을 생(生)하니 일주(日主)가 4 : 4로 득세(得勢)하여 사주가 비교적 왕하다. 따라서 임수(壬水) 칠살(七殺)이 용신(用神)이다.

```
時 日 月 年
壬 丙 庚 丙
辰 午 寅 辰
```

일주(日主) 병화(丙火)가 인(寅)월에 태어나 득령(得令)하였고, 지지(地支)의 인오(寅午)가 반합(半合)하여 화(火)가 되고, 년상(年上)의 병화(丙火)가 신(身)을 도와주니 일주(日主)가 4 : 4로 득세(得勢)하여 사주가 비교적 왕하다. 따라서 임수(壬水) 칠살(七殺)이 용신(用神)이다.

```
時  日  月  年
丙  癸  乙  己
辰  亥  亥  未
```

일주(日主) 계수(癸水)가 해(亥)월에 태어나 득령(得令)하였고, 진토(辰土)는 수(水)의 고(庫)이니 일주(日主)가 4 : 4로 득세(得勢)하여 사주가 비교적 약하다. 따라서 임수(壬水) 겁재(劫財)가 용신(用神)이고 금(金)은 희신(喜神)이다.

```
時  日  月  年
乙  丙  辛  庚
未  辰  巳  申
```

일주(日主) 병화(丙火)가 사(巳)월에 태어나 득령(得令)하였고, 년월(年月)의 사신(巳申)이 변하지 않아 사(巳)가 신(身)을 돕고, 미(未)는 병(丙)의 여기(餘氣)이고, 천간(天干)의 을목(乙木)은 신(身)을 생(生)하니 일주(日主)가 4 : 4로 득세(得勢)하여 사주가 비교적 약하다. 따라서 병화(丙火) 비견(比肩)이 용신(用神)이다.

```
時  日  月  年
壬  乙  戊  庚
午  酉  寅  辰
```

일주(日主) 을목(乙木)이 인(寅)월에 태어나 득령(得令)하였고, 지지(地支)의 인오(寅午)가 변하지 않아 인목(寅木)이 신(身)을 돕고, 진토(辰土)는 목(木)의 여기(餘氣)가 되고, 시간(時干)의 임수(壬水)는 정인(正印)이 되니 일주(日主)가 4 : 4로 득세(得勢)하여 약한 편이다. 따라서 임수(壬水) 정인(正印)이 용신(用神)이다.

時	日	月	年
戊	丙	己	庚
戌	申	卯	辰

일주(日主) 병화(丙火)가 묘(卯)월에 태어나 득령(得令)하였다. 시지(時支)의 술토(戌土)는 병화(丙火)의 고(庫)가 되고, 월지(月支)의 묘목(卯木)은 정인(正印)이 되니 일주(日主)가 3 : 5로 득세(得勢)하여 사주가 비교적 약하다. 따라서 을목(乙木) 정인(正印)이 용신(用神)이고 화(火)는 희신(喜神)이다.

時	日	月	年
戊	癸	丙	己
午	未	子	酉

일주(日主) 계수(癸水)가 자(子)월에 태어나 득령(得令)하였다. 천간(天干)은 모두 신(身)을 극(剋)하고, 지지(地支)의 년월(年月)은 신(身)을 도우니 일주(日主)가 3 : 5로 득세(得勢)하여 사주가

비교적 약하다. 따라서 계수(癸水) 비견(比肩)이 용신(用神)이다.

```
時 日 月 年
己 丙 庚 辛
丑 辰 寅 巳
```

일주(日主) 병화(丙火)가 인(寅)월에 태어나 득령(得令)하였다. 천간(天干)은 모두 신(身)을 설기(泄氣)하고, 년월지(年月支)는 신(身)을 도와주니 일주(日主)가 3 : 5로 득세(得勢)하여 사주가 비교적 약하다. 따라서 갑목(甲木) 효인(梟印)이 용신(用神)이다.

```
時 日 月 年
壬 丙 壬 庚
辰 子 午 戌
```

일주(日主) 병화(丙火)가 오(午)월에 태어나 득령(得令)하였다. 지지(地支)의 오술(午戌)이 반합(半合)하여 화(火)가 되고, 자진(子辰)이 반합(半合)하여 수(水)가 되고, 천간(天干)이 모두 도와주지 않으니 일주(日主)가 3 : 5로 득세(得勢)하여 사주가 비교적 약하다. 따라서 을목(乙木) 정인(正印)이 용신(用神)이고 화(火)는 희신(喜神)이다.

時	日	月	年
丙	乙	丙	甲
戌	酉	子	申

일주(日主) 을목(乙木)이 자(子)월에 태어나 득령(得令)하였고, 사주의 갑자(甲子)가 일주(日主)를 도와주니 일주(日主)가 3 : 5로 득세(得勢)하여 사주가 비교적 약하다. 따라서 계수(癸水) 효인(梟印)이 용신(用神)이고 목(木)은 희신(喜神)이다.

時	日	月	年
己	己	辛	庚
亥	亥	巳	戌

일주(日主) 기토(己土)가 사(巳)월에 태어나 득령(得令)하였다. 지지(地支)에서 해(亥) 2개가 사(巳)를 충(沖)하니 사(巳)는 신(身)을 돕지 못한다. 시간(時干)의 기토(己土)와 년지(年支)의 술토(戌土)가 신(身)을 도와준다. 따라서 일주(日主)가 3 : 4로 득세(得勢)하여 사주가 비교적 약하다. 병화(丙火) 정인(正印)이 용신(用神)이고 토(土)는 희신(喜神)이다.

時	日	月	年
丁	丙	癸	辛
酉	子	巳	丑

일주(日主) 병화(丙火)가 사(巳)월에 태어나 득령(得令)하였다. 지지(地支)의 사유축(巳酉丑)이 삼합(三合)하여 금국(金局)을 이루어 사화(巳火)는 신(身)을 돕지 못하고, 시간(時干)의 정화(丁火)가 일주(日主)를 도와준다. 따라서 일주(日主)가 2 : 6으로 득세(得勢)하여 사주가 비교적 약하므로 정화(丁火) 겁재(劫財)가 용신(用神)이다.

```
時 日 月 年
甲 癸 丙 辛
寅 卯 申 卯
```

계수(癸水)가 신(申)월에 태어나 득령(得令)하였다. 지지(地支)의 인신(寅申)이 요충(遙沖)하고, 묘목(卯木)이 인목(寅木)을 도와 목(木)이 왕하니 금(金)이 이지러져 인수(印綬)가 오히려 상하고, 년상(年上)의 신금(辛金)이 일주(日主)를 돕는다. 따라서 일주(日主)가 2 : 5로 득세(得勢)하여 사주가 비교적 약하므로 경금(庚金) 정인(正印)이 용신(用神)이다.

```
時 日 月 年
庚 丁 戊 己
戊 巳 辰 丑
```

일주(日主) 정화(丁火)가 진(辰)월에 태어나 실령(失令)하였다.

천간(天干)이 모두 설기(泄氣)되고 지지(地支)의 사화(巳火)가 도와준다. 지지(地支)의 진술(辰戌)이 상충(相沖)하여 진(辰)이 이기니 술(戌)은 신(身)을 돕지 못한다. 따라서 일주(日主)가 2 : 6으로 득세(得勢)하여 사주가 비교적 약하므로 을목(乙木) 정인(正印)이 용신(用神)이다.

時 日 月 年
甲 甲 甲 甲
戌 寅 戌 申

일주(日主) 갑목(甲木)이 술(戌)월에 태어나 실령(失令)하였다. 년지(年支)의 신금(申金)이 일지(日支)의 인목(寅木)을 충거(沖去)하여 신(身)의 뿌리를 뽑고, 갑(甲) 3개가 신(身)을 도와준다. 따라서 일주(日主)가 4 : 3으로 득세(得勢)하여 사주가 비교적 약하므로 임수(壬水) 편인(偏印)이 용신(用神)이다.

時 日 月 年
丁 癸 癸 壬
巳 酉 卯 辰

계수(癸水)가 묘(卯)월에 태어나 실령(失令)하였다. 지지(地支)의 묘유(卯酉)가 상충(相沖)하여 묘(卯)가 이기고, 천간(天干)의 수(水) 2개와 지지(地支)의 수고(水庫)가 신(身)을 돕는다. 따라서 일주(日主)가 4 : 3으로 득세(得勢)하여 사주가 비교적 약하므로 계수(癸水) 비견(比肩)이 용신(用神)이다.

```
時 日 月 年
庚 丁 丁 乙
戌 巳 亥 亥
```

일주(日主) 정화(丁火)가 해(亥)월에 태어나 실령(失令)하였고, 지지(地支)의 해수(亥) 2개가 사화(巳火)를 충거(沖去)하고, 술토(戌土)는 화(火)의 고(庫)가 되고, 년월(年月)에 을정(乙丁)이 있으니 일주(日主)가 4 : 3으로 득세(得勢)하여 사주가 비교적 약하므로 을목(乙木) 효인(梟印)이 용신(用神)이다.

```
時 日 月 年
己 乙 癸 甲
卯 丑 酉 辰
```

일주(日主) 을목(乙木)이 유(酉)월에 태어나 실령(失令)하였고, 월시(月時)의 유묘(酉卯)가 상충(相沖)하여 유금(酉金)이 이기고, 진토(辰土)는 목(木)의 여기(餘氣)가 되고, 천간(天干) 계갑(癸甲)이 신(身)을 도와주니 일주(日主)가 4 : 3으로 득세(得勢)하여 사주가 비교적 약하다. 따라서 갑목(甲木) 겁재(劫財)가 용신(用神)이고 수(水)는 희신(喜神)이다.

時 日 月 年
丙 丙 丙 丙
申 子 申 子

일주(日主) 병화(丙火)가 신(申)월에 태어나 실령(失令)하였고, 천간(天干)에 병(丙)이 4개 있고, 지지(地支)에는 뿌리가 없으니 일주(日主)가 4 : 4로 득세(得勢)하여 사주가 비교적 약하다. 따라서 갑목(甲木) 효인(梟印)이 용신(用神)이다.

時 日 月 年
戊 辛 癸 丁
戌 卯 卯 丑

일주(日主) 신금(辛金)이 묘(卯)월에 태어나 실령(失令)하였고, 지지(地支)의 묘(卯) 2개가 술(戌)을 다투어 합화(合火)로 논하지 않고, 지지(地支)의 토(土) 2개와 천간(天干)의 토(土) 1개가 신(身)을 도와주니 일주(日主)가 4 : 4로 득세(得勢)하여 녹왕지(祿旺地)를 얻지 못하여 사주가 비교적 약하다. 따라서 신금(辛金) 비견(比肩)이 용신(用神)이다.

時 日 月 年
壬 辛 辛 丁
辰 未 亥 亥

일주(日主) 신금(辛金)이 해(亥)월에 태어나 실령(失令)하였고, 일시(日時)의 토(土) 2개와 월상(月上)의 금(金) 1개가 신(身)을 돕는다. 따라서 일주(日主)가 4 : 4로 득세(得勢)했으나 녹왕지(祿旺地)를 얻지 못하여 사주가 비교적 약하다. 무토(戊土) 정인(正印)이 용신(用神)이다.

```
時 日 月 年
庚 庚 丙 甲
辰 辰 子 子
```

일주(日主) 경금(庚金)이 자(子)월에 태어나 실령(失令)하였고, 지지(地支)의 자(子) 2개와 진(辰) 2개가 합(合)하나 변하지 않고, 지지(地支)의 토(土) 2개와 천간(天干)의 금(金) 1개가 신(身)을 도와준다. 따라서 일주(日主)가 4 : 4로 득세(得勢)했으나 장생(長生)·건록(建祿)·제왕(帝旺)·고(庫)를 얻지 못하여 사주가 비교적 약하니 무토(戊土) 효인(梟印)이 용신(用神)이고 금(金)은 희신(喜神)이다.

```
時 日 月 年
辛 辛 辛 辛
卯 卯 卯 卯
```

일주(日主) 신금(辛金)이 묘(卯)월에 태어나 실령(失令)하였고,

지지(地支)에는 묘(卯)가 4개 있고 천간(天干)에는 금(金) 4개 있는데 뿌리가 없다. 따라서 일주(日主)가 4 : 4로 득세(得勢)했으나 사주가 비교적 약하므로 신금(辛金) 비견(比肩)이 용신(用神)이고 토(土)는 희신(喜神)이다.

```
時 日 月 年
丁 丁 辛 戊
未 巳 酉 寅
```

일주(日主) 정화(丁火)가 유(酉)월에 태어나 득령(得令)하였고, 지지(地支)의 사유(巳酉)가 반합(半合)하여 금(金)이 되고, 미(未)는 화(火)의 여기(餘氣)가 되니 일주(日主)가 4 : 4로 득세(得勢)했으나 사주가 비교적 약하므로 정화(丁火) 비견(比肩)이 용신(用神)이다.

```
時 日 月 年
甲 乙 己 戊
申 亥 酉 辰
```

일주(日主) 을목(乙木)이 유(酉)월에 태어나 실령(失令)하였고, 지지(地支)의 진유(辰酉)가 변하지 않아 진토(辰土)는 목(木)의 여기(餘氣)가 되고, 해갑(亥甲)이 신(身)을 도와준다. 따라서 일주(日主)가 4 : 4로 득세(得勢)하여 사주가 비교적 약하므로 임수(壬水)

정인(正印)이 용신(用神)이다.

```
時 日 月 年
乙 壬 乙 戊
巳 申 丑 午
```

일주(日主) 임수(壬水)가 축(丑)월에 태어나 실령(失令)하였고, 지지(地支)의 사신(巳申)이 합(合)하고, 축(丑)은 임수(壬水)의 여기(餘氣)가 되니 일주(日主)가 4 : 4로 득세(得勢)하여 사주가 비교적 약하다. 따라서 계수(癸水) 겁재(劫財)가 용신(用神)이고 금(金)은 희신(喜神)이다.

```
時 日 月 年
甲 甲 癸 庚
戌 午 未 寅
```

일주(日主) 갑목(甲木)이 미(未)월에 태어나 실령(失令)하였고, 지지(地支)의 인오술(寅午戌)이 삼합(三合)하여 화국(火局)을 이루고, 미(未)는 목(木)의 고(庫)가 되고, 천간(天干)에 인비(印比)가 1개씩 있다. 따라서 일주(日主)가 4 : 4로 득세(得勢)하여 사주가 비교적 약하므로 계수(癸水) 정인(正印)이 용신(用神)이다.

時	日	月	年
庚	壬	戊	癸
戌	寅	午	丑

일주(日主) 임수(壬水)가 오(午)월에 태어나 실령(失令)하였고, 지지(地支)의 인오술(寅午戌)이 삼합(三合)하여 화국(火局)을 이루고, 축(丑)은 임수(壬水)의 여기(餘氣)가 되고, 천간(天干)의 계경(癸庚)이 신(身)을 돕는다. 따라서 일주(日主)가 4 : 4로 득세(得勢)하여 사주가 약한 편므로 계수(癸水) 겁재(劫財)가 용신(用神)이다.

時	日	月	年
壬	壬	癸	丙
寅	戌	巳	辰

일주(日主) 임수(壬水)가 사(巳)월에 태어나 실령(失令)하였고, 천간(天干)에 비겁(比劫)이 2개 있고, 지지(地支)의 진토(辰土)는 수(水)의 고(庫)이니 신(身)을 도와준다. 따라서 일주(日主)가 4 : 4로 득세(得勢)하여 사주가 비교적 약하므로 계수(癸水) 겁재(劫財)가 용신(用神)이고 금(金)은 희신(喜神)이다.

時	日	月	年
丙	甲	己	己
寅	寅	巳	未

일주(日主) 갑목(甲木)이 사(巳)월에 태어나 실령(失令)하였고, 천간(天干)은 모두 갑목(甲木)을 설기(泄氣)하고, 지지(地支)의 인목(寅木) 2개가 갑목(甲木)을 돕고, 미토(未土)는 갑목(甲木)의 고(庫)가 된다. 따라서 일주(日主)가 4 : 4로 득세(得勢)하여 사주가 비교적 약하므로 갑목(甲木) 비견(比肩)이 용신(用神)이고 수(水)는 희신(喜神)이다.

```
時 日 月 年
癸 丁 癸 癸
卯 卯 亥 亥
```

일주(日主) 정화(丁火)가 해(亥)월에 태어나 실령(失令)하였고, 천간(天干)의 3계(癸)는 신(身)을 극(剋)하고, 지지(地支)의 해묘(亥卯)는 변하지 않으니 일주(日主)가 2인성(印星)의 상생(相生)을 얻고 3 : 5로 득세(得勢)하여 사주가 비교적 약하다. 따라서 을목(乙木) 효인(梟印)이 용신(用神)이고 화(火)는 희신(喜神)이다.

```
時 日 月 年
己 丙 乙 癸
丑 子 丑 卯
```

일주(日主) 병화(丙火)가 축(丑)월에 태어나 실령(失令)하였고, 간지(干支)의 을묘(乙卯)가 상생(相生)하니 일주(日主)가 3 : 5로 득세(得勢)하여 사주가 비교적 약하다. 따라서 을목(乙木) 정인(正印)이 용신(用神)이다.

時 日 月 年
戊 丙 己 丙
子 寅 亥 子

일주(日主) 병화(丙火)가 해(亥)월에 태어나 실령(失令)하였고, 천간(天干)의 비견(比肩)과 지지(地支)의 인목(寅木)이 신(身)을 생(生)하니 일주(日主)가 3 : 5로 득세(得勢)하여 사주가 비교적 약하다. 따라서 갑목(甲木) 효인(梟印)이 용신(用神)이다.

時 日 月 年
丁 辛 壬 丁
酉 巳 子 巳

일주(日主) 신금(辛金)이 자(子)월에 태어나 실령(失令)하였고, 천간(天干)은 모두 신(身)을 극설(剋洩)하고, 일시지(日時支)의 사유(巳酉)가 반합(半合)하여 금(金)이 되니 일주(日主)가 3 : 5로 득세(得勢)하여 사주가 비교적 약하다. 따라서 무토(戊土) 정인(正印)이 용신(用神)이고 금(金)은 희신(喜神)이다.

```
時 日 月 年
戊 丙 庚 庚
戌 午 辰 申
```

일주(日主) 병화(丙火)가 진(辰)월에 태어나 실령(失令)하였고, 천간(天干)은 모두 신(身)을 설기(泄氣)하고, 지지(地支)의 오술(午戌)이 반합(半合)하여 화(火)가 되어 신(身)을 도와주니 일주(日主)가 3 : 5로 득세(得勢)하여 사주가 비교적 약하다. 따라서 정화(丁火) 겁재(劫財)가 용신(用神)이며 왕한 재성(財星)을 제(制)하여 신(身)을 돕는다.

```
時 日 月 年
丁 壬 丁 癸
未 午 巳 酉
```

일주(日主) 임수(壬水)가 사(巳)월에 태어나 실령(失令)하였고, 지지(地支)의 사오미(巳午未)가 삼합(三合)하며 년간지(年干支)가 일주(日主)를 도와주니 일주(日主)가 3 : 5로 득세(得勢)하여 사주가 비교적 약하다. 따라서 계수(癸水) 겁재(劫財)가 용신(用神)이다.

```
時 日 月 年
己 庚 乙 甲
卯 辰 亥 午
```

일주(日主) 경금(庚金)이 해(亥)월에 태어나 실령(失令)하였고, 천간(天干)의 을경(乙庚)이 합(合)하나 변하지 않고, 시간(時干)의 기토(己土)와 일지(日支)의 진토(辰土)가 신(身)을 도와준다. 따라서 일주(日主)가 3 : 5로 득세(得勢)하여 사주가 비교적 약한데 재성(財星)이 왕하니 신금(辛金)이 용신(用神)이다.

時 日 月 年
丙 癸 乙 丁
辰 丑 巳 巳

계수(癸水)가 사(巳)월에 태어나 실령(失令)하였고, 축토(丑土)는 계수(癸水)의 여기(餘氣)이고, 진토(辰土)는 수(水)의 고(庫)가 된다. 일주(日主)는 겨우 2개의 지지(地支)에서만 도움을 받아 사주가 비교적 약하다. 따라서 계수(癸水) 겁재(劫財)가 용신(用神)이고 금(金)은 희신(喜神)이다.

時 日 月 年
戊 丙 壬 壬
戌 戌 子 子

일주(日主) 병화(丙火)가 자(子)월에 태어나 실령(失令)하였고, 겨우 2개의 지지(地支)가 신(身)의 고(庫)가 되니 사주가 비교적 약하다. 따라서 을목(乙木) 정인(正印)이 용신(用神)이다.

時 日 月 年
丙 庚 乙 甲
子 申 亥 子

일주(日主) 경금(庚金)이 해(亥)월에 태어나 실령(失令)하였고, 지지(地支)의 신자(申子)가 합(合)하나 변하지 않고, 신(申)은 녹지(祿地)가 되어 신(身)을 돕는다. 따라서 일주(日主)가 비교적 약하므로 무토(戊土) 효인(梟印)이 용신(用神)이고 금(金)은 희신(喜神)이다.

時 日 月 年
壬 丙 癸 壬
辰 午 丑 子

일주(日主) 병화(丙火)가 축(丑)월에 태어나 실령(失令)하였고, 지지(地支)의 자축(子丑)이 합(合)하나 변하지 않고, 자오(子午)가 충(沖)하지 않고, 병화(丙火)가 오(午) 제왕지(帝旺地)에 앉고, 일지(日支)의 오(午)는 일간(日干)의 겁재(劫財)가 되니 일주(日主)가 약한 편이다. 따라서 을목(乙木) 정인(正印)이 용신(用神)이다.

時 日 月 年
癸 丙 辛 戊
巳 午 酉 辰

일주(日主) 병화(丙火)가 유(酉)월에 태어나 실령(失令)하였고, 지지(地支)의 사유(巳酉)가 합(合)하여 사(巳)는 신(身)을 돕지 못하고, 오화(午火)는 병화(丙火)의 왕지(旺地)이며 겁재(劫財)가 되니 일주(日主)가 비교적 약하다. 따라서 정화(丁火) 겁재(劫財)가 용신(用神)이다.

時 日 月 年
戊 乙 丁 丙
寅 巳 酉 戌

일주(日主) 을목(乙木)이 유(酉)월에 태어나 실령(失令)하였고, 인목(寅木) 겁재(劫財)는 신(身)을 돕는데 인목(寅木)은 을목(乙木)의 왕지(旺地)가 되니 일주(日主)가 비교적 약하다. 따라서 임수(壬水) 정인(正印)이 용신(用神)이다.

時 日 月 年
丙 辛 甲 丙
申 卯 午 午

일주(日主) 신금(辛金)이 오(午)월에 태어나 실령(失令)하였고, 시지(時支)의 겁재(劫財) 1개만이 신(身)을 돕고, 시지(時支)의 신금(申金)은 신금(辛金)의 왕지(旺地)가 되니 일주(日主)가 비교적 약하다. 따라서 기토(己土) 효인(梟印)이 용신(用神)이고 금(金)은 희신(喜神)이다.

```
時 日 月 年
丁 乙 辛 癸
亥 酉 酉 未
```

일주(日主) 을목(乙木)이 유(酉)월에 태어나 실령(失令)하였고, 계해(癸亥)가 신(身)을 생(生)하고, 미토(未土)는 목(木)의 여기(餘氣)가 되고, 신금(辛金) 3개가 득록(得祿)하여 살중신경(殺重身輕)하다. 따라서 계수(癸水) 효인(梟印)을 용신(用神)으로 삼아 화살생신(化殺生身)하고, 식상(食傷)을 제(制)해야 한다.

```
時 日 月 年
甲 戊 甲 戊
寅 午 寅 子
```

일주(日主) 무토(戊土)가 인(寅)월에 태어나 실령(失令)하였고, 지지(地支)의 인오(寅午)가 합화(合化)하지 않고, 무오(戊午)가 도와주나 약한 편이고, 칠살(七殺)이 득령(得令)하였고, 살(殺) 4개가 신(身)을 극(剋)하니 살중신경(殺重身輕)하다. 따라서 정화(丁火) 정인(正印)이 용신(用神)이다.

時 日 月 年
甲 壬 戊 戊
辰 辰 午 辰

일주(日主) 임수(壬水)가 오(午)월에 태어나 실령(失令)하였고,
사주에 칠살(七殺)이 많고, 신(身)이 비록 3고(庫)에 앉았으나 신
약(身弱)하다. 따라서 갑목(甲木) 식신(食神)이 용신(用神)이다.

時 日 月 年
甲 己 丁 辛
子 未 丑 亥

일주(日主) 기토(己土)가 정화(丁火)와 미토(未土)의 도움을 받아
3 : 5로 득세(得勢)하여 사주가 비교적 약하니 정화(丁火) 편인(偏
印)이 용신(用神)이다. 이 사주는 신강(身强)한 것 같지만 기토(己
土)가 겨울에 태어나고 해자축(亥子丑)이 삼합(三合)하므로 약한
것으로 본다.

時 日 月 年
乙 己 戊 庚
亥 卯 子 辰

일주(日主) 기토(己土)가 자(子)월에 태어나 실령(失令)하였고,

지지(地支)의 해묘(亥卯)가 반합(半合)하고, 자진(子辰)이 합(合)하나 변하지 않고, 천간(天干)에 을목(乙木)이 투출(透出)하고, 간지(干支)의 2토(土)가 신(身)을 도우니 일주(日主)가 3 : 5로 득세(得勢)하여 사주가 약한 편이다. 따라서 화살생신(化殺生身)해야 하니 병화(丙火) 정인(正印)이 용신(用神)이다.

時	日	月	年
甲	戊	辛	乙
寅	申	巳	亥

일주(日主) 무토(戊土)가 사(巳)월에 태어나 득령(得令)하였고, 일시지(日時支)의 신인(申寅)이 충(沖)하여 신(申)이 이기고, 년월지(年月支)의 사해(巳亥)가 충(沖)하여 사(巳)가 이기니 일주(日主)가 약하다. 따라서 병화(丙火) 편인(偏印)이 용신(用神)이다.

時	日	月	年
乙	甲	甲	庚
丑	戌	申	戌

일주(日主) 갑목(甲木)이 신(申)월에 태어나 실령(失令)하였고, 천간(天干)에 갑을(甲乙)이 투출(透出)했으나 뿌리가 없으니 일주(日主)가 매우 약하다. 따라서 경금(庚金) 칠살(七殺)이 용신(用神)이고 토(土)는 희신(喜神)이다.

時　日　月　年
丁　丙　丁　庚
酉　辰　亥　辰

　일주(日主) 병화(丙火)가 해(亥)월에 태어나 실령(失令)하였고,
신(身)이 뿌리가 없고, 천간(天干)에 2개 있는 정화(丁火)의 도움
을 받지만 매우 약하다. 따라서 임수(壬水) 칠살(七殺)이 용신(用
神)이고 금(金)은 희신(喜神)이다.

時　日　月　年
甲　辛　庚　己
午　卯　午　卯

　일주(日主) 신금(辛金)이 오(午)월에 태어나 실령(失令)하였고,
신(身)이 뿌리가 없고, 천간(天干)의 토금(土金)이 도와주나 일주
(日主)가 매우 약하다. 따라서 정화(丁火) 칠살(七殺)이 용신(用
神)이다.

時　日　月　年
庚　壬　己　庚
戌　寅　卯　午

　일주(日主) 임수(壬水)가 묘(卯)월에 태어나 실령(失令)하였고,

지지(地支)가 모두 목화(木火)이니 신(身)의 뿌리가 없다. 천간(天干)에 있는 경금(庚金) 2개가 도와주나 일주(日主)가 매우 약하다. 따라서 기토(己土) 정관(正官)이 용신(用神)이고 화(火)는 희신(喜神)이다.

```
時 日 月 年
庚 戊 戊 庚
申 寅 寅 申
```

일주(日主) 무토(戊土)가 인(寅)월에 태어나 실령(失令)하였고, 인(寅)에 무토(戊土) 비견(比肩)이 암장(暗藏)되었으나 뿌리가 되지 못하고, 천간(天干)에 1개 있는 비견(比肩)이 도와주나 신약(身弱)하다. 따라서 갑목(甲木) 편관(偏官)이 용신(用神)이다.

```
時 日 月 年
戊 戊 壬 壬
午 子 寅 寅
```

일주(日主) 무토(戊土)가 인(寅)월에 태어나 실령(失令)하였고, 일시(日時)의 자오(子午)가 상충(相沖)하여 오화(午火)가 충거(沖去)하고, 인(寅) 중의 작은 뿌리와 시간(時干)의 비겁(比劫)이 일주(日主)를 도와주나 매우 약하다. 따라서 갑목(甲木) 편관(偏官)이 용신(用神)이고 재성(財星)은 희신(喜神)이다.

時	日	月	年
戊	辛	乙	丁
子	亥	巳	卯

일주(日主) 신금(辛金)이 사(巳)월에 태어나 실령(失令)하였고, 사해(巳亥)가 상충(相沖)하여 사(巳)가 이기고, 사(巳) 중에는 금(金)이 암장(暗藏)되었으나 뿌리가 되지 못하고, 무토(戊土)가 도와주나 일주(日主)가 매우 약하다. 따라서 병화(丙火) 정관(正官)이 용신(用神)이고 목(木)은 희신(喜神)이다.

時	日	月	年
辛	辛	丁	甲
卯	巳	卯	午

일주(日主) 신금(辛金)이 묘(卯)월에 태어나 실령(失令)하였고, 사(巳) 중에 경(庚)이 암장(暗藏)되었으나 뿌리가 되지 못하고, 시주(時柱)의 비견(比肩)이 도와주나 일주(日主)가 매우 약하다. 따라서 정화(丁火) 칠살(七殺)이 용신(用神)이다.

時	日	月	年
癸	壬	乙	丙
卯	午	未	辰

일주(日主) 임수(壬水)가 미(未)월에 태어나 실령(失令)하였고, 진토(辰土)는 신(身)의 뿌리가 아니라 고(庫)가 되고, 계수(癸水)는 겁재(劫財)가 되니 일주(日主)가 매우 약하다. 따라서 기토(己土) 정관(正官)이 용신(用神)이다.

時 日 月 年
辛 乙 甲 庚
巳 酉 申 辰

일주(日主) 을목(乙木)이 신(申)월에 태어나 실령(失令)하였고, 진토(辰土)는 을목(乙木)의 뿌리가 아니라 인성(印星)의 여기(餘氣)가 되고, 갑(甲)은 겁재(劫財)이니 일주(日主)가 매우 약하다. 따라서 경금(庚金) 정관(正官)이 용신(用神)이고 토(土)는 희신(喜神)이다.

時 日 月 年
壬 壬 甲 戊
寅 戌 寅 辰

일주(日主) 임수(壬水)가 인(寅)월에 태어나 실령(失令)하였고, 진토(辰土)는 신(身)의 뿌리가 아니라 고(庫)가 되고, 시주(時柱)에 비견(比肩)이 1개 있다. 일주(日主)는 2위의 도움을 받지만 사주가 매우 약하다. 따라서 무토(戊土) 칠살(七殺)이 용신(用神)이고 화(火)는 희신(喜神)이다.

```
時 日 月 年
庚 甲 丁 戊
午 辰 巳 戌
```

일주(日主) 갑목(甲木)이 사(巳)월에 태어나 실령(失令)하였고, 진토(辰土)는 신(身)의 뿌리가 아니라 인성(印星)의 여기(餘氣)이 므로 일주(日主)가 매우 약하다. 따라서 경금(庚金) 칠살(七殺)이 용신(用神)이다.

```
時 日 月 年
己 癸 戊 甲
未 巳 辰 午
```

계수(癸水)가 진(辰)월에 태어나 실령(失令)하였고, 진토(辰土)는 계수(癸水)의 뿌리가 아니라 인성(印星)의 묘고(墓庫)가 되니 일주 (日主)가 매우 약하다. 따라서 기토(己土) 칠살(七殺)이 용신(用神)이고 화(火)는 희신(喜神)이다.

```
時 日 月 年
壬 丙 壬 丁
辰 申 寅 丑
```

일주(日主) 병화(丙火)가 인(寅)월에 태어나 득령(得令)하였고, 인신(寅申)이 상충(相沖)하여 신금(申金)이 이기고, 천간(天干)의 정임(丁壬)이 합(合)하나 변하지 않으니 일주(日主)가 매우 약하다. 따라서 임수(壬水) 칠살(七殺)이 용신(用神)이고 금(金)은 희신(喜神)이다.

時　日　月　年
壬　己　壬　辛
申　亥　辰　酉

일주(日主) 기토(己土)가 진(辰)월에 태어나 득령(得令)하였고, 지지(地支)의 진유(辰酉)가 합(合)하여 금(金)이 되니 진토(辰土)는 기토(己土)를 돕지 못하여 일주(日主)가 매우 약하다. 따라서 을목(乙木) 칠살(七殺)이 용신(用神)이고 수(水)는 희신(喜神)이다.

時　日　月　年
壬　乙　丙　乙
午　酉　戌　卯

본명은 임수(壬水) 정인(正印)이 용신(用神)인 것 같지만 그렇지 않다. 일주(日主) 을목(乙木)이 술(戌)월에 태어나 실령(失令)하였고, 천간(天干)의 비인(比印)이 도와주고, 지지(地支)의 유묘(酉卯)가 충(沖)하여 묘목(卯木)이 패하니 신(身)이 뿌리가 없다. 따라서 일주(日主)가 3 : 4로 득세(得勢)하여 매우 약하므로 신금(辛金) 칠살(七殺)이 용신(用神)이고 토(土)는 희신(喜神)이다.

```
時 日 月 年
戊 庚 癸 戊
寅 寅 亥 子
```

일주(日主) 경금(庚金)이 해(亥)월에 태어나 실령(失令)하였고, 천간(天干)의 무토(戊土) 2개가 도와주나 뿌리가 없으니 일주(日主)가 매우 약하다. 따라서 병화(丙火) 칠살(七殺)이 용신(用神)이고 목(木)은 희신(喜神)이다.

```
時 日 月 年
丙 戊 庚 戊
辰 辰 申 子
```

일주(日主) 무토(戊土)가 신(申)월에 태어나 실령(失令)하였고, 지지(地支)의 신자진(申子辰)이 삼합(三合)하여 수국(水局)을 이루고, 천간(天干)에 비견(比肩)과 효신(梟神)이 1개씩 있으니 일주(日主)가 매우 약하다. 따라서 을목(乙木) 정관(正官)이 용신(用神)이고 재성(財星)은 희신(喜神)이다.

```
時 日 月 年
甲 庚 壬 壬
申 辰 子 午
```

일주(日主) 경금(庚金)이 자(子)월에 태어나 실령(失令)하였고, 지지(地支)의 신자진(申子辰)이 삼합(三合)하여 수국(水局)을 이루고, 일주(日主)는 뿌리가 없으니 매우 약하다. 따라서 임수(壬水) 식신(食神)이 용신(用神)이고 목(木)은 희신(喜神)이다.

```
時 日 月 年
庚 甲 丙 庚
午 寅 戌 戌
```

일주(日主) 갑목(甲木)이 술(戌)월에 태어나 실령(失令)하였고, 지지(地支)의 인오술(寅午戌)이 삼합(三合)하여 화국(火局)을 이루고, 일주(日主)는 뿌리가 없고 도움이 없으니 사주가 매우 약하다. 따라서 병화(丙火) 식신(食神)이 용신(用神)이고 토(土)는 희신(喜神)이다.

```
時 日 月 年
乙 戊 甲 乙
卯 寅 申 酉
```

일주(日主) 무토(戊土)가 신(申)월에 태어나 실령(失令)하였고, 뿌리가 미약하게 있으나 모두 신(身)을 도와주지 않고 극설(剋泄)하니 일주(日主)가 매우 약하다. 따라서 경금(庚金) 식신(食神)이 용신(用神)이다. 인(寅)은 장생지(長生地)이지만 신(身)을 극(剋)하므로 뿌리가 되지 못한다.

```
時 日 月 年
壬 庚 甲 癸
午 子 子 巳
```

일주(日主) 경금(庚金)이 자(子)월에 태어나 실령(失令)하였고, 사(巳) 중에 미약한 뿌리가 있으나 나머지는 모두 신(身)을 극설(剋泄)하니 일주(日主)가 매우 약하다. 따라서 계수(癸水) 상관(傷官)이 용신(用神)이고 목(木)은 희신(喜神)이다.

```
時 日 月 年
乙 壬 辛 己
巳 午 未 巳
```

일주(日主) 임수(壬水)가 미(未)월에 태어나 실령(失令)하였고, 지지(地支)의 사오미(巳午未)가 삼합(三合)하여 화국(火局)을 이루고, 신(身)은 뿌리가 없고, 천간(天干)의 정인(正印) 1개가 신(身)을 생(生)한다. 따라서 일주(日主)가 매우 약하므로 을목(乙木) 상관(傷官)이 용신(用神)이고 화(火)는 희신(喜神)이다.

```
時 日 月 年
庚 甲 丁 癸
午 午 巳 未
```

일주(日主) 갑목(甲木)이 사(巳)월에 태어나 실령(失令)하였고, 지지(地支)의 사오미(巳午未)가 삼합(三合)하여 화국(火局)을 이루고, 갑목(甲木)이 뿌리가 없다. 천간(天干)의 계수(癸水) 1개가 도와줄 뿐이니 일주(日主)가 매우 약하다. 따라서 정화(丁火) 상관(傷官)이 용신(用神)이고 토(土)는 희신(喜神)이다.

```
時 日 月 年
己 庚 丙 丁
卯 午 午 卯
```

일주(日主) 경금(庚金)이 오(午)월에 태어나 실령(失令)하였고, 지지(地支)가 모두 목화(木火)이니 경금(庚金)의 뿌리가 없고, 기토(己土) 1개가 일주(日主)를 생(生)하나 매우 약하다. 따라서 임수(壬水) 식신(食神)이 용신(用神)이고 목(木)은 희신(喜神)이다.

```
時 日 月 年
丙 庚 丁 己
子 寅 卯 亥
```

일주(日主) 경금(庚金)이 묘(卯)월에 태어나 실령(失令)하였고,
지지(地支)에는 경금(庚金)의 뿌리가 없고, 지지(地支)가 모두 신
(身)을 설기(泄氣)한다. 천간(天干)의 기토(己土) 1개가 도와줄 뿐
이니 일주(日主)가 매우 약하다. 따라서 임수(壬水) 식신(食神)이
용신(用神)이다.

```
時 日 月 年
丁 乙 丁 辛
丑 未 酉 酉
```

일주(日主) 을목(乙木)이 유(酉)월에 태어나 실령(失令)하였고,
일지(日支)의 미(未)는 을목(乙木)의 여기(餘氣)이고, 축(丑)과 상
충(相沖)하여 미약한 을목(乙木)의 뿌리를 제거하니 일주(日主)가
매우 약하다. 따라서 정화(丁火) 식신(食神)이 용신(用神)이다.

```
時 日 月 年
丁 丁 壬 戊
未 丑 戌 辰
```

일주(日主) 정화(丁火)가 술(戌)월에 태어나 실령(失令)하였고, 월지(月支)의 술(戌)은 정화(丁火)의 묘고(墓庫)가 되고, 시지(時支)의 미(未)는 정화(丁火)의 여기(餘氣)가 된다. 그러나 년월지(年月支)의 진술(辰戌)이 상충(相沖)하여 술토(戌土)가 패하니 신(身)을 돕지 못하고, 일시지(日時支)의 축미(丑未)가 상충(相沖)하여 미토(未土)가 패하니 신(身)을 돕지 못한다. 천간(天干)의 정화(丁火) 2개가 임수(壬水)를 합(合)하나 합(合)으로 논하지 않는다. 일주(日主)가 1개 있는 비견(比肩)의 도움을 받으나 매우 약하다. 따라서 무토(戊土) 상관(傷官)이 용신(用神)이고 금(金)은 희신(喜神)이다.

時 日 月 年
庚 戊 戊 庚
申 子 子 辰

일주(日主) 무토(戊土)가 자(子)월에 태어나 실령(失令)하였고, 재성(財星)이 당령(當令)하고, 지지(地支)의 신자진(申子辰)이 삼합(三合)하여 재국(財局)을 이루고, 천간(天干)의 경금(庚) 2개가 상생(相生)하니 재성(財星)이 특히 왕하다. 일주(日主)가 뿌리가 없는데 천간(天干)의 비견(比肩)만이 도와줄 뿐이니 일주(日主)가 매우 약하여 종재격(從財格)이 되었다. 따라서 계수(癸水) 정재(正財)가 용신(用神)이고 금(金)은 희신(喜神)이다.

```
時  日  月  年
戊  庚  壬  壬
寅  寅  寅  寅
```

일주(日主) 경금(庚金)이 인(寅)월에 태어나 실령(失令)하였고,
년월일시지(年月日時支)가 모두 재성(財星)인데 2임(壬)의 상생(相
生)을 받아 재성(財星)이 특히 왕하다. 그러나 경금(庚金)이 뿌리
가 없고, 시간(時干)의 무토(戊土) 1개만이 도와주니 일주(日主)가
매우 약하여 기명종재격(棄命從財格)이 되었다. 따라서 갑목(甲木)
편재(偏財)가 용신(用神)이다.

```
時  日  月  年
庚  戊  壬  壬
申  申  子  辰
```

일주(日主) 무토(戊土)가 자(子)월에 태어나 실령(失令)하였고,
지지(地支)의 신자진(申子辰)이 삼합(三合)하여 재국(財局)을 이루
고, 천간(天干)의 식신(食神)이 재성(財星)을 생(生)하니 재성(財
星)이 매우 왕하다. 그러나 일주(日主)는 도움이 없어 매우 약하므
로 기명종재격(棄命從財格)이 되었다. 따라서 임수(壬水) 편재(偏
財)가 용신(用神)이다.

時 日 月 年
乙 己 丁 壬
亥 卯 未 寅

일주(日主) 기토(己土)가 미(未)월에 태어나 득령(得令)하였고, 지지(地支)의 해묘미(亥卯未)가 삼합(三合)하여 화살(化殺)하고, 천간(天干)의 정임(丁壬)이 합(合)하여 화살(化殺)하니 살(殺)이 왕하다. 그러나 기토(己土)가 뿌리가 없고 도움이 없으니 일주(日主)가 매우 약하여 기명종살격(棄命從殺格)이 되었다. 따라서 을목(乙木) 칠살(七殺)이 용신(用神)이다.

時 日 月 年
丙 庚 壬 丁
戌 午 寅 卯

일주(日主) 경금(庚金)이 인(寅)월에 태어나 실령(失令)하였고, 지지(地支)의 인오술(寅午戌)이 삼합(三合)하여 화국(火局)을 이루고, 천간(天干)의 정임(丁壬)이 합(合)하여 재성(財星)이 살(殺)을 생(生)한다. 그러나 경금(庚金)이 뿌리가 없어 도움을 받지 못하니 일주(日主)가 매우 약하여 기명종살격(棄命從殺格)이 되었다. 따라서 병화(丙火) 칠살(七殺)이 용신(用神)이다.

時 日 月 年
乙 乙 辛 辛
酉 酉 丑 巳

일주(日主) 을목(乙木)이 축(丑)월에 태어나 실령(失令)하였고, 지지(地支)의 사유축(巳酉丑)이 삼합(三合)하여 화살(化殺)하고, 천간(天干)에 신금(辛金)이 2개 있고, 일주(日主)는 뿌리가 없다. 오직 시주(時柱)에 있는 비견(比肩)의 도움을 받을 뿐이니 일주(日主)가 매우 약하여 기명종살격(棄命從殺格)이 되었다. 따라서 신금(辛金) 칠살(七殺)이 용신(用神)이다.

時 日 月 年
丙 庚 壬 壬
子 辰 子 申

일주(日主) 경금(庚金)이 자(子)월에 태어나 실령(失令)하였고, 지지(地支)의 신자진(申子辰)이 삼합(三合)하여 수국(水局)을 이루고, 천간(天干)에 임수(壬水)가 2개 있으니 식상(食傷)이 매우 왕하다. 그러나 일주(日主)가 뿌리가 없고 매우 약하므로 기명종식상격(棄命從食傷格)이 되었다. 따라서 임수(壬水) 식신(食神)이 용신(用神)이고 목(木)은 희신(喜神)이다.

```
時 日 月 年
戊 丙 辛 己
戌 戌 未 未
```

일주(日主) 병화(丙火)가 여름철인 미(未)월에 태어났는데, 지지(地支)가 모두 토(土)이다. 비록 미토(未土)는 병화(丙火)의 여기(餘氣)이고, 술토(戌土)는 병화(丙火)의 묘고(墓庫)이나 신약(身弱)한 편이므로 토(土)의 도설(盜泄)을 감당하기 어려워 기명종아격(棄命從兒格)이 되었다. 따라서 기토(己土) 상관(傷官)이 용신(用神)이고 재성(財星)은 희신(喜神)이다.

```
時 日 月 年
丙 癸 壬 丁
辰 卯 寅 卯
```

계수(癸水)가 인(寅)월에 태어났는데 지지(地支)가 모두 인묘진(寅卯辰) 일기(一氣)이고, 천간(天干)에 정임(丁壬)이 합(合)하여 목(木)이 되니 식상(食傷)이 매우 왕하다. 그러나 일주(日主)가 뿌리가 없고 도움이 없어 매우 약하니 기명종식상격(棄命從食傷格)이 되었다. 따라서 갑목(甲木) 상관(傷官)이 용신(用神)이고 화(火)는 희신(喜神)이다.

時 日 月 年
庚 乙 壬 甲
辰 未 申 午

일주(日主) 을목(乙木)이 신(申)월에 태어났는데 일시(日時)의 을
경(乙庚)이 합(合)하여 금(金)이 되었다. 따라서 화신(化神)인 경
금(庚金)이 용신(用神)이고 토(土)는 희신(喜神)이다.

時 日 月 年
甲 壬 丁 己
戌 午 卯 卯

일주(日主) 임수(壬水)가 묘(卯)월에 태어났는데 천간(天干)의 정
임(丁壬)이 합(合)하여 목(木)이 되니 갑목(甲木)을 가장 기뻐한
다. 따라서 을목(乙木) 화신(化神)이 용신(用神)이고 화(火)는 희
신(喜神)이다.

時 日 月 年
辛 壬 丁 甲
亥 辰 卯 辰

일주(日主) 임수(壬水)가 묘(卯)월에 태어났는데 천간(天干)에 정
임(丁壬)이 합(合)하여 목(木)이 되었다. 따라서 묘목(卯木) 화신

(化神)이 용신(用神)이고 화(火)는 희신(喜神)이다.

```
時 日 月 年
癸 壬 丁 己
卯 午 卯 卯
```

일주(日主) 임수(壬水)가 묘(卯)월에 태어났는데 천간(天干)의 정임(丁壬)이 합(合)하여 목(木)이 되니 을목(乙木) 화신(化神)이 용신(用神)이고 화(火)는 희신(喜神)이다.

```
時 日 月 年
戊 癸 丙 己
午 丑 寅 巳
```

일주(日主) 계수(癸水)가 인(寅)월에 태어났는데 월간(月干)에 병(丙)이 투출(透出)하고, 지지(地支)의 인오(寅午)가 합화(合火)하고, 일시간(日時干)의 무계(戊癸)가 합(合)한다. 따라서 병화(丙火) 화신(化神)이 용신(用神)이고 목(木)은 희신(喜神)이다.

```
時 日 月 年
戊 癸 丙 丁
午 巳 午 未
```

일주(日主) 계수(癸水)가 오(午)월에 태어났는데 지지(地支)의 사오미(巳午未)가 삼합(三合)하여 화국(火局)을 이루고, 천간(天干)의 무계(戊癸)가 합(合)하여 화(火)가 된다. 따라서 정화(丁火) 화신(化神)이 용신(用神)이다.

```
時  日  月  年
戊  癸  辛  甲
午  亥  未  寅
```

일주(日主) 계수(癸水)가 미(未)월에 태어났는데 일시(日時)의 무계(戊癸)가 합(合)하여 화(火)가 된다. 따라서 정화(丁火) 화신(化神)이 용신(用神)이다.

```
時  日  月  年
己  甲  壬  戊
巳  辰  戌  辰
```

일주(日主) 갑목(甲木)이 술(戌)월에 태어났는데 천간(天干)의 갑기(甲己)가 합(合)하여 토(土)가 되었다. 따라서 무토(戊土) 화신(化神)이 용신(用神)이고 금(金)은 희신(喜神)이다.

```
時 日 月 年
己 甲 甲 己
巳 子 戌 卯
```

일주(日主) 갑목(甲木)이 술(戌)월에 태어났는데 천간(天干)의 갑
(甲) 2개와 기(己) 2개가 합(合)하니 오히려 유정하며 위배되지 않
는다. 따라서 무토(戊土) 화신(化神)이 용신(用神)이다.

```
時 日 月 年
乙 庚 壬 戊
酉 申 戌 申
```

일주(日主) 경금(庚金)이 술(戌)월에 태어났는데 지지(地支)의 신
유술(申酉戌)이 금국(金局)을 이루고, 천간(天干)의 을경(乙庚)이
화신(化神)이 되어 화기(化氣)가 유여하다. 따라서 경금(庚金) 화
신(化神)이 용신(用神)이고 수(水)가 희신(喜神)이다.

```
時 日 月 年
癸 丙 辛 壬
巳 申 亥 子
```

일주(日主) 병화(丙火)가 해(亥)월에 태어났는데 천간(天干)의 병
신(丙辛)이 합(合)하여 수(水)가 된다. 따라서 임수(壬水) 화신(化

神)이 용신(用神)이고 목(木)은 희신(喜神)이다.

```
時 日 月 年
庚 丙 辛 壬
壬 午 亥 申
```

일주(日主) 병화(丙火)가 해(亥)월에 태어났는데 병신(丙辛)이 합
화(合化)한다. 따라서 임수(壬水) 화신(化神)이 용신(用神)이고 희
신(喜神)은 목(木)이다.

```
時 日 月 年
己 乙 甲 癸
卯 亥 寅 未
```

일주(日主) 을목(乙木)이 인(寅)월에 태어나 득령(得令)하였고,
지지(地支)에 해묘미(亥卯未)가 모두 있고, 사주에 금(金)이 없으
니 곡직격(曲直格)이 되었다. 따라서 갑목(甲木) 겁재(劫財)가 용
신(用神)이다.

```
時 日 月 年
乙 丙 甲 丙
未 戌 午 寅
```

일주(日主) 병화(丙火)가 오(午)월에 태어나 득령(得令)하였고, 지지(地支)에 수(水)가 없고 온통 화(火)이니 염상격(炎上格)이 되었다. 따라서 병화(丙火) 비견(比肩)이 용신(用神)이다.

```
時 日 月 年
戊 己 癸 壬
辰 丑 丑 午
```

일주(日主) 기토(己土)가 축(丑)월에 태어나 득령(得令)하였고, 지지(地支)가 온통 화토(火土)이고, 시간(時干)에 무토(戊土)가 투출(透出)하여 가색격(稼穡格)이 되었다. 따라서 기토(己土) 비견(比肩)이 용신(用神)이다.

```
時 日 月 年
壬 癸 辛 壬
子 丑 亥 子
```

계수(癸水)가 해(亥)월에 태어나 득령(得令)하였고, 사주에 토(土)가 없는데 지지(地支)에 해자축(亥子丑) 수국(水局)이 있으니 윤하격(潤下格)이 되었다. 따라서 임수(壬水) 겁재(劫財)가 용신(用神)이다.

時 日 月 年
丁 甲 丁 甲
卯 午 卯 午

이 사주는 목화(木火)가 반반으로 구성되어 양기성상격(兩氣成象格)이 되었다. 따라서 정화(丁火) 상관(傷官)이 용신(用神)이다.

時 日 月 年
乙 丁 乙 丁
巳 卯 巳 卯

이 사주는 목화(木火)가 반반으로 구성되어 양기성상(兩氣成象)인데 일주(日主)가 화(火)이고 목(木)은 화(火)의 세력을 따르니 염상격(炎上格)이 되었다. 따라서 화(火)가 용신(用神)이므로 목화토(木火土)운은 길하나 금수(金水)운은 흉하다.

時 日 月 年
戊 丙 戊 丙
戌 午 戌 午

이 사주는 화토(火土)가 반반으로 구성되어 양기성상격(兩氣成象格)이다. 따라서 무토(戊土) 식신(食神)이 용신(用神)이다.

```
時  日  月  年
辛  戊  辛  戊
酉  戌  酉  戌
```

이 사주는 토금(土金)이 반반으로 구성되어 양기성상격(兩氣成象格)이다. 따라서 신금(辛金) 상관(傷官)이 용신(用神)이다.

```
時  日  月  年
己  丁  丙  丁
酉  酉  午  酉
```

이 사주는 화금(火金)이 싸우므로 통관(通關)시키는 토(土)가 용신(用神)이다.

```
時  日  月  年
乙  甲  庚  癸
亥  寅  申  亥
```

이 사주는 금목(金木)이 싸우므로 통관(通關)시키는 수(水)가 용신(用神)이다.

時	日	月	年
戊	庚	癸	戊
寅	寅	亥	子

이 사주는 무계(戊癸)가 합(合)하고, 계수(癸水)가 통근(通根)하고, 수목(水木)이 많아 설기(泄氣)가 심하다. 따라서 무토(戊土)로 식상(食傷)을 제(制)해야 하니 무토(戊土)가 용신(用神)이다.

時	日	月	年
乙	壬	壬	丙
巳	申	辰	子

이 사주는 일주(日主)가 매우 왕하고, 진(辰) 중의 을목(乙木) 여기(餘氣)가 시간(時干)에서 일주(日主)를 설기(泄氣)하니 을목(乙木)이 억부용신(抑扶用神)이다.

時	日	月	年
乙	癸	丁	己
卯	丑	丑	卯

이 사주는 월지(月支)의 칠살(七殺)이 년간(年干)에 나타나 있으니 식신(食神)으로 제(制)해야 하므로 을목(乙木)이 억부용신(抑扶用神)이다.

```
時 日 月 年
甲 丁 己 壬
辰 丑 酉 戌
```

이 사주는 월지(月支)의 재성(財星)이 왕하여 관(官)을 생(生)하
는데 기토(己土) 식신(食神)이 임수(壬水) 관성(官星)을 손상시키
니 병(病)이 되었다. 따라서 갑목(甲木)으로 병(病)인 기토(己土)
를 제거해야 하므로 갑목(甲木)이 병약용신(病藥用神)이다.

```
時 日 月 年
甲 辛 癸 壬
午 丑 丑 辰
```

이 사주는 금한수냉(金寒水冷)하니 시지(時支)의 오화(午火)로 녹
여 주어야 하므로 오화(午火)가 조후용신(調候用神)이다.

```
時 日 月 年
丙 甲 戊 庚
寅 寅 子 寅
```

일주(日主) 갑목(甲木)이 자(子)월에 태어나 득령(得令)·득지(得
地)·득세(得勢)하여 신강(身强)하다. 대지가 꽁꽁 얼어붙어 따뜻
한 봄을 그리워하는데 다행히 시간(時干)에 병화(丙火) 태양이 있

으니 병화(丙火) 식신(食神)이 조후용신(調候用神)이다.

時 日 月 年
乙 庚 壬 壬
酉 辰 子 午

 일주(日主) 경금(庚金)이 자(子)월에 태어나 한습하니 년지(年支)
의 오화(午火)가 조후용신(調候用神)이다.

時 日 月 年
庚 丙 戊 辛
寅 午 戌 酉

 일주(日主) 병화(丙火)가 술(戌)월에 태어나 실령(失令)하였다.
그러나 지지(地支)의 인오술(寅午戌)이 삼합(三合)하여 화국(火局)
을 이루니 신강(身强)하다. 양인(羊刃)과 재성(財星)이 대립하므로
무토(戊土) 식신(食神)이 통관용신(通關用神)이다.

時 日 月 年
庚 辛 乙 辛
寅 酉 未 卯

 이 사주는 금목(金木)이 반반으로 구성되어 세력이 비슷하므로

수(水)가 통관용신(通關用神)이다.

```
時 日 月 年
甲 甲 甲 己
戌 子 戌 未
```

일주(日主) 갑목(甲木)이 술(戌)에 태어나 실령(失令)하여 신약 (身弱)하니 자수(子水)로 용신(用神)을 삼아야 한다. 그러나 술미 토(戌未土)가 극(剋)하여 쓸 수가 없으니 토(土)가 병(病)이고 갑 (甲)이 약(藥)이다. 따라서 갑목(甲木) 비견(比肩)이 병약용신(病 藥用神)이다.

12장. 오행(五行)의 희기(喜忌)

1. 목(木)

목(木)은 봄철에 왕하다. 갑(甲)은 양목(陽木)·교목(喬木)이 되고, 을(乙)은 음목(陰木)·초목(草木)이 된다. 목(木)은 동방·청색·인(仁)을 나타내고, 위로 자라며 아래로 뿌리를 묶는 것이 특성이다. 만일 가지와 잎이 무성하면 마땅히 금(金)으로 거두고, 토(土)로 배양하여 근본을 공고히 하고, 수(水)로 적당하게 자윤(滋潤)해야 길하다. 만일 수(水)가 부족하면 목(木)은 생(生)하지 못하나 지나치게 많으면 떠다니니 흉하다.

갑인(甲寅)·을묘(乙卯)·갑진(甲辰)일생은 활목(活木)인데 화(火)로 따뜻하게 해주면 목화통명(木火通明)을 이루어 길하고, 갑신(甲申)·을유(乙酉)·갑오(甲午)일생은 사목(死木)인데 금(金)으로 잔가지와 죽은 잎을 다듬어주면 길하다.

1) 춘월 목(木)

봄철은 아직 차가운 기운이 남아 있으니 춘월 목(木)은 화(火)로 따뜻하게 해주고 수(水)로 적당히 자윤(滋潤)해주면 활기가 넘쳐 길하다. 그러나 수(水)가 많으면 목(木)이 물에 뜨니 흉하고, 화(火)가 강한데 수(水)가 없으면 뿌리와 잎이 마르니 흉하다. 초춘에는 목(木)이 어리므로 금(金)과 토(土)가 많으면 좋지 않으나 중춘에는 토(土)를 가장 기뻐한다.

2) 진(辰)월 목(木)

진(辰)월은 날씨가 더워지는 때이니 진(辰)월 목(木)은 수(水)로 도와주면 길하다. 만춘에는 수(水)가 부족한 때이니 화(火)가 너무 많으면 가지와 잎이 마르니 안 되고, 계춘(季春)의 목(木)은 실령(失令)하는 때이니 수(水)가 없으면 안 되고, 금(金)이 강하여 심하게 치면 안 되나 목(木)이 왕하면 경금(庚金)으로 다듬어주면 동량을 이루고, 토(土)가 많으면 힘이 줄고, 토(土)가 박하면 재물이 풍부하다.

3) 하월 목(木)

여름철은 날씨가 뜨거운 때이니 하월 목(木)은 뿌리와 잎이 마르므로 수(水)가 적으면 안 되고, 화(火)가 왕하면 목(木)이 타니 안 된다. 만일 수(水)가 구해주지 않으면 하격의 명이 된다. 토(土)는 얇은 것이 좋다. 만일 두터우면 재다신약(財多身弱)이 되어 화가 된다. 만일 목(木)이 왕한데 화(火)가 많을 때는 부득이 1~2개의 토(土)로 화기(火氣)를 설(泄)하면 식상생재격(食傷生財格)이 된다. 수(水)운은 길하나 화토(火土)운은 흉하고, 금(金)이 배합되어 수원(水源)을 발하면 길하나 금(金)이 많아 극설교가(剋泄交加)가 되면 흉하다. 그러나 사주에 수(水)가 힘이 있으면 금(金)이 부족해도 무방하다.

4) 추월 목(木)

가을철은 숙살하는 때이니 추월 목(木)은 피폐해진다. 초추에는 아직 화기(火氣)가 뜨거우니 수(水)로 식혀주면 길하고, 토(土)로 뿌리를 재배해주면 길하니 수토(水土)가 부족하면 안 된다. 중추에는 화(火)가 금(金)을 제(制)하여 기물을 이루면 길하나 금(金)이 많으면 약한 목(木)이 다치니 좋지 않다. 따라서 금(金)은 지지(地支)에 암장(暗藏)되는 것이 좋다. 만일 금(金)이 천간(天干)에 나타나면 반드시 병정(丙丁)으로 제(制)하여 목(木)을 보호해야 귀격의 명을 이룬다. 중추 후에는 화(火)는 길하나 금(金)은 흉하니 금(金)이 많으면 수명이 줄어든다. 추월 목(木)은 금(金)이 많으면 가난하거나 요절하고, 중추 후에는 수(水)가 적은 것이 묘하다.

5) 술(戌)월 목(木)

술(戌)월은 토(土)가 왕성한 때이니 술(戌)월 목(木)은 반드시 계수(癸水)가 있어야 한다. 그러나 수(水)가 너무 많으면 목(木)이 뜨니 안 된다. 그리고 금(金)에게 상하는 것을 가장 두려워하니 금(金)을 만나면 화(火)로 제(制)해야 한다. 또 토(土)로 배양해야 목

(木)의 뿌리가 깊고 견고해진다. 따라서 수(水)를 용(用)하고 목(木)을 기뻐하므로 금(金)에게 상하는 것을 가장 꺼린다.

6) 동월 목(木)

겨울철은 매우 추운 때이니 동월 목(木)은 화(火)로 따뜻하게 해주고 토(土)로 뿌리를 배양해주면 길하다. 만일 수(水)가 왕성하면 술미(戌未) 조토(燥土)로 제(制)하면 길하나 진축(辰丑) 습토(濕土)는 좋지 않다. 동월 목(木)은 먼저 화(火)를 쓰고 토(土)로 보좌하는 것이 가장 좋으나 화(火)가 없으면 토(土)를 쓴다. 수(水)는 많으면 얼어붙어 목(木)을 손상시키니 흉하다.

2. 화(火)

병화(丙火)는 양화(陽火)이며 태양의 불이고, 정화(丁火)는 음화(陰火)이며 인간의 불이다. 화(火)는 남방·적색·예(禮)를 주관하며 빛과 열을 함유하고 있다. 화(火)는 모름지기 목(木)으로 도와야 광휘가 나타나고, 수(水)를 얻어야 수화기제(火氣旣濟)를 이룬다. 병화(丙火)는 임수(壬水)의 휘영(輝映)을 기뻐하고, 정화(丁火)는 갑목(甲木)의 조염(助焰)을 기뻐한다.

1) 춘월 화(火)

춘월의 화(火)는 모왕자상(母旺子相)하니 목(木)을 기뻐하나 지나치게 왕하면 화염(火炎)이 되므로 좋지 않다. 이때는 수(水)로 상제(相濟)해야 기뻐하나 수(水)가 지나치게 성하면 목(木)이 설기(泄氣)하지 못하니 좋지 않다. 이때는 토(土)로 제(制)해야 하나 토(土)가 지나치게 성하면 화(火)가 꺼지고, 화(火)가 성한데 토(土)가 많으면 조열하여 생기가 끊어지니 반드시 수(水)가 있어야 한다. 병화(丙火)는 임수(壬水)보다 무토(戊土)를 두려워한다. 화(火)가 왕한데 금(金)이 많을 때는 금(金)이 용신(用神)이면 부격의 명을 이룬다. 만일 춘월 화(火)가 목(木)이 많으면 금(金)으로 제(制)하면 좋으나 화(火)를 만나면 매우 흉하다. 만일 사주에 화(火)가 없으면 목(木)이 길하나 금토(金土)는 흉하다.

2) 하월 화(火)

여름철 화(火)는 사령(司令) 당권(當權)하니 수(水)로 조후(調候)하면 길하나 목(木)이 많으면 화(火)가 왕하여 저절로 타버리니 요절할 염려가 있다. 금(金)이 많을 때는 수(水)를 돕고 목(木)을 제(制)하면 반드시 대부격을 이루고, 토(土)가 많으면 가색격(稼穡格)을 이룬다. 그러나 금(金)이나 토(土) 모두 수(水)가 부족하면 안 된다.

3) 추월 화(火)

추월의 화(火)는 왕한 시절은 가고 황혼이 다가오는 것과 같다. 이때는 목화(木火) 인비(印比)로 도와주면 다시 밝아지나 수(水)가 극(剋)하면 끊어질 염려가 있다. 초추에는 수(水)를 1개 만나는 것은 무방하나 중추 후에는 흉하다. 그러나 강한 목(木)을 만나면 수

(水)를 두려워하지 않는다. 만일 토(土)가 중하면 화(火)가 빛을 잃으니 비겁(比劫)으로 설기(泄氣)해야 하고, 금(金)이 너무 많으면 신약(身弱)해지니 부잣집에 사는 가난한 명이 된다. 이때는 목화(木火)가 도와주어야 희망이 있다.

4) 동월 화(火)

동월의 화(火)는 목인(木印)이 도와주면 길하나 수(水)가 극(剋)하면 흉하다. 이때는 토(土)로 수(水)를 제(制)하면 기뻐한다. 만일 홀로 한토(寒土)를 만나면 힘이 약해지니 병정(丙丁)으로 도와야 한다. 화토(火土)가 서로 도우면 비로소 난목(暖木)이 화(火)를 보호해준다. 약한 화(火)가 경신금(庚辛金)을 만나면 신약(身弱)한데 재성(財星)이 강하니 오히려 해롭다.

3. 토(土)

토(土)는 입춘(立春)·입하(立夏)·입추(立秋)·입동(立冬) 전의 18일 동안 왕성하다. 무토(戊土)는 양토(陽土)·성장(城墻)·제방토이고, 기토(己土)는 음토(陰土)·전원토(田園土)이다. 토(土)는 중앙에 모였다가 사우(四隅)로 흩어지며 황색과 신(信)을 주관한다. 진술(辰戌)은 양토(陽土)이고 축미(丑未)는 음토(陰土)다. 축(丑)은 금고(金庫), 진(辰)은 수고(水庫), 미(未)는 목고(木庫), 술(戌)은 화고(火庫)다. 축(丑)은 수(水)의 여기(餘氣), 진(辰)은 목(木)의 여기(餘氣), 미(未)는 화(火)의 여기(餘氣), 술(戌)은 금(金)

의 여기(餘氣)다. 진미(辰未)는 수목(水木)이 되어 만물을 자생하고, 술축(戌丑)은 화금(火金)이 되어 만물을 숙살한다.

1) 춘월 토(土)

춘월의 토(土)는 화(火)가 도와주면 길하나 목(木)이 너무 성하면 안 된다. 목(木)이 많을 때는 금(金)으로 제(制)하면 이로우나 금(金)이 너무 많으면 토(土)를 설기(泄氣)하니 안 된다. 그리고 수(水)가 범람하면 비겁(比劫)으로 제(制)해야 공을 이룬다. 춘월에는 토(土)가 약해지는 때이니 목(木)이 극설(剋泄)하면 가장 흉하고, 수(水)가 많으면 가라앉으니 흉하고, 목(木)을 도와주면 신(身)을 극(剋)하니 흉하다. 그러나 청명(淸明) 후에 토(土)가 당령(當令)하고 화(火)도 득세(得勢)할 때는 수(水)가 도와주면 길하다. 춘월의 토(土)는 목(木)이 많으면 화(火)가 좋고, 수(水)가 많으면 토(土)가 좋다.

2) 하월 토(土)

여름철은 화염토조(火炎土燥)한 때이니 하월 토(土)는 수(水)로 조후(調候)해주면 가장 길하고, 목(木)이 화(火)를 도와주면 흉하다. 그러나 사주에 수(水)가 있으면 목(木)이 부족하니 해가 된다. 토(土)가 수화상제(水火相濟)를 만나 왕성해지면 목(木)이 없어도 화(火)를 생(生)하고 토(土)를 극(剋)한다. 이때 토(土)가 왕하고 수(水)가 있으면 오히려 목(木)이 있는 것이 길하다.

하월의 토(土)가 수(水)를 쓰려면 금(金)의 발원이 있어야 한다.

그렇지 않으면 수기(水氣)가 끊기므로 금(金)으로 설기(泄氣)하는 것이 가장 좋다. 만일 비겁(比劫)을 꺼리는데 비겁(比劫)을 거듭 만나면 막혀 통하지 못한다. 이때는 목(木)으로 소통시켜야 하는데 반드시 습목(濕木)을 써야 한다. 그렇지 않고 조목(燥木)을 쓰면 화염(火炎)을 돕는 형상이 되어 흉하다. 하월 토(土)는 목(木)으로 소통시키려면 사주에 반드시 수(水)로 배합시켜야 한다.

3) 추월 토(土)

추월의 토(土)는 자왕모쇠(子旺母衰)하므로 화(火)로 금(金)을 제(制)하고 토(土)를 생(生)하면 길하다. 토금(土金) 상관(傷官)은 패인(佩印)하는 것이 마땅하며 화(火)운으로 흐르면 반드시 귀격을 이룬다. 만일 목(木)이 지나치게 왕하여 신(身)을 극(剋)하면 화(火)로 보호해야 한다. 수(水)가 범람하면 토(土)가 무너지므로 비겁(比劫)으로 도와야 한다. 가을에는 토기(土氣)가 설(泄)되어 순조롭지 않으니 화(火)를 용(用)하고 토(土)를 기뻐하며 수목(水木)을 꺼린다.

4) 술(戌)월 토(土)

술(戌)월에는 토(土)가 병령(秉令)하여 왕하고, 술궁(戌宮)에 화(火)의 생함이 있으니 병(丙)을 쓰면 안 되고 비견(比肩)의 도움도 필요없다. 자연히 생왕(生旺)하므로 토(土)를 보면 오히려 태과해져 흉하다. 마땅히 갑목(甲木)과 수(水)의 배합을 취하여 용한다. 사주에 목(木)이 있으면 금(金)을 꺼리나 목(木)이 없으면 강한 금

(金)을 기뻐한다.

5) 동월 토(土)

동월은 천한지동(天寒地凍)하여 토(土)가 수령(囚令)에 거하므로
화(火)로 따뜻하게 해주면 길하고, 화토(火土)를 만나면 추운 골짜
기에 봄이 돌아와 만물에 생기가 생긴다. 만일 화(火)를 거듭 만나
면 더 길하고, 목(木)이 많으면 화(火)를 이끌므로 해가 되지 않는
다. 비견(比肩)이 도와주면 아름답고 장수한다. 그러나 화(火)가 없
고 비견(比肩)이 도와주어도 동토(凍土)가 중중하므로 만물을 생
(生)할 수 없다. 비록 두터워도 이익이 없다. 동토(凍土)는 반드시
화(火)를 용(用)하고 토(土)를 기뻐하며 화(火)가 없으면 가난하며
요절한다. 만약 목화토(木火土)가 사슬처럼 계속 도와주면 부귀격
을 이루며 무병장수한다.

4토(土)의 분별은 진축(辰丑)은 수(水)를 함유하므로 습토(濕土)
이고, 술미(戌未)는 화(火)를 띠므로 조토(燥土)다. 진(辰)은 양토
(凉土)이고, 축(丑)은 빙토(氷土)이고, 술(戌)은 건경토(乾硬土)이
고, 미(未)는 염열토(炎熱土)다. 4토(土)는 단지 미토(未土)는 토
(土)의 극왕이 되고 만약 토일주(土日主)가 토(土)월에 임하고 사
주에 토(土)가 중하면 화염토조(火炎土燥)가 되어 가색격(稼穡格)
으로 보지 않는다. 그러나 토일주(土日主)가 미(未)월에 태어나면
금국(金局)을 기뻐하며 대귀격이나 대부격을 이룬다. 옛글에 이르
기를 "토(土)가 계(癸)월에 태어났는데 금(金)이 많으면 귀하게 된
다"고 했는데 미(未)월이 더 심하다.

4. 금(金)

경금(庚金)은 도검(刀劍)·양금(陽金)에 해당하고, 신금(辛金)은 옥석(玉石)·음금(陰金)에 해당한다. 금(金)은 서방·흰색·의(義)·정의를 나타낸다.

1) 춘월 금(金)

초춘은 아직 추위가 남아 있으니 화(火)로 제거하면 기뻐하나 청명(淸明) 후에는 날씨가 뜨거워지므로 화(火)가 강하면 꺼린다. 봄철의 금(金)은 토(土)를 용신(用神)으로 삼으면 좋으나 토(土)가 매우 많으면 금(金)이 묻히니 꺼리고, 화(火)가 없으면 안 된다. 봄철에는 금(金)이 절수(絶囚)를 만나기 때문에 토(土)가 후해야 금(金)을 보좌할 수 있다. 춘월에는 토(土)가 사령(死令)하는 때이니 토(土)가 두터워야 확실히 도울 수 있다. 그러나 수(水)가 성하면 금(金)의 힘을 설기(泄氣)하여 흩어지니 위험하다. 만일 목(木)이 왕하면 금(金)을 손상시키니 오히려 흉하다. 비겁(比劫)의 도움을 기뻐하나 화(火)가 있어야 한다. 만일 화(火)가 없으면 어리석고 우둔하며 정상적이지 않다.

2) 진(辰)월 금(金)

진(辰)월은 무토(戊土)가 사령(司令)하는 때이니 금(金)이 강하며 견고하다. 그러나 토(土)가 후중하면 금(金)이 묻힐 염려가 있고, 금(金)이 강하면 화(火)로 단련하면 기뻐한다. 만일 화목(火木)이 모두 있으면 대부격을 이루고 복수를 누린다.

3) 하월 금(金)

여름은 화(火)가 왕한 때이니 금(金)이 사지(死地)에 임하므로 수(水)를 만나는 것이 가장 길하다. 수(水)로 화(火)를 제(制)하고 토(土)를 윤택하게 해주면 금(金)은 살아남을 수 있다. 만일 목(木)을 만나면 토(土)를 무너뜨리고 화(火)를 도와 금(金)을 극(剋)하므로 몸이 상하거나 요절할 우려가 있다.

금(金)의 도움을 기뻐하나 토(土)를 만나야 하고 금(金)이 많으면 안 된다. 수(水)는 화(火)를 제(制)할 수 있으나 약한 금(金)이 수(水)의 설기(泄氣)를 견디지 못하므로 용신(用神)으로 삼기는 어렵다. 토(土)는 화살생신(化殺生身)할 수 있고, 일주(日主)를 돕고, 화(火)를 꺼지게 하니 용신(用神)으로 가장 적합하다. 다시 말해 하월의 금(金)은 토(土)로 용신(用神)을 삼는 것이 가장 좋은데 토(土)가 많을수록 좋다. 만일 미(未)월에 태어나 화(火)가 암장(暗藏)되어 매우 왕해도 토(土)가 용신(用神)이다.

4) 추월 금(金)

금(金)이 가을에 태어나 병령(秉令)·당권(當權)하였다. 경금(庚金)은 강한 화(火)로 단련하면 반드시 큰 기물을 이루니 길하고, 신금(辛金)은 수(水)로 설기(泄氣)하면 재능이 뛰어나니 길하다. 초추에는 화(火)를 기뻐하나 많으면 좋지 않고, 중추 후에는 화(火)가 많을수록 좋다. 초추에는 토(土)를 만나도 장해가 없으나 중추 후에는 금(金)이 묻히므로 매우 흉하다. 강한 금(金)이 수(水)에게 설기(泄氣)되면 더 아름다워진다. 그러나 술(戌)월 후에는 수(水)가 많으면 좋지 않다. 목(木)을 만나면 금(金)이 위엄을 베풀어 가히 대부격을 이룬다. 가을 금(金)이 왕극(旺剋)하고 다시 금(金)의 도움을 받으면 더 강해지므로 경절(硬折)의 위험이 있다. 만일 화(火)가 금(金)을 극(剋)하지 않거나 수(水)가 금(金)에게 설기(泄氣)되면 망할 우려가 있다. 추월의 금(金)은 반드시 목화(木火)를 용신(用神)으로 삼아야 한다.

5) 술(戌)월 금(金)

술(戌)월은 무토(戊土)가 당령(當令)하는 때이니 금(金)이 강하며 견실하다. 그러나 토(土)가 두터운데 다시 토(土)를 만나면 금(金)이 묻히니 흉하다. 이때는 목(木)으로 소토(疎土)하면 가장 길하고, 화(火)로 강한 금(金)을 단련하면 길하다.

6) 동월 금(金)

동월은 천한지동(天寒地凍)한 때이니 약한 금(金)은 목(木)을 극(剋)할 수 없으므로 목(木)이 많으면 토인(土印)을 손상시키므로 이름을 이루지 못한다. 수(水)를 만나면 한냉함이 더 하고 금(金)을 설기(泄氣)한다. 수(水)가 왕하면 금(金)이 가라앉으니 두각을 나타내지 못한다.

토(土)는 능히 수(水)를 제(制)하고 신(身)을 도울 수 있으나 화(火)가 없으면 금(金)을 생(生)하지 못하므로 무용지물이 된다. 화

(火)가 토(土)를 생(生)하면 금(金)을 생(生)하므로 관인(官印)의 온양한 묘를 거두어 모자(母子)가 성공한다. 만약 화(火)는 있는데 토(土)가 없으면 쓸모가 없고, 금(金)이 모여 도와주면 기뻐한다. 다만 한금(寒金)이 화(火)의 온양이 없으면 아무리 많아도 쓸모가 없다. 금수(金水) 상관(傷官)은 관성(官星)을 기뻐한다. 동월의 금(金)은 화(火)를 용(用)하고 토(土)를 기뻐하며 수(水)를 꺼린다.

7) 축(丑)월 금(金)

축(丑)월은 기토(己土)가 사령(司令)하는 때이니 화(火)로 해동해야 하므로 화(火)가 강할수록 좋고, 목(木)으로 소토(疎土)하면 길하다. 따라서 축(丑)월의 금(金)은 화(火)가 용신(用神)이고 목(木)이 희신(喜神)이며, 수(水)는 기신(忌神)이다.

5. 수(水)

수(水)는 동월에 왕하고 금(金)의 도움을 받아 멀리 흘러가나 토(土)가 극(剋)하면 제방이 된다. 화(火)를 만나면 기제(旣濟)의 아름다움이 있고, 목(木)이 설기(泄氣)하면 아름답다. 수(水)는 북방·흑색·지(智)·음한(陰寒)을 나타낸다. 임수(壬水)는 양수(陽水)이며 대해수이고, 계수(癸水)는 음수(陰水)이며 우로수이다. 금수(金水)가 상생(相生)하면 반드시 총명하고, 수(水)가 많은데 무토(戊土)가 없으면 풍류와 색을 좋아한다.

1) 춘월 수(水)

춘월의 수(水)는 범람할 우려가 있다. 수(水)가 많으면 절제됨이 없어 반드시 제방이 무너진다. 문란한 이성관계로 시끄러운 일이 많다. 모름지기 토(土)로 수(水)를 제(制)해야 한다. 토(土)가 성하면 춘월의 수(水)가 범람할 근심은 없다. 사주에 비겁(比劫)과 녹인(祿刃)이 없으면 토(土)를 쓸 필요가 없고, 수화(水火)를 겸용한다. 그러나 수(水)가 적으면 무토(戊土)가 많아야 하고, 갑목(甲木)으로 소통시키면 수원(水源)이 막히지 않는다.

춘월의 수(水)는 금(金)이 모자라면 안 되고 봄에는 목(木)이 왕하여 수(水)를 설기(泄氣)하므로 일점의 금(金)을 얻어 목(木)을 제(制)하고, 아울러 신(身)을 생(生)하여 원원유장함을 기뻐한다. 금(金)은 있는 것이 좋으나 너무 많으면 흉하다. 만일 수(水)가 많으면 금(金)이 그 원류를 증가시키는 것을 꺼린다. 흙 제방이 붕괴되는 해가 있다. 금(金)이 성하면 추위를 더하므로 좋지 않다. 화(火)가 상제(相濟)되면 아름다운 명이 된다.

화(火)가 없으면 수(水)가 춥다. 화(火)는 수(水)를 따뜻하게 하고 금(金)을 제거할 수 있다. 화(火)가 왕하면 수(水)는 줄어들어 마른다. 이때는 비겁(比劫)으로 구해야 한다. 더구나 묘(卯)월 후에는 화(火)가 많으면 좋지 않고, 수(水)가 많으면 목(木)이 뜨므로 좋지 않다. 만일 수(水)가 많으면 목(木)이 뜨므로 반드시 토(土)로 뿌리를 북돋아야 하고, 화(火)는 그 기(氣)를 따뜻하게 해야 수목정화(水木菁華)의 귀를 이룬다. 수(水)가 적은데 목(木)이 있으면 목(木)이 수(水)를 설기(泄氣)하여 손상을 견디지 못한다. 반드시 금(金)과 수(水)로 서로 구원해야 한다.

2) 진(辰)월 수(水)

진(辰)월은 무토(戊土)가 사령(司令)하는 때이므로 수원(水源)이 막힐 근심이 있다. 먼저 목(木)으로 토(土)를 소통시키고, 금(金)으로 발원해야 상격의 명을 이룬다.

3) 하월 수(水)

하월의 수(水)는 쇠절(衰絕)되므로 금(金)이 도와주는 것을 가장 기뻐하는데 비겁(比劫)으로 도와야 한다. 금(金)이 수(水)를 생(生)할 수 있으나 하월의 금(金)은 매우 약하므로 수(水)가 화(火)를 제(制)하지 못하면 금(金)은 반드시 녹는다. 수(水)로 금(金)을 보호하고, 금(金)은 다시 수(水)를 생(生)하며 상제(相濟)해야 금(金)이 수(水)를 생(生)하는 근원이 된다. 화(火)가 왕하면 수(水)가 마르므로 금수(金水)가 서로 도와야 한다.

목(木)이 성하면 수(水)를 도설(盜泄)하고 화(火)의 세력을 조장시키므로 반드시 손패와 질병이 따른다. 토(土)가 왕하면 수(水)가 막히므로 마땅히 금(金)이 용신(用神)이고 목(木)으로 제(制)하면 좋지 않다. 기가 쇠절(衰絕)을 만나기 때문이다. 다만 생조(生助)해야지 극설(剋泄)하면 안 된다. 오히려 손해를 보게 된다. 여름의 수(水)는 화(火)를 가장 꺼리고, 그 다음은 토목(土木)을 꺼린다.

4) 미(未)월 수(水)

 미(未)월에는 기토(己土)가 당권(當權)하는 때이니 무더위가 매우 심하여 수(水)가 완전히 마른다. 미(未)월의 수(水)는 4~5월의 수(水)보다 더 약하다. 먼저 금(金)으로 수원(水源)을 발하고, 다음은 갑목(甲木)으로 쪼개야 한다. 미(未)월은 토(土)가 가장 두텁기 때문에 반드시 수(水)로 더위를 식혀야 한다. 사주에 수(水)가 많을수록 귀격을 이루고, 금(金)이 그 근원을 발해야 한다. 만일 금(金)이 많고 수(水)가 적으면 토(土)가 수(水)를 막으므로 꺼리는데 용신(用神)이 상하므로 생명이 위험해진다.

 목(木)이 왕하여 수(水)를 설기(泄氣)하면 꺼린다. 그러나 목(木)이 없으면 안 되는데 많은 것은 좋지 않고 1개만 있는 것이 좋다. 많으면 수기(水氣)를 설(泄)하고 금(金)을 상하여 화를 돕는 해로움이 있다. 천간(天干)에 토(土)가 없는데 목(木)을 만나면 손실을 당한다. 천간(天干)에 토(土)가 있으면 갑목(甲木) 1개로 충분히 쪼갤 수 있으므로 목(木)이 많은 것을 꺼린다. 하나의 화성재고(火星財庫)이면 족하고, 화(火)가 없으면 가난하다. 단 화(火)가 많아 금(金)을 녹이고 수(水)를 말리면 요절하거나 장님이 된다. 만일 토(土)가 적고 화(火)가 1개 있는데 금(金)이 많으면 화(火)운으로 흘러야 재물에 이로움이 있다.

5) 추월 수(水)

 추월의 수(水)는 모왕자상(母旺子相)한 때이니 겉과 속이 밝고 투명하다. 추월의 수(水)는 금(金)의 도움을 받아야 더 맑아져 수기를 더한다. 그러나 유(酉)월부터는 금생수(金生水)하여 강하므로 비견(比肩)과 인성(印星)을 꺼린다. 초추의 수(水)가 토(土)를 만나면 혼탁해져 쓸모가 없어지고, 중추의 수(水)는 토(土)로 제(制)해야 하나 토(土)가 많으면 수(水)가 흐려지니 좋지 않다. 이때는 무토(戊土)로 제방하는 것을 기뻐하나 기토(己土)가 수(水)를 혼탁하게 하면 꺼린다.

화(火)는 참다운 용신(用神)이고 화(火)가 많으면 재성(財星)이 성하고, 만추의 수(水)는 화(火)의 재성(財星)을 더 좋아한다. 목(木)이 강하면 자(子)가 수려하나 목(木)이 많지 않아야 한다. 추월의 수(水)는 화(火)가 용신(用神), 금(金)이 희신(喜神), 수(水)는 기신(忌神)이다. 중추 후에는 토(土)를 겸용하므로 목(木)이 많으면 좋지 않다.

6) 술(戌)월 수(水)

술(戌)월에는 토(土)가 왕하므로 임수(壬水)는 장해를 받는다. 그러므로 갑목(甲木)으로 토(土)를 소통시키면 기뻐하고, 금(金)으로 신(身)을 생(生)하면 기뻐한다. 토(土)가 많으면 꺼리고, 화(火)도 좋아하지 않는다.

7) 동월 수(水)

동월은 수(水)가 사령(司令)하는 때이니 매우 추우므로 화(火)로 따뜻하게 해야 한다. 화(火)가 제일 용신(用神)이고 목(木)이 성하면 왕한 수(水)를 설기(泄氣)하므로 유정해진다. 사주에 화(火)가 없거나 가볍고 목(木)이 중하면 목(木)으로 수(水)를 설기(泄氣)하면 용신(用神)이 된다. 토(土)가 많으면 좋지 않으나 수(水)가 성하면 토(土)가 막아주면 제방이 된다.

금(金)이 많으면 오히려 무정무의해진다. 동월 수(水)는 지극히 왕하니 어찌 금(金)이 수로롭게 생(生)하겠는가. 수(水)가 냉하고 금(金)이 차가우므로 오히려 외롭고 고생한다. 수(水)가 왕한데 금수(金水)가 있고 행운에서 만나면 생명이 위태롭다. 만약 원명에서 토(土)가 두터운데 화(火)가 있으면 구원을 받는다. 왕한 수(水)는 목(木)으로 설기(泄氣)해야 하고 수한목동(水寒木凍)하므로 목(木)은 생기가 없다. 오직 화(火)가 나타나야 쓸모가 생긴다.

수(水)가 적고 토(土)가 많으면 저수지에 얼음이 얼고, 한토(寒土)가 화(火)를 설기(泄氣)하여 토화(土火)가 모두 용도를 잃는다. 목(木)이 토(土)를 제(制)하고 재성(財星)을 생(生)하면 가장 기뻐한다. 단지 수(水)가 왕하여 범람하면 토(土)로 제방해야 한다. 단 토(土)도 화(火)가 부족하면 안 된다. 동월의 수(水)는 화토(火土) 재관(財官)이 용신(用神)이면 상격의 명을 이룬다.

8) 축(丑)월 수(水)

상반월인 12월 15일 이전은 계신(癸辛)이 사령(司令)하여 수(水)가 여전히 왕하므로 동월처럼 화(火)가 용신(用神)이고 목(木)이 희신(喜神)이다. 그러나 하반월인 12월 16일 후에는 기토(己土)가 사령(司令)하니 수(水)가 비교적 쇠한다. 단 천한지동(天寒地凍)이 극에 달하므로 반드시 갑목(甲木)이 용신(用神)이고 병화(丙火)를 겸용하여 보좌해야 한다. 만일 목(木)으로 두터운 토(土)를 소통하지 못하고 화(火)가 많으면 역시 용도를 잃어 상격이 아니다. 다만 화(火)가 없는데 목(木)이 많으면 그 용 역시 나타나지 않으면 목화(木火)가 많을수록 부귀가 커진다. 그러므로 하반월에는 사주에 목화(木火)가 모두 왕해야 상격의 명을 이룬다.

13장. 명리의 비결

1. 재다신약(財多身弱)

재다신약(財多身弱)이란 재성(財星)이 중한데 신약(身弱)하여 재성(財星)을 감당하기 어려운 사주를 말한다. 옛글에 이르기를 "사주가 재다신약(財多身弱)하면 부잣집에 사는 가난한 사람이라고 하였다. 예를 들어 금융계에 종사하는 사람이 남의 재물은 많이 만지나 자기 것은 아닌 것과 같다. 이런 사주는 일주(日主)를 비겁(比劫)이나 인수(印綬)가 보호해주면 길하나 재성(財星)이나 관살(官殺)이 치거나 식상(食傷)이 지나치게 설기(泄氣)하면 흉하다.

```
時 日 月 年
丁 丙 乙 庚
酉 申 酉 寅
```

본명은 정편재(正偏財)가 득령(得令)했는데 거듭 나타나니 재다신약(財多身弱)이 되어 재성(財星)을 감당할 수 없다.

```
時 日 月 年
丙 癸 癸 丙
辰 亥 巳 午
```

본명은 재성(財星)이 득령(得令)했는데 양투(兩透)하여 중첩되었으니 재다신약(財多身弱)의 명이 되었다.

```
時 日 月 年
庚 丙 甲 庚
子 申 申 申
```

본명은 일주(日主)가 미약하며 뿌리가 없고, 경금(庚金)이 갑목(甲木) 편인(偏印)을 극(剋)하니 도와줄 힘이 없고, 사주에 재성(財星)이 매우 왕하다. 따라서 기명종재격(棄命從財格)이므로 재다신약(財多身弱)으로 논하지 않는다.

```
時 日 月 年
乙 丁 己 庚
巳 丑 丑 辰
```

본명은 신약(身弱)한데 식상(食傷)의 설기(泄氣)가 중하니 을목

(乙木) 편인(偏印)이 제복(制伏)할 힘이 없다. 따라서 식상설중(食傷泄重)이 되어 재다신약(財多身弱)으로 논하지 않는다.

1) 재다신약(財多身弱)의 성정

재다신약(財多身弱)의 명은 성품은 온화하나 끈기가 없어 어려움을 당하면 쉽게 포기한다. 책임감과 의지가 약하여 남에게 좌우되기 쉽고, 상상력은 풍부하나 실천력이 부족하다. 사람을 좋아하나 허영심이 많고, 새것을 좋아한다.

2) 재다신약(財多身弱)의 사회생활

재다신약(財多身弱)의 명은 재물을 감당할 수 없을 뿐 아니라 재물 때문에 곤란을 겪는다. 평생 사업의 변동이 많고, 색다른 것과 투자를 좋아한다. 돈을 버는 것도 빠르고 잃는 것도 빠르니 저축하기 어렵고, 조상의 재산이 있어도 지키기 어렵다.

일에서는 마음을 써도 두각을 나타내지 못하니 평생 분발하기 어렵다. 만일 년운(年運)에서 식상(食傷)이나 재성(財星)을 만나면 파재한다. 몸 때문에 재물을 감당하지 못하는데 재성(財星)이 많으면 오히려 재화나 관부(官符)를 당한다. 「낙역부(絡繹賦)」에 이르기를 "재다신약(財多身弱)의 명은 심하면 재물 때문에 목숨을 잃는다"고 하였다.

재다신약(財多身弱)의 명은 금융기관 등에서 봉급생활을 하는 것이 가장 좋고, 기획이나 서비스업도 좋다. 평생 주인이 되지 않는 것이 좋으나 정 하려거든 단독보다는 동업이 좋고, 문시(文市)보다는 무시(武市)가 좋다.

3) 재다신약(財多身弱)의 육친

인수(印綬)는 부모·윗사람을 나타내는데 재다신약(財多身弱)의 명은 재성(財星)이 극(剋)하니 평생 부모가 조심해야 한다. 또 어릴 때 부모를 형극(刑剋)하므로 가난한 집에서 태어났으면 믿고 의지할 부모가 힘이 없다. 부잣집에서 태어난 사람도 역시 부모가 힘이 없고, 조상의 재산을 지키기 어렵고, 형제도 의지하기 어렵다.

4) 재다신약(財多身弱)의 혼인

재다신약(財多身弱)의 명은 남명은 여자연은 좋으나 혼인이 늦어진다. 재성(財星)이 많으면 신(身)을 거스르므로 아내와 재물을 조심해야 하고, 재성(財星)이 극(剋)되지 않으면 아내가 총명하며 솜씨가 있으니 아내의 말을 듣는 것이 좋다. 「벽연부(碧淵賦)」에 이르기를 "남명이 재다신약(財多身弱)이면 아내에게 조종된다"고 하였다. 여기다 관살(官殺)이 왕하면 아내를 두려워한다. 여명은 남자연은 좋으나 재성(財星)이 많으면 관성(官星)을 생(生)하므로 혼인이 늦어진다.

5) 기타

재다신약(財多身弱)의 명은 친구는 많으나 술과 고기로 사귈 뿐 사업에는 도움이 되지 않는다. 그리고 체질이 약하며 재능이 한 가지도 있기 어렵다.

2 신강재약(身强財弱)

신강재약(身强財弱)이란 일주(日主)가 왕하고 재성(財星)이 미약한데 식상(食傷)이 재성(財星)을 도와줄 힘이 없는 사주를 말한다. 식상(食傷)이나 재성(財星)은 길하나 비겁(比劫)이나 인수(印綬)는 흉하다.

```
時 日 月 年
丙 癸 庚 丙
辰 亥 子 申
```

본명은 일주(日主) 계수(癸水)가 득령(得令)·득지(得地)하여 왕하다. 비록 재성(財星)이 쌍으로 있으나 힘이 없으니 신강재약(身强財弱) 사주가 되었다.

```
時 日 月 年
癸 癸 乙 甲
亥 酉 亥 午
```

본명은 식상(食傷)이 비록 편재(偏財)를 도와주나 일주(日主)가 득령(得令)·병령(秉令)하여 수(水)의 세력이 강하니 신강재약(身强財弱) 사주가 되었다.

時 日 月 年
己 己 戊 癸
巳 丑 午 丑

본명은 신왕(身旺)한데 편재(偏財) 계수(癸水)가 천간(天干)의 무(戊)에게 합(合)되었다. 따라서 종강격(從强格)이므로 신강재약(身强財弱)으로 논하지 않는다.

時 日 月 年
癸 癸 丙 辛
丑 酉 申 酉

본명은 많은 인성(印星)이 신(身)을 생(生)하니 일주(日主)가 강하여 신강재약(身强財弱)인 것 같다. 그러나 인성(印星)이 많은 것이 병(病)이 되고, 금(金)이 많아 수(水)가 탁하다. 따라서 신강재약(身强財弱)으로 논하지 않는다.

1) 신강재약(身强財弱)의 성정

신강재약(身强財弱)의 명은 고집이 강하며 오만하고 횡포한 면이 있다. 남의 말을 듣지 않으며 구속받는 것을 싫어한다. 심사숙고함이 부족하며 남의 일에 관여하기를 좋아한다. 실천력이 강하며 용감하나 슬기롭지 못하다. 만약 지나치게 신강(身强)하면 평생 고생이 많다. 재성(財星)이 약하므로 경제관념이 부족하여 재물관리를 잘 하지 못한다. 또 몸둘 데가 없고 작은 것 때문에 큰 것을 잃는다. 야심이 크며 도박·내기·투기를 좋아하나 반드시 진다.

2) 신강재약(身强財弱)의 사회생활

신강재약(身强財弱)의 명은 돈 때문에 고생한다. 야심이 크고 투자를 좋아하여 분주하게 노력하며 고생을 견디나 년운(年運)이 좋지 않으면 손해를 본다. 투기성 사업을 좋아하나 돈은 벌지 못한다. 직업은 변호사·회계사·의사·기자·대서·보험·교사·오술업 등 독립된 자유업이 좋다. 만일 사업을 하려거든 동업은 좋지 않고, 상업이나 매매보다는 공업이나 제조업이 더 좋다.

3) 신강재약(身强財弱)의 육친

신강재약(身强財弱)의 명은 어릴 때 부모나 아버지를 극(剋)한다. 신강재약(身强財弱)하면 비겁(比劫)이 재성(財星)을 극(剋)하기 때문이다. 형제가 많지만 논쟁이 많고 서로 도움이 되지 않는데 심하면 형제자매가 재물을 파하기도 한다.

4) 신강재약(身强財弱)의 혼인

남명이 신강재약(身强財弱)하면 혼인연이 좋지 않다. 혼인이 늦고 먼 곳에서 아내를 구하며 아내를 극(剋)한다. 만일 식상(食傷)이 화해시키지 않으면 아내를 때리거나 아내에게 병이 많이 따른다. 「금옥부(金玉賦)」에 이르기를 "재성(財星)이 가벼운데 신(身)이 왕하면 형제가 많거나 처첩을 형충(刑沖)한다"고 하였다. 신강재약

(身强財弱)의 명은 아내와 헤어지기 쉬운데 비겁(比劫)이 재성(財星)을 합(合)하면 아내가 남에게 유혹당한다. 여명이 신강재약(身强財弱)하면 남의 말을 듣지 않고, 오만하며 다른 사람을 무시한다. 혼인도 좋지 않아 부부싸움이 끊이지 않는다.

5) 기타

신강재약(身强財弱)의 명은 친구를 사귈 때 재물과 관련되지 않는 것이 좋다. 반목하거나 원수지기 쉽기 때문이다.

3. 탐재파인(貪財破印)

탐재파인(貪財破印)이란 일주(日主)가 약한데 재성(財星)이 왕성하여 인수(印綬)를 파하는 것을 말한다. 비겁(比劫)은 용신(用神), 인수(印綬)는 희신(喜神), 재성(財星)과 식상(食傷)은 기신(忌神)이다. 탐재파인(貪財破印)은 재다신약(財多身弱) 사주와 비슷한 점이 많다.

```
時 日 月 年
丁 乙 戊 己
亥 丑 辰 亥
```

본명은 일주(日主)가 약하나 재성(財星)이 왕하여 해수(亥水)를 제(制)할 수 있으니 탐재파인(貪財破印)의 명이 되었다.

時 日 月 年
丁 丁 甲 庚
未 酉 申 寅

본명은 신약(身弱)하여 인성(印星)을 기뻐하는데 갑경충(甲庚沖)·인신충(寅申沖)으로 인성(印星)을 극(剋)하니 탐재파인(貪財破印)의 명이 되었다.

時 日 月 年
丙 丁 甲 甲
午 卯 戌 申

본명은 신강(身强)하고 인수(印綬)가 상생(相生)하니 재성(財星)이 인성(印星)을 극(剋)하는 것을 기뻐하므로 탐재파인(貪財破印)으로 논하지 않는다.

1) 탐재파인(貪財破印)의 성정

탐재파인(貪財破印)의 명은 총명함이 해가 될 때가 있다. 환상은 많으나 실천력·기백·책임감이 약하여 아버지나 체면에 타격을 입는다. 만일 재성(財星)이 인성(印星)을 파하면 일의 부담을 피한다. 독서를 좋아하지 않고 학업에도 문제가 많아 중단하기 쉽다.

2) 탐재파인(貪財破印)의 사회생활

탐재파인(貪財破印)의 명은 평생 뜻이 있어도 펴기 어렵고, 부귀가 오래 가기 어렵다. 인성(印星)이 깨졌으니 공무원이나 봉급생활자는 횡령이나 파직을 조심해야 한다. 「낙역부(絡繹賦)」에 이르기를 "재성(財星)이 인성(印星)을 무너뜨리면 재물을 탐하다 자리를 잃는다"고 하였다. 탐재파인(貪財破印)의 명은 교육업이 좋으나 막료·계략·음모를 잘 꾸민다. 재물운도 좋지 않으니 자영업·공업·상업 모두 좋지 않다.

3) 탐재파인(貪財破印)의 육친

탐재파인(貪財破印)의 명은 인수(印綬)가 극(剋)을 받으므로 부모나 손윗사람이 해롭고 조상의 재산을 지키기 어렵다. 부모나 윗사람을 위해 돈 쓰는 것도 조심해야 하고, 금전문제로 얽히는 것을 조심해야 한다. 그리고 재성(財星)과 인수(印綬)가 서로 다투기 때문에 배우자와 부모가 함께 살기 어렵다.

4) 탐재파인(貪財破印)의 혼인

탐재파인(貪財破印)의 명은 재성(財星)을 꺼리며 감정이 자유분방하고 기복이 많으니 혼인은 늦게 하는 것이 좋다. 인수(印綬)는 한 개인의 자존과 자신을 나타내니 재성(財星)이 인수(印綬)를 극(剋)하면 배우자가 나의 자존심과 체면을 손상시킨다. 특히 남명은 아내가 우울증에 빠지기 쉬우니 일을 갖는 것이 좋다.

5) 기타

탐재파인(貪財破印)의 명은 인수(印綬)가 깨졌으니 평생 귀인(貴人)이 적다. 만약 편인(偏印)이 많은데 재성(財星)이 파하면 성병을 조심하고, 술친구나 밥친구를 멀리하는 것이 좋다.

4. 식상무제(食傷無制)

식상무제(食傷無制)란 신약(身弱)하고 식상(食傷)이 강한데 인수(印綬)가 매우 약하여 식상(食傷)을 제압하지 못하는 것을 말한다. 식상(食傷)이 일주(日主)를 심하게 설기(泄氣)하는데 막지 못하는 형상이다. 일주(日主)가 약간 강하더라도 인수(印綬)가 없고 식상(食傷)이 무리지어 신(身)을 설(泄)하는 것도 마찬가지다.

```
時 日 月 年
丁 甲 甲 丙
卯 辰 午 午
```

본명은 식상(食傷)이 매우 중한데 진(辰) 중의 계수(癸水) 인수(印綬)가 막을 힘이 없으니 식상무제(食傷無制)의 명이 되었다.

```
時 日 月 年
乙 癸 己 甲
卯 卯 巳 子
```

본명은 인성(印星)이 암장(暗藏)되어 있는데 식상(食傷)이 왕하니
식상무제(食傷無制)의 명이 되었다.

```
時  日  月  年
壬  乙  丙  己
午  巳  寅  巳
```

본명은 비록 일주(日主)가 월주(月柱)에서 왕하고 임인(壬印)이
상생(相生)하나 식상(食傷)이 거듭 나타나 극(剋)할 힘이 없으니
식상무제(食傷無制)의 명이 되었다.

```
時  日  月  年
庚  丙  戊  甲
寅  午  辰  午
```

본명은 일주(日主)가 설기(泄氣)되어도 식상(食傷)이 재성(財星)
을 생(生)하면 기뻐하니 식상무제(食傷無制)로 논하지 않는다.

1) 식상무제(食傷無制)의 성정

식상무제(食傷無制)의 명은 재능이 뛰어나나 독선적이며 오만하
고 거만하여 얽매이지 않는다. 관살(官殺)을 극(剋)하니 법을 가볍
게 여겨 소인배들과 자주 구설시비를 일으킨다. 만일 원명의 배합
이 좋지 않으면 보복심이 강하며 불량하거나 건달이 되기 쉽다. 성

격이 거칠며 움직이는 것을 좋아하여 평생 피곤하게 뛰어다닌다. 기쁨과 노여움을 잘 드러내며 하고 싶은 말을 잘 하는 편이다. 대인관계는 원만하지 못하니 남에게 죄를 짓기 쉽다. 식상(食傷)은 방종을 나타내고 재성(財星)은 향락을 나타내는데 인성(印星)이 막지 못하기 때문이다. 식상생재(食傷生財)의 명은 남녀 모두 편안한 것을 좋아하며 절제력이 없어 하고 싶은 대로 한다.

2) 식상무제(食傷無制)의 사회생활

식상무제(食傷無制)의 명은 자기 재주만 믿고 남을 무시한다. 항상 일이 많고 분주하나 식상(食傷)이 기신(忌神)이니 이루는 것이 없다. 만약 월급쟁이가 되면 상사·주인·사장·동료들과 구설이 생기기 쉽다. 이런 사람은 자신이 능력이 많다고 생각하기 때문에 남에게 굴복하기를 싫어하여 직업이나 직장을 끊임없이 바꾼다. 직업은 예술·연예업·문학·학술·연구·설계 등은 좋으나 벼슬길과 동업은 좋지 않다.

3) 식상무제(食傷無制)의 육친

식상무제(食傷無制)의 명은 가정형편과 육친연이 좋지 않고, 부모도 마음은 있으나 힘이 약하다. 여명에게 식상(食傷)은 자녀인데 기신(忌神)에 해당하니 자녀연이 없거나 자녀를 두기 어렵다. 남명은 관살(官殺)이 자녀인데 식상(食傷)이 심하게 극(剋)하니 자녀연이 없거나 자녀를 극(剋)한다.

4) 식상무제(食傷無制)의 혼인

남명이 식상무제(食傷無制)이면 부부간에 충돌이 많아 화목하기 어렵고, 성격이 신중하지 않고 여색을 좋아한다. 여명은 식상(食傷)이 관성(官星)을 극(剋)하므로 남편을 무시하며 항상 다툰다. 만일 식상(食傷)이 왕하면 사업심이 강하나 남편을 무시하고, 원명의 배합이 좋지 않으면 남편과 헤어진다.

5) 기타

식상무제(食傷無制)의 명은 체질이 약하며 고질병이 있어 단명하기 쉽다. 어릴 때 보약을 많이 먹고, 성장해서는 밤을 새지 말며 주색을 밝히지 마라. 친구와 화합하지 못하며 의견충돌이 많다. 만일 인수(印綬)가 식상(食傷)을 제(制)하면 마음을 수양하는 것이 좋다.

5. 상관패인(傷官佩印)

상관패인(傷官佩印)이란 신약(身弱)하고 상관(傷官)이 중하게 설기(泄氣)하는데 인수(印綬)가 제(制)하지 못하여 상관(傷官)이 해가 되지 않거나 인수(印綬)가 일주(日主)를 생(生)하여 일주(日主)가 강해지는 것을 말한다. 인수(印綬)는 용신(用神), 관성(官星)은 희신(喜神), 식상(食傷)은 기신(忌神)이다. 『자평진전(子平眞詮)』에 이르기를 "상관패인(傷官佩印)의 명은 때에 따라 써도 좋으나 여름철 목(木)이 쓰면 빼어남이 백 배가 된다"고 하였다. 화(火)는 수(水)를 구하고 수(水)는 화(火)를 구한다.

時 日 月 年
己 乙 丙 壬
卯 亥 午 申

본명은 상관(傷官)이 시령(時令)을 얻었으나 인수(印綬)가 제지할 힘이 있으니 상관패인(傷官佩印)의 명이 되었다.

時 日 月 年
壬 甲 丙 壬
申 午 午 申

본명은 식상(食傷)이 왕하나 신금(申金)이 인수(印綬)를 생(生)하여 인수(印綬)가 힘이 있으니 큰 문제가 없다.

時 日 月 年
庚 庚 辛 丁
辰 辰 亥 未

본명은 상관(傷官)이 월령(月令)을 얻었으나 인수(印綬)가 겹겹이 둘러싸 지나치게 제지하니 상관패인(傷官佩印)으로 논하지 않는다. 상관(傷官)이 지나치게 막으면 학업에 변수가 생겨 학교를 바꾸거나 심하면 학업을 중단한다.

時 日 月 年
丁 甲 壬 庚
卯 辰 午 辰

본명은 여름 목(木)이 정화(丁火)를 토수(吐秀)하여 패인(佩印) 임수(壬水)가 윤택하고, 다시 경금(庚金)이 인수(印綬)를 생(生)하고, 진(辰) 2개가 화(火)를 설기(泄氣)하여 금(金)을 생(生)하고 수(水)를 저장하니 상관패인(傷官佩印)의 명이 되었다.

1) 상관패인(傷官佩印)의 성정

상관패인(傷官佩印)의 명은 상관(傷官)이 일주(日主)를 설기(泄氣)하니 자유분방하며 책략이 많다. 그러나 인수(印綬)의 부림이 있으면 재능을 발휘하며 수렴할 줄 안다. 책임감이 강하며 체면을 중히 여기고, 총명하며 예의와 규범을 잘 지키므로 인정받는다. 만일 상관(傷官)이 생재(生財)하면 사업심이 중하며 앞으로 나아가는 것을 좋아하여 전력투구하고, 생기(生氣)되면 자기를 억제할 줄 아니 방종하지 않아 구설시비가 적다.

2) 상관패인(傷官佩印)의 사회생활

상관패인(傷官佩印)의 명은 사업이나 일이 양호하다. 상사에게 발탁되며 단독으로 어느 한 부분을 담당할 수 있다. 말단부터 시작해 올라가고 계책이 많아 중·만년 후에는 자립으로 일을 갖는다. 공무원이나 공상업도 좋고, 상업에 종사한다면 문시(文市)나 무시(武

市) 모두 좋다.

3) 상관패인(傷官佩印)의 육친

상관패인(傷官佩印)의 명은 부모와 정이 깊고 가정의 가르침을 따르며 부모의 혜택이 많다. 사업적으로는 손윗사람의 도움을 받고, 자녀연이 있어 자녀가 따르며 성취한다.

4) 상관패인(傷官佩印)의 혼인

상관패인(傷官佩印)의 명은 부모나 선생님의 소개로 만나 혼인한다. 만약 연애를 하더라도 반드시 손윗사람의 의견을 존중한다. 상관(傷官)은 해가 되지 않고 부부는 잘 맞는 편이다.

5) 기타

상관패인(傷官佩印)의 명은 매우 건강하며 어려서부터 잘 관리하나 원명에 정관(正官)이 투출(透出)하면 좋지 않다. 식상(食傷)은 재능을 나타내니 상관(傷官)이 인수(印綬)와 함께 있으면 능력이 있고, 거만하지만 제지할 수 있으니 분별없는 행동은 하지 않는다.

6. 상관견관(傷官見官)

상관견관(傷官見官)이란 신약(身弱)한데 정관(正官)이 극(剋)하고 상관(傷官)이 설기(泄氣)하여 극설(剋泄)이 교가(交加)되는 것을 말한다. 만약 인수(印綬)가 없거나 약하면 흉신(凶神)을 막기 어렵

고, 정관(正官)과 상관(傷官)을 통관(通關)시키기 어렵다. 이때 원
명의 상관(傷官)이 정관(正官)을 극해(剋害)하면 정관(正官)이 상
하여 사업이나 혼인이 모두 손상된다.

옛글에서 말하기를 "상관(傷官)이 관성(官星)을 보면 여러 가지
화가 따른다"고 하였다. 이때는 행운에서 인수(印綬)를 만나고, 재
성(財星)이 통관(通關)시키면 길하다.

「벽연부(碧淵賦)」에 이르기를 "상관(傷官)이 관성(官星)을 만나고
인재향(印財鄉)에 들면 묘함이 있다"고 하였다. 상관견관(傷官見
官)의 명은 식상무제(食傷無制)나 식상무재(食傷無財)의 명과 비
슷한 점이 많다. 그러나 일주(日主)가 강한데 인수(印綬)가 힘이
있으면 상관견관(傷官見官)을 두려워하지 않는다. 인수(印綬)가 화
관(化官)하고 제상(制傷)할 수 있으면 극설교집(剋泄交集)을 두려
워하지 않으니 상관견관(傷官見官)이 흉하지 않다.

이밖에 금수(金水) 상관(傷官), 즉 금일주(金日主)가 겨울생이면
화관(火官) 조후(調候)를 기뻐하고, 상관(傷官)이 관성(官星)을 보
는 것을 두려워하지 않는다. 『적천수(滴天髓)』에 이르기를 "상관견
관(傷官見官)은 가장 분별하기 어렵고, 관성(官星)은 나타나도 좋
고 나타나지 않아도 좋다"고 하였다.

```
時 日 月 年
甲 丁 壬 戊
辰 巳 戌 申
```

본명은 재성(財星)이 화해시킬 힘이 없으니 상관극관(傷官剋官)의 명이 되었다.

```
時 日 月 年
壬 壬 乙 己
寅 辰 亥 卯
```

본명은 신약(身弱)하여 극설(剋泄)을 이기지 못하고, 재성(財星)의 통관(通關)이 없으니 상관극관(傷官剋官)의 명이 되었다.

```
時 日 月 年
戊 壬 乙 己
申 子 亥 卯
```

본명은 상관견관(傷官見官)으로 논하지 않는다. 그러나 천간(天干)의 정관(正官)이 상관(傷官)과 가까이 있으니 관성(官星)이 극(剋)된다. 이른바 관수극(官受剋) 현상으로 구설·시비·관재·관사가 따르기 쉽고, 여명은 남편을 극(剋)한다.

```
時 日 月 年
己 壬 己 庚
酉 申 卯 午
```

본명은 일주(日主)가 생왕(生旺)하니 관성(官星)이 용신(用神)이므로 상관견관(傷官見官)으로 논하지 않는다.

```
時 日 月 年
戊 庚 丙 甲
寅 辰 子 申
```

본명은 금수(金水)가 상관(傷官)이고 화(火)가 조후용신(調候用神)이니 상관견관(傷官見官)으로 논하지 않는다.

1) 상관견관(傷官見官)의 성정

상관견관(傷官見官)의 명은 의지가 견고하지 못하고 의기소침하며 활기가 없다. 지모는 뛰어나나 교활하며 판단력이 부족하고 지나치게 기교를 부려 일을 그르치는 경우가 많다. 말을 옮기다 원한을 사며 구설이나 관부(官符)를 범하기 쉽다.

2) 상관견관(傷官見官)의 사회생활

상관견관(傷官見官)의 명은 극설(剋洩)이 교집(交集)하므로 평생 사업의 변동이 많으니 늙도록 사업이나 재물이 안정되기 어렵다. 직업은 벼슬길·공업·상업 모두 좋지 않다. 안정적인 직업이 좋고, 자유업이나 작은 장사나 작은 기예는 좋다. 일터에서 대인관계를 조심해야 된다.

3) 상관견관(傷官見官)의 육친

상관견관(傷官見官)의 명은 인수(印綬)가 힘이 없으니 어릴 때 부모의 보살핌을 받지 못하고, 충극(沖剋)이 심하면 의지할 친척도 없다. 남녀 모두 자녀운도 좋지 않다. 만일 식상(食傷)이나 관살(官殺)이 쌍으로 있으면 자녀가 말썽을 많이 일으키고, 심하면 공연히 연루되기도 한다.

4) 상관견관(傷官見官)의 혼인

상관견관(傷官見官)의 명인데 재성(財星)이 통관(通關)시키지 못하면 남명은 아내가 평범하며 도움이 되지 않고, 여명은 남편을 극(剋)하는 전형적인 명으로 심하면 남편의 사업을 무너뜨린다.

5) 기타

상관견관(傷官見官)의 명이 극설(剋泄)이 교집(交集)되면 건강이 좋지 않고 평생 재액이 많다. 『연해자평(淵海子平)』에서는 "병에 걸리지 않으면 몸을 상하고, 반드시 관송으로 수감된다. 학업이 뒤섞여 이룸이 없으니 강호술사일 따름이다. 중년에는 과로하지 말고 기억력 쇠퇴를 조심해야 한다. 수행하여 마음을 맑게 하고 욕심을 부리지 않는 것이 상책이다. 이 모든 것은 신약(身弱)하기 때문이다. 만약 신약(身弱)하지 않으면 여기서 논한 것과 같지 않다. 구설·시비·관송을 조심하고, 여명은 남편에게 해롭지 않도록 조심해야 한다"고 하였다.

7. 인다위병(印多爲病)

인다위병(印多爲病)이란 인수(印綬)가 너무 많아 병이 되는 것을 말한다. 인수(印綬)는 어머니인데 많으면 어머니가 너무 인자하여 자녀를 그르친다는 말이다. 따라서 이런 사주는 일주(日主)를 눌러 주어야 길하다.

「원리부(元理賦)」에 이르기를 "금(金)은 토(土)의 생(生)에 의지하나 토(土)가 많으면 매몰되고, 토(土)는 화(火)의 생(生)에 의지하나 화(火)가 많으면 타버리고, 화(火)는 목(木)의 생(生)에 의지하나 목(木)이 많으면 더 강렬해지고, 목(木)은 수(水)의 생(生)에 의지하나 수(水)가 많으면 뜨고, 수(水)는 금(金)의 생(生)에 의지하나 금(金)이 많으면 탁해진다"고 하였다. 이것은 지나치거나 부족한 것은 모두 해롭다는 말이다. 인다위병(印多爲病)이 되었는데 원명에서 재성(財星)이 유기하여 인수(印綬)를 극(剋)하면 길하고, 재성(財星)이 무기하면 비겁(比劫)을 만나야 길하다.

```
時 日 月 年
丁 乙 壬 壬
亥 丑 子 申
```

본명은 지지(地支)의 해자축(亥子丑)이 삼합(三合)하여 인수(印綬)가 되고, 수(水)가 많으니 을목(乙木)이 물에 뜬다. 인수(印綬)가 많아 병(病)이 되었으니 인다위병(印多爲病)의 명이 되었다.

時 日 月 年
戊 辛 丙 戊
戌 丑 辰 戌

본명은 토(土)가 중하여 금(金)이 묻히니 모다멸자(母多滅子)가 되었다. 인수(印綬)가 많으면 어머니가 많은 형상이라 자녀를 그르치는 것이다.

時 日 月 年
癸 丁 辛 乙
卯 巳 巳 卯

본명은 인수(印綬)가 많으나 비겁(比劫)도 강하니 인다위병(印多爲病)으로 논하지 않는다. 신왕(身旺)하니 보통 격국(格局)으로 보아 인비(印比)가 기신(忌神)이다.

時 日 月 年
甲 丁 甲 癸
辰 卯 寅 卯

본명은 지지(地支)의 인묘진(寅卯辰)이 삼합(三合)하여 목국(木局)을 이루고, 인수(印綬)가 중첩하여 병(病)이 되니 인다위병(印多爲病)의 명이 되었다.

1) 인다위병(印多爲病)의 성정

인다위병(印多爲病)의 명은 심성이 어둡고 비관적이며 잠을 잘 자지 못한다. 심하면 지혜가 맑지 않고 신경쇠약에 걸린다. 인자하며 착하나 아둔하며 동작이 민첩하지 못하고 편안한 것을 좋아한다. 옛글에 이르기를 "인수(印綬)가 많으면 고독하다"고 하였다. 인다위병(印多爲病)의 명은 사교력이 약하며 체면을 중시해 남에게 부탁을 하지 못한다. 신용을 중히 여기나 결단력이 약하며 남의 말을 잘 듣는다.

2) 인다위병(印多爲病)의 사회생활

인다위병(印多爲病)의 명이 인수(印綬)가 일주(日主)를 억누르면 재능을 발휘하기 어려우니 평생 뜻이 있어도 펴기 어렵다. 독립 경영은 적합하지 않으니 주인이 되면 반드시 실패한다. 직업은 종교·오술·현학(玄學)·학문 등이 좋고, 사회복무·서비스·자선 사업도 좋다.

3) 인다위병(印多爲病)의 육친

인다위병(印多爲病)의 명은 부모의 사랑이 지나쳐 잔소리를 많이 듣고 예의범절을 제대로 배우지 못한다. 성장한 후에는 부모 때문에 쓰는 돈을 걱정하고, 자녀를 극(剋)한다. 옛글에 이르기를 "인수(印綬)가 중첩되면 자녀를 두기 어렵고, 여명은 시부모와 화합하지 못한다"고 하였다.

4) 인다위병(印多爲病)의 혼인

남명이 인다위병(印多爲病)의 명이고 재성(財星)이 용신(用神)인데 힘이 있으면 아내가 어질며 똑똑하다. 그러나 재성(財星)이 힘이 없으면 아내가 평범하다. 여명은 인다위병(印多爲病)의 명인데 관살(官殺)이 있으면 남편에게 얽매인다.

5) 기타

인다위병(印多爲病)의 명은 학습과 반응이 느리니 초조해 하지 말고 순서에 따라 하는 것이 좋다. 먹고 노는 것을 좋아하며 신체가 건강하고 종교와 인연이 있다. 만일 편인(偏印)이 많으면 암질에 걸리기 쉽고, 성생활이 원만하지 못하다.

8. 관인상생(官印相生)

관인상생(官印相生)이란 관성(官星)과 인성(印星)이 서로 도와주는 것을 말한다. 신약(身弱)하면 인수(印綬)를 기뻐하는데 용신(用神)이 되면 관성(官星)이 인성(印星)을 생(生)하고 인성(印星)이 신(身)을 생(生)하니 길하다. 관성(官星)은 인성(印星)을 만나 변하고 인성(印星)은 관성(官星)의 도움을 좋아한다. 관성(官星)과 인성(印星)은 상하좌우가 협조하며 관살(官殺)이 혼잡되지 않으면 좋으나 재성(財星)이 인성(印星)을 파하면 흉하다.

時 日 月 年
癸 己 丙 甲
酉 巳 寅 子

본명은 관인(官印)이 상생(相生)하는데 관인(官印)이 모두 뿌리가 있고, 간지(干支)가 서로 유정하니 좌우가 거스르지 않는다.

時 日 月 年
甲 壬 辛 辛
辰 申 丑 巳

본명은 천간(天干)의 금수목(金水木)이 순행하고 지지(地支)의 화토금(火土金)이 순행하니 관인상생(官印相生)이 되어 정의가 면면하다.

時 日 月 年
乙 癸 庚 戊
卯 亥 申 戌

본명은 간지(干支)가 동류이며 상생(相生)하니 쟁투하는 풍조가 없고, 관성(官星)이 맑고 인수(印綬)가 바르며 식신(食神)이 토수(吐秀)하니 길하다.

```
時 日 月 年
戊 辛 戊 丙
子 酉 戌 寅
```

본명은 신왕(身旺)한데 인수(印綬)가 강하니 인수(印綬)를 용신(用神)으로 삼을 수 없다. 마땅히 자수(子水)로 금(金)을 설기(泄氣)해야 하니 관인상생(官印相生)으로 논하지 않는다.

1) 관인상생(官印相生)의 성정

관인상생(官印相生)의 명은 공무에 충실하며 법을 준수하고, 사리에 밝고 신용을 중히 여기며 본분을 지킨다. 어려움을 참고 이기니 광명이 있고 명예도 좋다. 정직하며 검소하고 말재주는 없으나 말투가 순박하고, 지도력이 있어 존경받는다.

2) 관인상생(官印相生)의 사회생활

관인상생(官印相生)의 명은 부(富)보다 귀(貴)가 크고 문직(文職)에 적합하다. 현실적이고 침착하며 윗사람에게 인정받고 평생 귀인이 많다. 「조미론(造微論)」에 이르기를 "인수(印綬)가 왕한데 관성(官星)이 생(生)하면 반드시 인재를 평정하는 벼슬이 되거나 공평을 기하는 벼슬에 오른다"고 하였다.

3) 관인상생(官印相生)의 육친

관인상생(官印相生)의 명은 부모의 가르침이 좋고, 부모와 조상의 보호와 배려를 받는다. 년월(年月)에 관인상생(官印相生)이 있으면 청고한 집에서 태어난 사람이고, 자녀도 품행이 좋고 성취한다.

4) 관인상생(官印相生)의 혼인

남명이 관인상생(官印相生)하는데 원명에서 재성(財星)이 매우 왕하여 인성(印星)을 극(剋)하면 부부가 늘 부딪치며 아내에게 말려든다. 그렇지 않으면 아내가 살림과 내조를 잘 한다. 여명이 관인상생(官印相生)이 있으면 반드시 뛰어난 남자에게 시집가 행복하게 산다.

5) 기타

관인상생(官印相生)의 명은 공부를 열심히 하므로 성취함이 있고, 평생 질병이 적다.

9. 살인상생(殺印相生)

살인상생(殺印相生)이란 강한 살(殺)이 인성(印星)을 돕는 것을 말한다. 신약(身弱)하면 인성(印星)을 기뻐하는데 살(殺)이 인성(印星)을 생(生)하고 인수(印綬)는 신(身)을 생(生)한다. 관인상생(官印相生)과 비슷한데 살인상생(殺印相生)은 칠살(七殺)의 특성이 있는 것이 다르다.

時 日 月 年
甲 戊 甲 戊
寅 午 寅 子

　본명은 칠살(七殺)이 노리고 있으니 신(身)이 위험한데 다행히 정인(正印)에 앉아 살인상생(殺印相生)이 되었다. 더 묘한 것은 인오(寅午)가 합(合)하여 인성(印星)이 되고, 좌우에 정의가 있어 상통하고, 용신(用神)이 유정하며 유력하다.

時 日 月 年
丙 丁 甲 癸
午 卯 子 酉

　본명은 간지(干支)가 모두 살인상생(殺印相生)을 이루었다. 금(金)이 목(木)을 극(剋)하지 못하고, 수(水)가 화(火)를 극(剋)하지 못하고, 지지(地支)가 금수목화(金水木火)로 순행하니 장해가 없다. 일찍이 향시(鄕試)인 추위에 합격하여 관찰사까지 올랐다.

時 日 月 年
辛 己 乙 癸
未 巳 卯 亥

　본명은 강한 살(殺)이 신(身)을 위협하는데 신(身)이 정인(正印)

에 앉아 정인화살(正印化殺)이 되었다.

時 日 月 年
壬 甲 庚 戊
申 子 申 申

본명은 여자경찰인데 살인상생(殺印相生)이며 용신(用神)이 유정
하다.

1) 살인상생(殺印相生)의 성정

살인상생(殺印相生)의 명은 솔직하며 바른 말을 잘 하며 꿋꿋하
나 조급하다. 일처리가 깨끗하며 말에 신용이 있고, 허락을 중시하
며 적극적이고 함부로 교제하지 않는다. 의리가 있고 싫고 좋음이
분명하며 정의롭다. 그러나 사주의 배합이 좋지 않으면 경솔할 염
려가 있다.

2) 살인상생(殺印相生)의 사회생활

살인상생(殺印相生)의 명은 이익보다 명예를 중시하며 상업이나
동업은 좋지 않다. 만일 관인상생(官印相生)과 비슷하면 귀격을 이
루는데 군인·경찰·무술·정치·사법·변호사 등으로 나가면 발
전한다. 살(殺)이 인성(印星)으로 변하면 등과하여 공명과 권세를
이루고, 사주의 배합이 좋으면 문무(文武)에 모두 좋다.

3) 살인상생(殺印相生)의 육친

살인상생(殺印相生)의 명은 출생이 청고하며 부모의 가르침과 조상의 보호를 받고, 자녀도 이루는 바가 있다.

4) 살인상생(殺印相生)의 혼인

살인상생(殺印相生)의 명은 남명은 좋은 남편이 되고 여명은 좋은 아내가 된다. 그러나 남명이 왕한 재성(財星)이 인수(印綬)를 극(剋)하면 아내가 어질지 못하거나 병이 많다.

5) 기타

살인상생(殺印相生)의 명은 대개 건강하므로 함부로 의사를 구하지 않아도 된다.

10. 식상생재(食傷生財)

식상생재(食傷生財)란 식상(食傷)이 재성(財星)을 생(生)하는 것을 말한다. 일주(日主)가 강한데 식상(食傷)이 설기(泄氣)하면 길하다. 식상(食傷)이 힘이 있고 재성(財星)의 상성(相成)이 있으면 견아우견아(見兒又見兒)가 되어 부유한 명이 된다. 신강재약(身强財弱)과 비슷한 것 같으나 구조가 다르다.

```
時 日 月 年
庚 庚 己 丙
辰 申 亥 寅
```

본명은 일주(日主)가 강한데 설기(泄氣)되고, 지지(地支)가 토생금(土生金)·금생수(金生水)·수생목(水生木)으로 순행하여 식상생재(食傷生財)의 명이 되었다. 재성(財星)이 깨지지 않고, 재원(財源)인 식신(食神)이 병령(秉令)하고, 천간(天干)에서 살(殺)이 재성(財星)을 보호하니 대부격이 되었다.

```
時 日 月 年
己 庚 丙 辛
卯 子 申 丑
```

본명은 일주(日主)가 강한데 식상(食傷)이 재성(財星)을 생(生)하니 식상생재(食傷生財)의 명이 되었다.

```
時 日 月 年
辛 甲 丙 己
未 子 寅 巳
```

본명은 건록격(建祿格)이며 식상생재(食傷生財)를 기뻐하는데 식상(食傷)이 유력하다.

```
時 日 月 年
癸 乙 庚 甲
未 巳 午 申
```

본명은 신약(身弱)한데 식상(食傷)의 설기(泄氣)가 심하니 식상생재(食傷生財)로 논하지 않는다.

1) 식상생재(食傷生財)의 성정

식상생재(食傷生財)의 명은 총명하며 영민하고 정교하며 유능하다. 명랑하며 활달하고 정의감이 강하며 인연과 이성연이 좋다. 장사를 할 줄 아니 돈이 많으면 일하기 쉽다. 그러나 욕망이 강하여 쉽게 만족하지 않아 매일 바쁘게 실리를 추구한다. 또 재성(財星)을 만나 순조롭게 설기(泄氣)되면 소득이 있다. 여명이 식상생재(食傷生財)이면 밖에 나가는 것을 좋아하며 생계에도 능하다.

2) 식상생재(食傷生財)의 사회생활

식상생재(食傷生財)의 명은 공업이나 상업이 적합하다. 맨손으로 주인이 되며 집안을 일으키고, 부당한 이득을 얻거나 벼락부자가 되기도 한다. 식상생재(食傷生財)의 명은 판에 박은 듯하기 때문에 젊을 때는 직장생활을 하다가 적당한 시기에 독립하는 것이 좋다. 식상생재(食傷生財)의 명은 재성(財星)이 관성(官星)을 생(生)하니 부격을 이룬 뒤에 벼슬·공직·명예를 구하는 것이 좋다. 여명은 사회에 나가 남자와 경쟁하는데 원명이 좋으면 여걸이 된다.

3) 식상생재(食傷生財)의 육친

식상생재(食傷生財)의 명은 부모를 봉양하나 원명에 인수(印綬)가 매우 강하여 식상(食傷)을 극(剋)하면 부모의 일에 연루된다.

자녀는 효순하며 발전한다.

4) 식상생재(食傷生財)의 혼인

남명이 식상생재(食傷生財)이면 어진 아내를 만나 매우 사랑하나 쌍처를 둘 수도 있으니 조심해야 한다. 여명은 사업심이 강하나 가정을 등한시하는데 사주의 배합이 좋지 않으면 남편을 업신여긴다.

5) 기타

식상생재(食傷生財)의 명은 학습능력이 강하며 반응이 빠르나 과로하기 쉬우니 건강에 신경써야 한다. 식상생재(食傷生財)는 좋은 명이지만 식상(食傷)이 수기(秀氣)를 설(泄)하고 원명에 재성(財星)이 없으면 평범하며 남 때문에 시집을 간다.

```
時 日 月 年
癸 丁 戊 甲
卯 巳 辰 辰
```

이런 사주는 세심하며 총명하나 항상심이 없으니 사업을 하면 소득이 없다. 처음에는 부유하나 나중에는 가난하며 흉이 많다. 학습이 빠르나 자세하지 않고, 인내력이 없고 실제에 힘쓰지 않아 배움이 쓸모가 없다. 여기다 식상무재(食傷無財)까지 되면 남명은 아내가 없거나 좋지 않고, 여명은 남편을 극(剋)한다.

11. 재관쌍미(財官雙美)

재관쌍미(財官雙美)란 재성(財星)과 관성(官星)이 모두 아름다운 것을 말한다. 다시 말해 일주(日主)가 강하면 재관(財官)을 기뻐하는데 재관(財官)이 유기하여 명리를 모두 이루는 것이다. 그러나 일주(日主)가 약한데 재관(財官)이 유기하면 평생 가난하며 권세가 없다.

```
時 日 月 年
己 辛 丙 甲
丑 酉 寅 子
```

본명은 일주(日主)가 강하여 재관(財官)을 감당할 수 있는데 재관(財官)의 뿌리가 있으니 재관쌍미(財官雙美)의 명이 되었다.

```
時 日 月 年
丁 丁 癸 己
未 巳 酉 未
```

본명은 일시(日時)에 녹(祿)이 있고 일주(日主) 정화(丁火)가 유기하다. 유금(酉金) 진신(眞神)이 용신(用神)이고 재성(財星)과 살(殺)이 상생(相生)하고, 체(體)와 용(用)이 합(合)하니 좋다.

```
時 日 月 年
己 甲 辛 己
巳 申 未 亥
```

본명은 재관(財官)은 힘이 있으나 일주(日主)의 힘이 부족한 것이 아쉽다. 따라서 재관(財官)이 일주(日主)를 극(剋)하는 것을 꺼리니 재관쌍미(財官雙美)의 명이 아니다.

```
時 日 月 年
乙 甲 庚 辛
亥 辰 寅 丑
```

본명은 월(月)에 건록(建祿)이 놓여 재관(財官)을 기뻐한다. 병정(丙丁)운에는 거관유살(去官留殺)·재관쌍미(財官雙美)가 되어 대귀격을 이루었다.

1) 재관쌍미(財官雙美)의 성정

재관쌍미(財官雙美)의 명은 정신적으로 여유가 있고 원기가 강하며 의욕이 있어 일처리를 잘 한다. 총명하며 임기응변과 권모술수에 변함이 있으니 조심하여 꾀하고, 재물이나 물질에 대해 낭비하지 않고 지나치게 인색하지도 않다.

2) 재관쌍미(財官雙美)의 사회생활

재관쌍미(財官雙美)의 명은 성취가 빠르며 공업·상업·벼슬길이 모두 순조롭고, 조상의 업을 발전시킬 수 있다. 식상(食傷)의 배합이 좋으면 공업이나 상업으로 발전하고, 인수(印綬)의 배합이 좋으면 벼슬길에서 발전한다. 이익으로 성공하면 명예에 몰두하고, 명예로 성공하면 이익에 전념한다. 옛글에 이르기를 "왕한 재성(財星)이 관성(官星)을 생(生)하면 소년에 업을 계승하고, 재관(財官)이 모두 아름다우면 자신이 영화롭다"고 하였다. 재관쌍미(財官雙美)의 명은 생활이 두터우며 이자나 임대료 등의 수입이 있다.

3) 재관쌍미(財官雙美)의 육친

재관(財官)이 년월(年月)에 있으면 부귀한 집에서 태어난 사람이며 조상의 재산을 받고 아버지와 조상의 덕이 있다. 재관(財官)이 일시(日時)에 있으면 영광이 있고 아내는 어질며 자녀는 효도한다.

4) 재관쌍미(財官雙美)의 혼인

남명은 부유한 가정에서 태어나 사업을 발전시키고 부부간에 애정이 있으며 아내의 내조를 받는다. 여명도 혼인운이 좋으나 남편의 권위를 빼앗을 수 있으니 조심해야 한다.

5) 기타

재관쌍미(財官雙美)를 다르게 부르는 경우가 있는데 일주(日主)에 재관(財官)이 앉은 경우다. 예를 들어 계사(癸巳)·임오(壬午)·기해(己亥)·을사(乙巳)·무진(戊辰)일생을 말한다. 「계선편(繼善篇)」에 이르기를 "육임(六壬)이 오(午)에 임하면 녹마동향(祿

馬同鄕)이라 하고, 계(癸)일생이 사(巳)에 앉으면 재관쌍미(財官雙
美)가 된다"고 하였다. 일주(日主)가 재관(財官)에 앉으면 재관(財
官)을 얻기 쉬우나 반드시 얻는 것은 아니니 재관쌍미(財官雙美)
와 같은 것은 아니다.

12. 관살혼잡(官殺混雜)

관살혼잡(官殺混雜)이란 사주에 정관(正官)과 편관(偏官)이 많은
것을 말한다. 신약(身弱)하며 관살(官殺)이 섞여 신(身)을 잔학하
게 극(剋)하는데 사주의 배합이 좋지 않으면 가난하거나 요절한다.
이런 면에서는 상관견관(傷官見官)의 명이 극설(剋泄)이 교집(交
集)하는 것과 비슷하다.

```
時 日 月 年
癸 丙 壬 丁
巳 辰 子 亥
```

본명은 수(水)가 왕하여 당권(當權)했는데 약한 일주(日主)가 대
적할 수 없으니 관살혼잡(官殺混雜)의 명이 되었다.

```
時 日 月 年
丁 庚 丁 丁
丑 午 未 卯
```

본명은 관성(官星)이 섞이지는 않았으나 관성(官星)이 많아 살(殺)이 되었는데 신약(身弱)하여 감당하지 못하니 관살혼잡(官殺混雜)의 명이 되었다.

```
時 日 月 年
丙 甲 乙 庚
寅 子 酉 寅
```

본명은 경금(庚金)은 월지(月支) 정관(正官) 유금(酉金)의 뿌리가 되고, 관살(官殺)은 같은 기(氣)이니 관살혼잡(官殺混雜)으로 논하지 않는다. 일주(日主)가 녹왕(祿旺)하여 두려워하지 않기 때문이다.

1) 관살혼잡(官殺混雜)의 성정

관살혼잡(官殺混雜)의 명은 소극적이며 의지가 굳건하지 못하고 활기가 없으니 일을 두려워한다. 복종하는 마음이 강하며 법을 잘 지킨다. 성격이 안정되지 못하고 주관이 없어 남에게 좌우되기 쉽다. 『연해자평(淵海子平)』에 이르기를 "관살혼잡(官殺混雜)이 되면 색을 좋아하며 음란하고, 일에 소심하며 비천하고, 신앙심이 견고하지 못하다"고 하였다.

2) 관살혼잡(官殺混雜)의 사회생활

관살혼잡(官殺混雜)의 명은 평생 분주하나 전력투구하지 않으니 이루기 어렵다. 공업이나 상업은 적합하지 않고 벼슬길에서도 두각을 나타내지 못한다. 월급쟁이나 작은 장사는 무방하나 크게 발전하기는 어렵다. 「낙역부(絡繹賦)」에 이르기를 "관살혼잡(官殺混雜)이 되면 기예로 흐른다"고 했으니 한 가지 기능이나 기술을 익히는 것이 좋다.

3) 관살혼잡(官殺混雜)의 육친

관살혼잡(官殺混雜)의 명은 인수(印綬)가 화살(化殺)할 힘이 없으면 부모와 가정형편이 좋지 않거나 어릴 때 예의범절을 제대로 배우지 못한다. 그리고 관살(官殺)이 비겁(比劫)을 극(剋)하니 형제자매를 형극(刑剋)하고, 자녀가 어질지 못하며 불효한다.

4) 관살혼잡(官殺混雜)의 혼인

관살혼잡(官殺混雜)의 명은 혼인운이 아름답지 못하며 조혼은 실패하는데 여명은 더 주의해야 한다. 여명이 신약(身弱)한데 관살(官殺)이 혼잡하면 남자의 유혹·기만·배신이 따르며 정조를 잃기 쉽다. 만일 사주의 배합이 좋지 않으면 화류계로 나가기 쉽다. 「금옥부(金玉賦)」에 이르기를 "관살(官殺)끼리 만나면 반드시 떠도는 소문과 실제가 같고, 남명은 아내를 두려워하기 쉽다"고 하였다.

5) 기타

관살혼잡(官殺混雜)의 명은 체질이 좋지 않아 잘 놀라고, 평생 빈천하며 고단하다. 만일 재성(財星)이 무리의 관살(官殺)을 생(生)하거나, 운세에서 관살(官殺)을 만나면 요절하며 학업이 잡되어 쓸모가 없다.

```
時 日 月 年
癸 丙 壬 壬
巳 寅 子 寅
```

본명은 관살혼잡(官殺混雜)으로 논하지 않는다. 일주(日主)가 낭
건(朗健)하면 관살(官殺)의 극(剋)을 기뻐하며 관살(官殺)이 혼잡
해도 무방하기 때문이다.

```
時 日 月 年
乙 戊 己 甲
卯 辰 巳 辰
```

본명은 일주(日主)가 강왕하니 관살(官殺)을 두려워하지 않는다.
갑기(甲己)로 합살유관(合殺留官)하고 관성(官星)이 녹(祿)에 앉아
일찍 벼슬길에 올랐다. 일주(日主)가 강왕하면 관살(官殺)을 기뻐
하나 관살(官殺)이 혼잡되면 관성(官星)이 맑지 않으니 벼슬길에
서 발전하기 어렵다. 그러나 합살유관(合殺留官)이나 합관유살(合
官留殺)이 되면 맑아져 상격의 명이 된다.

```
時 日 月 年
庚 甲 辛 丙
午 寅 卯 子
```

여명은 일주(日主)의 강약과 관살(官殺)의 희기(喜忌)를 논하지 않으나 원명에서 관살(官殺)이 혼잡하면 주로 이성관계가 복잡하다. 그러나 일주(日主)가 강한데 합살유관(合殺留官)이나 합관유살(合官留殺)이 되면 절개가 곧고 혼인운이 아름답다.

13. 식신제살(食神制殺)

식신제살(食神制殺)이란 신살양정(身殺兩停)과 같이 식신(食神)으로 칠살(七殺)을 제복시키는 것을 말한다. 신살양정(身殺兩停)과 살강신약(殺强身弱)은 같지 않다. 신살양정(身殺兩停)은 식신(食神)을 용신(用神)으로 삼고, 살강신약(殺强身弱)은 인수(印綬)를 용신(用神)으로 삼는 것이다. 「비결(秘訣)」에서는 신살양정(身殺兩停)은 제살(制殺)하는 것이 좋고 살중신경(殺重身輕)은 인성(印星)이 좋다"고 하였고, 「원리부(元理賦)」에서는 제살(制殺)의 배열은 마땅히 식거전(食居前), 살거후(殺居後)라고 하였다.

```
時 日 月 年
丙 庚 丙 壬
戌 申 午 申
```

본명은 신살양정(身殺兩停)이 되어 식신(食神)이 장생(長生)에 앉는 것을 기뻐하고, 용신(用神)이 힘이 있으니 충분히 제살(制殺)할 수 있다.

時 日 月 年
辛 壬 戊 甲
亥 午 辰 子

본명은 일주(日主)가 시주(時柱)에 귀록(歸祿)하고 정인(正印)이
상생(相生)하니 신약(身弱)하지 않고, 칠살(七殺)이 병령(秉令)하
여 천간(天干)에 나왔으니 살세(殺勢) 역시 위엄이 있다. 다행히
식신(食神) 갑목(甲木)이 해수(亥水)에 통근(通根)하고, 다시 자진
(子辰)이 합수(合水)하여 식신(食神)을 생(生)하니 충분히 제살(制
殺)할 수 있다.

時 日 月 年
戊 壬 戊 甲
申 寅 辰 午

본명은 일주(日主)는 약하여 극설(剋泄)을 이기지 못하고, 식신
(食神)은 제살(制殺)하기에 부족하다. 따라서 요절하거나 가난할
명이니 식신제살(食神制殺)로 논하지 않는다.

1) 식신제살(食神制殺)의 성정

식신제살(食神制殺)의 명은 말재주가 좋고 설득력이 강하다. 의기
가 있고 판단이 분명하며 지혜와 용맹을 갖춘 귀격의 명이다. 젊은
시절에 다른 길로 잘못 들어서도 반드시 뉘우친다. 때로는 고집이

강하나 자신을 억제할 수 있다. 진퇴의 시기를 알며 권력이 따른다.

2) 식신제살(食神制殺)의 사회생활

식신제살(食神制殺)의 명은 부지런하며 능동적이므로 범사에 혼신의 힘을 다하여 이루어낸다. 가슴에 모략이 있고 남의 밑에 있는 것을 좋아하지 않는다. 대기업이나 문무공명으로 나가면 부귀를 이룰 수 있다. 옛글에 이르기를 "무리의 살(殺)을 제지하면 권력을 쥘 수 있다"고 하였고, 「금옥부(金玉賦)」에 이르기를 "신강(身强)한데 칠살(七殺)이 항복하면 변방에서 진지를 지킨다"고 하였다.

3) 식신제살(食神制殺)의 육친

식신제살(食神制殺)의 명은 효도하며 부모의 가르침을 받고 노년에 부모를 위로한다.

4) 식신제살(食神制殺)의 혼인

식신제살(食神制殺)의 명은 남녀 모두 혼인운이 좋아 원만하며 행복하고, 여명은 남편성이 출중하다.

5) 기타

식신제살(食神制殺)의 명은 신체가 건강하며 운동을 좋아하고 약물을 좋아하지 않는다.

제Ⅱ편.
사주팔자의 완색

사주팔자의 완색(玩索)

1. 아버지가 일찍 돌아가시는 명

— 년주(年柱)에 인살(刃殺)이 있으면 소년에 부모를 잃고, 여명이
  상관(傷官)과 편인(偏印)이 있으면 어려서 부모를 잃는다.
— 사주에 편재(偏財)가 없거나 편재(偏財)가 사묘절(死墓絶)에 놓
  였는데 월주(月柱)가 모두 기신(忌神)이면 초년운이 좋지 않다.
— 월간(月干)에 칠살(七殺)이 있는데 월지(月支)가 형충(刑沖)되
  면 아버지를 일찍 잃고, 년주(年柱)에 비겁(比劫)이 있는데 월
  주(月柱)에 상(傷)이 있으면 부모를 동시에 잃는다.
— 년주(年柱)에 살(殺)이 있는데 월주(月柱)에 상(傷)이 있으면
  아버지를 먼저 잃고, 년주(年柱)에 식상(食傷)이 있는데 월주
  (月柱)에 효신(梟神)이 있으면 아버지를 극(剋)하고, 년간(年干)
  에 겁인(劫刃)이 투출(透出)하면 아버지를 일찍 잃는다.
— 재관(財官)이 정인(正印)을 파하는데 편인(偏印)을 만나면 부모

를 일찍 잃고, 남명이 년주(年柱)에 상관(傷官)이 있으면 어머니가 손상되고, 여명이 월주(月柱)에 상관(傷官)이 있으면 아버지가 손상된다.

— 정재(正財)가 겁재(劫財)에 앉으면 아버지를 일찍 잃거나 아버지의 업이 쇠미하고, 겁재(劫財)가 겁재(劫財)에 앉으면 아버지를 일찍 잃거나 병에 걸리고, 상관(傷官)이 겁재(劫財)에 앉으면 친한 사람과 이별한다.

— 인성(印星)이 재성(財星)에 임하면 부모가 한 번 헤어졌다 다시 만나고, 편재(偏財)가 비견(比肩)에 앉았는데 형충(刑沖)되면 부모의 수명이 짧다.

— 상관(傷官)이 정관(正官)과 겁재(劫財)를 만나면 부모를 일찍 극(剋)하고, 편재(偏財)가 공망(空亡)·절(絶)·살(殺)에 임하면 젊어서 아버지를 잃는다.

— 년간(年干)과 시지(時支)에 겁재(劫財)가 있으면 이두겁(二頭劫)이라고 하여 아버지가 일찍 돌아가시고, 월지(月支)에 칠살(七殺)이 상문(喪門)이나 조객(弔客)과 함께 있는데 기신(忌神)에 해당하면 부모를 일찍 극(剋)하거나 병이 많다.

— 여명이 양인(羊刃)·겁살(劫殺)·망신(亡身)이 합(合)되면 부모가 불리하고, 년간(年干)과 월지(月支)에 상관(傷官)이 있으면 부모나 아내가 온전하지 못하다.

— 비견(比肩)이 일주(日柱)에 있는데 양인(羊刃)에 앉으면 아버지와 생이별하고, 재성(財星)이 살지(殺地)에 임하면 아버지의 시신이 집으로 돌아오지 못한다.

— 년간지(年干支)에 모두 편인(偏印)이 있으면 항렬이 높은 친척이 이롭지 않다.

— 편재(偏財)가 월간(月干)에 있는데 비견(比肩)·칠살(七殺)·사(死)·절(絶)·묘(墓)·목욕(沐浴) 등에 앉으면 아버지가 일찍 돌아가신다.

— 시주(時柱)의 비견(比肩)이 양인(羊刃)에 앉으면 아버지를 극(剋)하고, 일시(日時)에 비견(比肩)이나 양인(羊刃)이 있으면 아버지가 흉하고, 비견(比肩)이 공망(空亡)되면 아버지를 극(剋)한다.

— 년간(年干)에서 보아 시지(時支)가 양인(羊刃)이면 부모가 악사하는데 겁살(劫殺)이 있으면 틀림없다.

— 태중(胎中)의 양인(羊刃)이 형년(刑年)을 만나면 출신이 좋지 않거나 부모가 악사한다.

— 비견(比肩)이 중하면 아버지의 수명이 얼마 남지 않았고, 겁재(劫財)가 중하면 아버지를 일찍 잃고, 월주(月柱)에 살인(煞刃)이 있으면 아버지는 있으나 어머니가 없다.

— 인두재(刃頭財)이면 아버지에게 이롭지 않고, 시주(時柱)가 년주(年柱)를 충극(沖剋)하면 부모를 극(剋)한다.

— 년간(年干)에 편인(偏印)이 있고 월간(月干)에 편재(偏財)가 있는데 모두 좌하에 상관(傷官)이나 식신(食神)이 전왕(專旺)하면 반드시 아버지가 돌아가시고 집안이 가난하다. 제강(提綱)이 년주(年柱)를 극(剋)하면 부모가 온전하지 못하다.

— 적살(的殺)과 겁살(劫殺)이 함께 있으면 뜻밖의 사상을 당하고,

목욕(沐浴)이 쇠미하면 울면서 친인척을 보낸다.

— 평두살(平頭殺)이 3~4개 있는데 공망(空亡)되면 고독하다.

— 월지(月支)에 공망(空亡)·화개(華蓋)·상문(喪門)·조객(弔
客)·고진(孤辰)·과숙(寡宿)·천살(天殺)·피마(披麻)·전각
(轉角)·천곡(天哭) 등이 있으면 고독하다.

— 고진(孤辰)이나 과숙(寡宿)이 2개 이상 있으면 아버지나 어머니
가 없고, 일시(日時)에 모두 망신(亡身)이 있으면 부모를 극(剋)
한다.

— 부궁(父宮)이 사해상충(巳亥相沖)되면 아버지의 수명이 손상된
다. 순음(純陰)이면 아버지가 불리하고 순양(純陽)이면 어머니
가 불리한데 년월(年月)이 또 형충(刑沖)되면 좋지 않다.

— 년월간(年月干)이 상극(相剋)되면 부모가 온전하지 못하다.

— 정신(丁辛)이 함께 사(巳)를 만나면 부모가 상하고, 사주 2곳에
진(辰)이 있으면 고독하고, 태원(胎元)에 편재(偏財)가 있는데
월지(月支)를 형충(刑沖)하면 좋지 않다.

時	日	月	年	
己	辛	己	乙	男
亥	酉	丑	丑	命

본명은 금한수냉(金寒水冷)하며 토금(土金)이 모두 왕하니 목화
(木火)는 길하나 토금수(土金水)는 흉하다. 월주(月柱)의 편인(偏
印)이 편인(偏印)에 앉아 기신(忌神)이 되어 부모에게 이롭지 않

다. 사주에 편인(偏印)이 4개 있고, 편재(偏財)가 년주(年柱)에 투출(透出)하고, 년월지(年月支)가 복음(伏吟)이 되고, 월지(月支)에 화개(華蓋)·적살(的殺)·공망(空亡)이 있고, 월간(月干)의 편인(偏印)이 양(養)에 앉고, 정인(正印)이 나타나지 않았다. 이 사람은 태어난 지 일 년이 안 되어 아버지가 전사하였고, 그후 어머니가 개가하여 조부 밑에서 자랐다.

```
時 日 月 年
丁 癸 壬 丙    男
巳 卯 辰 申    命
```

본명은 목화(木火)가 모두 왕하니 금수(金水)가 도와주면 길하고, 정(丁)이 월간(月干) 임수(壬水)를 요합(遙合)하면 길하다. 월지(月支) 진토(辰土)는 기신(忌神)이고, 편재(偏財)인 정화(丁火)도 기신(忌神)이니 힘이 되지 못한다. 월지(月支)에 양(養)과 공망(空亡)이 있고, 편재(偏財)도 공망(空亡)되었다. 임인(壬寅)년에 정(丁)과 합(合)하여 목(木)이 되고, 인묘진(寅卯辰) 회목(會木)이 신(申)과 충(沖)하고 인사형(寅巳刑)이 되어 7세인 임인(壬寅)년에 아버지가 돌아가셨고, 어머니가 개가하여 숙부 밑에서 자랐다.

```
時 日 月 年
癸 戊 戊 庚    男
丑 戌 寅 辰    命
```

본명은 비견(比肩)이 많으니 신왕(身旺)하다. 신(身)을 설기(泄氣)하는 식신(食神)이 용신(用神)이니 금수(金水)는 길하나 목(木)은 흉하다. 월지(月支)의 인목(寅木)은 인술합화(寅戌合火)하고, 월간(月干)의 비견(比肩)은 기신(忌神)이 되고, 편재(偏財)는 나타나지 않고, 정인(正印) 정화(丁火)는 기신(忌神)인데 일지(日支)에 앉아 형충(刑沖)되고, 월지(月支)는 조객(弔客)이 되고, 태원(胎元)인 기사(己巳)는 월지(月支)를 형(刑)하고, 겁재(劫財)가 투출(透出)했으니 아버지가 일찍 돌아가셨다.

```
時 日 月 年
乙 己 甲 辛    男
亥 亥 午 卯    命
```

본명은 관살(官殺)이 혼잡한데 재성(財星)이 다시 무리를 이루어 신약(身弱)하니 화토(火土)가 길하다. 월간(月干)의 정관(正官)은 기신(忌神)이고, 월지(月支)의 오화(午火)는 희용신(喜用神)이다. 월지(月支)에 격각(隔角)이 있는데 편재(偏財)가 없으니 아버지를 일찍 잃고 어머니의 사랑으로 자랐다.

```
時 日 月 年
甲 己 戊 癸    男
子 未 午 酉    命
```

본명은 일주(日主) 기토(己土)가 여름에 태어났는데 일지(日支)에 미토(未土)가 있고, 무토(戊土)가 투출(透出)하여 신(身)을 도우니 신강(身强)하다. 갑목(甲木)으로 소토(疏土)하거나 수(水)로 토(土)를 윤택하게 해주면 길하다. 월주(月柱)가 모두 기신(忌神)이고, 월간(月干)에 겁재(劫財)가 있고, 편재(偏財)가 년주(年柱)에 나타나 무토(戊土)에게 극합(剋合)되고, 계수(癸水)가 유금(酉金) 장생(長生)에 앉아 오(午)의 극(剋)을 받으니 거의 말라버린다. 자수(子水)는 공망(空亡)인데 미(未)에게 또 극(剋)되고, 자수(子水) 편재(偏財)는 부궁(父宮)인 오(午)를 충(沖)하니 어릴 때 아버지가 돌아가셨다.

時 日 月 年
己 辛 丁 辛　　　男
丑 酉 酉 卯　　　命

본명은 건록격(建祿格)이며 토금(土金)이 왕하니 목화(木火)가 길하다. 월지(月支)의 비견(比肩)을 꺼리고 월간(月干)의 칠살(七殺)은 좋아하나 뿌리가 없다. 정(丁)은 유금(酉金) 장생(長生)에 앉았으나 충파(沖破)되고, 편재(偏財)는 년지(年支)에 있으나 충파(沖破) 개두(蓋頭)되었다. 성(星)이 궁(宮)을 충(沖)하고, 년월일(年月日)이 반음(返吟)과 복음(伏吟)이 되고, 사주가 순음(純陰)이니 어릴 때 아버지가 돌아가셨다.

時	日	月	年	
乙	庚	癸	己	男
酉	寅	酉	酉	命

본명은 양인격(羊刃格)으로 지지(地支)에 양인(羊刃)이 3개 있고 정인(正印)이 투출(透出)하여 신강(身强)하니 수생목(水生木)이 길하다. 월지(月支)의 양인(羊刃)은 아버지를 극(剋)하고, 월간(月干)의 계수(癸水)는 길하나 기(己)가 극(剋)한다. 재성(財星)은 절(絶)에 앉고, 3유(酉)가 목(木)을 극(剋)하고, 년월(年月)은 유유자형(酉酉自刑)이 되고, 년간(年干)의 정인(正印)은 양인(羊刃)에 앉아 보호받지 못한다. 대운(大運)이 편재(偏財)를 충(沖)하고, 을묘(乙卯)년에 3유(酉)가 1묘(卯)를 충(沖)하여 월지(月支)의 양인(羊刃)이 충동하니 7세인 을묘(乙卯)년에 아버지가 돌아가셨다.

時	日	月	年	
甲	丁	丙	甲	男
辰	酉	寅	午	命

본명은 정인격(正印格)으로 인오화화(寅午化火)하여 신강(身强)하니 토금(土金)이 길하다. 월간지(月干支)가 모두 기신(忌神)이고, 월간(月干)에 겁재(劫財)가 투출(透出)하고, 편재(偏財)는 일지(日支)에서 장생(長生)에 임하나 오(午)의 극(剋)을 만나고, 월지(月支)는 사(死)가 된다. 23세 병진(丙辰)년에 겁재(劫財)가 투출(透

出)하고, 진(辰)은 공망(空亡)과 과숙(寡宿)이 되고, 편재(偏財)는 묘(卯)에 들고, 유금(酉金) 편재(偏財)가 진유합(辰酉合)되자 아버지가 돌아가셨다.

```
時 日 月 年
癸 乙 癸 戊      男
未 卯 未 子      命
```

본명은 수목(水木)이 모두 왕하니 화토(火土)가 길하다. 그러나 무계합(戊癸合)하고, 미(未) 중의 정화(丁火)가 해묘미회목(亥卯未會木)하니 수목(水木)의 세력을 순조롭게 얻어 종왕격(從旺格)이 되었다. 월지(月支) 해수(亥水)가 기신(忌神)인데 회목(會木)하여 또 기신(忌神)이 되고, 월간(月干)도 기신(忌神)이며 편인(偏印)이 겁재(劫財)에 앉았다. 편재(偏財)는 미(未)에 암장(暗藏)되어 화목(化木)하여 기신(忌神)이 되고, 사주에 편인(偏印)이 3개 있는데 축미충(丑未沖)하니 을축(乙丑)년에 아버지가 돌아가셨다.

```
時 日 月 年
壬 乙 庚 戊      男
午 丑 申 子      命
```

본명은 정관격(正官格)으로 재관(財官)이 왕한데 관성(官星)이 인성(印星)을 생(生)하고, 인성(印星)은 신(身)을 생(生)하니 길하다.

월주(月柱)의 정관(正官)이 정관(正官)에 앉아 모두 기신(忌神)이 되고, 편재(偏財)는 일지(日支)와 시지(時支)에 들어 기신(忌神)이 되고, 월지(月支)는 망신(亡身)이 되고, 년간(年干)은 시지(時支)에 이르러 양인(羊刃)이 되고, 초년 신유(辛酉)운이 기신(忌神)이 되고, 정인(正印)은 년지(年支)에 이르러 양인(羊刃)이 되니 신유(辛酉)운에 부모님이 모두 돌아가셨다.

```
時 日 月 年
癸 癸 丙 丙      男
亥 亥 申 戌      命
```

본명은 수(水)가 왕하니 재관(財官)이 용신(用神)이며 월지(月支)의 정인(正印)은 기신(忌神)이다. 월간(月干)의 정재(正財)는 길하나 힘이 없고, 편재(偏財)는 년지(年支)에 들어 쇠지(衰地)가 되고, 월지(月支)는 조객(弔客)이 되고, 일시(日時)에는 고진(孤辰)이 중하고, 쌍으로 있는 고진(孤辰)이 해해(亥亥)로 복음(伏吟)이 되고, 천간(天干)에서는 수화(水火)가 싸우니 태어난 지 27일만에 아버지가 돌아가셨다.

2 어머니가 일찍 돌아가시는 명

— 남명이 년주(年柱)에 상관(傷官)이 있으면 어머니가 손상되고, 년간(年干)에 편인(偏印)이 있으면 생모와 인연이 없는데 형충

(刑沖)되면 어머니가 일찍 돌아가신다.

— 정인(正印)에 양인(羊刃)이 앉으면 어머니가 일찍 돌아가시고, 일지(日支)가 년지(年支)를 충극(沖剋)하면 어머니가 돌아가시거나 헤어진다.

— 인수(印綬)가 극(剋)되면 어머니가 일찍 돌아가시고, 일시(日時)에 망신(亡身)이 거듭 있으면 어머니를 극(剋)한다.

— 재성(財星)이 많은데 어머니가 견고하지 않으면 어머니를 일찍 잃고, 정인(正印)이 없으면 어머니연이 박하거나 어머니가 일찍 돌아가신다.

— 인성(印星)이 합(合)되거나, 재성(財星)이 많아 인수(印綬)를 극(剋)하거나, 삼합재(三合財)가 인수(印綬)를 극(剋)하면 부모와 헤어지거나 어머니가 일찍 돌아가시거나 병약하다.

— 월주(月柱)에 칠살(七殺)과 양인(羊刃)이 모두 있으면 아버지는 있어도 어머니가 없고, 인수(印綬)가 월간(月干)에 투출(透出)하거나 월지(月支)에 목욕(沐浴)이 있으면 아버지는 있으나 어머니가 없다.

— 월지(月支)에 고진(孤辰)·과숙(寡宿)·상문(喪門)·조객(弔客)·화개(華蓋)·공망(空亡)·적살(的殺)·전각(轉角)·피마(披麻)·월살(月殺) 등이 있으면 어머니가 불길하다.

時	日	月	年	
庚	甲	癸	甲	男
午	子	酉	申	命

본명은 갑목(甲木)이 유(酉)월에 태어났는데 관살(官殺)이 혼잡하니 오화(午火)가 필요하나 충(沖)되었으니 인수(印綬)가 용신(用神)이다. 월지(月支)가 흉하고, 일지(日支)의 정인(正印)은 충(沖)되고, 편재(偏財)는 나타나지 않았다. 게다가 대운(大運)도 신유술(申酉戌) 금(金)운으로 흐르니 3세인 병술(丙戌)년에 아버지가 돌아가시고, 10세인 계사(癸巳)년에 어머니가 돌아가셨다.

```
時 日 月 年
庚 庚 庚 丙      男
辰 午 寅 申      命
```

본명은 인오화화(寅午化火)하고 병(丙)이 투출(透出)하여 화(火)의 세력이 왕하다. 그러나 3경(庚) 1신(申) 1진(辰)이 있으니 금(金)도 왕하여 화금상지(火金相持)하므로 토(土)가 가장 길하다. 년월(年月)이 충(沖)되고, 정인(正印)은 일지(日支)에서 기신(忌神)이 되고, 편재(偏財)는 월지(月支)에서 충(沖)되어 아버지도 이롭지 않다. 임진(壬辰)운에 어머니를 잃었다.

```
時 日 月 年
甲 癸 己 甲      男
寅 酉 巳 午      命
```

본명은 계수(癸水)가 여름생인데 중한 목(木)이 설기(泄氣)하고

칠살(七殺)이 극(剋)하니 매우 약하다. 전적으로 일지(日支) 편인
(偏印)의 힘을 받아야 하므로 인수(印綬)가 용신(用神)이다. 정인
(正印)은 월지(月支)에 암장(暗藏)되고 사오화화(巳午化火)되어 흉
하고, 사(巳)는 적살(的殺)이 된다. 22세인 을묘(乙卯)년에 묘미합
목(卯未合木)하여 유(酉)를 충(沖)하니 어머니가 불리한데 재성(財
星)이 왕하여 인수(印綬)가 상하니 어머니가 돌아가셨다.

時	日	月	年	
乙	甲	丁	壬	男
亥	寅	未	辰	命

　본명은 소서(小暑) 14일 후에 태어나 화토(火土)가 진기(進氣)하
니 약하지 않다. 상관(傷官)이 투출(透出)하고 순일하니 상관격(傷
官格)이다. 따라서 신왕(身旺)하며 상관(傷官)이 생재(生財)하고
편재(偏財)는 희신(喜神)이 된다. 정인(正印)은 기신(忌神)인데 진
(辰)에 암장(暗藏)되었고, 편인(偏印)이 투출(透出)하여 용신(用
神)을 합(合)하니 9세인 경자(庚子)년에 어머니가 돌아가셨다.

時	日	月	年	
辛	丙	丙	己	女
卯	子	寅	亥	命

　본명은 인해합목(寅亥合木)하는데 묘목(卯木)이 또 나타났다. 목

(木)이 왕하고 화(火)가 성하니 재관(財官)이 용신(用神)이다. 월지(月支)의 편인(偏印)은 꺼리고, 정인(正印)은 시지(時支)에서 형(刑)되고, 월지(月支)의 인(寅)은 고신(孤神)이며 기신(忌神)이니 20세인 무오(戊午)년에 어머니가 돌아가셨다.

```
時 日 月 年
戊 乙 己 乙    女
寅 亥 卯 未    命
```

본명은 해묘미(亥卯未)가 목국(木局)을 이루고, 을(乙)이 투출(透出)하여 곡직격(曲直格)처럼 보인다. 그러나 무기토(戊己土)가 투출(透出)하고, 무(戊)가 장생(長生)에 앉았으니 정격(正格)이다. 편재(偏財)가 월간(月干)에 투출(透出)하여 부성(父星)이 되는데 극(剋)되니 아버지가 이롭지 않다. 정인(正印)은 일지(日支)에서 합(合)하여 기신(忌神)이 되고, 10세인 갑진(甲辰)년에는 정인(正印)이 입묘(入墓)가 되니 어머니가 돌아가셨다.

```
時 日 月 年
丙 甲 戊 庚    男
寅 子 寅 寅    命
```

본명은 초봄에 태어나 한기가 남아 있는데 3인(寅)에 갑목(甲木)의 뿌리가 있으니 병화(丙火)가 용신(用神)이다. 초봄이니 자수(子

水) 인수(印綬)를 가장 꺼리고 정인(正印)도 꺼린다. 월지(月支)는 일지(日支)의 고신(孤神)과 상문(喪門)이 되고, 편재(偏財)는 월간 (月干)에 투출(透出)하여 아버지는 무사하였다. 그러나 8세인 정유 (丁酉)년 계묘(癸卯)월 기축(己丑)일에 어머니가 돌아가셨다.

```
時 日 月 年
乙 己 己 乙      男
亥 丑 丑 亥      命
```

본명은 기토(己土)가 소한(小寒) 2일 후에 태어났으니 자수(子水) 가 용사(用事)한다. 해축(亥丑)이 공수(拱水)하고, 칠살(七殺)이 2 개이고, 재살(財殺)이 강하니 신약(身弱)하여 인수(印綬)를 가장 기뻐한다. 사주에 병화(丙火)가 없고, 월지(月支)의 축(丑)이 화개 (華蓋)·상문(喪門)·일묘(日墓)가 되고, 왕한 재성(財星)이 인수 (印綬)를 상하게 하니 8세인 임오(壬午)년에 어머니가 돌아가셨다.

```
時 日 月 年
壬 戊 甲 己      男
戌 辰 戌 亥      命
```

본명은 무토(戊土)가 한로(寒露) 4일 후에 태어났으니 신금(辛金) 이 용사(用事)한다. 일주(日主)가 강왕한데 칠살(七殺)이 홀로 투 출(透出)하여 칠살격(七殺格)이며 재자약살(財滋弱殺)을 용(用)한다. 정화(丁火)는 술(戌)에 암장(暗藏)되어 진(辰)에게 충(沖)되고, 월지(月支)는 기신(忌神)이며 과숙(寡宿)과 공망(空亡)이 있으므로 22세인 경신(庚申)년에 어머니가 돌아가셨다.

3. 장애나 불구가 따르는 명

— 사주에 상관(傷官)·칠살(七殺)·양인(羊刃)이 모두 있으면 지체장애가 따른다.

— 사주에 진양인(眞羊刃)이 있으면 신체에 장애가 다르거나 불구가 된다. 예를 들어 갑(甲)일생이 을묘(乙卯)나 정묘(丁卯)가 있으면 해당한다.

— 사주에 양인(羊刃)이 인수(印綬)를 만나면 비록 귀격이라도 장애나 불구가 따른다.

— 사주에 정편재(正偏財)가 매우 적은데 충극(沖剋)이나 공망(空亡)되면 신체에 재액이 따르기 쉽다.

— 신약(身弱)한데 귀(鬼)가 왕하면 신체에 장애나 불구가 따르고, 효신(梟神)이 왕하면 병에 걸리지 않아도 상한다.

— 사주에 정편재(正偏財)가 분명하지 않거나 어지러우면 반드시 신체에 장애나 불구가 따르고, 상관(傷官)이 중중하면 허리·발·근골을 다친다.

— 신체의 건강이나 재액은 일간(日干)이나 일지(日支)에 있는 정편재(正偏財)와 관계있다. 일지(日支)가 기신(忌神)이면 비교적

나쁘고, 신강(身强)하면 비교적 건강하다. 그러나 인수(印綬)가 너무 많거나 재성(財星)이 충극(沖剋)되면 안 된다.

― 사주에 용신(用神)이 너무 적게 있거나 편고하면 흉하다.

― 사주에서 화(火)가 망신(亡身)을 극(剋)하면 말을 더듬는다.

― 살신(殺神)이 곡각(曲脚)을 만나면 절름발이나 꼽추가 된다.

― 지지(地支)가 쌍충(雙沖)되면 신체에 장애나 불구가 따르고, 장생(長生)이 용신(用神)인데 충파(沖破)되면 몸이 온전하지 않다.

― 삼형(三刑)이 합(合)을 잃으면 얼굴에 상처가 생기거나 몸을 상하고, 사주에 축술미(丑戌未)가 모두 있으면 반신불수가 된다.

― 오(午)가 축(丑)을 만나면 오래된 속병이 있고, 축(丑)이 염양(炎陽)에 들면 반드시 사지에 깊은 액이 따른다.

― 해(亥)가 왕성한 금(金)을 만나면 반신불수로 오래 산다.

― 양간지(陽干支)가 상형(相刑)되면 사팔뜨기가 되고, 임수(壬水)가 병화(丙火)를 극(剋)하면 두 눈이 멀거나 시력이 나쁘다.

― 무기토(戊己土)가 갑을목(甲乙木)에게 거듭 극(剋)되면 액흔이 따르나 금(金)으로 풀면 무방하다. 토수(土水)가 혼탁하거나 수(水)가 토(土)의 극(剋)을 받으면 백치가 되기 쉽다.

― 삼합화성(三合火星)이 경신(庚辛)를 극(剋)하면 두면이나 혈액에 병이 있고, 을목(乙木)이 오(午)에 생거(生居)하면 기운이 흩어진다.

― 사주에 병정(丙丁)이 많으면 이마가 중하고, 충파(沖破)가 극(剋)되면 뇌가 큰 난장이가 되어 단명한다.

― 갑목(甲木)이 금(金)을 만나면 크게 다쳐 사지가 불완전하고,

갑목(甲木)이 극(剋)을 받으면 머리를 상한다.

— 을목(乙木)이 2화(火)를 만나면 신체 장애나 불구가 되기 쉽다.

— 시주(時柱)의 묘유(卯酉)가 형극(刑剋)되면 눈이 크나 온전하기
어렵다.

— 여명이 염(炎)이 수(水)운에 이르면 반신불수가 되고, 목(木)이
금(金)에게 거듭 극(剋)되면 사지에 병이 있다.

— 사주가 화염토조(火炎土燥)한데 풀지 못하면 장님이 되고, 토
(土)가 많으면 멍청하고, 화(火)가 많으면 우둔하며 어리석다.

```
時 日 月 年
壬 庚 壬 癸
午 申 戌 巳
```

본명은 경금(庚金)이 술(戌)월에 태어나 강왕하니 정화(丁火)가
용신(用神)이고 수(水)는 기신(忌神)이다. 계해(癸亥)대운에 사
(巳)를 충(沖)하니 용신(用神)이 충(沖)되고, 사(巳)는 장생(長生)
인데 충(沖)되니 1세 때 소아마비에 걸려 장애인이 되었다.

```
時 日 月 年
丁 辛 辛 乙     女
酉 巳 巳 酉     命
```

본명은 화극금(火剋金)이 매우 중하니 수(水)가 있어야 하는데 없고, 화금(火金)이 상극(相剋)하니 어려서 왼쪽 눈이 멀었다.

```
時 日 月 年
癸 壬 己 戊      男
卯 子 未 戌      命
```

본명은 관살(官殺)이 매우 왕하고, 일지(日支)의 양인(羊刃)이 형(刑)되고, 술미형(戌未刑)이 있다. 여름철 수(水)가 마르고 관살(官殺)이 같이 투출(透出)하여 금(金)을 기뻐하나 없고, 양인(羊刃)으로 살(殺)에 저항하나 오히려 묘(卯)를 만나 형(刑)되고, 상관(傷官)과 양인(羊刃)이 서로 형(刑)되고, 칠살(七殺)이 투출(透出)했으니 어려서 소아마비를 앓아 장애인이 되었다.

```
時 日 月 年
戊 癸 癸 丁      男
午 巳 丑 未      命
```

본명은 관살(官殺)이 매우 중하고, 축미충(丑未沖)이 있고, 관살(官殺)이 혼잡하고, 일지(日支)의 정재(正財)가 기신(忌神)이니 발에 장애가 있다.

時 日 月 年
癸 癸 庚 辛　　男
亥 巳 子 卯　　命

본명은 건록격(建祿格)이며 신왕(身旺)하니 재관(財官)을 기뻐한
다. 그러나 일지(日支)가 충(沖)되고, 대운(大運)에서 또 충(沖)하
여 어려서 소아마비를 앓았다.

時 日 月 年
辛 甲 辛 庚　　男
未 辰 巳 子　　命

본명은 갑목(甲木)이 여름에 태어나 메마른데 관살(官殺)이 함께
투출(透出)하여 극설(剋洩)이 교집(交集)되니 자수(子水) 인수(印
綬)가 용신(用神)이다. 그러나 자사(子巳)가 무계(戊癸)로 암합(暗
合)하여 흉하고, 계수(癸水)가 메마르니 두 눈을 잃었다.

時 日 月 年
甲 乙 庚 戊　　男
申 酉 申 子　　命

본명은 관살(官殺)이 혼잡하고 신약(身弱)하니 자수(子水) 인수
(印綬)가 용신(用神)이다. 그러나 무토(戊土)가 자수(子水)를 덮어

계수(癸水)에게 극합(剋合)되어 애꾸눈이 되었다.

```
時  日  月  年
丙  戊  丙  丁      男
辰  寅  午  丑      命
```

본명은 무토(戊土)가 여름에 태어나 조열한데 진축(辰丑)은 습토
(濕土)이니 계수(癸水)가 메말라 장님이 되었다.

```
時  日  月  年
丙  乙  甲  庚      男
子  酉  申  子      命
```

본명은 을목(乙木)이 가을에 태어나 시들어 떨어지니 상관(傷官)
으로 가살(駕殺)해야 한다. 그러나 병화(丙火)가 뿌리가 없어 2세
때 벙어리가 되었다.

```
時  日  月  年
戊  乙  乙  庚      男
寅  卯  酉  辰      命
```

본명은 금목(金木)이 싸워 목(木)이 상처를 입으니 수(水)나 화
(火)로 통관(通關)시켜야 한다. 진(辰) 중의 계수(癸水)가 용신(用

神)인데 병술(丙戌)대운에 년주(年柱)와 반음(返吟)이 되고, 용신
(用神)을 충하니 절름발이가 되었다.

4. 자녀가 요절하거나 없는 명

— 여명이 사주에 효신(梟神)이 많으면 자녀를 두기 어렵고, 남명
이 상관(傷官)과 겁재(劫財)가 모두 많으면 자녀가 있어도 덕을
보기 어렵다.
— 사주가 무관무살(無官無殺)이면 남명은 자녀를 꾸짖을 권한이
없고, 여명은 남편을 큰 소리로 질책해도 움직이지 않는다.
— 남명은 관살(官殺)이 공망(空亡)되고 인수(印綬)가 없으면 자녀
를 두기 어렵고, 여명은 식신(食神)이 묘절(墓絶)에 앉으면 자
녀를 형극(刑剋)한다.
— 남명이 양일간(陽日干)이면 칠살(七殺)이 아들이고, 음일간(陰
日干)이면 정관(正官)이 아들이다. 여명은 양일간(陽日干)이면
상관(傷官)이 아들이고, 음일간(陰日干)이면 식신(食神)이 아들
이다.
— 칠살(七殺)이 고(庫)에 암장(暗藏)되면 아들이 있으면 편방으로
향하고, 상관(傷官) 도화(桃花)에 임하면 자녀를 극(剋)한다.
— 사주에서 용신(用神)은 자녀성이고, 시주(時柱)는 자녀궁이다.
— 고진(孤辰)·과숙(寡宿)·화개(華蓋)·공망(空亡)이 시지(時支)
나 식상(食傷)에 앉으면 자녀가 적거나 덕을 보지 못한다.
— 남명이 정관(正官)이 없으나 시주(時柱)에 식상(食傷)이 있으면

자녀성으로 보아도 된다.

— 편인(偏印)이 시주(時柱)에 있는데 기신(忌神)이면 자녀를 극(剋)하고, 정재(正財)가 절지(絶地)에 앉으면 아이를 낳지 못한다.

— 관살(官殺)이 혼잡하며 삼형(三刑)되었는데 재성(財星)이 없으면 사생아이다.

— 사주에 편재(偏財)·편인(偏印)·편관(偏官)이 모두 있으면 서출이거나 사생아이다.

— 남명이 살(殺)이 사지(死地)에 임하거나 관성(官星)이 묘지(墓地)에 임하면 자녀를 두기 어렵다.

— 일간(日干)이 시지(時支)에서 양인(羊刃)이 되면 아들을 적게 두거나 자녀에게 재액이 따른다.

— 시주(時柱)에 암장(暗藏)된 양인(羊刃)이 태월(胎月)에 임하고, 일인(日刃)이나 시주(時柱)을 향하고, 천간(天干)이 상형(相刑)되면 아내의 임신과 출산에 재액이 따른다.

— 여명이 양인(羊刃)이 연달아 있으면 남편과 자녀에게 해롭고 정결하지 못하다. 예를 들어 술(戌)일생이 신유(辛酉)를 만나면 해당한다.

— 일지(日支)에 양인(羊刃)이 있는데 시주(時柱)에 편인(偏印)이 있으면 아내가 난산할 우려가 있다.

— 시주(時柱)의 상관(傷官)이 상관(傷官)에 앉으면 자녀가 요절할 명이며 아들보다 딸을 먼저 낳는 경우가 많다.

— 년시간(年時干)에 상관(傷官)이 있으면 아들을 키우기 어렵다.

— 시지(時支)에 희용신(喜用神)이 있으면 아들을 많이 낳고, 기신

(忌神)이 있으면 딸을 많이 낳는다.

— 여명이 년주(年柱)에 양인(羊刃)이 있으면 난산한다.

— 시간(時干)이 희신(喜神)에 해당하면 딸이 순종하고, 시지(時支)가 희신(喜神)에 해당하면 아들이 순종한다.

— 자녀성이 매우 강하거나 약한데 조후(調候)하지 못하면 자녀가 없거나 아들을 두기 어렵다.

— 편인(偏印)이 매우 왕하면 자녀를 적게 두고, 시주(時柱)에 상관(傷官)이 있는데 양인(羊刃)에 앉으면 자녀를 극(剋)한다.

— 육친의 성취여부는 해당 육친의 신강(身强)과 신약(身弱) 그리고 재관(財官)을 본다. 자녀의 성취는 자녀의 생존력을 보는 것이므로 희기(喜忌)를 논하지 않는다.

— 희용신(喜用神)이 시지(時支)에 들어도 시간(時干)이 극해(剋害)되거나 일지(日支)가 충파(沖破)나 합(合)하여 기신(忌神)이 되면 자녀를 키우기 어렵다.

— 일주(日主)의 칠살(七殺)이 효신(梟神)을 띠면 아내의 태가 약하여 아이를 많이 낳지 못하고, 혈기가 고르지 않거나 혈액병이 있다.

— 천간(天干) 2곳에 칠살(七殺)이 있으면 아들이 있어도 뒤를 잇기 어렵고, 시주(時柱)에 상관(傷官)이 있으면 자녀를 늦게 두고, 딸을 먼저 낳은 후 아들을 낳는다.

— 사주에 정관(正官)이 여러 개 있으면 아들보다 딸을 많이 낳는다.

— 상관(傷官)이 재성(財星)을 만나면 자녀가 있고, 칠살(七殺)을 제(制)하면 아들을 많이 낳는다.

— 식신(食神)이 1개 투출(透出)하여 용신(用神)이 되면 자녀가 있고 수명도 있다. 관성(官星)이 많은데 신왕(身旺)하면 자녀가 많다.

— 일주(日柱)에 고란(孤鸞)이 있으면 자녀가 없다.

— 편관(偏官)이 거듭 나타나면 아들보다 딸을 많이 낳고, 상관(傷官)이 매우 왕하면 자매의 아들을 양자로 삼는다.

— 상관(傷官)이나 식신(食神)이 용신(用神)이면 자녀가 어질며 효도하고, 사주에 식상(食傷)이 나타나지 않았는데 진술축미(辰戌丑未)에 약하게 암장(暗藏)되어 있으면 반드시 첩을 얻어 자녀를 낳는다.

— 상관운(傷官運)을 만나면 자녀를 극(剋)하고, 인수(印綬)가 많으면 늙어서 자녀가 없다.

— 일주(日柱)에 형충파(刑沖破)나 양인(羊刃)이 있으면 주로 첫 자녀를 극(剋)하고, 년월(年月)의 재성(財星)이 시주(時柱)의 인수(印綬)를 극(剋)하면 자녀가 있어도 죽거나 쇠잔하다.

— 시주(時柱)에 편인(偏印)이 앉으면 자녀의 성품이 어질지 못하고, 칠살(七殺)이 앉으면 포악하고, 시지(時支)에 식상(食傷)·고진(孤辰)·과숙(寡宿)이 있으면 자녀를 두기 어렵다.

— 칠살(七殺)이 가득한데 제(制)하지 못하면 자녀가 없고, 처재(妻財)가 사절(死絶)에 임하거나 극(剋)되면 자녀를 키우기 어렵다.

— 자녀성이 쇠절사묘(衰絶死墓)에 임하거나 태포(胎胞)가 충형(沖刑)되면 자녀가 없다.

― 시간(時干)이 년간(年干)을 극(剋)하거나 년간(年干)이 도식(倒食)이면 아들을 낳으나 순조롭지 못한 경우도 있다.

― 고진(孤辰)·과숙(寡宿)·화개(華蓋)·공망(空亡)·상문(喪門)·조객(弔客)·함지(咸地)가 중합되면 부모 밑에서 자라지 못하거나 적모의 소생이 아니고, 여명이 목욕(沐浴)을 만나면 장남과 장녀가 울 일이 있기 쉬우니 방비해야 한다.

― 유(酉) 위에 정(丁)이 있으면 절사(絶嗣)하고, 정생유경(丁生酉境)이 병오(丙午)를 만나도 절사(絶嗣)하고, 여명이 묘유(卯酉)가 많으면 태가 떨어지기 쉽다.

― 신(申)일 해(亥)시생이나 사(巳)일 인(寅)시생은 교해살(狡害殺)이 있으니 반드시 자녀가 없거나 있어도 일찍 죽는다.

― 갑자(甲子)일 갑자(甲子)시생은 자녀가 일찍 죽는다.

― 여명이 진술(辰戌)시생이거나 남편의 자녀궁이 기신(忌神)이면 임신하기 어렵다.

― 신(申)일 진(辰)시생, 미(未)일 해(亥)시생, 인(寅)일 술(戌)시생, 축(丑)일 사(巳)시생은 정란사충(井欄斜衝)이 되는데 다시 식신(食神)이 있으면 절방살(絶房殺)이 되어 아들보다 딸을 많이 낳는다.

― 사주에 해(亥)가 많으면 아들을 낳고, 사(巳)가 많으면 딸을 낳고, 감리(坎離) 자오(子午)나 병임(丙壬)을 거듭 만나면 쌍둥이를 낳는다.

― 여명이 진술축미(辰戌丑未)가 모두 있으면 남편과 자녀를 극(剋)하고, 천간(天干)이 모두 병(丙)이면 자녀가 없다.

— 일시(日時)가 육충(六沖)되면 30~45세 사이에 자녀가 손상된다.

— 년주(年柱)와 시주(時柱)가 충(沖)되고 시주(時柱)의 납음오행 (納音五行)이 년주(年柱)를 극(剋)하면 자녀가 중년에 죽는다.

— 여명이 시지(時支)에 삼합(三合)이나 육합(六合)이나 충(沖)이 있으면 어릴 때 임신하기 쉽다.

— 여명이 출산예정의 해가 남편의 시지(時支)를 충합(沖合)하여 기신(忌神)이 되면 유산을 조심해야 한다.

— 남명이 자녀를 두지 못하는 명인데 시주(時柱)가 생왕지(生旺 地)에 있지 않고, 간지(干支)와 년(年)이 합(合)되면 딸은 키울 수 있어도 아들은 키우지 못한다.

— 시주(時柱)에 자형(自刑)이 있으면 자녀에게 질병이 많고, 시지 (時支)가 형충(刑沖)되면 자녀가 적거나 아들보다 딸을 많이 낳고, 자녀가 일찍 죽거나 아들이 없다.

— 시주(時柱)와 태월(胎月)이 합(合)하면 반드시 달을 늦추어 낳고, 시지(時支)에 자녀성이 암장(暗藏)되고 충(沖)되면 예정일보다 늦게 낳는다.

— 사주가 화염토조(火炎土燥)하거나 금한수냉(金寒水冷)하거나 수범목부(水泛木浮)하면 자녀가 어렵다.

— 갑신(甲申)·을유(乙酉)·경인(庚寅)·신묘(辛卯)시생은 자녀가 오역한다.

— 사주가 토(土)가 왕하여 메마르면 자녀를 키우지 못한다.

— 시지(時支)가 사묘절(死墓絶)에 앉으면 자녀를 형극(刑剋)한다.

— 시주(時柱)가 패지(敗地)에 들면 만년에 아들이 없고, 자녀궁이

입묘(入墓)되면 자녀가 병이 많거나 감옥에 들어가거나 상잔한다.

時	日	月	年	
己	辛	丁	辛	女
丑	未	酉	未	命

본명은 건록격(建祿格)이며 토금(土金)이 중하니 목화(木火)가 길하다. 시주(時柱)의 편인(偏印)이 편인(偏印)에 앉고, 계수(癸水) 식신(食神)은 축(丑)에 암장(暗藏)되었으나 축미충(丑未沖)되고, 용신(用神) 정화(丁火)는 축(丑)에 입묘(入墓)되었으니 아들은 없고 딸만 넷 낳았다.

時	日	月	年	
丙	戊	己	戊	男
辰	戌	未	戌	命

본명은 가색격(稼穡格)이며 사주가 너무 메말랐다. 진(辰) 중에 1개 있는 계수(癸水)는 진술충(辰戌沖)되고, 토(土)가 왕하여 메마르니 생육하지 못한다. 갑(甲)이 자녀성인데 시지(時支) 진(辰)이 쇠하고, 일시(日時)가 상충(相沖)되었다. 시간(時干)의 효인(梟印)을 꺼리고, 시지(時支) 진토(辰土)는 공망(空亡)이 되고, 월지(月支)의 미(未)는 과숙(寡宿)이 되므로 자식을 두지 못하였다.

時 日 月 年
丁 甲 丙 甲　　 男
卯 辰 子 午　　 命

　본명은 한목(寒木)이라 양지를 향하는데 약하지 않으니 화토(火土)가 길하다. 시주(時柱)의 상관(傷官)이 양인(羊刃)에 앉고, 경금(庚金)이 부족하다. 용신(用神) 화(火)는 묘(卯)가 패지(敗地)이며 공망(空亡)이고, 진(辰)은 조객(弔客)이며 자묘형(子卯刑)하고, 정(丁)은 용신(用神)이니 딸만 둘이고 아들은 없다.

時 日 月 年
甲 癸 戊 庚　　 男
寅 丑 子 辰　　 命

　본명은 건록격(建祿格)이며 투출(透出)한 관성(官星)이 용신(用神)이다. 시주(時柱)의 상관(傷官)을 꺼리는데 상관(傷官)에 앉았고, 무토(戊土) 자녀성이 인(寅)에서 장생(長生)이 된다. 그러나 투출(透出)한 갑(甲)이 힘을 빼니 인(寅)은 조객(弔客)과 공망(空亡)이고, 축(丑)은 과숙(寡宿)이므로 딸만 둘이고 아들은 없다.

時 日 月 年
乙 庚 丁 丙　　 男
酉 戌 酉 戌　　 命

본명은 월인격(月刃格)이며 토금(土金)이 매우 왕하니 목화(木火)가 길하다. 양인(羊刃)이 시지(時支)에 있고, 병화(丙火) 자녀성이 용신(用神)을 겸하나 유(酉)가 사지(死地)이고, 술(戌)은 화개(華蓋)이니 딸은 둘이나 아들은 없다.

時 日 月 年
丁 甲 丁 癸　　女
卯 申 巳 巳　　命

본명은 상관(傷官)이 왕하여 인수(印綬)와 짝하므로 금수(金水)가 길하다. 시주(時柱)의 상관(傷官)이 양인(羊刃)에 앉고, 경금(庚金) 자녀성은 묘(卯)에서 태(胎)가 되고, 용신(用神) 수(水)도 묘(卯)에서 무력해지고, 묘(卯)는 조객이 되고, 신(申)은 고진(孤辰)이 되므로 자식을 두지 못하였다.

時 日 月 年
丙 庚 丁 庚　　男
子 午 亥 寅　　命

본명은 금수(金水) 상관(傷官)이 관성(官星)을 기뻐하므로 화토(火土)가 용신(用神)이다. 병화(丙火)는 용신(用神)이며 자녀성이고, 자수(子水)가 태(胎)와 사지(死地)에 앉았다. 자수(子水)는 조객(弔客)이고, 일시주(日時柱)는 반음(返吟)이 되어 자식이 없었다.

```
時 日 月 年
乙 辛 庚 乙        男
未 酉 辰 未        命
```

본명은 토금(土金)이 모두 왕하니 목(木)이 용신(用神)이고 수
(水)는 희신(喜神)이다. 병화(丙火) 자녀성은 미(未)가 쇠지(衰地)
이고, 시지(時支)의 미(未)는 기신(忌神)이고, 시간(時干)의 을(乙)
을 기뻐한다. 그러나 을경(乙庚)이 요합(遙合)하고, 용신(用神) 목
(木)은 미(未)에서 묘지(墓地)에 들고, 년주(年柱)와 시주(時柱)는
복음(伏吟)과 백호대살(白虎大殺)이 되니 아들 하나를 낳았으나
요절하였다.

```
時 日 月 年
庚 庚 乙 乙        女
辰 辰 酉 未        命
```

본명은 월인격(月刃格)이며 토금(土金)이 왕하니 목화(木火)가 길
하다. 일시(日時)가 복음(伏吟)이 되고, 계수(癸水)는 시지(時支)에
암장(暗藏)되었으나 진진자형(辰辰自刑)이 되고, 시주(時柱)는 모
두 기신(忌神)이다. 수(水)는 진(辰)에서 입묘(入墓)되고, 용신(用
神) 화(火)는 진(辰)에서 무력해지고, 진(辰)은 화개(華蓋)와 과숙
(寡宿)이니 자식을 두지 못하였다.

時 日 月 年
甲 辛 甲 丙　　　女
午 未 午 戌　　　命

본명은 신금(辛金)이 뜨거운 여름에 태어나 뿌리가 없는데 오술합화(午戌合火)와 오미합화(午未合火)가 되니 살(殺)을 따르고, 사주가 화염토조(火炎土燥)하여 자식을 두지 못하였다. 그러나 시간지(時干支)가 모두 희신(喜神)에 해당하여 딸을 두었다. 이처럼 사주는 조습(燥濕)을 잘 살펴야 한다.

時 日 月 年
乙 庚 己 壬　　　女
酉 辰 酉 申　　　命

본명은 을경화금격(乙庚化金格)이며 계수(癸水) 자녀성은 진(辰)에 암장(暗藏)되었으나 진유합금(辰酉合金)이 되었다. 시주(時柱)는 희신(喜神)이고, 수(水)는 유(酉)에서 무력해지는데 유(酉)는 양인(羊刃)·희신(喜神)·공망(空亡)이 되어 아들을 셋 두었으나 둘이 요절하였다.

時 日 月 年
乙 己 庚 辛　　　女
丑 丑 寅 酉　　　命

본명은 입춘(立春) 10일 후에 태어났는데 극설(剋泄)이 교집(交集)하니 병화(丙火)가 용신(用神)이다. 시주(時柱)의 칠살(七殺)과 축유합금(丑酉合金)은 흉하다. 용신(用神) 화(火)는 축(丑)에서 무력해지고, 축(丑)은 신금(辛金) 자녀성의 양지(養地)이나 일주(日主)의 묘지(墓地)이므로 자식을 두지 못하였다.

時 日 月 年
丙 甲 丙 庚　　　男
寅 午 戌 午　　　命

본명은 한로(寒露) 2일 후에 태어났는데 신금(辛金)이 용사(用事)하므로 종아격(從兒格)으로 보기 어렵다. 인오술(寅午戌) 화국(火局)을 이루고 천간(天干)에 병(丙)이 투출(透出)하였다. 천간(天干)과 지지(地支)에서 강한 불이 경술(庚戌)을 협공하니 용광로에 든 무쇠의 형상이 되어 아들을 넷 낳았으나 둘은 벙어리가 되었다.

時 日 月 年
己 乙 己 乙　　　男
卯 酉 卯 酉　　　命

본명은 금목(金木)이 서로 싸우니 화(火)가 용신(用神)이다. 일시(日時)와 년시(年時)가 반음(返吟)이 되고, 년일(年日)과 월시(月時)가 복음(伏吟)이 되고, 정관(正官) 자녀성이 나타나지 않고, 정관(正官)은 묘(卯)에서 무력해지고, 용신(用神) 화(火)는 묘(卯)에서 패지(敗地)가 되니 자식을 두지 못하였다.

5. 시비나 관송이 따르는 명

— 관살(官殺)이 혼잡한데 재운(財運)을 만나면 재물이 손실되거나 관송이 따른다.
— 신약(身弱)한데 관성운(官星運)으로 가거나, 상관(傷官)이 관성(官星)을 만나거나, 상관(傷官)이 형충(刑沖)되거나, 상관(傷官)이 용신(用神)인데 칠살운(七殺運)을 만나면 관부(官符)를 범한다.
— 식신(食神)이 효신(梟神)을 만나면 감옥에서 죽는다.
— 관성(官星)이 인두(刃頭)에 앉으면 비견(比肩)이 쟁투하니 감옥에서 죽는다.
— 신약(身弱)하고 일지(日支)에 칠살(七殺)이 있는데 칠살운(七殺運)을 만나면 감옥에서 사형되고, 칠살(七殺)이 편인(偏印)에 앉았는데 정관(正官)이 상관(傷官)을 만나도 흉하다.
— 편재(偏財)가 정관(正官)에 앉으면 아버지의 사랑을 받으나 소송이 따른다.
— 편인(偏印)이 충(沖)되는 해나 일9日)이 쇠한데 관성(官星)이 왕하면 감옥에 들어간다.
— 비견(比肩)이 칠살(七殺)에 앉으면 도난이 따르고, 식신(食神)이 편인(偏印)에 앉으면 분쟁이 따르고, 비견(比肩)이 정관(正官)에 앉으면 시비가 따르고, 편재(偏財)가 정관(正官)에 앉으

면 소인배의 모함이나 밀고로 소송을 당하고, 상관(傷官)이 정관(正官)에 앉으면 시비가 따르고, 정재(正財)가 정인(正印)에 앉으면 다른 사람과 경쟁하다 화를 부른다.

— 칠살(七殺)이 비견(比肩)에 앉으면 도난·속임수·불화가 따르고, 상관(傷官)에 앉으면 남의 일에 연루되어 재액을 받는다.

— 정관(正官)이 겁재(劫財)에 앉으면 남의 일에 연루되어 해를 입고, 상관(傷官)에 앉으면 소인배에게 해를 입고, 칠살(七殺)에 앉으면 배척이나 비방을 당한다.

— 겁재(劫財)가 상관(傷官)에 앉으면 법과 규칙을 어겨 망신을 당한다. 여기다 양인(羊刃)이 있으면 감옥에 들어가고, 겁재(劫財)가 정재(正財)에 앉으면 소송이 따른다.

— 인(寅)일 축(丑)시, 사(巳)일 진(辰)시, 신(申)일 미(未)시, 해(亥)일 술(戌)시생은 전각(轉角)이 되어 군자는 꾸짖음을 당하고 소인배는 징역형을 받는다.

— 사주에 녹두귀(祿頭鬼)가 있으면 구설과 형사책임이 따른다. 예를 들어 갑(甲)일생이 경인(庚寅)을 만나면 해당한다.

— 사주에 녹(祿)과 관부(官符)가 모두 있으면 관으로 인하여 재물을 얻거나 쟁송을 많이 당한다.

— 겁살(劫殺)과 망신(亡身)이 상충(相沖)하면 교통사고나 뜻밖의 사고로 형법을 범한다. 남명은 천라(天羅), 여명은 지망(地網)이 들면 형법을 범하기 쉽다.

— 관부(官符)·망신(亡身)·구교(句絞)·적살(的殺)·백호(白虎)·권설(卷舌)·지배(指背) 등은 시비와 관계있는 살이다.

— 사주에 관부(官符)나 사부(死符)가 있으면 반드시 소송이 따르고 난간이 있으면 시비가 따른다.

— 구교(句絞)가 삼형(三刑)과 겹치고 격각(隔角)이 있으면 관송을 범하기 쉽고, 관부(官符)와 양인(羊刃)이 함께 있으면 징역형을 받는다.

— 적살(的殺)과 관부(官符)가 함께 있으면 뜻밖의 관재가 생기고, 원진(怨嗔)과 관부(官符)가 함께 있으면 이유없이 방해가 많다.

— 망신(亡身)과 겁살(劫殺)이 모두 있고 년시간(年時干)이 합(合)하는데 납음(納音)이 그 세(歲)를 극(剋)하면 형을 범한다.

— 도화(桃花)와 제왕(帝旺)이 같이 있으면 부녀로 인한 관사가 따른다.

— 괴강(魁罡)이 충극(沖剋)되면 감옥에 들어가거나 뜻밖의 사고가 많고, 년일(年日)에 모두 양인(羊刃)이 있으면 형법을 거듭 범한다.

— 조객(弔客)이 사지(死地)에 임했는데 육액(六厄)이 나타나면 시비가 따른다.

— 괴강(魁罡)이 싸우면 귀격이라도 형벌을 받고, 역마(驛馬)와 관부(官符)가 같이 있으면 관사가 따른다.

— 역마(驛馬)가 택사(宅舍)에 들면 구설과 두려움이 따르고, 망신(亡身)이 중한데 합(合)을 띠면 징역형을 받는다.

— 남명이 격각(隔角)이 있으면 관송이나 형옥을 피할 길이 없다. 그러나 귀인(貴人)·천월덕(天月德)·천혁(天赫) 등이 있으면 관비(官非)를 풀 수 있다.

— 년월(年月)에 음양인(陰陽刃)이 있으면 형벌을 거듭 당한다.

— 사주에 진술충(辰戌沖)이 있으면 시비·수재·화재를 많이 당하고, 경인(庚寅)일생이 병신(丙申)년을 만나면 구설이 따른다.

— 태을(太乙)과 신후(神后)가 모두 휴수(休囚)에 임하면 음모와 쟁송이 따른다. 태을(太乙)은 사(巳), 신후(神后)는 자(子)이다.

— 천강(天罡)이 금(金)에 임하면 화목한 가운데 송사가 따른다. 진(辰) 중의 을목(乙木)이 유금(酉金)에게 극(剋)되는데 술(戌)이 충(沖)하기 때문이다.

— 사주에서 진(辰)이 서로 가하면 반드시 형옥이 따른다.

— 묘유(卯酉)일생이 인신(寅申)이 모두 있으면 관사로 재산을 차압당하거나 불에 타버린다.

— 갑인(甲寅)일생이 신축(辛丑)대운을 만나면 관사가 따른다.

— 여명이 사주에 을신정사해유(乙辛丁巳亥酉)가 있으면 관사와 시비가 많다. 옳고 그름은 임계(壬癸)와 병정(丙丁)이 서로 두려워함이다.

— 자묘오(子卯午)나 인신사형(寅申巳刑)이 있으면 관형의 송사에 불만을 품는다.

— 행운이 년운(年運)을 극(剋)하면 형송(刑訟)이 임하고, 년운(年運)이 행운을 극(剋)하면 관재가 다투어 일어나고, 양인(羊刃)이 충합(沖合)되면 뜻밖의 사고가 생긴다.

— 사주가 천격인데 자묘형(子卯刑)이 들면 형화를 많이 만나고, 사주에 사기형(死氣刑)이 있으면 관재가 많다.

— 수화(水火)가 차례로 손상되면 시비가 많고, 신약(身弱)한데 수

화(水火)가 싸우면 시비·수재·화재가 따른다.

— 수화(水火)가 차례로 괴강(魁罡)을 띠면 형법을 범하여 감옥에 들어가는 경우가 많다.

時	日	月	年		15	5	
癸	庚	乙	丁		癸	甲	男
未	寅	巳	酉		卯	辰	命

본명은 경금(庚金)이 여름에 태어나 힘이 없는데 목화(木火)가 왕하니 토금(土金)이 용신(用神)이다. 대운(大運)에서 상관(傷官)이 재성(財星)에 앉아 기신(忌神)이 되고, 년주(年柱)와 반음(返吟)이 되고, 정사(丁巳)년에 정관(正官) 또 칠살(七殺)이 되고, 병오(丙午)월에도 칠살(七殺)이 되고, 사(巳)는 적살(的殺)이 되니 21세인 정사(丁巳)년 병오(丙午)월에 자동차를 훔쳐 범죄자가 되었다.

時	日	月	年		16	6	
壬	己	丙	壬		戊	丁	男
申	亥	午	辰		申	未	命

본명은 건록격(建祿格)이며 임수(壬水)가 매우 왕하니 인수(印綬)가 용신(用神)이다. 대운(大運)이 신(申)으로 가는데 수(水)가 있으니 흉하고, 유년(流年)의 을묘(乙卯) 칠살(七殺)은 법원을 나타내고, 묘(卯)는 일지(日支)의 해(亥)를 합(合)하는데 일지(日支)의

재성(財星)은 오토바이가 되어 오토바이와 관련된 뒷북치는 의미
이고, 신(申)은 관부(官符), 해(亥)는 망신(亡身)이 되니 24세인 을
묘(乙卯)년에 장물취득죄로 법원에 갔다.

時 日 月 年　　　28 18
庚 壬 庚 丙　　　癸 壬　　　男
子 午 子 寅　　　卯 寅　　　命

　본명은 임수(壬水)가 겨울에 태어나 왕하니 화토(火土)가 길하다.
오(午)가 자(子)에게 상하며 수화(水火)가 대결한다. 계수(癸水)대
운을 꺼리는데 갑오(甲午)년이 월시(月時)와 반음(返吟)이 되어 자
오충(子午沖)이 된다. 자묘오(子卯午)가 삼형(三刑)하는데 오(午)
는 관부(官符)와 정관(正官)이 되며 인충(刃沖)을 파하니 29세인
갑오(甲午)년에 군법을 범하여 6년형을 받았다.

時 日 月 年　　　26 16
戊 丁 戊 庚　　　辛 庚　　　男
申 丑 寅 子　　　巳 辰　　　命

　본명은 상관생재(傷官生財)하며 신약(身弱)하니 정인(正印)이 용
신(用神)이다. 신인충(申寅沖)되어 뿌리가 손상되고, 상관(傷官)이
중하니 경거망동하였다. 16세부터 재운(財運)으로 가는 것이 흉하
나 을묘(乙卯)년은 길하다. 그러나 쌍경(雙庚)에게 극합(剋合)되고,

진(辰)은 관부(官符)인데 자(子)와 합(合)하여 정인(正印) 인(寅)을 극(剋)하니 16세인 을묘(乙卯)년 이후 감옥에 몇 번 갔다오더니 성장해서는 실업자가 되었다.

時	日	月	年		24	14	
乙	己	丙	乙		癸	甲	男
丑	未	戌	酉		未	申	命

본명은 한로(寒露) 9일 후에 태어나 정화(丁火)가 사령(司令)하였다. 축술미(丑戌未) 삼형(三刑)이 있어 토(土)가 더욱더 왕한데 인(寅)이 투출(透出)하여 살(殺)을 설기(泄氣)하니 칠살(七殺)이 허약해져 유금(酉金)이 용신(用神)이다. 대운(大運)의 계수(癸水)가 절각(截脚)되어 무력한데 29세인 계축(癸丑)년이 일주(日主)와 반음(返吟)이 되고, 30세 갑인(甲寅)년과 31세 을묘(乙卯)년도 기신(忌神)이 되고, 31세 을묘(乙卯)년에는 용신(用神)인 유금(酉金)을 충(沖)하고, 축(丑)은 관부(官符)가 되었다. 이 사람은 29세인 계축(癸丑)년에 법률문제에 연루되었다가 갑인(甲寅)년과 을묘(乙卯)년 2년 동안 감옥살이를 하였다.

時	日	月	年		33	23	
辛	庚	庚	辛		丙	丁	男
巳	午	子	卯		申	酉	命

본명은 감옥살이를 한 사람이다. 금수(金水) 상관(傷官)이 있으니 관성(官星)을 기뻐하고, 천간(天干)에 2경(庚) 2신(辛)이 있고, 신약(身弱)하지 않으니 목화(木火)가 용신(用神)이다. 원명의 정관(正官)은 상관(傷官)이 충(沖)하고, 오(午)는 구교(句絞)가 된다. 대운(大運)이 화(火) 칠살(七殺)로 흐르는 것은 길하나 2신(辛)에게 쟁합(爭合)되어 변수가 되고, 사신합수(巳申合水)가 되었기 때문이다.

時	日	月	年		29	19	
乙	甲	癸	癸		庚	辛	男
丑	辰	亥	酉		申	酉	命

본명은 갑목(甲木)이 해(亥)월에 태어났으나 수(水)가 약하지 않으니 화토(火土)가 용신(用神)이다. 원명에 화(火)가 부족하고 토(土)는 습한데 축(丑)은 관부(官符)이고 신(申)은 망신(亡身)이 되었다. 19세 때는 정관(正官)이 관부(官符)를 합(合)하고 거듭 년지(年支)에 나타나 시지(時支)와 합(合)하니 움직이는 형상이다. 29세 때는 칠살운(七殺運)이니 꺼리고, 유년(流年) 계(癸)가 년간(年干)에 투출(透出)하여 사유축(巳酉丑)으로 년시지(年時支)가 합(合)하고, 사(巳)는 적살(的殺)이 되니 21세인 계사(癸巳)년에 감옥에 들어갔다. 35세인 정미(丁未)년에 나왔는데 축미충(丑未沖)하여 정화(丁火)가 나오는데 정화(丁火)는 길하므로 출옥한 것이다.

時	日	月	年	29	19	
庚	丙	丁	己	甲	乙	男
寅	子	丑	卯	戌	亥	命

본명은 상관격(傷官格)이며 신약(身弱)하니 인수(印綬)가 용신(用神)이다. 자축합(子丑合)으로 상관합관(傷官合官)하니 시비를 부르기 쉽다. 해(亥)운에는 해자축(亥子丑) 수국(水局)이 되어 꺼리는데 상관(傷官)이 살을 만난다. 갑(甲)운은 본래 좋으나 기(己)에게 합(合)되어 화토(化土)가 되고, 술(戌)운에는 일간(日干)이 입묘(入墓)되며 형(刑)되어 좋지 않다. 일시지(日時支)는 격각(隔角)이 되고, 인(寅)은 망신(亡身)이 되므로 해(亥)운에 살인죄로 무기징역형을 받았다.

時	日	月	年	29	19	
乙	辛	庚	乙	丁	戊	男
未	酉	辰	未	丑	寅	命

본명은 아내를 구타하여 죽이고 과실치사죄로 구속된 사람이다. 곡우(穀雨) 10일 후에 태어나 무토(戊土)가 사령(司令)하였고, 토금(土金)이 왕하니 재성(財星)이 용신(用神)이고 식상(食傷)은 희신(喜神)이다. 대운(大運)의 정(丁)이 을목(乙木)을 설기(泄氣)하여 흉한데 축미충(丑未沖)되어 더 흉하다. 계해(癸亥)년과 정사(丁巳)월은 반음(返吟)이 되어 흉한데 해(亥)는 관부(官符)와 천곡(天哭)이 되

니 29세인 계해(癸亥)년 정사(丁巳)월에 사건이 생긴 것이다.

時	日	月	年	31	21	
甲	丁	丁	丁	癸	甲	男
辰	酉	未	丑	卯	辰	命

　본명은 34세인 을묘(乙卯)년에 도박장을 열었다가 구속된 사람이다. 소서(小暑) 2일 후에 태어나 정화(丁火)가 용사(用事)한다. 천간(天干)에 3정(丁)과 1갑(甲)이 있으니 신강(身强)하고, 식상(食傷)이 중하니 재성(財星)이 용신(用神)이다. 그러나 대운(大運)과 일주(日柱)가 반음(返吟)이 되어 용신(用神)을 충(沖)하고, 을묘(乙卯)년이 다시 묘(卯)를 돕고 유(酉)를 충(沖)한다. 진(辰)은 구교(句絞)가 되고, 계묘(癸卯)운에는 칠살(七殺)이 편인(偏印)에 앉고, 편인(偏印)년이 되었기 때문이다.

時	日	月	年	28	18	
辛	辛	癸	戊	丙	乙	男
卯	亥	亥	寅	寅	丑	命

　본명은 36세인 계축(癸丑)년에 어음사건으로 구속된 사람이다. 신금(辛金)이 해(亥)월에 태어났는데 계(癸)가 투출(透出)하고, 해묘(亥卯)와 인해합(寅亥合)·무계합(戊癸合)하여 무(戊)가 쓸모를 잃었다. 신금(辛金)이 매우 약하니 토금(土金)이 용신(用神)이다. 병

인(丙寅)대운의 재관(財官)을 꺼리고, 계(癸)가 다시 무(戊)와 합(合)하고, 해(亥)는 겁살(劫殺)이 되었기 때문이다.

6. 모발이 많거나 적은 명

모발은 오행(五行)으로는 목(木)에 해당하는데 천간(天干)의 갑을(甲乙)과 지지(地支)의 인묘(寅卯)를 말한다. 사주에 목(木)이 많으면 모발이 많고, 목(木)이 전혀 없거나 지지(地支)에 암장(暗藏)되면 성글며 가늘다. 만일 원명에 수(水)가 없고 행운에서 금(金)을 만나 극(剋)되는데 상황이 좋지 않으면 모발이 빠지거나 백발이 되거나 대머리가 된다.

時 日 月 年
己 己 丙 丁　　男
巳 酉 午 未　　命

본명은 어릴 때부터 흰머리가 많은 사람이다. 사주에 목(木)이 분명하지 않으니 모발이 비교적 적은 편인데 을사(乙巳)·갑진(甲辰)운에 경신(庚辛)년 극해(剋害)하였기 때문이다.

時 日 月 年
癸 丙 丁 己　　男
巳 辰 丑 巳　　命

본명은 목(木)이 분명하지 않은데 중년 이후에 금극목(金剋木)하니 수염이 없고 머리카락도 매우 성글었다.

아래의 사주는 모두 여명이며 모발이 수려한 사람이다.

時	日	月	年
己	丁	壬	壬
酉	丑	寅	寅

時	日	月	年
戊	庚	丁	甲
辰	辰	卯	申

時	日	月	年
甲	甲	癸	癸
子	戌	亥	巳

時	日	月	年
壬	壬	甲	甲
寅	寅	戌	午

時	日	月	年
癸	壬	甲	辛
卯	寅	午	卯

時	日	月	年
壬	戊	壬	壬
戌	寅	寅	寅

時	日	月	年
乙	丁	戊	庚	男
巳	亥	子	寅	命

본명은 까닭없이 머리카락이 빠져 이마가 점점 높아진 사람이다. 간지(干支)에 모두 목(木)이 있고, 지지(地支)에 수생목(水生木)이 있으니 모발이 많았다. 그러나 19세 이후의 대운(大運)에서 금극목(金剋木)하고, 천간(天干)이 지지(地支)보다 중하였기 때문이다.

```
時 日 月 年
戊 丁 庚 丁      男
申 酉 戌 丑      命
```

본명은 원명과 행운에 모두 목(木)이 없으니 모발이 비교적 가늘며 적고, 수염도 자라지 않았고 손발의 털도 매우 가늘었다.

```
時 日 月 年
丁 壬 丁 甲      男
未 午 卯 午      命
```

본명은 간지(干支)에 목(木)이 골고루 있으니 수염이 된다. 경(庚)운·경신(庚申)년·신유(辛酉)년 이후에 머리카락이 빠지며 윤기가 없어졌다.

```
時 日 月 年
甲 壬 乙 辛      女
辰 子 未 卯      命
```

본명은 머리카락이 매우 많고 다리에도 털이 너무 많아 바지와 긴 치마만 입었는데 목(木)이 많기 때문이다.

```
時  日  月  年
丙  乙  丙  乙      男
戌  未  戌  巳      命
```

본명은 중년 이후에 대머리가 되었는데 신경(辛庚)운에 금극목
(金剋木)이 되었기 때문이다.

```
時  日  月  年
辛  己  癸  癸      女
未  卯  亥  卯      命
```

본명은 윤락녀의 사주로 모발이 매우 많았다.

```
時  日  月  年
乙  己  戊  庚      男
丑  卯  子  寅      命
```

본명은 수염은 보통이었는데 머리카락이 유난히 많았다.

```
時  日  月  年
甲  丙  戊  戊      男
午  寅  午  子      命
```

본명은 수염은 보통이었는데 머리카락이 매우 많았다.

7. 키가 크거나 작은 명

오행(五行)의 목(木)은 위로 자라니 길고, 화(火)는 연기를 피우나 높지 않고, 토(土)는 발 아래 있으니 낮고, 금(金)은 매우 단단하나 불에 녹이면 길어지고, 수(水)는 지세에 따라 길게 흐르거나 높이 오를 수 있다. 사람의 신체도 이와 같은 원리로 알 수 있다.

그러면 뚱뚱하거나 마른 것은 어떻게 보는가? 식욕이 좋아 무엇이든 잘 먹거나 게을러서 잠을 탐내며 운동을 좋아하지 않는 사람은 살찌기 쉽다. 사주에 비견(比肩)이나 겁재(劫財)가 없으면 게을러서 운동을 하지 않는다. 인성(印星)이 일주(日主) 가까이 있으면 마음이 편안하니 자연히 잠을 탐내며 게으르다. 만일 인성운(印星運)을 만났는데 사주에 비겁(比劫)이 없으면 고독하며 괴팍하다.

時	日	月	年	
乙	甲	壬	丁	男
丑	子	寅	亥	命

본명은 키가 175cm가 넘는다. 갑목(甲木)이 목왕절(木旺節)에 태어났고, 사주에 금극목(金剋木)이 없고, 수(水)가 목(木)을 생(生)하기 때문이다. 비록 운에서 금(金)을 만나나 원명의 간지(干支)에 수(水)가 가세하여 키가 크는데 장해가 없었다.

```
時 日 月 年
丙 甲 癸 戊      男
寅 辰 亥 戌      命
```

본명은 키가 170cm가 넘는다. 갑목(甲木)이 겨울생이고, 시주(時柱)의 화(火)가 순조롭게 설기(泄氣)하므로 더 자랄 수 있었으나 년주(年柱)에 토극수(土剋水)가 있어 감소한 것이다.

```
時 日 月 年
戊 甲 丁 甲      男
辰 午 丑 午      命
```

본명은 키가 170cm가 넘는 사람이다. 갑목(甲木)은 뿌리가 없으나 순생한 화토(火土)가 모두 뿌리가 있고, 대운(大運)이 일찍 인묘(寅卯)로 흘러 목(木)과 화(火)를 도와주어 목화(木火)가 득세하였기 때문이다.

```
時 日 月 年
辛 壬 庚 丙      男
丑 午 子 戊      命
```

본명은 키가 172cm인 사람이다. 금수(金水)가 모두 왕한데 대운(大運)이 일찍 금수(金水)로 흘러 키가 클 수 있는 명인데 화토(火

土)가 금수(金水)를 극(剋)하였기 때문이다.

時	日	月	年	
己	甲	甲	甲	男
巳	子	戌	申	命

 본명은 수목(水木)이 많은데 대운(大運)이 일찍 수목(水木)으로
흘러 키가 클 수 있는 사주이다. 그러나 월지(月支)의 술토(戌土)
가 자수(子水)를 극(剋)하여 약 5cm 감하여 170cm 전후가 되었다.

時	日	月	年	
壬	乙	壬	甲	男
午	卯	申	戌	命

 본명은 키가 175cm인 사람이다. 월지(月支)의 신(申)이 목(木)을
극(剋)하고, 대운(大運)이 일찍 유(酉)운으로 흘러 목(木)을 극(剋)
하나 지지(地支)의 금(金)은 방해하지 않는다. 원명과 운의 천간
(天干)이 수수목(水水木)으로 모두 왕하기 때문이다.

時	日	月	年	
丁	甲	癸	乙	男
卯	戌	未	未	命

본명은 키가 150cm가 안 되는 사람이다. 묘(卯) 위에 정화(丁火)가 있고, 묘술합화(卯戌合化)하고, 화토(火土)가 왕하나 수목(水木)이 매우 쇠약하여 키가 클 수 없었던 것이다.

```
時 日 月 年
辛 丙 丁 丁      男
卯 申 未 酉      命
```

병화(丙火)일생은 본래 키가 작은데 이 사주는 인성(印星)까지 극(剋)되어 150cm가 조금 넘었다.

```
時 日 月 年
戊 丙 丁 辛      男
戌 辰 酉 卯      命
```

본명은 원명과 운이 심하게 충극형(沖剋刑)하여 마르고 키가 150cm 조금 넘었다.

```
時 日 月 年
癸 戊 乙 乙      男
亥 寅 酉 巳      命
```

본명은 키가 145cm밖에 안 되는 사람이다. 무토(戊土)일생은 본래 키가 작은데 간지(干支)에서 모두 재성(財星)이 관살(官殺)을 생(生)하고 신(身)을 심하게 극(剋)한다. 대운(大運)에서도 신(申)이 인(寅)을 충(沖)하지 못하고, 갑계(甲癸)가 오히려 관살(官殺)을 도와 신(身)을 극(剋)하였기 때문이다.

8. 독신으로 사는 명

— 고과(孤寡)의 명으로 배우자성이 없으면 독신으로 산다.
— 사주에 남명은 재성(財星)이 없고, 여명은 관성(官星)이 없으면 혼인연이 박하다.
— 사주에 1개 있는 이성의 성이 충극합(沖剋合)되었는데 대운(大運)에서 구해주지 않으면 혼인하기 어렵다.
— 일인(日刃)이나 비겁(比劫)을 꺼리는데 양인(羊刃)을 만나면 배우자를 극(剋)하는 명이니 혼인하기 어렵고 해도 이별한다.
— 여명이 식상(食傷)이 성하면 재주와 지혜는 높으나 남편을 무시하는 명이니 혼인연이 좋지 않다.
— 여명이 관살(官殺)이 공망(空亡)되면 남편이 없다. 『삼명통회(三命通會)』「논여명(論女命)」에 이르기를 "관귀(官鬼)나 일주(日柱)가 공망(空亡)되었는데 일주(日柱)가 무기하면 남편이 없고 있어도 없는 것과 마찬가지"라고 하였다.
— 여명이 일시(日時)에 고과(孤寡)가 있는데 화개(華蓋)가 가하고 다시 공망(空亡)이 가하면 남편이 없다.
— 일시(日時)가 육충(六沖)되면 혼인연이 흉한데 그중에서도 진

술충(辰戌沖)은 천라지망(天羅地網)이라 가장 흉하다.

— 자녀성이나 자녀궁이 흉하면 혼인연도 좋지 않다. 자녀가 없거나 자녀가 좋지 않은 것은 혼인연이 불안하기 때문이다.

— 여명이 관성(官星)이 묘절(墓絶)에 임하면 미인이나 늙고 곤하다. 『삼명통회(三命通會)』 「논여명(論女命)」에 이르기를 "경금(庚金)에게 정화(丁火)는 남편인데 11월생이면 용모는 있으나 반드시 곤란하고, 정화(丁火)는 11월에 기(氣)가 끊어지므로 늙도록 남편성이 나타나지 않는다. 남명이 처절(妻絶)에서 생(生)하고 고진(孤辰)을 만나면 평생 혼인하기 어렵고, 여명이 부절(夫絶)에서 생(生)하고 과숙(寡宿)을 만나면 여러 번 시집가도 해로할 수 없다"고 하였다.

時	日	月	年		
丁	戊	辛	庚		女
巳	申	巳	子		命

본명은 33세 무렵까지도 혼인하지 못하였다. 남편성인 관성(官星)이 원명에도 없고 지장간(地藏干)에도 없기 때문이다.

時	日	月	年		44	34	24	14	4	
癸	癸	己	乙		甲	癸	壬	辛	庚	女
亥	巳	卯	酉		申	未	午	巳	辰	命

본명은 45세까지도 미혼이었다. 원명에 남편성인 편관(偏官)이 나타났으나 이웃인 식신(食神) 을목(乙木)에게 극(剋)되어 인연이 암담하고, 재화(才華)인 식신(食神)이 남편성을 극(剋)하니 성격이나 재화(才華)가 이성을 가로막기 때문이다.

```
時 日 月 年
癸 丙 庚 甲      男
巳 午 午 申      命
```

본명은 비겁인(比劫刃)이 왕한데 또 겁인(劫刃)을 만났으니 혼인이 순조롭지 못하다.

```
時 日 月 年
戊 丁 戊 戊      女
申 卯 午 戌      命
```

본명은 34세 무렵까지도 미혼이었다. 식상(食傷)이 왕한데 남편성이 분명하지 않기 때문이다.

```
時 日 月 年
戊 辛 辛 己      女
子 丑 未 丑      命
```

본명은 44세까지도 미혼이었다. 계수(癸水) 식신(食神)이 자녀성인데 강한 토(土) 인성(印星)에게 극제(剋制)되어 자녀가 좋지 않고, 남편성도 나타나지 않았기 때문이다.

```
時 日 月 年
己 庚 己 丙     女
卯 子 亥 申     命
```

본명은 35세가 되도록 혼처가 나타나지 않았다. 병(丙)이 유일한 남편성인데 월지(月支)의 해(亥)에서 절지(絶地)가 되었기 때문이다.

```
時 日 月 年
戊 戊 丙 乙     女
午 午 戌 未     命
```

본명은 37세가 되도록 미혼이었다. 정관(正官) 을목(乙木)이 월지(月支)의 술(戌)에서 묘지(墓地)에 임하기 때문이다.

```
時 日 月 年
甲 戊 丙 甲     男
寅 戌 戌 午     命
```

본명은 사주에 아내성이 없으니 37세가 되도록 혼인하지 못하였고 독신으로 늙을 가능성이 많다.

時	日	月	年		41	31	21	11	1	
己	乙	乙	丁		庚	己	戊	丁	丙	女
卯	卯	巳	亥		戌	酉	申	未	午	命

본명은 43세 무렵까지도 미혼이었다. 남편성인 관성(官星)이 사(巳) 중의 경금(庚金)에 암장(暗藏)되었으나 사해(巳亥)가 충거(沖去)하고, 식상(食傷)과 비견(比肩)이 왕하기 때문이다. 유(酉)대운에 살성(殺星)이 암장(暗藏)되니 남의 정부가 될 가능성이 많다.

時	日	月	年	
辛	甲	戊	庚	女
未	辰	寅	辰	命

본명은 53세 무렵에도 혼인하지 못하였다.

9. 혼인을 일찍 하거나 늦게 하는 명

혼기는 대운(大運)으로 판단한다. 남명은 신강(身强)하면 식상운(食傷運)이나 재성운(財星運)이 혼기이고, 신약(身弱)하면 인성운(印星運)이나 비겁운(比劫運)이 혼기다. 여명은 신강(身强)하면 재성운(財星運)과 관성운(官星運)이 혼기이고, 신약(身弱)하면 인성운(印星運)이나 비겁운(比劫運)이 혼기다.

— 남녀 모두 사주에 비겁(比劫)이 많으면 늦게 하는데 천간(天干)
   에 있으면 더 그렇다.
— 남명이 편재(偏財)가 아내성에 해당하거나 여명이 칠살(七殺)
   이 남편성에 해당하면 늦게 한다. 남명이 정재(正財)가 없으면
   편재(偏財)가 아내가 되고, 여명이 정관(正官)이 없으면 칠살
   (七殺)이 남편이 된다.
— 사주에 이성의 성이 1개 있으면 그 위치로 혼기의 더디고 빠름
   을 판단한다. 년월(年月)에 있으면 일찍 하고, 일주(日柱)에 있
   으면 늦게 하고, 시주(時柱)에 있으면 더 늦게 한다.
— 남명이 아내성이 입묘(入墓)나 공망(空亡)되면 늦게 하고, 여명
   이 남편성이 입묘(入墓)나 공망(空亡)되면 늦게 한다.
— 앞의 「독신으로 사는 명」에서 언급한 명조가 부모나 가정환경
   등의 요인과 얼키면 대개 늦게 한다.
— 사주에 배우자성이 없거나 있어도 충극(沖剋)되면 반드시 늦어
   지고, 여명은 식상(食傷)이 왕해도 늦어진다.
— 남명은 식상(食傷)과 재성(財星)이 첩신(貼身)하고, 여명은 재
   성(財星)과 관살(官殺)이 첩신(貼身)하면 일찍 한다.
— 여름생인데 원명에 수기(水氣)가 부족하면 일찍 한다. 여름생은
   허화(虛火)가 왕하여 정욕이 일어나기 쉽기 때문이다. 조후(調
   候)인 수(水)가 미약해도 일찍 한다.
— 남명이 재다신약(財多身弱)하거나 신강재약(身强財弱)하면 늦

게 한다. 이런 명은 대개 재성(財星)을 꺼리거나 재성(財星)이 낭건(朗健)하지 못하므로 늦어지는 것이다.

― 배우자성이 좋지 않은데 배우자궁도 좋지 않으면 일찍 하지마라. 헤어지기 쉽다. 혼인연이 좋지 않은데 너무 일찍하면 경제적인 기반뿐 아니라 정신적으로도 안정되지 않는다. 이해하며 참는 마음이 부족하기 때문이니 이런 명은 늦게 하는 것이 좋다.

時 日 月 年
壬 庚 丁 戊　　男
午 子 巳 戊　　命

본명은 신약(身弱)하니 비견운(比肩運)인 신(申)운에 혼인하였다.

時 日 月 年
甲 乙 乙 丁　　女
申 未 巳 酉　　命

본명은 사주에 혼인연이 있으나 천간(天干)에 비겁(比劫)이 많아 34세가 되도록 미혼이었다.

時 日 月 年
戊 癸 甲 壬　　男
午 卯 辰 辰　　命

본명은 편재(偏財)가 아내성이니 혼인연을 단정할 수 없다.

```
時 日 月 年
甲 壬 乙 癸    女
辰 子 卯 卯    命
```

본명은 유일한 남편성이 시주(時柱)에 있고, 칠살(七殺)이 남편에
해당하므로 혼인이 늦어졌다.

```
時 日 月 年
丁 己 壬 庚    女
卯 酉 午 午    命
```

본명은 남편성인 칠살(七殺)이 공망(空亡)되어 36세인 을사(乙巳)
년에 혼인하였다.

```
時 日 月 年
戊 乙 丙 丁    男
寅 丑 午 酉    命
```

본명은 월간(月干)·일지(日支)·시간(時干)에 식상(食傷)과 재성
(財星)이 앉아 일찍 혼인하였다.

```
時 日 月 年
戊 辛 辛 己      女
子 丑 未 丑      命
```

본명은 토(土)가 많으니 금(金)이 묻혀 남편성이 나타나지 않았는데 남편궁이 형충(刑沖)되고 월간(月干)에 비견(比肩)이 나타나니 조혼에 실패하고 42세가 되도록 재혼하지 못하였다.

```
時 日 月 年
戊 乙 戊 甲      女
寅 巳 辰 辰      命
```

본명은 남편성이 일지(日支)에 암장(暗藏)되었으니 늦게 한다.

```
時 日 月 年
戊 庚 戊 丙      男
寅 戌 戌 申      命
```

본명은 38세 무렵에도 미혼이었다. 시주(時柱)의 편재(偏財)가 아내성이기 때문이다.

10. 용모가 아름다운 여명

— 여명이 사해(巳亥)가 많으면 용모가 아름답다. 호중자(壺中子)
가 이르기를 "등명(登明)이 있으면 발이 예쁘고, 태을(太乙)이
있으면 음탕하다"고 하였다. 등명(登明)은 해(亥)이며 밤으로
들어가는 시간이고, 태을(太乙)은 사(巳)이며 밤의 기후를 맞는
것이다. 따라서 해(亥)가 많으면 자태가 아름답고 사(巳)가 많
으면 색을 좋아하니 사해(巳亥)가 모두 많으면 용모가 아름답
다. 해(亥)가 없어도 사(巳)가 쌍으로 있거나 사(巳)가 없어도
해(亥)가 쌍으로 있으면 용모가 아름답다.

— 여명이 금수(金水)를 만나거나 금수(金水)가 왕하면 반드시 용
모가 아름답다. 여기다 금수(金水)가 상관(傷官)이면 총명하다.

— 여명이 식상(食傷)이 설기(泄氣)되면 자태가 아름답다. 『적천수
(滴天髓)』 「여명장주(女命章注)」에 이르기를 "상관(傷官)이 중
하면 외모는 아름다우나 경박하다"고 하였다.

— 여명이 윤하격(潤下格)을 이루면 용모가 아름답고 총명하다.

— 여명이 일주(日主) 갑목(甲木)이 신(申)에 앉았는데 경금(庚金)
이 투출(透出)하면 자녀가 모두 서시(西施)같이 아름답고, 일주
(日主) 병화(丙火)가 신(申)에 앉았는데 시주(時柱)에 임수(壬
水)가 있으면 아름답다. 『삼명통회(三命通會)』에서는 "여명이
칠살(七殺)을 기뻐하는데 관살(官殺)이 혼잡되지 않으면 아름
답다"고 하였고, 옛글에서는 "일주(日主) 병화(丙火)가 임(壬)의
제(制)를 만나면 얼굴이 구슬과 같고, 일주(日主) 갑목(甲木)이

금(金)의 극(剋)을 만나면 용모가 꽃과 같다"고 하였다.

— 여명이 도화(桃花)와 홍염(紅艶)이 많은데 진신(進神)이 도화(桃花)에 가하면 외모가 아름답다. 도화(桃花)에는 도삽(倒揷)·범수(泛水)·나형(裸刑)·도화살(桃花殺)이 포함된다.

— 여명이 원앙(鴛鴦)이 있는데 수(水)를 만나면 경국경성(傾國傾城)한다. 옛글에 이르기를 "여명이 3지(支)와 3간(干)에 봉황·기린·봉소가 있으면 원앙살(鴛鴦殺)이 되는데 음란하며 거칠고, 수(水)가 많으면 풍진이나 염질이 많다"고 하였다. 봉황·기린·봉소는 옛 명서(命書)의 잡격으로 「난대묘선(蘭台妙選)」이라는 글에서 볼 수 있다. 어떤 고서에서는 잡격을 단지 명국을 보는 법으로만 설명했으나 성격을 논할 때 억지로 갖다붙여 실용적인 가치는 없다.

— 여명이 쌍원합(雙鴛合)이 있는데 수(水)가 되면 용모가 아름답다. 2개 이상의 원앙(鴛鴦)이 합(合)되는 것을 쌍원합(雙鴛合)이라고 한다.

— 여명이 회합(會合)이 많은데 관귀(官貴)가 많으면 용모가 아름답다. 『옥조신응경(玉照神應經)』에 이르기를 "여명이 기경(己庚)이 동회(同會)하면 몸매가 아름답고, 갑기합(甲己合)이나 을경합(乙庚合)이 있는데 회합(會合)이 많으면 미인"이라고 하였고, 옛글에서는 "관귀(官貴)가 너무 많으면 편방(偏房)이나 무기(舞妓)가 된다"고 하였다. 색으로 사람을 섬기는 자는 반드시 자태가 중간 이상이다.

― 여명이 목(木)이 많으면 요염하며 날씬하고 아름답다. 『오행정기(五行精紀)』에 이르기를 "목(木)이 성하면 요염하며 아름답고, 수(水)가 맑으면 청결하다"고 하였다.

― 여명이 일주(日柱)가 병자(丙子)나 무오(戊午)이면 음양살(陰陽殺)에 해당하여 아름답고, 평생 미남을 많이 만난다.

― 여명이 일주(日柱)가 신유(辛酉)이면 홍염(紅艶)・구추(九醜)・팔전(八專)에 해당하여 용모가 아름답다.

― 여명이 일주(日柱)가 정미(丁未)이면 홍염(紅艶)・팔전(八專)을 얻어 용모가 아름답다.

― 여명이 괴강(魁罡)・포태(胞胎)・육수(六秀)가 있으면 용모가 아름답다. 괴강(魁罡)은 경진(庚辰)・임진(壬辰)・경술(庚戌)・무술(戊戌) 일주(日柱)이고, 포태(胞胎)는 병자(丙子)・무자(戊子)・정해(丁亥)・기해(己亥)・임오(壬午)・계사(癸巳) 일주(日柱)이고, 육수(六秀)는 무자(戊子)・기축(己丑)・무오(戊午)・기미(己未)・병오(丙午)・정미(丁未) 일주(日柱)를 말한다. 그러나 일주(日柱)만으로 단정짓는 것은 합당하지 않으니 사주 전체를 보아야 한다.

― 여명이 재관인(財官印)이 첩신(貼身)했는데 극(剋)되지 않으면 용모가 아름답다.

― 여명이 오행(五行)이 중화되면 용모가 아름답다. 생(生)이 있으면 설(泄)이 있고, 극(剋)이 있으면 정(情)이 있어야 한다.

```
時 日 月 年
癸 丁 辛 丁    女
卯 巳 亥 亥    命
```

본명은 사해(巳亥)가 많으니 자태가 아름답다. 그러나 남편궁이
충(沖)되어 혼인연은 좋지 않아 일찍 혼인했으나 을축(乙丑)년에
이혼하고 재혼하지 않았다.

```
時 日 月 年
辛 辛 癸 癸    女
卯 巳 亥 巳    命
```

본명은 금수(金水) 상관(傷官)이 있는데 사해(巳亥)가 많으니 선
명하며 아름답다. 그러나 혼인연이 좋지 않아 일찍 혼인했으나 남
편이 도박에 빠져 지금은 별거하며 보험회사에 다니고 있다.

```
時 日 月 年
壬 癸 辛 癸    女
戌 卯 酉 酉    命
```

본명은 금수(金水)가 왕하여 젊었을 때 셀 수 없을 정도로 남자가
많았다. 일찍 혼인했으나 혼인연이 좋지 않아 남편이 죽은 후 재혼
하였고, 기관에서 근무하였다.

時 日 月 年
丁 甲 乙 丁　　戊 丁 丙　　女
卯 午 巳 未　　申 未 午　　命

이것은 『적천수(滴天髓)』 「징의(徵義)」에 나오는 명조인데 주(註)
에 이르기를 "매우 총명하며 아름다웠으나 경박하여 절개를 지키
지 못하였고, 초년운이 화지(火地)로 가므로 남편을 일찍 형(刑)하
였고, 무신(戊申)운에 목화(木火)와 서로 싸우니 말로 다 할 수 없
을 정도로 흉하다"고 하였다.

時 日 月 年
丁 甲 戊 庚　　女
卯 申 寅 子　　命

본명은 일주(日主) 갑목(甲木)이 신(申)에 앉고, 경금(庚金)이 투
출(透出)했으니 꽃처럼 아름다우며 총명하였다.

時 日 月 年
庚 甲 乙 癸　　女
午 子 卯 卯　　命

본명은 일주(日主)가 목욕지(沐浴地)에 앉았는데 진신(進神)과 도
화(桃花)가 가하여 매우 아름다우나 갑자(甲子)일 경오(庚午)시생

은 나형도화(裸刑桃花)가 된다.

```
時 日 月 年
戊 癸 辛 戊      女
午 亥 酉 子      命
```

본명은 금수(金水) · 관성(官星) · 합(合) · 사패(四敗)가 많아 용모
가 수려하다.

```
時 日 月 年        時 日 月 年
辛 丙 辛 丙        甲 辛 乙 庚
卯 申 丑 子        午 酉 酉 子


時 日 月 年        時 日 月 年
丙 壬 癸 癸        甲 乙 辛 壬
午 辰 亥 巳        申 卯 寅 亥
```

위의 네 명조는 모두 빼어난 미인이다.

11. 풍진여랑(風塵女郎)의 명

풍진여랑(風塵女郎)이란 영육을 파는 젊은 여자를 말한다. 옛글에
"귀중(貴衆)이 합(合)이 많으면 반드시 사니창비(師尼娼婢)가 되

고, 합신(合神)이 많으면 여승이나 기생이 된다"고 하였다. 편(偏)
이 아니면 니(尼)요, 노(奴)가 아니면 비(婢)라고 하였다. 사니(師
尼)와 창기(娼妓)를 병렬시킨 것이다. 사(師)는 노래부르는 여자
배우요, 니(尼)는 여승을 가리킨다. 그러나 여승과 여도사, 기생과
창녀를 구분하는 것이 합당하다.

— 여명이 관귀(官貴)가 많은데 회합(會合)이 많으면 풍진여랑(風
塵女郞)의 명이 된다. 「계선편(繼善篇)」에서는 "귀중(貴衆)한데
합(合)이 많으면 여배우·여승·창기·하녀가 된다"고 하였고,
「옥진부(玉振賦)」에서는 "관귀(官貴)가 너무 많으면 편방(偏房)
이나 무기(舞妓)가 된다"고 하였고, 옛글에서는 "귀인(貴人)에
하나가 앉으면 호명이고, 둘이 앉으면 마음이 부정하고, 셋이 앉
으면 창녀가 되고, 귀중(貴衆)이면 치마를 나풀거리며 부채를
흔들면서 노래를 부른다"고 하였고, 사마계주(司馬季主)는 "잡
된 합(合)이 많으면 여승이나 기생이 된다"고 하였고, 「여명총
단가(女命總斷歌)」에서는 "합신(合神)이 많으면 기생이 되거나
노래를 부르고, 귀인(貴人)이 1개 있으면 정실이 되나 2~3개이
면 첩이 된다"고 하였다.
— 여명이 역마(驛馬)에 귀인(貴人)이 앉으면 풍진여랑(風塵女郞)
의 명이 된다. 『신백경(神白經)』에 이르기를 "역마(驛馬)가 귀신
(貴神)을 만나면 풍진에 떨어진다"고 하였다.
— 여명이 정미(丁未) 일주(日柱)이면 풍진여랑(風塵女郞)의 명이
된다. 정미(丁未) 일주(日柱)는 홍염(紅艶)·팔전(八專)·음양

음양차착살(陰陽差錯殺)에 해당하기 때문이고, 미(未)는 정화(丁火)의 양인(羊刃)이 되는데 다시 양인(羊刃)이 더해지기 때문이다.

— 여명이 사주가 울퉁불퉁하여 어릴 때 뜻대로 되지 않으면 매춘의 길로 들어간다.

— 여명이 수(水)가 많아 목(木)이 뜨면 풍진으로 들어간다.

— 여명이 수목(水木)이 많으면 풍진여랑(風塵女郞)의 명이 된다. 『옥조신응경(玉照神應經)』에 이르기를 "여명이 갑을임계(甲乙壬癸)를 모두 만나면 화류계로 들어간다"고 하였다.

— 여명이 관살(官殺)이 혼잡한데 신(身)을 지나치게 극(剋)하면 정조를 잃고 화류계로 들어간다.

— 여명이 비천녹마(飛天祿馬)나 정란차(井欄叉)가 있으면 풍진여랑(風塵女郞)의 명이 된다. 「가(歌)」에 이르기를 "여명이 비천녹마(飛天祿馬)나 정란차(井欄叉)를 만나면 가장 좋지 않다. 편병(偏幷)이 되면 기생이 되나 재성(財星)이 있으면 영화를 누린다"고 하였다.

— 여명이 괴강(魁罡)이 있는데 충파(沖破)되면 풍진여랑(風塵女郞)의 명이 된다.

— 여명이 도삽(倒揷)·범수(泛水)·나형(裸刑) 등 각종 도화(桃花)가 있으면 풍진여랑(風塵女郞)의 명이 된다. 옛글에 이르기를 "도화(桃花)는 도삽(倒揷)이 가장 흉하고, 목욕(沐浴)은 나형(裸刑)을 가장 꺼리는데 이를 범하면 시녀나 배우나 승려가 된다"고 하였다.

— 여명이 신왕(身旺)하고 남편성이 절지(絶地)에 앉았는데 관성
  (官星)이 쇠하고 식상(食傷)이 왕성하면 풍진여랑(風塵女郎)의
  명이 된다.『삼명통회(三命通會)』「논여명(論女命)」에 이르기를
  "식상(食傷)이 있는데 관살(官殺)이 없거나, 있어도 상관상진
  (傷官傷盡)되었거나, 관살(官殺)이 혼잡한데 식신(食神)이 왕성
  하면 창기가 된다. 그렇지 않으면 배우·승려·하녀·첩이 되거
  나 남편을 극(剋)하거나 음란하다"고 하였다.

— 여명이 자오묘유(子午卯酉)가 모두 있으면 주색을 밝힌다.

— 여명이 정재(正財)와 겁재(劫財)가 같이 나타나거나, 상관(傷
  官)과 관성(官星)과 같이 나타나거나, 월주(月柱)에 상관(傷官)
  이 있으면 풍진여랑(風塵女郎)의 명이 된다.

— 여명이 도화겁(桃花劫)이 있으면 풍진여랑(風塵女郎)의 명이
  된다.『광신집(廣信集)』에 이르기를 "도화겁(桃花劫)은 잔화살
  (殘花殺)이라고 하는데 해당하면 젊어서는 창문(娼門)에 들어
  가고 늙어서는 거지가 된다"고 하였다. 도화겁(桃花劫)은 인오
  술(寅午戌)생이 겨울철 해(亥)시, 사유축(巳酉丑)생이 봄철 인
  (寅)시, 신자진(申子辰)생이 여름철 사(巳)시, 해묘미(亥卯未)생
  이 가을철 신(申)시에 태어나면 해당한다.

— 여명이 남편궁이 공망(空亡)되면 풍진여랑(風塵女郎)의 명이
  된다. 옛시에 이르기를 "남편궁이 공망(空亡)되고 키가 작으면
  사내가 없으니 풍진에 들어가거나 노비나 첩이 되고, 설령 남편
  이 있어도 몸은 창녀"라고 하였다.

```
時 日 月 年
甲 己 壬 甲     女
子 丑 申 辰     命
```

본명은 관성(官星)과 귀인(貴人)이 쌍으로 있고, 천간(天干)에는 갑기합(甲己合)이 있고, 지지(地支)에는 자축합(子丑合)과 신자진합(申子辰合)이 있어 풍진여랑(風塵女郎)의 명이 되었다. 원래 증권회사에 다녔으나 찾아오는 손님이 많아지자 경오(庚午)년에 윤락업계로 들어갔다.

```
時 日 月 年
辛 丙 辛 丙     女
卯 申 丑 子     命
```

본명은 윤락업을 하는 사람인데 병신(丙辛)이 쌍합(雙合)하여 수(水) 관성(官星)이 되고, 관성(官星)과 합(合)이 많기 때문이다.

```
時 日 月 年
己 丁 丁 乙     女
酉 丑 亥 巳     命
```

본명은 기생인데 귀인(貴人)이 역마(驛馬)에 앉았기 때문이다.

```
時 日 月 年
己 丁 戊 癸    女
酉 未 午 卯    命
```

본명은 17세에 화류계로 들어갔는데 정미(丁未) 일주(日柱)에 합
(合)이 많기 때문이다.

```
時 日 月 年
庚 辛 丙 壬    女
寅 未 午 子    命
```

본명은 14세에 부모가 기생집으로 보낸 사람이다. 년월(年月)이
반음(返吟)이 되어 한미한 집안에서 태어났고, 년월(年月)을 꺼리
니 가정형편이 매우 어려웠다. 원명에 합(合)과 귀인(貴人)이 많기
때문이다.

```
時 日 月 年
丁 乙 甲 戊    女
丑 亥 子 子    命
```

본명은 해자축(亥子丑) 수국(水局)을 이루어 목(木)이 뜨니 풍진
으로 들어갔다.

時 日 月 年

癸 癸 戊 己　　女

丑 丑 辰 酉　　命

본명은 관살(官殺)이 혼잡한데 신(身)을 지나치게 극(剋)하여 화
류계로 들어갔다.

時 日 月 年

辛 丁 癸 戊　　女

亥 未 亥 子　　命

본명은 관살(官殺)이 혼잡한데 귀인(貴人)과 홍염(紅艷)이 많아
화류계로 들어갔다.

時 日 月 年

庚 戊 庚 丁　　女

申 辰 戌 亥　　命

본명은 갑(甲)이 남편인데 술(戌)월에 태어나 실령(失令)하였고,
경(庚)의 극(剋)을 만나 끊어졌다. 신강(身强)한데 식신(食神)이
왕하니 의식은 좋으나 창기는 면하지 못하였다.

```
時 日 月 年
壬 癸 丁 甲      女
子 酉 卯 午      命
```

본명은 자오묘유(子午卯酉)가 모두 있어 화류계로 들어갔다.

```
時 日 月 年
乙 乙 甲 戊      女
酉 丑 子 申      命
```

본명은 명기 김교(金嬌)의 사주다. 관살(官殺)이 일주(日主)를 심하게 극(剋)하고, 겁재(劫財)가 재성(財星)을 극(剋)하고, 귀인(貴人)과 합(合)이 많아 기생이 된 것이다.

12. 선상차후매표(先上車後買票)의 명

선상차후매표(先上車後買票)란 먼저 차를 타고 나중에 표를 산다는 뜻으로 여자가 정조를 잃은 후 혼례를 치른다는 말이다.

— 여명이 살(殺)이 앞에 있고 관성(官星)이 뒤에 있는데 관성(官星)이 강왕하면 선상차후매표(先上車後買票)의 명이 된다.

— 여명이 칠살(七殺)과 상관(傷官)이 모두 투출(透出)하거나 정관(正官)과 상관(傷官)이 모두 투출(透出)했는데 상관(傷官)이 약

하지 않으면 선상차후매표(先上車後買票)의 명이 된다.

— 여명이 년월(年月)에 상관(傷官)과 편관(偏官)이 동주(同柱)하면 선상차후매표(先上車後買票)의 명이 된다. 년월(年月)에 상관(傷官)과 편관(偏官)이 동주(同柱)하거나 상관(傷官)과 편관(偏官)이 모두 투출(透出)하면 가정과 사회의 규범을 무시하며 반역하므로 정조를 잃을 가능성이 높다. 편인(偏印)과 편관(偏官)이 동주(同柱)하거나 동투(同透)해도 이런 경향이 있다.

— 여명이 관귀(官貴)와 회합(會合)이 많으면 선상차후매표(先上車後買票)의 명이 된다.

— 여명이 도화(桃花)나 홍염(紅艶)이 중한데 금수(金水)가 왕하면 선상차후매표(先上車後買票)의 명이 된다.

— 여명이 신약(身弱)한데 관살(官殺)이 혼잡되면 선상차후매표(先上車後買票)의 명이 된다.

— 여명이 관살(官殺)이 득령(得令)했는데 년간(年干)에 투출(透出)하면 선상차후매표(先上車後買票)의 명이 된다.

— 여명이 혼기가 되었는데도 미혼이면 선상차후매표(先上車後買票)의 명이 된다.

— 여명이 회기살(晦氣殺)이 있으면 선상차후매표(先上車後買票)의 명이 된다. 옛글에 이르기를 "회기(晦氣)는 불명(不明)의 상이며 혼매(昏昧)의 도"라고 하였다.

— 여명이 인수(印綬)가 보호신이면 선상차후매표(先上車後買票)의 명이 된다. 혼인 적령기를 전후하여 인수(印綬)가 극(剋)되면 정조를 잃는다.

```
時 日 月 年
癸 癸 戊 己    女
丑 酉 辰 亥    命
```

 본명은 살(殺)이 앞에 있는데 관(官)이 뒤에 있고, 합(合)이 많아 선상차후매표(先上車後買票)의 명이 되었다. 20세인 칠살(七殺)년에 동거를 시작했다가 2년 후에 혼례를 올렸다.

```
時 日 月 年
丁 乙 庚 辛    女
亥 酉 子 丑    命
```

 본명은 살(殺)이 앞에 있는데 관(官)이 뒤에 있으니 선상차후매표(先上車後買票)의 명이 되었다. 또 금수(金水)가 왕하여 을목(乙木)이 물에 뜨니 미모이며 정욕이 강하고, 합(合)이 많으니 마음대로 행동하며 의지가 강하지 않아 이성의 유혹을 받기 쉽다.

```
時 日 月 年
庚 己 庚 甲    女
午 酉 午 辰    命
```

 본명은 17세인 경신(庚申)년에 정조를 잃고, 23세인 병인(丙寅)년에 다른 사람과 혼인하였다.

時 日 月 年
甲 癸 甲 己　　女
寅 未 戌 丑　　命

본명은 살(殺)이 앞에 있고 관(官)이 뒤에 있으니 선상차후매표
(先上車後買票)의 명이 되었다. 상관(傷官)과 살(殺)이 모두 투출
(透出)하여 일찍 혼인했으나 헤어졌다.

時 日 月 年
辛 乙 丁 庚　　女
巳 未 亥 戌　　命

본명은 21세인 경오(庚午)년에 정관(正官)이 일을 주관한다. 유년
(流年) 경오(庚午)와 일주(日柱) 을미(乙未)가 천지상합(天地相合)
하니 마땅히 경사가 있고, 지지(地支)의 사오미(巳午未)가 삼합(三
合)하니 자녀를 낳았다. 그러나 이 사람은 경오(庚午)년에 혼례를
치루지 않은 상태에서 임신하였고 남자는 달아났다.

時 日 月 年
庚 壬 己 庚　　女
子 子 丑 戌　　命

본명은 미스차이나 선발대회에 출전하여 3등으로 뽑힌 미인이다. 18세인 정묘(丁卯)년에 정조를 잃었는데 정묘(丁卯)년과 일주(日柱)가 천합지형(天合地刑)이 되었기 때문이다.

時	日	月	年		31	21	11	1	
甲	丁	癸	壬		己	庚	辛	壬	女
辰	酉	卯	子		亥	子	丑	寅	命

본명은 정인(正印)인 갑목(甲木)이 보호신이다. 22세인 계유(癸酉)년과 경자(庚子)대운이 강포하여 정조를 잃었다. 대운(大運)의 경금(庚金)이 갑목(甲木) 인수(印綬)를 극(剋)하여 보호신을 잃었고, 계수(癸水) 살(殺)이 무리를 이루어 신(身)을 극(剋)하니 화를 부른 것이다.

時	日	月	年	
辛	丁	癸	戊	女
亥	未	亥	子	命

본명은 상관(傷官)과 칠살(七殺)이 모두 나타났는데 관귀(官貴)가 많아 화류계로 들어갔다. 인수(印綬)가 매우 약한데 21세인 무신(戊申)년과 신유(辛酉)대운에 강한 금(金)이 목인(木印)을 극(剋)하니 정조를 잃은 것이다.

13. 첩을 두는 남명

— 남명이 신강(身强)하여 재성(財星)을 감당할 수 있는데 재성(財星)이 쌍투(雙透)하면 첩을 둘 명이다.

— 남명이 신약(身弱)한데 재성(財星)이 쌍투(雙透)하면 첩을 둘 명이다. 신약(身弱)하면 재성(財星)을 감당하지 못하니 첩을 얻으면 풍파가 생기기 쉽다. 그러나 신강(身强)한데 년운(年運)을 만나면 가능하다.

— 남명이 신강(身强)한데 식상생재(食傷生財)하면 첩을 둘 명이다. 식상생재(食傷生財)의 명은 재물을 얻기 쉽고, 재성(財星)이 유기하면 여자와 인연이 많은데 대개 미인을 만난다.

— 남명이 재성(財星)을 기뻐하는데 편재격(偏財格)이나 재국(財局)을 이루면 첩을 둘 명이다.

— 남명이 재성(財星)이 쌍으로 있는데 모두 아내궁인 일지(日支)와 합(合)되면 첩을 둘 명이다.

— 남명이 일지(日支)와 상합(相合)하여 쌍재(雙財)를 이루면 첩을 둘 명이다.

— 남명이 재성(財星)이 분명하지 않은데 쌍재(雙財)가 입고(入庫)되거나 암장(暗藏)되면 첩을 둘 명이다.

— 남명이 도화(桃花)나 홍염(紅艷)이 중한데 자오묘유(子午卯酉)가 모두 있으면 첩을 둘 명이다.

— 남명이 식상(食傷)과 재성(財星)이 쌍으로 있으면 반드시 숨겨 둔 정이 있다.

— 『광신집(廣信集)』에 이르기를 "일(日)의 납음(納音)으로 아내의 수를 논하는데 수(水)는 1명, 화(火)는 2명, 목(木)은 3명, 금(金)은 4명, 토(土)는 5명이며, 심하면 배로 본다"고 하였다.

— 아내궁의 변위란 아내궁이 거듭 있는 것을 말한다. 즉 일지(日支)와 시지(時支), 또는 월지(月支)가 같은 것을 말한다.

— 남명이 신강(身强)하고 재성(財星)이 1개 투출(透出)했는데 대운(大運)에서 재성(財星)이 또 투출(透出)하면 첩이나 외정을 둔다.

— 남명이 신(身)과 재성(財星)이 양정(兩停)하면 첩을 둘 명이다. 신(身)과 재성(財星)이 모두 왕한데 편재(偏財)가 많으면 다정다욕하여 첩을 두며 감정의 번뇌도 많다.

— 남명이 정재(正財)가 충(沖)되면 첩을 둘 명이다.

時 日 月 年

丙 戊 癸 癸　　　男

辰 辰 亥 卯　　　命

본명은 혼인 전에 풍파가 유난히 많았는데 혼인 후에도 옛날 여자와 계속 동거하였다.

時 日 月 年

丙 壬 己 丁　　　男

午 子 酉 酉　　　命

본명은 신강(身强)한데 재성(財星)이 쌍투(雙透)하여 첩을 두었다.

```
時 日 月 年
辛 庚 己 丙      男
巳 申 亥 寅      命
```

본명은 도주공(陶朱公)의 사주인데 식상생재(食傷生財)하여 재물과 여자복이 많았다.

```
時 日 月 年
庚 己 甲 癸      男
午 未 子 未      命
```

본명은 재성(財星)을 기뻐하는데 편재격(偏財格)이 되어 첩을 두었다.

```
時 日 月 年
甲 丙 癸 己      男
午 辰 酉 酉      命
```

본명은 정재(正財)인 유금(酉金)이 2개나 있고, 아내궁인 일지(日支) 진(辰)과 합(合)하여 첩을 두었다.

```
時 日 月 年
甲 丁 乙 壬      男
辰 酉 巳 子      命
```

본명은 월지(月支)와 일지(日支)가 사유합(巳酉合)하여 금재(金財)를 이루고, 시지(時支)와 일지(日支)가 진유합(辰酉合)하여 역시 금재(金財)를 이루어 좌우에서 근원을 만나니 쌍처(雙妻)를 둘 명이 된 것이다.

```
時 日 月 年
癸 丙 丁 己      男
巳 寅 丑 丑      命
```

본명은 신금(辛金)이 아내인데 쌍축(雙丑)이 쌍재고(雙財庫)이고, 쌍재(雙財)가 고(庫)에 암장(暗藏)되어 쌍처(雙妻)를 두었다.

```
時 日 月 年
丁 辛 癸 丁      男
酉 未 丑 未      命
```

본명은 어느 회사 이사장을 지낸 사람인데 1처와 1첩을 두고 평생 잘 살았다. 을목(乙木)이 아내인데 쌍미(雙未)가 쌍재고(雙財庫)이고, 쌍재(雙財)가 고(庫)에 암장(暗藏)되고, 신강(身强)하기 때문이다.

```
時 日 月 年
壬 壬 庚 甲        男
寅 寅 午 午        命
```

본명은 은행에 다니는 사람의 사주이다. 혼인한 후 5년째 되는 해
에 우연히 첫사랑을 다시 만나 두 집 살림을 하였다.

```
時 日 月 年
庚 乙 甲 戊        男
辰 亥 寅 子        命
```

본명은 정재(正財)가 1개 투출(透出)했으나 무오(戊午)대운 중인
43세 경오(庚午)년에 정재(正財)를 또 만나 첩을 들였다.

```
時 日 月 年
戊 乙 戊 丁        男
子 亥 申 亥        命
```

본명은 수(水)가 많아 목(木)이 뜨는데 재성(財星)이 2개 나타나
43세인 기사(己巳)년에 사통하였다.

```
時 日 月 年
癸 壬 壬 乙        男
卯 戌 午 酉        命
```

본명은 자영업을 하는 사람의 사주이다. 30세 갑인(甲寅)년에 혼인하여 1남 1녀를 두었는데 40세 갑자(甲子)년에 두 집 살림을 시작하였다. 아내가 알게 되었으나 팔자소관인지 어찌할 수 없었다.

14. 아내를 빼앗기는 남명

— 남명이 비견(比肩)이 왕하면 아내가 외정을 갖는다. 「옥정오결(玉井奧訣)」에 이르기를 "강왕한 비견(比肩)이 처재(妻財)를 빼앗으면 아내에게 외정이 있다"고 하였다.

— 남명이 재성(財星)이 목욕지(沐浴地)에 앉았는데 그 곁에서 비겁(比劫)이 호시탐탐 노리면 아내에게 외정이 있다.

— 남명이 재성(財星)이 도화(桃花)에 앉으면 아내가 부정하다. 『연해자평(淵海子平)』에 이르기를 "재성(財星)이 목욕(沐浴)이나 도화(桃花)에 임하면 처첩이 사통한다"고 하였다.

— 남명이 처재(妻財)가 일주(日主)와 합(合)하지 않고 다른 주(柱)의 겁재(劫財)와 합(合)하면 아내가 사통하는데 합(合)하여 기신(忌神)이 되면 더 확실하다. 『연해자평(淵海子平)』「육친총론(六親總論)」에 이르기를 "재성(財星)이 합(合)하면 아내가 부정하다"고 하였다.

— 팔전(八專)은 음욕의 살(殺)인데 남명이 일주(日柱)에 있으면 아내가 부정하다. 팔전(八專)은 갑인(甲寅)·을묘(乙卯)·기미(己未)·정미(丁未)·경신(庚申)·신유(辛酉)·무술(戊戌)·계축(癸丑)일생을 말한다. 옛글에 이르기를 "일주(日柱)에 팔전

(八專)이 있으면 아내가 부정하고, 여명이 범하면 친소를 가리지 않는다"고 하였다.

— 남명이 일지(日支)에 자오묘유(子午卯酉)가 있으면 아내가 부정하다.

— 남명이 처재(妻財)가 아내궁인 일지(日支)에 있지 않고 비겁(比劫)과 동주(同柱)하면 아내에게 외정이 있다.

— 남명이 재성(財星)이 1개 있는데 아내궁에 들지 않고 겁재(劫財)가 있는 지지(地支)에 암장(暗藏)되면 아내에게 외정이 있다.

— 남명이 아내궁이 외합하면 아내가 외정을 갖는다. 다시 말해 일지(日支)와 다른 지지(地支)가 합(合)하여 기신(忌神)이 되거나 아내궁이 쌍합(雙合)하여 기신(忌神)이 되면 아내에게 외정이 있다. 아내궁이 쌍합(雙合)한다는 것은 일지(日支)가 동시에 월지(月支)와 합(合)하거나 시지(時支)와 합(合)하는 것을 말한다.

— 남명이 진술축미(辰戌丑未)월생인데 월(月)에 재고(財庫)가 있으면 아내가 외정을 갖는다. 이 내용은 이거장(李居璋)의 『자평학(子評學)』의 「외격 연구토론」에서 취한 것이다.

— 남명이 처재(妻財)가 분명히 나타났는데 년운(年運)에서 비겁(比劫)이 처재(妻財)와 합(合)하면 아내에게 외정이 있다.

— 남명이 겁재(劫財)가 재성(財星)을 극(剋)하면 아내와 재물을 빼앗기기 쉽다.

— 남명이 일지(日支)와 시지(時支)가 삼형(三刑)되었는데 도화(桃花)를 만나면 아내가 외정을 갖는다.

```
時 日 月 年
壬 甲 己 甲    男
申 午 巳 子    命
```

본명은 아내에게 외정이 있는데 기토(己土) 정재(正財)가 년간(年干)의 비견(比肩)과 쟁합(爭合)하고, 년간(年干)의 비견(比肩)은 자수(子水)에 앉고, 신(身)은 오화(午火)에 앉아 설기(泄氣)되기 때문이다.「옥정오결(玉井奧訣)」에 이르기를 "비견(比肩)이 승왕하면 아내가 사통하는데 비첩이나 창기와 혼인하면 면할 수 있다"고 하였다.

```
時 日 月 年
辛 辛 甲 戊    男
卯 巳 子 子    命
```

본명은 아내에게 외정이 있었다. 월간(月干)의 갑목(甲木) 정재(正財)가 목욕지(沐浴地)인 자수(子水)에 앉았는데 옆에서 시간(時干)의 비견(比肩)이 호시탐탐 노리고 있기 때문이다.

```
時 日 月 年
庚 庚 癸 壬    男
辰 午 卯 午    命
```

본명은 아내가 부정했는데 월지(月支)의 묘목(卯木) 정재(正財)가 도화(桃花)에 앉았기 때문이다.

```
時 日 月 年
乙 癸 丁 壬     男
卯 酉 未 辰     命
```

본명은 아내의 부정을 보고도 못본 체하였다. 처재(妻財)인 정화(丁火)가 겁재(劫財) 임수(壬水)를 만나 합거(合去)되니 아내를 두려워하기 때문이다.

```
時 日 月 年
丙 乙 丁 乙     男
子 酉 亥 未     命
```

본명은 아내에게 외정이 있었다. 처재(妻財)인 미토(未土)가 아내궁에 들지 않고 년지(年支)에 앉았기 때문이다.

```
時 日 月 年
丁 丁 癸 癸     男
未 卯 亥 巳     命
```

본명은 아내가 다른 남자와 도망갔다. 유일한 처재(妻財)가 년지

(年支)의 겁재(劫財)와 동주(同柱)하기 때문이다.

```
時 日 月 年
辛 戊 丁 甲    男
酉 子 丑 午    命
```

본명은 아내에게 외정이 있었다. 재성(財星)이 아내궁에 앉고, 월지(月支)의 축토(丑土)와 합(合)하여 기신(忌神) 토(土)가 되었기 때문이다.

```
時 日 月 年
丙 壬 壬 癸    男
午 戌 戌 亥    命
```

본명은 아내에게 외정이 있었다. 월주(月柱)에 정재(正財)가 입고(入庫)되고, 재성(財星)은 기신(忌神)이 되었기 때문이다.

```
時 日 月 年
癸 己 乙 丙    男
酉 卯 未 申    命
```

본명은 아내에게 외정이 있었다. 계수(癸水)가 아내인데 무술(戊戌)대운에 무(戊)가 합(合)하기 때문이다.

15. 혼인 후에도 일하는 여명

— 여명이 일월(日月)의 재성(財星)과 인수(印綬)가 충(沖)되거나, 시주(時柱)의 재성(財星)이 인수(印綬)를 극(剋)하면 혼인 후에도 일을 한다. 이런 사주는 시어머니와 화합하지 못하거나 손윗사람의 배척을 받는 경우가 많다. 만약 따로 살 수 없으면 직업을 갖는 것이 좋다.

— 여명이 인수(印綬)가 나타나지 않으면 혼인 후에도 일을 한다. 이런 사주는 윗사람과 인연이 박하며 시어머니와 화목하기 어렵다. 인수(印綬)는 또 안정을 주관하는데 없으면 마음이 밖으로 향하기 때문에 일을 하는 것이 좋다.

— 여명이 관살(官殺)이 나타나지 않으면 혼인 후에도 일을 한다. 관살(官殺)이 없으면 자유분방하며 가정에 구속되는 것을 싫어하므로 시어머니와 충돌이 많으니 직업을 갖는 것이 좋다.

— 여명이 식상(食傷)이 나타나지 않으면 혼인 후에도 일을 한다. 이런 사주는 심리적 억압이 많아 심하면 신경병에 걸리기 쉬우니 일을 하는 것이 좋다.

— 여명이 식상(食傷)이 성하면 혼인 후에도 일을 한다. 이런 사주는 활동적이며 재능을 발휘하는 것을 좋아하므로 집에서 살림만 하기가 어렵다.

— 여명이 남편성이 기신(忌神)이 되거나 극(剋)되면 혼인 후에도 일을 한다. 혼인운이 좋지 않으면 미래를 대비하기 위해서라도 직업을 갖는 것이 좋다.

— 여명이 일주(日主)와 재성(財星)이 모두 강하거나 식상(食傷)이
  생재(生財)하면 혼인 후에도 일을 한다. 이런 사주는 사업심이
  강하므로 집에서 살림만 하기가 어렵다.
— 여명이 양인(羊刃)이 매우 왕강한데 의지할 데가 없으면 혼인
  후에도 일을 한다. 양인(羊刃)이 강하거나 삼합(三合)이나 삼회
  (三會)하여 겁인(劫刃)이 되면 남편을 극(剋)하는 명이 되므로
  직업을 갖는 것이 좋다.

```
時 日 月 年
○ 戊 ○ ○      女
○ 子 午 ○      命
```

이것은 혼인 후에도 일하는 명인데 일지(日支)의 재성(財星)과 월
지(月支)의 인수(印綬)가 충(沖)하기 때문이다.

```
時 日 月 年
辛 丙 ○ ○      女
卯 ○ ○ ○      命
```

본명은 시주(時柱)의 재성(財星)이 인수(印綬)를 극(剋)하니 혼인
후에도 일을 한다.

時 日 月 年
辛 丁 庚 癸　　女
丑 巳 申 巳　　命

　본명은 금융기관에 근무하는 사람인데 집에만 있지 못하는 성격
이다. 목(木) 인성(印星)이 전혀 없기 때문이다. 비록 시부모와 같
이 살지는 않았으나 항상 바쁘게 밖으로 돌아다녔다.

時 日 月 年
癸 癸 庚 戊　　女
丑 酉 申 戌　　命

　본명은 전업주부였는데 자녀교육 등 여러 가지 문제로 시부모와
남편과 늘 충돌하며 신경이 날카로워졌다. 사주에 식상(食傷)이 없
기 때문인데 만일 혼인 후에도 계속 직업을 가졌다면 이렇게 되지
는 않았을 것이다.

時 日 月 年
甲 丁 戊 戊　　女
辰 卯 午 戌　　命

　본명은 유치원 교사인데 상관(傷官)이 천투지장(天透地藏)하여
혼인 후에도 일을 하는 것이다.

時 日 月 年
庚 丙 戊 癸　　女
寅 戌 午 卯　　命

본명은 혼인 후에도 직장에 다니는데 양인(羊刃)이 인오술(寅午戌) 삼합으로 겁인(劫刃)이 되었기 때문이다.

時 日 月 年
丙 甲 戊 庚　　女
寅 戌 寅 子　　命

본명은 홍콩스타 종초홍의 사주인데 식신(食神)이 투출(透出)하여 재성(財星)을 생(生)하니 천성적으로 움직이는 것을 좋아한다. 어릴 때는 싸움을 좋아하였고, 미스홍콩 선발대회에서 떨어진 후 영화계로 들어갔는데 사업심이 대단하다.

時 日 月 年
甲 庚 癸 壬　　女
申 辰 丑 辰　　命

본명은 중국 가수 등려군의 사주인데 식상(食傷)이 모두 투출(透出)하여 연예계에서 이름을 날린 것이다.

16. 요절하거나 단명하는 명

— 신약(身弱)한데 식상(食傷)이 많으면 요절하고, 목화종아격(木火從兒格)을 이루면 부유해도 수명이 짧다.

— 여명이 일지(日支)에 상관(傷官)이나 양인(羊刃)이 있으면 악사하기 쉽다.

— 신약(身弱)한데 비겁(比劫)이 나타나지 않고 인성(印星)이 1개 있으면 요절한다.

— 신약(身弱)한데 칠살(七殺)이나 상관(傷官)이 있으면 요절하기 쉽고, 신강(身强)한데 편인(偏印)이나 양인(羊刃)이 있으면 망하기 쉽다.

— 편인(偏印)·겁재(劫財)·상관(傷官) 등이 특별히 강하면 장수하기 어렵다.

— 오행(五行)이 중화되면 오래 살고, 오행(五行)이 편고하면 일찍 죽는다.

— 탐재파인(貪財破印)이 있으면 천원(天元)을 다하고, 중겁분재(衆劫分財)가 있으면 기수를 마치고, 재성(財星)이 가벼운데 겁재(劫財)를 만나면 죽고, 신왕(身旺)한데 인성(印星)을 만나도 죽는다.

— 신약(身弱)한데 살(殺)이 중하면 공자의 제자 안자처럼 정수를 도망가기 어렵고, 신약(身弱)한데 살(殺)이 강하면 일찍 죽는다.

— 인성(印星)이 가벼운데 재성(財星)운으로만 흐르면 순식간에 꿈이 사라진다.

— 신왕(身旺)한데 편재(偏財)가 피겁(被劫)되면 장수하기 어렵다.

— 신약(身弱)하고 가벼운 인수(印綬)가 용신(用神)인데 왕한 재성 (財星)을 만나면 넋이 빠져 지옥에 들어간다.

— 재성(財星)이 살(殺)의 무리를 생(生)하면 어릴 때 죽는다.

— 년주(年柱)가 모두 상관(傷官)이면 고질병이 있고 오래 살지 못 한다.

— 신약(身弱)한데 식상(食傷)이 중하면 요절한다.

— 양인(羊刃)이나 겁재(劫財)가 년운(年運)과 충합(沖合)되면 반 드시 죽고, 식신(食神)이 공망(空亡)되면 장수하지 못한다.

— 정인(正印)이나 식신(食神)과 일지(日支) 정편재(正偏財)가 충 파(沖破)되면 장수하지 못한다.

— 신약(身弱)한데 일주(日主)가 양인(羊刃)에 앉고 사주에 관성 (官星)과 재성(財星)이 모두 왕하면 대부대귀격을 이루나 수명 은 길지 않다.

— 살(殺)과 식상(食傷)이 왕한데 신(身)이 뿌리가 없거나, 신강(身 强)하고 비견(比肩)이 중한데 재성(財星)이 무기하면 요절하거 나 가난하다.

— 식신(食神)·칠살(七殺)·편인(偏印)이나 식신(食神)·칠살(七 殺)·겁재(劫財)가 동주(同柱)하면 가난하거나 요절한다.

— 신왕(身旺)하고 월지(月支)에 양인(羊刃)이 있는데 인수(印綬) 가 많고 양인(羊刃)을 생부(生扶)하면 무정인(無情刃)이라고 한 다. 이런 사주는 양인(羊刃)을 충(沖)하는 해에 반드시 죽는다.

— 사주에 망신(亡身)이나 대모(大耗)가 많으면 시신이 손상된다.

— 사주에 사대공망(四大空亡)이 있으면 요절한다. 공자의 제자 안회가 요절한 것도 이 때문이다.

— 남명에 천라(天羅)가 있거나 여명에 지망(地網)이 있으면 반드시 요절한다. 남명은 년주납음(年柱納音)이 화(火)인데 술해(戌亥)일생이면 해당하고, 여명은 년주납음(年柱納音)이 수토(水土)인데 진사(辰巳)일생이면 해당한다.

— 사주에 일덕(日德)이나 일귀(日貴)가 극(剋)되면 위망함이 서 있는 말을 보는 것과 같아 흉하다.

— 양인(羊刃)이 충(沖)되는데 구하는 것이 없고, 양인(羊刃)의 합도 없으면 양인도과(羊刃倒戈)라고 한다. 이런 사주는 비명에 죽는다.

— 기토(己土)가 해(亥)에 임하고 음목(陰木)을 만나면 수명이 손상된다.

— 신약(身弱)한데 관살(官殺)이 중하거나, 인수(印綬)가 없는데 식상(食傷)이 중하거나, 인성(印星)이 없으면 천간(天干)이 패사(敗死)하며 서로 적이 되는데 이런 사주는 요절한다.

— 정재(正財)나 편재(偏財)가 일지(日支)에서 형충(刑沖)되거나, 식신(食神)이 용신(用神)인데 효신(梟神)이 파하면 요절한다.

— 을(乙)이 4개 있거나 계(癸)가 4개 있으면 요절하고, 월주(月柱)의 납음오행(納音五行)이 년주(年柱)의 납음오행(納音五行)을 극(剋)하면 요절한다.

— 갑을(甲乙)이 강한 금(金)을 만나면 혼이 서태(西兌)로 돌아가고, 경(庚)이 병(丙)운으로 들어가면 죽는다.

— 오행(五行)과 격국(格局)이 모두 상하여 묘절(墓絶)이 되면 장수하기 어렵다.

— 계목(季木)이 금(金)이 성하거나 춘금(春金)이 화(火)가 많으면 요절하거나 가난하다.

— 목화(木火)가 쇠하면 공명을 이루지 못하고 요절한다.

— 금수(金水)가 맑은데 손상되면 문장은 좋으나 수명이 짧다.

— 목(木)이 쇠하고 화(火)가 왕한데 서방운으로 가면 요절한다.

— 년일(年日)이 일시(日時)와 반음(返吟)이 되면 대개 20세 전에 죽는다.

— 일지(日支)가 년시지(年時支)와 쌍충(雙沖)하면 요절하기 쉽다.

— 시지(時支)의 장생(長生)이 형충(刑沖)되면 장수하기 어렵고, 사묘절(死墓絶)이 특별히 강하면 장수하기 어렵다.

— 지지(地支)는 생왕(生旺)해야 좋은데 월일지(月日支)가 가장 중요하고, 시지(時支)는 비교적 가볍다.

— 일주(日主)가 유기한데 운이 절(絶)에 앉으면 수명에 장해가 있고, 일주(日主)가 무기한데 운이 일주(日主)의 묘절지(墓絶地)에 이르면 수명에 장해가 있다.

— 사주에 귀한(鬼限)이 있으면 중년 이후에 죽고, 두중미경(頭重尾輕)이 있으면 요절하고, 취명관(取命關)이 있으면 높은 곳이나 위험한 곳을 조심해야 한다. 특히 비행기·높은 산·절벽·옥상 등에서 추락사고를 조심해야 한다.

時	日	月	年	
乙	丙	丁	丁	男
未	寅	未	巳	命

　본명은 소서(小暑) 하루 후에 태어나 정화(丁火)가 용사(用事)한다. 사미(巳未)가 오화(午火)를 암공하며 화염토조(火炎土燥)하다. 이런 사주는 출생지의 영향을 많이 받는다. 행운에서 금(金)이나 화(火)를 만나면 불리한데 오(午) 허신(虛神)이 전실(塡實)되어 흉하고, 1세인 정사(丁巳)년 역시 흉하여 태어난 지 10여 일만에 숨졌다.

時	日	月	年	
丙	庚	庚	辛	男
戌	戌	寅	巳	命

　본명은 경칩(驚蟄) 3일 전에 태어나 갑목(甲木)이 병령(秉令)하였다. 인술(寅戌)이 합(合)하여 화(火)되고, 수(水)와 습토(濕土)가 부족하니 춘금(春金)이 화(火)를 두려워한다. 임오(壬午)년에 인오술(寅午戌)이 화국(火局)을 이루어 매우 흉하니 2세인 임오(壬午)년에 병으로 숨졌다.

時	日	月	年	17	7	
丙	戊	庚	甲	壬	辛	男
辰	申	午	辰	申	未	命

본명은 무토(戊土)가 여름에 태어나 후중하니 갑목(甲木)을 용신(用神)으로 삼아 소토(疎土)해야 하는데 경금(庚金)이 병(病)이 된다. 일주(日柱)와 시주(時柱)가 마침 국의 스위치가 되고, 대운(大運)의 임수(壬水)가 병(丙)을 극(剋)하니 병(丙)이 병약용신(病藥用神)이다. 병(丙)은 경(庚)의 병(病)을 극(剋)하고, 신유(辛酉)년이 금(金)을 도와 목(木)을 극(剋)하고, 병화(丙火)를 합(合)하고, 상관(傷官)년이므로 18세인 신유(辛酉)년에 자동차에 치여 숨졌다.

時	日	月	年		18	8	
乙	己	丁	癸		乙	丙	男
亥	卯	巳	巳		卯	辰	命

본명은 소만(小滿) 7일 후에 태어나 병화(丙火)가 용사(用事)하고 정인(正印)이 병령(秉令)하였다. 해묘(亥卯)가 합(合)하여 목(木)이 되고, 을(乙)이 투출(透出)하고, 칠살(七殺) 또한 약하지 않다. 이런 사주를 신살양정(身殺兩停)이라 하는데 단명하기 쉽다. 칠살운(七殺運)을 만나고, 신해(辛亥)년과 월주(月柱)가 반음(返吟)이 되고, 사해쌍충(巳亥雙沖)이 되어 매우 흉하다. 19세인 신해(辛亥)년 2월 21일 교통사고로 숨졌다.

時	日	月	年		1		
庚	丁	丁	己		丙	男	
子	亥	丑	酉		子	命	

본명은 정화(丁火)가 겨울에 태어나 수(水)가 쇠미한데 해자축(亥子丑) 회수(會水)가 되고, 금(金)이 또 수(水)를 생(生)하므로 신약하다. 그러나 일지(日支) 해(亥) 중에 목(木)이 있으니 종(從)하지도 못하니 격국(格局)이 저렬하다. 병자(丙子)대운과 임자(壬子)년에는 수(水)가 더 강해지자 4세인 임자(壬子)년에 어머니와 외출했다가 교통사고로 숨졌다.

```
時 日 月 年      11  1
乙 己 壬 庚      庚 辛      女
丑 未 午 戌      辰 巳      命
```

본명은 건록격(建祿格)이며 토(土)가 왕하니 재자약살(財滋弱殺)하는 것이 용신(用神)이다. 을목(乙木)이 뿌리가 없으니 허약하고, 축미충(丑未沖)하여 축(丑) 중의 계수(癸水)가 깨졌고, 대운(大運)이 또 경(庚)으로 가니 을목(乙木)을 극합(剋合)하고, 진술축미(辰戌丑未)가 모두 있다. 갑자(甲子)년에는 갑기합(甲己合)·자축합(子丑合)하며 일주(日主)가 축묘(丑墓)에 드니 15세인 갑자(甲子)년에 혈액암으로 숨졌다.

```
時 日 月 年      13  3
乙 壬 壬 戊      甲 癸      男
巳 午 戌 戌      子 亥      命
```

본명은 임수(壬水)가 상강(霜降) 8일 후에 태어나 무토(戊土)가 용사(用事)하며 해수(亥水)가 진기(進氣)한다. 관살(官殺)이 혼잡하여 신약(身弱)한데 의지할 데가 없으나 종(從)하지도 못하니 사주가 편고하다. 갑자(甲子)대운에 자오(子午)가 충(沖)하여 자(子)가 패하고, 계축(癸丑)년에는 무계(戊癸)가 극합(剋合)하고, 축술형(丑戌刑)이 있으니 16세인 계축(癸丑)년에 물에 빠져 죽었다.

時	日	月	年		15	5	
己	辛	己	癸		丁	戊	男
亥	丑	卯	巳		丑	寅	命

본명은 신금(辛金)이 봄에 태어나 힘이 없는데 해묘(亥卯)가 있고 계수(癸水)가 투출(透出)하여 재성(財星)이 왕하니 인수(印綬)가 용신(用神)이다. 월주(月柱)의 납음(納音) 토(土)가 년주(年柱)의 납음(納音) 수(水)를 극(剋)하니 용신(用神)이 힘이 없다. 대운(大運)이 칠살운(七殺運)으로 가는 것을 꺼리고, 춘금(春金)은 화(火)를 두려워한다. 병진(丙辰)년에 또 화(火)를 돕고, 병신(丙辛)이 합(合)하고, 신(辛)이 진(辰)에 입묘(入墓)되어 19세인 병진(丙辰)년에 물에 빠져 죽었다.

時	日	月	年		17	7	
己	庚	癸	丁		辛	壬	男
卯	辰	卯	巳		丑	寅	命

본명은 재성(財星)이 병령(秉令)하여 정화(丁火)가 계수에게 상하고, 신약(身弱)하니 기토(己土) 인수(印綬)가 용신(用神)이다. 묘진(卯辰)이 합(合)하여 목(木)이 되니 흉하고, 기토(己土)가 뿌리가 없다. 대운(大運)의 임수(壬水) 식신(食神)이 신(身)을 설기(泄氣)하는 것을 꺼리고, 10세에 병화(丙火) 칠살(七殺)이 재성(財星)에 앉고 경금(庚金)은 절지(絶地)에 앉아 칠살(七殺)을 만나므로 10세인 병인(丙寅)년에 뇌종양에 걸렸다가 임인(壬寅)운에 숨졌다.

時	日	月	年		25	15	
乙	己	乙	甲		戊	丁	男
丑	丑	亥	申		寅	丑	命

본명은 기해(己亥) 일주(日主)인데 을목(乙木)을 가장 두려워한다. 동토(冬土)가 허박(虛薄)하고 관살(官殺)이 혼잡되고 축토(丑土)가 허습하여 종(從)하지 못하니 격이 치우쳤다. 대운(大運)과 년주(年柱)가 반음(返吟)이 되고, 갑인(甲寅)년이 신(身)을 극(剋)한다. 이 사람은 31세인 갑인(甲寅)년에 공금을 횡령하고 강에 빠져 자살하였다.

時	日	月	年		26	16	
壬	乙	乙	甲		戊	丁	男
午	亥	亥	辰		寅	丑	命

본명은 일주(日主) 을목(乙木)이 수(水)가 왕하여 뜨니 화토(火土)가 길하다. 그러나 1개 있는 화(火)인 오(午)는 위에는 임수(壬水)가 있고 옆에는 해수(亥水)가 있으니 용신(用神)이 힘이 없다. 기사(己巳)년과 월일(月日)이 쌍충(雙沖)하고, 반음(返吟)을 이루고, 대운(大運)과 형(刑)하여 매우 흉하다. 26세인 기사(己巳)년에 교통사고로 숨졌다.

時	日	月	年		19	9	
甲	庚	辛	甲		癸	壬	男
申	午	未	午		酉	申	命

본명은 경금(庚金)이 소서(小暑) 5일 후에 태어나 정화(丁火)가 용사(用事)한다. 오미(午未)가 합(合)하여 화(火)가 되고, 천간(天干)에 2갑(甲)이 투출(透出)하여 경금(庚金)이 쇠약하니 금(金)이 용신(用神)이다. 계유(癸酉)대운의 계수(癸水)는 이롭지 않고, 유금(酉金) 양인(羊刃)은 2오(午)에게 해를 입고, 을묘(乙卯)년에 금목(金木)이 충(沖)되자 22세인 을묘(乙卯)년에 물에 빠져 죽었다.

時	日	月	年		21	11	
辛	丁	甲	癸		辛	壬	男
丑	亥	寅	巳		亥	子	命

본명은 정인(正印)이 병령(秉令)하여 월간(月干)에 투출(透出)했

으니 정인격(正印格)이다. 재살(財殺)이 투출(透出)하고, 해축(亥丑)이 자(子)를 당기니 인수(印綬)로 화살(化殺)한다. 대운(大運)의 2해(亥)가 사(巳)를 충(沖)하고, 신(辛)은 갑목(甲木) 인수(印綬)를 극(剋)하고, 기미(己未)년은 갑목(甲木) 인수(印綬)를 합(合)하고, 정화(丁火)가 태지(胎地)에 드니 흉하다. 27세인 기미(己未)년에 물에 빠져 죽었다.

時	日	月	年		31	21	
辛	丁	丁	癸		甲	乙	男
亥	亥	巳	巳		寅	卯	命

본명은 2해(亥)와 2사(巳)가 쌍충(雙沖)하고 계(癸)가 정(丁)을 극(剋)하니 수화(水火)가 대결하는 형상이 되어 매우 흉하다. 계해(癸亥)년에 일주(日主)와 반음(返吟)이 되어 더 흉해져 31세에 숨졌다.

時	日	月	年		29	19	
庚	己	丙	癸		癸	甲	男
午	未	辰	未		丑	寅	命

본명은 토(土)가 매우 왕하여 사주가 메말랐는데 금수(金水)의 뿌리가 없다. 대운(大運)은 일주(日主)와 반음(返吟)이 되고, 무오(戊午)년은 오미합(午未合)하여 화(火)로 변하니 더 흉하다. 습토(濕土)나 금(金)은 기뻐하나 수(水)는 흉한데 36세인 무오(戊午)년에

뒤로 넘어져 죽었다.

時	日	月	年		29	19	
辛	甲	丁	甲		庚	己	男
未	午	丑	子		辰	卯	命

본명은 한목(寒木)이 태양을 향하는데 오미합(午未合)하여 화(火)가 되고, 정화(丁火)가 투출(透出)했으니 조후(調候)에는 문제가 없다. 정관격(正官格)이나 정화(丁火)가 투출(透出)하여 격이 깨졌다. 재성(財星)과 정인(正印)은 기뻐하나 살(殺)은 꺼린다. 대운(大運)의 칠살(七殺)은 흉하고, 병신(丙申)년은 관성(官星)을 합(合)하니 역시 흉하고, 신자진(申子辰)이 수국(水局)을 이루어 오(午)를 충(沖)하는 것도 흉하다. 33세인 병신(丙申)년에 자살하였다.

17. 장수하는 명

— 사주가 곡직격(曲直格)이나 가색격(稼穡格)을 이루면 장수한다.
— 신강(身强)하고 식신(食神)이 용신(用神)인데 편인(偏印)이 극(剋)하지 않으면 장수한다.
— 신강(身强)하고 편재(偏財)가 용신(用神)이거나, 일지(日支)의 편재(偏財)가 용신(用神)인데 겁재(劫財)에게 극(剋)되지 않으면 장수한다.

- 신약(身弱)하고 정인(正印)이 용신(用神)인데 정재(正財)에게 극(剋)되지 않으면 장수한다.
- 신약(身弱)한데 인수(印綬)가 중하면 장수한다.
- 상관(傷官)이 인수(印綬)를 만나면 장수한다.
- 정인(正印)이 신(身)을 생(生)하면 장수한다.
- 신금(辛金)이 왕상하거나 정화(丁火)가 묘목(卯木)을 만나면 장수한다.
- 천간(天干)이 생왕(生旺)한데 손상되지 않으면 장수한다. 그러나 인수(印綬)가 지나치게 왕하거나 재성(財星)이 파해도 안 되고, 일지(日支)가 희신(喜神)이어야 한다.
- 정(丁)이 4개 있거나 신(辛)이 4개 있으면 장수한다.
- 시지(時支)의 장생(長生)이 용신(用神)인데 충파(沖破)되지 않으면 장수한다.
- 시주(時柱)와 월주(月柱)가 모두 장생(長生)·건록(建祿)·제왕(帝旺)을 얻으면 장수한다.
- 사주가 중화되거나 생왕(生旺)이 많고 살(殺)을 범하지 않으면 병이 적고 장수한다.
- 년주(年柱)의 납음오행(納音五行)이 월주(月柱)의 납음오행(納音五行)을 극(剋)하면 장수한다.
- 신왕(身旺)하며 오행(五行)이 균형을 이루면 장수한다.
- 신왕(身旺)하고 관살(官殺)이 약한데 재성(財星)이 있거나, 신왕(身旺)하고 재성(財星)이 약한데 식상(食傷)이 있거나, 신왕(身旺)하고 식상(食傷)이 있어 흐름이 좋으면 장수한다.

— 대운(大運)이 용신(用神)이나 희신(喜神)과 상극(相剋)되지 않
   으면 장수한다.
— 사주에 충극(沖剋)이 없으면 장수한다.

時	日	月	年		83	73	
辛	庚	庚	辛		辛	壬	男
巳	午	午	卯		卯	辰	命

  본명은 금한수냉(金寒水冷)하며 금수(金水)가 상관(傷官)이니 관
살(官殺)을 기뻐한다. 천간(天干)에 2경(庚)과 2신(辛)이 있어 일주
(日主)가 약하지 않으니 화(火)가 용신(用神)이다. 사오합(巳午合)
과 자묘형(子卯刑)이 자오충(子午沖)을 풀리게 하므로 시지(時支)
의 칠살(七殺)이 용신(用神)이다. 신유(辛酉)년은 기신(忌神)이 되
어 91세인 신유(辛酉)년에 숨진 것이다. 이 사주의 묘리는 관인상
생(官印相生)에 있다.

時	日	月	年		85	75	
丙	乙	丙	乙		丁	戊	男
戌	未	戌	巳		丑	寅	命

  본명은 을목(乙木)이 토왕절(土旺節)인 가을에 태어났는데 화토
(火土)가 많으니 매우 중하다. 쌍술(雙戌)이 을목(乙木)의 뿌리인
미(未)를 형(刑)하고, 병화(丙火)가 투출(透出)한 을(乙)을 변화시

키니 종재격(從財格)이 되었다. 병화(丙火) 상관(傷官)인 수성(壽
星)을 기뻐하는데 시주(時柱)에 투출(透出)하였고, 대운(大運) 인
술(寅戌)로 공화(拱火)하여 90세 넘게 장수하였다.

時	日	月	年		86	76	
丁	戊	壬	甲		辛	庚	男
巳	子	申	寅		巳	辰	命

본명은 신자진(申子辰)이 수국(水局)을 이루었는데 임(壬)이 투출
(透出)하여 재성(財星)이 왕하니 신약(身弱) 사주가 되어 귀록인
(歸祿印)인 사화(巳火)가 용신(用神)이다. 신약(身弱)한데 정인(正
印)이 용신(用神)이며 시주(時柱)에 있으니 장수한다. 정화(丁火)
가 대운(大運) 신(辛)을 극(剋)하고, 사(巳)는 녹(祿)이 되어 90세
넘게 장수하였다.

時	日	月	年	
壬	丁	甲	庚	男
寅	巳	申	子	命

본명은 신자(申子)가 합(合)하여 수(水)가 되고 임경(壬庚)이 투
출(透出)했으니 일주(日主)가 약한데 관성(官星)이 강하다. 따라서
인수(印綬)가 용신(用神)인데 시지(時支)에 정인(正印)이 있으니
장수하였다. 기신운(忌神運)인 경자(庚子)년에 121세로 입적한 고

승의 사주이다.

```
時 日 月 年
辛 壬 庚 丁      女
亥 戌 戌 卯      命
```

본명은 지지(地支)에 2술(戌)과 1묘(卯)가 있고, 일주(日主)가 뿌리가 없고, 칠살(七殺)이 중하니 신금(辛金) 인수(印綬)가 용신(用神)이다. 정임합(丁壬合)으로 정(丁)이 신(辛)을 극(剋)하는 것을 면한다. 시지(時支)의 녹(祿)은 희신(喜神)이고, 년주(年柱)의 납음(納音) 화(火)가 월주(月柱)의 납음(納音) 금(金)을 극(剋)하여 신약(身弱)하다. 정인(正印)이 용신(用神)이고 지지(地支)에 형충(刑沖)이 없으니 가난했으나 90세 넘게 장수하였다. 여명은 술해천라(戌亥天羅)를 두려워하지 않는다.

```
時 日 月 年
癸 戊 乙 庚      男
丑 午 酉 午      命
```

본명은 상관(傷官)이 병령(秉令)하고, 식신(食神)이 투출(透出)하고, 지지(地支)에 양인(羊刃)이 2개 있으니 일주(日主)가 약한 가운데 왕하게 되고 식신생재(食神生財)를 용(用)한다. 묘한 것은 시지(時支)의 습토(濕土)가 오화(午火) 양인(羊刃)을 어둡게 하고,

식신(食神)이 시지(時支)에 입고(入庫)되어 90세까지 장수하였다.

時 日 月 年

己 丁 甲 丁　　男

酉 丑 辰 巳　　命

본명은 계월(季月)의 토(土)가 중한데 축유(丑酉)가 합(合)하여 신약(身弱)하므로 갑목(甲木) 인수(印綬)가 용신(用神)이다. 봄철이니 갑목(甲木)에 여기(餘氣)가 있고, 정인(正印)이 용신(用神)이고, 지지(地支)에 형충(刑沖)이 없고, 시지(時支)에 장생(長生)이 있으니 105세까지 장수하였다.

時 日 月 年

戊 癸 己 庚　　男

午 丑 卯 寅　　命

본명은 식신(食神)이 병령(秉令)하고, 관살(官殺)이 함께 투출(透出)하여 신약(身弱)하니 축(丑) 중의 신금(辛金)이 용신(用神)이다. 신약(身弱)한데 편인(偏印)이 일지(日支)에 있고 충극(沖剋)되지 않아 90세까지 장수하였다.

```
時 日 月 年
乙 甲 丁 壬        男
亥 寅 未 辰        命
```

　본명은 일주(日主) 갑목(甲木)이 녹(祿)에 앉았고, 지지(地支)의
인해미진(寅亥未辰)에 모두 뿌리가 있고, 임을(壬乙)이 투출(透出)
하여 신강(身强)하니 정화(丁火) 상관(傷官)이 용신(用神)이다. 지
지(地支)에 형충(刑沖)이 없고, 시지(時支)에 장생(長生)이 임하고,
상관(傷官) 수성(壽星)이 용신(用神)이고, 인(寅) 중의 병화(丙火)
식신(食神)이 용신(用神)이니 96세인데도 건재하다.

```
時 日 月 年      81 71
丙 甲 辛 丙      庚 己        男
寅 申 丑 午      戌 酉        命
```

　본명은 한목(寒木)이 태양을 향하는데 관(官)이 중하다. 그러나
병화(丙火)가 2개 있고, 인오화(寅午火) 역시 왕한데 인신충(寅申
沖)이 되어 갑목(甲木)의 뿌리가 전혀 없으니 가종세격(假從勢格)
이 되었다. 대운(大運)이 좋고, 식신(食神) 수성(壽星)이 희신(喜
神)이고, 사주에 녹(祿)이 있으니 88세인데도 건재하다.

제Ⅲ편.
사주팔자의 예측

1장. 복음(伏吟)과 반음(返吟)

복음(伏吟)은 사주의 간지(干支)가 완전히 같은 것을 말하고, 반음(返吟)은 간지(干支)가 천충지충(天沖地沖)되거나 천극지충(天剋地沖)된 것을 말한다. 모두 재앙의 징조로 유년(流年)에서 범하면 재화를 면하기 어렵다. 『삼명통회(三命通會)』에 이르기를 "복음(伏吟)과 반음(返吟)은 육친에게 불리하며 횡액이나 파재를 당하는 등 경사스런 조짐이 전혀 없다"고 하였다. 예를 들어 복음(伏吟)은 갑자(甲子)가 갑자(甲子)를 만나거나 경오(庚午)가 경오(庚午)를 만나는 것이고, 반음(返吟)은 갑자(甲子)가 경오(庚午)를 만나거나 경오(庚午)가 갑자(甲子)를 만나는 것이다.

「삼명지미부(三命指迷賦)」에서 당침지(唐沈芝)는 "복음(伏吟)과 반음(返吟)은 매우 집요한데 아내를 극(剋)하고 자녀를 해하며 자신은 떠돌아다닌다. 집과 재물은 비고, 남을 무시하며 말을 함부로 하고 윗어른을 거스른다"고 하였고, 『신봉통고(神峯通考)』·『명리정종(命理正宗)』·『성평회해(星平會海)』에서는 "복음(伏吟)과 반음(返吟)은 흉신(凶神)이라고 하였고, 『명리정종(命理正宗)』에서는 "복음(伏吟)과 반음(返吟)은 눈물이 떨어지며 자기가 상하지 않으면 타인을 손상시킨다"고 하였고, 『성평회해(星平會海)』에서는 "한운(限運)에 이를 만났는데 복이 있으면 다른 사람을 손상시키고 복이 없으면 자신이 손상된다"고 하였다.

이들의 이론은 비슷하다. 원명의 년지(年支)와 유년(流年)의 년지(年支)가 같거나 충되는데 중점을 둔 것이다. 복음(伏吟)과 반음(返吟)은 유년(流年)이 원명의 어떤 한 주(柱)에 대하여 발생할 수 있다. 원명의 일주(日柱)로 말하면 육십갑자(六十甲子) 중 복음(伏吟)은 1번 나타나고, 반음(返吟)은 2번 나타나는데 모두 7년의 차이가 있다. 예를 들어 일주(日柱)가 병자(丙子)인데 경오(庚午)년을 만나면 반음(返吟)이 되고, 병자(丙子)년을 만나면 복음(伏吟)이 된다. 또 임오(壬午)년을 만나면 반음(返吟)이 되어 서로 7년의 차이가 난다. 2개의 반음(返吟) 사이는 13년의 차이가 난다.

반음(返吟)이 2번 있으면 2가지의 정황이 생기는데 천충지충(天沖地沖)과 천극지충(天剋地沖)이다. 후자에 비해 전자가 더 흉하다. 예를 들어 앞에서 예를 든 병자(丙子)의 반음(返吟)은 경오(庚午)와 천극지충(天剋地沖)되고, 임오(壬午)와는 천충지충(天沖地沖)된다. 둘의 구분은 천간(天干)의 관계에 있다.

십천간(十天干)은 극(剋)의 관계가 있다. 즉 갑(甲)은 무(戊)를 극(剋)하고, 을(乙)은 기(己)를 극(剋)하고, 병(丙)은 경(庚)을 극(剋)하고, 정(丁)은 신(辛)을 극(剋)하고, 무(戊)는 임(壬)을 극(剋)하고, 기(己)는 계(癸)를 극(剋)하고, 경(庚)은 갑(甲)을 극(剋)하고, 신(辛)은 을(乙)을 극(剋)하고, 임(壬)은 병(丙)을 극(剋)하고, 계(癸)는 정(丁)을 극(剋)하니 모두 10가지이다.

충(沖)에는 4가지가 있는데 갑경충(甲庚沖)·을신충(乙辛沖)·병임충(丙壬沖)·정계충(丁癸沖)이다. 하도(河圖)에 근원하여 동서 금목(金木)이 상충(相沖)하고, 남북 수화(水火)가 상충(相沖)하고, 무기토(戊己土)는 중앙에 거하니 충(沖)하지 않는다. 이로써 무기(戊己) 일주(日主)는 2번 반음(返吟)이 생기지만 모두 천극지충(天剋地沖)이 된다. 다른 일주(日主)들은 천충지충(天沖地沖)과 천극지충(天剋地沖)이 각각 1번씩 생긴다.

복음(伏吟)은 또 진태세(眞太歲), 전지살(轉趾殺), 환력(還曆), 일년상병(日年相倂), 군신경회(君臣慶會), 압복(壓伏)으로 구분하기도 한다. 진태세(眞太歲)는 유년(流年)의 태세(太歲)와 일주(日主)가 같은 것을 말한다.

전지살(轉趾殺)은 일시(日時)와 유년(流年)의 간지(干支)가 같거나 년주(年柱)와 유년(流年)의 간지(干支)가 같은 것을 말한다. 옛 글에 이르기를 "전지살(轉趾殺)이 가벼우면 멀리 이사하거나 자리 이동이 있고, 무거우면 집이 헐리거나 파재한다"고 하였다.

환력(還曆)은 유년(流年)의 태세(太歲)와 년주(年柱)가 같은 것을 말하는데 모든 사람이 61세 때 발생한다. 육십갑자(六十甲子) 역법으로 돌고 다시 시작하는 해이다. 일년상병(日年相倂)은 유년(流年)의 간지(干支)와 일주(日柱)의 간지(干支)가 같은 것을 말한다.

군신경회(君臣慶會)는 유년(流年)과 일주(日柱)가 같은 것을 말한다. 만일 군자가 이를 얻으면 그 해에 임금이나 국가원수를 만나고, 지방의 선비가 얻으면 천거되어 벼슬길에 오르고, 평상인이 얻으면 좋지 않다. 그리고 압복(壓伏)은 간지(干支)가 서로 같으며 년운(年運)이 일(日)을 억누르는 것이다.

반음(返吟)도 정태세(征太歲), 일정태세(日征太歲), 극충(剋衝)으로 구분한다. 정태세(征太歲)는 일주(日柱)의 간지(干支)가 태세(太歲)를 충극(沖剋)하는 것을 말한다. 태세(太歲)는 한 해를 주재하며 모든 신의 우두머리인데 충(沖)되면 반드시 그 해에 재화가 따른다. 일정태세(日征太歲)는 일주(日柱)와 유년(流年)의 간지(干支)가 천극지충(天剋地沖)되는 것을 말하고, 극충(剋衝)은 년운(年運)과 일주(日柱)가 천극지충(天剋地沖)되는 것을 말한다.

時 日 月 年
癸 丁 甲 甲　　　男
卯 巳 戌 子　　　命

본명은 중화민국 초에 대총통을 지낸 여원홍의 사주이다. 중화민국 6년에 정사(丁巳)년과 일주(日柱)가 복음(伏吟)이 되어 하야하였다.

時 日 月 年
癸 癸 辛 乙　　　女
亥 巳 巳 未　　　命

본명은 노점상을 하며 열심히 사는 사람인데 35세 기사(己巳)년에 시주(時柱)와 반음(返吟)이 되어 교통사고를 당하였다. 시주(時柱)는 발에 해당하므로 종아리를 다쳐 집에서 반 년이나 쉬었다.

```
時 日 月 年
辛 乙 甲 戊      女
巳 丑 戌 戌      命
```

본명은 신미(辛未)년에 일주(日柱)와 반음(返吟)이 되어 관재를 범하였다.

1. 유년(流年)과 사주의 복음(伏吟)·반음(返吟)

1) 복음(伏吟)은 일주(日柱)와 시주(時柱)가 중하고, 년주(年柱)와 월주(月柱)는 비교적 가벼운 편이다.

유년(流年)과 년주(年柱)가 복음(伏吟)이 되는 것을 전지살(轉趾殺) 또는 환력(還曆)이라 한다. 누구나 61세가 되면 해당하는데 그 해에 원행은 좋지 않다.

— 유년(流年)과 월주(月柱)가 복음(伏吟)이 되면 부모형제에게 불리하고 건강을 신경써야 하며 마음의 변화가 크다.

— 유년(流年)과 일주(日柱)가 복음(伏吟)이 되면 전지살(轉趾殺) 또는 일년상병(日年相倂)이라고 하는데 그 해에 배우자에게 재

액이 있거나 본인이 중년에 재액이 있어 파재를 면하기 어렵다.

— 유년(流年)과 시주(時柱)가 복음(伏吟)이 되면 그 해에 자녀에게 재액이 있거나 본인이 만년에 재액을 당하니 사업과 재물을 조심해야 한다.

2) 반음(返吟)은 복음(伏吟)보다 재액이 중하다.

일주(日柱)와 시주(時柱)의 반음(返吟)이 중하고, 년주(年柱)와 월주(月柱)의 반음(返吟)은 비교적 가벼운 편이다.

— 유년(流年)과 년주(年柱)가 반음(返吟)이 되면 그 해에 골육이 이롭지 않다. 원행을 삼가하고 어릴 때는 액난을 조심해야 한다.

— 유년(流年)과 월주(月柱)가 반음(返吟)이 되면 년운(年運)이 제강(提綱)을 충(沖)하니 반드시 화가 따르고, 육친이나 재물이 손상되고, 본인이 청년기에 재액을 당한다.

— 유년(流年)과 일주(日主)가 반음(返吟)이 되면 배우자를 극(剋)하거나 본인이 중년에 재액을 당하니 신체·가정·재물 등을 조심해야 한다.

— 유년(流年)과 시주(時柱)가 반음(返吟)이 되면 자녀를 극(剋)하거나 본인이 만년에 재액이 따르니 사업이나 재물은 두 배로 조심해야 한다.

— 유년(流年)과 사주가 반음(返吟)이 되어 재화가 발생하는 경우 어떤 육신(六神)이 충격을 받는지 그 상서로운 일과 나쁜 일을 판단할 수 있을 것이다.

3) 운한(運限)과 해구(解救)

복음(伏吟)과 반음(返吟)은 한 사람이 육십갑자(六十甲子) 중 12번 나타나는데 운한(運限)과 해구(解救)의 방법이 있다.

운한(運限)은 년주(年柱)는 초년기 또는 1~18세까지를 나타내고, 월주(月柱)는 청년기 또는 19~36세까지를 나타내고, 일주(日柱)는 중년기 또는 37~54세까지를 나타내고, 시주(時柱)는 노년기 또는 55세 이후를 나타낸다.

그러나 복음(伏吟)과 반음(返吟)의 발생은 운한(運限)과의 배합이 중요하다. 예를 들어 초년기에 시주(時柱)가 복음(伏吟)이나 반음(返吟)이 되거나 노년기에 월주(月柱)가 복음(伏吟)이나 반음(返吟)이 되면 운한(運限)과 맞지 않아 재화가 없다.

해구(解救)는 복음(伏吟)과 반음(返吟)에서 구하는 것을 말하는데 합(合)으로 충(沖)을 풀거나 정인(正印)으로 식신(食神)을 제어하는 것이다. 이외에 희신(喜神)·용신(用神)·천을귀인(天乙貴人)·천월덕(天月德) 등 역시 복음(伏吟)이나 반음(返吟)이 발생하는 간지(干支)가 다른 간지(干支)와 오합(五合)이나 육합(六合)이 발생하면 중첩된 압력이나 충격 또는 충극(沖剋)을 경감시킬 수 있다. 이것을 합가해충(合可解沖)이라고 한다. 자세한 내용은 『자평진전(子平眞詮)』의 「화합형충해법」에 나와 있다.

이외에 대운(大運) 간지(干支)의 회합(會合)도 해구(解救)할 수 있다. 정인(正印)이나 식신(食神)에 이르면 일주(日主)의 보호신인데 만일 칠살(七殺)이 대항하면 인수(印綬)로 화살(化殺)하여 식신(食神)으로 제살(制殺)하면 해구(解救)의 공을 이룬다.

```
時 日 月 年
丙 乙 戊 癸    男
子 丑 午 酉    命
```

본명은 58세의 신미(辛未)년과 일주(日柱)가 상충(相沖)하여 액이
있으나 병신합(丙辛合) 자축합(子丑合)이 되어 재액을 피하였다.

```
時 日 月 年
癸 甲 丙 己    男
酉 戌 寅 亥    命
```

본명은 천간(天干)에서 정인(正印)과 식신(食神)이 서로 보호하니
평생 관살(官殺)이 해를 가하지 않았다.

2 대운(大運)·세운(歲運)과 사주의 복음(伏吟)·반음(返吟)

1) 세운병림(歲運併臨)이나 세운충극(歲運沖剋)이 있으면 반드시 어려움이 따른다.

세운병림(歲運併臨)이란 대운(大運)과 유년(流年)의 간지(干支)가
같아 복음(伏吟)이 되는 것을 말하는데 세운중견(歲運重見) 또는
세운상병(歲運相併)이라고도 한다. 예를 들면 갑자(甲子)년이 갑자
(甲子)대운을 만나는 것이다. 옛글에 이르기를 "세운병림(歲運併
臨)이면 재앙이 당장 이른다"고 하였다.

세운충극(歲運沖剋)이란 대운(大運)과 유년(流年)의 간지(干支)가 모두 충극(沖剋)되는 해를 말하며, 세운전극(歲運戰剋)이라고도 한다. 예를 들어 갑자(甲子)년이 경오(庚午)대운을 만나는 것이다. 세운(歲運)이 서로 싸우면 불안하니 길한 조짐이 없다. 세운병림(歲運倂臨)이나 세운충극(歲運沖剋)이 있으면 매우 왕강하거나 고벽한 상으로 반드시 어려움이 따르는데 대개 신체와 사업이 흉하다.

時 日 月 年
丙 庚 壬 壬　　男
子 子 子 戌　　命

본명은 중화민국 초기에 뇌물을 써서 원수에 당선된 조곤의 사주이다. 중화민국 13년에 갑자(甲子)년과 무오(戊午)대운에 세운(歲運)이 충극(沖剋)되고, 3자(子)가 1오(午)를 충(沖)하자 그 해에 감옥에 들어가 정치생명이 끝났다.

時 日 月 年
丁 庚 己 乙　　男
丑 辰 卯 亥　　命

본명은 중화민국 초에 관외의 왕으로 불린 장작림의 사주이다. 54세 무진(戊辰)년과 갑술(甲戌)대운이 싸우고, 2진(辰)이 술(戌)을 충(沖)하고, 축술형(丑戌刑)이 되자 황고둔의 변을 만나 숨겼다.

日柱	大運	流年	
丙子	丙子	丙子	歲運併臨 · 日柱流年伏吟
丙子	壬午	丙子	歲運沖剋 · 日柱流年伏吟
丙子	丙子	壬午	歲運沖剋 · 日柱流年返吟
丙子	壬午	壬午	歲運併臨 · 日柱流年返吟
丙子	庚午	丙子	歲運沖剋 · 日柱流年伏吟
丙子	丙子	庚午	歲運沖剋 · 日柱流年返吟
丙子	庚午	庚午	歲運併臨 · 日柱流年返吟

2) 세운병림(歲運併臨)이나 세운충극(歲運沖剋)이 있는데 원명에 다시 복음(伏吟)이나 반음(返吟)이 있으면 큰 재화가 따른다.

유년(流年)과 사주가 복음(伏吟)이나 반음(返吟)이 되는 것을 작은 재난이라고 한다면 명(命)·운(運)·세(歲)가 복음(伏吟)이나 반음(返吟)이 되면 삼연환(三連環)이니 큰 난이라고 할 수 있다. 예를 들어 일주(日柱)가 병자(丙子)라면 세운(歲運)과 복음(伏吟)이나 반음(返吟)이 발생하는 조합이 7가지이다. 그러나 육십갑자(六十甲子) 중 한 번도 부딪치지 않는 경우도 있다.

3) 『삼명통회(三命通會)』에 세운(歲運)과 본명의 배합에서 생기는 각종 액난을 설명한 것이 있는데 다음과 같다.

정관(正官)이 살(殺)이나 상관(傷官)을 만나 형충파해(刑沖破害)되었는데 세운(歲運)과 상병(相倂)하면 반드시 죽고, 정재(正財)나 편재(偏財)가 비견(比肩)을 만나 분탈되었는데 양인(羊刃)과 겁재

(劫財)를 만나고 세운(歲運)과 충합(沖合)되면 반드시 죽고, 상관격(傷官格)이 재왕신약(財旺身弱)하고 관살(官殺)이 혼잡한데 양인(羊刃)을 충(沖)하고 세운(歲運)에 또 만나면 반드시 죽고, 제(制)되어 상잔한데 공록(拱祿)과 공귀(拱貴)가 전실(塡實)하고 관살(官殺) 겁살(劫殺)을 만나 양인(羊刃)을 충(沖)하고 세운(歲運)에 중견하면 즉사한다.

사람이 살이 떨리게 놀라는 것은 세운병림(歲運倂臨), 세운충극(歲運沖剋)과 본명 간에 가장 두려운 것은 용신(用神)이 충극(沖剋)되는 것이다. 세운병림(歲運倂臨)은 재앙이 즉시 이르는데 양인(羊刃)이나 칠살(七殺)이 기신(忌神)이며 세운(歲運)이 왕하거나 충극(沖剋)하면 어찌 해롭지 않겠는가.

해구(解救)의 법은 앞과 같다. 합(合)하면 충(沖)을 풀리게 할 수 있으니 합가해충(合可解沖) · 정인(正印) · 식신(食神) 등이 유효하다. 그러나 명(命) · 운(運) · 세(歲)는 복잡한 관계이므로 간단하게 풀기 어렵다. 이러한 큰 재난은 마음을 수양하며 선을 행해야 한다.

時	日	月	年	
丁	丙	丙	己	男
酉	寅	子	卯	命

본명은 중화민국의 개국지사이며 광동의 도독과 입법원 원장 등을 역임한 호한민의 사주이다. 58세 때 병자(丙子)년과 경오(庚午) 대운이 충극(沖剋)되고, 월주(月柱)와 유년(流年)이 복음(伏吟)이

되고, 월주(月柱)와 대운(大運)이 반음(返吟)이 되어 삼연환(三連環)이 형성되어 사망하였다.

```
時 日 月 年
戊 癸 壬 甲    女
午 未 申 辰    命
```

본명은 75세 때 갑자(甲子)대운과 무오(戊午)년이 충극(沖剋)되고, 시주(時柱)와 유년(流年)이 복음(伏吟)이 되고, 시주(時柱)와 대운(大運)이 반음(返吟)이 되어 삼연환(三連環)이 형성되자 병이 중하여 세상을 떠났다.

3. 자행복음(自行伏吟)과 자행반음(自行返吟)

1) 자행복음(自行伏吟)

자행복음(自行伏吟)은 사주에 복음(伏吟)이 스스로 행하는 것을 말한다. 이웃한 2주(柱)에 드는 것이 비교적 중한데 오행(五行) 중에서 1~2개가 비교적 왕하면 편고한 팔자가 되기 쉽다.

— 년주(年柱)와 월주(月柱)가 자행복음(自行伏吟)이 되면 조상을 형극(刑剋)하고 일찍 조상의 업을 파하며 남명은 승문에 든다.
— 년주(年柱)와 일주(日柱)가 자행복음(自行伏吟)이 되면 배우자를 극(剋)하는데 동갑내기와 혼인하거나 혼인하는 해의 납음오행(納

音五行)이 같으면 면할 수 있다. 특히 여명에게 더 흉하다. 예를 들어 갑오(甲午)년생이 갑오(甲午)일을 만나는 것이다. 이런 사주는 금신대갑(金神帶甲)하는데 열의 아홉은 남편을 극(剋)한다.

— 년주(年柱)와 시주(時柱)가 자행복음(自行伏吟)이 되면 출생시에 나타나면 할아버지 대나 어릴 때 조상을 극(剋)하지 않고 노년에 자녀를 극(剋)한다.

— 월주(月柱)와 일주(日柱)가 자행복음(自行伏吟)이 되면 육친을 형극(刑剋)하고 혼인이 편안하지 않다. 정서가 격동적이며 마음이 늘 불안하고 가정생활에 파란곡절이 많다.

— 월주(月柱)와 시주(時柱)가 자행복음(自行伏吟)이 되면 사업에 기복이 많아 순조롭지 않다.

— 일주(日柱)와 시주(時柱)가 자행복음(自行伏吟)이 되면 노년에 고단하며 자녀가 곁에 있기 어렵고 혼인연이 변하기 쉽다.

2) 자행반음(自行返吟)

자행반음(自行返吟)은 사주에 반음(返吟)이 스스로 행하는 것을 말하는데 자행복음(自行伏吟)보다 중하다. 팔자가 동요하니 안정되지 못하고 뜻밖의 재해가 생기기 쉽다. 서로 이웃한 두 주(柱)에 드는 것이 가장 강하다.

— 년주(年柱)와 월주(月柱)가 자행반음(自行返吟)이 되면 중년 이전에 한 차례 재액을 당한다. 조상을 파하고 집을 떠나거나, 한미한 집안 출생이거나, 조부와 아버지를 형극(刑剋)하거나, 조부

와 아버지를 부양하거나, 어릴 때 몸이 약하여 양육하기 어렵다. 이 중에서 반드시 한 가지 이상은 겪는다.

— 년주(年柱)와 일주(日柱)가 자행반음(自行返吟)이 되면 윗사람과 충돌하기 쉽고, 부부간에 이별하기 쉽고, 자녀를 극(剋)하고, 부귀가 있어도 오래 가지 못한다.

— 년주(年柱)와 시주(時柱)가 자행반음(自行返吟)이 되면 노년에 재액이 많고, 자녀와 소원하고, 하는 일이 시작은 있으나 결과가 없다. 여기다 시지(時支)가 형충(刑沖)되면 혼인 전에 자녀를 낳고 혼인 후에는 오히려 낳기 어렵다.

— 월주(月柱)와 일주(日柱)가 자행반음(自行返吟)이 되면 중년에 고생하거나 한 차례 재액을 겪고, 육친연이 박하고, 부모와 배우자가 맞지 않고, 부부궁이 편안하지 않다.

— 월주(月柱)와 시주(時柱)가 자행반음(自行返吟)이 되면 육친간에 화목하지 않고, 사업이 순조롭지 못하여 여러 번 일어났다가 여러 번 넘어진다.

— 일주(日柱)와 시주(時柱)가 자행반음(自行返吟)이 되면 중년 이후에 한 차례 재액을 당하고, 노년에는 고생이 누적되어 병에 걸리고, 자녀와 인연이 없어 멀리 떨어져 산다.

3) 자행복음(自行伏吟)과 자행반음(自行返吟)을 판단할 때 주의사항

— 자행복음(自行伏吟)과 자행반음(自行返吟)은 육신(六神)의 관계를 함께 보면서 육친·신체·질병·사정 등의 휴구(休咎)를 판단한다.

― 자행복음(自行伏吟)이 있으면 오래된 암질이 있고, 기신(忌神) 세운(歲運)을 만나면 더 심하게 작용한다.

― 자행복음(自行伏吟)이 있으면 편고하며 폐색되고, 다시 공망(空亡)을 만나면 고과(孤寡) 형극(刑剋)하니 항상 공문에 든다.

― 자행반음(自行返吟)은 본인에게 재난이 많고, 자행복음(自行伏吟)은 본인과 육친 모두에게 따른다.

― 자행복음(自行伏吟)이나 자행반음(自行返吟)이 있으면 재화가 엄중하며 평생 안녕하기 어렵다. 그러나 합가해충(合可解沖)·인수(印綬)·식신(食神) 등이 있으면 작용하기 어렵다.

― 년주(年柱)와 월일시주(月日時柱)에 자행복음(自行伏吟)이 있으면 부모와 조상을 형극(刑剋)하니 어릴 때 부모를 중배(重拜)하거나 지나치게 부양한다.

― 동심격(同心格)이나 쌍청격(雙淸格) 등의 특별한 격은 자행복음(自行伏吟)이나 자행반음(自行返吟)으로 논하지 않는다.

― 자행복음(自行伏吟)이나 자행반음(自行返吟)이 있으면 대운(大運)과 유년(流年)의 운한(運限) 배합을 잘 살펴야 한다. 「조미부(造微賦)」에 이르기를 "천충지격(天衝地擊)이 되면 반드시 요절한다"고 하였다.

時	日	月	年	
癸	丁	乙	丁	女
卯	酉	巳	酉	命

본명은 년주(年柱)와 일주(日柱)가 복음(伏吟)이 되고, 일주(日主)와 시주(時柱)가 반음(返吟)이 되니 형부극자(刑夫剋子)하며 평생 재화가 많다. 7세 계묘(癸卯)년이 년주(年柱)와 일주(日柱)를 동시에 충(沖)하자 아버지의 운전기사에게 강간을 당하였다. 55세 신묘(辛卯)년에는 몸을 돌보는 것이 좋다.

時 日 月 年
戊 壬 庚 乙　　　男
申 寅 辰 酉　　　命

본명은 중화민국 초기에 군벌이었던 손전방의 사주이다. 일주(日柱)와 시주(時柱)가 자행반음(自行返吟)이 되니 만년에 위험할 징조가 보인다. 44세 때 병자(丙子)대운과 무진(戊辰)년이 신자진합(申子辰合)하여 기신(忌神)인 수(水)가 되어 암살되었다.

時 日 月 年
壬 癸 丁 甲　　　男
子 酉 卯 午　　　命

본명은 월주(月柱)와 일주(日柱)가 반음(返吟)이 되어 중년에 재액이 반복해서 나타난다. 34세 정묘(丁卯)년에는 월주(月柱)와 복음(伏吟)이 되고, 일주(日柱)와 반음(返吟)이 되고, 40세 계유(癸酉)년에는 월주(月柱)와 반음(返吟)이 되고, 일주(日柱)와 복음(伏

吟)이 되니 모두 큰 난이 따랐다.

```
時 日 月 年
癸 甲 甲 己      男
酉 戌 戌 丑      命
```

본명은 월주(月柱)와 일주(日柱)가 복음(伏吟)이 되어 암질에 걸렸고, 40세 무진(戊辰)년에는 월주(月柱)와 일주(日柱)가 천극지충(天剋地沖)과 반음(返吟)이 되어 이혼하였다.

```
時 日 月 年
庚 丁 庚 辛      女
子 酉 子 卯      命
```

본명은 년주(年柱)와 일주(日柱)가 반음(返吟)이 되고, 월주(月柱)와 시주(時柱)가 복음(伏吟)이 되니 매우 흉하다. 계묘(癸卯)대운에 일주(日柱)와 반음(返吟)이 되고, 25세 을묘(乙卯)년에는 3묘(卯)와 1유(酉)가 남편궁을 충(沖)하자 남편이 죽었다. 딸을 셋 낳았는데 사주가 복음(伏吟)과 반음(返吟)이 자행(自行)하는 형상이니 집에 문제가 있는 것으로 본다. 딸들의 사주는 다음과 같다.

```
時日月年          時日月年          時日月年
戊辛戊辛 장        己己壬壬 차        戊丁丁甲 삼
戌未戌亥 녀        巳亥子子 녀        申卯卯寅 녀
```

時 日 月 年

壬 壬 丙 甲　　男

寅 申 寅 子　　命

　본명은 월주(月柱)와 일주(日柱)가 자행반음(自行返吟)이 되어 69
세 임신(壬申)년에 숨졌다. 임신(壬申)년에는 자녀들의 사주 또한
모두 복음(伏吟)과 반음(返吟)이 되어 이런 아픔을 겪은 것이다.
자녀들의 사주는 다음과 같다.

時日月年		時日月年		時日月年	
甲丙戊己	장	丁壬癸壬	차	丙己丙甲	장
午寅辰丑	남	未申卯辰	남	寅酉寅午	녀

2장. 대겁(大劫)과 소겁(小劫)

재난은 대겁(大劫)과 소겁(小劫)으로 나누는데 명확하게 구분하기는 어렵다. 그러나 여기서는 사망·심한 불구와 장애·큰 파재 등을 큰 재난인 대겁(大劫)으로 보고, 병·수술·상처·파재·강직(降職)·유산·이혼·낙제·구설·소인배의 모함 등을 작은 재난인 소겁(小劫)으로 구분한다. 대겁(大劫)과 소겁(小劫)이 발생하는 원인은 많고 복잡하나 일반적인 이유와 원인을 나누어 기술한다.

1. 대겁(大劫)

1) 명(命)·운(運)·세(歲)가 복음(伏吟)이나 반음(返吟)이 되면 대겁
   (大劫)이 따른다.

時	日	月	年	
辛	乙	壬	癸	女
巳	亥	戌	酉	命

본명은 56세 때 무진(戊辰)대운과 무진(戊辰)년과 월주(月柱)가 삼연환(三連環)을 이루자 유방암에 걸렸고, 57세 때 무진(戊辰)대운과 기사(己巳)년에 운이 월주(月柱)를 충(沖)하고, 유년(流年)과 일주(日主)가 반음(返吟)이 되자 숨졌다. 일주(日柱)와 시주(時柱)도 자행반음(自行返吟)이 되니 남편과 자녀를 이별하고 탄식한다.

```
時  日  月  年
壬  乙  己  乙      男
午  亥  卯  丑      命
```

본명은 중화민국 초기에 국무총리를 지낸 단기서의 사주이다. 72세 때 신미(辛未)대운과 년주(年柱)가 반음(返吟)이 되고, 병자(丙子)년과 시주(時柱)가 반음(返吟)이 되고, 해묘미(亥卯未)가 삼합(三合)하여 비겁(比劫) 녹왕(祿旺)을 가하니 숨졌다.

2) 세운병림(歲運倂臨)이나 세운충극(歲運沖剋)이 있으면 대겁(大劫)이 따른다.

세운병림(歲運倂臨)이나 세운충극(歲運沖剋)이 있는데 양인(羊刃) 칠살(七殺)이 기신(忌神)이 되거나, 다른 주(柱)에 복음(伏吟)이나 반음(返吟)이 있고, 다시 다른 주(柱)에 전극(戰剋)이 있으면 당장 재앙이 이른다.

```
時 日 月 年
丁 壬 壬 甲    男
未 子 申 申    命
```

본명은 일지(日支)의 자수(子水)가 양인(羊刃)인데 47세 때 경오 (庚午)년과 병자(丙子)대운이 충극(沖剋)되고, 유년(流年) 오(午) 가 양인(羊刃)을 충(沖)하여 자동차사고로 숨졌다.

```
時 日 月 年
庚 壬 乙 戊    男
子 子 卯 午    命
```

본명은 청말민초의 인물인 남해 강유위의 사주이다. 년주(年柱)와 일주(日柱)가 반음(返吟)이 되고 양인(羊刃)을 충(沖)하니 흉한 조 짐이 보인다. 71세 때 무진(戊辰)년과 임술(壬戌)대운이 충극(沖 剋)하여 수명을 마쳤다. 이 사람은 명보(命譜)에는 신해(辛亥)일 을미(乙未)시생으로 기록되어 있다.

3) 6대운(大運)이 위험하면 큰 재난이 따른다.

6대운(大運)은 생사운(生死運)이라고도 하는데 위험과 관계있으 면 대겁(大劫)이 따른다. 사주가 위험한 사람들을 보면 반드시 6대 운(大運)이 제강(提綱)과 천극지충(天剋地沖)이 된다. 만약 이 대 운(大運)의 10년 안에 다시 다른 주(柱)가 복음(伏吟)이나 반음(返

吟)이 되거나 충인(沖刃)되면 비용손실 등 액난이 있고 대한(大限)
의 시기가 된다.

時 日 月 年
壬 丁 丁 乙　　男
寅 酉 亥 丑　　命

본명은 중화민국의 국부로 일컬어지는 손문의 사주이다. 목인(木
印)이 용신(用神)인데 61세 을축(乙丑)년, 제6주 신사(辛巳)가 월주
(月柱) 정해(丁亥)를 충(沖)하고, 6대운(大運)이 신사(辛巳)이고,
사유축(巳酉丑) 금국(金局)이 목인(木印)을 극벌하자 간암에 걸려
숨졌다.

時 日 月 年
庚 乙 丁 戊　　男
辰 未 巳 寅　　命

본명은 중화민국 초기에 광동성장을 지낸 이요한이다. 6대운(大運)
이 계해(癸亥)이고, 63세 때 경진(庚辰)년에 제6주 계해(癸亥)가 월주
(月柱)와 반음(返吟)이 되고, 유년(流年)이 시주(時柱)와 복음(伏吟)
이 되어 숨졌다.

4) 자행복음(自行伏吟)이나 자행반음(自行返吟)이 중하면 대겁(大劫)
   이 따른다.

　　時　日　月　年
　　戊　己　戊　甲　　　男
　　辰　酉　辰　戌　　　命

　본명은 중화민국 초기의 군벌이었던 오패부의 사주이다. 신강(身
强)한데 년주(年柱)와 월주(月柱)가 반음(返吟)이 되고, 월주(月
柱)와 시주(時柱)가 복음(伏吟)이 되고, 년주(年柱)와 시주(時柱)
가 반음(返吟)이 되니 평생 풍파가 많았다. 68세 을해(乙亥)대운의
신사(辛巳)년에 세운(歲運)이 충극(沖剋)하여 수명을 마쳤다.

　　時　日　月　年
　　丁　己　丙　癸　　　女
　　卯　酉　辰　酉　　　命

　본명은 년주(年柱)와 시주(時柱)가 반음(返吟)이 되어 18세 때 유
부남과 동거하여 아들을 낳은 후 첩으로 들어갔다. 37세 기유(己
酉)년에는 남편이 죽었고, 본인은 55세 정묘(丁卯)년에 뒤로 넘어
져 중상을 입었다.

5) 양인(羊刃)이 충합(沖合)되면 대겁(大劫)이 따른다.

신왕(身旺)하면 양인(羊刃)은 기신(忌神)이 되는데 충합(沖合)되면 기신(忌神) 위에 흉을 더한다. 「계선편(繼善篇)」에 이르기를 "양인(羊刃)과 세군(歲君)이 충합(沖合)되면 갑자기 화가 닥친다. 양인(羊刃)은 양간(陽干)을 쓰는데 갑(甲)은 묘(卯)가 양인(羊刃)이고, 병(丙)은 오(午)가 양인(羊刃)이고, 무(戊)는 오(午)가 양인(羊刃)이고, 경(庚)은 유(酉)가 양인(羊刃)이고, 임(壬)은 자(子)가 양인(羊刃)인데 매우 사납고 흉악하다. 음인(陰刃)은 성질이 감소한다"고 하였다.

```
時 日 月 年
甲 庚 癸 甲      男
申 辰 酉 午      命
```

본명은 22세 을묘(乙卯)년에 유년(流年)의 천간(天干)이 일주(日柱)와 합(合)하고, 유년(流年)의 지지(地支)는 양인(羊刃)을 충(沖)하며 합(合)하므로 불량배와 싸우다가 맞아죽었다.

```
時 日 月 年
己 甲 乙 癸      男
巳 子 卯 未      命
```

본명은 금나라 군대를 격파한 공으로 태위에 올랐던 남송 충신

악비의 사주이다. 39세 신유(辛酉)년에 유(酉)가 묘인(卯刃)을 충
(沖)하고, 신해(辛亥)대운의 해(亥)가 묘인(卯刃)을 합(合)하였다.
당시 금나라와의 화의를 반대하다가 진회의 참소로 옥중에서 살해
되었다.


```
時 日 月 年
甲 丙 戊 壬      男
午 午 申 辰      命
```


본명은 잡화점을 운영하는 사람인데 40세 신미(辛未)년에 뜻밖의
위험을 만났다. 유년(流年) 신미(辛未)와 일주(日柱) 양인(羊刃)이
천합지합(天合地合)이 되고, 대운(大運) 임자(壬子)가 일주(日柱)
양인(羊刃)과 천충지충(天沖地沖)이 되었다. 이런 사주를 양인도과
(羊刃倒戈)라고 하는데 매우 흉하다. 『자평사언집액시(子平四言集
腋詩)』에 이르기를 "양인도과(羊刃倒戈)가 되면 머리없는 귀신이
된다"고 하였다.

6) 충요살(衝夭殺)이 있으면 큰 재난이 따른다.

「가(歌)」에 이르기를 "일주(日柱)가 시주(時柱)에 대하면 단명하
고, 년주(年柱)가 월주(月柱)에 대하면 상한다"고 하였다. 이것은
단명법(短命法)인데 해당하면 소년에 망한다. 충요살(衝夭殺)은 팔
자 본신에 있어서 구조가 좋지 않다.

『삼명통회(三命通會)』「주(註)」에 이르기를 "만일 인(寅)년 신

(申)월 오(午)일 자(子)시생이라면 년지(年支)와 월지(月支), 일지
(日支)와 시지(時支)가 쌍으로 상충(相沖)하므로 소년에 죽는다.
만일 죽지 않으면 반드시 불구가 된다. 지지(地支)가 모두 충(沖)
하는 것은 사맹(四孟) 인신사해(寅申巳亥), 사중(四仲) 자오묘유
(子午卯酉), 사계 진술축미(辰戌丑未)는 불가하다. 이런 사주는 사
위순전격(四位純全格)이 되므로 충요살(衝夭殺)이 아니다. 충요살
(衝夭殺)이 신(申)을 이끌면 더 흉악하다. 년주(年柱)와 월주(月
柱)가 천지반음(天地返吟)이 되는데 일주(日柱)와 시주(時柱)가 천
지반음(天地返吟)이 되면 사주 팔자가 모두 충(沖)되는 것이다"라
고 하였다.

時	日	月	年	
丙	戊	甲	庚	男
辰	戌	申	寅	命

본명은 초등학생일 때 중병에 걸려 고열이 났는데 다행히 의원이
목숨은 살렸으나 백치가 되었다.

7) 년주(年柱)와 일주(日柱)가 반음(返吟)이 되고, 일주(日柱)와 시주 (時柱)가 반음(返吟)이 되면 대겁(大劫)이 따른다.

사주에 복음(伏吟)이나 반음(返吟)이 자행(自行)하는데 신약하여
감당하지 못하면 화가 따른다.

時 日 月 年

丁 癸 癸 丁　　女

巳 亥 卯 巳　　命

　본명은 7세인 계해(癸亥)년에 일주(日柱)와 복음(伏吟)이 되고, 년주(年柱)와 시주(時柱)가 반음(返吟)이 되어 결핵으로 죽었다.

時 日 月 年

甲 戊 癸 甲

寅 申 酉 寅

　본명은 『삼명통회(三命通會)』「수요편(壽夭篇)」에 있는 사주인데 돎을 넘기지 못하고 죽었다. 2세 을묘(乙卯)년에 사주가 모두 충(沖)되었기 때문이다.

8) 절명살(截命殺)이나 추명살(推命殺)이 있으면 대겁(大劫)이 따른다.

　「추명살가(推命殺歌)」에 이르기를 "인명이 전차(前次) 일지(一支)에 돌아감을 말한다. 가령 자(子)생은 모름지기 축(丑)과 기약함이다. 3개를 만나면 반드시 흉사하고, 2개를 만나면 우혈이 옷에 물든다. 명후(命後) 일진(一辰)에 나타나면 좋지 않고, 2개가 나타나면 의심함을 경험하고, 3개이면 중년에 밖이나 외지에서 요절하며 오백 년 전의 화가 반드시 온다. 그 법은 일지(日支)를 위주로 한다. 이외에 년일시지(年日時支)가 모두 같고, 또 일지(日支)의 앞에 일

위 또는 일위가 있으면 중년 전에 요절한다"고 하였다. 그 팔자구
조를 예를 들면 다음과 같다.

時	日	月	年
○	○	○	○
丑	子	丑	丑

時	日	月	年
○	○	○	○
亥	子	亥	亥

時	日	月	年
○	○	○	○
子	丑	子	子

時	日	月	年
○	○	○	○
寅	丑	寅	寅

만일 년월시지(年月時支) 중에서 2지(支)만 같으면 세운(歲運)에
서 충분히 3지(支)를 채울 수 있으니 흉화가 따른다.

9) 3진(辰)이 1술(戌)을 충(沖)하거나 3술(戌)이 1진(辰)을 충(沖)하면
   대겁(大劫)이 따른다.
   옛글에 이르기를 "3술(戌)이 진(辰)을 충(沖)하면 화가 가볍지 않
다"고 하였다.

時	日	月	年	
甲	甲	甲	甲	男
戌	寅	戌	戌	命

본명은 중화민국의 혁명지도자 황흥인데 43세에 갑자기 숨졌다. 43세 때 병진(丙辰)년과 무인(戊寅)대운의 3술(戌)이 1진(辰)을 충(沖)하고, 군비쟁록(群比爭祿)하였기 때문이다.

```
時 日 月 年
戊 丙 甲 乙      男
戊 辰 申 酉      命
```

본명은 동북의 군벌이었던 장작림의 참모장을 지낸 양우정의 사주이다. 44세 때 무진(戊辰)년과 경진(庚辰)대운의 3진(辰)이 1술(戌)을 충(沖)하여 살인계획에 따라 비명에 죽었다.

10) 용신(用神)이 충극(沖剋)되면 대겁(大劫)이 따른다.

용신(用神)은 사주의 중심이므로 충극(沖剋)되면 매우 흉하다. 「결(訣)」에 이르기를 "관성(官星)이 용신(用神)이면 상하지 않으나 관성(官星)이 용신(用神)이 아니면 상할 수 있고, 재성(財星)이 용신(用神)이면 겁(劫)할 수 없으나 재성(財星)이 용신(用神)이 아니면 겁(劫)할 수 있고, 인수(印綬)가 용신(用神)이면 무너뜨릴 수 없으나 인수(印綬)가 용신(用神)이 아니면 무너뜨릴 수 있고, 식신(食神)이 용신(用神)이면 탈(奪)할 수 없으나 식신(食神)이 용신(用神)이 아니면 탈(奪)할 수 있고, 칠살(七殺)이 용신(用神)이면 제(制)할 수 없으나 지나치게 제살(制殺)하면 오히려 흉하고, 용신(用神)의 충극(沖剋)이 무거우면 사망하거나 불구가 되고 가벼우

면 병이 들거나 파재한다. 오행(五行)의 생왕(生旺)을 보고 구조의
원근을 정한다"고 하였다.

時	日	月	年		34	24	14	4	
己	癸	己	癸		乙	丙	丁	戊	男
未	亥	未	卯		卯	辰	巳	午	命

 본명은 동성애자의 사주이다. 신약(身弱)하므로 일지(日支) 해수
(亥水)가 용신(用神)인데 해묘미(亥卯未)가 삼합(三合)하여 기신
(忌神)이 되므로 힘이 없다. 병진(丙辰)년에는 강한 토(土)가 수
(水)를 극(剋)하고, 27세 기사(己巳)년에는 천간(天干)의 기(己)가
일주(日主) 계(癸)를 극(剋)하고, 지지(地支)는 사해충(巳亥沖)이
되고, 용신(用神)이 극(剋)되어 넘어지자 환각제를 먹고 숨졌다.

11) 신약(身弱)하며 인수(印綬)가 용신(用神)인데 유년(流年)과 대운
   (大運)에 살재(殺財)가 쌍으로 공격하면 대겁(大劫)이 따른다.

時	日	月	年		己	戊	丁		女
壬	乙	丙	丁						
午	酉	午	亥		酉	申	未		命

 본명은 일주(日主) 을목(乙木)이 약하니 임수(壬水) 정인(正印)이
용신(用神)이다. 15세 무신(戊申)대운 중의 신축(辛丑)년에 대운

(大運)의 무토(戊土) 재성(財星)이 인수(印綬)를 파하고, 유년(流年)의 신금(辛金)이 신(身)을 극(剋)하여 쌍으로 공파(攻破)하자 그 해에 갑자기 목숨을 잃었다.

2 소겁(小劫)

1) 유년(流年)과 사주가 복음(伏吟)이나 반음(返吟)이 되거나, 명(命)·운(運)·세(歲)가 만나 사맹(四孟)·사중(四沖)·사계(四季)를 완전하게 이루면 소겁(小劫)이 따른다.

명(命)·운(運)·세(歲)가 만나 사맹(四孟)·사중(四沖)·사계(四季)를 완전하게 이루면 대개 병에 걸리거나 파재나 관재 등이 따른다. 사맹(四孟)이 완전하면 사업과 외출의 화가 따르고, 사중(四仲)이 완전하면 색정과 신체의 화가 따르고, 사계(四季)가 완전하면 주택·동토(動土)·돈·재물 등의 화가 따른다.

```
時 日 月 年
庚 癸 甲 己      女
申 未 戌 丑      命
```

본명은 1988년에 돈을 빌려 투자했다가 수천만 원을 잃었다. 무진(戊辰)년에 진술축미(辰戌丑未) 사계(四季)를 갖추었기 때문이다.

2) 명(命)·운(運)·세(歲)에 모두 삼형(三刑)이 있으면 소겁(小劫)이 따른다.

　삼형(三刑)은 인사신형(寅巳申刑)과 축술미형(丑戌未刑)을 말하는데 명(命)·운(運)·세(歲)에 모두 있으면 본인이나 해당하는 육친에게 화가 따른다. 자묘형(子卯刑)과 진진(辰辰)·오오(午午)·유유(酉酉)·해해(亥亥) 자형(自刑)은 2가지가 성립되면 해당한다. 혹자는 삼형(三刑)이 충(沖)되면 대겁(大劫)이 된다고도 한다.


```
時 日 月 年
庚 甲 丁 己      男
午 辰 卯 亥      命
```


　본명은 25세 때 큰 싸움에서 한 칼에 찔려 다섯 바늘을 꿰맸다. 계해(癸亥)년과 갑자(甲子)대운이 자묘형(子卯刑)과 해해자형(亥亥自刑)이 되었기 때문이다.


```
時 日 月 年
甲 乙 辛 戊      男
申 卯 酉 戌      命
```


　본명은 34세 때 자동차사고로 숨졌다. 34세 을축(乙丑)대운 중의 신미(辛未)년에 월일(月日)이 반음(返吟)이 되었기 때문이다.

3) 양인(羊刃)을 충(沖)하거나 합(合)하면 소겁(小劫)이 따른다.

신강(身强)하고 유년(流年)이 원명의 양인(羊刃)과 충합(沖合)되는데 정황이 엄중하면 큰 화가 따른다.

4) 희용신(喜用神)이 극(剋)되면 소겁(小劫)이 따른다.

상관견관(傷官見官)·식신견효(食神見梟)·겁재견재(劫財見財) 등이 있는데 희용신(喜用神)이 극(剋)을 받으면 갑자기 재해를 당한다. 명(命)·운(運)·세(歲)가 삼합(三合)이나 삼회(三會)하여 기신(忌神)이 되는데 희용신(喜用神)을 극(剋)하면 더 심하다.

5) 관성(官星)이 회합(會合)하면 소겁(小劫)이 따른다.

「비결(秘訣)」에 이르기를 "관성(官星)을 거듭 만나는데 관운(官運)으로 가면 재액을 면하기 어렵다"고 하였다. 관성(官星)을 거듭 만나 기신(忌神)이 되는데 대운(大運)이나 유년(流年)에서 다시 관성(官星)을 만나면 위험한 일이 계속 생긴다.

	時	日	月	年	
	丁	庚	乙	丁	女
	亥	寅	巳	酉	命

본명은 21세 때 중병에 걸려 입원하였다. 관성(官星)이 많아 기신(忌神)이 되는데 21세 정사(丁巳)년과 정미(丁未)대운에 관성(官星)이 모였기 때문이다.

6) 유년(流年)과 대운(大運)의 지지(地支)가 상충(相沖)하면 소겁(小劫)이 따른다.

세운(歲運)의 지지(地支)가 상충(相沖)되면 대개 사업의 액난이 따르나 6대운(大運) 이후에는 신체나 사업을 모두 조심해야 한다.

7) 세(歲)가 일간(日干)을 손상시키거나 일간(日干)이 세군(歲君)을 범하면 소겁(小劫)이 따른다.

유년(流年)의 태세(太歲)가 일간(日干)을 충극(沖剋)하는 것을 세상일간(歲傷日干)이라 하고, 일간(日干)이 유년(流年)의 태세(太歲)를 충극(沖剋)하는 것을 일범세군(日犯歲君)이라 한다. 예를 들어 갑일간(甲日干)이 경(庚)년을 만나면 세상일간(歲傷日干)이 되고, 무(戊)년을 만나면 일범세군(日犯歲君)이 된다.

『경(經)』에 이르기를 "세상일간(歲傷日干)은 화가 가볍고, 일범세군(日犯歲君)은 화가 중하다"고 하였다. 태세(太歲)는 한 해를 주관하는 것이므로 세군(歲君)이 일간(日干)을 손상시키면 임금이 신하를 다스리고 아버지가 자녀를 다스리는 것이니 순종하기 때문에 불운이 오더라도 큰 해가 되지 않는다. 그러나 일간(日干)이 세군(歲君)을 범하면 신하가 임금을 범하고 자녀가 아버지를 거스르는 것이니 매우 흉하다. 그러나 평범한 사람은 6대운(大運) 이전에 세(歲)가 일간(日干)을 손상시키거나 일간(日干)이 세군(歲君)을 범해도 큰 문제가 없고, 합(合)·희용신(喜用神)·인수(印綬)·식상(食傷) 등이 있으면 풀 수 있다. 그러나 평범한 사람이라도 6대운(大運) 이후에는 일범세군(日犯歲君)을 조심해야 한다. 옛글에 이르기를 "이런 명은 화액이 당장 이른다"고 하였다.

8) 회기살(晦氣殺)이 있으면 소겁(小劫)이 따른다.

회기(晦氣)는 불명의 상이며 혼매한 도를 말하는데 태세(太歲)의 천간(天干)과 일시(日時)의 천간(天干)이 합(合)하면 성립된다. 해당하는 해에는 어리석은 일을 하거나 유혹에 빠지기 쉽고, 심하면 재산과 정조를 잃거나 신체에 해를 입는다.

9) 대운(大運)과 원명이 복음(伏吟)이나 반음(返吟)이 되면 소겁(小劫)이 따른다.

여기에 해당하면 그 대운(大運) 안에는 하는 일마다 순조롭지 않고, 그 대운(大運)이 유년(流年)과 배합되면 대겁(大劫)이 될 가능성이 있다.

```
時  日  月  年
壬  癸  戊  庚      男
戌  丑  子  午      命
```

본명은 57세 때 종양수술을 하였다. 병인(丙寅)년과 임진(壬辰)대운이 배합되었기 때문이다.

3장. 관비(官非)

관비(官非)는 관재·구설·시비를 말한다. 관살(官殺)이 기신(忌神)이 되거나 상관(傷官)이 관살(官殺)을 극(剋)하면 성립한다. 관살(官殺)이 기신(忌神)이 되었을 때는 인성(印星)과 식상(食傷)을 만나면 풀리고, 상관(傷官)이 관살(官殺)을 극(剋)할 때는 재성(財星)과 인성(印星)을 만나면 풀린다. 천을귀인(天乙貴人)을 만나도 관비(官非)가 줄어든다.

1) 원명에서 상관(傷官)이 관살(官殺)을 극(剋)하면 관비(官非)가 따른다.

이런 사주는 소인배의 시비가 많아 소송이 따르기 쉬운데 정관(正官)이 희용신(喜用神)에 해당하면 더 중하다.

時	日	月	年	
庚	丁	壬	戊	男
戌	亥	戌	子	命

본명은 상관(傷官)이 모두 관살(官殺)을 극(剋)하므로 평생 시비 구설이 많다. 1988년 무진(戊辰)년에는 상관(傷官)이 일을 주재하는데 유년(流年)과 월주(月柱)가 반음(返吟)이 되어 선거문제로 소송하였다.

2) 세운(歲運)에서 상관(傷官)이 관살(官殺)을 극(剋)하면 관비(官非)가 따른다.

관살(官殺)은 나타났는데 상관(傷官)이 나타나지 않았거나, 상관(傷官)과 관살(官殺)이 모두 나타나지 않았는데 세운(歲運)에서 상관(傷官)이 관살(官殺)을 극(剋)하면 관비(官非)가 따른다.

時	日	月	年	
戊	庚	丙	丁	女
寅	申	午	亥	命

본명은 37세 계해(癸亥)년에 방세문제로 손님과 소송을 벌였다.

時	日	月	年	
丁	乙	壬	乙	女
丑	巳	午	未	命

본명은 새로 산 승용차를 몰고가다 사람을 상하게 하여 매우 오래도록 소송을 벌였다. 사오미(巳午未)가 삼회(三會)하여 상관(傷

官) 화(火)가 성하고, 경오(庚午)년에는 정관(正官)이 일을 주재하기 때문이다.

```
時 日 月 年
甲 己 庚 丙      女
子 未 子 申      命
```

본명은 돈문제로 관재를 당하였다. 경오(庚午)년에 상관(傷官)이 일을 주재하는데 시주(時柱)와 반음(返吟)이 되었기 때문이다. 그러나 천을귀인(天乙貴人)이 들어 화해하였다. 이 사람은 합(合)과 귀인(貴人)이 많으니 풍류로 인한 일을 면하지 못할 것이다.

3) 신약(身弱)하여 관살(官殺)이 기신(忌神)인데 관살(官殺)이 혼잡하고, 관살(官殺)년을 만나면 관비(官非)가 따른다.

```
時 日 月 年
乙 戊 甲 癸      己 庚 辛 壬 癸      男
卯 午 子 巳      未 申 酉 戌 亥      命
```

본명은 무역상을 하는 사람인데 재자관살(財滋官殺)하니 일주(日主)가 극(剋)되는 것을 꺼린다. 신유(辛酉)대운에는 상관(傷官)이 주관하므로 납품문제로 제조업자와 분쟁이 끊이지 않았다. 33세 을축(乙丑)년에는 다시 관살(官殺)을 만나니 관사를 걸어 기사(己巳)

년에 승소했으나 상대가 휴직하여 재산을 처분했으므로 받을 재물이 없었다. 38세 경오(庚午)년에는 식상(食傷)을 만나 월주(月柱)가 반음(返吟)이 되니 다시 다른 사람과 재판을 받았으나 승부가 나지 않았다.

4) 쌍살(雙殺)이 명현한데 살(殺)년을 만나거나, 쌍관(雙官)이 명현한데 관(官)년을 만나면 관비(官非)가 따른다.

```
時 日 月 年
甲 戊 甲 乙      男
寅 辰 申 未      命
```

본명은 30세 때 도둑질을 하다 잡혀 감옥에 들어갔다. 쌍살(雙殺)이 명현한데 30세 갑인(甲寅)년에 칠살(七殺)을 또 만나고, 유년(流年)과 시주(時柱)가 복음(伏吟)이 되었기 때문이다.

```
時 日 月 年
庚 甲 庚 丙      女
午 子 子 午      命
```

본명은 오랫동안 떠돌아다니며 창기생활을 한 사람이다. 원명에 칠살(七殺)이 2개 있고, 년주(年柱)와 월주(月柱)가 반음(返吟)이 되고, 일주(日柱)와 시주(時柱)가 반음(返吟)이 되고, 일시(日時)에

나형도화(裸形桃花)가 있고, 일주(日主)가 목욕(沐浴)에 앉아 충
(沖)되었으니 사주가 매우 흉하다. 그런데 25세 경오(庚午)년에 칠
살(七殺)이 또 나타나고, 유년(流年)과 일주(日柱)가 반음(返吟)이
되고, 시주(時柱)와 복음(伏吟)이 되니 그 해 경오(庚午)월에 가라
오케에서 싸우다가 권총의 오발로 살인을 하게 되었다.

時	日	月	年	
庚	甲	乙	庚	女
午	子	酉	子	命

본명은 자오묘유(子午卯酉)가 많고 나형도화(裸形桃花)가 있으니
용모가 아름답고 풍류를 좋아한다. 경오(庚午)년에 혼인했으나 반
년도 안 되어 운전하다가 두 사람을 죽였다. 1억 원을 배상했으나
형사문제로 상소하였다.

5) 원명과 세운(歲運)이 형충(刑沖)되면 관비(官非)가 따른다.
사주에 형충(刑沖)이 많으면 형사책임이 따르는 재화를 범한다.

時	日	月	年	
癸	癸	壬	丙	男
丑	酉	辰	戌	命

본명은 46세 때 감옥에 들어갔다. 원명에 진술충(辰戌沖)이 있고,

46세 정유(丁酉)대운 중의 신미(辛未)년에 유유자형(酉酉自刑)과 축술미(丑戌未) 삼형(三刑)이 충(沖)되었기 때문이다.

```
時 日 月 年
庚 辛 辛 辛      丙 乙 甲 癸 壬      女
寅 未 丑 卯      午 巳 辰 卯 寅      命
```

본명은 원명에 축미충(丑未沖)이 있는데 42세 을사(乙巳)대운중의 임신(壬申)년에 인사신(寅巳申) 삼형(三刑)을 범하여 구설관사가 있었다.

6) 명(命)·운(運)·세(歲)가 모여 사맹(四孟)·사중(四仲)·사계(四季)를 갖추거나 복음(伏吟)이나 반음(返吟)이 되면 관비(官非)가 따른다.

```
時 日 月 年
乙 己 甲 己      男
丑 亥 戌 丑      命
```

본명은 불법으로 식당을 운영하다가 신미(辛未)년에 감옥에 들어갔다. 신미(辛未)년과 시주(時柱)가 반음(返吟)이 되고, 축술미(丑戌未)가 삼형(三刑)이 되었기 때문이다.

7) 원명에 진술충(辰戌沖)이 있거나 진술(辰戌)이 많으면 관비(官非)가 따른다.

『옥조신응경(玉照神應經)』에서는 "진(辰)이 많으면 투쟁·송사·관재·구설이 따르고, 술(戌)이 많으면 흉악한 소인배가 된다"고 하였고, 『명리정종(命理正宗)』에서는 "진술(辰戌)은 천라지망(天羅地網)이 되므로 천을(天乙)이 임하지 않았는데 해당하면 오래도록 병을 앓거나 감옥에 들어간다"고 하였고, 「오행원리소식부(五行元理消息賦)」에서는 "진술(辰戌)이 극제(剋制)되고 형충(刑沖)되면 반드시 형벌을 범한다"고 하였다.

8) 관성(官星)이 필요한데 세운(歲運)에서 관성(官星)이 합(合)되면 관비(官非)가 따른다.

「비결(秘訣)」에 이르기를 "관성(官星)이 세운(歲運)에서 합(合)되면 파직이나 관직이 정지된다"고 하였다.

9) 관성(官星)이 입묘(入墓)되면 관비(官非)가 따른다.

『옥조신응경(玉照神應經)』에 이르기를 "갑인(甲寅)과 신축(辛丑)은 형충(刑沖)되면 관사가 일어나는데 관성(官星)이 입묘(入墓)되기 때문"이라고 하였다.

10) 일주(日主)가 입묘(入墓)되었는데 년운(年運)에서 다시 입고(入庫)되거나, 괴강(魁罡)이 충(沖)거나, 격각살(隔角殺)이 있으면 관비(官非)가 따른다.

「심경부(心鏡賦)」에 이르기를 "협각(夾角)이 서로 만나 세군(歲

君)을 범하면 도형(徒刑)과 유형(流刑)이 분명하다"고 하였다.

```
時 日 月 年
甲 己 庚 丙    女
子 未 子 申    命
```

　본명은 집을 매매하는 일로 소송을 제기했다가 패소하였다. 상관견관(傷官見官)이 있는데 35세 경오(庚午)년에 상관(傷官)이 일을 주재하고, 또 유년(流年)과 시주(時柱)가 반음(返吟)이 되어 소송을 제기한 것이고, 36세 신미(辛未)년에 병신합수(丙辛合水)하여 정인(正印) 병화(丙火)가 기신(忌神)이 되어 패소한 것이다.

4장. 산액

지금은 과학과 의학의 발달로 출산에 큰 장애가 없으나 과거에는 생사를 좌우하기도 하는 큰 문제이었다. 산액은 대개 자녀성이 극(剋)되거나 혈광액으로 비롯되는 경우가 많다.

1) 여명이 일인(日刃)이 양인(羊刃)을 또 만나면 산액이 따른다.
『삼명통회(三命通會)』「논여명(論女命)」에 이르기를 "일인(日刃)과 년인(年刃)이 저절로 충극(沖剋)하면 산액이 많다"고 하였다.

```
時 日 月 年
癸 壬 庚 丙      女
卯 子 寅 午      命
```

본명은 년간(年干)의 병화(丙火)가 오화(午火) 양인(羊刃)에 앉

고, 일간(日干) 임수(壬水)가 자수(子水) 양인(羊刃)에 앉아 자오
충(子午沖)되는데 자오(子午)년을 만나 산액이 따랐다.

2) 여명이 식신(食神)이 깨지면 산액이 따른다.

식신(食神)이 깨지면 태(胎)가 남아 있기 어렵다. 『삼명통회(三命
通會)』「논여명(論女命)」에 이르기를 "식신(食神)은 효신(梟神)을
만나면 깨진다"고 하였다. 식신(食神)은 자녀성인데 정인(正印)을
만나 극파(剋破)되면 산액이 많다. 만일 원명에 식신(食神)은 있는
데 효인(梟印)이 없으면 효인(梟印)년에 산액을 조심해야 한다.

```
時 日 月 年
己 壬 甲 庚      女
酉 午 申 子      命
```

본명은 자녀성인 식신(食神) 갑목(甲木)이 효신(梟神) 경금(庚金)
에게 극(剋)되니 태아가 위험하다. 병(丙)년에 병화(丙火)가 경금
(庚金)을 극(剋)하거나, 계(癸)년에 계화경(癸化庚)이 되면 무사하
게 낳을 수 있다.

```
時 日 月 年
丙 戊 庚 丙      女
辰 戌 子 申      命
```

본명은 자녀성인 식신(食神) 경금(庚金)이 효신(梟神) 병화(丙火)에게 극(剋)되어 태아가 위험하나 임(壬)년이면 무사하다.

3) 여명이 자녀성과 자녀궁이 충극(沖剋)되면 산액이 따른다.

```
時 日 月 年
丁 庚 癸 丙      女
亥 辰 巳 申      命
```

본명은 34세 기사(己巳)년에 아이를 낳다가 잘못되어 본인은 수술하여 살았으나 아이는 숨졌다. 유년(流年)의 기토(己土)가 원명의 자녀성인 계수(癸水)를 극(剋)하고, 유년(流年)의 사화(巳火)가 원명의 자녀궁인 해수(亥水)를 충(沖)하여 자녀성과 자녀궁이 모두 상하였기 때문이다.

4) 여명이 신왕(身旺)하고 양인(羊刃)이 강한데 양인(羊刃)년을 만나거나, 양인(羊刃)년을 충합(沖合)하면 산액이 따른다.

『경(經)』에 이르기를 "양인(羊刃)이 세군(歲君)을 충합(沖合)하면 갑자기 화를 당하고, 양인(羊刃)이 다시 세운(歲運)을 만나면 흉하고, 복음(伏吟)·반음(返吟)·형충(刑沖)이 있으면 남명은 주로 혈광의 재액을 당하고 여명은 주로 산액이 따른다"고 하였다. 여명이 양인격(羊刃格)을 이루면 산액이 없어도 제왕절개수술로 아이를 낳는다.

```
時 日 月 年
甲 丙 己 丙      女
午 午 卯 子      命
```

본명은 자녀궁인 시지(時支)에 양인(羊刃)이 있는데 25세 갑자(甲子)년에 비인(飛刃)이 되어 유산하였다.

5) 여명이 복음(伏吟)이나 반음(返吟)이 되면 산액이 따른다.

```
時 日 月 年
己 癸 丁 壬      女
未 亥 未 寅      命
```

본명은 28세 때 임신한 후 자궁에 종양이 생겼다. 28세 기사(己巳)년과 일주(日柱)가 반음(返吟)이 되었기 때문이다. 제왕절개수술로 출산하여 아이는 무사했으나 자궁을 드러내 다시는 임신할 수 없게 되었다.

6) 여명이 겨울생인데 정화(丁火)가 충극(沖剋)되면 산액이 따른다.

정화(丁火)는 심장과 혈액을 나타내므로 출산과 관계가 있는데 충극(沖剋)되면 주로 산액을 겪는다.

```
時 日 月 年
壬 庚 庚 辛        女
午 戌 子 卯        命
```

본명은 유년(流年)의 자수(子水)가 시지(時支) 오화(午火)의 본기인 정화(丁火)를 충(沖)하였다. 이 사람은 22세 임자(壬子)년에 출산하다가 위험에 처했으나 겨우 살아났다.

7) 여명이 화일간(火日干)이고 신약(身弱)하여 목(木)이 길한데 목인(木印)이 충극(沖剋)되면 산액이 따른다.

```
時 日 月 年
辛 丁 庚 庚        女
丑 卯 辰 子        命
```

본명은 화일간(火日干)이며 신약(身弱)하니 묘목(卯木) 인수(印綬)가 용신(用神)이다. 그러나 일주(日柱)가 반음(返吟)이 되고, 유금(酉金)이 묘목(卯木) 인수(印綬)를 파하여 보호하지 못한다. 이 사람은 22세 신유(辛酉)년에 제왕절개수술로 첫 아이를 낳았다.

8) 사주가 폐색한데 배합이 좋지 않거나 조후(調候)할 힘이 없으면 산액이 따른다.

사주가 화염토조(火炎土燥)·토금습체(土金濕滯)·수범목부(水泛

木浮)·금한수냉(金寒水冷)하거나, 인수(印綬)가 많거나, 재관(財官)이 매우 왕하거나, 사주 전국이 식상(食傷)이면 해당하는데 자녀를 극(剋)하는 명이니 출산할 때 혈광액을 조심해야 한다. 이 중에서 인수(印綬)가 많은 것과 식상(食傷)이 많은 것이 가장 심하다. 「비결(秘訣)」에 이르기를 "사주에 인수(印綬)가 많으면 반드시 자녀가 손상되고, 상관(傷官)이 4지(支)에 모두 있으면 아이가 슬프게 운다"고 하였다.

9) 여명이 일시(日時)의 진술(辰戌)이 충(沖)되거나, 진술(辰戌)이 많거나, 유하살(流霞殺)이 있으면 산액이 따른다.

  사주에 유하살(流霞殺)이 있으면 남명은 주로 타향에서 죽고, 여명은 산후에 망한다고 하였다.

10) 여명이 구추살(九醜殺)이 있으면 산액이 따른다.

  구추살(九醜殺)은 일주(日柱)가 임자(壬子)·임오(壬午)·무자(戊子)·무오(戊午)·기유(己酉)·기묘(己卯)·을유(乙酉)·을묘(乙卯)·신유(辛酉)·신묘(辛卯)이면 해당한다. 여명은 주로 산액이 따르고, 남명은 추잡함이 끝이 없다.

11) 여명이 혈인살(血刃殺)이 있으면 산액이 따른다.

  사주에 혈인살(血刃殺)이 있으면 여명은 주로 산액이 따르고, 남명은 주로 혈광이 따른다.

12) 여명이 도화(桃花)가 있는데 역마(驛馬)를 더하면 산액이 따른다.

옛글에 이르기를 "도화(桃花)에 역마(驛馬)를 가하면 산액이 따르거나 음부에 병이 있다"고 하였다.

13) 여명이 유혈살(流血殺)이 있으면 산액이 따른다.

옛글에 이르기를 "사주에 유혈살(流血殺)이 있으면 평범한 사람은 도형(徒刑)에 처한 뒤에 귀양을 가고, 여명은 산액이 따른다"고 하였다.

時	日	月	年		
丁	己	辛	癸		女
卯	卯	酉	巳		命

본명은 32세 갑자(甲子)년에 혼인했는데 35세 정묘(丁卯)년에는 월주(月柱)의 식신(食神)과 천충지충(天沖地沖)하여 반음(返吟)이 되어 유산되었다.

5장. 뇌부 이상과 자살

본 장에서는 뇌부에 이상이 생기거나 우울·비관·초조·열등감 등으로 스스로 목숨을 끊는 사주를 살펴볼 것이다.

1) 일주(日主)가 매우 왕하여 의지할 데가 없거나, 식상(食傷)의 설기(泄氣)가 부족하거나, 식상(食傷)이 미약하거나, 식상(食傷)이 설기(泄氣)되어 힘이 없으면 자살하기 쉽다.

時	日	月	年	
辛	庚	辛	己	女
巳	寅	未	酉	命

본명은 평소 마음의 고통을 표현하지 못하다가 23세 때 스스로 목숨을 끊었다. 일주(日主)가 매우 왕한데 설기(泄氣)하지 못하고, 23

세 신미(辛未)년에 일주(日主)가 또 왕해지고, 월주(月柱)와 복음(伏吟)이 되었기 때문이다.

```
時 日 月 年
己 己 丙 戊      女
巳 巳 辰 寅      命
```

본명은 재물문제로 고민하다 스스로 목을 매고 죽었다. 일주(日主) 토(土)가 매우 왕하여 오행(五行)이 지나치게 치우쳤는데 식상(食傷)이 미약하니 우울함을 해소할 길이 없었고, 기사(己巳)년과 일주(日柱)가 복음(伏吟)이 되고, 시주(時柱)와 복음(伏吟)이 되었기 때문이다.

2) 토(土)가 많아 병(病)이 되는데 목(木)이 소토(疏土)하지 못하면 자살하거나 신경병이 있다.

사주에 토(土)가 많으면 화(火)가 꺼지고, 금(金)이 묻히고, 수(水)가 마르고, 목(木)이 꺾이는데 목(木)이 없어 소토(疏土)하지 못하면 자살하거나 신경병이 있다.

```
時 日 月 年
壬 丙 己 戊      女
辰 辰 未 戌      命
```

본명은 토(土)가 많아 일주(日主) 병화(丙火)가 꺼지는데 을묘(乙卯)운에 또 토(土)가 왕해지자 스스로 목을 매고 죽었다.

```
時 日 月 年
戊 辛 戊 丙      女
子 丑 戌 辰      命
```

본명은 고등학생 때 자살을 시도했으나 살아났다. 토(土)가 많아 일주(日主) 신금(辛金)이 묻히는데 충합(沖合)이 많기 때문이다.

```
時 日 月 年
戊 戊 戊 辛      女
午 辰 戌 亥      命
```

본명은 19세 기사(己巳)년에 자살을 시도하였고 그후 정신이상이 되었다. 토(土)가 왕한데 목(木)이 약하여 소토(疎土)하지 못했기 때문이다.

```
時 日 月 年
己 己 辛 己      女
巳 未 未 亥      命
```

본명은 32세 때 부부싸움을 하다 스스로 목숨을 끊었다. 토(土)가

매우 왕한데 목(木)이 약하니 소토(疎土)하기 어렵고, 32세 경오
(庚午)년에 사오미(巳午未)가 삼합(三合)하여 화국(火局)을 이루어
왕한 토(土)를 다시 생(生)하였기 때문이다.

3) 인수(印綬)가 많아 병(病)이 되면 정신이 흐려지거나 신경쇠약에
   걸리기 쉽고, 자형(自刑)이 있는데 형충(刑沖)을 가하면 자살하기
   쉽다.
   사주에 자형(自刑)이 있으면 어떤 일에 빠져 번뇌하기 쉬운데 여
기다 형충(刑沖)까지 가하면 신경이 예민해져 자살할 수 있다.

　　時　日　月　年
　　甲　癸　己　丁　　　男
　　寅　酉　酉　巳　　　命

　본명은 신경착란을 일으키며 의심이 많아져 집안이 편안하지 않
았다. 사주에 유유자형(酉酉自刑)이 있는데 소년기인 무신(戊申)대
운에 인사신(寅巳申) 삼형(三刑)을 범하였기 때문이다.

4) 사주에 진술(辰戌)이 많으면 자살하기 쉽다.

　　時　日　月　年
　　丁　戊　戊　甲　　　女
　　巳　戌　辰　寅　　　命

본명은 일주(日主)가 매우 왕한데 식상(食傷)은 너무 약하고, 또 진술충(辰戌沖)이 있다. 이 사람은 어릴 때부터 뇌신경에 문제가 있었는데 15세인 무진(戊辰)년과 16세인 기사(己巳)년에는 불에 기름을 붓는 형상이 되어 칼로 손목을 여러 번 자해했으나 모두 구조되었다. 그러나 17세 경오(庚午)년에 식신(食神)이 분명하게 나타나자 상황이 좋아졌다.

5) 신약(身弱)한데 심하게 극설(剋泄)하면 자신을 상해한다.

신약(身弱)한데 극설(剋泄)이 심하면 일주(日主)가 견디지 못하니 뇌와 의지가 약해져 자신을 상해한다.

時	日	月	年	
己	癸	癸	壬	女
未	丑	寅	卯	命

본명은 자살을 여러 번 시도했으나 모두 구조되었다. 신약(身弱)하며 극설(剋泄)이 매우 심한데 27세 무진(戊辰)년과 28년 기사(己巳)년에 관살(官殺)이 다시 왕해져 신(身)을 극(剋)하기 때문이다.

6) 신약(身弱)한데 인수(印綬)가 없으면 자살하기 쉽다.

신약(身弱)한데 인수(印綬)가 없으면 보호신이 없는 형상이니 자살을 시도하기 쉽다. 특히 겨울생 토일주(土日主)가 가장 위험하다.

```
時 日 月 年
乙 己 甲 癸    女
亥 丑 子 卯    命
```

본명은 의지가 약하며 죽은 것과 같은 생활을 하였다. 신약(身弱)
한데 인수(印綬)인 화(火)가 없으니 보호신이 없는 형상이고, 용신
(用神)인 축(丑)이 지지(地支)에서 해자축(亥子丑) 삼합(三合)하여
기신(忌神)이 되었기 때문이다.

7) 병정(丙丁)일생이 신약(身弱)한데 화(火)가 극멸되면 살려는 의지 가 약하다.

사주에서 화(火)는 생기와 의지를 나타내는데 극(剋)되면 살고자
하는 의지가 약하다.

```
時 日 月 年
戊 丙 癸 丁    己 庚 辛 壬    男
子 申 丑 未    酉 戌 亥 子    命
```

본명은 일주(日主) 병화(丙火)가 약하고 인수(印綬)도 약한데 첫
대운(大運)이 수(水)운으로 흘러 화(火)를 극(剋)한다. 어릴 때는
독서에 몰입했으나 성장해서는 밤에 잠을 자지 않으니 신경이 쇠
약해져 자신의 목숨을 해치는 생각을 강하게 하였다. 부모와 선생
님의 지도도 효과가 없었다.

```
時 日 月 年
癸 丙 辛 壬        乙 甲 癸 壬        男
巳 辰 亥 子        卯 寅 丑 子        命
```

본명은 강한 수(水)가 일주(日主) 병화(丙火)를 극(剋)하니 뇌신경이 상하였다. 여기다 21세 임신(壬申)년과 계축(癸丑)대운에는 명(命)·운(運)·세(歲)가 삼합(三合)하여 수국(水局)을 이루니 정신이상이 되어 백약을 써도 효과가 없었다. 그러나 갑인(甲寅)대운이 되면 보호신이 나타나니 나아지리라고 본다.

8) 호환공망(互換空亡)이 형충(刑沖)되면 정신이상이 되기 쉽고, 종아격(從兒格)이 아(兒)를 보지 못하면 자살하거나 가난하거나 요절하기 쉽다.

```
時 日 月 年
壬 戊 戊 辛        女
戌 子 戌 丑        命
```

본명은 연애에 실패하자 스스로 목숨을 끊었다. 토(土)가 매우 왕한데 목(木)이 소토(疎土)하지 못하고, 인수(印綬)인 화(火)도 약하고, 남편성이 없는데 31세 신미(辛未)년에 다시 삼형(三刑)을 만났기 때문이다.

時 日 月 年
戊 丙 戊 丙　　　壬 辛 庚 己　　　男
戌 辰 戌 午　　　寅 丑 子 亥　　　命

　본명은 토(土)는 두터우나 화(火)는 메마르고 진술충(辰戌沖)이
많다. 재성(財星)이 힘이 없는데 식신(食神)이 설기(泄氣)하니 물
방울이 조후(調候)할 힘이 없다. 이 사람은 문제가 많은 가정에서
태어나 신체까지 허약하였다. 학창시절에는 줄곧 자기가 일찍 죽을
것이라고 하였다. 그러나 다행히 금수(金水)운을 만나니 보충할 수
있을 것이다.

時 日 月 年
甲 甲 戊 丙　　　女
戌 寅 戌 午　　　命

　본명은 인오술(寅午戌)이 합(合)하여 화국(火局)을 이루고, 인수
(印綬)인 수(水)가 없으니 지능이 낮았다.

時 日 月 年
戊 丁 戊 丙　　　男
申 未 戌 寅　　　命

본명은 5세 때 뇌막염을 앓았다. 수(水)가 부족한데 5세 경오(庚午)년에 삼합(三合)하여 화국(火局)을 이루었기 때문이다.

```
時 日 月 年
戊 庚 丁 丁      男
寅 午 未 巳      命
```

본명은 어릴 때부터 백치였다. 사오미(巳午未)가 모두 있어 사주가 불바다 같은데 첫 대운부터 화(火)운으로 행하였기 때문이다.

6장. 뜻밖의 재화

뜻밖의 재화와 관계있는 살(殺)은 원진(怨嗔)·역마(驛馬)·금신(金神)·천구(天狗)·혈인(血刃)·백호(白虎)·적살(的殺)·천살(天殺)·재살(災殺)·겁살(劫殺)·검봉(劍鋒) 등이다.

— 역마(驛馬)가 살(殺)에 앉았는데 충(沖)되거나, 쌍괴강(雙魁罡)이 충(沖)되거나, 망신(亡身)이나 겁살(劫殺)이 합(合)되거나, 망신(亡身)이나 겁살(劫殺)이 자충(自沖)되거나, 원진(怨嗔)이 충(沖)되거나, 백호(白虎)나 재살(災殺)이 있으면 뜻밖의 사고가 따른다.

— 남명이 유하살(流霞殺)이 있으면 피살되기 쉽고, 천라지망(天羅地網)인 술해진사(戌亥辰巳)가 모두 있으면 재액이 따른다.

— 택묘(宅墓)가 살(殺)을 만나면 문호(門戶)가 깨지고, 적살(的殺)·백호(白虎)·양인(羊刃)이 어울리면 유혈상잔한다.

— 탕화살(湯火殺)이 있으면 어릴 때 화난을 당하고, 금신(金神)이 수(水)에 들면 수난을 당한다.

— 겁살(劫殺)을 꺼리는데 금신(金神)이나 양인(羊刃)이 있으면 거마나 자동차가 뒤집힌다.

— 양인(羊刃)·복인(伏刃)·회인(會刃) 등이 있으면 흉하고, 양인(羊刃)이 원진(怨嗔)·망신(亡身)·금신(金神) 등과 어울리면 화신(火神)에 의지해야 하고, 화살(火殺)이 왕상하면 불에 타므로 수(水)에 의지해야 한다.

— 금신(金神)이 수(水)운에 이르면 몸이나 시신이 분탁된다.

— 원진(怨嗔)과 망신(亡身)이 어울리면 재화와 실패가 따르고, 대모(大耗)가 있으면 내질에 걸리거나 외난이 따른다.

— 택묘(宅墓)가 귀(鬼)를 만나면 화를 면하기 어렵고, 겁살(劫殺)이 역마(驛馬)를 만나면 화가 가볍지 않다.

— 겁살(劫殺)과 칠살(七殺)이 동주(同柱)하면 재액이 따르고, 혈인(血刃)을 만나면 뜻밖의 사고나 수술이 따른다.

— 유하(流霞)·양인(羊刃)·혈인(血刃)이 있으면 피살되기 쉽다.

— 양인(羊刃)·역마(驛馬)·구교(句絞)가 충(沖)되거나, 겁살(劫殺)·망신(亡身)·양인(羊刃)이 모여 상관(傷官)이 되면 화가 따른다.

— 신왕(身旺)한데 양인(羊刃)을 만나면 혈광이 따르고, 편재(偏財)가 도화(桃花)에 앉으면 도난을 당하고, 겁재(劫財)·상관(傷官)·양인(羊刃)이 동주(同柱)하면 칼에 다치거나 흉사한다.

— 일(日)에 관귀(官鬼)가 있는데 형(刑)을 거듭 만나면 악사하고,

양인(羊刃)과 겁재(劫財)가 천간(天干)에 있으면 젊어서 죽는다.

― 편인(偏印)이 년주(年柱)·시주(時柱)·월지(月支)에 있는데 운에서 수성(壽星)을 만나면 재앙이 따른다.

― 편재(偏財)가 있으면 연년익수(延年益壽)할 수 있으나 겁재(劫財)를 만나면 재앙이 이르고, 칠살(七殺)이 제지하지 못하면 관성(官星)을 만나도 화가 되며 수명도 길지 않다.

― 년주(年柱)에 상관(傷官)이 있는데 세운(歲運)에서 상관(傷官)을 만나면 얼굴에 부상을 당하고, 삼원(三元)이 쇠한데 살(殺)이 왕하면 자동차를 몰고가다 죽는다.

― 인두귀(刃頭鬼)가 있으면 조용히 죽기 어렵고, 재성(財星)과 인성(印星)이 만나면 파도를 만나 죽는다.

― 묘(卯)년생이 일시(日時)에 갑(甲)이 있으면 조원양인(朝元羊刃)이라 하여 흉하다. 양인(羊刃)은 상형(相刑)과 자형(自刑)을 꺼리는데 화가 가장 중하다.

― 비겁(比劫)이 매우 왕하면 종(從)하지 않는데 식상(食傷)의 설기(泄氣)도 없으면 피살되기 쉽다.

― 신약(身弱)한데 천간(天干)에 상관(傷官)이나 칠살(七殺)이 있으면 떠돌다가 피살되기 쉽다.

― 상관(傷官)·칠살(七殺)·양인(羊刃)이 동주(同柱)하면 도광(刀光)의 재액을 범하기 쉽다.

― 종강격(從强格)과 종왕격(從旺格)이 행운에서 구제받지 못하면 시정이나 장거리에서 피살되기 쉽다.

― 겁재(劫財)가 기신(忌神)인데 천투지장(天透地藏)되면 도난을

당한다.

— 식신(食神)과 편인(偏印)이 모두 있으면 도난을 범하기 쉽다.

— 일지(日支)에 정재(正財)나 편재(偏財)가 있는데 충(沖)되면 뜻 밖의 사고를 당하기 쉽고, 일주(日主)에 양인(羊刃)이나 칠살 (七殺)이 있으면 좋지 않다.

— 보는 곳에 재성(財星)이 없으면 반드시 공중의 화를 당하고, 정 관(正官)이 칠살(七殺)에 앉으면 자연재해가 끊이지 않는다.

— 편인(偏印)이 편인(偏印)에 앉으면 도난·화재·성병이 따른다.

— 식신(食神)이 칠살(七殺)에 앉으면 화가 따르기 쉽고, 식신(食 神)이 수(水)에 들면 굴원(屈原: 전국시대 초나라 사람)이 멱라 수에 몸을 던져 죽는 것과 같다.

— 정관(正官)이 칠살(七殺)에 앉으면 재해가 끊이지 않는다.

— 금(金)은 주로 칼에 형상을 입고, 수(水)는 주로 강하나 바다에 서 배가 뒤집혀 가라앉고, 목(木)은 주로 들보에 목을 매고, 화 (火)는 주로 불에 타서 죽거나 뱀에 물린다.

— 사주에 수(水)가 있는데 화왕(火旺)운으로 들어가거나, 수성(水 星)의 대운(大運)과 유년(流年)을 합거(合去)하면 화재를 조심 해야 한다.

— 사주나 행운에서 수화(水火)가 싸우는데 수(水)가 성하면 화 (火)운에 흉하고, 화(火)가 성하면 수(水)운에 흉하다.

— 병정해자(丙丁亥子)나 인신사해(寅申巳亥)가 모두 충(沖)되면 강이나 바다에 빠진다.

— 사유축신(巳酉丑申)이 모두 있는데 천간(天干)에 기(己)가 있으

면 머리나 얼굴이 온전하지 못하고, 사유축(巳酉丑)이 모두 있거나 천간(天干)에 기(己)가 있으면 뜻밖의 상해가 따른다.

— 유(酉)일 술(戌)시생은 얼굴을 다치고, 임(壬)이 진술(辰戌)이나 인(寅)을 만나면 신액이 따른다.

— 육갑(六甲)일생이 중다한 경신(庚辛)를 만나면 반드시 재액이 따르고, 병기정무(丙己丁戊)가 모두 있으면 교통사고를 당한다.

— 술해(戌亥)가 연달아 있으면 음가(陰家)에서 도적이 나오고, 3술(戌)이 진(辰)을 충(沖)하면 재화가 심하다.

— 세운(歲運)과 원명이 회성(會成)하면 혈광액을 만나기 쉽다. 3간(干)이 1간(干)을 극(剋)하거나, 3지(支)가 1지(支)를 충(沖)하거나, 1지(支)가 3지(支)를 형(刑)하거나, 4지(支)가 1지(支)를 합(合)하거나, 4간(干)이 1간(干)을 합(合)하는 것을 말한다.

— 병(丙)이 신(申)에 임하면 연년(延年)을 얻기 어려우니 자동차 사고로 숨지기 쉽고, 기(己)가 해(亥)에 들었는데 음목(陰木)을 만나면 수명이 손상되거나 벼락에 상하거나 죽는 경우가 많다.

— 일(日)이 세군(歲君)을 범하거나 쌍충(雙沖)이 왕(旺)을 범하면 혈광액이 따른다.

— 세후(歲後)의 1진(辰)이 충(沖)을 만나고, 원명의 신(神)이 입묘(入墓)되거나 충(沖)을 만나고, 원명의 오행(五行)이 편고하거나 편왕하고, 세운(歲運)에서 충극(沖剋)을 만나면 자동차사고를 당하기 쉽다.

— 삼합(三合)이 대충(對沖)되어 희신(喜神)이 패하고 시주(時柱)가 복음(伏吟)이 되었는데 반음(返吟)이나 복음(伏吟)이나 기신

(忌神)의 세운(歲運)이 아울러 임하면 혈광액을 당하기 쉽다.

— 자형(自刑)을 거듭 만나면 자사(自死)하거나 자흉(自凶)하고, 유년(流年)과 일주(日柱)가 반음(返吟)이나 복음(伏吟)이 되면 교통사고를 당하기 쉽다.

— 삼합(三合)이 용신(用神)을 충극(沖剋)하고, 양인(羊刃)·백호(白虎)·적살(的殺)이 충(沖)되고, 겁살(劫殺)이 합(合)되고, 삼형(三刑)이 충(沖)되고, 충(沖)이 양인(羊刃)을 합(合)하거나 회(會)하여 양형(兩刑)이나 양충(兩沖)이 있고, 충(沖)이 년지(年支)나 시지(時支)를 합(合)하고, 양인(羊刃)이 충(沖)을 만나고, 충(沖)이 년간(年干)에 투출(透出)하면 교통사고를 당한다.

— 취명관(取命關)이 있으면 높은 곳이나 험한 곳을 조심해야 한다. 인오술(寅午戌)년에는 진(辰)시가 흉하고, 사유축(巳酉丑)년에는 인(寅)시가 흉하고, 신자진(申子辰)년에는 사(巳)시가 흉하고, 해묘미(亥卯未)년에는 미(未)시가 흉하다.

— 3제(制)가 있는데 3지(支)가 천간(天干)을 극(剋)하고 시주(時柱)에 칠살(七殺)이 투출(透出)하여 시귀적(時鬼賊)이 되면 재액을 당한다.

— 천화살(天火殺)이 있으면 화재를 당한다. 예를 들어 인오술(寅午戌)은 병정(丙丁)이 5개를 점령하는데 수(水)가 없거나, 수(水)가 있는데 수(水)를 극합(剋合)하는 운을 만나면 해당한다.

— 극봉살(戟鋒殺)이 있으면 화재를 당한다. 극봉살(戟鋒殺)은 일시간(日時干)과 월지(月支)가 같으면 성립한다. 예를 들어 일시(日時)가 갑신(甲申)인데 인(寅)월을 만나거나, 일시(日時)가 을

을(乙乙)인데 묘(卯)월을 만나거나, 일시(日時)가 무무(戊戊)인
데 진(辰)월을 만나는 것이다.

— 파살(破殺)이 있으면 소년기에 재액을 많이 당한다. 묘(卯)년
　오(午)시생, 축(丑)년 진(辰)시생, 자(子)년 유(酉)시생, 미(未)
　년 술(戌)시생이면 해당한다.

— 뇌정살(雷霆殺)이 있으면 갑자기 난을 당한다. 1·7월생은 자(子)
　시, 2·8월생은 인(寅)시, 3·9월생은 진(辰)시, 4·10월생은 오(午)
　시, 5·11월생은 신(申)시, 6·12월생은 술(戌)시이면 해당한다.

— 괘검살(掛劍殺)이 있으면 수술이나 유혈이 따른다. 사유축신(巳
　酉丑申)이 모두 있는데 원진(怨嗔)·망신(亡身)·금신(金神)·
　백호(白虎)와 어울리면 더 흉하다.

— 일목계쌍마(一木繫雙馬)가 있으면 평생 놀라는 일과 험한 일이
　많다. 일목계쌍마(一木繫雙馬)는 인오술(寅午戌)이 무신(戊申)
　을 보거나, 신자진(申子辰)이 경인(庚寅)을 보거나, 마(馬)의 천
　간(天干)이 지지(地支)를 극(剋)하면 해당한다.

— 신(身)이 목욕(沐浴)년에 임하면 수액을 당한다.

時	日	月	年		26	16	
戊	戊	甲	己		辛	壬	男
午	戌	戌	卯		未	申	命

본명은 토(土)가 왕한데 갑목(甲木)이 투출(透出)하여 갑기화토
(甲己化土)하고, 묘술합화(卯戌合化)·오술합화(午戌合火)하므로

사주가 화염토조(火炎土燥)하니 습토(濕土)와 금(金)을 기뻐한다. 미(未)운은 조토(燥土)인데 계축(癸丑)년은 원명의 2무(戊)와 극합(剋合)을 다투고, 대운(大運)과 유년(流年)이 축술미(丑戌未) 삼형(三刑)을 이루어 축(丑)은 천구(天狗)가 되고, 미(未)는 년지(年支)의 혈인(血刃)이 되었다. 이 사람은 미(未)운 계축(癸丑)년에 교통사고로 죽을 뻔 하였다.

時	日	月	年		27	17	7	
丁	壬	戊	戊		辛	庚	己	男
未	申	午	子		酉	申	未	命

본명은 재살격(財殺格)이며 인겁(印劫)이 용신(用神)이다. 신유(辛酉)대운은 좋으나 병진(丙辰)년은 신자진(申子辰)이 합(合)하여 양인(羊刃)이 제강(提綱)을 충(沖)하고, 무술(戊戌)월에는 칠살(七殺)을 거듭 만나고, 병진(丙辰) 년일(年日)은 세운(歲運)을 범하나 원명에서 풀린다. 술(戌)월은 년지(年支)의 혈인(血刃)과 칠살(七殺)·천구(天狗)가 되니 병진(丙辰)년 무술(戊戌)월에 교통사고를 당하였다.

時	日	月	年		35	25	15	
戊	丙	乙	丙		己	戊	丁	男
子	午	未	子		亥	戌	酉	命

본명은 화토(火土)가 모두 왕하니 금수(金水)를 기뻐하는데 자오충(子午沖)과 자미해(子未害)로 수(水)가 손상되었다. 기토(己土)대운은 불리하나 임자(壬子)년 칠살(七殺)은 기토(己土)와 짝하여 상관견살(傷官見殺)이 되었다. 임자(壬子)년에 3자(子)가 1오(午)를 충(沖)하고 양인(羊刃)을 충(沖)하는데 원명에서 양인(羊刃)을 충합(沖合)하고, 일주(日主)는 양인(羊刃)이 있으니 항복하지 않아 임자(壬子)년에 교통사고를 당하였다.

時	日	月	年		22	12	
庚	壬	丙	丁		癸	甲	男
子	子	午	酉		卯	辰	命

본명은 재격(財格)이며 신강(身强)하다. 자오충(子午沖)으로 수화(水火)가 다투는데 목(木)이 통관(通關)시키지 못한다. 묘(卯)운에는 자오묘유(子午卯酉)를 모두 만나 쌍충(雙沖)하고, 정묘(丁卯)년과 계묘(癸卯)대운의 수화(水火)가 상극(相剋)한다. 묘(卯)는 재살(災殺)이 되고, 임자(壬子)월과 일주(日柱)는 복음(伏吟)이 되고, 양인(羊刃)을 거듭 만나 월주(月柱)와 반음(返吟)이 되니 31세인 정묘(丁卯)년 임자(壬子)월에 교통사고를 당하였다.

時	日	月	年		24	14	
壬	庚	癸	甲		丙	乙	男
午	寅	酉	午		子	亥	命

본명은 월인격(月刃格)이나 사주 전국에 극설(剋泄)이 교가(交加)하여 양인(羊刃)이 용신(用神)이다. 대운(大運)의 칠살(七殺)은 상관(傷官)에 앉아 쌍충(雙沖)되고, 유년(流年)의 정관(正官)은 정재(正財)에 앉아 월인(月刃)을 충(沖)한다. 자묘오(子卯午)가 삼형(三刑)을 이루며 충(沖)되고, 자(子)는 재살(災殺)인데 관성(官星)을 충(沖)하고, 유(酉)는 일지(日支)에서 혈인(血刃)이 되니 33세인 정묘(丁卯)년에 교통사고를 당하였다.

時	日	月	年		54	44	34	
癸	甲	己	庚		乙	甲	癸	男
酉	戌	卯	午		酉	申	未	命

본명은 월인격(月刃格)이며 양인(羊刃)을 제(制)하는 칠살(七殺)이 용신(用神)이다. 그러나 오술(午戌)이 암합(暗合)하여 화(火)로 변하는데 수(水)가 구해주고, 대운(大運)이 합살(合殺)하고, 월주(月柱)와 복음(伏吟)이 되고, 양인(羊刃)을 충(沖)하니 불리하다. 유년(流年)이 다시 양인(羊刃)으로 들어가고, 상관(傷官)이 양인(羊刃)에 앉았으니 역시 흉하다. 을유(乙酉)대운 중인 58세 정묘(丁卯)년에 교통사고를 3번이나 당하였다.

時	日	月	年		12	2	
丙	庚	丁	甲		己	戊	男
戌	午	卯	寅		巳	辰	命

본명은 재격(財格)으로 재성(財星)이 왕하며 무리를 이루어 관살 (官殺)이 혼잡하다. 이 사주는 관인상생(官印相生)하여 종(從)하느 냐 종(從)하지 않느냐가 중요하니 출생지의 영향이 매우 크다. 기 사(己巳)대운의 기(己)는 갑(甲)과 합(合)되고, 무진(戊辰)년은 인 묘진목(寅卯辰木)이 되어 흉하니 15세인 무진(戊辰)년에 교통사고 로 숨진 것이다.

時	日	月	年		34	24	
乙	壬	庚	甲		甲	癸	男
巳	戌	午	申		戌	酉	命

본명은 재격(財格)으로 관살(官殺)이 왕한데 식상(食傷)이 함께 투출(透出)하여 신약(身弱)하니 인수(印綬)가 용신(用神)이다. 갑 술(甲戌)대운은 기신(忌神)이고, 병인(丙寅)년은 인오술(寅午戌)이 모두 있으니 신금(申金) 인수(印綬)를 충(沖)하고, 인(寅)은 역마 (驛馬)가 되어 43세인 병인(丙寅)년에 교통사고를 당한 것이다.

時	日	月	年		27	17	
庚	甲	庚	己		癸	壬	女
午	戌	午	亥		酉	申	命

본명은 갑목(甲木)이 여름철에 태어나 메마르고, 칠살(七殺)이 투 출(透出)하여 극설(剋泄)이 교집(交集)하니 년지(年支)의 해(亥)가

용신(用神)이나 허약하다. 경금(庚金) 역시 오화(午火)에 앉아 상생(相生)할 수 없으니 사주의 격이 낮다. 계수(癸水)대운은 매우 좋으나 유년(流年) 무토(戊土)가 극합(剋合)하고, 진유해오(辰酉亥午)가 자형(自刑)을 거듭 만나고, 일주(日柱)와 반음(返吟)이 되고, 유(酉)는 적살(的殺)이 되었다. 따라서 30세인 무진(戊辰)년에 자살한 것이다.

時	日	月	年		33	23	
乙	己	丁	庚		辛	庚	男
亥	卯	亥	辰		卯	寅	命

본명은 재격(財格)이 당살(黨殺)하고 식상(食傷)이 투출(透出)하여 정화(丁火)가 용신(用神)이나 힘이 없다. 유년(流年)의 상관(傷官)이 역마(驛馬)를 암충(暗沖)하고, 상관(傷官)이 기신(忌神)이 되었다. 따라서 41세인 경신(庚申)년에 바다에서 사고를 당한 것이다.

時	日	月	年		14	4	
己	辛	乙	戊		丁	丙	男
亥	丑	卯	戌		巳	辰	命

본명은 편재격(偏財格)이며 해묘(亥卯)가 만나 목(木)이 되고, 년주(年柱)의 인수(印綬)가 끊어졌으니 금(金)이 용신(用神)이다. 대운(大運)의 칠살(七殺)을 꺼리는데 유년(流年)에 관성(官星)이 다

시 혼잡되고, 병신합(丙辛合)하여 진(辰)에 입묘(入墓)되고, 진사술해(辰巳戌亥)가 모두 있고, 사해(巳亥)·망신(亡身)·겁살(劫殺)이 충(沖)하였다. 19세인 병진(丙辰)년에 수영하다가 죽었다.

時	日	月	年		32	22	
辛	丁	己	乙		乙	丙	男
丑	亥	卯	亥		亥	子	命

본명은 편인격(偏印格)이며 해묘(亥卯)가 만나 목(木)이 되니 재성(財星)을 용신(用神)으로 삼아 인수(印綬)를 파해야 한다. 대운(大運)이 효인(梟印)으로 가는데 유년(流年)에 효인(梟印)을 거듭 만나고, 해(亥)는 혈인(血刃)이 되었다. 따라서 41세인 을묘(乙卯)년에 교통사고를 당하여 다리가 부러졌다.

時	日	月	年		37	27	
乙	壬	丁	己		癸	甲	男
巳	申	丑	巳		酉	戌	命

본명은 대한(大寒) 하루 후에 태어나 기토(己土)가 용사(用事)한다. 신금(辛金)이 1개 있고, 사화(巳火)는 사축화금(巳丑化金) 사신합수(巳申合水)하니 신강(身强)하다. 정관(正官)이 투출(透出)하고, 사(巳) 중의 살(殺)이 서로 섞이고, 상관(傷官)이 투출(透出)하여 정관격(正官格)이 조금 깨졌으니 재성(財星)이 투출(透出)하면 길

하다. 그러나 계유(癸酉)대운의 계수(癸水)가 정화(丁火)를 극(剋)하고, 사유축(巳酉丑)이 모여 금국(金局)을 이루고, 신해(辛亥)년에 사화(巳火)를 충(沖)하니 용신(用神)이 상하였다. 유(酉)는 적살(的殺)이 되고, 해(亥)는 역마(驛馬)가 되니 43세인 신해(辛亥)년에 비행기 사고로 숨진 것이다.

時	日	月	年	14	4	
己	壬	甲	戊	丙	乙	男
酉	申	寅	戌	辰	卯	命

본명은 식신격(食神格)인데 신인충(申寅沖)되어 편인(偏印)이 격을 깨트린다. 관살(官殺)이 혼잡하니 비겁(比劫)이 도와주면 식신(食神)을 생조(生助)하고 재성(財星)이 효인(梟印)을 제(制)하면 길하다. 그러나 진(辰)운에 진술충(辰戌沖)이 되어 살(殺)이 더 강해지고, 경신(庚申)년과 월주(月柱)가 반음(返吟)이 되고, 신(申)은 역마(驛馬)가 되었다. 따라서 23세인 경신(庚申)년에 바다에서 난을 만나 실종된 것이다.

時	日	月	年	24	14	
庚	壬	丙	丁	癸	甲	男
子	辰	午	巳	卯	辰	命

본명은 재격(財格)이며 재성(財星)이 왕하니 금수(金水)가 용신

(用神)이다. 대운(大運)의 묘목(卯木)이 화(火)를 도와주니 흉하고, 유년(流年)의 무토(戊土) 칠살(七殺)이 양인(羊刃)에 앉고, 양인(羊刃)은 대운(大運)을 형(刑)하고, 묘(卯)는 재살(災殺)이 되고, 사(巳)는 혈인(血刃)이 되고, 원명의 양인(羊刃)은 충합(沖合)되어 32세인 무자(戊子)년에 피살된 것이다.

時	日	月	年	18	8	
甲	丙	庚	丙	戊	己	女
午	戌	子	子	戌	亥	命

본명은 갑목(甲木)이 용신(用神)인데 대운(大運)의 기토(己土)가 용신(用神)을 합(合)하고, 해자(亥子)가 만나 수(水)가 되어 오(午)를 충(沖)하고, 경인(庚寅)년의 경(庚)이 용신(用神)을 극(剋)하고, 인오술(寅午戌)이 화국(火局)을 이루어 해자(亥子)를 충(沖)한다. 인(寅)은 역마(驛馬), 해(亥)는 망신(亡身), 오(午)는 재살(災殺)이 되어 15세인 경인(庚寅)년에 뜻밖의 사고로 숨진 것이다.

時	日	月	年	25	15	
甲	戊	癸	壬	丙	乙	男
寅	辰	卯	辰	午	巳	命

본명은 정관(正官)이 있는데 살(殺)이 나타났고, 인묘진(寅卯辰)이 목국(木局)을 이루어 가종살격(假從殺格)이 되었다. 대운(大運)

의 병화(丙火) 인수(印綬)를 꺼리고, 병진(丙辰)년에 다시 인비(印比)가 투출(透出)하여 신(身)을 도우나 임병충(壬丙冲)이 되어 흉하다. 25세인 병진(丙辰)년에 물에 빠져 죽었다.

時	日	月	年		15	5	
辛	癸	甲	辛		壬	癸	男
酉	酉	午	亥		辰	巳	命

본명은 재성(財星)이 당령(當令)했으나 금수(金水)가 강하니 재성(財星)이 용신(用神)이다. 대운(大運) 계수(癸水)가 왕함을 돕고, 사유(巳酉)가 합(合)하여 금(金)이 되고, 신유(辛酉)년이 다시 금(金)을 돕는다. 사(巳)는 역마(驛馬)이고 유(酉)는 적살(的殺)인데 유유자형(酉酉自刑)하여 재성(財星)이 상하였다. 따라서 11세인 신유(辛酉)년에 비행기 추락사고로 숨진 것이다.

時	日	月	年		35	25	
壬	戊	癸	庚		丁	丙	男
戌	寅	未	午		亥	戌	命

본명은 대서(大署) 4일 후에 태어나 기토(己土)가 사령(司令)했는데 인오술(寅午戌)이 화국(火局)을 이루어 화토(火土)가 모두 왕하니 금(金)이 용신(用神)이다. 그러나 금수(金水)가 허약하고 인수운(印綬運)을 꺼리는데 인해합(寅亥合)하고, 계축(癸丑)년에 무

(戊)가 계(癸)를 합(合)하고, 경금(庚金)이 축묘(丑墓)에 들고, 축술미(丑戌未) 삼형(三刑)이 되었다. 따라서 44세인 계축(癸丑)년에 피살된 것이다.

```
時 日 月 年        29 19
丙 乙 戊 乙        辛 庚       女
子 卯 寅 亥        巳 辰       命
```

본명은 신왕(身旺)하니 병화(丙火)를 용신(用神)으로 삼아 신(身)을 따뜻하게 해주고 목(木)을 설기(泄氣)해야 한다. 그러나 신사(辛巳)대운에서 신(辛)이 병화(丙火) 용신(用神)을 합(合)하고, 사(巳)는 해자(亥子)에게 충(沖)되었다. 임자(壬子)년에 다시 수(水)를 돕고 임(壬)은 병화(丙火)를 극(剋)하니 매우 흉하고, 병오(丙午)월에 다시 임자(壬子)년과 반음(返吟)이 되고, 사(巳)는 역마(驛馬)가 되어 원명의 비겁(比劫)을 꺼리는데 칠살운(七殺運)으로 들어갔다. 따라서 38세인 임자(壬子)년 병오(丙午)월에 강간을 당하고 목을 매어 죽은 것이다.

```
時 日 月 年        15  5
庚 壬 丁 丁        乙 丙       男
戌 辰 未 酉        巳 午       命
```

본명은 일주(日主) 임수(壬水)가 수고(水庫)에 앉았으나 충(沖)되었다. 따라서 수(水)가 부족하고 화토(火土)가 중하니 금수(金水)는 길하나, 토수(土水)가 전쟁을 벌여 수(水)가 손상되니 화(火)는 흉하다. 이 사람은 대학에 다닐 때 거주지에서 화재를 당하였다.

時	日	月	年	28	18	
壬	庚	戊	庚	乙	丙	女
子	子	寅	辰	亥	子	命

본명은 경금(庚金)이 봄철에 태어나 절지(絶地)에 앉았으니 지지(地支)에 뿌리가 없어 토금(土金)이 용신(用神)이다. 그러나 을해(乙亥)대운에 재성(財星)이 인수(印綬)를 무너뜨려 용신(用神)이 손상되고, 인해(寅亥)가 합(合)하여 목(木)이 되고, 금수(金水)년으로 들어가고, 유년(流年)의 계(癸)가 무토(戊土) 용신(用神)을 합(合)하고, 을(乙)이 경(庚)을 합(合)하여 희신(喜神)이 되고, 해자(亥子)가 합(合)하여 수(水)가 되어 오(午)를 충(沖)하니 수화(水火)가 서로 다툰다. 해(亥)는 망신(亡身), 자(子)는 백호(白虎), 오(午)는 재살(災殺)과 혈인(血刃), 화(火)는 기신(忌神)이 되어 흉하다. 따라서 33세인 계해(癸亥)년에 화재를 당하여 숨졌다.

7장. 빈부와 귀천

1. 빈부

『적천수(滴天髓)』에 부자가 되려면 재기(財氣)가 문호(門戶)에 통해야 한다면서 다음과 같이 설명하였다. "신강(身强)한데 재성(財星)이 왕하면 관성(官星)이 재성(財星)을 보호해야 하고, 인수(印綬)가 기신(忌神)이면 재성(財星)이 인수(印綬)를 무너뜨릴 수 있어야 하고, 인수(印綬)가 희신(喜神)이면 재성(財星)이 관성(官星)을 생(生)할 수 있어야 하고, 상관(傷官)이 중하면 재성(財星)이 유통시켜야 하고, 재성(財星)이 중하고 상관(傷官)이 한정되어 있어야 하고, 천간(天干)에 재성(財星)이 없으면 지지(地支)에 암(暗)으로 재국(財局)을 이루어야 하고, 천간(天干)에 재성(財星)과 상관(傷官)이 노출되어야 한다."

부자가 되려면 3가지 조건을 갖추어야 한다. 첫째는 일주(日主)가 낭건(朗健)해야 하고, 둘째는 재성(財星)이 유기해야 하고, 셋째는 대운(大運)이 순수(順遂)해야 한다. 재성(財星)의 유기는 재성(財星)이 희용신(喜用神)이 되면 역량을 발휘할 수 있다. 재성(財星)을 기뻐하는데 재성(財星)이 유력유정함이다. 재성(財星)이 충극(沖剋)되지 않고, 회합(會合)하여 기신(忌神)이 되지 않아야 한다. 재성(財星)은 탁해도 무방하며, 큰 부자의 명은 재성(財星)이 많지 않다. 다만 생화유정(生化有情)이 중요하다.

時	日	月	年							
辛	庚	己	丙		乙	甲	癸	壬	辛	庚	男
巳	申	亥	寅		巳	辰	卯	寅	丑	子	命

본명은 대부격 사주이다. 천원(天元)이 녹(祿)에 앉고, 시(時)에 장생(長生)이 임하고, 일주(日主)가 낭건(朗健)하니 재성(財星)을 감당할 수 있다. 식신(食神)이 득령(得令)하여 재성(財星)을 생(生)하고, 금생수(金生水) 수생목(水生木)으로 재원(財源)이 왕성하니 크게 발전할 수 있다. 인해합(寅亥合)하여 재성(財星)이 되고, 재성(財星)은 충극(沖剋)되지 않아 정과 힘이 있다. 재성(財星)은 병살(丙殺)을 생(生)하고 병살(丙殺)은 재성(財星)을 보호하며 살인상생(殺印相生)을 이루고, 운도 화재관지향(火財官之鄕)으로 흐르니 큰 부자가 된 것이다.

時	日	月	年		53	43	33	23	13	
己	戊	甲	癸		戊	己	庚	辛	壬	男
未	戌	子	巳		午	未	申	酉	戌	命

본명은 대부격 사주이다. 신왕(身旺)한데 재성(財星)이 득령(得令)하여 천투지장(天透地藏)하나 식상(食傷)이 너무 약한 것이 아쉽다. 그러나 23세부터 20년 동안 식상운(食傷運)이니 매우 좋고, 36세 무진(戊辰)년과 경신(庚申)대운에 명(命)·운(運)·세(歲)가 신자진(申子辰) 삼합(三合)하여 재국(財局)을 이루어 수십억 원을 벌었다.

時	日	月	年	59	49	39	29	19	
乙	甲	乙	辛	辛	庚	己	戊	丁	女
亥	子	未	巳	丑	子	亥	戌	酉	命

본명은 신왕(身旺)한데 재성(財星)이 득령(得令)하고, 년지(年支)의 사화(巳火) 식신(食神)이 상생(相生)하고, 기신(忌神)인 자수(子水)를 극제(剋制)하니 재성(財星)의 역량을 발휘할 수 있어 소부격을 이루었다. 이 사람은 혼인 후 관광업을 시작하여 큰 이익을 냈으나 해(亥)운 후에는 매출이 줄었다.

時	日	月	年	58	48	38	28	18	
乙	乙	甲	戊	庚	己	戊	丁	丙	男
酉	亥	寅	寅	申	未	午	巳	辰	命

본명은 비겁(比劫)이 많으니 일주(日主)가 매우 왕하다. 그러나 재성(財星)이 득령(得令)하지 못하고, 겁재(劫財)가 재성(財星)을 극

(剋)하니 재성(財星)이 힘이 없고, 게다가 식상(食傷)도 약하니 재원(財源)이 약하다. 비록 중년운에서 식상(食傷)이 생재(生財)하나 원명의 재성(財星)이 워낙 약하여 소강(小康)을 이루었을 뿐이다.

時	日	月	年	48	38	28	18	8	
甲	己	庚	丙	乙	丙	丁	戊	己	女
子	巳	子	申	未	申	酉	戌	亥	命

본명은 일주(日主) 기토(己土)가 사화(巳火)를 뿌리로 삼으나 신약(身弱)하다. 따라서 재성(財星)을 꺼리는데 재성(財星)이 포악하다. 30세 을축(乙丑)년에 명(命)·운(運)·세(歲)가 사유축(巳酉丑) 삼합(三合)하여 금국(金局)이 되고, 일지(日支) 사화(巳火)는 합(合)을 탐하여 기신(忌神)이 되니 크게 파재하였다. 그러나 만년에 화토(火土)운을 만나면 의식은 풍족할 것이다.

時	日	月	年						
辛	辛	丙	癸	庚	辛	壬	癸	甲	乙	男
卯	卯	辰	酉	戌	亥	子	丑	寅	卯	命

본명은 서낙오(徐樂吾)의 『고금명인명감(古今名人命鑑)』에 실린 명나라 권신 엄숭의 아들 엄세번의 사주이다. 진유합금(辰酉合金)하고 신왕(身旺)하니 충분히 재성(財星)을 감당할 수 있는데 재성(財星)이 꽤 유력하다. 중년 이전의 수(水)운에는 식상(食傷)이 생

재(生財)하여 큰 부자가 되었으나 경술(庚戌)대운에 비겁(比劫)이 쟁재(爭財)하여 화근이 되었다.

時	日	月	年	52	42	32	22	12	
丙	丁	壬	庚	戊	丁	丙	乙	甲	男
午	未	午	辰	子	亥	戌	酉	申	命

본명은 일주(日主)가 매우 강한데 비겁(比劫)이 쟁재(爭財)한다. 재성(財星)은 상관(傷官)이 생(生)해주고 정관(正官)이 보호해주나 천간(天干)에 있으니 빼앗기기 쉽다. 50세 기사(己巳)년에 사오미(巳午未)가 삼합(三合)하여 비겁(比劫)이 재성(財星)을 극(剋)할 때 합법적이지 않은 회사에 투자했다가 5억 원을 손해보았다.

時	日	月	年	52	42	32	22	
庚	丁	辛	乙	乙	丙	丁	戊	男
子	亥	巳	亥	亥	子	丑	寅	命

본명은 일주(日主)가 득령(得令)했으나 사주에 재관(財官)이 맹렬하니 신약(身弱)한데 쌍해(雙亥)가 사(巳)를 충(沖)하니 용신(用神)이 깨졌다. 따라서 재성(財星)을 꺼리는데 신금(辛金) 재성(財星)이 인수(印綬)를 극(剋)하고, 중년 이후 수(水)운으로 흘러 말할 수 없이 궁핍하였다.

時	日	月	年		55	45	35	25	15	
己	己	乙	庚		己	庚	辛	壬	癸	女
巳	未	酉	寅		卯	辰	巳	午	未	命

 본명은 일주(日主) 기토(己土)가 강하니 재성(財星)을 감당할 수 있다. 식상(食傷)이 월지(月支)에 들고 천투지장(天透地藏)이 되어 재원(財源)이 끊이지 않는다. 그러나 사주에 재성(財星)이 보이지 않고 대운(大運)에서도 나타나지 않는다. 이 사람은 중개업을 했는데 단골손님이 많아 늘 바빴으나 이재에 밝지 못하여 재물을 모으지는 못하였다.

時	日	月	年		55	45	35	25	15	
辛	壬	戊	壬		甲	癸	壬	辛	庚	男
丑	子	申	午		寅	丑	子	亥	戌	命

 본명은 신왕(身旺)하며 재성(財星)이 있으나 식상(食傷)이 전혀 없으니 재성(財星)을 보호할 수 없고 재원(財源)도 없다. 중년 이전의 대운(大運) 역시 식상(食傷)을 만나지 못하니 근검절약으로 근근히 살아간다. 또 비겁(比劫)이 재성(財星)을 극(剋)하니 파모가 적지 않다.

2 귀천

격국(格局)과 용신(用神)의 배합이 좋고 대운(大運)이 순수(順邃)
하면 비교적 부귀에 도달하기 쉬우나 부(富)와 귀(貴)를 보는 방법
은 다르다. 부명(富命)은 일주(日主)와 재성(財星)의 배합이 중하
고, 귀명(貴命)은 일주(日主)와 관성(官星)의 배합이 중하다. 그러
나 십신(十神) 중 어느 것도 소홀하게 여기면 안 된다.

다만 부명(富命)은 재성(財星)을 제외한 식상(食傷)과 관살(官殺)
에 중점을 둔다. 대개 식상(食傷)은 재원(財源)이고, 관살(官殺)은
호위하는 신이기 때문이다. 귀명(貴命)은 관성(官星)을 제외한 재
성(財星)과 인수(印綬)에 중점을 둔다. 대개 재성(財星)은 지지와
존중을 나타내고, 인수(印綬)는 권력을 나타내기 때문이다.

부명(富命)은 재성(財星)이 탁(濁)해도 되지만 귀명(貴命)은 관성
(官星)이 청(淸)해야 한다. 그리고 귀명(貴命)은 오행(五行)의 유
통이나 음양(陰陽)의 조화가 부명(富命)보다 더 중하다. 다시 말해
귀명(貴命)의 조건이 더 까다롭다. 귀명(貴命)을 이루려면 다음의
조건을 갖추어야 한다.

첫째, 신강(身强)하면 일주(日主)의 뿌리를 묶고 적당히 강왕하면
관성(官星)의 극(剋)을 기뻐한다. 그렇지 않으면 심하게 극(剋)하
여 의지가 할 데가 없다. 관성(官星)이 힘이 있는데 천투지장(天透
地藏)되면 진신(眞神)이 득용(得用)하는 것을 가장 좋아한다. 관성
(官星)이 잘 나타나고, 충극(沖剋)되지 않고, 합(合)하여 기신(忌
神)이 되지 않아야 하고, 재성(財星)이나 인수(印綬) 앞뒤에서 보

호해주어야 하고, 대운(大運)이 순수(順邃)해야 한다.

둘째, 신약(身弱)하면 마땅히 뿌리가 있어야 하는데 너무 약하면
안 된다. 관성(官星)이 강왕하면 인수(印綬)로 화살(化殺)해야 하
고, 인수(印綬)가 유력하여 천투지장(天透地藏)되거나 월령(月令)
을 얻어야 하고, 대운(大運)이 순수(順邃)해야 한다.

셋째, 신살(身殺)이 양정(兩停)하면 신강(身强)해야 하고 살성(殺
星)도 강해야 한다. 관성(官星)이 많으면 역시 살(殺)이 된다. 식신
(食神)이 힘이 있어 제살(制殺)해야 하고, 대운(大運)이 순수(順
邃)해야 한다.


```
時  日  月  年
庚  庚  丙  己      男
辰  申  寅  酉      命
```

본명은 일주(日主) 경금(庚金)이 녹왕(祿旺)을 만나 신강(身强)하
다. 관성(官星)을 기뻐하는데 칠살(七殺)이 분명하게 나타나 있고,
월지(月支)의 재성(財星)이 자생(滋生)한다. 관성(官星)은 재성(財
星)과 인수(印綬)의 보호를 받아야 정과 힘이 있다. 대운(大運)이
동남 목화(木火)운으로 흐르면 반드시 벼슬길에 올라 이름을 빛낼
것이다. 그러나 아쉽게도 금수(金水)운으로 들어가니 중년 이후에
형모(刑耗)를 모두 보았다.

時 日 月 年
辛 己 丙 甲　　男
未 巳 寅 子　　命

　본명은 관성(官星)이 당권(當權)하여 왕하니 재성(財星)과 서로 도와 살(殺)이 매우 난폭하다. 그러나 다행히 일시(日時)에 통근(通根)하고, 관인(官印)이 상생(相生)하고, 오행(五行)이 중화되어 상하좌우에서 도와주니 대귀한 명이 되었다.

時 日 月 年
甲 戊 甲 戊　　男
寅 午 寅 子　　命

　본명은 토(土)가 쇠하고 목(木)이 성하니 신약(身弱)한데 살(殺)이 포악하다. 그러나 일지(日支)에 정인(正印)이 있고, 인오(寅午)가 합(合)하여 화(火)가 되어 생공(生拱)하니 유정하고, 대운(大運)이 남방 화토(火土)운으로 들어가니 출사하여 명성을 떨쳤다.

時 日 月 年
辛 壬 戊 甲　　男
亥 午 辰 子　　命

　본명은 시주(時柱)에 귀록(歸祿)이 있고, 정인(正印)이 상생(相

生)하니 신약(身弱)하지 않으나 칠살(七殺)이 천간(天干)에 병령(秉令)하여 살세(殺勢)가 엄하다. 다행히 식신(食神) 갑목(甲木)이 해수(亥水)에 통근(通根)하고, 자진(子辰)이 합수(合水)하여 목(木)을 생(生)하니 충분히 제살(制殺)할 수 있고, 신살(身殺)이 양정(兩停)하니 식신(食神)이 제살(制殺)할 수 있어 길하다.

```
時 日 月 年
壬 庚 甲 甲    男
午 辰 戊 申    命
```

본명은 『고금명인명감(古今名人命鑑)』에 실린 상군명장(湘軍名將)을 지낸 증국전(曾國荃)의 사주이다. 일주(日主) 경금(庚金)이 녹(祿)을 얻고, 진습토(辰濕土)가 금(金)을 기르니 신강(身强)하다. 시지(時支)에 오화(午火) 정관(正官)이 있으니 길하고, 암회(暗會)한 술(戌) 중의 정화(丁火) 관성(官星)이 득용(得用)하였다. 더 묘한 것은 임수(壬水)가 술(戌)월 조토(燥土)를 윤택하게 하고, 갑목(甲木)이 소토(疎土)하여 인화(引火)하니 모두 길하다.

```
時 日 月 年
丙 丙 己 丙    男
申 子 亥 子    命
```

본명은 천간(天干)에 병화(丙火)가 3개 있는데 살세(殺勢)도 매우 강하다. 인수(印綬)가 화해시킬 힘이 없고, 토(土) 역시 약하여 수(水)를 제(制)하지 못하니 청빈한 명이 되었다. 그러나 후운에 목화(木火)운으로 들어가 의식은 꽤 넉넉하였다.

```
時 日 月 年
甲 庚 辛 癸    男
申 辰 酉 卯    命
```

본명은 신왕(身旺)하여 극(剋)을 기뻐하는데 관성(官星)이 전혀 없고, 년월(年月)이 상충(相沖)하여 재성(財星)을 빼앗기고, 오행(五行)이 편폐(偏閉)되어 통하지 않으니 빈천한 명이 되었다.

```
時 日 月 年
丙 丙 己 癸    男
申 寅 未 巳    命
```

본명은 계수(癸水)가 토조(土燥)한 달에 던져지고 사절(死絶)되어 힘이 없고, 상관(傷官)이 관성(官星)을 극(剋)하여 희용신(喜用神)이 모두 손상되니 관성(官星)이 부진하다.

문헌을 찾아보면 관성득록(官星得祿)·진신득용(眞神得用)·월원건록(月垣建祿)·살인쌍현(殺刃雙顯)·수화상제(水火相濟)·천간순식(天干順食)·목화통명(木火通明)·재자권살(財資權殺)·사주동순(四柱同旬) 등 귀명(貴命)에 대한 내용은 매우 많다. 이들은 해설의 각도는 같지 않으나 생각하는 도리는 일치한다.

신왕(身旺)하면 본래 관살혼잡(官殺混雜)을 두려워하지 않으나 관성(官星)이 청(淸)해야 대귀격을 이루어 품행과 패기가 높다. 만일 신약(身弱)한데 인수(印綬)가 가볍거나, 관성(官星)이 왕한데 재성(財星)이 없거나, 신왕(身旺)한데 관성(官星)이 약하거나, 재성(財星)이 없으면 빈곤에 처해도 절개를 고치지 않고, 부귀를 만나도 뜻을 바꾸지 않고, 예가 아니면 행하지 않고, 의가 아니면 취하지 않는다. 문귀(文貴)는 관(官)이 중하고 무귀(武貴)는 살(殺)이 중하다.

3. 부(富)와 귀(貴)

부(富)와 귀(貴)를 모두 갖춘 것을 부귀쌍전의 명이라고 하는데 이런 사람은 많지 않다. 한 가지만 얻어도 대길한 명으로 본다. 부명(富命)은 일주(日主)와 재성(財星)의 조합이 완전해야 하고, 귀명(貴命)은 관성(官星)과의 조합이 완전해야 한다. 그리고 대운(大運)이 도와야 가능하다.

옛법에서는 부(富)와 귀(貴)의 주요 구성을 다음과 같이 구분하였다. 부명(富命)은 신강(身强)하면 왕한 재성(財星)을 만나야 하고, 신약(身弱)하면 왕한 비겁(比劫)을 만나야 한다. 귀명(貴命)은 신강(身强)하면 왕한 관살(官殺)이 극(剋)해야 하고, 신약(身弱)하면 왕한 인수(印綬)가 생(生)해야 한다. 그러나 대부분 결점이 있기 마련이므로 완전하기 어렵다.

따라서 부(富)와 귀(貴)를 보는 법도 겉과 속을 분석해야 한다. 재성(財星)이 좋지 않으면 귀(貴)를 구하기가 비교적 쉽고, 관성(官星)이 좋지 않으면 부(富)를 구하기가 비교적 쉽다. 그러나 이 또한 사주의 배합이 타당해야 한다. 부귀가 목표라면 명운을 만드는 것은 자신이니 성실하게 노력하며 살아간다면 희망이 있을 것이다.

종격(從格)의 부귀는 종강격(從强格)·종왕격(從旺格)·종관살격(從官殺格)은 부(富)보다 귀(貴)가 크고, 종식상격(從食傷格)·종재격(從財格)·종세격(從勢格)은 귀(貴)보다 부(富)가 크다.

　時　日　月　年
　庚　辛　壬　壬　　　男
　寅　酉　寅　子　　　命

본명은 신약(身弱)하며 관성(官星)이 없으니 귀기(貴氣)가 부족하다. 그러나 재성(財星)은 좋은 편이므로 중년 후 비겁운(比劫運)을 만나면 부유해질 수 있다.

　時　日　月　年
　甲　丁　乙　壬　　　男
　辰　丑　巳　午　　　命

본명은 신강(身强)한데 식상(食傷)이 있으니 재성(財星)을 생(生)할 수 있다. 그러나 재성(財星)이 없고 관성(官星)이 우세한 편이니 부(富)보다 귀(貴)가 크다.

時	日	月	年	
壬	丙	庚	丙	男
辰	午	寅	戌	命

본명은 일주(日主) 병화(丙火)가 매우 왕한데 경금(庚金) 재성(財星)이 극(剋)과 사절(死絶)되고, 임수(壬水) 살성(殺星) 또한 무기하고, 행운도 나쁘니 부(富)와 귀(貴) 모두 이루기가 쉽지 않다. 그러나 근검절약하면 의식은 풍족할 수 있다.

時	日	月	年	
己	辛	戊	丁	男
丑	丑	申	未	命

본명은 이거장(李居璋)의 『현대팔자실록』에 실린 사주이다. 일주(日主)가 매우 강하고 살(殺)이 가벼운데, 화(化)하는 것이 무겁고 재성(財星)이 없다. 따라서 귀(貴)는 바랄 수 없고, 곤란함이 중중하니 평생 고생이 많다. 그러나 음식과 관계있는 직업에 종사하면 의식은 풍족할 수 있다.

時 日 月 年

丙 乙 丁 辛 　　男

戌 卯 酉 丑 　　命

본명은 일주(日主)가 극설(剋洩)되어 재관(財官)을 꺼리는데 재관
(財官)이 포악하다. 묘(卯)는 유(酉)에게 충(沖)되어 희용신(喜用
神)이 힘이 없으니 부귀가 연기와 같다.

4. 가부(家富)와 처미(妻美)

가부(家富)와 처미(妻美)는 모두 재성(財星)으로 본다. 재성(財
星)은 재물과 아내를 나타내기 때문이다. 그런데 어떤 사람은 집은
부유하나 아내가 못생겼고, 또 어떤 사람은 집은 가난하나 아내는
아름답다. 이것을 어떻게 분별하는가. 『적천수(滴天髓)』에 이르기를
"재성(財星)이 청(淸)하면 아내가 아름답고, 탁(濁)하면 집이 부
자"라고 하였다.

식상생재(食傷生財)가 중하여 식상(食傷)이 재원(財源)이면 집이
부유하고, 재관상생(財官相生)이 중하면 아내가 아름답다. 이때 식
상(食傷)의 상통여부는 중요하지 않다.

가부(家富)의 재성(財星)은 천간(天干)보다 지지(地支)에 있는 것
이 좋다. 천간(天干)에 있으면 빼앗기기 쉽기 때문이다. 일설에는
천간(天干)의 재성(財星)은 동산이고, 지지(地支)의 재성(財星)은

부동산이라는 말이 있다.

처미(妻美)는 배우자궁인 일지(日支)로 보는데 충극형(沖剋刑)되면 흉하다.

가부(家富)의 재성(財星)은 명현하지 않아도 된다. 암합(暗合)·암충(暗沖)·암공(暗拱)·암협(暗夾)되어도 꺼리지 않고, 정재(正財)와 편재(偏財)가 섞여도 무방하다. 전전(輾轉)하여 역시 좋은 것이 재탁(財濁)이다. 생화유정(生化有情)하고 재기(財氣)가 문호(門戶)에 이르면 된다. 그러나 처미(妻美)의 재성(財星)은 명현해야 하며 암합(暗合)·암충(暗沖)·암공(暗拱)·암협(暗夾)되지 않아야 한다. 가장 좋은 것은 정재(正財)와 편재(偏財)가 섞이지 않아야 하는 것인데 이것이 재청(財淸)이다.

가부(家富)의 재성(財星)에서 정재(正財)는 고정된 재물이고 안정적이며 좋은 일에 적합하고 비교적 변화가 적다. 그러나 편재(偏財)는 장사의 재물 또는 고정되지 않은 재물이므로 매우 많은 심력을 쏟아야 얻을 수 있고, 다소의 차별이 매우 크다.

처미(妻美)의 재성(財星)에서 정재(正財)는 아내이고 연애와 결혼하는 과정이 비교적 평탄하며 부부간에 소통이 잘 된다. 그러나 편재(偏財)는 처첩이며 연애와 결혼하는 과정에 파란곡절이 많은 편이다. 만일 정재(正財)와 편재(偏財)가 같이 나타나면 정재(正財)는 아내이고, 편재(偏財)는 아내 외의 이성이 된다.

가부(家富)는 대운(大運)이 중요하고 처미(妻美)는 원명이 중요한데 대운(大運)으로 보좌한다. 만일 재성(財星)이 입묘(入墓)되거나 공망(空亡)되면 대개 아내가 없거나 아내에게 문제가 있다. 예를 들어 오래된 병이 있거나, 품격이 좋지 않거나, 버릇이 좋지 않거나, 빈궁하거나, 일찍 죽는다.

만일 사주가 편고하거나, 폐색되거나, 일주(日主)가 매우 왕하거나, 일주(日主)가 매우 약하거나, 용신(用神)이 무력하거나, 용신(用神)이 충(沖)되거나, 재성(財星)이 사절(死絶)에 놓이거나, 재성(財星)이 충극(沖剋)되거나, 오행(五行)이 부당한데 대운(大運)에서 구제하지 못하면 가부(家富)나 처미(妻美)를 모두 얻기 어렵다.

만일 신왕(身旺)하여 재성(財星)을 기뻐하거나, 재성(財星)이 통근(通根)하여 힘이 있거나, 식상(食傷)이 관살(官殺)을 생(生)하거나, 식상(食傷)·재성(財星)·관성(官星)이 상생(相生)하여 유정하면 가부(家富)와 처미(妻美)를 모두 이룬다.

時 日 月 年
辛 己 丙 丙　　　男
未 丑 申 子　　　命

본명은 일주(日主)가 낭건(朗健)하며 재성(財星)을 기뻐하고, 신금(申金) 상관(傷官)이 당령(當令)하고, 토생금(土生金) 금생수(金生水)하여 재원(財源)이 끊이지 않고, 천간(天干)에서 병신합수(丙辛合水)하고, 지지(地支)에서는 신자합수(申子合水)하고, 대운(大運)은 서북운으로 흐르니 부족함이 없다. 재성(財星)은 흐리니 탁재(濁財)이고, 아내궁은 기신(忌神)이며 축미충(丑未沖)이 되어 집은 부유하나 아내의 용모는 아름답지 않았다.

時 日 月 年
乙 丙 甲 癸　　　男
未 寅 子 酉　　　命

　본명은 병화(丙火)가 자(子)월에 태어나고, 일지(日支)에 장생(長生)이 임하고, 인성(印星)이 투출(透出)하여 뿌리가 깊으니 신왕(身旺)하며 재생관(財生官)을 기뻐한다. 사주가 금생수(金生水) 수생목(水生木) 목생화(木生火)로 흐르니 아름답다. 이른바 일청이면 정신이 있다고 하였다. 본명은 재관(財官)이 상생(相生)하니 아내가 아름답고, 식상(食傷)과 재성(財星)이 상통하지 않으나 중년 이후에는 화토(火土)운으로 흐르니 소강(小康)할 수는 있다. 대개 재성(財星)이 좋은 편인데 충극(沖剋)되지 않으면 부자는 못 되어도 굶지는 않는다.

時 日 月 年
丁 乙 癸 己　　　男
亥 巳 酉 丑　　　命

　본명은 신약(身弱)한데 재관(財官)이 방자하며 포악하고, 용신(用神)이 충(沖)되고, 화토(火土) 기신운(忌神運)으로 들어가니 재부(財富)를 바랄 수 없다. 게다가 아내성과 아내궁이 모두 기신(忌神)이 되고, 아내궁이 사유축(巳酉丑) 삼합(三合)하여 칠살(七殺) 구신(仇神)이 되고, 일지(日支)가 충(沖)되어 부부가 인연이 없다.

이 사람은 재물도 박하고 아내도 누추하였다.

```
時 日 月 年
丙 乙 甲 戊        男
子 卯 寅 午        命
```

본명은 신강(身强)하여 식상생재(食傷生財)를 좋아하는데 인오합 (寅午合)하여 화(火)의 세력을 강화시키고, 식신(食神)이 힘이 있 으니 재원(財源)이 끊이지 않고, 화토(火土)운으로 들어가니 소부 의 명은 이루나 원명의 재성(財星)을 겁재(劫財)가 극(剋)하니 재 물이 새기 쉽다. 그리고 일지(日支)가 기신(忌神)에 해당하는데 형 (刑)되고, 재관(財官)이 상통하지 않으니 아내가 초라하며 좋은 짝 이 아니다.

```
時 日 月 年
辛 庚 己 丙        男
巳 申 亥 寅        命
```

본명은 도주공(陶朱公)의 사주인데 일주(日主)가 낭건(朗健)하니 재성(財星)을 감당할 수 있다. 재성(財星)이 파되지 않고, 재원(財 源)인 식신(食神)이 병령(秉令)하며 생합(生合)하여 재성(財星)을 돕는다. 천간(天干)의 칠살(七殺)은 재성(財星)을 보호하고, 대운 (大運) 또한 재운(財運)으로 흐르니 대부격이다. 재(財)·살(殺)·

인(印)이 서로 거스르지 않고 일지(日支)가 녹(祿)을 얻어 어진 아내를 만났다. 재성(財星)이 약간 탁하여 아름다운 가운데 아쉽지만 대부이면서 아내도 미인이다.

```
時 日 月 年
乙 戊 戊 癸    男
卯 午 午 未    命
```

본명은 일주(日主)가 매우 왕한데 재성(財星) 계수(癸水)는 오화(午火) 속에 있다. 무계(戊癸)가 합(合)하여 화(火)가 되고, 정재(正財)가 힘과 정이 없는데 행운에서 등을 보이니 집은 가난하고 아내는 아름답지 않다. 명에서 가장 구분하기 어려운 것이 청탁(淸濁)이다.

5. 여명의 귀천

관귀(官貴)는 관록·사업·명예·지위 등을 나타내나 단순히 고관이나 지도자를 말하는 것은 아니다. 인격이 높고 절개가 굳으며 존경받는 인물이어야 한다. 여명에서는 관귀(官貴)가 남편이나 혼인을 나타내므로 여명의 귀천을 논할 때는 남편성의 성쇠를 관찰하면 귀천을 안다고 하였다. 그리고 여명 본신의 수양·품행·정절·시부모와의 화목여부·자녀의 성취여부 등이 귀천을 보는 기준이 된다. 여명도 귀천을 보는 방법이 남명과 비슷하나 관성(官

星)이 관록이나 지위를 나타내는 것이 아니라 남편이라는 것이 다르다. 그러나 시대가 달라져 사회 각 방면에서 두각을 나타내며 자신의 위치를 만드는 여성이 매우 많다. 따라서 여명의 귀천을 보는 방법을 다시 조정해야 한다.

1) 여명의 귀격 표준

① 여명이 관성(官星)이 명현하며 힘이 있으면 재능이 뛰어난 남편을 만나니 귀격을 이룬다.

② 여명이 사주가 고요하며 분수를 지키면 아내의 도리를 다하니 귀격을 이룬다.

③ 여명이 관살(官殺)이 혼잡하지 않고 합살유관(合殺留官)이나 합관유살(合官留殺)되면 귀격을 이룬다.

2) 여명의 천격 표준

① 여명이 관성(官星)이 약한데 재성(財星)이 보호하지 못하고, 비겁(比劫)이 왕하거나 식상(食傷)이 성하면 천격을 이룬다.

② 여명이 관성(官星)이 없거나 관살(官殺)이 혼잡되었는데 제(制)하지 못하거나, 관살(官殺)이 중하거나, 관성(官星)이 충극(沖剋)이나 합(合)하여 기신(忌神)이 되면 천격을 이룬다.

③ 여명이 오행(五行)이 불통하거나, 상관(傷官)이 많은데 재성(財星)이 없거나, 관성(官星)이 많은데 인수(印綬)가 없거나, 비겁(比劫)이 많은데 식상(食傷)이 없거나, 인수(印綬)가 많은데 재성(財星)이 없으면 천격을 이룬다.

④ 여명이 귀인(貴人)이 많은데 합(合)이 많거나, 형충파해(刑沖破害)가 많거나, 도화(桃花)나 홍염(紅艶)이 많으면 천격을 이룬다.

⑤ 여명이 신왕(身旺)한데 의지할 데가 없거나, 인록(刃祿)이 모두 있으면 천격을 이룬다.

⑥ 여명이 자녀성이 없거나 자녀성이 좋지 않으면 천격을 이룬다.

```
時 日 月 年
辛 己 丙 甲      女
未 巳 寅 子      命
```

본명은 관인(官印)이 상생(相生)하고 관살(官殺)이 혼잡되지 않아 관성(官星)이 힘이 있는데, 오행(五行)이 잘 흐르며 음양(陰陽)도 조화를 잘 이루어 규훈을 잘 지키며 좋은 남편을 만났다.

```
時 日 月 年
戊 甲 丁 甲      女
辰 寅 卯 子      命
```

본명은 양인격(羊刃格)이며 지지(地支)에서 삼회(三會)하여 비겁(比劫)이 되니 일주(日主)가 매우 왕하다. 극(剋)을 좋아하나 관성(官星)이 없으니 천한 명이 되었다. 이 사람은 팔자에 남편이 없는데 설사 있어도 업신여길 것이다.

時	日	月	年	
辛	癸	甲	甲	女
酉	卯	戌	午	命

본명은 상관(傷官)이 쌍투(雙透)하여 연예계에서 스타가 되었으나 귀명은 아니다. 반드시 혼기를 놓치는데 늦게 하는 것이 좋다.

時	日	月	年	
庚	壬	己	辛	女
子	寅	亥	亥	命

본명은 금한수냉(金寒水冷)한데 따뜻하게 해줄 화(火)가 없다. 사주에 남편성이 있으나 사절(死絶)되어 무기하니 남편을 무시한다.

8장. 학력과 시험운

1. 고학력자의 명

학력의 높고 낮음은 대운(大運)의 1과 2주를 참고해서 보는데 고학력자의 사주는 다음과 같다.

— 신약(身弱)하여 인수(印綬)가 용신(用神)인데 힘이 있거나 관인(官印)이 상생(相生)하면 학력이 높다.

— 신강(身强)한데 식상(食傷)이 설기(泄氣)하면 학력이 높다.

— 일주(日主)가 낭건(朗健)한데 관살(官殺)이 청(淸)하고 혼잡되지 않고 통근(通根)하고 손상됨이 없으면 학력이 높다.

— 일주(日主)가 낭건(朗健)한데 관살(官殺)이 분명하며 월지(月支)의 도움을 받으면 학력이 높다.

— 신약(身弱)한데 관살(官殺)을 제(制)하면 학력이 높다.

— 조후(調候)가 필요한데 조후(調候)되면 학력이 높다.

— 오행(五行)이 잘 흐르고, 천간(天干)과 지지(地支)가 순행하고,
  재관(財官)이 상생(相生)하면 학력이 높다.
— 학당(學堂)·사관(詞館)·괴성(魁星)·문창(文昌) 등이 공망(空
  亡)이나 충극(沖剋)되지 않으면 학력이 높다.
— 용신(用神)이 유정하고, 금수(金水) 상관(傷官)이 있고, 화명목
  수(火明木秀)를 이루면 학력이 높다.


```
時 日 月 年
己 庚 丙 辛      男
卯 子 申 丑      命
```

본명은 명문대에서 석사학위를 받았다. 신왕(身旺)한데 식상(食
傷)이 설기(泄氣)하니 상관(傷官)이 힘이 있고, 지지(地支)가 순행
하기 때문이다.


```
時 日 月 年
辛 己 丙 甲      男
未 巳 寅 子      命
```

본명은 관인상생(官印相生)이 되고, 인수(印綬)가 첩신(貼身)하고,
오행(五行)이 순행한다. 학업성적이 좋으니 고학력자가 될 것으로
보인다.

2. 저학력자의 명

저학력 사주도 대운의 1·2주를 참고하여 보는데 공부할 시기에
충극(沖剋)이 너무 많거나, 기신(忌神)이 매우 중하거나, 공망(空
亡)이 있으면 모두 좋지 않다.

— 인수(印綬)를 기뻐하는데 인수(印綬)가 무력하거나, 충극(沖剋)
  되거나, 공망(空亡)되거나, 회합(會合)하여 기신(忌神)이 되면
  학력이 낮다.
— 식상(食傷)을 기뻐하는데 식상(食傷)이 무력하거나, 충극(沖剋)
  되거나, 공망(空亡)되거나, 회합(會合)하여 기신(忌神)이 되면
  학력이 낮다.
— 관살(官殺)을 기뻐하는데 관살(官殺)이 무력하거나, 충극(沖剋)
  되거나, 공망(空亡)되거나, 회합(會合)하여 기신(忌神)이 되면
  학력이 낮다.
— 관살(官殺)이 혼잡하거나, 칠살(七殺)을 제(制)하지 못하거나,
  제살(制殺)이 지나치게 많거나, 인수(印綬)로 변하지 못하면 학
  력이 낮다.
— 식상(食傷)·인수(印綬)·관살(官殺)이 나타나지 않거나 매우
  왕하면 학력이 낮다.
— 오행(五行)이 편고되어 막히거나, 종격(從格)이나 화격(化格)을
  이루면 학력이 낮다.
— 년주(年柱)와 월주(月柱)가 공망(空亡)되거나 심하게 충극(剋)
  되면 학력이 낮다.

時	日	月	年	
癸	癸	丙	癸	男
丑	丑	辰	未	命

본명은 초등학교까지 졸업하였다. 신약(身弱)하여 살(殺)을 꺼리는데 관살(官殺)이 혼잡되고 인수(印綬)로 변하지 않았기 때문이다.

時	日	月	年	
辛	癸	癸	己	女
酉	卯	酉	亥	命

본명은 중학교 때 학업을 그만두었다. 신왕(身旺)한데 식신(食神)이 충(沖)되었기 때문이다.

時	日	月	年	
庚	丁	丙	癸	男
戌	未	辰	卯	命

본명은 중학교를 졸업한 뒤 타향에서 특별한 일 없이 빈둥거리고 있다. 신약(身弱)하며 토(土)가 심하게 설기(泄氣)하는데 제지하지 못하기 때문이다.

```
時 日 月 年
壬 癸 壬 丙      女
戌 巳 辰 辰      命
```

본명은 고등학교 입학시험에 여러 번 떨어진 후 진학을 포기하고 남자친구들과 함부로 어울리며 지내고 있다. 수기(秀氣)가 흐르지 않고, 식상(食傷)이 미약하고, 관살(官殺)이 일주(日主)를 극(剋)하는데 인수(印綬)가 없기 때문이다.

3. 육신(六神)과 학력의 관계

— 관인상생(官印相生)의 명은 학력이 높다. 이런 사주는 책을 좋아하며 고생을 견디고 선생님의 가르침을 잘 따른다.

— 관살혼잡(官殺混雜)의 명은 학력이 낮다. 이런 사주는 의지가 견고하지 못하여 꾸준히 공부하지 못하니 잡학도 쓸모가 없다.

— 식상생재(食傷生財)의 명은 학력이 높다. 이런 사주는 총명하며 민첩하고 예민하다. 학습능력이 좋아 하나를 가르치면 열을 안다.

— 식상무제(食傷無制)의 명은 학력이 낮다. 이런 사주는 책을 좋아하지 않고 약삭빠르며 불량청소년이 되기 쉽다.

— 상관패인(傷官佩印)의 명은 학력이 높다. 이런 사주는 이해력이 좋고 과외활동을 좋아하며 절제와 규칙을 알고 앞으로 나갈 줄 안다.

— 상관견관(傷官見官)의 명은 학력이 낮다. 이런 사주는 신념이 약하며 기교를 부리다 일을 그르치고 자포자기한다. 또는 경제

문제로 진학하기 어려울 수도 있다.

— 재다신약(財多身弱)의 명은 학력이 보통이다. 이런 사주는 공부
할 생각은 있으나 누리는 것이 중하며 허영심이 강하여 중도에
그만둔다.

— 신강재약(身强財弱)의 명은 학력이 보통이다. 이런 사주는 야심
과 눈은 높으나 지혜롭지 못하여 노력해도 결과가 없다.

— 탐재파인(貪財破印)의 명은 학력이 낮다. 이런 사주는 총명하나
물욕과 유혹에 잘 빠져 공부에 전념하지 않는다.

— 식신제살(食神制殺)의 명은 학력이 높다. 이런 사주는 공부하는
방법과 때를 잘 알고 부모의 가르침도 잘 따른다.

— 재관쌍미(財官雙美)의 명은 학력이 높다. 이런 사주는 천성이
고상하며 공부에 조리가 있고 배운 것을 응용할 줄 안다.

— 재관태왕(財官太旺)의 명은 학력이 낮다. 이런 사주는 산만하며
이성에게 관심이 많으니 학문을 이루지 못한다.

— 인다위병(印多爲病)의 명은 학력이 낮다. 이런 사주는 아둔하고
게으르며 둔하다.

만일 관살(官殺)이 희용신(喜用神)이면 관살(官殺)의 왕쇠로 학력
의 고저를 알 수 있다.

— 관살(官殺)이 천투지장(天透地藏)되고 충극(沖剋)을 받지 않으
면 대졸 이상이다. 다시 관성(官星)을 돕는 운을 만나면 연구소
이상이다.

— 관살(官殺)이 명현하고 득지(得地)하지 못했으나 월지(月支)의 도움을 받으면 대졸이다. 다시 행운의 도움을 받으면 대졸 이상이나 세운(歲運)이 좋지 않으면 전문대졸이다.

— 관살(官殺)이 명현하나 득지(得地)하지 못하고 월지(月支)의 도움도 없으면 전문대졸이다. 다시 운이 도와주면 전문대 이상이나 세운(歲運)이 좋지 않으면 고졸이다.

— 관살(官殺)이 명현하지 않은데 지지(地支)에 암장(暗藏)되면 고졸이다. 다시 운이 도와주면 고졸 이상이나 세운(歲運)이 좋지 않으면 고졸 이하이다.

4. 시험운

시험운은 대운(大運)과 유년(流年)의 희기(喜忌)가 중요하다.

— 유년(流年)이 희용신(喜用神)이면 좋고, 신강(身强)한데 식상운(食傷運)으로 가거나 신약(身弱)한데 인수운(印綬運)으로 가면 좋고, 조후(調候)가 필요한데 유년(流年)에서 만나면 좋다.

— 희용신(喜用神)을 파하거나 구신(仇神)이나 기신(忌神)을 더 강하게 하는 운을 만나면 나쁘다. 예를 들어 신왕(身旺)하고 양인(羊刃)이 강한데 겁(劫)을 만나거나, 신(身)이 쇠하고 인수(印綬)가 약한데 재성(財星)을 만나면 나쁘다.

— 국가고시에서 중요한 것은 관성(官星)과 인수(印綬)의 배합이다. 관살(官殺)을 기뻐하는데 관살(官殺)을 주관하는 운을 만나거나, 살(殺)이 강하여 신약(身弱)한데 인수(印綬)가 화살(化殺)

하는 운을 만나면 어려운 시험에 합격하기 쉽다.

— 그러나 관성(官星)을 기뻐하는데 상관(傷官)이 나타나거나, 살(殺)이 많은데 인화(印化)하지 못하거나, 양인(羊刃)이 중한데 살(殺)이 나타나지 않으면 고시에 희망이 없다.

— 시지(時支)와 유년(流年)의 지지(地支)가 합(合)하여 희신(喜神)이 되면 합격하고, 기신(忌神)이 되면 떨어진다.

— 일지(日支)와 세운(歲運)이 삼합(三合)하여 희신(喜神)이 되면 합격하고, 기신(忌神)이 되면 떨어진다.

時	日	月	年	
丙	癸	辛	壬	女
辰	卯	亥	子	命

본명은 기사(己巳)년에 고등학교 입시인 연합고사를 보았는데 기사(己巳)년이 희용신(喜用神)에 해당하여 수월하게 합격하였다. 그러나 임신(壬申)년 대학입학 시험 때는 기신(忌神)이 되어 포악하여 향시(鄕試)에 사수하였다.

時	日	月	年	
庚	己	辛	庚	男
午	亥	巳	戌	命

본명은 병인(丙寅)년에 고등학교 입시인 연합고사를 보았는데 떨

어졌다. 시지(時支)가 합(合)하여 기신(忌神)이 되었기 때문이다.나중에 사립학교에 들어갔다.

```
時 日 月 年
庚 辛 辛 癸      女
寅 酉 酉 丑      命
```

본명은 기사(己巳)년에 고등학교 입학시험을 보았는데 떨어졌다. 기사(己巳)년의 천간(天干) 기토(己土)가 기신(忌神)이 되고, 지지(地支)가 삼합(三合)하여 비겁(比劫)이 되고, 다시 기신(忌神)이 되었기 때문이다.

```
時 日 月 年
辛 己 癸 丁      男
未 巳 丑 巳      命
```

본명은 임신(壬申)년에 고등학교 입학시험을 보았는데 식상생재(食傷生財)가 되어 합격하였고, 을해(乙亥)년에는 대학교 입학시험을 보았는데 관인상생(官印相生)하여 합격하였다.

9장. 군복무

구양개(歐陽玠)는 『신비명리학』에서 금토(金土)가 길하면 육군, 목화(木火)가 길하면 공군, 수목(水木)이 길하면 해군이 된다고 하였다. 그러나 군 편제상 육군이 많은 점을 감안해야 하고, 대운(大運)과 유년(流年)이 어디로 흐르는지를 잘 살펴야 한다.

時	日	月	年		49	39	29	19	
癸	丁	庚	丙		乙	甲	癸	壬	男
卯	丑	子	寅		巳	辰	卯	寅	命

본명은 정화(丁火)가 겨울에 태어나 신약(身弱)하니 화(火)가 조후용신(調候用神)이다. 칠살(七殺)이 월지(月支)에 통근(通根)하여 힘이 있으니 신(身)을 충(沖)하여 목(木)이 화살(化殺)하니 목화

(木火)가 길하다. 목화(木火)가 길하면 공군이 된다고 했으나 대운(大運)을 보면 임인(壬寅)에서 을사(乙巳)까지 수목(水木)운이다. 이 사람은 해군에서 성공하였고 51세에 퇴역하였다.

時	日	月	年	28	18	8	
戊	己	乙	己	壬	癸	甲	男
辰	巳	亥	卯	申	酉	戌	命

본명은 기토(己土)가 겨울에 태어났으니 화(火)가 조후용신(調候用神)이다. 해수(亥水)가 화(火)를 충(沖)하나 목(木)이 구해주고, 토(土)로 수(水)를 제(制)하여 화(火)를 도와준다. 목화(木火)가 길하면 공군이라고 했으나 이 사람은 22세 경자(庚子)년과 23세 신축(辛丑)년에 육군 공병생활을 하였다. 토금(土金)은 육군이기 때문이다.

時	日	月	年	29	19	9	
戊	丁	庚	丁	丁	戊	己	男
申	酉	戌	丑	未	申	酉	命

본명은 22세 무술(戊戌)년과 23세 기해(己亥)년에 육군 경리병생활을 하였다. 토금(土金)은 육군이며 식상생재(食傷生財)가 왕하여 경리병이 된 것이다.

```
時 日 月 年      23 13 3
戊 乙 戊 戊      辛 庚 己      男
寅 未 午 寅      酉 申 未      命
```

본명은 을목(乙木)이 여름에 태어났으니 수(水)가 조후용신(調候
用神)이다. 또 여름에는 화(火)가 왕하고 목(木)이 쇠하니 목(木)
도 길하다. 수목(水木)이 길하면 해군이 된다고 했으나 이 사람은
육군 보병이 되었다. 21세 무술(戊戌)년과 22세 기해(己亥)년이 토
금(土金)운이기 때문이다.

```
時 日 月 年      26 16 6
戊 己 辛 庚      甲 癸 壬      男
辰 酉 巳 子      申 未 午      命
```

본명은 기토(己土)가 여름에 태어났으니 수(水)가 조후용신(調候
用神)이다. 신왕(身旺)하여 식상토수(食傷吐秀)를 기뻐하니 금수
(金水)가 길하다. 이 사람은 22세 신유(辛酉)년과 23세 임술(壬戌)
년에 육군 보병생활을 하였다. 행운이 미술(未戌) 조토(燥土)운으
로 흐르니 천간(天干) 임계수(壬癸水)가 무력해져 토금(土金)이 남
으므로 육군이 된 것이다.

時	日	月	年	28	18	8	
乙	丁	戊	庚	辛	庚	己	男
巳	亥	子	寅	卯	寅	丑	命

본명은 정화(丁火)가 겨울에 태어났으니 화(火)가 조후용신(調候用神)이다. 목(木)도 화(火)를 생(生)해주니 목화(木火)가 길하다. 목화(木火)가 길하면 공군이 된다고 했으나 이 사람은 22세 신해(辛亥)년과 23세 임자(壬子)년과 24세 계축(癸丑)년에 해군으로 군생활을 하였다. 행운의 천간(天干)에 금수(金水)가 있고, 지지(地支)에 수목(水木)이 있으니 수(水)가 왕하여 해군이 된 것이다.

時	日	月	年	30	20	10	
庚	丙	丁	甲	庚	己	戊	男
寅	辰	卯	辰	午	巳	辰	命

본명은 신왕(身旺)하니 토(土)로 설기(泄氣)하면 길하다. 22세 을축(乙丑)년과 23세 병인(丙寅)년에 육군 공병생활을 하였다. 행운이 목화토(木火土)인데 토(土)가 설기(泄氣)하여 육군이 된 것이다.

時	日	月	年	31	21	11	
己	乙	戊	癸	甲	乙	丙	男
卯	巳	午	酉	寅	卯	辰	命

본명은 을목(乙木)이 여름에 태어났으니 수(水)가 조후용신(調候用神)이다. 신약(身弱)한데 재성(財星)이 인수(印綬)를 극(剋)하니 비겁(比劫)을 기뻐한다. 재성(財星)을 제지하고 인수(印綬)를 구해주는 것이 용신(用神)이다. 수목(水木)이 길하면 해군이 된다고 했으나 이 사람은 공군이 되었다. 을묘(乙卯)와 갑인(甲寅)의 목(木)운으로 흘렀기 때문이다.

時	日	月	年		27	17	7		
丙	壬	丁	戊		庚	己	戊		男
午	寅	巳	子		申	未	午		命

본명은 임수(壬水)가 여름에 태어났으니 수(水)가 조후용신(調候用神)이다. 수(水)가 길하면 해군이 된다고 했으나 이 사람은 21세 무신(戊申)년, 22세 기유(己酉)년, 23세 경술(庚戌)년 3년 동안 육군 공병생활을 하였다. 토금(土金)은 육군이기 때문이다.

10장. 유년(流年)의 길흉

1) 신강(身强)하며 식상(食傷)이 용신(用神)인데 식상(食傷)이 충극(冲剋)되면 흉하다.

```
時 日 月 年      47 37 27 17
甲 甲 壬 癸      丁 丙 乙 甲      女
子 午 戌 卯      卯 寅 丑 子      命
```

본명은 신강(身强)하며 화토(火土)가 길하니 오화(午火) 상관(傷官)이 용신(用神)이다. 그러나 을해(乙亥)년에 해수(亥水)가 오화(午火)를 극(剋)하여 금전을 잃었다.

```
時 日 月 年      61 51 41 31
丁 庚 己 壬      壬 癸 甲 乙      女
亥 戌 酉 寅      寅 卯 辰 巳      命
```

본명은 신강(身强)하며 수목(水木)이 길하니 해수(亥水) 식신(食神)이 용신(用神)이다. 계유(癸酉)년에 아버지가 돌아가셨고, 갑술(甲戌)년에는 술토(戌土)가 용신(用神)을 극(剋)하여 실업자가 되었다.

時	日	月	年		39	29	19	9	
戊	壬	壬	丁		丙	乙	甲	癸	女
申	子	寅	酉		午	巳	辰	卯	命

본명은 신강(身强)하니 월지(月支)의 인목(寅木)이 용신(用神)이다. 그러나 임신(壬申)년에 월지(月支) 인목(寅木)을 충(沖)하여 교통사고가 났다.

時	日	月	年		33	23	13	3	
壬	乙	己	辛		乙	丙	丁	戊	男
午	丑	亥	丑		未	申	酉	戌	命

본명은 을목(乙木)이 겨울에 태어나 차가우니 시지(時支)의 오화(午火)가 용신(用神)이다. 그러나 병자(丙子)년에 자수(子水)가 용신(用神) 오화(午火)를 극(剋)하여 아내가 유산하였다.

時	日	月	年		39	29	19	9	
庚	丙	戊	乙		甲	乙	丙	丁	男
寅	辰	寅	巳		戌	亥	子	丑	命

본명은 신강(身强)하니 일지(日支)의 진토(辰土)가 용신(用神)이다. 그러나 무인(戊寅)년과 기묘(己卯)년에 일이 잘 되지 않아 수입이 줄었다.

時	日	月	年		37	27	17	7	
己	辛	壬	丙		丙	乙	甲	癸	男
丑	亥	辰	申		申	未	午	巳	命

본명은 신강(身强)하니 일지(日支)의 해수(亥水)가 용신(用神)이다. 그러나 기미(己未)년에 미토(未土)가 일지(日支) 해수(亥水)를 극(剋)하여 아내가 유산하였다.

2) 신약(身弱)하며 인비(印比)가 용신(用神)인데 극(剋)이나 충(沖)되면 흉하다.

時	日	月	年		47	37	27	17	
丁	庚	戊	乙		癸	壬	辛	庚	女
丑	子	寅	巳		未	午	巳	辰	命

본명은 신약(身弱)하며 토금(土金)이 길하니 시지(時支)의 축토(丑土)가 용신(用神)이다. 무인(戊寅)년에 남편이 교통사고로 숨졌고, 기묘(己卯)년에는 외상값 1억 원을 떼였다.

時	日	月	年		50	40	30	20		
戊	癸	甲	戊		己	庚	辛	壬		女
午	酉	寅	申		酉	戌	亥	子		命

본명은 자동차를 파는 사람이다. 신약(身弱)하며 인비(印比)가 길하니 년지(年支)와 일지(日支)의 신유금(申酉金)이 용신(用神)이다. 그런데 무인(戊寅)년과 기묘(己卯)년에 용신(用神)인 신유(申酉)를 충(沖)하여 정축(丁丑)년보다 못하였다.

時	日	月	年		61	51	41	31		
癸	己	乙	辛		壬	辛	庚	己		女
酉	卯	未	卯		寅	丑	子	亥		命

본명은 신약(身弱)하며 화토(火土)가 길하니 월지(月支)의 미토(未土)가 용신(用神)이다. 그런데 무인(戊寅)년과 기묘(己卯)년에 인묘(寅卯)가 용신(用神) 미토(未土)를 극(剋)하여 일이 잘 되지 않아 수입이 많이 줄었다.

時	日	月	年		40	30	20	10		
庚	戊	戊	丙		壬	辛	庚	己		男
申	寅	戌	子		寅	丑	子	亥		命

본명은 신강(身强)한 것 같으나 술(戌)월은 토령(土令)이 아니라

금령(金令)이므로 신약(身弱)하다. 따라서 화토(火土)가 길하니 월지(月支)의 술토(戌土)가 용신(用神)이다. 그런데 무인(戊寅)년과 기묘(己卯)년에 인묘(寅卯)가 용신(用神) 술토(戌土)를 극(剋)하자 천식이 발작하여 병원에서 여러 번 응급조치를 받았다.

時	日	月	年		41	31	21	11	
壬	戊	甲	壬		己	戊	丁	丙	男
子	申	辰	辰		酉	申	未	午	命

본명은 신약(身弱)하며 화토(火土)가 길하니 년월지(年月支)의 진토(辰土)가 용신(用神)이다. 그런데 무인(戊寅)년과 기묘(己卯)년에 인묘(寅卯)가 용신(用神) 진토(辰土)를 극(剋)하여 장사가 잘되지 않았다.

時	日	月	年		52	42	32	22	
辛	丁	癸	癸		丁	戊	己	庚	男
丑	卯	亥	巳		巳	午	未	申	命

본명은 신약(身弱)하며 목화(木火)가 길하니 년지(年支)의 사화(巳火)와 일지(日支)의 묘목(卯木)이 용신(用神)이다. 그런데 을해(乙亥)년에 해수(亥水)가 년지(年支)의 사화(巳火)를 충(沖)하여 이혼에 이를 정도로 크게 싸웠다.

3) 용신(用神)이 1개 밖에 없는데 충(沖)되면 흉하다.

```
時 日 月 年        47 37 27 17
戊 甲 丁 乙        壬 癸 甲 乙      男
辰 申 亥 巳        午 未 申 酉      命
```

본명은 갑목(甲木)이 해(亥)월에 태어나 화토(火土)가 길한데 용신(用神)은 년지(年支)의 사화(巳火) 1개 뿐이다. 그런데 을해(乙亥)년에 용신(用神)을 충(沖)하여 교통사고로 반신불수가 되었다.

```
時 日 月 年        53 43 33 23
丁 癸 癸 己        己 戊 丁 丙      女
巳 亥 酉 丑        卯 寅 丑 子      命
```

본명은 신강(身强)하며 화토(火土)가 길한데 용신(用神)은 시지(時支)의 사화(巳火) 1개 뿐이다. 그런데 계해(癸亥)년에 용신(用神)을 충(沖)하자 배우자가 집을 나가 돌아오지 않는다.

```
時 日 月 年        49 39 28 19
戊 壬 壬 丁        丁 丙 乙 甲      女
申 子 寅 酉        未 午 巳 辰      命
```

본명은 신강(身强)하며 화토(火土)가 길한데 용신(用神)은 월지

(月支)의 인목(寅木) 1개 뿐이다. 그런데 임신(壬申)년에 용신(用神)을 충(沖)하자 교통사고로 다쳤다.

時	日	月	年	45	35	25	15	
癸	丁	丙	丙	辛	庚	己	戊	男
卯	巳	申	午	丑	子	亥	戌	命

본명은 신강(身强)하며 습토(濕土)와 금(金)이 길한데 용신(用神)은 월지(月支)의 신금(申金) 1개 뿐이다. 진신득용(眞神得用)을 했으나 무인(戊寅)년에 용신(用神)을 충(沖)하여 주식으로 1억 5천만원을 잃었다.

時	日	月	年	45	35	25	15	
辛	丙	辛	丙	丙	丁	戊	己	女
卯	戌	卯	申	戌	亥	子	丑	命

본명은 신강(身强)하며 습토(濕土)와 금(金)이 길한데 용신(用神)은 년지(年支)의 신금(申金) 1개 뿐이다. 그런데 무인(戊寅)년에 용신(用神)을 충(沖)하자 수입이 많이 줄었다.

時	日	月	年	41	31	21	11	
丁	己	甲	辛	己	庚	辛	壬	男
卯	卯	午	卯	丑	寅	卯	辰	命

본명은 신약(身弱)하며 화토(火土)가 길한데 용신(用神)은 월지(月支)의 오화(午火) 1개 뿐이다. 진신득용(眞神得用)을 했으나 병자(丙子)년에 용신(用神)을 충(沖)하여 외상값 수억 원을 떼였다.

4) 기신(忌神)인 묘운(墓運)을 만나면 흉하다.

時	日	月	年		37	27	17	7		
己	癸	乙	辛		己	戊	丁	丙		女
未	丑	未	丑		亥	戌	酉	申		命

본명은 신약(身弱)하니 금수(金水)가 용신(用神)이다. 그런데 갑술(甲戌)년에 술토(戌土)가 화(火)의 묘(墓)가 되고, 화(火)는 기신(忌神)이 되어 외상값 수천만 원을 떼였다.

時	日	月	年		49	39	29	19		
壬	乙	丙	癸		辛	壬	癸	甲		男
午	巳	辰	卯		亥	子	丑	寅		命

본명은 신약(身弱)하니 수목(水木)이 용신(用神)이다. 그런데 갑술(甲戌)년에 술토(戌土)가 화(火)의 묘(墓)가 되고, 화(火)는 기신(忌神)이 되어 1억 원이나 빚을 졌다.

時	日	月	年		54	44	34	24	
甲	乙	庚	丙		甲	乙	丙	丁	男
申	巳	寅	午		申	酉	戌	亥	命

본명은 신약(身弱)하며 화토(火土)가 용신(用神)이다. 그런데 갑술(甲戌)년에 술토(戌土)가 화(火)의 묘(墓)가 되고 기신(忌神)이 되어 교통사고를 일으켜 천만 원을 물어주었다.

時	日	月	年		43	33	23	13	
壬	丁	甲	丁		己	庚	辛	壬	男
寅	卯	辰	未		亥	子	丑	寅	命

본명은 신강(身强)하며 토금(土金)이 용신(用神)이다. 그런데 갑술(甲戌)년에 술토(戌土)가 화(火)의 묘(墓)가 되고 화(火)는 기신(忌神)이 되자 갑상선이 나빠져 집에서 쉬는 바람에 수입이 없었다.

時	日	月	年		43	33	23	13	
甲	癸	乙	戊		庚	己	戊	丁	男
寅	巳	卯	申		申	未	午	巳	命

본명은 신약(身弱)하니 금수(金水)가 용신(用神)이다. 그런데 갑술(甲戌)년에 술토(戌土)가 화(火)의 묘(墓)가 되고, 화(火)는 기신(忌神)이 되어 보습시험에 떨어졌고 1년 동안이나 수입이 없었다.

時	日	月	年		50	40	30	20	
己	庚	壬	乙		丁	戊	己	庚	男
卯	申	午	巳		丑	寅	卯	辰	命

본명은 신약(身弱)하니 토금(土金)이 용신(用神)이다. 그런데 갑술(甲戌)년에 술토(戌土)가 화(火)의 묘(墓)가 되고, 화(火)는 기신(忌神)이 되어 외상값 수천만 원을 떼였다.

5) 통관(通關)을 방해하면 흉하다.

時	日	月	年	
辛	辛	辛	辛	男
卯	卯	卯	卯	命

본명은 신약(身弱)하니 토금(土金)이 용신(用神)이고, 수(水)로 통관(通關)시켜야 한다. 그런데 수(水)가 일주(日主)를 설기(泄氣)하니 흉하다.

時	日	月	年		35	25	15	5	
丙	丙	壬	壬		丙	乙	甲	癸	男
申	申	子	寅		辰	卯	寅	丑	命

본명은 신약(身弱)하니 목화(木火)가 용신(用神)이다. 정축(丁丑)년

에 축토(丑土)가 일지(日支) 신금(申金)을 생(生)하고, 신금(申金)은 월지(月支) 자수(子水)를 생(生)하고, 자수(子水)는 년지(年支) 인목(寅木)을 생(生)하니 통관(通關)시킬 수 있다. 그러나 축토(丑土)가 기신(忌神)이 되어 술을 너무 많이 마시다 숨졌다.

時	日	月	年		50	40	30	20	
壬	癸	丙	戊		辛	庚	己	戊	男
子	丑	辰	戌		酉	申	未	午	命

본명은 신약(身弱)하니 금수(金水)가 용신(用神)이다. 신유(辛酉) 대운에 일지(日支)의 축토(丑土)가 신유금(辛酉金)을 생(生)하고, 신유금(辛酉金)은 시지(時支) 자수(子水)를 생(生)하여 통관(通關)시키니 사업을 이루었다. 이처럼 통관(通關)시켜 용신(用神)이 되면 길하나 기신(忌神)이 되면 그렇지 않다.

6) 정관(正官)이 충(沖)되면 흉하다.

時	日	月	年		54	44	34	24	
甲	丁	癸	辛		己	戊	丁	丙	女
辰	巳	巳	卯		亥	戌	酉	申	命

본명은 신강(身强)하니 금수(金水)가 용신(用神)이다. 그런데 계해(癸亥)년에 정관(正官)인 해수(亥水)가 월일지(月日支)의 사화

(巳火)를 충(沖)하여 남편이 교통사고로 숨졌다. 정관(正官)은 희기(喜忌)와 관계없이 충(沖)되면 모두 좋지 않다.

時	日	月	年		50	40	30	20	
壬	己	壬	丁		丁	丙	乙	甲	女
申	酉	寅	酉		未	午	巳	辰	命

본명은 신약(身弱)하니 화토(火土)가 용신(用神)이다. 그런데 병인(丙寅)년에 정관(正官)인 인목(寅木)이 시지(時支)의 신금(申金)을 충(沖)하여 남편이 교통사고로 숨졌다.

7) 신약(身弱)하며 살(殺)이 많은데 대운(大運)이나 유년(流年)에서 살(殺)을 만나면 흉하다.

時	日	月	年		58	48	38	28	
甲	乙	辛	丙		乙	丙	丁	戊	女
申	酉	卯	午		酉	戌	亥	子	命

본명은 신약(身弱)하니 수목(水木)이 용신(用神)이다. 식신(食神)이 제살(制殺)하면 좋은데 지지(地支)에 녹인(祿刃)이 있다. 임신(壬申)년에 외상값 2천만 원을 떼였고, 계유(癸酉)년에는 일이 잘 되지 않아 수입이 많이 줄었다.

時	日	月	年		37	27	17	7	
庚	壬	戊	乙		壬	辛	庚	己	女
子	戌	寅	未		午	巳	辰	卯	命

본명은 신약(身弱)하니 금수(金水)가 용신(用神)이다. 그런데 갑술(甲戌)년에 관살(官殺)인 술토(戌土)가 일주(日主)를 극(剋)하여 유방암에 걸렸고, 을해(乙亥)년에 수술하였다.

時	日	月	年		48	38	28	18	
癸	乙	辛	丙		丙	丁	戊	己	女
未	酉	卯	午		戌	亥	子	丑	命

본명은 신약(身弱)하니 수목(水木)이 용신(用神)이다. 그런데 임신(壬申)년과 계유(癸酉)년에 운영하던 슈퍼마켓이 망했는데 남편이 말없이 떠났다.

8) 많이 있는 오행(五行)을 충극(沖剋)하여 회극(回剋)이 되면 흉하다.

時	日	月	年		壬	辛	庚	己	男
戊	戊	戊	戊		壬	辛	庚	己	男
午	午	午	午		戌	酉	申	未	命

본명은 화(火)가 매우 많은데 유년(流年)에서 수(水)를 만나면 회

극(回剋)이 되어 흉하다.

時	日	月	年		51	41	31	21	
甲	己	丙	丁		庚	辛	壬	癸	男
子	未	午	亥		子	丑	寅	卯	命

　본명은 전처의 빚 1억 5천만 원을 갚아주었다. 화(火)가 매우 많은데 병자(丙子)년에 월지(月支)의 오화(午火)를 충(沖)하여 회극(回剋)이 되었기 때문이다.

時	日	月	年		40	30	20	10	
戊	戊	丙	丁		壬	癸	甲	乙	男
午	申	午	巳		寅	卯	辰	巳	命

　본명은 교통사고를 당하였다. 화(火)가 매우 많은데 을해(乙亥)년에 해수(亥水)가 년지(年支)의 사화(巳火)를 충(沖)하여 회극(回剋)이 되었기 때문이다.

9) 반음(返吟)의 결과가 기신(忌神)이 되면 흉하다.

時	日	月	年		43	33	23	13	
辛	甲	戊	乙		癸	壬	辛	庚	女
未	辰	寅	卯		未	午	巳	辰	命

본명은 임신(壬申)년에 아버지가 돌아가셨다. 임신(壬申)년에 월주(月柱)의 무인(戊寅)과 반음(返吟)이 되었고, 신금(申金)은 기신(忌神)이 되었기 때문이다.

時	日	月	年		43	33	23	13	
丁	癸	癸	己		戊	丁	丙	乙	女
巳	亥	酉	丑		寅	丑	子	亥	命

본명은 계해(癸亥)년에 남편이 말없이 떠났다. 계해(癸亥)년에 시주(時柱)의 정사(丁巳)와 반음(返吟)이 되었기 때문이다.

時	日	月	年		53	43	33	23	
己	辛	丁	甲		辛	壬	癸	甲	女
丑	酉	卯	辰		酉	戌	亥	子	命

본명은 남편과 의견이 맞지 않아 늘 핀잔을 들었다. 계유(癸酉)년에 월주(月柱)의 정묘(丁卯)와 반음(返吟)이 되었고, 계유(癸酉)는 기신(忌神)이 되었기 때문이다.

時	日	月	年		50	40	30	20	
己	丙	甲	庚		己	庚	辛	壬	女
亥	申	申	子		卯	辰	巳	午	命

본명은 무인(戊寅)년에 수백 억의 부도를 내고 위장이혼으로 채무를 피하였다. 무인(戊寅)년에 월주(月柱)의 갑신(甲申)과 반음(返吟)이 되었기 때문이다.

```
時 日 月 年      55 45 35 25
己 庚 丙 己      庚 辛 壬 癸      男
卯 午 寅 亥      申 酉 戌 亥      命
```

본명은 임신(壬申)년에 많은 돈을 벌었다. 임신(壬申)년에 월주(月柱)의 병인(丙寅)과 반음(返吟)이 되나 임신(壬申)년은 용신운(用神運)이기 때문이다. 이처럼 반음(返吟)의 결과가 희용신(喜用神)이 되면 무방하다.

```
時 日 月 年      43 33 23 13
壬 乙 己 辛      甲 乙 丙 丁      男
午 丑 亥 丑      午 未 申 酉      命
```

본명은 병자(丙子)년에 아내가 유산하였다. 병자(丙子)년은 기신운(忌神運)인데 병자(丙子)가 시주(時柱)의 임오(壬午)와 반음(返吟)이 되었기 때문이다.

10) 대운(大運)과 유년(流年)이 충(沖)하면 흉하다.

時	日	月	年		47	37	27	17	
丁	甲	壬	丁		丁	丙	乙	甲	女
卯	子	子	酉		巳	辰	卯	寅	命

본명은 갑술(甲戌)년에 교통사고가 났다. 갑술(甲戌)년은 용신운 (用神運)이나 병진(丙辰)대운과 진술충(辰戌沖)하였기 때문이다.

時	日	月	年		54	44	34	24	
丙	甲	甲	甲		戊	己	庚	辛	女
寅	午	戌	寅		辰	巳	午	未	命

본명은 정축(丁丑)년에 아버지가 중풍에 걸렸다. 정축(丁丑)년에 신미(辛未)대운과 축미충(丑未沖)하였기 때문이다.

時	日	月	年		44	34	24	14	
庚	壬	戊	甲		癸	壬	辛	庚	男
子	寅	辰	辰		酉	申	未	午	命

본명은 무인(戊寅)년에 토목건축에 투자했다가 수억 원을 손해보 았다. 무인(戊寅)년에 임신(壬申)대운과 충(沖)하였기 때문이다.

時	日	月	年		53	43	33	23	
辛	乙	乙	戊		辛	庚	己	戊	男
巳	巳	卯	戌		酉	申	未	午	命

　본명은 정축(丁丑)년에 아내가 재산을 변매한 뒤에 이혼하였다. 정축(丁丑)년에 기미(己未)대운과 충(沖)하였기 때문이다.

時	日	月	年		62	52	42	32	
甲	丁	庚	丁		丁	丙	乙	甲	女
辰	亥	戌	亥		巳	辰	卯	寅	命

　본명은 계유(癸酉)년에 수술을 하였다. 계유(癸酉)년에 을묘(乙卯)대운과 충(沖)하였기 때문이다.

時	日	月	年		56	46	36	26	
丙	乙	癸	戊		丁	戊	己	庚	女
戌	巳	亥	戌		巳	午	未	申	命

　본명은 정축(丁丑)년에 집에서 쉬는 바람에 수입이 없었다. 정축(丁丑)년에 기미(己未)대운과 충(沖)하였기 때문이다.

11) 대운(大運)과 유년(流年)과 원명의 지지(地支)가 4충(沖)되면 흉하다.

時	日	月	年	33	23	13	3	
辛	戊	癸	壬	丁	丙	乙	甲	男
酉	寅	丑	申	巳	辰	卯	寅	命

　본명은 기묘(己卯)년에 뇌종양 수술을 하였다. 기묘(己卯)년이 시지(時支)의 유금(酉金)을 충(沖)하고, 갑인(甲寅)대운이 년지(年支)의 신금(申金)을 충(沖)하여 묘유충(卯酉沖)과 인신충(寅申沖)으로 4충(沖)이 되었기 때문이다.

時	日	月	年	64	54	44	34	
壬	甲	丙	甲	癸	壬	辛	庚	男
申	子	子	申	未	午	巳	辰	命

　본명은 무인(戊寅)년에 뇌혈관의 피가 엉켜 수술했는데 회복하기가 쉽지 않다. 무인(戊寅)년이 시지(時支)의 신금(申金)을 충(沖)하고, 임오(壬午)대운이 일지(日支)의 자수(子水)를 충(沖)하여 인신충(寅申沖)과 자오충(子午沖)으로 4충(沖)이 되었기 때문이다.

時	日	月	年	48	38	28	18	
乙	壬	壬	甲	丁	丙	乙	甲	男
巳	午	申	子	丑	子	亥	戌	命

본명은 무인(戊寅)년에 아버지가 교통사고로 돌아가셨다. 무인(戊寅)년이 월주(月柱)의 임신(壬申)을 충(沖)하고, 년지(年支)의 자수(子水)와 일지(日支)의 오화(午火)가 충(沖)하여 인신충(寅申沖)과 자오충(子午沖)으로 4충(沖)이 되었기 때문이다.

時	日	月	年		41	31	21	11	
乙	庚	庚	丙		乙	甲	癸	壬	男
酉	午	寅	申		未	午	巳	辰	命

본명은 병자(丙子)년에 외상값 1억 5천만 원을 떼였다. 병자(丙子)년에 사주와 자오충(子午沖)과 인신충(寅申沖)으로 4충(沖)이 되었기 때문이다.

時	日	月	年		45	35	25	15	
辛	庚	丙	乙		辛	庚	己	戊	女
巳	申	戌	未		卯	寅	丑	子	命

본명은 을해(乙亥)년에 사업이 잘못되어 손해를 많이 보았다. 을해(乙亥)년의 해(亥)가 시지(時支)의 사(巳)를 충(沖)하고, 경인(庚寅)대운의 인(寅)이 일지(日支)의 신(申)을 충(沖)하여 인신충(寅申沖)과 사해충(巳亥沖)으로 4충(沖)이 되었기 때문이다.

時	日	月	年		51	41	31	21	
壬	丁	癸	丁		己	戊	丁	丙	女
寅	酉	卯	未		酉	申	未	午	命

  본명은 정축(丁丑)년에 남편이 숨졌다. 정축(丁丑)년이 년지(年支)의 미토(未土)를 충(沖)하여 축미충(丑未沖)과 묘유충(卯酉沖)으로 4충(沖)이 되었기 때문이다.

11장. 명리(命理) 응용

1. 흉신(凶神)의 암장(暗藏)

```
時 日 月 年
癸 戊 丙 壬
巳 戌 午 午
```

본명은 무토(戊土)가 여름에 태어나 조열한데 술토(戌土)는 화
(火)를 설기(泄氣)할 수 없고 오히려 조토(燥土)가 되므로 술토(戌
土)에는 흉신(凶神)이 암장(暗藏)된 것이다.

```
時 日 月 年
壬 癸 丙 乙
子 亥 子 丑
```

본명은 계수(癸水)가 자(子)월에 태어났는데 축토(丑土)는 수(水)를 제지하지 못하고 오히려 탁(濁)하게 하니 축토(丑土)에는 흉신(凶神)이 암장(暗藏)된 것이다.

時	日	月	年
癸	乙	甲	丙
未	巳	午	午

본명은 을목(乙木)이 오(午)월에 태어나 인수(印綬)가 필요하니 금수(金水)가 용신(用神)이다. 그러나 미토(未土)는 수(水)를 생(生)하지 못하고 오히려 화국(火局)을 이루니 미토(未土)에는 흉신(凶神)이 암장(暗藏)된 것이다.

時	日	月	年
乙	乙	庚	己
卯	巳	午	未

본명은 을목(乙木)이 오(午)월에 태어나 인수(印綬)가 필요하니 금수(金水)가 용신(用神)이다. 그러나 지지(地支)의 사오미(巳午未)가 삼합(三合)하여 화국(火局)을 이루어 금(金)을 생(生)하지 못하니 미토(未土)에는 흉신(凶神)이 암장(暗藏)된 것이다.

時	日	月	年
戊	甲	丁	乙
辰	申	亥	巳

본명은 갑목(甲木)이 추운 해(亥)월에 태어나 화토(火土)가 용신
(用神)이다. 그러나 진토(辰土)는 습토(濕土)이니 화국(火局)을 이
루지 못하므로 진토(辰土)에는 흉신(凶神)이 암장(暗藏)된 것이다.

時	日	月	年
辛	乙	癸	癸
巳	丑	亥	卯

본명은 갑목(甲木)이 추운 해(亥)월에 태어나 화토(火土)가 용신
(用神)이다. 그러나 축토(丑土)는 사화(巳火)를 합(合)하여 사화
(巳火)의 힘을 빼앗으니 축토(丑土)에는 흉신(凶神)이 암장(暗藏)
된 것이다.

時	日	月	年
庚	乙	庚	丙
辰	酉	寅	午

본명은 을목(乙木)이 추운 인(寅)월에 태어나 태양을 향하는데 진
토(辰土)는 오화(午火)를 설기(泄氣)하니 진토(辰土)에는 흉신(凶

神)이 암장(暗藏)된 것이다.

```
時 日 月 年
丁 乙 庚 辛
丑 卯 寅 巳
```

　본명은 을목(乙木)이 추운 인(寅)월에 태어나 화토(火土)가 용신 (用神)이다. 그러나 축토(丑土)는 사화(巳火)를 설기(泄氣)하니 축 토(丑土)에는 흉신(凶神)이 암장(暗藏)된 것이다.

2 길신(吉神)의 암장(暗藏)

```
時 日 月 年
壬 癸 丙 己
子 未 子 未
```

　본명은 계수(癸水)가 자(子)월에 태어나 화토(火土)가 용신(用神) 이다. 그런데 미토(未土)는 조토(燥土)이니 일주(日主)를 도와주므 로 미토(未土)에는 길신(吉神)이 암장(暗藏)된 것이다.

```
時 日 月 年
癸 丙 丙 壬
巳 辰 午 午
```

본명은 신강(身强)하며 비겁(比劫)이 많으니 설기(泄氣)하면 좋으나 극(剋)하면 좋지 않다. 그런데 진토(辰土)는 화기(火氣)를 설(泄)하여 일주(日主)를 도와주니 진토(辰土)에는 길신(吉神)이 암장(暗藏)된 것이다.

時	日	月	年
壬	庚	丙	丁
午	辰	午	酉

본명은 화(火)가 많은데 진토(辰土)가 화(火)를 설기(泄氣)하여 일주(日主)를 도와주니 진토(辰土)에는 길신(吉神)이 암장(暗藏)된 것이다.

時	日	月	年
辛	壬	丙	己
亥	戌	子	酉

본명은 신강(身强)한데 술토(戌土)는 병화(丙火)의 힘을 증강시키니 술토(戌土)에는 길신(吉神)이 암장(暗藏)된 것이다.

時	日	月	年
己	癸	癸	戊
未	酉	亥	辰

본명의 진토(辰土)는 수기(水氣)를 증강시키니 진토(辰土)에는 흉신(凶神)이 암장(暗藏)된 것이고, 미토(未土)는 수기(水氣)를 멈추게 하니 미토(未土)에는 길신(吉神)이 암장(暗藏)된 것이다.

```
時 日 月 年
庚 丁 甲 戊
子 丑 子 戌
```

본명의 술토(戌土)는 일주(日主) 정화(丁火)의 힘을 증강시키니 술토(戌土)에는 길신(吉神)이 암장(暗藏)된 것이다.

```
時 日 月 年
丙 丁 乙 壬
午 丑 巳 午
```

본명의 축토(丑土)는 화기(火氣)를 설(泄)하여 일주(日主)를 도와주니 축토(丑土)에는 길신(吉神)이 암장(暗藏)된 것이다.

```
時 日 月 年
庚 庚 丙 甲
辰 子 子 戌
```

본명은 금한수냉(金寒水冷)한데 술토(戌土)가 화기(火氣)를 증가시키니 술토(戌土)에는 길신(吉神)이 암장(暗藏)된 것이고, 진토(辰土)에는 흉신(凶神)이 암장(暗藏)된 것이다.

3. 진신(眞神)과 가신(假神)

1) 용신(用神)이 월주(月柱)에 있으면 진신(眞神)이고, 월주(月柱)가 아닌 다른 간지(干支)에 있으면 가신(假神)이다.

```
時 日 月 年
戊 己 戊 乙
辰 巳 子 未
```

본명은 신강(身强)하며 금수(金水)가 길하니 자수(子水)가 용신(用神)인데 월지(月支)에 있으니 진신(眞神)이다.

```
時 日 月 年
乙 丙 壬 壬
未 子 寅 申
```

본명은 신약(身弱)하며 목화(木火)가 길하니 인목(寅木)이 용신(用神)인데 월지(月支)에 있으니 진신(眞神)이다.

```
時 日 月 年
甲 甲 乙 壬
子 子 巳 子
```

본명은 신강(身强)하며 화토(火土)가 길하니 사화(巳火)가 용신
(用神)인데 월지(月支)에 있으니 진신(眞神)이다.

```
時 日 月 年
戊 丙 戊 癸
子 申 午 巳
```

본명은 신약(身弱)하며 목화(木火)가 길하니 오화(午火)가 용신
(用神)인데 월지(月支)에 있으니 진신(眞神)이다.

```
時 日 月 年
庚 壬 戊 乙
戌 午 寅 酉
```

본명은 신약(身弱)하며 금수(金水)가 길하니 유금(酉金)이 용신
(用神)인데 년지(年支)에 있으니 가신(假神)이다.

時 日 月 年
甲 庚 戊 壬
申 子 申 申

　본명은 신강(身强)하며 수목(水木)이 길하니 자수(子水)가 용신 (用神)인데 일지(日支)에 있으니 가신(假神)이 되었다.

2) 용신(用神)이 2가지일 때 어느 것이 더 적합한지를 알아야 하므로 진신(眞神)과 가신(假神)을 판단할 줄 알아야 한다.

時 日 月 年
丁 甲 庚 庚
卯 辰 辰 寅

　본명은 신강(身强)하며 비겁(比劫)이 많은 것이 병(病)이니 식상 (食傷)이 용신(用神)이다. 따라서 정화(丁火)가 진신(眞神)이고 경 금(庚金)은 가신(假神)이다.

時 日 月 年
丙 甲 庚 辛
寅 寅 寅 卯

　본명은 겨울 목(木)이라 추우니 병화(丙火)가 진신(眞神)이고 신금(辛金)은 가신(假神)이다.

```
時 日 月 年
己 丙 甲 丙
丑 午 午 子
```

본명은 신강(身强)하며 비겁(比劫)이 많은 것이 병(病)이니 설기 (泄氣)하면 좋으나 극(剋)하면 좋지 않다. 따라서 축토(丑土)가 진 신(眞神)이고 자수(子水)는 가신(假神)이다.

```
時 日 月 年
癸 丙 辛 癸
巳 申 酉 卯
```

본명은 신약(身弱)하며 재성(財星)이 많은 것이 병(病)이니 비겁 (比劫)이 용신(用神)이다. 따라서 사화(巳火)가 진신(眞神)이고 묘 목(卯木)은 가신(假神)이다.

```
時 日 月 年
癸 戊 己 乙
丑 寅 卯 巳
```

본명은 신약(身弱)하며 관살(官殺)이 많은 것이 병(病)이니 인화

살(印化殺)하는 것이 좋다. 따라서 사화(巳火)가 진신(眞神)이고
축토(丑土)는 가신(假神)이다.

```
時 日 月 年
戊 乙 戊 丁
寅 亥 申 酉
```

본명은 신약(身弱)하며 관살(官殺)이 많은 것이 병(病)이니 인수
(印綬)가 용신(用神)이다. 따라서 해수(亥水)가 진신(眞神)이고 인
목(寅木)은 가신(假神)이다.

```
時 日 月 年
辛 丁 丙 癸
丑 巳 辰 卯
```

본명은 신약(身弱)하며 식상(食傷)이 많은 것이 병(病)이니 인수
(印綬)를 용신(用神)으로 삼아 식상(食傷)을 극(剋)해야 한다. 따
라서 묘목(卯木)이 진신(眞神)이고 사화(巳火)는 가신(假神)이다.

```
時 日 月 年
乙 庚 壬 壬
酉 寅 寅 辰
```

본명은 신약(身弱)하며 재성(財星)이 많은 것이 병(病)이니 비겁(比劫)을 용신(用神)으로 삼아 재성(財星)을 극(剋)해야 한다. 따라서 유금(酉金)이 진신(眞神)이고 진토(辰土)는 가신(假神)이다.

4. 용신허부(用神虛浮)

용신(用神)이 천간(天干)에 있는 것을 용신허부(用神虛浮)라고 하는데, 이런 사주는 용신(用神)이 실속이 없어 역할을 하지 못한다.

```
時 日 月 年
辛 辛 辛 辛
卯 卯 卯 卯
```

본명은 신약(身弱)하며 토금(土金)이 길하니 신금(辛金)이 용신(用神)인데 천간(天干)에 떠 있으니 용신허부(用神虛浮)가 되었다.

```
時 日 月 年
辛 丙 辛 庚
卯 寅 巳 寅
```

본명은 신강(身强)하며 토금(土金)이 길하니 경신금(庚辛金)이 용신(用神)인데 천간(天干)에 있으니 용신허부(用神虛浮)가 되었다.

時	日	月	年
戊	丁	辛	丙
申	亥	丑	辰

본명은 신약(身弱)하며 목화(木火)가 길하니 병화(丙火)가 용신(用神)인데 천간(天干)에 떠 있으니 용신허부(用神虛浮)가 되었다.

時	日	月	年
庚	己	丁	戊
午	卯	巳	午

본명은 신강(身强)하며 금수(金水)가 길하니 경금(庚金)이 용신(用神)인데 천간(天干)에 떠 있으니 용신허부(用神虛浮)가 되었다.

時	日	月	年
丁	戊	壬	庚
巳	午	午	寅

본명은 신강(身强)하며 금수(金水)가 길하니 경금과 임수(壬水)가 용신(用神)이다. 그러나 천간(天干)에 떠 있으니 용신허부(用神虛浮)가 되었다.

時　日　月　年

己　乙　辛　辛

卯　亥　卯　卯

　　본명은 신강(身强)하며 토금(土金)이 길하니 신금(辛金)과 기토
(己土)가 용신(用神)이다. 그러나 천간(天干)에 떠 있으니 용신허
부(用神虛浮)가 되었다.

時　日　月　年

庚　壬　己　丁

子　辰　酉　酉

　　본명은 신강(身强)하며 화토(火土)가 길하니 정화(丁火)와 기토
(己土)가 용신(用神)이다. 그러나 천간(天干)에 떠 있으니 용신허
부(用神虛浮)가 되었다.

時　日　月　年

辛　壬　丁　丙

丑　辰　酉　辰

　　본명은 신강(身强)하며 화토(火土)가 길하니 병정화(丙丁火)가 용
신(用神)이다. 그러나 천간(天干)에 떠 있으니 용신허부(用神虛浮)
가 되었다.

5. 사주불현용신(四柱不見用神)

사주불현용신(四柱不見用神)이란 사주에 용신(用神)이 없는 것을 말한다. 이런 경우에는 대운(大運)이나 유년(流年)에서 찾는다.

```
時 日 月 年
丁 甲 乙 丁
卯 午 巳 未
```

본명은 신강(身强)하여 목생화(木生火)하는 것이 용신(用神)이나 일주(日主)에게 이롭지 않으니 진정한 용신(用神)은 수(水)이다. 그러나 사주에 없으니 대운(大運)이나 유년(流年)에서 찾아야 한다.

```
時 日 月 年
戊 戊 戊 戊
午 午 午 午
```

본명은 화염토조(火炎土燥)하니 금(金)과 습토(濕土)가 용신(用神)인데 사주에 없으니 대운(大運)이나 유년(流年)에서 찾아야 한다.

```
時 日 月 年
甲 戊 戊 戊
寅 午 午 午
```

본명은 신강(身强)하니 목생화(木生火)하는 것이 용신(用神)이나 일주(日主)에게 이롭지 않으니 진신(眞神)은 습토(濕土)와 금(金)이다. 그러나 사주에 없으니 대운(大運)이나 유년(流年)에서 찾아야 한다.

```
時  日  月  年
癸  丁  壬  壬
卯  亥  寅  寅
```

본명은 신강(身强)하며 목(木)이 많은 것이 병(病)이니 금(金)이 용신(用神)이다. 그러나 사주에 없으니 대운(大運)이나 유년(流年)에서 찾아야 한다.

```
時  日  月  年
己  己  己  己
巳  巳  巳  巳
```

본명은 신강(身强)하며 화염토조(火炎土燥)하니 습토(濕土)와 금(金)이 용신(用神)이다. 그러나 사주에 없으니 대운(大運)이나 유년(流年)에서 찾아야 한다.

```
時  日  月  年
壬  丁  乙  壬
寅  巳  巳  午
```

본명은 신강(身强)하니 습토(濕土)와 금(金)이 용신(用神)이다. 그러나 사주에 없으니 대운(大運)이나 유년(流年)에서 찾아야 한다.

```
時 日 月 年
戊 乙 辛 辛
寅 丑 卯 卯
```

본명은 신강(身强)하며 비겁(比劫)이 많은 것이 병(病)이니 식상(食傷)이 용신(用神)이다. 그러나 사주에 없으니 대운(大運)이나 유년(流年)에서 찾아야 한다.

```
時 日 月 年
戊 甲 己 庚
辰 寅 卯 寅
```

본명은 신강(身强)하며 비겁(比劫)이 많은 것이 병(病)이니 식상(食傷)이 용신(用神)이다. 그러나 사주에 없으니 대운(大運)이나 유년(流年)에서 찾아야 한다.

6. 개두(蓋頭)와 절각(截脚)

개두(蓋頭)는 천간(天干)이 지지(地支)를 극(剋)하는 것을 말하고, 절각(截脚)은 지지(地支)가 천간(天干)을 극(剋)하는 것을 말한다. 예를 들어 목(木)이 용신(用神)인데 대운(大運)의 천간(天干)이 금(金)이고 지지(地支)가 목(木)이면 개두(蓋頭)한 것이고, 대운(大運)의 천간(天干)이 목(木)이고 지지(地支)가 금(金)이면 절각(截脚)된 것이다. 다시 말해 개두(蓋頭)는 오행(五行)의 기신(忌神)이 천간(天干)에 있는 것이고, 절각(截脚)은 지지(地支)에 있는 것이다. 그리고 개두(蓋頭)는 길하나 절각(截脚)은 흉하다.

```
時 日 月 年
丁 庚 丁 庚        壬 辛 庚 己 戊
丑 辰 亥 辰        辰 卯 寅 丑 子
```

본명은 경금(庚金)이 겨울에 태어나 목화(木火)가 용신(用神)이다. 경인(庚寅)과 신묘(辛卯)대운에는 기신(忌神)인 경신(庚辛)이 천간(天干)에 있으니 개두(蓋頭)하여 길하다.

```
時 日 月 年
乙 己 辛 丙        丙 丁 戊 己 庚
丑 卯 卯 申        戌 亥 子 丑 寅
```

본명은 신약(身弱)하니 화토(火土)가 용신(用神)이다. 정해(丁亥)대운에는 정화(丁火)가 천간(天干)에 있지만 수(水)가 화(火)를 극(剋)하니 절각(截脚)이 되어 흉하다.

```
時 日 月 年
乙 己 甲 庚        己 戊 丁 丙 乙
丑 酉 申 寅        丑 子 亥 戌 酉
```

본명은 신약(身弱)하니 화토(火土)가 용신(用神)이다. 무자(戊子)
대운에 무토(戊土)는 용신(用神)이고 수(水)는 기신(忌神)이니 절
각(截脚)이 되어 흉하다.

```
時 日 月 年
壬 癸 庚 辛        乙 丙 丁 戊 己
子 卯 子 丑        未 申 酉 戌 亥
```

본명은 신강(身强)하니 화토(火土)가 용신(用神)이다. 대운(大運)
의 병정(丙丁) 아래에 신유(辛酉)가 있으니 절각(截脚)이 되어 흉
하다.

```
時 日 月 年
戊 丙 癸 甲        戊 己 庚 辛 壬
戌 戌 酉 午        辰 巳 午 未 申
```

본명은 신약(身弱)하니 목화(木火)가 용신(用神)이다. 경오(庚午)
대운과 기사(己巳)대운의 기경(己庚)은 기신(忌神)인데 천간(天干)
에 있으니 개두(蓋頭)가 되어 길하다.

```
時 日 月 年
甲 庚 壬 丁      丁 丙 乙 甲 癸
申 子 子 丑      巳 辰 卯 寅 丑
```

본명은 경금(庚金)이 겨울에 태어나 목화(木火)가 용신(用神)이다. 병진(丙辰)대운의 병화(丙火) 아래에 진토(辰土)가 있으니 절각(截脚)이 되어 흉하다.

```
時 日 月 年
己 己 己 戊      甲 癸 壬 辛 庚
巳 亥 未 申      子 亥 戌 酉 申
```

본명은 신강(身强)하니 금수(金水)가 용신(用神)이다. 임술(壬戌)대운의 임수(壬水) 아래에 술토(戌土)가 있으니 절각(截脚)이 되어 흉하다.

12장. 팔자소관

1. 자녀를 낳지 못하는 명

자녀를 낳지 못하는 명과 자녀를 극(剋)하는 명은 다르나 원인은 비슷한 경우가 많다. 그리고 자녀의 유무를 볼 때는 부모를 같이 보아야 정확하다.

1) 사주에 오행이 골고루 있지 않으면 자녀를 낳지 못한다.

사주가 화염토조(火炎土燥)하거나 토금습체(土金濕滯)하거나 수범목부(水泛木浮)하거나 금한수냉(金寒水冷)하면 자녀를 낳기 어렵다.

```
時  日  月  年
癸  癸  乙  癸      女
丑  丑  丑  亥      命
```

본명은 아이를 낳지 못해 남의 자식을 키웠다. 수토(水土)가 얼고 어두우며 습한데 따뜻하게 해줄 화(火)가 없기 때문이다.

2) 인수(印綬)가 중첩되거나, 식상(食傷)이 많거나, 재관(財官)이 매우 왕하면 자녀를 낳지 못한다.

인수(印綬)가 중첩되면 남명은 자녀성인 관살(官殺)의 힘을 빼고, 여명은 자녀성인 식상(食傷)을 극(剋)하기 때문에 자녀를 낳기 어렵다. 식상(食傷)이 많으면 일주(日主)를 설기(泄氣)하니 남명은 자녀를 극(剋)하고, 여명은 자녀성이 기신(忌神)이 된다. 재관(財官)이 매우 왕하면 일주(日主)를 극(剋)하니 남명은 자녀성이 기신(忌神)이 되고, 여명은 자녀를 극(剋)하기 때문이다.

「유미부(幽微賦)」에서는 "인수(印綬)가 많으면 자녀가 없다"고 하였고, 「육친첩요가(六親捷要歌)」에서는 "상관(傷官)이 승왕하면 반드시 자손이 끊어진다"고 하였고, 「육친시결(六親詩訣)」에서는 "관성(官星)이 무기하면 평생 고독하며 자녀없이 장례를 치루고, 효신(梟神)이 장생(長生)에 임했는데 식신(食神)을 만나면 늙어서 자녀가 없다"고 하였고. 「원리부(元理賦)」에서는 효신(梟神)을 만나면 자녀를 잃는다"고 하였고, 「인감론(人鑑論)」에서는 귀위가 손상되면 말년에 성가한 자녀가 손상된다"고 하였다.

```
時  日  月  年
戊  丙  丁  丙        男
戌  戌  酉  戌        命
```

본명은 자녀를 낳지 못하였다. 식상(食傷)이 중중하여 조토(燥土) 일색이고, 사주에 자녀성이 없기 때문이다.

```
時 日 月 年
戊 辛 己 乙      女
子 丑 丑 未      命
```

본명은 자녀를 낳지 못하다가 남편과 헤어졌다. 인수(印綬)가 많고, 토금(土金)이 습하고, 자녀성이 합(合)하여 기신(忌神)이 되었기 때문이다.

3) 자녀성이나 자녀궁이 좋지 않으면 자녀를 낳지 못한다.

자녀성이 좋지 않다는 것은 자녀성이 없거나, 자녀성이 충극(沖剋)되거나, 공망(空亡)되거나, 사절(死絶)되거나, 기신(忌神)이거나, 기신(忌神)과 합(合)하는 것을 말한다. 그리고 자녀궁이 좋지 않다는 것은 시주(時柱)가 충(沖)되거나, 기신(忌神)이 되거나, 합(合)하여 기신(忌神)이 되거나, 공망(空亡)되는 것을 말한다.

4) 남명이 계수(癸水)가 메마르거나 여명이 정화(丁火)가 손상되면 자녀를 낳지 못한다.

자녀는 남자의 정(精)과 여자의 혈(血)이 만나 생기는데 남자의 정(精)인 계수(癸水)와 여자의 혈(血)인 정화(丁火)가 손상되면 임신이 잘 안되기 때문이다.

```
時 日 月 年
丙 甲 丁 癸    男
寅 戌 巳 未    命
```

본명은 식상(食傷)이 중첩되고 계수(癸水)가 메말라 정력이 부족
하니 자녀연이 약하여 자녀를 낳지 못하였다.

5) 여명이 진술(辰戌)시생이거나 고신(孤神)이나 과숙(寡宿)이 있는
　데 망신(亡身)이나 겁살(劫殺)이 가하거나, 시주(時柱)에 화개(華
　蓋)가 있는데 공망(空亡)되거나, 칠살(七殺)이 많은데 제(制)하지
　못하면 자녀를 낳지 못한다.

　시주(時柱)의 칠살(七殺)이 매우 왕하거나 심하게 제(制)하면 자녀
를 낳기 어렵고, 칠살(七殺)이 천간(天干) 2곳에 있으면 자녀없이 세
상을 마치고, 자녀성이 쇠절사묘(衰絶死墓)나 태포(胎胞)에 임했는데
충형(沖刑)되면 자녀가 없고, 처재(妻財)가 사절(死絶)이나 극(剋)되
면 자녀를 키우기 어렵고, 사주가 순음(純陰)이면 자녀가 좋지 않고,
월주(月柱)에 고란(孤鸞)이 있으면 자녀를 두기 어렵다.

```
時 日 月 年
丙 乙 壬 壬    女
子 丑 子 申    命
```

본명은 일주(日主) 을목(乙木)이 뿌리가 없는데 수(水)가 범람하

고, 인수(印綬)가 중첩되고, 오행(五行)이 한 가지로 치우쳐 있으니 흉하다. 이 사람은 혼인을 했으나 자녀를 낳지 못하였고, 남편이 죽은 후에는 고단한 노년을 보냈다.

時 日 月 年
乙 己 甲 癸　　女
丑 亥 寅 卯　　命

본명은 의학의 힘까지 빌려 노력했으나 아이를 낳지 못하였다. 재관(財官)이 매우 왕하고 인화(印化)가 부족하기 때문이다.

時 日 月 年
癸 庚 丙 戊　　女
未 辰 辰 戌　　命

본명은 임신이 되지 않아 양자를 들여 키우고 있다. 인수(印綬)가 중첩되어 토(土)가 많으니 금(金)이 매몰되었기 때문이다.

2 명리(命理)와 인연이 있는 명

1) 사주에 자오묘유(子午卯酉)가 많거나 일지(日支)에 자오묘유(子午卯酉)가 있으면 명리(命理)와 인연이 있다.
　자오묘유(子午卯酉)는 사정(四正) 또는 사왕(四旺)이라 하는데 그기(氣)를 얻으면 명리(命理)를 쉽게 터득한다. 사정(四正)의 본기가 투출(透出)하면 더 좋다. 필자가 조사한 바에 의하면 이런 사주는 10명 중 7~8명은 명리(命理)와 인연이 있었다. 아래의 명조는 모두 역학자의 사주이다.

丙	丁	乙	壬		丙	乙	癸	辛		丁	壬	甲	丁
午	卯	巳	子		子	酉	巳	未		未	申	辰	卯

庚	壬	壬	庚		丁	乙	甲	癸		庚	甲	乙	辛
戌	子	午	申		亥	亥	子	卯		午	子	未	未

甲	丙	庚	辛		己	丁	戊	乙		乙	壬	癸	壬
午	午	寅	未		酉	卯	子	亥		巳	子	卯	寅

2) 편인(偏印)이 용신(用神)이면 명리(命理)와 인연이 있다.

편인(偏印)은 오술(五術)·현학(玄學)·선불(仙佛)·명상(冥想) 등을 나타내기 때문이다. 반면 정인(正印)은 학교·책·지식 등을 나타낸다.

3) 인수(印綬)나 식상(食傷)이 많은데 첩신(貼身)하면 명리(命理)와 인연이 있다.

인수(印綬)는 지식을 나타내고 식상(食傷)은 지혜를 나타내는데 빼어나면 재능을 발휘한다. 2가지가 모두 많은데 첩신(貼身)하면 명리(命理)에 매우 익숙하다.

4) 사주에 사해(巳亥)가 많으면 명리(命理)와 인연이 있다.

사주에 사해(巳亥)가 많으면 명리(命理) 방면에서 성공하기 쉽다.

5) 일주(日主)가 약한데 도움이 없으면 명리(命理)와 인연이 있다.

일주(日主)가 약한데 도움이 없고 종(從)하지도 못하면 명리(命理)나 현학(玄學)에 강하다.

6) 부족한 오행(五行)이 희용신(喜用神)이 되면 명리(命理)와 인연이 있다.

```
時 日 月 年
辛 甲 丙 乙      女
未 寅 戌 未      命
```

본명은 명학에 들어가 생활하였다. 수(水)가 필요한데 없기 때문이다.

3. 외국으로 이민가는 명

최근에는 외국으로 이민을 가는 사람도 많고 우리나라로 오는 사람도 많다. 그런데 어떤 사람은 애써도 가지 못하고, 또 어떤 사람은 전혀 생각하지 않다가 우연히 기회가 생겨 떠나기도 한다. 이것은 모두 사주팔자에 있기 때문이다.

— 사주에 충극(沖剋)이 많으면 이민을 갈 명인데 월주(月柱)가 동요되면 더 확실하다. 이런 사주는 고향을 떠나 멀리 가기 쉽고 다른 나라에서 발전한다.

— 사주에 역마(驛馬)가 많으면 이민을 갈 명이다. 인신사해(寅申巳亥)가 모두 있거나 많으면 분주하며 고향에서 살기 어려워 외국으로 가는 경우가 많다.

— 편재격(偏財格)이거나 편재(偏財)의 역량이 정재(正財)보다 크면 이민을 갈 명이다. 이런 사주는 대개 외국에서 성취한다.

— 일주(日主)가 뿌리가 없으면 동서로 떠돈다. 이밖에 부모와 인연이 없거나, 사주가 편고하거나, 사주에 인수(印綬)가 없으면 타향으로 가기 쉽다.

```
時 日 月 年
乙 辛 己 庚     男
未 酉 卯 子     命
```

본명은 대학을 졸업한 후 미국에서 유학하고 그곳에서 부동산업을 하고 있다. 편재격(偏財格)이고, 월주(月柱)에 충(沖)이 있고, 정인(正印)이 나타나지 않았기 때문이다.

```
時 日 月 年
戊 丙 丙 甲     男
子 午 寅 申     命
```

본명은 오스트레일리아로 이민을 가서 살고 있다. 사주가 충합(沖合)되고, 양인(羊刃)이 역마(驛馬)를 띠고, 편재(偏財)가 충(沖)되고, 정인(正印)이 나타나지 않아 부모와 인연이 없기 때문이다.

■ **어느 나라가 좋은지는 사주의 희기(喜忌)로 판단한다.**

— 목(木)이 길하면 동쪽으로 가는 것이 좋다. 일본·미국·캐나다·멕시코 등.

— 화(火)가 길하면 남쪽으로 가는 것이 좋다. 대만·베트남·필리핀·뉴질랜드·오스트레일리아·인도네시아·말레이시아 등.

— 금(金)이 길하면 서쪽으로 가는 것이 좋다. 영국·프랑스·독일·스페인·스위스·이탈리아 등.

— 수(水)가 길하면 북쪽으로 가는 것이 좋다. 러시아·몽골·중국의 만주 등.

— 여름에 태어난 사람은 한대나 온대 지역이 좋고, 겨울에 태어난 사람은 열대나 아열대 지역으로 가는 것이 좋다. 명운에 순응하여 행하면 비교적 사업을 성공하기 쉽고 평생 성취가 높다.

— 명(命)·운(運)·세(歲)가 만나 인해묘미(寅亥卯未) 4자를 모두 갖추면 말 머리가 동쪽을 향하므로 동쪽 나라로 간다.

— 명(命)·운(運)·세(歲)가 만나 사인오술(巳寅午戌) 4자를 모두 갖추면 말 머리가 남쪽을 향하므로 남쪽 나라로 간다.

— 명(命)·운(運)·세(歲)가 만나 신사유축(申巳酉丑) 4자가 모두 갖추면 말 멀리가 서쪽을 향하므로 서쪽 나라로 간다.

— 명(命)·운(運)·세(歲)가 만나 해신자진(亥申子辰) 4자가 모두

갖추면 말 머리가 북쪽을 향하므로 북쪽 나라로 간다.

```
時 日 月 年
己 辛 丁 乙    女
亥 巳 亥 未    命
```

본명은 33세에 남편을 따라 캐나다 오타와로 이민을 갔다. 사주에 충합(沖合)이 많은데 33세 정묘(丁卯)년에 명(命)·운(運)·세(歲)가 모여 인해묘미(寅亥卯未)가 되었기 때문이다.

4. 떠돌아다니는 명

1) 편인(偏印)과 편관(偏官)이 함께 투출(透出)하거나 상관(傷官)과 편관(偏官)이 함께 투출(透出)하면 떠돌아다니는 명이 된다.

옛글에 "효살(梟殺)이나 상살(傷殺)이 양투(兩透)하면 겉으로는 겸손하며 온화해 보이나 속은 잔악하다"고 하였다. 효살(梟殺)은 편인(偏印)과 편관(偏官)을 말하고, 상살(傷殺)은 상관(傷官)과 편관(偏官)을 말한다. 이런 사주는 방종 반역하므로 청소년기에는 불량하기 쉽고, 성년이 된 후에는 파벌이나 집단에 들어가기 쉽다.

```
時 日 月 年
癸 壬 戊 乙    男
卯 子 寅 未    命
```

본명은 조직폭력의 거물이 되어 감옥을 자기집 드나들듯 하였다. 상관(傷官)과 편관(偏官)이 모두 투출(透出)하였기 때문이다.

2) 신살(身殺)이 양정(兩停)한데 식상(食傷)이 제(制)하지 못하면 떠돌아다니는 명이 된다.

「심성편(心性篇)」에 이르기를 "살인(殺刃)이 모두 왕한데 식신(食神)으로 제(制)하지 못하면 간교하며 흉악하나 신살(身殺)이 양정(兩停)한데 제살(制殺)하면 좋다"고 하였다. 칠살(七殺)은 정이 없는 별이므로 식상(食傷)이 억제하면 충성스럽고 절의 있는 충신이 되나 그렇지 않으면 무뢰한이 된다.

```
時 日 月 年
乙 庚 甲 丙      男
酉 申 午 午      命
```

본명은 고등학교 때 심하게 싸우다 퇴학을 당한 후 이리저리 떠돌아다녔다. 병역을 마친 뒤에는 도박장에서 생활하고 있다. 살인(殺刃)이 모두 왕한데 식신(食神)이 나타나지 않았기 때문이다.

3) 사주가 칠살격(七殺格)이면 떠돌아다니는 명이 된다.

칠살(七殺)을 제(制)하면 편관(偏官)이 되고, 편관을 제(制)하지 못하면 칠살(七殺)이 된다. 편관(偏官)은 격렬·초조·권위·정직·솔직·의협심 등을 나타낸다. 「상심부(相心賦)」에 이르기를

"칠살(七殺)은 그 세력이 삼공(三公)을 누르고, 주색과 쟁투를 좋아한다"고 하였다. 칠살격(七殺格) 사주는 강한 자는 누르고 약한 자는 돕는 성질이 있고, 성질이 호랑이와 같아 빠르다.

4) 편신(偏神)이 많거나 상관(傷官)이 왕하면 떠돌아다니는 명이 된다.

편신(偏神)이란 편재(偏財)・편인(偏印)・편관(偏官)・상관(傷官)을 말한다. 반면에 정재(正財)・정관(正官)・정인(正印)・식신(食神)은 정신(正神)이다. 사주에 편신(偏神)이 많으면 방탕하며 거침이 없고 극단적이기 쉽기 때문이다.

```
時 日 月 年
丙 庚 甲 戊      男
戌 辰 子 子      命
```

본명은 배운 것도 없고 기술도 없으면서 콧대만 높아 구속받기를 싫어하며 남을 무시한다. 격투를 잘하여 조직폭력의 우두머리가 되어 일찍이 관훈(管訓)을 받았다. 편신(偏神)이 많은데 상관(傷官)이 심하게 설기(泄氣)하기 때문이다.

5) 이외에 상관(傷官)과 편관(偏官)이 동주(同柱)하거나, 형충(刑沖)이 많거나, 일주(日主)가 매우 왕한데 양인(羊刃)이 날뛰거나, 재성(財星)이 인수(印綬)를 극(剋)하거나, 관인(官印)이 충극(沖剋)하면 떠돌아다니는 명이 된다.

5. 동성연애자의 명

1) 지지(地支)가 삼합(三合)하여 식상(食傷)이 되면 동성연애자가 된다. 특히 수(水)일생이 목식(木食)이 되면 더 심하다.

```
時 日 月 年
壬 癸 癸 丁    女
戌 未 卯 亥    命
```

본명은 동성연애자였는데 지지(地支)에서 해묘미(亥卯未)가 삼합(三合)하여 식상(食傷)이 되었기 때문이다. 갑인(甲寅)년 갑술(甲戌)월인 상관(傷官)년 상관(傷官)월에 미환약을 먹고 숨졌다.

2) 신약(身弱)한데 설기(泄氣)가 심하거나, 신왕(身旺)한데 설기(泄氣)하지 못하거나, 일주(日主)가 설기(泄氣)되어 힘이 없으면 동성연애자가 된다.

```
時 日 月 年
丁 丙 癸 丁    男
酉 寅 卯 巳    命
```

본명은 쌍성연애자이다. 신강(身强)한데 설기(泄氣)가 부족하기 때문이다. 이 사람은 여자처럼 수줍음이 많았다.

```
時 日 月 年
己 辛 壬 壬    女
亥 丑 子 辰    命
```

　본명은 여자 역할을 하는 동성연애자이다. 신약(身弱)한데 설기 (泄氣)가 심하고, 지지(地支)에서 삼합(三合)하여 식상(食傷)이 되었기 때문이다. 지금은 평범한 남자와 혼인하여 살고 있다.

```
時 日 月 年
己 壬 壬 庚    女
酉 申 午 子    命
```

　본명은 남자 역할을 하는 동성연애자이다. 신강(身强)한데 식상 (食傷)이 없기 때문이다. 지금까지 정상적인 혼인은 하지 않았고 부모도 알고 있지만 어찌할 방법이 없다.

3) 사주가 너무 뜨겁거나 차가운데 조후(調候)하지 못하면 동성연애 자가 된다.

```
時 日 月 年
丁 丙 甲 丙    男
酉 午 午 午    命
```

본명은 어려서부터 여자를 좋아하지 않았고, 여러 남자를 동시에 사귀며 사랑문제로 다투는 일도 있었다. 사주가 매우 뜨거운데 적셔줄 물이 없기 때문이다. 지금은 미국에서 살고 있다.

4) 인수(印綬)가 왕한데 관성운(官星運)으로 흐르면 동성연애자가 된다.

```
時 日 月 年
庚 己 丁 癸      男
午 卯 巳 巳      命
```

본명은 중학교 때부터 동성연애를 하였다. 인수(印綬)가 중첩했는데 청소년기에 관성운(官星運)으로 흘렀기 때문이다. 성년이 되면서 점점 나아졌고, 지금은 평범한 여자와 혼인하여 아들을 하나 낳고 살고 있다.

5) 이외에 극설(剋泄)이 모두 있거나, 합(合)이 많거나, 일월지(日月支)가 모두 기신(忌神)인데 충합(沖合)되면 동성연애자가 된다.

동성연애자의 사주를 보면 대개 오행(五行)이 막힌 경우가 많다. 상관(傷官)은 생리발설을 담당하는데 식상(食傷)의 배치가 타당하지 않으면 원인이 된다. 식신(食神)도 많으면 상관(傷官)이 되기 때문이다. 동성연애는 선천적인 경우도 있지만 성장환경·교육환경·친구관계 등도 밀접한 관계가 있다.

6. 절약하거나 낭비하는 명

— 정재격(正財格)은 절약하는 편이고, 편재격(偏財格)은 낭비하는
  편이다.
— 정편재(正偏財)가 많거나 재다신약(財多身弱)하면 낭비하는 편
  이고, 재성(財星)을 기뻐하는데 없으면 절약하는 편이다.
— 일지(日支)에 정재(正財)가 있거나 사주에서 정재(正財)의 역량
  이 편재(偏財)보다 크면 절약하는 편이고, 일지(日支)에 편재
  (偏財)가 있거나 사주에서 편재(偏財)의 역량이 정재(正財)보다
  크면 낭비하는 편이다.
— 정인격(正印格)과 정관격(正官格)은 인색한 편이고, 식신격(食
  神格)과 상관격(傷官格)은 낭비하는 편이다.
— 편인(偏印)이 많으면 지나치게 따지며 계획하고, 재성(財星)이
  입고(入庫)되면 시원하게 쓸 줄 모른다.
— 일주(日主)와 재성(財星)이 합(合)하면 인색하고, 사주에서 겁
  재(劫財)가 재성(財星)을 극(剋)하면 절제할 줄 모른다.

時 日 月 年
庚 丙 甲 辛　　女
寅 申 午 丑　　命

본명은 씀씀이가 시원시원하며 베풀기를 좋아한다. 일지(日支)에
편재(偏財)가 있고, 사주에 정편재(正偏財)가 많이 투출(透出)하고,

사주에서 편재(偏財)의 역량이 정재(正財)보다 크기 때문이다.


```
時 日 月 年
癸 庚 丁 戊      男
未 戌 巳 戊      命
```

본명은 돈 쓰는 것을 아까워하며 사소한 것까지 시시콜콜 따진다. 재성(財星)이 입묘(入墓)되고 편인(偏印)이 많기 때문이다.


```
時 日 月 年
丁 甲 乙 己      女
卯 午 亥 卯      命
```

본명은 절약할 줄 모르고 치장하며 꾸미기를 좋아한다. 겁재(劫財)가 재성(財星)을 극(剋)하고, 군겁(群劫)이 쟁재(爭財)하고, 상관(傷官)이 명현하기 때문이다.


```
時 日 月 年
戊 壬 庚 庚      男
申 申 辰 戊      命
```

본명은 성격이 집요하며 속이 좁고 매우 인색하다. 편인(偏印)이 중첩되었기 때문이다.

7. 신불을 숭배하는 명

1) 지지(地支)에 자오묘유(子午卯酉)가 많으면 신불을 숭배한다.

```
時 日 月 年
庚 己 庚 辛        男
午 酉 子 卯        命
```

본명은 신불을 숭배하는데 지지(地支)에 자오묘유(子午卯酉)가 모두 있기 때문이다.

```
時 日 月 年
癸 己 壬 庚        女
酉 巳 午 子        命
```

본명은 신불을 숭배하는데 지지(地支)에 자오유(子午酉)가 있기 때문이다.

2) 화(火)가 길하거나 화(火)가 용신(用神)이면 불도를 숭배한다.

```
時 日 月 年
壬 己 辛 辛        女
申 未 卯 丑        命
```

본명은 불교신자인데 사주에 금(金)이 3개나 있고 식상(食傷)이 매우 중하니 화(火) 인수(印綬)로 제(制)하면 길하기 때문이다.

```
時 日 月 年
戊 丙 戊 乙    男
戌 子 子 未    命
```

본명은 불교신자인데 병화(丙火)가 겨울에 태어났는데 2수(水)가 극(剋)하고 4토(土)가 설(泄)하니 목화(木火)가 길하기 때문이다.

3) 지지(地支)에 자(子)나 오(午)가 있으면 불도를 숭배하고, 사(巳)나 해(亥)가 있으면 선(仙)을 숭배한다.
  명서(命書)에 자오(子午)는 불(佛)이고, 사해(巳亥)는 선(仙)이라는 글이 있다.

```
時 日 月 年
戊 戊 甲 乙    女
午 申 申 巳    命
```

본명은 선(仙)을 가장하여 돈과 재물을 취하였다. 지지(地支)에 오(午)와 사(巳)가 있으나 투간(透干)하지 않아 힘이 별로 없기 때문이다.

8. 재물이 흩어지는 명

1) 비겁(比劫)이 재성(財星)을 충(沖)하면 재물이 잘 흩어진다.

```
時 日 月 年
壬 癸 辛 乙    男
戌 亥 巳 巳    命
```

본명은 늘 재물을 잃을까봐 걱정하는데 해수(亥水) 겁재(劫財)가
사화(巳火) 재성(財星)을 충(沖)하기 때문이다.

9. 어머니는 있으나 아버지가 없는 명

1) 월지(月支)에 양인(羊刃)이 있으면 어머니는 있으나 아버지가 없다.

```
時 日 月 年    43 36 26 16
壬 庚 乙 乙    庚 己 戊 丁
午 午 酉 卯    寅 丑 子 亥
```

본명은 아버지가 일찍 돌아가셨는데 월지(月支)에 양인(羊刃)이
있기 때문이다. 그러나 충(沖)을 범하지 않으면 그렇지 않다.

10. 부모가 불화하는 명

1) 재성(財星)과 인성(印星)이 싸우면 부모가 불화한다.

```
時 日 月 年
己 乙 乙 壬      男
卯 巳 巳 寅      命
```

본명은 부모가 화목하지 않았는데 천간(天干)의 기토(己土) 재성
(財星)이 임수(壬水) 인성(印星)을 극(剋)하고, 년월지(年月支)가
인사형(寅巳刑)이 되었기 때문이다. 이런 사주는 고부간에도 갈등
이 많다.

11. 부부가 불화하는 명

「부(賦)」에서는 "자매동궁(姉妹同宮)이면 한(恨)이 있다"고 하였
고, 어떤 책에는 "간지(干支)가 같으면 재물이나 아내를 잃는다"고
하였다. 자매동궁(姉妹同宮)은 갑인(甲寅)・을묘(乙卯)・병오(丙
午)・정사(丁巳)・무진(戊辰)・무술(戊戌)・기축(己丑)・기미(己
未)・경신(庚申)・신유(辛酉)・임자(壬子)・계해(癸亥) 일주(日柱)
를 말하는데 여명이 해당하면 대개 혼인이 원만하지 못하다.

```
時 日 月 年
丁 庚 戊 乙       女
丑 申 子 巳       命
```

본명은 부부가 불화하다 을해(乙亥)년에 이혼했는데 일주(日柱)가 경신(庚申)이니 자매동궁(姉妹同宮)이 되었기 때문이다.

```
時 日 月 年
癸 辛 庚 辛       男
巳 酉 寅 亥       命
```

본명은 부부가 불화하다 기묘(己卯)년에 이혼했는데 일주(日柱)가 신유(辛酉)이니 자매동궁(姉妹同宮)이 되었기 때문이다.

```
時 日 月 年
戊 乙 丁 己       女
寅 卯 丑 亥       命
```

본명은 부부가 불화하다 33세 신미(辛未)년에 이혼했는데 일주(日柱)가 을묘(乙卯)이니 자매동궁(姉妹同宮)이 되었기 때문이다.

```
時 日 月 年
乙 戊 壬 丁     男
卯 辰 子 亥     命
```

본명은 부부가 불화하다 51세 정축(丁丑)년에 이혼했는데 일주(日
柱)가 무진(戊辰)이니 자매동궁(姉妹同宮)이 되었기 때문이다.

12. 부부간에 정이 있거나 없는 명

여명은 관성(官星)이 남편궁에 앉으면 일주(日主)와 가까이 있으
니 부부간에 정이 좋고, 년지(年支)에 있으면 일주(日主)와 멀리
있으니 부부간에 정이 없다. 남명은 재성(財星)이 아내궁에 앉으면
일주(日主)와 가까이 있으니 부부간에 정이 좋고, 년지(年支)에 있
으면 일주(日主)와 멀리 있으니 부부간에 정이 없다.

```
時 日 月 年
辛 辛 乙 癸     女
卯 未 丑 巳     命
```

본명은 남편과 정이 없었는데 정관(正官)인 사화(巳火)가 년지(年
支)에 있으니 일주(日主)와 멀리 있기 때문이다.

```
時 日 月 年
壬 庚 丙 乙      男
午 戌 戌 未      命
```

본명은 아내와 정이 없었는데 정재(正財)인 을목(乙木)이 년지(年支)에 있으니 일주(日主)와 멀리 있기 때문이다.

13. 술을 좋아하는 명

1) 사주에 유(酉)와 해(亥)가 있으면 음주를 좋아한다.

명서(命書)에 의하면 사주에 유(酉)와 해(亥)가 있으면 음주를 좋아한다고 하였다. 유(酉)는 닭이고 해(亥)는 돼지인데 먹고 마시는 것을 좋아한다는 뜻이다.

```
時 日 月 年      51 41 31 21
辛 辛 丁 癸      辛 壬 癸 甲      男
卯 酉 巳 巳      亥 子 丑 寅      命
```

본명은 술을 좋아하는데 일지(日支)에 유금(酉金)이 있기 때문이고, 유(酉)는 술통·술잔·술·발효음식을 나타낸다.

2) 사주에 금수(金水)가 약하면 술을 좋아하고, 목화(木火)가 약하면
담배를 좋아한다.

```
時  日  月  年
丁  癸  壬  乙     男
巳  卯  午  未     命
```

본명은 술을 매우 좋아하는 사람이다. 득령(得令)한 화(火)가 3개
나 있고, 2목(木)이 생(生)하고, 임계수(壬癸水)가 너무 약하기 때
문이다.

```
時  日  月  年
丁  丙  己  壬     男
酉  辰  酉  子     命
```

본명은 꽁초까지 피우는데 목화(木火)가 매우 약하기 때문이다.

14. 주색과 도박을 좋아하는 명

1) 월간(月干)에 겁재(劫財)가 있으면 도박을 좋아한다.

```
時  日  月  年
庚  丁  丙  戊     男
戌  卯  辰  子     命
```

본명은 월간(月干)에 겁재(劫財)가 있으니 도박을 좋아한 것이다.

2) 상관(傷官)이 중하면 도박을 좋아한다.

```
時 日 月 年
辛 丁 癸 庚     男
丑 未 未 戌     命
```

본명은 도박을 매우 좋아했는데 지지(地支)에 토(土)가 4개나 있으니 상관(傷官)이 너무 중하기 때문이다.

3) 정관(正官)에 상관(傷官)이 개두(蓋頭)하면 남명은 주색잡기를 좋아하고, 여명은 남편이 부정하다.

```
時 日 月 年
乙 壬 乙 癸     男
巳 午 丑 巳     命
```

본명은 일주(日主) 임수(壬水)가 년간(年干) 계수(癸水)의 도움만 있을 뿐 인성(印星)이 없으니 천간(天干)의 2목(木)과 지지(地支)의 재관(財官)의 도설(盜泄)을 대항하기 어렵다. 이 사람은 가난한 농민인데 다리가 좋지 않고 여자를 희롱하는 것을 좋아한다. 축토(丑土)가 관성(官星)인데 을목(乙木) 상관(傷官)이 개두(蓋頭)하였기 때문이다.

15. 허리가 아픈 명

일주(日柱)나 시주(時柱)가 신묘(辛卯)나 기묘(己卯)이면 요통이 따르고, 시주(時柱)가 신묘(辛卯)나 기묘(己卯)이면 다리에 상처나 흉터가 있다. 명서(命書)에 의하면 "묘(卯)는 문(門)인데 위에 토금(土金)이 있으면 허리와 다리가 가라앉는다"고 하였다.

```
時 日 月 年
乙 辛 壬 癸      男
未 卯 戌 卯      命
```

본명은 허리가 아파 똑바로 움직이지 못하는데 일주(日柱)가 신묘(辛卯)이기 때문이다.

```
時 日 月 年
辛 辛 己 丁      女
卯 巳 酉 未      命
```

본명은 늘 요통이 심한데 시주(時柱)가 신묘(辛卯)이기 때문이다.

```
時 日 月 年
丁 己 戊 庚      男
卯 卯 寅 辰      命
```

본명은 늘 허리가 아픈데 일주(日柱)가 기묘(己卯)이기 때문이다.

```
時 日 月 年
己 庚 甲 癸      女
卯 戌 寅 巳      命
```

본명은 늘 허리가 아픈데 시주(時柱)가 기묘(己卯)이기 때문이다.

16. 신장이 허약한 명

신장이 허약한 것은 하초가 약하여 노곤하며 식은땀이 나고 정수가 흘러 정력부족·발기부전 등의 현상이 나타난다.

1) 수일주(水日主)가 여름에 태어나면 신장이 허약하다.
수(水)는 오장육부에서는 신장을 나타내는데 여름에 태어나면 화(火)가 왕하고 수(水)가 쇠하니 신장이 허약하다.

```
時 日 月 年
壬 庚 丙 丁      男
午 午 午 酉      命
```

본명은 경금(庚金)이 허약한데 5화(火)가 유금(酉金)을 극(剋)하고 임수(壬水)를 말리니 신장이 매우 나쁘다.

2) 수일주(水日主)가 겨울에 태어나면 신장이 허약하다.

수일주(水日主)가 겨울에 태어나 수(水)가 많은데 조토(燥土)인 미술(未戌)이 막지 못하면 흐름이 불안하여 신장병에 걸리기 쉽다.

```
時 日 月 年
癸 癸 丙 己      男
丑 亥 子 酉      命
```

본명은 계수(癸水)가 자(子)월에 태어났는데 지지(地支)에 해자축 (亥子丑) 수국(水局)까지 있으니 천지가 매우 차갑다. 병화(丙火) 가 있으나 힘이 없고, 조토(燥土)인 미술(未戌)이 수(水)를 제(制) 하지 못하니 어려서부터 신장이 허약하였다.

18. 불면증이 있는 명

사주가 신약(身弱)하면 불면증이 따르는데 상관(傷官)이 중하면 더 심하다. 상관(傷官)이 중하면 일주(日主)의 기운을 빼앗으므로 터무니없는 생각을 잘하며 신경쇠약이 따르기도 한다. 간혹 환청이 나 환영을 일으키는 경우도 있다.

```
時 日 月 年
戊 丁 丙 癸      女
申 丑 辰 丑      命
```

본명은 밤에 잠을 자지 못하는데 4토(土) 식상(食傷)이 일주(日主) 정화(丁火)의 기운을 빼앗아 신경관능증에 걸렸기 때문이다.

```
時 日 月 年
庚 甲 庚 甲      男
午 辰 午 午      命
```

본명은 밤만 되면 잡념이 많아져 잠을 이루지 못한다. 일주(日主) 갑목(甲木)을 3오화(午火) 상관(傷官)이 설기(泄氣)하고 인수(印綬)가 없기 때문이다.

18. 배우자가 바람을 피우는 명

1) 비겁운(比劫運)이나 비겁년(比劫年)을 만나면 배우자가 바람을 피운다.

```
時 日 月 年      40 30 20
壬 丙 壬 丁      戊 己 庚      男
辰 子 寅 酉      戌 亥 子      命
```

본명은 31세 때 아내가 바람을 피워 이혼하였다. 31세 정묘(丁卯)년에 정화(丁火) 겁재(劫財)가 나타났기 때문이다.

時	日	月	年		38	28	18	
壬	戊	戊	庚		甲	乙	丙	女
戌	子	寅	子		戌	亥	子	命

본명은 40세 때 남편이 바람을 피워 이혼했는데 40세 기묘(己卯) 년에 기토(己土) 겁재(劫財)가 나타났기 때문이다.

時	日	月	年		50	40	30	
庚	丙	壬	壬		丁	戊	己	女
寅	辰	子	辰		未	申	酉	命

본명은 46세 때 남편이 바람을 피워 이혼하였다. 관살(官殺)이 혼잡하고, 정관(正官)이 진(辰)에 입묘(入墓)되고, 46세 정축(丁丑)년에 정화(丁火) 겁재(劫財)가 나타났기 때문이다.

19. 바람을 피우는 명

남명은 지지(地支)에 편재(偏財)가 암장(暗藏)되면 외정을 숨기고, 여명은 지지(地支)에 살(殺)이 암장(暗藏)되면 외정을 숨긴다.

時	日	月	年	
丁	辛	己	庚	男
酉	未	丑	寅	命

본명은 몰래 바람을 피웠는데 을목(乙木) 편재(偏財)가 아내궁인
일지(日支)의 미고(未庫)에 암장(暗藏)되었기 때문이다.


```
時 日 月 年
癸 戊 辛 壬        女
亥 辰 亥 辰        命
```


본명은 애인을 둘이나 숨겨두고 있었는데 갑목(甲木) 칠살(七殺)
이 해(亥) 중에 암장(暗藏)되었기 때문이다.

20. 박정하며 색을 좋아하는 여명

1) 여명이 탐재괴인(貪財壞印)이 되면 박정하며 색을 좋아한다.


```
時 日 月 年        58 48 38 28
丁 丙 壬 丙        丙 丁 戊 己        女
酉 寅 辰 申        戌 亥 子 丑        命
```


본명은 키가 170cm나 되며 매우 아름답다. 사주에 임수(壬水) 칠
살(七殺)이 1개 있으니 맑다고 생각하겠지만 남자친구가 많고 매
우 인색하다. 화(火)가 3개나 있는데 일지(日支) 인목(寅木)이 돕
기 때문이다. 그리고 일주(日主)가 비교적 왕하다고 보기 쉬우나
진토(辰土)가 설기(泄氣)하고 임살(壬殺)이 제(制)하고 신유(申酉)

재성(財星)이 소모하므로 신약(身弱)한 편이다. 전적으로 인목(寅木)에게 의지하는데 한탄스럽게도 인목(寅木)은 유금(酉金)을 만나 첩극(貼剋)되고 요충(遙沖)되니 전형적인 재성괴인(財星壞印)이다. 무릇 재성(財星)이 인수(印綬)를 무너뜨리면 정과 의가 두텁지 못하며 재물과 색을 좋아한다.

	時	日	月	年	38	28	18	
	己	丁	乙	戊	辛	壬	癸	女
	酉	酉	卯	申	亥	子	丑	命

본명은 관성(官星)이 없고 재성(財星)이 3개, 식상(食傷)이 2개 있다. 설기(泄氣)가 지나치니 월지(月支)의 묘목(卯木)이 용신(用神)이다. 그러나 2유금(酉金)이 묘목(卯木)을 충극(沖剋)하니 전형적인 탐재괴인(貪財壞印)이 되었다. 이 사람은 임자(壬子)대운 중의 경진(庚辰)년에 이혼했는데 경진(庚辰)년에 천간(天干)이 을경합금(乙庚合金)되고, 명(命)·운(運)·세(歲)가 신자진(申子辰) 수국(水局)을 이루어 왕한 수(水)가 신(身)을 극(剋)하니 남편이 머물기 어려웠던 것이다.

21. 3번 이상 혼인하는 명

1) 일주(日柱)가 임자(壬子) · 무오(戊午) · 병오(丙午) · 기사(己巳) · 계유(癸酉) · 을축(乙丑) · 갑술(甲戌)이면 3번 이상 혼인한다.

時	日	月	年		50	40	30	20	10	
戊	甲	戊	辛		癸	甲	乙	丙	丁	男
辰	戌	戌	酉		巳	午	未	申	酉	命

본명은 일주(日柱)가 갑술(甲戌)이니 3번 이상 혼인할 명인데 자세히 보니 편재(偏財)가 5개나 있고, 재성(財星)이 매우 왕하고, 진술(辰戌)이 상충(相沖)하여 5토(土)가 모두 진동한다. 더구나 16세 이전에 월지(月支)의 술토(戌土)가 충(沖)되었다. 상담자에게 "어르신께서는 3번 이상 장가갈 팔자입니다. 혼인하기 전에 한 명이 죽었지요?"했더니 깜짝 놀라며 "15세 때 정혼한 사람이 있었는데 죽었습니다. 그동안 아무한테도 말하지 않았습니다. 그후 한 명이 또 죽었고, 두 사람과는 헤어졌고, 지금의 아내는 5번째 여자입니다"라고 하였다.

時	日	月	年		44	34	24	14	
戊	戊	癸	辛		戊	丁	丙	乙	女
午	午	巳	丑		戌	酉	申	未	命

본명은 관성(官星)이 없고 화토(火土)가 매우 왕하다. 일주(日柱) 또한 무오(戊午)이니 38세 무인(戊寅)년에 이혼하였다. 이 사람은 40세까지 혼인을 4번이나 하였다.

時	日	月	年		51	41	31	21	
丁	乙	己	甲		癸	甲	乙	丙	女
丑	丑	巳	午		亥	子	丑	寅	命

본명은 45세 전에 2번이나 이혼한 사람이다. 관성(官星)이 축고
(丑庫)에 들고, 당령(當令)한 화(火) 상관(傷官)이 3개나 되니 너무
중하고, 일주(日柱) 또한 을축(乙丑)이기 때문이다.

時	日	月	年		63	53	43	33	23	
乙	癸	丙	丁		己	庚	辛	壬	癸	男
卯	酉	午	丑		亥	子	丑	寅	卯	命

본명은 일주(日柱)가 계유(癸酉)이며 묘유충(卯酉沖)이 있다. 64세
인 현재까지 함께 살고 있으나 부부사이가 좋지 않다. 신약(身弱)한
데 재성(財星) 병오(丙午)가 득령(得令)하여 왕하기 때문이다.

時	日	月	年		57	47	37	27	17	
壬	戊	庚	辛		甲	乙	丙	丁	戊	男
戌	午	子	未		午	未	申	酉	戌	命

본명은 일주(日柱)가 무오(戊午)이며 월일(月日)이 충(沖)한다. 17
세 정해(丁亥)년에 혼인하여 70세인 지금까지 살고 있으나 부부사
이가 좋지 않다. 신약(身弱)한데 재성(財星) 자수(子水)가 득령(得
令)하여 왕하기 때문이다.

22. 남명 혼인 3법

1) 비겁(比劫)이 아내성을 빼앗거나 재성(財星)이 합(合)되면 아내가
   부정하거나 진실하지 않다.

```
時 日 月 年
丁 庚 庚 乙    男
丑 戌 辰 巳    命
```

　본명은 경금(庚金)이 진(辰)월에 태어났는데 월간(月干)에 금(金)
이 또 있다. 3토(土)가 생(生)하여 신왕인왕(身旺印旺)하니 재성
(財星)을 용신(用神)으로 삼아 토(土)와 신(身)을 설기(泄氣)해야
한다. 그러나 을목(乙木) 정재(正財)와 경금(庚金) 비견(比肩)이
합금(合金)하여 기신(忌神)이 되었기 때문이다. 이 사람은 명국이
변하여 아내가 부적절한 이성관계를 가진 것이다.

```
時 日 月 年
丙 庚 己 甲    男
戌 辰 巳 午    命
```

　본명은 편재(偏財) 갑목(甲木)이 기토(己土)와 합(合)하니 아내가
부정하고, 일시(日時)가 진술상충(辰戌相沖)이 되어 아내궁이 충
(沖)을 받으니 2번 혼인할 조짐이 보인다. 이 사람은 36세인 기사
(己巳)년에 아내가 정부를 따라갔다.

時　日　月　年
戊　乙　癸　甲　　　男
寅　酉　酉　辰　　　命

　본명은 처재(妻財) 진토(辰土)가 살(殺)을 합(合)하니 아내가 부정하고, 아내궁에 살(殺)이 앉아 재성(財星)이 기신(忌神)이 되니 아내의 성질이 괴팍한 것이다.

2) 남명이 아내성과 자녀성이 함께 아내궁에 떨어지면 아내와 먼저 살다가 나중에 혼인한다.

時　日　月　年
甲　辛　己　辛　　　男
午　亥　亥　亥　　　命

　본명은 일주(日主)가 뿌리가 없는데 년간(年干) 신금(辛金)과 월간(月干) 기토(己土)가 도와주나 극설(剋泄)이 심하여 신약(身弱)하다. 정재(正財) 갑목(甲木)이 시간(時干)에 있으니 늦게 혼인하는 것이 좋은데 24세 정유(丁酉)대운에 신금(辛金)이 녹(祿)을 얻고, 갑술(甲戌)년에 정재(正財)가 또 나타나 갑기합(甲己合)되어 혼인하였다. 상담자에게 살다가 식을 올렸냐고 물으니 그렇다고 한다. 신금(辛金)이 해수(亥水)에 앉고, 해수(亥水)에는 임수(壬水)와 갑목(甲木)이 암장(暗藏)되었다. 임수(壬水)는 자녀성이고 갑목(甲

木)은 아내성이니 자녀성과 아내성이 모두 아내궁에 든 것이다.

3) 남명이 아내성과 자녀성이 자녀궁에 떨어지면 임신한 후 혼인한다.

```
時  日  月  年
己  甲  己  己      男
巳  午  巳  酉      命
```

본명은 시주(時柱)의 기토(己土)가 정재(正財)이고 사화(巳火)는
식신(食神)이다. 아내성과 자녀성이 자녀궁에 함께 있으니 임신한
후 혼인한 것이다.

23. 아내에게 산액이 따르는 명

1) 남명이 일인시효(日刃時梟)이면 아내가 산액을 겪는다.

```
時  日  月  年      37  27  17
丙  戊  庚  丙      甲  癸  壬      男
辰  午  寅  戌      午  巳  辰      命
```

본명은 일지(日支)의 오화(午火)가 양인(羊刃)이고, 시간(時干)의
병화(丙火)가 효신(梟神)이니 일인시효(日刃時梟)가 되었다. 이 사
람은 27세 임자(壬子)년에 아내가 아기를 낳다가 피를 많이 흘려
숨졌다.

24. 귀격을 이루는 여명

「부(賦)」에 이르기를 "여명이 상관귀록(傷官歸祿)이면 극귀(極貴)를 이룬다"고 하였다. 상관귀록(傷官歸祿)은 일록귀시(日祿歸時)라고도 한다.

時	日	月	年	48	38	28	18	
庚	己	庚	辛	乙	甲	癸	壬	女
午	丑	寅	巳	未	午	巳	辰	命

본명은 16세부터 열차에서 일을 하기 시작하여 20세 무렵에 열차의 장이 되었다. 천간(天干)에 식상(食傷)이 3개 있고 시지(時支)에 오록(午祿)이 앉아 상관귀록(傷官歸祿)이 되었기 때문이다.

時	日	月	年	48	38	28	18	
庚	己	丙	乙	辛	庚	己	戊	女
午	酉	戌	未	卯	寅	丑	子	命

본명은 지방의 작은 도시에서 부읍장을 지낸 사람이다. 시간(時干)의 경금(庚金)이 상관(傷官)이고, 시지(時支)의 오화(午火)는 일주(日主) 기토(己土)의 녹(祿)이니 상관귀록(傷官歸祿)이 되었기 때문이다.

25. 혼인을 늦게 하는 여명

1) 여명이 상관(傷官)이 중하면 늦게 혼인한다.

時	日	月	年		42	32	22	
壬	己	丁	辛		壬	辛	庚	女
申	巳	酉	丑		寅	丑	子	命

본명은 사주에 관성(官星)이 없는데 정화(丁火) 인수(印綬)가 쇠하고, 상관(傷官)인 금(金)이 매우 중한데 상관운(傷官運)으로 들어가니 40세가 되도록 미혼이다.

26. 남편이 연하이거나 연상인 명

1) 여명이 정관(正官)이 양성(陽性)인 갑병무경임(甲丙戊庚壬)이면 남편이 연상이고, 음성(陰性)인 을정기신계(乙丁己辛癸)이면 남편이 연하이다.

時	日	月	年	
戊	乙	甲	庚	女
寅	未	申	子	命

본명은 남편이 6살 많은데 정관(正官)이 경금(庚金)이며 양(陽)에 속하기 때문이다.

```
時 日 月 年
乙 戊 丁 乙    女
卯 寅 亥 巳    命
```

본명은 남편이 3살 연하인데 정관(正官)이 을목(乙木)이며 음(陰)
에 속하기 때문이다. 이 사람은 을해(乙亥)년 10월에 이혼하고 19
세 남자와 연애하다 재혼하였다.

2) 계(癸)가 무(戊)를 합(合)하면 남편이 연상이고, 무(戊)가 계(癸)를
   합(合)하면 남편이 연하이다.

```
時 日 月 年
戊 癸 丁 癸    女
午 亥 巳 卯    命
```

본명은 남편이 5살 많다. 일주(日主)는 계수(癸水)이고 정관(正
官)은 무토(戊土)이니 계(癸)가 무(戊)를 합(合)하였기 때문이다.

```
時 日 月 年
癸 戊 戊 庚    女
亥 寅 寅 子    命
```

본명은 남편이 4살 적다. 일주(日主)는 무토(戊土)인데 계수(癸
水)를 만나 무(戊)가 계(癸)와 합(合)하였기 때문이다.

27. 유산이나 자궁수술을 하는 여명

1) 여명이 일지(日支)에 양인(羊刃)이 있으면 자궁수술을 한다.

```
時 日 月 年
丙 癸 壬 甲    女
辰 亥 申 子    命
```

본명은 자궁을 제거했는데 일지(日支)에 해수(亥水) 양인(羊刃)이 있기 때문이다. 원래 계(癸)는 축(丑)이 양인(羊刃)이나 음인(陰人)이지만 해(亥)를 양인(羊刃)으로 보기도 한다.

```
時 日 月 年
辛 丙 丙 戊    女
卯 午 辰 申    命
```

본명은 사내아이를 인공유산했는데 일지(日支)에 오화(午火) 양인(羊刃)이 있기 때문이다.

```
時 日 月 年
戊 癸 丁 癸    女
午 亥 巳 卯    命
```

본명은 임신중절수술을 했는데 일지(日支)에 해수(亥水) 양인(羊刃)이 있기 때문이다.

2) 여명이 시지(時支)에 양인(羊刃)이 있으면 유산된다.

```
時 日 月 年
戊 戊 丙 癸    女
午 戌 辰 丑    命
```

본명은 2번이나 인공유산을 했는데 시지(時支)에 오화(午火) 양인(羊刃)에 있기 때문이다. 어떤 명서(命書)에서는 이런 사주를 참자검(斬子劍)이라고 하였다.

3) 여명이 일시지(日時支)에 충(沖)이 있으면 유산되거나 낙태한다.

```
時 日 月 年
丁 己 庚 壬    女
卯 酉 戊 辰    命
```

본명은 피를 많이 흘려 유산되었는데 일시지(日時支)의 묘유(卯酉)가 충(沖)하였기 때문이다. 묘(卯)는 모세혈관이고 유(酉)는 여인의 생식기이며 칼인데, 칠살(七殺)이 되어 살(殺)이 충(沖)되었기 때문이다.

28. 재취로 가는 여명

```
時 日 月 年
甲 壬 癸 戊      女
辰 寅 亥 申      命
```

본명은 재취로 갔는데 년간(年干)의 무토(戊土) 칠살(七殺)은 편관(偏官)이고, 무토(戊土)와 계수(癸水) 겁재(劫財)는 부부인데 무(戊)와 계(癸)가 합(合)하였기 때문이다.

29. 정조를 잃은 후 혼인하는 여명

1) 여명이 정관(正官)보다 칠살(七殺)이 앞에 있으면 정조를 잃은 후 혼인한다.

```
時 日 月 年      36 26 16
癸 戊 乙 甲      辛 壬 癸      女
亥 寅 亥 辰      未 申 酉      命
```

본명은 22세에 남편과 먼저 잠자리를 한 후 나중에 혼인하였다. 칠살(七殺)이 년주(年柱)에 있고 정관(正官)이 뒤에 있기 때문이다. 또 남자관계가 복잡했는데 관살(官殺)이 혼잡하기 때문이다.

時	日	月	年		35	25	15	
丙	戊	癸	甲		己	庚	辛	女
辰	辰	酉	寅		巳	午	未	命

본명은 이혼하고 대형술집에서 아가씨 노릇을 하는 사람이다. 천간(天干)에 무계합(戊癸合)이 있고 지지(地支)에 진유합(辰酉合)이 있으니 남편이 많을 상이다. 여명이 합(合)이 많으면 반드시 남편이 많다. 16세 무진(戊辰)년에 간지(干支)가 원앙합(鴛鴦合)이 되고, 칠살(七殺)이 년주(年柱)에 있으니 8살 많은 남자와 잠자리를 한 후 혼인했으나 23세 병자(丙子)년에 이혼하였다.

30. 좋은 남편을 만나지 못하는 여명

1) 여명이 상관(傷官)이 매우 중하면 좋은 남편을 만나지 못한다.

여명은 남편성인 관성(官星)이 중요한데 상관(傷官)이 너무 중하면 지나치게 제(制)하므로 좋은 배우자를 만나지 못한다.

時	日	月	年		39	29	19	
壬	己	甲	辛		戊	丁	丙	女
申	未	午	酉		戌	酉	申	命

본명은 기묘(己卯)년에 남자친구를 만나 사귀기 시작하였다. 경진

(庚辰)년 봄에 어머니가 알게 되었는데 남자친구가 직장이 없어 심하게 반대하였다. 그러나 그해 6월에 혼인했으나 한 달 후인 7월에 남편이 시장에서 흉악범을 고용하여 반대파를 칼로 죽여 감옥에 들어갔다. 상관(傷官)이 3개나 있는데 경진(庚辰)년에 1개를 더 보탰기 때문이다.

```
時 日 月 年        42 32 22
乙 己 庚 癸        乙 甲 癸       女
亥 酉 申 卯        丑 子 亥       命
```

본명은 대학을 졸업하고 병원에 들어가 높은 자리에 오른 사람이다. 26세 무진(戊辰)년에 혼인했으나 27세 기사(己巳)년에 이혼하였다. 상관(傷官)이 월지(月支)에 임하여 중하기 때문이다.

2) 여명이 남편궁에 전위편인(專位偏印)이 있으면 좋은 남편을 만나지 못한다.

```
時 日 月 年        45 35 25
乙 癸 丙 己        辛 庚 己       女
卯 酉 寅 亥        未 午 巳       命
```

본명은 남편이 무능하며 화목하지 못하였다. 일지(日支)에 유금(酉金) 편인(偏印)이 있어 전위편인(專位偏印)이 되었기 때문이다.

3) 여명이 관성(官星)이 약하면 나약하며 무능한 남편을 만난다.

```
時 日 月 年      50 40 30 20
丁 乙 癸 庚      戊 己 庚 辛      女
丑 亥 未 寅      寅 卯 辰 巳      命
```

본명은 아버지가 북경대학교 교수였으나 문화혁명 때 가족이 모두 농촌으로 추방되었다. 그후 그곳에서 농민과 혼인했는데 남편이 무능하며 성질이 괴팍하였다. 20년이나 참고 살다가 45세 갑술(甲戌)년에 이혼하였다. 경금(庚金) 관성(官星)이 인목(寅木) 절지(絶地)에 앉고, 계수(癸水)가 설기(泄氣)하고, 미토(未土) 재성(財星)은 떨어져 있는데 미(未)는 화(火)의 여기(餘氣)인 조토(燥土)이니 금(金)을 생(生)할 수 없어 관성(官星)이 약하며 무기한 까닭이다.

31. 남편을 무시하거나 속이는 여명

1) 여명이 정편관(正偏官) 위에 식상(食傷)이 앉으면 남편을 무시하거나 속인다.

```
時 日 月 年
庚 壬 戊 乙      女
戌 戌 寅 未      命
```

본명은 남편이 무능하며 무시하였다. 을목(乙木) 상관(傷官)이 지지(地支)의 미토(未土) 정관(正官)에 앉아 을목(乙木)의 뿌리가 미토(未土)에 뒤얽혀 있기 때문이다.

```
時 日 月 年
辛 癸 乙 丙      女
酉 巳 未 申      命
```

본명은 남편이 성실하지 않고 남편을 무시하였다. 을목(乙木) 식신(食神)이 미토(未土) 편관(偏官) 위에 앉아 을목(乙木)의 뿌리가 미토(未土)에 뒤얽혀 있기 때문이다.

2) 여명이 상관(傷官) 위에 정관(正官)이 앉으면 남편을 무시하거나 속인다.

```
時 日 月 年
辛 丁 壬 癸      女
亥 巳 戌 未      命
```

본명은 남편에게 집안 일을 시키면서도 만족하지 못하였다. 임수(壬水) 정관(正官)이 술토(戌土) 상관(傷官) 위에 있기 때문이다.

```
時 日 月 年
丙 壬 己 庚    女
午 子 卯 子    命
```

본명은 남편을 속이는데 기토(己土) 정관(正官)이 묘목(卯木) 상
관(傷官) 위에 앉았기 때문이다. 묘목(卯木)이 당령(當令)하고, 일
시(日時)가 자오충(子午沖)되자 기묘(己卯)년에 이혼하였다.

3) 여명이 상관(傷官)이 정관(正官)을 첩극(貼剋)하면 남편을 무시하거
   나 속인다.

```
時 日 月 年
庚 辛 丙 壬    女
寅 丑 午 辰    命
```

본명은 남편을 속이는데 임수(壬水) 상관(傷官)이 병화(丙火) 정
관(正官)을 첩극(貼剋)하기 때문이다.

4) 여명이 상관(傷官)에 정관(正官)이 암장(暗藏)되어 있으면 남편을
   무시하거나 속인다.

```
時 日 月 年
戊 乙 己 己    女
寅 巳 巳 丑    命
```

본명은 사화(巳火) 상관(傷官)이 매우 중하니 이상적인 남편을 만나기 어렵고, 경금(庚金) 정관(正官)이 사화(巳火) 상관(傷官)에 암장(暗藏)되어 상관(傷官)의 극(剋)을 받으니 머리를 들기 어렵다.

32. 독수공방하는 여명

1) 여명이 시주(時柱)의 칠살(七殺)이 상관(傷官)에 앉으면 고상과숙(孤霜寡宿)이 되어 독수공방한다.

```
時 日 月 年      50 40 30 20
辛 乙 丁 壬      壬 癸 甲 乙      女
巳 卯 未 子      寅 卯 辰 巳      命
```

본명은 혼인한 지 일 년도 되지 않아 남편이 집을 나갔으나 재가하지 않고 기다리고 있다. 시주(時柱)의 칠살(七殺)이 상관(傷官)에 앉아 고상과숙(孤霜寡宿)이 되었기 때문이다.

33. 음란한 여명

1) 여명이 관살(官殺)이 혼잡하면 음란하다.

```
時 日 月 年
庚 庚 丙 丁      女
辰 午 午 未      命
```

본명은 매우 음란했는데 정관(正官)이 3개 있고 칠살(七殺)이 1개 있으니 관살혼잡(官殺混雜)이 되었기 때문이다.

2) 여명이 살지(殺地)에 상관(傷官)이 앉으면 음란하다.

```
時 日 月 年
丙 庚 丁 癸      女
子 午 巳 巳      命
```

본명은 황음무도했는데 년간(年干)의 계수(癸水) 상관(傷官)이 사화(巳火) 칠살(七殺)에 앉았기 때문이다.

3) 여명이 상관(傷官)이 매우 왕하면 이별한 후 재취로 간다.

```
時 日 月 年      43 32 22 12
己 庚 癸 丁      戊 丁 丙 乙      女
卯 子 卯 酉      申 未 午 巳      命
```

본명은 상관(傷官)이 왕하고 정화(丁火) 관성(官星)은 약하나 을사(乙巳)·병오(丙午)대운에 관성(官星)이 매우 사나워진다. 정화(丁火) 관성(官星)이 계수(癸水) 상관(傷官)에게 막혀 있는데 일주(日主)가 상관(傷官)을 생(生)하고 상관(傷官)은 재성(財星)을 생(生)하니 일주(日主)의 정이 재성(財星)을 향한다. 24세 경신(庚申)년은 약한 일주(日主)를 도와주니 혼인하였고, 38세 을해(乙亥)년에는 천간(天干)의 을목(乙木) 재성(財星)이 일주(日主)와 합(合)하고, 지지(地支)의 해묘미(亥卯未)가 재국(財局)을 이루니 이혼한 후 정인을 따라간 것이다. 이 사람은 지금도 애인이 있고, 혼인 전까지 합하면 그동안 사귄 남자가 14명이나 된다고 한다.

時	日	月	年	46	36	26	16	
壬	乙	丁	丁	壬	辛	庚	己	女
午	未	未	酉	子	亥	戌	酉	命

본명은 유금(酉金) 칠살(七殺)이 홀로 년지(年支)에 거하고, 천간(天干)에는 정화(丁火)가 개두(蓋頭)하고, 지지(地支)에는 왕화조토(旺火燥土)를 이루고, 식신(食神)이 매우 왕하여 지나치게 제살(制殺)하니 남편과 헤어지지 않으면 죽는다. 26세 경술(庚戌)년에는 천간(天干)에 관성(官星)이 나타나니 혼인에 변화가 있음을 암시한다. 28세 갑자(甲子)년에 자수(子水)가 시지(時支)의 오(午)와 미(未)가 합(合)하는 것을 충(沖)하여 이혼하였고, 32세 무진(戊辰)년에는 진(辰)과 유(酉)가 합(合)하여 또 혼인한 것이다.

4) 여명이 금수(金水)가 왕한데 제(制)하지 못하면 남편이 많다.

時	日	月	年	43	33	23	13	
甲	乙	甲	庚	己	庚	辛	壬	女
申	亥	申	子	卯	辰	巳	午	命

본명은 금수(金水)가 너무 왕하고 관성(官星)이 많으니 남편이 많을 조짐이 보이고, 23세 신사(辛巳)대운에 천간(天干)에는 살(殺)이 나타나고 지지(地支)에는 상관(傷官)이 나타나니 이혼할 조짐이 보인다. 이 사람은 30세 기사(己巳)년에 남편궁 해수(亥水)와 사해상충(巳亥相沖)하자 이혼하였다.

時	日	月	年		47	37	27	17		
癸	辛	丁	庚		壬	癸	甲	乙		女
巳	酉	亥	子		午	未	申	酉		命

본명은 금수(金水)가 왕하고 식상(食傷)이 중한데 금수(金水)가 관성(官星)을 극(剋)한다. 32세 갑신(甲申)운에 지지(地支)에 금(金)과 양인(羊刃)이 나타나고, 신미(辛未)년에 또 천간(天干)에 금(金)이 나타나자 이혼하였다. 여명이 금수(金水)가 매우 왕하면 성욕이 강하며 남자들을 많이 만난다.

5) 여명이 관살(官殺)이 왕한데 제(制)하지 못하면 여러 번 혼인한다.

時	日	月	年		36	26	16		
乙	戊	丁	乙		辛	庚	己		女
卯	寅	亥	巳		卯	寅	丑		命

본명은 관살(官殺)이 왕한데 제(制)하지 못하니 이혼할 징조가 보

인다. 정관(正官)이 년주(年柱)에 있으니 혼인을 일찍 하였다. 25세 이전의 대운(大運)에는 관성(官星)이 없으나 26세 경인(庚寅)대운에 지지(地支)의 인(寅)이 편관(偏官)이니 관성(官星)이 나타난다. 을경(乙庚)이 합(合)하여 정관(正官)이 머물고, 또 인(寅)과 해(亥)가 합(合)하여 천합지합(天合地合)이 되니 26세에 혼인한 것이다. 그런데 31세 을해(乙亥)년에 정관(正官)이 또 나타난다. 사주에 관성(官星)이 있는데 관성운(官星運)으로 흐르면 경파채분(鏡破釵分)한다고 한다. 원명의 2을(乙)에 가하는데 또 을(乙)년을 만나 3 을목(乙木)이 대운의 천간(天干)인 경인(庚寅)을 쟁합(爭合)하고, 지지(地支)의 해수(亥水)가 남편궁 인목(寅木)을 합거(合去)하니 이 해에 이혼한 것이다.

時	日	月	年	45	35	25	15	
丙	庚	丙	壬	辛	壬	癸	甲	女
戌	寅	午	寅	丑	寅	卯	辰	命

본명은 일주(日主) 경금(庚金)이 무기한데 관성(官星)이 월지(月支)에 임하고, 인오술(寅午戌)이 삼합(三合)하여 관국(官局)을 이루어 관왕(官旺)한데 2인(寅)이 화(火)를 생(生)하여 관성(官星)이 더욱더 왕해지니 기명종관(棄命從官)하는 것이 좋다. 이 사람은 24세 을축(乙丑)년에 혼인했다가 33세 갑술(甲戌)년에 이혼하였고, 34세 을해(乙亥)년에 혼인했다가 37세 무인(戊寅)년에 또 이혼하였다. 관살(官殺)이 왕한데 제(制)하지 못했기 때문이다.

34. 복음(伏吟)이나 반음(返吟)의 명

복음(伏吟)은 사주의 간지(干支)가 완전히 같은 것을 말하고, 반음(返吟)은 간지(干支)가 천충지충(天沖地沖)되거나 천극지충(天剋地沖)된 것을 말한다. 대운(大運)이나 세운(歲運)이 년주(年柱)와 복음(伏吟)이 되면 부모에게 화액이 따르고, 월주(月柱)와 복음(伏吟)이 되면 형제자매에게 화액이 따르고, 일주(日主)와 복음(伏吟)이 되면 본인에게 화액이 따르고, 시주(時柱)와 복음(伏吟)이 되면 자녀에게 화액이 따른다.

時	日	月	年		31	21	11	
甲	戊	乙	乙		己	戊	丁	女
寅	子	酉	卯		丑	子	亥	命

본명은 무자(戊子)대운에 일주(日柱)와 복음(伏吟)이 되어 25세 기묘(己卯)년에 이혼한 것이다.

時	日	月	年		51	41	31	21	
乙	辛	丙	壬		壬	辛	庚	己	男
未	亥	午	辰		子	亥	戌	酉	命

본명은 농촌에 사는 음양가인데 46세 정축(丁丑)년에 이혼하였다. 41세 신해(辛亥)대운에 일주(日柱)와 복음(伏吟)이 되었기 때문이다.

時	日	月	年		29	19	9		
戊	己	癸	壬		庚	辛	壬		女
辰	巳	卯	寅		子	丑	寅		命

본명은 임술(壬戌)년에 아버지가 돌아가셨다. 9세 임인(壬寅)년에 년주(年柱)와 복음(伏吟)이 되었기 때문이다.

제Ⅳ편.
사주팔자 실제감정

1장. 갑목(甲木) 일주(日主)

時	日	月	年	66	56	46	36	26	16	6	
丁	甲	甲	癸	丁	戊	己	庚	辛	壬	癸	男
卯	辰	寅	巳	未	申	酉	戌	亥	子	丑	命

본명은 갑목(甲木)이 인(寅)월에 태어났는데 지지(地支)에 인묘진(寅卯辰) 목국(木局)이 있으니 수목(水木)이 강왕하여 신왕(身旺)하므로 재관(財官)을 기뻐한다. 옛글에 이르기를 "건록(建祿)을 제강(提綱)에서 생(生)하면 재관(財官)이 천간(天干)에 투출(透出)해야 길하다"고 하였다. 본명은 초봄에 태어나 아직 한기가 남아 있으니 금(金)으로 수(水)를 생(生)하면 흉하고, 무딘 도끼는 산림에 들이기 어렵다. 따라서 화(火)로 토(土)를 생(生)하면 길하나 수목(水木)운은 흉하다.

직업은 화토(火土)와 관계있는 일이 좋다. 35세까지는 수고해도 공이 없으나 36세 이후에는 좋아지고 만년에는 더 좋다. 사람됨은 두뇌가 명석하며 의지가 굳고 독립심이 있다. 기백이 있고 적극적이며 자아가 강하고 분주하다. 출생지는 수목이 가까이 있는 곳이고, 수술한 적이 있으며, 잠은 반듯하게 누워서 잔다. 고향을 떠나며 아내의 몸이 약하다.

6~15세에는 수(水)가 왕하니 좋지 않은데 특히 14세에는 작은 상해와 신장과 간장을 조심해야 한다. 16~25세에는 자진(子辰)이 회수(會水)하고 정화(丁火)를 합거(合去)하니 흉하다. 26~35세에는 수고해도 공이 없다. 29세에는 작은 상해가 따르고, 30~33세에도 좋다고 하기 어렵고, 34~35세에는 바쁘고, 36~45세에는 술진(戌辰)이 충(沖)되니 명리를 이룰 수 있다. 36~37세에는 작은 이익이 있고, 37세에는 상복을 입고, 39세에는 남의 일에 상관하지 마라. 46~55세에는 험한 가운데 쟁재(爭財)하니 시비가 많고, 56~65세에는 용신(用神)을 형(刑)하니 한 번은 기쁘고 한 번은 근심이다. 64~65세에는 평안하고, 66세부터는 갈수록 좋아진다.

時	日	月	年	64	54	44	34	24	14	4	
癸	甲	己	庚	丙	乙	甲	癸	壬	辛	庚	男
酉	戌	卯	午	戌	酉	申	未	午	巳	辰	命

본명은 갑목(甲木)이 묘(卯)월에 태어나 양인(羊刃)을 만나 득령(得令)했으니 당왕(當旺)하다. 그러나 일지(日支)에 재성(財星)이

있고, 월간(月干)의 기토(己土) 재성(財星)을 탐합(貪合)하고, 칠살(七殺)이 뿌리에 걸렸고, 갑목(甲木)이 재살(財殺)에게 정을 보내니 신약(身弱)해졌다. 따라서 수(水)가 금(金)을 설기(泄氣)하여 신(身)을 생(生)하면 길하니 비겁(比劫)이 용신(用神)이다.

직업은 벼슬길이나 공직 또는 수목(水木)과 관계있는 일이 좋다. 사람됨은 월지(月支)에 양인(羊刃)이 있으니 천성이 강하고, 칠살(七殺)이 높이 투출(透出)했으니 매우 총명하고, 관인(官印)이 상생(相生)하니 충직하며 성실하고, 정인(正印)이 용신(用神)이니 책임감이 강하고 이지적이며 권력이 따른다. 유(酉)시생이니 장자의 명이고, 진(辰)이 있으니 주량이 크다.

부부운은 아내궁에 편재(偏財)가 있으니 2번 혼인할 조짐이 보이나 어질며 검소한 아내를 만난다. 자녀운은 길하고, 정재(正財)가 일(日)을 합(合)하니 평생 돈 걱정은 하지 않는다. 함지(咸地)가 일지(日支)를 합(合)하고, 년지(年支)에 홍염(紅艶)이 있고, 지지(地支)에 오묘유(午卯酉)가 있으니 여자연이 좋고 바람기도 있다. 일주(日主)에 월덕(月德)이 있으니 백사에 흉을 만나도 풀린다.

4~13세에는 집안 형편이 좋지 않다. 14~23세에는 분주하나 좋은 일은 없다. 24~33세에는 분주하게 노력해도 재물의 이득이 없다. 34~43세에는 모든 일이 점점 좋아진다. 44~53세에는 처음에는 실속이 없으나 좋아지고 소박하며 평온하다. 54~63세에는 탐하면 패하니 욕심을 부리지 말고 건강을 신경써라. 64세부터는 자녀복을 누리며 편안하게 산다.

時	日	月	年		67	57	47	37	27	17	7	
己	甲	甲	壬		丁	戊	己	庚	辛	壬	癸	女
巳	寅	辰	申		酉	戌	亥	子	丑	寅	卯	命

본명은 갑목(甲木)이 진(辰)월에 태어나 토(土)가 당령(當令)하였다. 목(木)의 여기(餘氣)가 있고, 양(陽)이 튼튼하고, 목(木)이 갈증을 느끼나 단결하여 힘이 있다. 지지(地支)의 신진(申辰)이 공수(拱水)하고, 인진(寅辰)이 묘(卯)로 가니 목(木)의 세력이 매우 왕하다. 옛 글에 이르기를 "왕극(旺極)하면 설기(泄氣)하는 것이 좋다"고 하였다. 본명은 갑목(甲木)이 스스로 순조롭게 설기(泄氣)하는 것이 아름다우니 화토(火土)운은 길하나 수목(水木)운은 흉하다.

직업은 화토(火土)와 관계있는 일이 좋고, 색상은 붉은색이 좋다. 사람됨은 고집이 있고 부지런하며 검소하다. 남편연은 비교적 박하여 곤혹스러움이 많다. 생애가 분주하며 많은 것을 경험한다. 삼형(三刑)이 있으니 고질병이 있을 우려가 있다. 시골출신이며 조상과 인연이 없고 거주지에 수목이 있다. 북방에서 이익을 구하는 것은 흉하고, 평소 염불을 많이 외우는 것이 좋다.

7~26세에는 형편이 어렵다. 27~56세에는 수왕운으로 흐르니 만사가 이루어지기 어렵다. 52세에는 불길하나 53세에는 집안에 경사가 있다. 54세에는 재물이 깨지고, 55세에도 좋다고 보기 어렵다. 56세에는 양인(羊刃)년이니 파재하거나 몸이 불편하다. 57세에는 조금 나아지나 그리 낙관적이지는 않다. 57~66세에는 금전거래·보증·담보 등을 조심해야 한다. 67~76세에는 길하며 자녀복을 누린다.

時	日	月	年	68	58	48	38	28	18	8	
丁	甲	甲	丙	丁	戊	己	庚	辛	壬	癸	女
卯	子	午	申	亥	子	丑	寅	卯	辰	巳	命

본명은 갑목(甲木)이 오(午)월에 태어나 목(木)이 타는데 시(時)의 양인(羊刃)이 병정화(丙丁火)를 도와주니 화염목고(火炎木枯)하다. 왕한 화(火)가 자수(子水)를 말려 신약(身弱)하니 수목(水木)이 길하다. 수(水)가 화(火)를 멸하면 길하나 여름 수(水)를 도와주지 못하고, 신금(申金)이 있으나 힘이 부족하니 없는 것이나 마찬가지다. 상관패인(傷官佩印)할 방법이 없고, 재성도 투출(透出)하지 않아 격국(格局)이 좋지 않으니 금수(金水)운이 길하다.

직업은 수목(水木)과 관계있는 일이 좋다. 사람됨은 성격이 강하며 총명하고 유능하며 용모가 아름답다. 지도력이 있고 인연이 좋으며 상사의 신임을 받는다. 남편은 기댈만하나 남편궁이 충(沖)되어 때때로 다투고, 자녀연은 비교적 박한 편이다.

어릴 때는 근신하는 것이 좋고, 만년에는 종교와 인연이 있다. 26세에는 작은 재액이 있다. 31세에는 뜻밖의 상해를 당한다. 32세에는 욕망은 높으나 재리는 크지 않으니 마음만 번거롭다. 33세에는 반드시 기회가 있고 권력이 따른다. 34세에는 분주하나 재물운은 평범하다. 35세에는 부부가 반목하지 않도록 조심해야 하고, 집을 나서면 조심하고, 돈을 빌려주거나 보증을 서면 안 된다. 36세에는 친구를 사귈 때 조심하라. 37~38세에는 재성(財星)이 왕해지나 자동차를 조심하고, 자녀 때문에 마음 쓸 일이 있고, 가을에 일이 많이 생긴다. 38~47세에는 모든 일이 통한다. 48~57세에는 범사에 탐하지 말고 분수에 맞게 행동하라. 58~67세에는 몸을 보호하는 것이 상책이다. 68~77세에는 청한하며 순조롭다.

時	日	月	年	68	58	48	38	28	18	8	
癸	甲	己	戊	丙	乙	甲	癸	壬	辛	庚	男
酉	午	未	戌	寅	丑	子	亥	戌	酉	申	命

본명은 갑목(甲木)이 미(未)월에 태어나 토(土)가 병령(秉令)하고, 기토(己土)가 갑목(甲木)을 합(合)하니 갑목(甲木)의 정이 토재(土財)로 향한다. 그러나 지지(地支)에 뿌리가 없고, 재성(財星)이 중하고, 신(身)이 가볍다. 따라서 수목(水木)운은 길하나 토금(土金)운은 흉하다. 옛글에 이르기를 "재중신경(財重身輕)하면 인겁운(印劫運)에 드는 것을 기뻐한다"고 하였다.

직업은 수목(水木)과 관계있는 일이 좋다. 사람됨은 총명하고 영리하며 책임감이 있고 기획력이 강하며 사업심이 중하고 권력이 따른다. 부부운은 유능하며 개성이 강한 아내는 만나 서로 인내해야 하고, 자녀운은 길하다. 시골출생이며 고향을 떠난다. 외연과 여자연이 모두 좋고, 곤란한 가운데 귀인의 도움이 받는다.

어릴 때는 득실이 무상하니 뜻이 있어도 펴기 어려우나 35세 이후에는 점점 발전한다. 28~37세에는 마음은 있으나 힘이 없으니 실속이 없다. 31~32세에는 바빠도 이득이 없다. 33세에는 심리적인 부담이 크며 여자를 조심해야 한다. 34세에는 명성이 점점 좋아진다. 35~36세에는 반드시 기회가 있다. 38~47세에는 도모할 수 있다. 48~57세에는 재원(財源)이 왕성해진다. 58~67세에는 좋은 결과를 거둔다. 68~77세에는 복을 들이고 물러나 쉰다.

時	日	月	年	63	53	43	33	23	13	3	
丙	甲	甲	庚	丁	戊	己	庚	辛	壬	癸	女
寅	戌	申	子	丑	寅	卯	辰	巳	午	未	命

본명은 갑목(甲木)이 신(申)월에 태어났는데 칠살(七殺)이 높이 투출(透出)하고, 일지(日支)에 재성(財星)이 앉아 살(殺)을 생(生)하니 왕(旺)하다. 살(殺)을 쓰면 반드시 제복(制伏)해야 평온하다. 시지(時支)를 얻고 천간(天干)의 병화(丙火) 식신(食神)으로 제화(制化)하거나 인성(印星)으로 화살(化殺)해야 하는데 하나는 천간(天干)에 있고 하나는 지지(地支)에 있으니 서로 방해하지 않는다. 목화(木火)운으로 흐르며 만년운이 수(水)운이니 장수한다.

직업은 의학이나 예술 또는 목화(木火)와 관계있는 일이 좋다. 사람됨은 검소하며 사주가 모두 양(陽)이니 밝고, 식신(食神)이 제살(制殺)하니 기백이 있고 우아하며 믿음을 중시하고, 역마(驛馬)가 있으니 분주하다. 일주(日柱)에 재고(財庫)가 있으니 평생 의록이 풍족하고, 천을귀인(天乙貴人)이 있으니 상사의 신임과 사랑을 받는다. 식록있는 남편을 만나고, 자녀는 유망하고, 타향과 인연이 있고, 이성을 일찍 사귄다.

3~12세에는 보통이나 학업에는 유리하다. 13~22세에는 길흉이 반

반이다. 23~32세에는 앞 5년은 힘이 따르지 않으나 뒤 5년은 점점 좋아져 모든 일이 순조롭다. 21~22세에는 소인배가 따르고, 23~24세에도 좋다고 말하기 어렵다. 25세에는 좋아지고, 26세에는 순조롭다. 27세에는 역마(驛馬)가 동하고, 28세에는 점점 좋아지고, 29세에는 바쁘다. 32~42세에는 이루는 것이 꽤 있고, 43~52세에는 평온하고, 53~62세에는 평범하다. 63~72세에는 앞 5년은 명성이 좋고, 68세 이후에는 편안하게 여생을 누린다.

時	日	月	年		69	59	49	39	29	19	9		
丁	甲	辛	戊		戊	丁	丙	乙	甲	癸	壬		男
卯	辰	酉	子		辰	卯	寅	丑	子	亥	戌		命

본명은 갑목(甲木)이 깊은 가을인 유(酉)월에 태어나 목(木)은 늙고 금(金)은 날카로운데 진유(辰酉)가 합(合)하여 금(金)이 되니 신약(身弱)하다. 관성(官星)은 상극(相剋)하여 좋지 않으니 인수(印綬)로 금(金)을 설기(泄氣)하고 신(身)을 생(生)해야 한다. 따라서 수목(水木)운은 길하나 토금(土金)운은 불리하다.

직업은 수목(水木)과 관계있는 일이 적합하고, 명예는 크나 재리는 작다. 사람됨은 총명하고 민첩하며 의지와 기개가 있다. 의식이 풍족하나 1번 정도 수술할 우려가 있고, 자녀는 1명 정도 둔다. 음식은 연한 것을 좋아하고, 부부 중 한 명은 어류를 좋아한다.

9~18세에는 안정적이지 못하다. 19~28세에는 독서운이 매우 좋고 노력한다. 29~38세에는 귀인과 기회를 만난다. 39~48세에는 하는

일 없이 명철보신한다. 39~40세에는 변동운인데 40세에는 육친의 상이나 관재구설시비가 따른다. 41~42세에는 재물에 이득이 있다. 43세에는 좋지 않으니 범사에 분수를 지키고 믿음을 잃으면 안 된다. 44세에는 남의 일에 간섭하지 마라. 45~46세에는 승진·영전·창업의 조짐이 보이며 순조롭다. 46세에는 집을 나서면 조심해야 하고, 자녀의 건강을 조심해야 한다. 49~58세에는 명예와 권위가 점점 높아진다. 59~68세에는 자녀의 장래가 촉망된다. 69~78세에는 일에서 물러나 편안하게 산다.

時	日	月	年	70	60	50	40	30	20	10		
癸	甲	己	丙	壬	癸	甲	乙	丙	丁	戊		女
酉	辰	亥	申	辰	巳	午	未	申	酉	戌		命

본명은 갑목(甲木)이 해(亥)월에 태어나 임수(壬水)가 당령(當令)했는데 지지(地支)에 신진(申辰)이 있다. 수(水)가 왕하고, 천간(天干)에 계수(癸水)가 있고, 지지(地支)의 진유(辰酉)가 합금(合金)하니 갑목(甲木)이 활기가 없다. 따라서 화(火)로 조후(調候)하면 토재(土財)가 수(水)를 제(制)하니 화토(火土)운은 길하나 금수(金水)운은 흉하다.

직업은 상업이나 화토(火土)와 관계있는 일이 좋다. 사람됨은 갑목(甲木)이 목(木)을 생(生)하니 솔직하며 성실하고 자선심이 있다. 정편재(正偏財)가 투출(透出)·암장(暗藏)하고 합(合)이 많으니 다정하며 외연이 매우 좋다. 식신(食神)이 생재(生財)하니 반응이 좋다. 재성(財星)과 인수(印綬)가 모두 있으니 고결하며 신용이 있고 명예가 좋다.

일주(日主)가 재성(財星)을 합(合)하니 사업심이 강하다. 일(日)에 월덕(月德)이 있으니 곤란한 가운데 귀인을 만나고, 인성(印星)이 왕하니 범사에 마음쓰는 것을 조심해야 한다. 정인(正印)이 천간(天干)에 있으니 장래에 권세가 따른다. 부부운은 진유(辰酉)가 합(合)하여 남편궁이 되니 화해롭다. 50~59세에는 목화(木火)가 상생(相生)하니 필생의 기회가 있고, 60세 이후에는 수(水)운으로 들어가니 건강을 조심해야 하는데 특히 위장과 심장을 신경써라.

時	日	月	年		67	57	47	37	27	17	7	
甲	甲	戊	乙		辛	壬	癸	甲	乙	丙	丁	男
子	辰	子	卯		巳	午	未	申	酉	戌	亥	命

본명은 갑목(甲木)이 자(子)월에 태어났는데 지지(地支)의 자진(子辰)이 반합(半合)하여 수국(水局)을 이루니 사주가 차갑다. 조후(調候)가 시급하나 화(火)가 없고 군비탈재(群比奪財)하니 화토(火土)운은 길하나 수목(水木)운은 흉하다.

직업은 상업이 좋은데 화토(火土)와 관계있는 일이 좋다. 사람됨은 다정하며 의지가 강하고, 의젓하며 학식이 있고, 담박하며 인간관계가 좋다. 돈을 중시하지 않으며 여자연과 외연이 모두 좋다. 출생지는 병의원이나 하천·연못·도랑·강이 가까운 곳이고, 부모는 어질며 방정하다. 혼기는 24세 이후가 좋고, 배우자는 화토(火

土)가 많은 사람이 이상적이나 아내궁이 상합(相合)되었으니 늦어질 염려가 있다. 소인배 때문에 재물을 잃을 수 있으니 동업·합자·금전거래·보증 등을 조심하라. 건강은 심장과 신경쇠약을 조심해야 한다.

46세 전보다 47세 이후가 좋다. 18·48·58세에는 평안하다. 7~16세에는 머리가 맑으니 학업에 이롭다. 17~26세에는 학업에 유리하며 노력한다. 27~36세에는 먼저 직장생활을 하는 것이 좋다. 37~46세에는 창업보다 유지하는 것이 좋다. 47~56세에는 점점 좋아져 재물에 이익이 있다. 57~66세에는 노력하면 이익이 있다. 67~76세에는 여생을 누린다.

時	日	月	年	64	54	44	34	24	14	4	
癸	甲	辛	丙	戊	丁	丙	乙	甲	癸	壬	男
酉	辰	丑	戌	申	未	午	巳	辰	卯	寅	命

본명은 갑목(甲木)이 축(丑)월에 태어나 몹시 추운데 지지(地支)에 진고(辰庫)가 있고, 금수(金水)가 모두 왕하다. 병화(丙火)가 있으나 아쉽게도 인목(寅木)의 뿌리가 없으니 사주의 격이 높지 않다. 따라서 메마른 목화(木火)를 기뻐하고, 조토(燥土)운은 비록 수(水)를 제(制)할 수 있으나 금(金)을 생(生)하니 한 번은 길하고 한 번은 흉하다.

직업은 상업이 좋은데 목화(木火)와 관계있는 일이 좋다. 사람됨은 두뇌가 명석하며 솔직하고, 음식은 어류를 좋아한다. 시골출생이며 조상덕은 많지 않다. 부부간에 화목하며 자녀운도 좋다. 잠은 반듯하게 누워서 잔다. 평생 물 가까이 사는 것은 흉하니 피하는 것이 좋다.

4~13세에는 공부운이 반반이다. 14~23세에는 열심히 공부한다. 24~33세에는 평온한 가운데 발전한다. 34~43세에는 새로운 기상이 있다. 41~45세에는 이익이 있으니 도모해도 좋다. 44~53세에는 강장하며 청태하다. 47~48세에는 평범하다. 49~51세에는 곤란한 가운데 귀인의 도움을 받는다. 25·42세에는 작은 재액이 따른다. 34~59세에는 평온하며 재산을 모은다. 54~63세에는 재성(財星)이 중하고 신(身)이 가벼우니 유지하는 것이 좋다. 64~73세에는 순조롭고 편안하며 몸을 보호하는 것이 상책이다. 만년에는 심장과 위장을 조심해야 한다.

2장. 을목(乙木) 일주(日主)

時	日	月	年	66	56	46	36	26	16	6	
己	乙	戊	庚	辛	壬	癸	甲	乙	丙	丁	女
卯	酉	寅	寅	未	申	酉	戌	亥	子	丑	命

　본명은 을목(乙木)이 정월에 태어나 춥다. 등라계갑(藤蘿繫甲)으로 목(木)이 왕하면 을목(乙木)은 화초나 난초가 되며 태양을 향하여 가지와 잎이 무성해진다. 아쉬운 것은 병화(丙火)가 분명하지 않다는 것이다. 을목(乙木)은 음목(陰木)으로 생(生)하고 설(泄)하면 기뻐한다. 오직 재성(財星)이 관성(官星)을 생(生)하는 것에 의지해야 한다.

　직업은 공직이나 토금(土金)과 관계있는 일이 좋다. 사람됨은 천간(天干)에 살(殺)이 있으니 민첩하며 부지런하고, 신왕(身旺)하니 타고난 자질이 충분하며 자아가 강하고 수려하다. 정편재(正偏財)

가 노출되었으니 인연은 매우 좋은 편이다. 재성(財星)이 관성(官星)을 생(生)하니 남편을 도울 명이고, 의지가 굳고 자녀가 많지 않으나 자녀성이 좋다. 일시(日時)가 천극지충(天剋地沖)되니 남편과 자녀가 모두 아름답기는 어렵다.

6~15세에는 길흉이 반반이고, 16~25세에는 뜻이 있어도 펴기 어렵다. 26~35세에는 재리는 크지 않으나 점점 좋아진다. 36~45세에는 장차 좋은 기회가 온다. 46~55세에는 앞 5년은 평범하나 뒤 5년은 명성이 점점 좋아진다. 56~65세에는 평범하나 건강을 조심해야 한다.

時	日	月	年		62	52	42	32	22	12	2	
癸	乙	己	庚		丙	乙	甲	癸	壬	辛	庚	男
未	亥	卯	辰		戌	酉	申	未	午	巳	辰	命

본명은 을목(乙木)이 묘(卯)월에 태어났는데 월(月)에 녹(祿)이 있고, 지지(地支)에 해묘미(亥卯未) 목국(木局)이 있다. 수화기제(水火既濟)가 되어 과갑부귀할 것 같으나 지지(地支)에 정임(丁壬)이 있으니 재성(財星)이 관성(官星)을 생(生)하지 못하여 중등의 명조가 되었다. 토금(土金)운이 길하다.

직업은 공직이나 토금(土金)과 관계있는 일이 좋고, 말년에 명성이 좋다. 그러나 정치나 사업을 하면 부귀가 크지 않다. 사람됨은 재관인(財官印)이 모두 있으니 정직하며 정기가 높고 기획력이 강하다. 다정하며 외연과 여자연이 모두 좋다. 학문이 깊으며 품위가 있고 적극적이며 활력이 있다. 주견이 있고 권력이 따른다. 부부운은 첩을 둘 명인데 이지적이나 자기 위주인 아내를 만나고, 자녀는 많지 않고, 수명은 길다. 만년의 건강은 신장과 심장을 조심해야 한다.

2~11세에는 평범하다. 12~21세에는 학문에 유리하며 학력이 좋다. 22~31세에는 도모하는 일이 이롭다. 32~41세에는 길흉이 반반이다. 42~51세에는 점점 좋아져 명성과 지위가 높아진다. 52~61세에는 탄탄대로이니 신체의 건강을 지켜라. 62~71세에는 현상유지하는 것이 좋으니 탐하지 마라.

時	日	月	年		62	52	42	32	22	12	2		
己	乙	戊	甲		乙	甲	癸	壬	辛	庚	己		男
卯	丑	辰	申		亥	戌	酉	申	未	午	巳		命

본명은 을목(乙木)이 진(辰)월에 태어났는데 지지(地支)에 축토(丑土) 재성(財星)이 있고, 천간(天干)에 무기(戊己) 재성(財星)이 투출(透出)하고, 갑기화토(甲己化土)가 되니 흉하다. 게다가 시지(時支)의 묘목(卯木)이 신금(申金)과 암합(暗合)하니 수목(水木)운은 길하나 토금(土金)운은 흉하다.

직업은 수목(水木)과 관계있는 일이 좋다. 사람됨은 을(乙)일생이니 솔직하고, 재다신약(財多身弱)하니 온화하고 다정하며 품위가 있고, 편재(偏財)가 있으니 호쾌하며 외연이 좋고, 정편재(正偏財)가 왕성하니 기획력이 좋고, 천을귀인(天乙貴人)이 있으니 상사의 신임을 받는다. 그러나 인성(印星)이 없으니 적극성은 부족하다.

잠은 반듯하게 누워서 자고, 재고(財庫)가 있으니 평생 의식이 풍족하다. 용신(用神)이 시주(時柱)에 있으니 자녀의 앞길이 유망하고, 아내궁에 재고(財庫)가 있으니 아내가 재물을 지킨다.

2~11세에는 가정형편이 좋지 않고, 12~21세에는 학문을 멀리한다. 22~31세에는 열심히 일하고, 32~41세에는 평온한 가운데 발전한다. 37~38세에는 순조롭지 못하고, 39세에는 육친상을 당하고, 40~41세에는 순탄하다. 42~51세에는 불길한데 42세에는 평범하고, 43세에는 역마(驛馬)가 동하니 아름답지 못하고, 44세에는 호전된다. 52~61세에는 재물이 있으나 아름답지 못하니 지키는 것이 좋다. 62~71세에는 고진감래한다.

時	日	月	年		69	59	49	39	29	19	9		
辛	乙	乙	壬		壬	辛	庚	己	戊	丁	丙		男
巳	未	巳	戌		子	亥	戌	酉	申	未	午		命

본명은 을목(乙木)이 사(巳)월에 태어났는데 병화(丙火)가 임관(臨官)하고, 미토(未土)는 고(庫)인데 화기(火氣)를 감추었다. 그러나 임수(壬水) 정인(正印)이 천간(天干)에 투출(透出)하여 상관패인(傷官佩印)이 되어 길하다. 여름 수(水)는 사(巳)가 절지(絶地)이니 신금(辛金)이 수(水)를 생(生)하면 기뻐하나 을목(乙木)이 약하니 살(殺)을 쓰는 것은 좋지 않다. 수목(水木)운은 길하나 화토(火土)운은 흉하다.

직업은 공직이나 상업이 좋은데 수목(水木)과 관계있는 일이 적합하다. 사람됨은 솔직하고 상관패인(傷官佩印)이 있으니 매우 총명하다. 지모와 재치가 뛰어나고 이상이 원대하며 승부욕이 있다. 역마(驛馬)가 있으니 외국에 갈 기회가 많고, 재고(財庫)가 있으니 산업을 둘 수 있다. 조상덕이 있고, 처가나 아내의 재물을 얻고, 자녀는 1남을 둔다. 혼기는 29세 이후가 좋은데 3살이나 4살 적은 사람이 좋으나 진(辰)생은 나쁘다. 만년에는 신장과 간장을 조심해야 한다.

 7세에는 높은 곳이나 험한 곳을 조심하고, 8세에는 독서를 독촉해야 하고, 9세에는 수분을 많이 섭취하면서 건강에 신경쓰고, 10세에는 평범하고, 11세에는 문장이 발전한다. 9~18세에는 학업에 유리하다. 19~28세에는 영리하나 학구열이 떨어진다. 29~38세에는 점점 좋아지니 꿋꿋하게 나가야 한다. 39~48세에는 괴롭고 바쁘다. 40세에는 건강을 조심하며 부부가 서로 인내해야 한다. 49세부터는 대기만성하며 순조롭다.

時	日	月	年	64	54	44	34	24	14	4	
丁	乙	辛	己	甲	乙	丙	丁	戊	己	庚	男
亥	丑	未	巳	子	丑	寅	卯	辰	巳	午	命

 본명은 을목(乙木)이 미(未)월에 태어났는데 편재(偏財)가 득령(得令)하고, 축미(丑未)가 충(沖)하고, 토(土)는 왕하다. 칠살(七殺)은 뿌리가 분명하지 않으나 신(身)을 극(剋)한다. 극설(剋洩)이 교집(交集)하니 수목(水木)운은 길하나 화토(火土)운은 흉하다.

사회에 일찍 진출하는데 직업은 수목(水木)과 관계있는 일이 좋다. 사람됨은 부드럽고 차분하며 인내심이 있고 총명하다. 식록이 있고 세심하며 외연이 좋다. 부부는 인내해야 하고, 자녀는 길하다.

4~13세에는 건강이 좋지 않아 학문에 전념하기 어렵다. 14~23세에는 사회에 진출한다. 24~33세에는 노력하면 공이 있고 편안하다. 34~53세에는 비교적 안정된다. 61세에는 혈광액이 따르거나 몸이 불편하거나 재물손실이 따를 조짐이 보인다. 62세에는 심리적인 압박이 크고 상관없는 일에 간섭하지 마라. 63세에도 역시 좋지 않으니 부부간의 마찰과 하는 일을 조심해야 한다. 음력 1월 15일 이전은 평안하나 서쪽에서 이익을 구하지 마라. 64~74세에는 수명과 재물이 좋다. 64세와 65세에는 비록 기회가 있으나 큰 뜻은 이루기 어렵다. 이 사람은 신체가 허약하며 숙질이 있는데 특히 위장과 간장을 조심해야 한다.

時	日	月	年		63	53	43	33	23	13	3	
丙	乙	辛	戊		甲	乙	丙	丁	戊	己	庚	女
戌	酉	酉	申		寅	卯	辰	巳	午	未	申	命

본명은 을목(乙木)이 유(酉)월에 태어났는데 유금(酉金)이 사령(司令)하고, 을목(乙木)이 절태(絶胎)에 앉았다. 관살(官殺)이 혼잡하고, 지지(地支)에 신유술(申酉戌) 금국(金局)이 있다. 상관(傷官)이 가살(駕殺)하니 격국(格局)은 무난하나 병(丙)이 신(辛)을 만나 요합(遙合)하여 힘을 잃는 것이 두렵다. 태원(胎元)이 임자(壬子)

이니 종세격(從勢格)인데 이미 임자수(壬子水)가 나타났으니 정격(正格)이다. 따라서 수목(水木)운은 길하나 토금(土金)운은 흉하다.

직업은 예술이나 목화(木火)와 관계있는 일이 좋다. 사람됨은 수려하며 기백이 있으나 화를 잘 내며 변덕스럽다. 신체에 병이 있는데 평생 근골통을 조심하라. 혼인은 늦게 하는 것이 좋은데 29세 이후가 좋다. 의지가 굳은 남편을 만나 부부간에 인내하면서 소통을 잘 한다. 자녀는 많지 않으나 자녀성이 좋다.

3~12세에는 재난이 많고, 13~14세에도 좋지 않고, 15세와 21세에는 반드시 좌절한다. 13~22세에도 좋지 않고, 23~32세에는 운이 점점 통하나 23세에는 큰 뜻을 이루기는 어렵다. 24세에는 홍란성(紅鸞星)이 움직인다. 33~42세에는 운이 좋아져 백사가 통한다. 43~52세에는 앞 5년은 좋으나 뒤 5년은 나쁜 편이다. 53~62세에는 평생을 위로함에 족하다. 만년의 건강은 간장과 위장을 조심하라.

時	日	月	年	70	60	50	40	30	20	10	
戊	乙	乙	己	壬	辛	庚	己	戊	丁	丙	女
寅	亥	亥	巳	午	巳	辰	卯	寅	丑	子	命

본명은 을목(乙木)이 해(亥)월에 태어났으니 시들어 떨어지는 형상이고, 임수(壬水)가 사령(司令)하여 생(生)하나 오히려 극(剋)이 된다. 그러나 시지(時支)에 인목(寅木)이 있으니 점점 생기가 올라온다. 사주가 한냉하면 병화(丙火)로 조후(調候)해야 하는데 신강(身强)하니 재성(財星)을 기뻐하고, 병화(丙火)는 암장(暗藏)되고

무토(戊土)는 투출(透出)했으니 길신(吉神)이 암장(暗藏)되어 종신의 복이 되었다. 처음에는 실패하나 나중에 성공하는 명이다.

직업은 화토(火土)와 관계있는 일이 좋다. 사람됨은 솔직하며 담박하고 호쾌하다. 외연이 좋고 권력이 따르며 지식욕이 강하고 분주하다. 조상의 업은 풍부하지 않고 고향을 떠난다. 평생 귀인이 많고 혼기는 27세 이후가 좋다. 배우자는 화토(火土)가 왕한 사람이 좋다. 남편은 기댈만하나 부부가 서로 참아야 한다. 신(申)년을 만나면 항상 만사를 조심하고, 9세까지는 사철을 조심해야 한다. 초상집·회갑집·혼인식장·사당·사찰·교회 등에 가지 말고, 금속을 몸에 지니지 마라. 밤에는 밖에 나가지 말고, 불·기름·끓는 물 등을 조심해야 한다. 만년의 건강은 심장과 뇌신경을 조심하라.

4세에는 건강과 높고 위험한 곳을 조심하라. 10~19세에는 총명하며 지혜롭고 열심히 공부한다. 20~29세에는 모든 일이 이로운 편이다. 30~39세에는 앞 5년은 하나를 얻으면 하나를 잃고, 뒤 5년은 사람과 재물을 잃을 수 있으니 조심하라. 40~49세에는 득실이 있고, 뒤 5년은 재물을 모으기 어려우니 평상심을 지녀라. 50~59세에는 가운이 좋지 않고 번뇌도 따른다. 60~69세에는 집안이 창성하며 물질이 성하다. 70~79세에는 만족하며 길하다.

時	日	月	年		64	54	44	34	24	14	4		
辛	乙	壬	壬		己	戊	丁	丙	乙	甲	癸		男
巳	丑	子	申		未	午	巳	辰	卯	寅	丑		命

본명은 을목(乙木)이 자(子)월에 태어나 뿌리와 잎이 언다. 지지(地支)에서는 신자(申子)가 수국(水局)을 이루고, 해(亥)는 그 가운데 끼어 있다. 또 수(水)가 왕성하니 수범목부(水泛木浮)가 되어 병화(丙火)가 용신(用神)이다. 화목(花木)은 태양을 향하므로 병무(丙戊)는 조후(調候)가 되니 한 번은 부자가 된다.

　직업은 화토(火土)와 관계있는 일이 좋고, 먹고살만하며 노년운이 앞운보다 좋다. 사람됨은 솔직하며 책임감이 강하고, 검소하며 소박하여 재물을 지킨다. 동정심이 많고 지식욕이 강하다. 고향을 떠나며 조상덕은 평범하고 학력은 높지 않다. 어머니는 어질며 방정하나 덕은 크지 않다. 검소한 아내를 만나 부부사이가 좋고 자녀는 길하다. 출생지는 물이 가까운 곳이다. 평생 물가에 가까이 가지 말고 수(水)와 관계있는 일을 하지 마라. 재고(財庫)가 있으니 재산을 모을 수 있다. 집은 동북·서북·서·서남향이 좋다.

　4~13세에는 가정환경이 평범하다. 14~23세에는 학업이 평평하며 학력이 높지 않다. 24~33세에는 보통이고, 34~43세에는 수고해도 공이 없다. 44~53세에는 점점 좋아진다. 55세에는 아름답지 못하고, 56세에는 평범하고, 57세에는 길한 가운데 흉하고 건강을 조심하라. 58세에는 좋아지고, 59세에는 남의 일에 상관하지마라. 60세에는 부부가 서로 노력하며 건강을 신경써야 한다. 57~58세에는 바쁘며 간장과 심장을 조심해야 한다. 64세에는 불리하니 자녀와 충돌하지 말고 몸을 보호하는 것이 상책이다.

時	日	月	年		62	52	42	32	22	12	2	
辛	乙	辛	辛		甲	乙	丙	丁	戊	己	庚	男
巳	卯	丑	卯		午	未	申	酉	戌	亥	子	命

 본명은 을목(乙木)이 12월에 태어났으니 가지가 마르고 잎이 시드
는 형상이다. 칠살(七殺)이 3개 있고 재성(財星)이 왕한 살(殺)을
생(生)하는데 비견(比肩) 묘목(卯木)이 지지(地支)에 버티고 있다.
사주가 모두 음(陰)이니 나무가 차갑다. 기쁜 것은 병화(丙火)가
시지(時支)에 암장(暗藏)되어 회춘할 상이 있고, 상관(傷官)이 합
살(合殺)하는 것이다. 따라서 목화(木火)운은 길하나 금수(金水)운
은 흉하다.

 먼저 직장생활을 하다가 창업하는 것이 좋고, 평생 운이 평범한
편이나 현실에 적응하며 절약하면 성과가 있다. 사람됨은 침착하며
과단성이 있고 인내한다. 고향을 떠날 명이며 지키는 가운데 조심
해야 하고, 아내의 덕을 보며 생애가 분주하다. 벗을 사귈 때는 중
상모략과 소인배를 조심해야 한다.

 2~11세에는 추운 땅이니 좋지 않고, 자묘상형(子卯相刑)이 되니
몸이 나쁘다. 12~21세 기해(己亥)운에는 사화(巳火)를 충(沖)하니
반드시 뜻을 잃는다. 22~31세에는 위험한 가운데 재물을 얻는다.
32~41세에는 묘유(卯酉)가 상충(相沖)하니 재물은 이로우나 명예
는 이롭지 않다. 38~43세에는 아내궁을 충(沖)하니 서로 이해하며
양보해야 한다. 첩을 둘 명은 아니나 일시적인 갈등을 잘 극복해야
한다. 42~51세에는 화수(化水)의 흉이 있으니 지키는 것이 좋다.

52~61세에는 매우 좋고, 62~71세에는 더 복을 누리며 편안하다. 그러나 69세와 81세는 좋지 않으니 모든 일을 삼가하는 것이 좋다. 만년의 건강은 간·근골·신장을 신경써야 한다.

3장. 병화(丙火) 일주(日主)

時	日	月	年	62	52	42	32	22	12	2	
壬	丙	壬	壬	己	戊	丁	丙	乙	甲	癸	男
辰	午	寅	辰	酉	申	未	午	巳	辰	卯	命

본명은 병화(丙火)가 인(寅)월에 태어나 목왕화상(木旺火相)하다. 월지(月支)는 병화(丙火)의 장생지(長生地)이고, 일주(日主)는 양인(羊刃)에 앉았다. 천간(天干)에 3임수(壬水)가 투출(透出)하여 병화(丙火)를 극(剋)하고, 진고(辰庫)에 통근(通根)하며 진습토(辰濕土)는 화기(火氣)를 설(泄)하니 신약(身弱)하다. 살(殺)이 중하고 신(身)이 가벼워 인겁(印劫)이 길하니 목화(木火)운은 길하나 금수(金水)운은 흉하다. 무(戊)운은 제살(制殺)하니 좋다.

방위는 동방과 남방은 이로우나 서방과 북방은 불리하다 직업은 살인(殺印)이 상생(相生)하니 벼슬길이나 공직이 좋고, 사업은 목화(木火)와 관계있는 일이 좋다. 사람됨은 사주가 모두 양(陽)이며 일주(日主)에 양인(羊刃)이 앉았으니 정정당당하며 굳세다. 병화(丙火)가 임수(壬水)를 만나니 총명하고, 월지(月支)의 인목(寅木)이 진신(眞神)이니 조상덕이 있다. 왕한 살(殺)이 신(身)을 공격하니 공무와 법을 준수하며 근면하나 성질이 급하며 쉽게 노한다. 살인(殺印)이 상생(相生)하니 말에 신용이 있다.

사주에 아내성이 없으니 아내연이 비교적 박하며 늦게 혼인한다. 일지(日支)가 희용신(喜用神)이니 아내의 도움을 받고, 일주(日主)에 월덕(月德)이 있으니 곤란한 가운데 귀인의 도움을 받는다. 역마(驛馬)와 홍염(紅艶)이 있으니 분주하며 다정하다. 칠살(七殺)이 화함이 있으니 자녀가 많고, 노년에는 심장을 조심해야 한다.

時	日	月	年		61	51	41	31	21	11	1	
戊	丙	己	乙		丙	乙	甲	癸	壬	辛	庚	女
子	申	卯	未		戌	酉	申	未	午	巳	辰	命

본명은 병화(丙火)가 묘(卯)월에 태어나 목왕화상(木旺火相)하니 신약(身弱)하다. 병화(丙火)가 신(申)에 임하고 목화(木火)가 부족하니 목화(木火)는 길하나 토금수(土金水)는 흉하다. 방위는 동방과 남방은 이로우나 서방과 북방은 불리하고, 직업은 교육계나 목화(木火)와 관계있는 일이 좋다. 용신(用神)이 진신(眞神)이니 평생 복분이 넉넉하다.

사람됨은 식상(食傷)이 함께 투출(透出)했으니 유능하며 총명하고, 정인(正印)이 높이 투출(透出)하며 월지(月支)에 통근(通根)했으니 책임감과 권력이 따르고, 인수(印綬)가 많으니 고생과 염려가 따르나 인연이 좋다. 지지(地支)가 쌍합(雙合)하니 늦게 혼인하는 것이 좋고, 남편궁이 삼합(三合)하니 부부가 화합한다. 일주(日主)가 천덕(天德)에 앉았으니 백사에 흉을 만나도 화해되는 조짐이 있다. 노년에는 심장이나 혈압을 조심하는 것이 상책이다.

1~10세에는 액이 많다. 11~20세에는 신(辛)운은 좋지 않으나 사(巳)운은 녹지(祿地)이니 학업에 이롭다. 21~30세에는 임(壬)운은 무토(戊土)가 회극(回剋)하니 평범하고, 오(午)운은 꽤 이로운 편이나 기복이 많다. 31~40세에는 평범하다. 41~50세에는 갑(甲)운은 도모해도 좋으나 신(申)운은 지키는 것이 좋다. 51~60세에는 을(乙)운은 만사가 순조로우나 유(酉)운은 묘(卯)를 충(沖)하니 건강과 신용을 잃을 염려가 있다. 61세 이후에는 점점 좋아진다.

時	日	月	年		70	60	50	40	30	20	10		
丙	丙	丙	戊		癸	壬	辛	庚	己	戊	丁		男
申	子	辰	辰		亥	戌	酉	申	未	午	巳		命

본명은 병화(丙火)가 진(辰)월에 태어났는데 토수(土水)는 많으나 목(木)이 없으니 신약(身弱)하다. 목화(木火)운은 길하나 금수(金水)운은 흉하다. 방위는 동방과 남방은 이로우나 서방과 북방은 불리하고, 행운의 색상은 청색과 적색이다. 직업은 목화(木火)와 관계있는 일은 좋으나 수(水)와 관계있는 일은 흉하다. 평생 평범한 운

이나 근면하면 이롭다.

사람됨은 온화하며 보수적이고 속이 넓으며 식록이 있다. 아내는 수려하며 단정하고 형제는 적어도 3명 이상이다. 59~60세에는 재리가 좋고, 61~62세에는 직업에 변동이 있다. 63세에는 순조롭지 못하고, 64~66세에는 만사에 지키는 것이 좋다. 67세에는 편안하다. 만년에는 심장을 조심해야 한다.

時	日	月	年	62	52	42	32	22	12	2	
甲	丙	辛	庚	戊	丁	丙	乙	甲	癸	壬	男
午	午	巳	申	子	亥	戌	酉	申	未	午	命

본명은 병화(丙火)가 사(巳)월에 태어났는데 목화(木火)가 많으니 신왕(身旺)하다. 토금수(土金水)운은 길하나 목화(木火)운은 흉하다. 방위는 서방과 북방은 이로우나 동방과 남방은 불리하고, 행운의 색상은 황색·백색·흑색이다. 직업은 장사나 사업이 좋다. 신(身)과 재성(財星)이 모두 왕하니 부유하며 소년에 뜻을 이룬다.

사람됨은 의지·기백·주견·적극성이 있고 기획력이 뛰어나다. 활달하며 호쾌하고 담박하며 조상덕이 많다. 여자연과 외연이 모두 좋고 사업심이 강하다. 역마(驛馬)가 재성(財星)을 만나니 분발할수록 부유해진다. 아내는 성격이 강하며 일찍 만나나 혼인은 늦게 하는 것이 좋고, 자녀는 많지 않다. 타인의 배려를 많이 받는다.

혼기는 26~27세인데 1살 많은 기미(己未)년생이나 5살 적은 을축(乙丑)년생이 좋으나 인(寅)생은 흉하다. 40세에는 혈광액이나 부부간에 마찰이 있을 수 있으니 조심하라. 만년의 건강은 신장을 조심하고, 변비가 되지 않도록 평소에 물을 많이 마시는 것이 좋다.

時	日	月	年	70	60	50	40	30	20	10	
癸	丙	丙	丁	己	庚	辛	壬	癸	甲	乙	男
巳	子	午	酉	亥	子	丑	寅	卯	辰	巳	命

본명은 병화(丙火)가 오(午)월에 태어나 화(火)가 왕하니 신왕(身旺)하다. 금수(金水)가 부족하니 금수(金水)운은 길하나 목화(木火)운은 흉하다. 방위는 서방과 북방은 이로우나 동방과 남방은 불리하고, 행운의 색상은 백색이다. 직업은 직장생활을 하다가 창업하는 것이 좋은데 금수(金水)와 관계있는 일은 좋으나 목화(木火)와 관계있는 일은 흉하다.

사람됨은 명랑하며 열정이 있으나 화를 잘 낸다. 실행력이 왕성하고 적극적이며 낙관적이고 독립심이 있다. 조상덕은 많지 않고 태어나는 날 태양이 높이 비추었다. 혼인은 늦게 하는 것이 좋다. 아내는 아름답고 현숙하나 서로 이해하며 참아야 한다. 평생 기복이 많으나 만년운은 아름답고 자녀가 길하다. 먼저 딸을 낳는다. 평생 한 차례 수술을 하게 되고, 동업은 불리하니 독자경영이 좋다.

10~19세에는 일이 어그러지니 뜻이 있어도 펴기 어렵다. 30~39세에는 매우 좋은 운은 아니나 지키면 좋다. 31세에는 파재할 운이다. 32세에는 집안에 경사가 있으나 운이 매우 좋지는 않으니 소인배의 겁재(劫財)를 조심해야 한다. 33세 역시 겁재(劫財)를 방비해야

한다. 34세에는 부부가 반목하기 쉬우니 조심하고, 특히 관재·구설·시비를 조심해야 한다. 50~59세에는 원대한 계획을 펼칠 때이다. 60~69세에는 만사가 통한다. 70세 이후에는 일에서 물러나 건강을 지키며 천수를 누리는 것이 좋다. 건강은 신장을 조심하는 것이 좋다.

時	日	月	年		63	53	43	33	23	13	3		
丁	丙	辛	己		戊	丁	丙	乙	甲	癸	壬		女
酉	辰	未	亥		寅	丑	子	亥	戌	酉	申		命

본명은 병화(丙火)가 미(未)월에 태어났는데 토금(土金)이 많으니 신약(身弱)하다. 목(木)이 부족하니 목화(木火)운은 길하나 토금수(土金水)운은 흉하다. 방위는 동방과 남방은 이로우나 중앙과 서방은 불리하고, 직업은 목화(木火)와 관계있는 일이 좋다.

사람됨은 부지런하고 검소하며 소박하나 인성(印星)이 없으니 우유부단하다. 사업심이 강하고, 사주에 합(合)이 많으니 외연이 좋고, 상관(傷官)이 생재(生財)하니 반응이 좋다. 혼인은 비교적 늦게 하나 부부가 화목하며 자녀복이 있다.

28세~29세에는 홍란성(紅鸞星)이 움직이고, 29세에는 재무에 손실이 생길 우려가 있다. 30세에는 사업심과 욕망이 움직인다. 31세에는 역마(驛馬)가 움직이니 자동차를 조심해야 하고 재리는 평범하다. 32세에도 재리가 평범하고 33세에도 평범하다. 34~35세에는 이익을 탐하지 말고 지키는 것이 좋다.

時	日	月	年	70	60	50	40	30	20	10	
辛	丙	壬	己	乙	丙	丁	戊	己	庚	辛	男
卯	寅	申	巳	丑	寅	卯	辰	巳	午	未	命

본명은 병화(丙火)가 신(申)월에 태어났는데 금수(金水)가 많으니 신약(身弱)하다. 목(木)이 부족하니 목화(木火)운은 길하나 금수(金水)운은 흉하다. 방위는 동방과 남방은 이로우나 서방과 북방은 불리하고, 행운의 색상은 청색과 적색이다. 직업은 공직이나 직무를 맡는 것이 좋은데 목화(木火)와 관계있는 일을 하면 40세 이후에는 명리를 이룰 수 있다.

사람됨은 검소하며 분주하고 신체의 병을 조심해야 한다. 혼기는 28세 이후가 좋은데 해(亥)생과는 짝하지 마라. 자녀는 길하나 부부는 서로 참아야 한다. 10세까지는 사당·도관·궁묘·사찰·수련장·추운 곳·물가에 가지 마라. 특히 수액이 있으니 배를 타거나 수영을 하지 마라. 항상 해(亥)년을 만나면 모든 일을 삼가하는 것이 좋고, 건강은 심장을 조심하라.

時	日	月	年	67	57	47	37	27	17	7	
丁	丙	辛	戊	戊	丁	丙	乙	甲	癸	壬	男
酉	辰	酉	寅	辰	卯	寅	丑	子	亥	戌	命

본명은 병화(丙火)가 유(酉)월에 태어났는데 토금(土金)이 너무 많으니 신약(身弱)하다. 목(木)이 부족하니 목화(木火)운은 길하나

토금수(土金水)운은 흉하다. 방위는 남방과 동방은 이로우나 서방과 북방은 불리하다. 직업은 목화(木火)와 관계있는 일이 적합한데 건조물류나 가공류가 좋다.

사람됨은 솔직하며 일주(日柱)에 월덕(月德)이 있으니 자비심이 있다. 채식을 좋아하며 부처님과 인연이 있다. 식신(食神)이 생재(生財)하니 근면하고, 일주(日主)가 정재(正財)와 합(合)하니 사업심이 강하다. 신약(身弱)한데 재성(財星)이 많으니 평생 분주하고, 사주에 합(合)이 많고 귀인(貴人)이 많으니 외연이 매우 좋다.

부부운은 권세있는 아내를 만나 화합할 명이나 도화(桃花)가 일주(日主)를 합(合)하니 평생 사랑의 감정이 있으니 배우자를 잘 선택해야 한다. 그렇지 않으면 혼인이 괴롭거나 아내를 잃는다. 만일 정재(正財)가 많으면 정 때문에 파재한다. 조상의 업이 있고, 희신(喜神)이 시주(時柱)에 있으니 자녀성이 좋다. 평생 귀인을 많이 만나고, 천을귀인(天乙貴人)이 있으니 상사의 신임과 사랑을 받는다. 귀인(貴人)이 일주(日柱)를 둘러싸고 있으니 백 가지 흉을 만나도 좋아진다. 노년에는 간장에 신경쓰는 것이 좋다.

時	日	月	年	62	52	42	32	22	12	2	
戊	丙	戊	丙	乙	甲	癸	壬	辛	庚	己	男
戌	子	戌	申	巳	辰	卯	寅	丑	子	亥	命

본명은 병화(丙火)가 술(戌)월에 태어났는데 술(戌)은 화(火)의 묘고(墓庫)이니 화기(火氣)는 더욱 쇠하며 토(土)는 중해지니 병화

의 빛이 어두워진다. 무토(戊土)는 병(病)이 되니 반드시 갑(甲)이 있어야 한다. 따라서 목(木)운은 길하나 토(土)운은 흉하다.

직업은 입으로 먹고사는 일이나 목(木)과 관계있는 일이 좋다. 사람됨은 점잖으며 다정하고 품위가 있으며 구상이 매우 많으나 기백이 부족하다. 조상덕이 있고 아내가 수려하다. 천월덕(天月德)이 모두 있으니 곤란한 가운데 귀인의 도움을 받는다.

29~30세에는 승진운이 있고, 31~32세에는 이로운 편이고, 33~34세에는 직업에 변동이 따른다. 35세에는 몸이 불편하며 재물손실이 따르고, 37~38세에는 지키면 좋다. 39~42세에는 반드시 좋아질 기회가 있고, 37~56세에는 운도가 아름답게 흐른다. 만년에는 심장에 신경쓰는 것이 좋다.

時	日	月	年	68	58	48	38	28	18	8	
戊	丙	丁	乙	甲	癸	壬	辛	庚	己	戊	女
子	子	亥	巳	午	巳	辰	卯	寅	丑	子	命

본명은 병화(丙火)가 해(亥)월에 태어나 절지(絶地)를 만나고, 일시지(日時時)에 자(子)가 엎드려 있으니 휴수(休囚)가 절정에 이른다. 식신(食神)으로 용신(用神)을 삼아 제살(制殺)해야 하는데 신약(身弱)하니 어렵다. 제살(制殺)은 화살(化殺)만 못하다. 목(木)으로 화살(化殺)하여 화(火)를 생(生)하면 살인(殺印) 상생(相生)이 되어 남편을 돕고 자녀를 교육하는 명이 된다.

직업은 공직이나 교육계나 목화(木火)와 관계있는 일이 좋다. 사람됨은 병자(丙子)일생이 육수(六秀)를 띠고 식신(食神)이 빼어나니 우아하다. 정인(正印)이 높이 투출(透出)했으니 책임감이 있고 이지적이다. 년월(年月)에 희용신(喜用神)이 있으니 조상덕이 있고, 사주에 역마(驛馬)가 있으니 분주하며 변동이 많고 원행할 기회가 많다. 한 가지 특기가 있고 곤란한 가운데 귀인의 도움을 받는다. 혼인은 늦게 하는 것이 좋은데 28~29세가 좋다. 배우자는 3살 많은 임인(壬寅)생, 7살 많은 무술(戊戌)생, 8살 많은 정유(丁酉)생, 9살 많은 병신(丙申)생이 좋다. 자녀는 아들 하나를 둘 명이고, 만년의 건강은 심장을 보양하는 것이 우선이다.

　8~17세에는 문성운(文星運)이니 학업에 이롭고, 18~27세에도 학업에 유리하다. 그러나 16~19세는 금수(金水)운이니 매우 좋지 않다가 20~21세에는 좋아진다. 22세에는 역마운(驛馬運)이니 변화가 있다. 23세에는 좋은 운이나 마음은 착찹하다. 24~25세에는 문성운(文星運)이니 학업에 유리하다. 28~32세에는 매우 바쁘나 창업은 좋지 않다. 33~37세에는 순조롭고 이익이 있다. 38~42세에는 평범하고, 43~47세에는 재리는 좋으나 마음은 착찹하다. 48~57세에는 사업확장은 좋지 않고, 58~67세에는 좋아진다.

時	日	月	年		67	57	47	37	27	17	7	
乙	丙	壬	壬		乙	丙	丁	戊	己	庚	辛	男
未	申	子	寅		巳	午	未	申	酉	戌	亥	命

본명은 병화(丙火)가 자(子)월에 태어났는데 지지(地支)의 신자

(申子)가 수국(水局)을 이루고, 쌍살(雙殺)이 다투어 투출(透出)하니 매우 왕하다. 을목(乙木)이 인(寅)에 뿌리를 내리고 화살(化殺)하여 신(身)을 생(生)한다. 옛글에 이르기를 "뭇살이 창광하면 1인(仁)으로 제(制)할 수 있다"고 하였다. 그러나 아쉬운 것은 46세 이전은 금수(金水)운이니 처음에는 쓰나 나중에는 달다.

직업은 목화(木火)와 관계있는 일은 좋으나 금수(金水)와 관계있는 일은 흉하다. 사람됨은 총명하며 부드럽고 이지적이며 믿음을 중시하나 성급하며 보수적이다. 출생지는 물 가까운 곳이고, 조상과 인연이 박하며 고향을 떠난다. 자녀는 많지 않으나 자녀성이 좋고, 상업에 종사하는 남편을 만나 매우 화합이 잘 되고 평생 귀인의 도움을 많이 받는다. 건강은 시력이 나쁘고, 기관지가 좋지 않아 감기에 잘 걸리고, 심장과 뇌신경쇠약을 조심해야 한다. 이 사람은 물로 살아가면 안 된다.

7~16세에는 건강이 좋지 않은데 특히 기관지가 좋지 않다. 17~26세에는 학업에 매우 이롭다. 27~36세에는 재물운이 좋은 편은 아니다. 27세에는 홍란성(紅鸞星)이 움직이고, 28세에는 변화가 있고, 29세에는 집안에 경사가 있고, 31~32세에는 좋은 운이 아니니 지키는 것이 좋다. 37~46세에는 앞 5년은 좋으나 뒤 5년은 떨어진다. 47~76세에는 화(火)운으로 들어가니 뜻을 이루고, 노년이 될수록 점점 더 좋아진다.

4장. 정화(丁火) 일주(日主)

時	日	月	年		68	58	48	38	28	18	8	
癸	丁	戊	乙		辛	壬	癸	甲	乙	丙	丁	男
卯	巳	寅	未		未	申	酉	戌	亥	子	丑	命

본명은 정화(丁火)가 인(寅)월에 태어나 갑목(甲木)이 사령하고, 지지(地支)에 묘미(卯未)가 합(合)하여 목국(木局)을 이루고, 병화(丙火)가 있어 목화(木火)가 강왕하니 인중신강(印重身强)하다. 경금(庚金)이 갑(甲)을 쪼개면 길한데 경금(庚金)은 사(巳)에 암장(暗藏)되어 인(寅) 중 병화(丙火)에게 형극(刑剋)되니 아름다운 가운데 부족한 면이 있다. 따라서 토생금(土生金)을 기뻐하므로 재성(財星)을 생(生)하는 식상(食傷)이 용신(用神)이다.

직업은 공장이나 상점을 운영하면 좋고, 토금(土金)과 관계있는 일을 하면 처음에는 패하나 나중에는 이룬다. 사람됨은 총명하며 대담하고, 활력이 넘치며 적극적이고, 독립심과 동정심이 많고, 믿음을 중시하나 성급하며 결벽증적인 면이 있다. 평생 분주하며 곤란한 가운데 귀인의 도움을 받는다. 가정형편은 평범하고, 아내의 협조를 받으나 때로는 다투기도 한다. 자녀는 아들을 1~2명 두는데 길하다.

8~17세에는 평범하며 학력은 높지 않다. 18~27세에는 점점 좋아진다. 28~37세는 길흉이 반반인데 28~30세에는 금수(金水)운이니 하는 일이 순조롭다. 29세 계해(癸亥)년은 해미(亥未)가 희용신(喜用神)이니 아들을 얻는다. 32세에는 관부(官符)를 범하였다. 33세에는 어머니가 돌아가시고, 36세에는 몸이 불편하거나 파재를 막아야 하고, 건강은 신장을 조심해야 한다. 38~42세에는 좋은 편이고, 43~47세에는 사업확장은 좋지 않으니 유지하는 좋다. 48~67세에는 다시 금수(金水)운을 만나니 큰 뜻을 펼칠 수 있다. 68세 이후에는 일에서 물러나 건강을 지키는 것이 좋다.

時	日	月	年		67	57	47	37	27	17	7	
辛	丁	丁	己		庚	辛	壬	癸	甲	乙	丙	男
亥	未	卯	亥		申	酉	戌	亥	子	丑	寅	命

본명은 정화(丁火)가 묘(卯)월에 태어나 목(木)이 왕한데 지지(地支)의 해묘미(亥卯未)가 삼합(三合)하여 목국(木局)을 이루니 반드시 재성(財星)으로 용신(用神)을 삼아 인수(印綬)를 파해야 한다. 신금(辛金)이 비록 을목(乙木)을 쓸어버려 무정하나 힘이 있다.

직업은 직장생활하다가 창업하는 것이 좋은데 토금(土金)과 관계 있는 일이 좋다. 사람됨은 총명하며 영리하고, 세심하며 담박하고, 활달하며 호쾌하고, 솔직하며 바른말을 잘 한다. 외연이 매우 좋고 집안이 화목하다. 연애결혼하며 평생 소인배로 인한 재물손실을 조심해야 한다.

이 사람은 중년부터 노년까지가 좋고 이때 부자가 된다. 1~31세에는 목화(木火)운이니 아름답지 못하다. 창업은 좋지 않고 직무를 맡는 것이 좋다. 30~31세에는 사업심이 강하고, 34~35세에는 순조롭고 자녀운도 길하다. 35·37·61세에는 평안하다. 32~51세는 운이 좋아져 발전할 수 있다. 52~56세에는 부부가 서로 참아야 한다. 57~76세에는 재성(財星)이 높이 비추니 반드시 형편이 좋아진다. 76세에는 몸을 보호하는 것이 상책이고, 77세 이후에는 선행을 쌓으면 천수를 누릴 수 있다.

時	日	月	年		65	55	45	35	25	15	5		
庚	丁	甲	丁		辛	庚	己	戊	丁	丙	乙		女
子	巳	辰	未		亥	戌	酉	申	未	午	巳		命

본명은 정화(丁火)가 무토(戊土)가 사령(司令)하는 진(辰)월에 태어나 화기(火氣)가 가까이 있고, 목(木)에는 여기(餘氣)가 있다. 간지(干支)의 사정미(巳丁未)가 화기(火氣)를 더하니 약한 일주(日主)가 왕해진다. 신강(身强)하니 재관(財官)을 기뻐하고, 경금(庚金)은 갑목(甲木)을 쪼개 정화(丁火)를 당긴다. 행운은 거스르지

않아 중년에는 재리가 왕성하다. 갑경정(甲庚丁)이 모두 천간(天干)에 있으니 간성(干性)의 이(利)에 부합하고, 격국(格局)이 작은 보충이 없는 것은 아니니 하늘이 돕는 명조이다.

직업은 상업이 좋은데 금수(金水)나 토(土)와 관계있는 일이 좋다. 사람됨은 정(丁)이 2개 투출(透出)했으니 총명하며 유능하고, 고상하며 솔직하나 거만하다. 정인(正印)이 높이 투출(透出)했으니 책임감이 있고 이지적이며, 인연이 좋고 권력이 따른다. 역마(驛馬)가 있으니 생애가 분주하다. 시골출생이거나 집 앞에 빈터가 있다.

부부운은 남편성이 늦게 나타나 혼인은 늦게 하는 편이나 부부가 화합한다. 자녀는 1남 1녀를 두는데 자녀성이 좋다. 혼기는 26~27세가 좋은데 3살 많은 갑진(甲辰)생, 4살 많은 계묘(癸卯)생, 6살 많은 신축(辛丑)생, 7살 많은 경자(庚子)생이 좋다.

時	日	月	年	69	59	49	39	29	19	9	
庚	丁	癸	丙	丙	丁	戊	己	庚	辛	壬	女
子	酉	巳	申	戌	亥	子	丑	寅	卯	辰	命

본명은 정화(丁火)가 사(巳)월에 태어나 병화(丙火)의 임관지(臨官地)이고, 병화(丙火)가 높이 투출(透出)하여 정화(丁火)의 빛을 빼앗는다. 지지(地支)에 금수(金水)가 있으니 신약(身弱)하고, 전국에 목(木)의 전화가 없으니 격국(格局)에 하자가 있다. 목화(木火)운은 길하나 금수(金水)운은 흉하다. 직업은 목화(木火)와 관계있는 일이 좋다. 사람됨은 솔직하며 온화하고 기획력이 강하다. 남편

을 도와주며 외연이 매우 좋으나 고생한다.

25~28세에는 파재로 액막이를 한다. 29~30세에는 운이 좋아진다. 31세에는 좋은 가운데 나쁨이 있다. 32세에는 부부가 많이 참아야 하고, 33세에는 집안에 경사가 있고 부부가 화합한다. 34세에는 운도가 편안하고, 35세에는 작은 재리가 있으나 자동차와 외상을 조심해야 한다. 곤란한 가운데 귀인의 도움을 받는다. 인(寅)년을 만나면 항상 모든 일을 삼가하는 것이 좋고, 간장을 조심해야 한다. 29~38세에는 바쁘기 시작하는데 좋은 가운데 나쁨이 있다. 39~48세에는 평범하다. 49~58세는 부부가 화합하며 재리가 평범하다. 64세와 67세에는 몸을 보호하는 것이 상책이고, 69~78세에는 노년의 복을 누린다.

時	日	月	年	67	57	47	37	27	17	7	
丙	丁	甲	丙	辛	庚	己	戊	丁	丙	乙	男
午	巳	午	申	丑	子	亥	戌	酉	申	未	命

본명은 정화(丁火)가 오(午)월에 태어났는데 시주(時柱)에 건록(建祿)이 있고, 지지(地支)에 화염(火炎)이 있고, 천간(天干)에 화(火)가 있으니 갑목(甲木) 인수(印綬)가 재(灰)가 된다. 옛글에 이르기를 "정화(丁火)가 을목(乙木)을 안으면 효도하고, 임수(壬水)를 합(合)하면 충성한다"고 하였다. 관성(官星)이 있으면 용신(用神)으로 삼으면 좋은데 인성(印星)이 재(灰)가 되어 관인(官印)을 이루기 어렵다. 부(富)는 크나 귀(貴)는 작은 명이다. 금수(金水)운

은 길하나 목화토(木火土)운은 흉하다.

직업은 자유업이 좋은데 금수(金水)와 관계있는 일이 좋고, 사업은 좋지 않다. 사람됨은 자아가 강하며 꿋꿋하고 기백이 있다. 공경과 예의를 알고 벗을 널리 사귀며 스스로의 힘으로 먹고 산다. 육친연이 박하고, 평생 소인배로 인한 재물손실을 조심하고, 금전거래를 조심하는 것이 좋다.

27~28세는 명성이 점점 좋아진다. 29~32세에는 좋지 않으나 33~34세에는 총명하며 문장이 좋아진다. 35세 가을에 의사시험에 합격했는데 승산은 5할이다. 너무 큰 뜻은 불가하니 본인의 의지에 기대야 한다. 36세에는 매우 좋은 기회가 온다. 35~36세는 재물손실을 조심해야 하고, 47~51세에는 뜻대로 된다. 65세에는 신체와 작은 상해를 조심하고, 만년에는 폐와 신장을 조심해야 한다.

時	日	月	年	65	55	45	35	25	15	5		
辛	丁	己	戊	壬	癸	甲	乙	丙	丁	戊		女
亥	酉	未	戌	子	丑	寅	卯	辰	巳	午		命

본명은 정화(丁火)가 삼복인 미(未)월에 태어났다. 미(未)는 토기(土氣)이니 무기토(戊己土)가 강왕한데 정화(丁火)가 생자(生慈)하니 신약(身弱)하다. 다시 신유금(辛酉金)이 가까이 있으니 정화(丁火)가 매우 약하다. 해(亥) 중의 갑목(甲木)이 용신(用神)이니 목화(木火)운은 길하나 금수토(金水土)운은 흉하다. 식상(食傷)이 생재(生財)하는데 인수(印綬)가 분명하지 않으니 평생 고생한다. 이

사주는 귀인(貴人)이 없는 편이니 완전히 자기 한 몸에 의지하여 성공해야 한다.

　직업은 직장생활이 좋은데 목화(木火)와 관계있는 일이 좋다. 사람됨은 아름답고 솔직하며 바른말을 잘 하고 유능하며 눈이 크다. 시골에서 태어났거나 조상집 근처에 빈터가 있다. 외연이 좋고 늦게 혼인할 명이며 남편에게 기대지 않고 자신의 힘으로 먹고산다.

　27~30세에는 재리가 있으나 28세에는 반드시 재액이 있다. 31~32세에는 변화가 있다. 35세에는 홍란성(紅鸞星)이 발동하는데 목화(木火)가 많은 여름생과 짝을 맺으면 좋다. 35~54세는 안정적이며 더욱 성과가 있다. 40~44세에는 부부가 많이 인내하며 양보해야 한다. 66~68세에는 몸이 불편해지기 쉬우니 준비해야 하고, 만년에는 심장과 위장을 조심해야 한다.

時	日	月	年		67	57	47	37	27	17	7	
甲	丁	甲	乙		辛	庚	己	戊	丁	丙	乙	女
辰	未	申	巳		卯	寅	丑	子	亥	戌	酉	命

　본명은 정화(丁火)가 신(申)월에 태어났는데 목욕패지(沐浴敗地)에 이르렀다. 그러나 년지(年支)에 병화(丙火)가 있고, 천간(天干)에서 갑을목(甲乙木)이 화(火)를 생(生)하고, 미(未) 중에 을정(乙丁)이 있어 신왕(身旺)하다. 재관(財官)을 기뻐하는데 월지(月支)에 있으니 진신득용(眞神得用)이다. 천간(天干)에 또 갑경정(甲庚丁)이 나타나고, 인수(印綬)가 많아 관성(官星)을 심하게 설기(泄

氣)하니 부귀가 가볍다.

직업은 토금수(土金水)와 관계있는 일이나 비서직이 좋다. 사람됨은 솔직하며 호쾌하고, 책임감과 자비심이 있으나 고집이 세다. 지식욕이 강하며 종교나 철학과 인연이 있고 채식을 좋아한다. 열심히 일하여 권력을 쥐고, 검소하며 소박하여 재물을 지키고, 어머니의 사랑을 받는다. 늦게 혼인할 명인데 28~29세에는 반드시 성사된다. 20~23세에는 평범하고, 24~25세는 두뇌가 맑고 깨끗하며 계획하는 것이 매우 많다. 26~27세는 많이 바쁘고, 28~29세는 순조롭다. 운을 만나면 부유해질 수 있는 명이다.

時	日	月	年	63	53	43	33	23	13	3	
丙	丁	癸	己	丙	丁	戊	己	庚	辛	壬	男
午	未	酉	丑	寅	卯	辰	巳	午	未	申	命

본명은 정화(丁火)가 유(酉)월에 태어났는데 유금(酉金)이 반합(半合)하여 금국(金局)을 이루고, 토(土)가 재성(財星)을 생(生)하여 왕하다. 금(金)이 많으면 물이 흐려진다. 재격(財格)이 생과 보호함이 있다. 아쉬운 것은 갑을목(甲乙木)이 없는 것이다. 그렇지 않다면 격국(格局)이 더 좋았을 것이다. 목화(木火)운은 길하나 토금(土金)운은 흉하다.

직업은 벼슬길이나 화토(火土)와 관계있는 일이나 찻잎이나 농작물과 관계있는 일이 좋다. 사람됨은 재성(財星)과 살(殺)이 홀로 있으니 총명하고, 식신(食神)이 제살(制殺)하니 기백이 있고, 지지

(地支)가 쌍합(雙合)하니 외연이 좋다. 홍염(紅艶)·함지(咸地)·육합(六合)이 있으니 여자연이 좋아 평생 애정문제가 많다. 늦게 혼인하는 것이 좋은데 부부가 화합하고, 자녀가 많고, 곤란한 가운데 귀인의 도움을 받는다. 갑을(甲乙)년에는 만사에 삼가하라.

3~13세에는 금수(金水)가 왕하니 좋지 않고, 13~17세에도 좋지 않고, 18~22세에는 기회가 생기며 좋아진다. 23~27세에는 본래 나쁜 운이나 병화(丙火)가 회극(回剋)하여 평범하다. 28~32세에는 녹지(祿地)이니 길하다. 32~35세에는 금수(金水)운이니 도모해도 이루기 어렵다. 33~37세에는 매우 길하나 유년(流年)이 좋지 않아 얻는 것은 분명하나 잃는 것은 애매하다. 36~37세에는 식신(食神)과 극합(剋合)하니 사업은 확대하면 좋지 않으나 절약하며 지키면 좋다. 38~42세에는 사(巳)운은 사오미(巳午未)가 화국(火局)을 이루고 사유축(巳酉丑)이 금국(金局)을 이루어 길흉이 반반이나 무(戊)운은 계(癸)와 합(合)하니 매우 좋다. 53세 이후에는 대기만성한다.

時	日	月	年		63	53	43	33	23	13	3		
丁	丁	丙	乙		己	庚	辛	壬	癸	甲	乙		男
未	亥	戌	丑		卯	辰	巳	午	未	申	酉		命

본명은 정화(丁火)가 술(戌)월에 태어났는데 병화(丙火)에게 빛을 빼앗기고, 사주가 온통 화토(火土)이니 쓸데없이 먼지만 날린다. 화토(火土) 상관(傷官)은 상진(傷盡)되는 것이 좋은데 해(亥) 중에 임갑(壬甲)이 잡란하니 상관극관(傷官剋官)이 되어 병이 있으나

약이 없다. 금수(金水)운은 길하나 화토(火土)운은 흉하다.

직업은 기술·가공이나 금수(金水)와 관계있는 일이 좋다. 사람됨은 총명하며 독립심이 있고, 활동적이나 거만하다. 고향을 떠나나 대인관계가 넓고, 형제가 많고, 자녀연이 좋고, 투기나 동업은 좋지 않다. 늦게 연애결혼할 명인데 현숙하며 단정한 아내를 만난다. 혼기는 27세나 36세가 좋다. 배우자는 2살이나 7살이나 8살 적은 사람이 좋다. 방위는 서방·서남방·동북방·서북방이 좋다.

3~22세에는 지식욕이 왕성하며 학업이 순조롭다. 23~32세에는 창업은 좋지 않다. 29세에는 혈광액과 시비를 조심해야 한다. 33~42세에는 임(壬)운은 재리와 명성이 좋아지나 오(午)운은 지키는 것이 좋다. 33~37세에는 재리가 점점 좋아져 먹고살만하다. 43~52세에는 부부가 많이 참아야 한다. 53~62세에는 경(庚)운은 바쁘고 재물손실을 방비해야 하고, 진(辰)운은 건강을 지키며 몸을 보호하는 것이 상책이다. 63세 이후에는 천수를 누리나 남의 일에 간섭하지 말아야 한다. 64세에는 몸이 편하지 않을 수 있으니 조심해야 한다. 만년에는 신장과 폐를 조심하고, 소인배로 인한 재물손실을 방비하면서 금전거래나 보증은 완곡하게 거절해야 한다.

時	日	月	年	66	56	46	36	26	16	6	
辛	丁	辛	丁	甲	乙	丙	丁	戊	己	庚	男
亥	酉	亥	酉	辰	巳	午	未	申	酉	戌	命

본명은 정화(丁火)가 해(亥)월에 태어났는데 금(金)이 왕하고 수

(水)가 많다.『적천수(滴天髓)』에 이르기를 "정화(丁火)가 부드러우면서 중(中)을 얻었는데 적모(嫡母)인 갑(甲)만 있으면 가을도 좋고 겨울도 좋다"고 하였다. 그러나 이 명조는 적모(嫡母)인 갑목(甲木)이 화관생신(化官生身)해도 따뜻하게 비춰줄 병화(丙火)가 없으니 관성(官星)은 귀기(貴氣)가 없고 재성(財星)은 부기(富氣)가 없다. 따라서 수(水)도 차고 금(金)도 차니 격국이 떨어진다.

직업은 직장생활을 하다가 창업하는 것이 좋은데 목화(木火)와 관계있는 일이 좋다. 사람됨은 정(丁)이 2개 투출(透出)했으니 총명하고, 재관인(財官印)이 모두 있으니 비범하고, 사주가 모두 음(陰)이니 음유하며 차분하고, 편재(偏財)와 금수(金水)가 거듭 나타나니 다정하며 점잖다. 여자연과 외연이 모두 좋으나 현실에 만족하지 못하며 분주하다.

혼인은 늦게 하는 것이 좋은데 유능한 아내를 만나 화합하고, 자녀는 많지 않으나 민첩하다. 동업은 무방하며 건강은 혈액순환계인 혈압과 심장을 조심해야 한다. 평생 정을 아쉬워하다가 골탕먹는 일을 하지 말고, 금수(金水)와 관계있는 일은 하지 마라. 9세에는 재액이 있으니 조심해야 하고, 35세 전에는 금(金)운으로 흐르니 뜻이 있어도 펴기 어려우나 36세 이후에는 화(火)운으로 흐르니 명리를 이루고, 노년에는 더 좋다.

時	日	月	年		71	61	51	41	31	21	11		
庚	丁	壬	丁		己	戊	丁	丙	乙	甲	癸		女
戌	未	子	未		未	午	巳	辰	卯	寅	丑		命

본명은 정화(丁火)가 자(子)월에 태어났는데 극설(剋泄)이 교집(交集)하니 목(木)이 용신(用神)이다. 월(月) 정관(正官)이 정화(丁火)를 만나 쟁합(爭合)하고 관성(官星)을 합(合)하면 귀격을 이루지 못하니 남편연이 좋지 않다. 월지(月支)의 자(子) 칠살(七殺)이 미자(未子) 상해(相害)하여 재리가 있다. 또 금(金)이 묻힐 우려가 있으니 토(土)는 기신(忌神)이다.

직업은 목화(木火)와 관계있는 일이 좋다. 사람됨은 보수적이며 낙천적이고 섬세하며 감정이 풍부하나 감정이 혼란할 수도 있다. 첫사랑과는 혼인하기 어렵고, 젊을 때 집안에 변고가 있어 쌍혼쌍성이나 양자로 가는 사람이 있다. 기관지가 좋지 않으니 어릴 때 감기에 걸리기 쉽고, 학력은 여상 정도이다. 물 가까이에는 살지도 말고 가지도 마라.

이 사람은 초년운이 매우 아름다우니 발전할 수 있다. 18·20·21세에는 그런대로 좋다. 21세에는 연애할 징조가 보인다. 22~23세에는 직업에 변동이 있고, 24~25세에는 반드시 바빠진다. 26세에는 홍란성(紅鸞星)이 움직이는데 목화(木火)가 왕한 배우자를 만나면 좋다. 67세에는 심장·위장·혈액순환 계통을 조심하라.

時	日	月	年		69	59	49	39	29	19	9	
辛	丁	癸	丁		丙	丁	戊	己	庚	辛	壬	男
丑	卯	丑	卯		午	未	申	酉	戌	亥	子	命

본명은 정화(丁火)가 엄동인 축(丑)월에 태어났는데 칠살(七殺)이

투출(透出)하여 묘목(卯木)으로 화살생신(化殺生身)한다. 애석한 것은 사주에 병화(丙火)가 없는데 습목(濕木)이니 불꽃이 없으나 부득이 이를 쓴다. 목화(木火)운은 길하나 습토(濕土)와 금수(金水)운은 흉하다. 사주가 모두 음(陰)이라 양기(陽氣)가 창성하지 않아 음양(陰陽)이 조화되지 않았으니 이로에서 공명한다.

직업은 편인(偏印)이 용신(用神)이니 철학·천문·점복이 좋다. 사람됨은 정(丁)일생이니 솔직하고, 사주가 모두 음(陰)이니 듬직하며 굳세고 인내심이 강하다. 칠살(七殺)이 신(身)과 가까이 있어 서로 공격하니 법을 잘 지키며 담력이 작고, 월지(月支)에 식신(食神)이 있으니 도량이 넓고 세심하며 꾸준하고, 편재(偏財)가 투간(透干)했으니 정을 아쉬워하며 외연이 좋고, 축(丑)이 많으니 사람이 분명하고, 편인(偏印)이 용신(用神)이니 총명하고 유능하며 노련하고, 살(殺)이 왕하니 평생 외지에서 고생한다.

육친연은 월간(月干)이 년간(年干)을 극(剋)하니 조상과 인연이 없고 부모의 전지가 있어도 조상을 얻기 어렵고, 형제 중에 요절하는 사람이 있다. 희용신(喜用神)인 정화(丁火) 비견(比肩)이 피상되니 형제나 친구의 도움이 없다. 아내궁이 희용신(喜用神)이니 아내의 내조를 받으나 때로 다툰다. 칠살(七殺)이 2개이니 아들이 둘이고, 칠살(七殺)이 월간(月干)에 있으니 청소년기에 상해를 입기 쉽다. 만년에는 연수할 기회가 있고, 편재(偏財)가 있으니 혈압과 심장을 조심해야 한다.

5장. 무토(戊土) 일주(日主)

時 日 月 年	63 53 43 33 23 13 3	
乙 戊 壬 丁	己 戊 丁 丙 乙 甲 癸	女
卯 寅 寅 亥	酉 申 午 未 巳 辰 卯	命

본명은 무토(戊土)가 인(寅)월에 태어났는데 수목(水木)이 많으니 신약(身弱)하다. 화(火)가 부족하니 화토(火土)운은 길하나 수목(水木)운은 흉하다. 방위는 중앙과 남방은 이로우나 동방과 북방은 이롭지 않다. 행운의 색상은 적색과 황색이다. 직업은 화토(火土)와 관계있는 일은 좋으나 수목(水木)과 관계있는 일은 좋지 않다. 사람됨은 근면하나 성급하고 고생하는 편이며 심적인 부담이 많다. 수목이 많은 곳에서 태어났으며 외연이 좋고, 천사성(天赦星)이 있으니 평생 흉을 만나도 길하게 된다.

이 사람은 일생에서 33~58세의 운이 가장 아름답다. 3~12세에는 재성(財星)과 살(殺)이 모두 왕하니 가정환경과 몸이 좋지 않다. 13~22세에는 인묘진(寅卯辰)이 목국(木局)을 이루니 책임이 중하고 압력이 크다. 23~32세에는 처음에는 흉하나 나중에는 길하고 수고하면 공이 있다. 33~43세에는 관인(官印)이 상생(相生)하니 집안이 창성한다. 40~43세에는 매우 좋으니 이익을 도모할 수 있다. 43~52세에는 계속 전진하면 유지하며 이룰 수 있다. 45세에는 시비가 따르고, 46세에도 좋지 않다. 인사신해(寅巳申亥)월에는 재앙과 병이 따르며 큰 뜻은 불가하다. 47세에는 일체 욕심을 부리지 마라. 48세에는 소인배·좀도둑·소매치기·실물 등을 조심해야 한다. 50세 이후에는 운이 좋아져 좋은 일이 많다. 만년의 건강은 위장·심장·어지럼증을 조심하라. 53~62세에는 평범하고, 63~72세에는 일에서 물러나 복을 누린다.

時	日	月	年	69	59	49	39	29	19	9	
乙	戊	辛	丙	戊	丁	丙	乙	甲	癸	壬	男
卯	寅	卯	申	戌	酉	申	未	午	巳	辰	命

본명은 무토(戊土)가 묘(卯)월에 태어났으니 실령(失令)하여 약하고, 사주에 금목(金木)은 많으나 화(火)가 부족하니 신약(身弱)하다. 화토(火土)운은 길하나 수목금(水木金)운은 흉하다. 방위는 중앙과 남방은 이로우나 서방·북방·동방은 불리하다. 사람됨은 무(戊)일생이니 솔직하고, 관살(官殺)이 왕하여 신(身)을 치니 법을 지키고 근면하며 인내심이 있다. 조상덕은 없으나 아내의 내조가

있고 유능하며 통제력이 있다. 소인배에게 재물을 잃을 수 있으니 동업은 좋지 않다. 역마(驛馬)가 2개 있으니 생애가 분주하고 외국에 갈 기회가 많으며 어머니와 마음이 맞는다.

27세에는 편재(偏財)가 당권(當權)하고, 아내궁에 인술합(寅戌合)이 들고, 묘술함지(卯戌咸地)가 육합(六合)이 되어 혼인한다. 22~24세에는 대운(大運)은 나쁘지만 유년(流年)이 좋으니 운세가 좋은 편이다. 25~27세에는 좋다고 볼 수 없다. 31세에는 자녀를 얻는다. 37세에는 사신유(巳申酉)월에 길을 나설 때는 조심해야 하고, 평생 위장을 조심해야 한다. 28세 전에는 운이 좋지 않으니 학업과 몸이 모두 순조롭지 않으나 29~38세에는 반드시 좋아진다. 39~48세에는 평범하다. 49~58세에는 앞 5년은 길하나 뒤 5년은 불길하다. 59~68세에는 매우 좋고, 69~78세에는 더욱 좋다.

時	日	月	年	64	54	44	34	24	14	4	
庚	戊	庚	庚	丁	丙	乙	甲	癸	壬	辛	男
申	辰	辰	申	亥	戌	酉	申	未	午	巳	命

본명은 무토(戊土)가 진(辰)월에 태어났는데 금(金)이 많으니 신약(身弱)하다. 화(火)가 부족하니 화토(火土)운은 길하나 금수(金水)운은 흉하다. 방위는 중앙과 남방은 이로우나 서방과 북방은 불리하다. 직업은 화토(火土)와 관계있는 일이 좋다.

사람됨은 사주가 모두 양(陽)이니 광명정대하며 계략을 꾸미지 않는다. 식신(食神)이 많으니 총명하며 영리하고, 재지가 뛰어나며 식록이 있고, 다정하며 품위가 있다. 지지(地支)가 쌍합(雙合)하니 인연이 좋고, 일덕(日德)이 있으니 자비심이 있고 체격이 건장하며 채식을 좋아한다. 재고(財庫)가 있으니 평생 의식이 풍족하고, 진(辰)이 있으니 술을 즐긴다. 혼기는 26세나 29세가 좋은데 3·4·8세 적은 사람이 좋은데 부부가 화합한다.

4~13세에는 앞 5년은 총명하며 발달하나 건강을 조심하고, 뒤 5년은 녹지(祿地)로 돌아가니 학업에 유리하다. 14~23세에는 길흉이 반반이다. 24~33세에는 평범하다. 34~43세에는 창업은 좋지 않다. 44~53세에는 범사를 뜻대로 해도 좋다. 54~63세에는 재성(財星)이 높이 비춘다. 64~73세에는 형통하나 몸을 보호하는 것이 상책이다.

時	日	月	年	70	60	50	40	30	20	10	
乙	戊	癸	丙	丙	丁	戊	己	庚	辛	壬	女
卯	申	巳	戌	戌	亥	子	丑	寅	卯	辰	命

본명은 무토(戊土)가 사(巳)월에 태어났는데 화토(火土)가 많으니 신왕(身旺)하며 재물복이 있다. 수(水)가 부족하나 능히 부유해질 수 있다. 금수(金水)운은 길하나 화토(火土)운은 흉하다. 방위는 서방과 북방은 이로우나 중앙과 남방은 불리하다. 직업은 금수(金水)와 관계있는 일이 좋다.

사람됨은 재관인(財官印)이 모두 투출(透出)했으니 두뇌가 명석하며 독서를 좋아하고 기질이 고결하다. 식신(食神)이 생재(生財)하니 근면하고, 역마(驛馬)가 있으니 생애가 분주하고, 일주(日主)

가 재성(財星)을 합(合)하니 사업심이 강하며 수전노이다. 남편성이 늦게 나타나니 혼인은 비교적 늦어지나 남편궁에 식신(食神)이 앉았으니 착하며 기댈만한 남편을 만난다. 자녀는 많지 않고 건강은 신장을 조심해야 한다. 인(寅)년을 만나면 항상 모든 일을 삼가하는 것이 좋다.

10~19세에는 모든 일이 순조롭다. 20~29세에는 평범하다. 30~39세에는 앞 5년은 좋은 편이나 뒤 5년은 아름답지 않다. 그러나 유년(流年)은 좋다. 40~49세에는 앞 5년은 평범하다. 50~59세에는 앞 5년은 길운은 아니나 지키면 좋고, 뒤 5년은 재성(財星)이 높이 비친다. 60~69세에는 길흉이 반반이다.

時	日	月	年		63	53	43	33	23	13	3	
戊	戊	庚	甲		丁	丙	乙	甲	癸	壬	辛	男
午	午	午	午		丑	子	亥	戌	酉	申	未	命

본명은 무토(戊土)가 오(午)월에 태어났는데 화토(火土)가 많으니 신왕(身旺)하다. 금수(金水)가 부족하니 금수(金水)운은 길하나 화토(火土)운은 흉하다. 방위는 서방과 북방은 이로우나 중앙과 남방은 불리하고, 행운의 색상은 백색과 물색이고, 직업은 직장생활을 하거나 금수(金水)와 관계있는 일이 좋다. 사람됨은 돈후하며 고집이 있고, 꿋꿋하며 기백이 있다. 천간(天干)에 삼기(三奇)가 있으니 머리가 나쁘지 않고 광명정대하며 계략을 꾸미지 않는다. 혼인은 늦게 하는데 자녀는 많지 않다.

33~34세에는 좋지 않다. 35~36세에는 재물을 잃거나 부부가 불목할 운이다. 37~38세에는 좋아진다. 39~40세에는 마음먹은 일이 순조롭고 재리가 있으며 수분을 많이 섭취하는 것이 좋다. 43~52세에는 비교적 안정적이며 발전할 수 있으나 43세에는 육친상을 당할 운이다. 자(子)년을 만나면 항상 혈광액을 조심해야 하고, 61세와 67세에는 평안할 수 있다. 건강은 신장과 위장을 조심하라.

時	日	月	年	62	52	42	32	22	12	2	
辛	戊	丁	丁	庚	辛	壬	癸	甲	乙	丙	男
酉	戌	未	丑	子	丑	寅	卯	辰	巳	午	命

본명은 무토(戊土)가 미(未)월에 태어났는데 토(土)가 많으니 신왕(身旺)하다. 수(水)가 부족하나 재물복이 있으니 운을 만나면 부유할 수 있다. 금수(金水)운은 길하나 화토(火土)운은 흉하다. 방위는 서방과 북방은 이로우나 중앙과 남방은 불리하다. 직업은 수(水)와 관계있는 일이 좋고, 수(水)와 관계있는 사물도 유리하다.

 사람됨은 괴강(魁罡)일생이 비겁(比劫)이 중하니 굳세며 정기와 기백이 있고 사소한 일에 구애받지 않는다. 상관(傷官)이 왕하니 욕망이 크고 쉽게 굴복하지 않으며 눈빛이 예리하다. 정인(正印)이 높이 투출(透出)했으니 책임감이 강하며 이지적이고 권세가 따른다. 재고(財庫)가 있으니 평생 의식이 풍족하다. 천을귀인(天乙貴人)이 있으니 상사의 신임을 받는다. 출생지는 시골이거나 앞뒤에 빈터가 있고, 오관이 청수하다. 만년에는 신장을 조심해야 한다.

2~11세에는 액이 많다. 12~21세에는 학업이 유리하다. 22~31세에는 힘이 따르지 않으니 마음이 번거롭다. 32~41세에는 상황이 점점 좋아진다. 42~51세에는 이익을 도모할 수 있는데 사업을 지키는 것이 좋다. 52~61세에는 재성(財星)이 높이 비치니 명성이 좋다. 62~71세에는 온건하며 기쁘다. 70세 이후에는 천수를 누린다.

時	日	月	年		63	53	43	33	23	13	3	
乙	戊	壬	甲		己	戊	丁	丙	乙	甲	癸	男
卯	寅	申	戌		卯	寅	丑	子	亥	戌	酉	命

본명은 무토(戊土)가 신(申)월에 태어났는데 금(金)이 토(土)를 설기(泄氣)하고 수목(水木)이 모두 왕하니 신약(身弱)하다. 화(火)가 부족하니 화토(火土)운은 길하나 금수목(金水木)운은 흉하다. 방위는 중앙과 남방은 이로우나 서방과 북방은 불리하다. 직업은 화토(火土)와 관계있는 일은 좋으나 금수(金水)와 관계있는 일은 좋지 않다.

사람됨은 관살(官殺)이 혼잡하여 신(身)을 극(剋)하니 근면하나 성급하며 화를 잘 낸다. 편재(偏財)가 노출되었으니 정을 중히 여기고 활달하며 호쾌하다. 시지(時支)에 함지(咸地)가 돌아오니 평생 풍정과 부침이 많고 때로는 소인배가 되고, 마음은 좋으나 욕을 먹기도 한다. 월지(月支)에 역마(驛馬)가 있으니 분주하다.

일지(日支)에 칠살(七殺)이 있으니 아내가 굳세고, 인신충(寅申沖)이 있으니 아내에게 불리하거나 아내와 의견이 맞지 않는다. 년간(年干)에 칠살(七殺)이 있는데 묘(卯)시에 태어났으니 장자이거나 장자의 권세를 쥔다. 월지(月支)에 식신(食神)이 있으니 식사량이 크다. 평생 소인배로 인한 재물소모·보증·담보·금전거래를 조심하는 것이 좋으니 절대 돈을 빌려주거나 보증을 서거나 담보를 잡히는 일은 하지 말아야 한다.

3~12세에는 견디기 어렵다. 13~22세에는 앞 5년은 학업이 이롭지 않고, 뒤 5년은 점점 순조로워진다. 22~23세에는 홍란성(紅鸞星)이 움직인다. 53~56세에는 반드시 전환의 기회가 있다. 71세에는 몸을 조심해야 한다. 23~32세에는 뜻이 있어도 펴기 어렵다. 33~42세에는 전환할 기회가 있으며 모든 일이 이롭다. 43~52세에는 앞 5년은 길하나 뒤 5년은 어긋남과 부침이 많다. 53~62세에는 이전의 운보다 좋아진다. 63~72세에는 살(殺)을 합(合)하니 좋아진다.

時	日	月	年		67	57	47	37	27	17	7	
壬	戊	己	壬		丙	乙	甲	癸	壬	辛	庚	男
子	寅	酉	午		辰	卯	寅	丑	子	亥	戌	命

본명은 무토(戊土)가 유(酉)월에 태어났는데 금수(金水)가 많고 화(火)가 부족하니 신약(身弱)하다. 따라서 화토(火土)운은 길하나 금수목(金水木)운은 흉하다. 방위는 중앙과 남방은 이로우나 서방과 북방과 동방은 불리하다. 직업은 화토(火土)와 관계있는 일이나 부동산이 좋다.

사람됨은 월지(月支)의 상관(傷官)이 재성(財星)을 생(生)하니 문무를 겸하고, 재주와 지모가 뛰어나고, 담력은 크나 마음이 약하고, 용감하며 기개가 높다. 편재(偏財)가 왕하니 담박하며 활달하고 호쾌하다. 다정하며 외연이 좋은 편이다. 용신(用神)이 년지(年支)에 있으니 조상덕이 있고, 일지(日支)에 살(殺)이 있으니 아내의 성격이 강하고, 신(申)이 아내궁을 충(沖)하니 때로는 부부가 충돌한다. 여자연이 좋으나 신약(身弱)하니 첩을 둘 명은 아니다.

7~16세에는 삼합(三合) 화국(火局)을 이루니 길하다. 17~26세에는 평범하다. 27~36세에는 재성(財星)운이니 바쁠 운세이나 큰 이익은 없고, 오화(午火)를 충(沖)하니 일이 뜻대로 되지 않는다. 37~46세에는 좋다고 보기 어렵다. 44세에는 자축(子丑)으로 정재(正財)를 합(合)하니 부부가 처음처럼 화목해진다. 47~56세에는 명리를 이루며 명성이 매우 좋다. 57~66세에는 명예가 좋고 도화국(桃花局)을 이룬다. 67~76세에는 형편이 더 좋아진다.

時	日	月	年	60	50	40	30	20	10	
丙	戊	甲	甲	庚	己	戊	丁	丙	乙	男
辰	寅	戌	子	辰	卯	寅	丑	子	亥	命

본명은 무토(戊土)가 술(戌)월에 태어났는데 수목(水木)이 많으니 신약(身弱)한 편이다. 화(火)가 부족하니 화토(火土)운은 길하나 금수목(金水木)운은 흉하다. 방위는 중앙과 남방은 이로우나 서방과 북방은 불리하다. 직업은 교육계나 벼슬길 또는 화토(火土)와 관계있는 일이 좋은데 운을 만나면 명리를 모두 이룬다.

사람됨은 무(戊)일생이니 침착하고, 사주가 모두 양(陽)이니 똑똑하며 밝다. 살인(殺印)이 상생(相生)하니 믿음을 중히 여기고, 편인(偏印)이 투출(透出)했으니 책임감이 강하다. 살왕(殺旺)하여 신(身)을 치니 고향을 떠나 사업을 하고, 역마(驛馬)가 있으니 생애가 분주하고, 용신(用神)이 천월덕(天月德)을 모두 만났으니 곤란한 가운데 귀인의 도움을 받는다. 태어난 곳은 주위에 수목이나 빈터가 있다. 혼인은 정재(正財)가 년지(年支)에 있으니 일찍 한다. 혼기는 25~26세가 좋은데 성격이 굳센 아내를 만난다. 59세에는 모든 일을 삼가하는 것이 좋다.

時	日	月	年	63	53	43	33	23	13	3	
壬	戊	己	辛	壬	癸	甲	乙	丙	丁	戊	男
子	午	亥	卯	辰	巳	午	未	申	酉	戌	命

본명은 무토(戊土)가 해(亥)월에 태어났는데 금수(金水)가 많고 토(土)가 부족하니 신약(身弱)하다. 화토(火土)운은 길하나 수목(水木)운은 흉하다. 방위는 중앙과 남방은 이로우나 동방과 북방은 불리하다. 행운의 색상은 적색과 황색이다. 직업은 기술업·가공업·상업이 좋은데 화토(火土)와 관계있는 일이 좋다. 사람됨은 활달·호쾌·담박·다정하며 품위가 있다. 승부욕이 강하며 굴복하지 않으나 화를 잘 낸다. 외연과 여자연이 모두 좋고 벗을 널리 사귄다. 혼인은 일찍 하면 2번할 염려가 있으니 늦게 하는 것이 좋다. 35세에는 좋지 않으니 시비를 조심해야 한다. 38~52세에는 근면하

면 발전할 수 있다. 39세에는 충(沖)이 있으니 파재와 불안을 방비하라. 40세에는 실물수가 있고, 벗을 사귈 때는 조심해야 하고, 아내의 도움을 받을 수 있으나 부부가 서로 인내해야 한다. 42~43세에는 지키는 것이 좋다. 건강은 심장과 혈액순환계를 조심하라.

時	日	月	年		70	60	50	40	30	20	10	
甲	戊	壬	丁		乙	丙	丁	戊	己	庚	辛	男
寅	寅	子	酉		巳	午	未	申	酉	戌	亥	命

본명은 무토(戊土)가 자(子)월에 태어났는데 수목(水木)이 많고 화(火)가 부족하니 신약(身弱)하다. 따라서 화토(火土)운은 길하나 수목(水木)운은 흉하다. 방위는 중앙과 남방은 이로우나 동방과 북방은 불리하고, 직업은 화토(火土)와 관계있는 일이 좋다.

사람됨은 상관(傷官)이 생재(生財)하니 영리하고, 금수(金水)가 왕하니 다정하며 품위가 있고, 살왕(殺旺)하니 근면하나 성급하며 화를 잘 내고, 평생 외상을 조심해야 한다. 편재(偏財)가 노출되었으니 외연이 좋다. 조상의 업이 있고 아내의 성격이 강하다. 노년에는 심장과 위장을 조심하라.

10~29세는 문성운(文星運)이니 학문에 유리하며 도모하는 일이 길하다. 27세에는 홍란성(紅鸞星)이 동한다. 30~39세에는 살(殺)이 합(合)하니 운기가 통하는 편이다. 40~49세에는 형편이 점점 좋아지나 몸이 불편하며 부부가 반목할 수 있다. 50~59세에는 좋은 일이 많아진다. 60~69세에는 대기만성하며 형통하다.

時	日	月	年		65	55	45	35	25	15	5		
戊	戊	乙	癸		戊	己	庚	辛	壬	癸	甲		男
午	午	丑	丑		午	未	申	酉	戌	亥	子		命

본명은 무토(戊土)가 축(丑)월에 태어났는데 화토(火土)가 많으니 신왕(身旺)하다. 금수목(金水木)운은 길하나 화토(火土)운은 흉하다. 방위는 서방과 북방과 동방은 이로우나 중앙과 남방은 불리하고, 행운의 색상은 청색이다. 직업은 재관인(財官印)이 모두 있으니 공직이나 금수목(金水木)과 관계있는 일이 좋다. 사람됨은 사주에 토(土)가 많으니 돈후하고 잘 변하지 않으며 꿋꿋하고, 고집이 있으며 믿음이 중하다. 조상덕이 있고, 아내가 군세며 아내의 도움을 받는다. 혼기는 26세가 좋은데 양띠와는 짝하지 마라.

5~14세에는 행복하다. 15~24세에는 나쁘지 않으나 16~17세에는 학문에 관심이 없을 수 있으니 반드시 독촉하고, 18~19세에는 지혜가 열려 학문에 유리하다. 20~21세에는 순조롭다. 25~34세에는 앞 5년은 좋으나 뒤 5년은 흉하다. 35~44세에는 순조롭고 뜻한 바를 이룬다. 55~64세에는 유지하는 것이 좋으니 이익을 도모하지 마라. 65~74세에는 수양하면 천수를 누릴 수 있다. 만년의 건강은 신장을 조심하라.

6장. 기토(己土) 일주(日主)

時	日	月	年	67	57	47	37	27	17	7	
壬	己	辛	丙	甲	乙	丙	丁	戊	己	庚	女
申	丑	卯	申	申	酉	戌	亥	子	丑	寅	命

본명은 기토(己土)가 묘(卯)월에 태어났는데 금수(金水)가 많으니 신약(身弱)하다. 화토(火土)운은 길하나 금수(金水)운은 흉하다. 방위는 중앙과 남방은 이로우나 서방과 북방은 불리하고, 행운의 색상은 적색이다. 직업은 상관(傷官)이 생재(生財)하니 상업이 좋은데 화토(火土)와 관계있는 일이 적합하다.

사람됨은 점잖으며 반응이 좋고, 근면하며 자비심이 있다. 육수(六秀)가 있으니 한 가지 특기가 있고, 계획과 구상이 많다. 식록이 있으나 평생 나가는 것이 많고 피로해지기 쉽다. 남편은 의지할 수 있고, 1남 1녀를 둔다. 평생 소인배의 질투를 조심하라.

7~16세에는 평범하고, 17~26세에는 학문에 유리하다. 27~36세에는 도모하는 일이 좋은 편이다. 29세에는 홍란성(紅鸞星)이 동하고, 33~35세에는 매우 좋다. 36세에는 부부가 많이 인내하고, 37~38세에는 매우 바빠지나 재리는 좋지 않으니 창업은 좋지 않고 유지하는 것이 좋다. 인묘유(寅卯酉)월에는 항상 모든 일을 조심해야 한다. 37~46세에는 길흉이 반반이니 아름다운 가운데 부족함이 있다. 47~56세에는 필생의 기회이며 매우 길하니 도모해도 좋다. 57~66세에는 평범하며 신변의 안전을 지키는 것이 상책이다. 67~76세에는 천수를 누린다. 만년의 건강은 심장과 신경쇠약을 조심하라.

時	日	月	年	64	54	44	34	24	14	4	
庚	己	壬	丙	己	戊	丁	丙	乙	甲	癸	男
午	巳	辰	戌	亥	戌	酉	申	未	午	巳	命

본명은 기토(己土)가 진(辰)월에 태어났는데 화토(火土)가 많고 수(水)가 부족하니 신왕(身旺)하다. 금수(金水)운은 길하나 화토(火土)운은 흉하다. 방위는 서방과 북방은 이로우나 중앙과 남방은 불리하고, 행운의 색상은 흑색과 백색이다. 직업은 기술이나 가공업이 좋은데 금수(金水)와 관계있는 일이 적합하다.

사람됨은 중후하며 의기가 있고 쉽게 굴복하지 않는다. 강인하며 근면하고 반응이 좋다. 출생지는 시골이고, 조상과 인연이 없고, 고향을 떠난다. 부모와 화목하지 않으나 아내의 내조를 받는다. 평소 물은 유리하나 불은 멀리 하고, 평생 남의 장례식을 보지마라.

35~39세에는 재리가 좋으나 41~43세에는 파재나 몸이 편하지 않고 범사에 방해가 많다. 건강은 신장과 위장을 조심하라. 47~48세에는 반드시 기회가 생기며 이익이 있으니 도모해도 좋다.

時	日	月	年	67	57	47	37	27	17	7	
癸	己	辛	乙	甲	乙	丙	丁	戊	己	庚	男
酉	卯	巳	巳	戌	亥	子	丑	寅	卯	辰	命

본명은 기토(己土)가 사(巳)월에 태어났는데 화토(火土)는 왕하나 수(水)가 부족하니 신왕(身旺)하다. 금수(金水)운은 길하나 화토(火土)운은 흉하다. 방위는 서방과 북방은 이로우나 중앙과 남방은 불리하다. 직업은 상업이 좋은데 금수(金水)와 관계있는 일이 좋다. 사람됨은 식신(食神)이 제살(制殺)하니 기백이 있고, 천원살(天元殺)이 있으니 영리하나 성급하고, 역마(驛馬)가 2개 있으니 활동적이며 분주하고, 편재(偏財)가 노출되었으니 재물보다 의리를 중히 여기고, 식신(食神)이 생재(生財)하니 반응이 좋으며 외연과 여자연이 모두 좋다. 고향을 떠날 명이고, 부부는 서로 이해하며 참아야 하고, 자녀는 용신(用神)이 시주(時柱)에 있으니 좋다. 혼기는 28세가 좋은데 금수(金水)가 왕성한 사람과 좋다. 수(水)가 부족하니 주량이 크고, 노년에는 신장을 조심하라.

7~16세에는 문장이 좋아지며 매우 길하다. 17~26세에는 용신(用神)을 충극(沖剋)하니 불길하다. 27~36세에는 직장생활을 하는 것이 좋다. 37~46세에는 재성(財星)이 높이 비치니 풍경이 더 좋아진

다. 47~56세에는 앞 5년은 막힘이 있으나 뒤 5년은 경영이 이롭다. 57~66세에는 평범하다.

時	日	月	年	70	60	50	40	30	20	10	
己	己	丙	壬	癸	壬	辛	庚	己	戊	丁	男
巳	卯	午	寅	丑	子	亥	戌	酉	申	未	命

　본명은 기토(己土)가 오(午)월에 태어났는데 화토(火土)가 많으니 신왕(身旺)하다. 수(水)가 부족하니 금수(金水)운은 길하나 화토(火土)운은 흉하다. 방위는 북방이 길하고, 색상은 청색이 길하다. 직업은 직장생활을 하다가 창업하는 것이 좋은데 금수(金水)와 관계있는 일이 좋다.

　사람됨은 재관인(財官印)이 모두 있으니 고결하며 정기가 높고, 신용을 중시하며 책임감이 있고, 범사에 조심하고 권력이 따른다. 총명하며 지도력이 있고, 외향적이며 고집이 세고, 일을 할 때 기교를 부릴 줄 안다. 녹(祿)이 있으니 평생 배려를 많이 받고, 역마(驛馬)가 있으니 생애가 분주하다. 혼기는 30세가 가장 좋고, 아내는 성격이 강하나 부부간에 화합한다. 태어나는 날 태양이 높이 비추었고, 건강은 신장을 조심해야 한다.

　10~19세에는 건강이 좋지 않아 학업에 영향을 준다. 20~29세에는 욕망이 높으나 재물운은 평범하다. 26~27세에는 홍란성(紅鸞星)이 움직인다. 30~39세에는 재물운이 평범하며 부부가 반목할 수 있으니 조심해야 한다. 40~49세에는 점점 좋아지며 재물운이 좋다.

50~59세에는 재성(財星)이 높이 비치니 아름다운 일이 더 많아진다. 재물운은 중년까지는 평범하나 50세 이후에는 매우 좋아져 부자가 되기는 어렵지 않다.

時	日	月	年	62	52	42	32	22	12	2	
丙	己	甲	庚	辛	庚	己	戊	丁	丙	乙	男
寅	丑	申	戌	卯	寅	丑	子	亥	戌	酉	命

본명은 기토(己土)가 토(土)는 약하고 금(金)은 왕한 신(申)월에 태어났는데 금목(金木)이 많으니 신약(身弱)한 편이다. 화(火)가 부족하니 화토(火土)운은 길하나 금수(金水)운은 흉하다. 방위는 동방과 남방은 이로우나 서방과 북방은 불리하다. 직업은 화토(火土)와 관계있는 일이 좋고, 상관패인(傷官佩印)이 있으니 군인이나 벼슬길도 좋다.

사람됨은 기토(己土)일생이니 충후하고, 상관(傷官)이 관성(官星)을 극(剋)하니 콧대가 세며 완강하다. 정인(正印)이 높이 투출(透出)했으니 책임감이 있고 권력이 따른다. 관인(官印)이 상생(相生)하니 대중의 기대를 얻으나 가족과 인연이 없을 우려가 있다. 월지(月支)에 역마(驛馬)가 있으니 분주하며 활동적이고, 녹(祿)이 있으니 배려를 많이 받는다. 일주(日柱)에 육수(六秀)가 있으니 한 가지 특기가 있으나 평생 구설이나 시비를 조심해야 한다. 용신(用神)이 시주(時柱)에 있으니 말재주가 좋다. 혼기는 27세나 33세가 좋고, 평생 여자 귀인을 많이 만난다.

2~11세에는 좋지 않으나 12~21세에는 학문에 이롭다. 22~31세에는 일을 도모함에 좋다. 32~41세에는 무(戊)운은 매우 좋고, 자(子)운도 기신(忌神)이 희신(喜神)이 되니 좋다. 42~51세에는 좋은 운이고, 52~61세에는 평범하다. 62~71세에는 병화(丙火) 용신(用神)을 합(合)하여 좋지 않으니 사업은 지키는 것이 좋다.

時	日	月	年	68	58	48	38	28	18	8	
癸	己	癸	己	庚	己	戊	丁	丙	乙	甲	男
酉	酉	酉	酉	辰	卯	寅	丑	子	亥	戌	命

본명은 기토(己土)가 유(酉)월에 태어났는데 금수(金水)가 왕하니 종아격(從兒格)이다. 금수(金水)운은 길하나 목화(木火)운은 흉하다. 방위는 서방과 북방은 이로우나 동방과 남방은 불리하고, 직업은 문학이나 예술계통이 길하다.

사람됨은 사주가 모두 음(陰)이니 침착하며 과단성이 있고 꿋꿋하다. 타고난 재능이 뛰어나며 우러름을 받고 외연이 매우 좋다. 뜻이 있으면 이루어지니 명리를 모두 이룬다. 혼기는 26세나 30세가 좋고, 부부간에 서로 이해하며 참아야 한다. 재앙은 적은 편이나 작은 질병은 면하기 어렵다. 묘(卯)년을 만나면 항상 모든 일을 삼가하는 것이 좋은데 특히 혈광액을 조심해야 한다. 체격이 작고 귀여우며, 출생지는 가까이에 철공장이나 금속류 점포가 많은 편이다.

8~17세에는 평범하다. 18~27세에는 도모하는 일이 길하다. 28~37세 에는 온건하며 기쁘다. 19세와 31세에는 혈광액을 조심해야 한

다. 38~47세에는 순조롭다. 48~57세에는 무(戊)운은 파란곡절이 많으나 인(寅)운은 평범하다. 58~67세에는 여전히 운기가 통하나 건강을 조심해야 한다.

時	日	月	年	65	55	45	35	25	15	5	
壬	己	戊	丙	乙	甲	癸	壬	辛	庚	己	男
申	未	戌	午	巳	辰	卯	寅	丑	子	亥	命

본명은 기토(己土)가 술(戌)월에 태어났는데 화토(火土)가 많으니 신왕(身旺)하다. 수(水)가 부족하니 금수(金水)운은 길하나 화토(火土)운은 흉하다. 방위는 서방과 북방은 이로우나 중앙과 남방은 불리하다. 행운의 색상은 백색이고, 직업은 금수(金水)와 관계있는 일이 좋다.

사람됨은 돈후하며 신용을 중시하고, 강인하며 의지가 굳다. 널리 벗을 사귀는 것을 좋아하나 육친연과 조상덕은 많지 않다. 어머니는 자상하며 어질고, 아내의 도움을 받으나 때로는 충돌하고, 자녀는 길하며 한 가지 특기가 있다. 평생 금전거래·담보·보증 등은 삼가하는 것이 좋고, 건강은 위장과 신장을 조심하라.

혼기는 빠르면 임신(壬申)년이 좋고, 늦으면 28세인 계유(癸酉)년이 좋다. 15~24세에는 집에 변화가 있다. 27~28세에는 재산을 모으는데 현금을 두는 것은 좋지 않다. 30~34세에는 건강이나 부부간의 마찰을 조심해야 한다. 25~29세, 35~39세, 45~49세에는 비교적 안정된다.

時	日	月	年	67	57	47	37	27	17	7	
己	己	丁	乙	庚	辛	壬	癸	甲	乙	丙	男
巳	丑	亥	未	辰	巳	午	未	申	酉	戌	命

　본명은 기토(己土)가 해(亥)월에 태어났는데 수목(水木)이 많으니 신약(身弱)하다. 화(火)가 부족하니 화토(火土)운은 길하나 수목(水木)운은 흉하다. 방위는 중앙과 남방은 이로우나 동방과 북방은 불리하고, 행운의 색상은 적색과 황색이다. 직업은 직장생활을 하다가 창업하는 것이 좋은데 화토(火土)와 관계있는 일이 좋다.

　사람됨은 음유하며 침착하고 말에 믿음이 있다. 육수(六秀)가 있으니 분주하며 파란이 있고, 고향을 떠나며 한 가지 재능이 있다. 혼인은 늦게 하는 것이 좋은데 35세나 38세에 하면 1남을 두며 자녀성이 길하다. 귀인(貴人)이 있으니 곤란한 가운데 귀인의 도움을 받는다. 42~46세에는 부부가 서로 참아야 하고, 47~56세에는 매우 아름답고 부유하다. 만년의 건강은 위장과 심장을 조심하라.

時	日	月	年	68	58	48	38	28	18	8	
辛	己	庚	丙	癸	甲	乙	丙	丁	戊	己	女
未	巳	子	申	巳	午	未	申	酉	戌	亥	命

　본명은 기토(己土)가 몹시 추운 자(子)월에 태어났는데 금(金)이 많아 수(水)를 생(生)하여 추위를 보태니 신약(身弱)하다. 그러나 병화(丙火) 용신(用神)이 사미(巳未)에 통근(通根)하여 힘이 있고,

격국(格局)이 속되지 않으니 운을 만나면 부유해진다. 화(火)가 부족하니 화토(火土)운은 길하나 금수(金水)운은 흉하고, 천간(天干)의 목(木)은 무방하다. 방위는 중앙과 남방은 이로우나 서방과 북방은 불리하다.

사람됨은 기(己)일생이니 굳세며 쉽게 굴복하지 않는다. 왕한 식상(食傷)이 재성(財星)을 생(生)하니 반응이 좋고 유능하며 근면하다. 정인(正印)이 높이 투출(透出)했으니 이지적이며 권력이 따른다. 천을(天乙)·천덕(天德)·오록(午祿)이 있으니 곤란한 가운데 귀인의 도움을 받는다. 남편궁에 용신(用神)과 천덕(天德)이 있으니 남편은 기댈만하다. 시지(時支)에 미토(未土)가 있으니 반드시 자녀성이 좋다. 평소에는 위장과 시비구설을 조심하라.

8~17세에는 학업과 몸이 순조롭지 않다. 18~27세에는 신(身)을 돕는 운이니 도모하는 일이 길하다. 28~37세에는 앞 5년은 좋으나 뒤 5년은 좋다고 보기 어렵다. 38~47세에는 앞 5년은 좋으나 뒤 5년은 도모해도 이루기 어렵다. 48~57세에는 운이 바뀌어 걸음마다 봄바람이 분다. 58~67세에는 매우 아름다우며 재산을 모으는 일이 어렵지 않다. 68~77세에는 건강을 조심하는 것이 중요하다.

時	日	月	年	73	63	53	43	33	23	13	3	
乙	己	癸	丁		乙	丙	丁	戊	己	庚	辛	壬	男
丑	酉	丑	酉		巳	午	未	申	酉	戌	亥	子	命

본명은 기토(己土)가 축(丑)월에 태어났는데 금수(金水)가 많으니

신약(身弱)하다. 화(火)가 부족하니 화토(火土)운은 길하나 금수(金水)운은 흉하다. 방위는 중앙과 남방은 이로우나 서방과 북방은 불리하고, 행운의 색상은 적색과 황색이다. 직업은 화토(火土)와 관계있는 일이 좋다.

사람됨은 음유하며 침착하고, 세심하며 담박하고, 호쾌하며 의협심이 있다. 그러나 성급하며 보수적이고 화를 잘 낸다. 외연이 좋고 식록이 있으며 마음이 넓은 아내를 만나나 피로해지기 쉽다. 물 가까이에 함부로 가지 말고, 물과 관계있는 일은 하지마라. 건강은 위장·심장·혈액순환 계통을 조심하라.

어릴 때는 건강이 좋지 않다. 23~27세에는 뜻이 있어도 펴기 어렵고 노력해도 공이 없다. 29~33세에는 평범하다. 36~37세에는 지키는 것이 중요하니 사업을 확장하지 마라. 43~47세와 53세 이후에는 비교적 좋으며 늦복이 끝이 없다.

7장. 경금(庚金) 일주(日主)

時	日	月	年		62	52	42	32	22	12	2	
丁	庚	戊	乙		辛	壬	癸	甲	乙	丙	丁	男
丑	子	寅	未		未	申	酉	戌	亥	子	丑	命

본명은 경금(庚金)이 인(寅)월에 태어났는데 수목(水木)이 많으니
신약(身弱)하다. 토금(土金)운은 길하나 수목(水木)운은 흉하다. 방
위는 중앙과 서방은 이로우나 동방과 북방은 불리하고, 행운의 색
상은 백색과 황색이다. 직업은 재관인(財官印)이 모두 있으니 상업
이 좋고 공직도 좋다. 먼저 직장생활을 하다가 창업하는 것이 좋은
데 토금(土金)과 관계있는 일이 좋다.

사람됨은 재관인(財官印)이 모두 있으니 기개가 비범하며 매우
총명하고, 기획력이 뛰어나며 여자연과 외연이 모두 좋다. 2가지 직
업을 가질 수도 있고, 역마(驛馬)가 있으니 평생 분주하다. 타향에

서 연애결혼하는데 용모가 수려한 아내를 만나 딸을 먼저 낳는다. 처자와 모두 화합하며 만년이 행복하며 순조로우나 심장을 조심해야 한다.

2~21세에는 평범하다. 22~31세에는 힘이 따르지 않으니 뜻이 있어도 펴기 어렵다. 32~41세에는 앞 5년은 바쁘고 뒤 5년은 길하다. 42~61세까지 20년은 매우 아름다우며 뜻을 이룬다. 62~71세에는 늦복을 무궁하게 누린다.

時	日	月	年	67	57	47	37	27	17	7	
丙	庚	丁	己	甲	癸	壬	辛	庚	己	戊	女
子	子	卯	亥	戌	酉	申	未	午	巳	辰	命

본명은 경금(庚金)이 묘(卯)월에 태어났는데 목화(木火)가 많으니 신약(身弱)하다. 토(土)가 부족하니 토금(土金)운은 길하나 목화(木火)운은 흉하다. 방위는 중앙과 서방은 이로우나 동방과 남방은 불리하고, 행운의 색상은 백색과 황색이다. 직업은 공무원이나 토금(土金)과 관계있는 일이 좋다. 평생의 운은 평범하나 몸이 약하니 보신해야 한다.

사람됨은 재관인(財官印)이 모두 있으니 총명하며 지식욕이 강하고, 감정이 풍부하며 책임감이 있다. 혼인은 28~29세에 홍란성(紅鸞星)이 움직이나 33세 신미(辛未)년에 한다. 30세에는 좋은 편이고, 31세에는 태세(太歲)를 충(沖)하니 반드시 한 번은 실패한다. 32세에는 좋지 않은데 특히 묘사오유(卯巳午酉)월에는 시비가 있거나 몸이 편하지 않을 수 있으니 조심해야 한다. 33~34세에는 순조롭고 길하다. 35세에는 육친상을 당할 수 있고, 모든 일을 삼가하는 것이 좋다. 건강은 폐를 조심해야 한다.

時	日	月	年	71	61	51	41	31	21	11	
戊	庚	壬	丙	己	戊	丁	丙	乙	甲	癸	男
寅	戌	辰	戌	亥	戌	酉	申	未	午	巳	命

본명은 경금(庚金)이 진(辰)월에 태어났는데 토금(土金)이 많으니 신왕(身旺)하다. 목화(木火)운은 길하나 토금(土金)운은 흉하다. 방위는 동방과 남방은 이로우나 중앙과 서방은 불리하고, 행운의 색상은 청색과 적색이다. 직업은 목화(木火)와 관계있는 일이 좋고, 운을 만나면 명리를 모두 이룰 수 있다.

사람됨은 총명하며 밝고, 의기와 지도력이 있고, 세심하며 유능하고, 노련하며 기백이 있다. 그러나 버릇이 나쁘며 통제받는 것을 싫어한다. 시골출생이거나 조상집 앞뒤에 빈터가 있고 고향을 떠난다. 식록이 있고 소년에 뜻을 이룬다. 혼인은 임신한 후에 하고, 아내궁이 충(沖)되었으니 파란곡절이 많고, 여러 번 혼인할 수도 있으나 자녀는 길하다. 만년의 건강은 위장과 신장을 조심해야 한다.

11~20세에는 학업에 이롭다. 21~40세에는 목화(木火)운이니 아름답다. 41~50세에는 앞 5년은 뜻을 이루나 뒤 5년은 겸손해야 한다. 51~60세에는 반드시 기회가 있으니 범사를 강구하지 마라. 61~70세에는 지키는 것이 중요하다. 71~80세에는 마땅히 천수를 누린다.

時	日	月	年		66	56	46	36	26	16	6	
丙	庚	丁	癸		甲	癸	壬	辛	庚	己	戊	女
子	戌	巳	亥		子	亥	戌	酉	申	未	午	命

본명은 경금(庚金)이 사(巳)월에 태어났는데 화(火)가 많으니 금(金)을 극(剋)하므로 수(水)로 화(火)를 제(制)해야 한다. 금(金)이 수(水)를 생(生)하고 신(身)을 도와야 기뻐하므로 금수(金水)운은 길하나 목화(木火)운은 흉하다. 방위는 서방과 북방은 이로우나 동방과 남방은 불리하다. 직업은 예술이나 금수(金水)와 관계있는 일이 좋다.

사람됨은 일주(日柱)에 괴강(魁罡)이 있으니 천성이 굳세고, 식신(食神)이 제살(制殺)하니 기백이 있고, 월지(月支)에 역마(驛馬)가 있으니 분주하며 활달하고 외연이 좋다. 일주(日柱)에 월덕(月德)이 있으니 흉을 만나도 풀리고, 희용신(喜用神)이 년주(年柱)에 모여 있으니 조상의 땅이 있다. 배우자는 금수(金水)가 많은 사람이 가장 좋고, 20세 임오(壬午)년에는 정임(丁壬)으로 정관(正官)을 합(合)하고 오술(午戌)로 남편궁을 합(合)하는 홍염(紅艶)의 해이니 혼인할 조짐이 보인다. 자녀는 2남을 두는데 현달한다.

6~15세에는 학업을 독촉해야 한다. 6세~7세에는 불을 가까이 하지 말고 넘어지는 것을 조심하며 건강에 신경써야 한다. 10~11세에는 편안해진다. 16~25세에는 순조롭지 않으니 의지가 굳세야 학업을 이룬다. 26~50세에는 필생의 기회를 만나 명리를 이루는데 화(火)년에는 겸손해야 한다. 36~45세에는 갈수록 좋아지고, 37세

에는 원행하지 말며 밖에 나갈 때는 조심해야 한다. 56~60세에는
평범하다. 61세에는 넘어지는 것을 조심하고, 해(亥)년에는 항상 외
출할 때 조심해야 한다. 66~75세에는 남의 일에 관여하지 않으면
여생을 누린다. 노년에는 폐를 조심해야 한다.

時	日	月	年		68	58	48	38	28	18	8		
辛	庚	丙	丁		己	庚	辛	壬	癸	甲	乙		男
巳	午	午	酉		亥	子	丑	寅	卯	辰	巳		命

본명은 경금(庚金)이 오(午)월에 태어났는데 화(火)가 많으니 신
약(身弱)하다. 토금수(土金水)운은 길하나 목화(木火)운은 흉하다.
방위는 중앙과 서방은 이로우나 동방과 남방은 불리하고, 행운의
색상은 황색과 백색이다. 직업은 기예나 봉급생활이나 토금수(土金
水)와 관계있는 일이 좋다.
  사람됨은 보수적이며 소심하고, 성급하며 화를 잘 내고, 육감이 예
민하며 법을 준수한다. 평생 고생하는 편이며 소인배가 되기 쉽거
나 상처를 입기 쉽고 신체가 건강하지 않다. 태어나는 날 태양이
높이 비쳤고, 불·전기시설·부엌이 가까운 곳에서 태어났다. 조상
연이 박하며 고향을 떠나고 수술을 하게 된다. 늦게 연애결혼하는
데 수려하며 현숙한 아내를 만나 자녀는 많지 않다. 평생 불을 조
심하며 만년에는 신장과 기관지를 조심하라.
  8~17세에는 평범하고, 18~27세에는 의지가 있어야 학문을 추구할
수 있다. 28~37세에는 길흉이 반반이니 수고해도 큰 공이 없다.

38~47세에는 앞 5년은 좋으나 뒤 5년은 나쁜 편이다. 48~57세에는 비교적 안정되며 순조롭다. 58~67세에는 근면하면 이익이 있고 건강을 조심해야 한다. 68~77세에는 선행을 많이 하면 여생을 편안하게 보낼 수 있다.

時	日	月	年	73	63	53	43	33	23	13	3	
己	庚	丁	辛	己	庚	辛	壬	癸	甲	乙	丙	男
卯	戌	酉	丑	丑	寅	卯	辰	巳	午	未	申	命

본명은 경금(庚金)이 유(酉)월에 태어났는데 토금(土金)이 많으니 신왕(身旺)하다. 화(火)가 부족하니 목화(木火)운은 길하나 토금수(土金水)운은 흉하다. 방위는 동방과 남방은 이로우나 서방과 북방은 불리하고, 행운의 색상은 청색과 적색이다. 직업은 공직이나 민의를 대표하는 일 또는 목화(木火)와 관계있는 일이 좋다. 이익보다 명예가 큰 명이다.

사람됨은 재관인(財官印)이 모두 있으니 광명정대하며 고상하다. 굳세며 돈을 당당하게 쓰고 의를 중시한다. 인연이 좋은 편이며 벗을 널리 사귀나 육친연은 박하며 수술이 따른다. 혼인은 31~32세에는 반드시 하는데 연애결혼하며, 부부가 잘 맞고 아내의 내조를 받는다.

26~27세에는 명성이 좋고, 28~29세에는 영전하거나 창업한다. 30~31세에는 인연을 널리 맺는다. 32~33세에는 사업을 지키는 것이 좋다. 34~37세에는 반드시 기회가 온다. 건강은 간을 조심하라.

時	日	月	年		67	57	47	37	27	17	7	
壬	庚	丙	乙		癸	壬	辛	庚	己	戊	丁	女
午	戌	戌	巳		巳	辰	卯	寅	丑	子	亥	命

 본명은 경금(庚金)이 술(戌)월에 태어났는데 목화(木火)가 많으니 신약(身弱)하다. 수(水)가 부족하니 금수(金水)운은 길하나 목화(木火)운은 흉하다. 방위는 서방과 북방은 이로우나 동방과 남방은 불리하고, 행운의 색상은 백색과 물색이다. 직업은 예술방면이나 금수(金水)와 관계있는 일이 좋다.

 사람됨은 괴강(魁罡)일생이니 천성이 굳세며 기백이 있고, 수려하며 세심하고, 감정이 풍부하나 결벽증이 있다. 식록이 있으나 평생 수고하는 편이다. 조혼할 명이며 부부가 잘 맞는다. 22~24세에는 불리하나 26~27세에는 점점 좋아지고, 28~29세에는 길하며 순조롭다. 재물운은 37~39세, 47~49세, 57~59세가 가장 좋다. 월경불순을 예방하고 만년에는 신장을 조심해야 된다.

時	日	月	年		63	53	43	33	23	13	3	
乙	庚	乙	己		戊	己	庚	辛	壬	癸	甲	男
酉	子	亥	亥		辰	巳	午	未	申	酉	戌	命

 본명은 경금(庚金)이 해(亥)월에 태어났는데 수목(水木)이 많으니 신약(身弱)하다. 토(土)가 부족하니 토금(土金)운은 길하나 수목(水木)운은 흉하다. 방위는 중앙과 서방은 이로우나 동방과 북방은

불리하고, 행운의 색상은 황색과 백색이다. 직업은 직장생활을 하다가 창업하는 것이 좋은데 토금(土金)과 관계있는 일이 좋다.

사람됨은 금수(金水) 상관(傷官)이 있으니 총명하며 다정하고 품위가 있다. 물 가까운 곳에서 태어났으며 평생 물과 인연이 있다. 연애결혼하는데 늦게 하는 것이 좋고, 수려하며 유능한 아내를 만난다. 자녀는 많지 않으나 자녀성이 좋다. 여자연이 좋으나 평생 재물과 여색으로 인한 분쟁을 조심해야 하고, 수술을 조심해야 한다.

33~47세에는 점점 안정된다. 37세에는 좋지 않은데 특히 사신해(巳申亥)월에 뜻밖의 사고를 당할 수 있다. 48~52세에는 부부가 많이 참고 이해해야 한다. 만년에는 심장과 폐를 조심해야 한다.

時	日	月	年		65	55	45	35	25	15	5	
丁	庚	甲	戊		丁	戊	己	庚	辛	壬	癸	女
丑	戌	子	辰		巳	午	未	申	酉	戌	亥	命

본명은 경금(庚金)이 자(子)월에 태어났는데 토금(土金)이 많으니 신왕(身旺)하다. 목화(木火)운은 길하나 토금(土金)운은 흉하다. 방위는 동방과 남방은 이로우나 중앙과 서방은 불리하고, 행운의 색상은 청색과 적색이다. 직업은 공직이나 목화(木火)와 관계있는 일이 좋다. 재관인(財官印)이 아름다우니 명이 속되지 않다.

사람됨은 천간(天干)에 갑무경(甲戊庚) 삼기(三奇)가 있으니 수려하며 총명하고 외연이 좋다. 말투는 강경하나 마음은 부드럽다. 동정심이 많으며 현모양처형이다. 아버지는 현량하며 방정하고, 자녀는 많지 않다. 어머니는 자녀와 인연이 있고 고향을 떠날 명이다. 남편은 기댈만하나 부부가 이해하며 인내해야 한다. 혼기는 27세나 30세가 좋은데 술(戌)생과는 짝하지 마라. 16·46·57세에는 편안하다. 건강은 심장을 조심해야 한다.

2세까지는 진술축미(辰戌丑未)월을 특히 잘 보살펴야 한다. 5~24세에는 수조(修造)나 동토(凍土)를 보지 마라. 25~34세에는 수액이나 뜨거운 물, 유류 등을 조심해야 한다. 35~44세에는 궁이나 사당나 사찰에 가지마라. 45~54세에는 물가에 가지말고 배를 타거나 수영을 하지마라. 감기와 기관지를 조심해야 한다.

時	日	月	年	70	60	50	40	30	20	10	
丁	庚	丁	己	甲	癸	壬	辛	庚	己	戊	女
丑	寅	丑	酉	申	未	午	巳	辰	卯	寅	命

본명은 경금(庚金)이 축(丑)월에 태어났는데 토금(土金)이 많으니 신왕(身旺)하다. 화(火)가 부족하니 목화(木火)운은 길하나 토금수(土金水)운은 흉하다. 방위는 동방과 남방은 이로우나 서방과 북방은 불리하고, 행운의 색상은 청색과 적색이다. 직업은 공직이나 법정 또는 목화(木火)와 관계있는 일이 좋다. 귀(貴)가 조금 따를 명이다.

사람됨은 적극적이며 낙관적이고, 이지적이며 책임감이 있고, 광명하며 동정심이 많고 지식욕이 있다. 출생지는 시골이나 주위에 밭이나 빈터가 있는 곳이다. 평생 귀인의 도움을 많이 받고, 조상덕이 있고, 어머니가 어질며 방정하다. 남편은 상업에 종사하는 사람인데 기댈만하며 자녀는 많지 않다. 혼기는 26세 이후가 좋다. 건강은 신장이나 간장을 조심해야 하고, 수술이 따른다.

10~19세에는 평범하다. 20~29세에는 점점 좋아진다. 30~39세에는 평범하다. 40~49세에는 발전한다. 45~49세에는 부부가 많이 참아야 한다. 50~59세에는 매우 길하니 뜻을 이룬다. 60~69세에는 평범하다. 70~79세에는 몸을 보호하는 것이 중요하다. 71세 이후에는 평안하다.

8장. 신금(辛金) 일주(日主)

時	日	月	年		67	57	47	37	27	17	7	
丁	辛	甲	癸		辛	庚	己	戊	丁	丙	乙	女
酉	亥	寅	酉		酉	申	未	午	巳	辰	卯	命

본명은 신금(辛金)이 인(寅)월에 태어났는데 수목(水木)은 매우 많고 토금(土金)은 부족하니 토금(土金)운은 길하나 수목화(水木火)운은 흉하다. 방위는 중앙과 서방이 이롭고, 직업은 토금(土金)과 관계있는 일이 좋다.

사람됨은 칠살(七殺)이 높이 투출(透出)했으니 총명하며 영리하고, 식신(食神)이 생재(生財)하니 근면하다. 평생 분주하나 곤란한 가운데 귀인의 도움을 받는다. 친정은 조상의 업이 있고 출생지는 수목(水木)이 많은 곳이다. 늦게 혼인하나 부부가 화합하고, 자녀는 2남을 두며 길하다. 인연이 좋은 편이다.

7~16세에는 좋지 않다. 17~26세에는 길흉이 반반이다. 27~36세에는 마음이 좋지 않으며 부부간에 구설이 많다. 37~46세에는 앞 5년은 점점 좋아지나 뒤 5년은 불길하다. 47~56세에는 앞 5년은 길하나 뒤 5년은 나쁘며 부부가 잘 맞지 않는다. 57세 이후에는 상황이 좋아지며 청한하게 살아간다.

時	日	月	年	70	60	50	40	30	20	10	
辛	辛	丁	甲	庚	辛	壬	癸	甲	乙	丙	女
卯	巳	卯	辰	申	酉	戌	亥	子	丑	寅	命

본명은 신금(辛金)이 묘(卯)월에 태어났는데 목화(木火)가 많으니 신약(身弱)하다. 토금(土金)이 부족하니 토금(土金)운은 길하나 목화(木火)운은 흉하다. 방위는 중앙과 서방은 이로우나 동방과 남방은 불리하고, 행운의 색상은 백색과 황색이다. 직업은 상과(商科) 계통이나 토금(土金)과 관계있는 일이 좋다.

사람됨은 재성(財星)이 많으니 기획력이 뛰어나고 남편을 돕는다. 담박하며 외연이 좋으나 재성(財星)이 많으니 평생 고생하는 편이다. 20~35세는 바쁘다. 25~26세에는 평범하다. 27~29세에는 근면하면 이익이 있다. 30세에는 제강(提綱)을 충(沖)하니 흉하고, 묘오유자(卯午酉子)월에는 모든 일을 삼가하는 것이 좋다. 만년운은 매우 아름다우니 평생을 위로하기에 충분하다. 건강은 신장과 폐를 조심하라.

時	日	月	年		65	55	45	35	25	15	5		
甲	辛	壬	丙		己	戊	丁	丙	乙	甲	癸		男
午	亥	辰	午		亥	戌	酉	申	未	午	巳		命

　본명은 신금(辛金)이 진(辰)월에 태어났는데 수목화(水木火)가 매우 많으니 신약(身弱)하다. 토(土)가 부족하니 토금(土金)운은 길하나 수목화(水木火)운은 흉하다. 방위는 중앙과 서방이 이로우나 동방과 남방과 북방은 불리하다. 직업은 교육·기술·가공계통이나 토금(土金)과 관계있는 일이 좋다.

　사람됨은 상관(傷官)이 관성(官星)을 극(剋)하니 천성이 완강하며 승부욕이 있고, 패기와 욕망이 높으나 현실에 만족하지 못한다. 천을귀인(天乙貴人)이 있으니 상사의 배려를 받고, 곤란한 가운데 귀인의 도움을 받고, 외연이 좋다. 혼기는 26세나 29세가 좋은데 아내궁에 정재(正財)가 앉았으니 현숙하며 살림을 잘 하는 아내를 만나 2남을 둔다.

　5~14세에는 불길하다. 15~24세에는 의지가 굳세야 공부할 수 있다. 25~34세에는 바쁘나 재리는 크지 않다. 35~44세에는 앞 5년은 평범하나 뒤 5년은 좋다. 45~54세에는 점점 좋아져 백사가 통한다. 55~64세에는 권력을 쥐며 재원(財源)이 점점 좋아진다. 65~75세에는 유유자적하며 복을 누리는데 72세에는 건강을 조심해야 한다.

時	日	月	年	71	61	51	41	31	21	11	
癸	辛	癸	辛	丙	丁	戊	己	庚	辛	壬	男
巳	酉	巳	亥	戌	亥	子	丑	寅	卯	辰	命

　본명은 신금(辛金)이 사(巳)월에 태어났는데 수목(水木)이 많으니 신약(身弱)하다. 토(土)가 부족하니 토금(土金)운은 길하나 수목화(水木火)운은 흉하다. 방위는 중앙과 서방은 이로우나 동방과 남방은 불리하다. 직업은 기술이나 가공업이나 봉급생활이나 토금(土金)과 관계있는 일이 좋다.

　사람됨은 총명하고 다정하며 의젓하고, 사주가 모두 음(陰)이니 음유하며 차분하고, 식록이 있고 세심하나 인수(印綬)가 부족하니 적극성이 부족하고, 역마(驛馬)가 있으니 분주하며 활기가 있고 변화가 많다. 천을귀인(天乙貴人)이 있으니 상사의 배려를 받는다. 혼기는 28세가 좋은데 배우자는 계축(癸丑)·갑인(甲寅)·을묘(乙卯)·무오(戊午)생이 좋다. 평생 관부(官符)와 시비를 조심하라.

　11~20세에는 길흉이 반반이다. 21~30세에는 앞 5년은 좋으나 뒤 5년은 불리하며 마음이 번거롭다. 31~40세에는 평범하다. 41~50세에는 매우 아름답고 좋아진다. 51~60세에는 길하다. 61~70세에는 천수를 누리는데 남의 일에 간섭하지 않는 것이 좋다.

時	日	月	年	68	58	48	38	28	18	8	
癸	辛	甲	丙	丁	戊	己	庚	辛	壬	癸	女
巳	巳	午	子	亥	子	丑	寅	卯	辰	巳	命

본명은 신금(辛金)이 오(午)월에 태어났는데 목화(木火)가 많으니 신약(身弱)하다. 금수(金水)운은 길하나 목화(木火)운은 흉하다. 방위는 서방과 북방은 이로우나 동방과 남방은 불리하고, 행운의 색상은 백색이다. 직업은 금수(金水)와 관계있는 일은 좋으나 목화(木火)와 관계있는 일은 좋지 않다. 행운의 숫자는 7·8·9·10이다.

사람됨은 근면하며 세심하고 노력한다. 총명하며 마음이 부드럽다. 식록이 있고 남편을 도와주며 자녀가 길하다. 수(水)가 부족하니 평소 수분을 많이 섭취하는 것이 좋고, 금(金)이 수(水)를 생(生)하니 금속성 패물을 몸에 지니면 좋고, 평생 불을 멀리하는 것이 좋다. 51~53세에는 몸이 불편해지거나 재물이 깨진다. 57~58세에는 운세가 좋아져 순조롭다. 만년에는 신장을 조심해야 한다.

時	日	月	年	66	56	46	36	26	16	6	
壬	辛	癸	乙	丙	丁	戊	己	庚	辛	壬	男
辰	酉	未	丑	子	丑	寅	卯	辰	巳	午	命

본명은 신금(辛金)이 미(未)월에 태어났는데 임계수(壬癸水)가 토(土)를 윤택하게 하고, 토(土)는 금(金)을 생(生)하니 신왕(身旺)하다. 편인격(偏印格)이며 식상(食傷)이 용신(用神)이니 수목(水木)운은 길하나 토금(土金)운은 흉하다. 방위는 동방과 북방은 이로우나 중앙과 서방은 불리하고, 행운의 색상은 청색이다. 직업은 기술이나 장사나 상업이나 수목(水木)과 관계있는 일이 좋다.

사람됨은 담박하며 반응이 좋고, 활달하며 호쾌하고, 강개하며 근면하고, 정을 아쉬워하며 다정하고 품위가 있다. 재고(財庫)가 있으니 평생 의식이 넉넉하고, 귀인(貴人)이 있으니 상사의 배려를 받는다. 조상덕이 있고 고향을 떠난다. 연애결혼하는데 수려하며 사교적이고 솜씨가 있는 아내를 만나 1남을 둔다.

 6~15세에는 평범하다. 16~25세에는 투지와 근기로 학문에 임해야 한다. 17세에는 건강과 벗을 조심해야 한다. 26~35세에는 봉급생활이 좋다. 36~55세에는 재성(財星)이 높이 비치니 부자가 되며 좋은 일이 많으나 36세에는 재물손실을 방비해야 한다. 56~65세에는 평범하다.

時	日	月	年		63	53	43	33	23	13	3		
己	辛	壬	己		乙	丙	丁	戊	己	庚	辛		男
亥	酉	申	酉		丑	寅	卯	辰	巳	午	未		命

 본명은 신금(辛金)이 신(申)월에 태어났는데 토금(土金)이 많으니 신왕(身旺)하다. 수목(水木)운은 길하나 토금(土金)운은 흉하다. 방위는 동방과 북방은 이로우나 중앙과 서방은 불리하다. 직업은 직장생활을 하다가 창업하는 것이 좋은데 수목(水木)과 관계있는 일이 좋다. 중년 이후에는 도움을 받아 먹고살만하다.

 사람됨은 음유하며 침착하고, 정직하며 재치가 있고, 승부욕과 패기가 강하며 꾀가 많고, 계획이 많으며 머리가 나쁘지 않고 분주하다. 타향과 인연이 있고, 아내가 수려하며 아내의 녹(祿)을 먹는다.

연애결혼하는데 혼기는 홍란성(紅鸞星)이 움직이는 26세나 30세가 좋다. 배우자는 2·4·7·8살 적은 사람이 좋다. 자녀는 1남을 두는 데 길하다. 만년에는 간장을 조심하라.

3~12세에는 평범하다. 13~22세에는 학업운이 좋지 않으니 의지가 필요하다. 23~32세에는 지식욕이 강해진다. 33~42세에는 직장생활을 하는 것이 좋다. 43~52세에는 재성(財星)이 왕하니 이익을 도모해도 좋다. 53~62세에는 좋은 편이다. 63~72세에는 더 좋아진다.

時	日	月	年		67	57	47	37	27	17	7	
辛	辛	辛	癸		甲	乙	丙	丁	戊	己	庚	男
卯	巳	酉	巳		寅	卯	辰	巳	午	未	申	命

본명은 신금(辛金)이 유(酉)월에 태어났는데 금(金)이 많으니 신왕(身旺)하다. 목화(木火)운은 길하나 토금(土金)운은 흉하다. 방위는 동방과 남방은 이로우나 중앙과 서방은 불리하고, 행운의 색상은 청색과 적색이다. 직업은 직장생활을 하는 것이 좋다. 만일 사업을 한다면 목화(木火)와 관계있는 일이 좋으나 성패가 많다. 37세 이전에는 뜻이 있어도 펴기 어렵고 중년 이후에 좋아진다.

사람됨은 의를 중시하며 자아가 강하고 남에게 좌우되지 않는다. 식록이 있고 물질을 누리며 투기를 좋아하나 돈을 중시하지 않는다. 평생 소인배로 인한 재물손실을 조심하고, 동업은 좋지 않다. 혼인은 늦게 하는 것이 좋은데 현숙하며 살림을 잘 하는 아내를 만나 자녀는 많지 않다. 건강은 간장을 조심해야 한다.

時	日	月	年	64	54	44	34	24	14	4	
辛	辛	丙	乙	己	庚	辛	壬	癸	甲	乙	男
卯	亥	戌	未	卯	辰	巳	午	未	申	酉	命

본명은 신금(辛金)이 술(戌)월에 태어났는데 목화(木火)가 많으니 신약(身弱)하다. 토(土)가 부족하니 토금(土金)운은 길하나 목화(木火)운은 흉하다. 방위는 중앙과 서방은 이로우나 동방과 남방은 불리하다. 직업은 토금(土金)과 관계있는 일이 좋은데 운을 만나면 명리를 모두 이룬다.

사람됨은 재관인(財官印)이 모두 있으니 고결하며 총명하고, 일주(日主)가 관성(官星)을 합(合)하니 체면을 중시하며 감정이 풍부하고, 편재(偏財)가 노출되었으니 담박하며 외연이 좋고, 재고(財庫)가 있으니 평생 의식이 풍족하다. 지지(地支)에 재국(財局)이 있으니 재물이나 아내에게 구속될 염려가 있다. 출생지는 시골이며 유능한 아내를 만나 화합한다.

時	日	月	年	67	57	47	37	27	17	7	
辛	辛	乙	甲	戊	己	庚	辛	壬	癸	甲	女
卯	丑	亥	戌	辰	巳	午	未	申	酉	戌	命

본명은 신금(辛金)이 해(亥)월에 태어났는데 수목(水木)이 많으니 신약(身弱)하다. 토금(土金)운은 길하나 수목(水木)운은 흉하다. 방위는 중앙과 서방은 이로우나 동방과 북방은 불리하고, 행운의 색

상은 백색과 황색이고, 직업은 토금(土金)과 관계있는 일이 좋다.

사람됨은 총명하며 근면하고 마음이 부드럽다. 평생 분주하며 고생하나 외연이 좋다. 남편연이 박한 편이나 남편을 돕는다. 출생지는 물·수목·꽃이 가까이 있는 곳이다. 부자는 될 수는 있어도 귀하게 되지는 못한다.

7~16세에는 평범하다. 17~26세에는 우아하며 행복하고 순조롭다. 27~36세에는 바빠지며 재물이 들어오기 시작한다. 37~46세에는 모든 일이 점점 통하며 저축도 한다. 47~56에는 길흉이 반반인데 54세에는 치아가 좋지 않고, 55세에는 태세(太歲)를 범하여 번거롭고 위장을 조심해야 한다. 56세에는 변동이 있고 항렬이 높은 사람이 불리하다. 57~66세에는 재리가 있으나 몸을 보호해야 하는데 57세에는 재리가 평범하고, 58세에는 부부가 많이 참으며 건강을 조심하라. 67~76세에는 형통하며 청한하다. 이 사람은 평생 재성(財星)과 인연이 있고, 건강은 심장을 조심해야 한다.

9장. 임수(壬水) 일주(日主)

時	日	月	年	67	57	47	37	27	17	7	
甲	壬	壬	壬	乙	丙	丁	戊	己	庚	辛	女
辰	辰	寅	寅	未	申	酉	戌	亥	子	丑	命

본명은 임수(壬水)가 인(寅)월에 태어났는데 토목(土木)이 많으니 신약(身弱)하다. 금(金)이 부족하니 금수(金水)운은 길하나 목화토(木火土)운은 흉하다. 방위는 서방과 북방은 이로우나 동방과 남방은 불리하다. 직업은 금수(金水)와 관계있는 일이 좋다.

사람됨은 사주가 모두 양(陽)이니 광명이 많다. 수목(水木) 상관(傷官)이 있으니 우아하며 재능이 넘치고, 세심하며 용모가 수려하고, 남편의 권한을 쥔다. 천원(天元)에 살(殺)이 있으니 근면하며 의지가 굳고, 역마(驛馬)가 2개이니 활동적이며 분주하고, 식신(食神)이 있으니 학력이 높고 도량이 넓다. 괴강(魁罡)일생이니 용모가 수려하며 청결한 것을 좋아한다.

출생지는 강·하천·도랑·수목 등이 있는 곳이다. 혼인은 식상(食傷)이 매우 중하니 늦게 하는 것이 좋은데 정관(正官)이 당두하고 갑기합관(甲己合官)하는 28세 기사(己巳)년이 좋다. 부부는 서로 이해하며 양보해야 하고, 자녀는 2남 3녀를 둔다.

7~16세에는 가운이 융창하며 순조롭다. 17~26세에는 학문에 길하다. 27~36세에는 평범하다. 37~46세에는 앞 5년은 부동산을 살 징조가 있고 매우 길하나 뒤 5년은 마음이 좋지 않고 부부가 서로 참아야 한다. 47~56세에는 앞 5년은 재물때문에 시끄럽고, 뒤 5년은 복분이 두터워진다. 57~66세에는 심신의 건강을 조심하라.

時	日	月	年	70	60	50	40	30	20	10	
辛	壬	癸	丁	丙	丁	戊	己	庚	辛	壬	男
亥	子	卯	亥	申	酉	戌	亥	子	丑	寅	命

본명은 임수(壬水)가 묘(卯)월에 태어났는데 금수(金水)가 많아 신왕(身旺)하다. 화토(火土)가 부족하니 목화토(木火土)운은 길하나 금수(金水)운은 흉하다. 방위는 동방과 남방은 이로우나 서방과 북방은 불리하고, 행운의 색상은 청색·적색·황색이다. 직업은 목화(木火)와 관계있는 일이 좋다. 평생 가장 좋은 운은 51~60세이다.

사람됨은 금수(金水)가 왕하니 천성이 굳세며 활동적이고 총명하다. 다정하며 품위가 있고 정력이 넘친다. 권세가 있고 주인이 될 명이다. 조상의 업을 많이 받기는 어려우나 수려한 아내를 만나고,

곤란한 가운데 귀인의 도움을 받는다. 평생 소인배의 겁재(劫財)가 따르니 금전거래나 보증을 조심하고, 건강은 심장·신장·혈액순환 계통을 조심하라.

11~20세에는 집안에 변고가 있다. 40세 이전에는 뜻이 있어도 펴기 어려우나 40·41·43는 이롭다. 44세는 재액이 따르고, 46~47세에는 공을 추구하지 말고 지키는 것이 좋다. 이 운을 지나면 사통팔달의 길로 들어간다.

時	日	月	年	67	57	47	37	27	17	7	
辛	壬	己	甲	壬	癸	甲	乙	丙	丁	戊	女
丑	申	巳	辰	戌	亥	子	丑	寅	卯	辰	命

본명은 임수(壬水)가 사(巳)월에 태어났는데 화토(火土)가 많으니 신약(身弱)한 편이다. 금(金)이 부족하니 금수(金水)운은 길하나 화토(火土)운은 흉하다. 방위는 북방이 길하고, 직업은 사업이나 금수(金水)와 관계있는 일이 좋은데 운을 만나면 부자가 될 수 있다.

사람됨은 재관인(財官印)을 모두 갖추었으니 총명하며 영리하고, 고결하며 책임감과 이상이 있다. 도모하는 일은 반드시 이루고 평생 재물과 인연이 있다. 부부운은 편인(偏印)이 남편궁에 앉았으니 의지가 되나 서로 도우며 인내해야 한다. 자녀는 1남 1녀를 둔다. 평생 소인배의 구설을 조심해야 한다.

7~26세에는 평범하다. 27~46세에는 좋지 않으니 모든 일은 지키는 것이 좋다. 47~56세에는 점점 좋아진다. 57~66세에는 의외로

순조롭다. 67~76세에는 형통하며 청한하다.

時	日	月	年	61	51	41	31	21	11	1	
庚	壬	甲	丙	丁	戊	己	庚	辛	壬	癸	女
子	午	午	寅	亥	子	丑	寅	卯	辰	巳	命

본명은 임수(壬水)가 오(午)월에 태어났는데 목화(木火)가 너무 많으니 신약(身弱)하다. 금수(金水)가 부족하여 재다신약(財多身弱)의 명이 되었으니 금수(金水)운은 길하나 목화(木火)운은 흉하고, 편인(偏印)이 투간(透干)했으니 토(土)운도 무난하다. 방위는 서방과 북방이 이롭고, 직업은 금수(金水)와 관계있는 일이나 예술 계통이 좋다.

사람됨은 식신(食神)이 생재(生財)하니 우아하고 세심하며 반응이 좋고, 편재(偏財)가 투출(透出)했으니 담박하고 씀씀이가 시원하며 외연이 매우 좋고, 편인(偏印)이 용신(用神)이니 일에 정명하며 솜씨가 있고 변화가 많다. 녹(祿)이 앉았으니 타인의 배려를 많이 받고, 양인(羊刃)이 충(沖)되었으니 평생 상해를 조심해야 한다. 혼기는 26세나 30세가 좋고, 재성(財星)이 많으니 남편을 도울 명이나 비교적 고생하는 편이다. 자녀는 용신(用神)이 시주(時柱)에 있으니 둘 수 있다.

1~10세에는 길흉이 반반인데 3세까지는 사당에 가지 말고, 금은이나 쇳조각을 가지고 놀지 말고, 살생을 보지 말고, 무덤을 지나가지 마라. 11~20세에는 매우 좋으며 학업에도 좋다. 21~40세에는

평범하며 창업은 좋지 않다. 41~60세에도 평범하며 몸을 보호하는 것이 중요하다. 61~70세에는 좋다고 보기 어려우나 녹지(祿地)이니 무난하다.

時	日	月	年		68	58	48	38	28	18	8	
乙	壬	己	戊		丙	乙	甲	癸	壬	辛	庚	男
巳	午	未	午		寅	丑	子	亥	戌	酉	申	命

본명은 임수(壬水)가 미(未)월에 태어났는데 화토(火土)가 많으니 종살격(從殺格)이다. 화토(火土)운은 길하나 금수(金水)운은 흉하다. 방위는 중앙과 남방이 이로우나 서방과 북방은 불리하고, 행운의 색상은 적색과 황색이다. 직업은 공직으로 나가면 청운을 뜻을 이루고, 화토(火土)와 관계있는 일도 좋다.

사람됨은 다정하며 품위가 있고, 기획력이 뛰어나며 패기가 높다. 그러나 고집이 강하며 성급하고 화를 잘 낸다. 조상덕이 있고 귀인의 도움도 많이 받는다. 현숙하며 살림을 잘 하는 아내를 만나 부부가 화합한다. 혼기는 26세 이후가 좋은데 배우자는 2살 적은 경신(庚申)생이나 1살 적은 기미(己未)생은 좋으나 자(子)생은 좋지 않다. 만년의 건강은 신장과 뇌신경을 조심해야 한다.

8~17세에는 지식욕이 강하다. 18~27세에는 학문에 이롭다. 28~37세에는 청운의 꿈을 이룬다. 그러나 31세에는 불리하니 모든 일을 삼가하는 것이 좋다. 38~47세에는 유지하는 것이 좋다. 48~57세에는 뜻을 이루며 희망이 무궁하다. 58~67세에는 길흉이 반반이다.

68~77세에는 길하다.

時 日 月 年	67 57 47 37 27 17 7	
戊 壬 壬 甲	己 戊 丁 丙 乙 甲 癸	男
申 寅 申 辰	卯 寅 丑 子 亥 戌 酉	命

본명은 임수(壬水)가 신(申)월에 태어났는데 금수(金水)가 많으니 신왕(身旺)하다. 화(火)가 부족하니 화토(火土)운은 길하나 금수(金水)운은 흉하다. 방위는 중앙과 남방은 이로우나 서방과 북방은 불리하다. 직업은 화토(火土)와 관계있는 일이 좋다.

사람됨은 사주가 모두 양(陽)으로 구성되었으니 광명하며 똑똑하고, 금수(金水)가 왕하고 살(殺)이 높이 투출(透出)했으니 명석하며 재주와 꾀가 비상하고, 살인(殺印)이 상생(相生)하니 신의를 중시하며 재리가 풍족하고, 역마(驛馬)가 있으니 활발하며 분주하고 변화가 많다.

출생지는 주위에 물이 있는 곳이다. 부부운은 아내궁이 충(沖)되어 마찰이 많으니 서로 참고 이해해야 하고, 자녀는 2남을 둔다. 혼기는 24 · 27 · 33세인데 아내성이 투출(透出)하지 않았으니 늦게 하는 것이 좋다. 배우자는 3 · 4 · 6 · 7살 적은 사람이 좋다.

7~16세에는 학업에 이롭고 도모하는 일도 좋다. 27~36세에는 봉급생활이 좋다. 37~46세에는 앞 5년은 매우 길하니 창업해도 좋으나 뒤 5년은 지키는 것이 좋다. 47~56세에는 길흉이 반반이다. 57~66세에는 복이 무궁하고, 67~76세에는 노복을 누린다.

時	日	月	年	65	55	45	35	25	15	5	
甲	壬	辛	癸	戊	丁	丙	乙	甲	癸	壬	女
辰	申	酉	卯	辰	卯	寅	丑	子	亥	戌	命

본명은 임수(壬水)가 유(酉)월에 태어났는데 금수(金水)가 많으니 신왕(身旺)하다. 목화(木火)운은 길하나 금수(金水)운은 흉하다. 방위는 동방과 남방은 이로우나 서방과 북방은 불리하고, 행운의 색상은 청색과 적색이고, 행운의 숫자는 1·2·3·4이다. 직업은 예술이나 목화(木火)와 관계있는 일이 좋고, 중년에 길운을 만난다.

사람됨은 총명하며 영리하고, 의지가 굳고 일에 원칙이 있다. 권력이 따르며 인연이 좋고, 상사의 배려와 사랑을 받는다. 부부간에 화목하나 서로 많이 참고 이해해야 하고, 자녀는 2남 1녀를 둔다. 혼기는 26~27세가 좋은데 연애결혼한다. 소인배를 조심하고, 만년에는 종교나 철학과 인연이 좋고, 건강은 간장을 조심하라.

5~14세에는 좋다고 보기 어렵다. 15~24세에는 굳센 의지로 공부해야 한다. 25~34세에는 앞 5년은 좋으나 뒤 5년은 떨어지는데 30~31세에는 재물손실을 방비해야 한다. 35~44세에는 길흉이 반반이다. 45~64세에는 재성(財星)이 높이 비치니 순조롭고 희망이 무궁하다. 65~74세에는 평범하다.

時	日	月	年	65	55	45	35	25	15	5	
丙	壬	戊	辛	乙	甲	癸	壬	辛	庚	己	女
午	辰	戌	丑	巳	辰	卯	寅	丑	子	亥	命

본명은 임수(壬水)가 술(戌)월에 태어났는데 화토(火土)가 많으니 신약(身弱)하다. 금(金)이 부족하니 금수(金水)운은 길하나 목화(木火)운은 흉하다. 방위는 서방과 북방은 이로우나 동방과 남방은 불리하고, 직업은 금수(金水)와 관계있는 일이 좋다.

사람됨은 수려하며 굳세고, 세심하며 부드러우나 노하기 쉽다. 담박하며 이지적이고 외연이 좋다. 변화가 많고 권력이 따른다. 출생지는 시골이나 앞뒤에 빈터나 밭이 있는 곳이다. 부부운은 아름답지 않으니 많이 참으며 이해해야 하고, 자녀도 많지 않다. 평생 고생하며 건강이 나쁜 편인데 위장·대장·소장·신장을 조심하고, 평소 수분을 많이 섭취하는 것이 좋다.

5~14세에는 평범하다. 15~24세에는 모든 일이 이롭다. 25~34세에는 길흉이 반반이다. 35~44세에는 건강을 조심해야 한다. 특히 36세에는 모든 일을 삼가고 실물을 주의하라. 45~54세에는 귀인의 도움을 받는다. 55~64세에는 앞 5년은 만사가 길하나 뒤 5년은 몸을 보호하는 것이 상책이다. 65세 이후에는 천수를 누린다.

時	日	月	年	64	54	44	35	24	14	4	
丙	壬	辛	壬	甲	乙	丙	丁	戊	己	庚	女
午	申	亥	午	辰	巳	午	未	申	酉	戌	命

본명은 임수(壬水)가 해(亥)월에 태어났는데 금수(金水)가 많으니 신왕(身旺)하다. 목화(木火)운은 길하나 금수(金水)운은 흉하다. 방위는 동방과 남방은 이로우나 서방과 북방은 불리하고, 행운의 색

상은 청색과 적색이고, 행운의 숫자는 1·2이고, 직업은 목화(木火)
와 관계있는 일이 좋다. 49세 이후에 운이 좋아진다.

사람됨은 총명하며 기억력이 좋고 원만하며 권력이 따른다. 자아
가 강하며 믿음을 중시하고 활발하며 명랑하다. 적극적이며 담박하
고 호쾌하다. 금전을 중시하지 않고 외연이 좋다. 평생 수(水)가 흉
하고, 소인배의 재물손실이 있으니 동업이나 금전거래를 조심하라.

34~43세에는 명(明)이 암실(暗失)을 만나니 길하다고 보기 어렵
다. 44~53세 병오(丙午)대운은 재리가 점점 통한다. 45~46세에는
파재를 조심하라. 47~48세에는 책임이 가중되며 전환의 기회가 있
다. 그러나 48세에는 건강을 조심해야 하는데 혈압과 심장을 신경
써라. 49세에는 유리하다. 50세에는 집안에 경사가 있다. 51~52세에
는 소인배에게 재물을 잃을 수 있으니 탐하지 말고 지키는 것이
중요하다. 54~63세에는 만사가 이롭다. 64~73세에는 순조롭고 청
한하다. 69세 이후에는 천수를 누린다.

時	日	月	年	69	59	49	39	29	19	9	
丙	壬	壬	壬	己	戊	丁	丙	乙	甲	癸	男
午	寅	子	午	未	午	巳	辰	卯	寅	丑	命

본명은 임수(壬水)가 자(子)월에 태어났으니 수(水)가 너무 왕하
다. 목(木)이 수(水)를 설기(泄氣)하여 화(火)를 생(生)하면 길하니
목화(木火)운이 길하다. 방위는 중앙과 남방은 이로우나 서방과 북
방은 불리하다. 수(水)를 제(制)하는 무(戊)운을 만나면 길하고, 신

왕(身旺)하면 재관(財官)을 감당할 수 있으니 운을 만나면 반드시 부자가 된다. 평생 돈을 벌 일이 많으나 목(木)이 통관(通關)해주지 않으면 재성운(財星)이 와도 재물을 얻기 어렵다. 직업은 목토(木土)와 관계있는 일이나 봉급생활이 좋다.

사람됨은 사주가 모두 양(陽)이니 광명이 많고, 월인이 당령(當令)했으니 강직하고, 임수(壬水)가 왕하니 소질과 지혜가 있으나 성급하며 화를 잘 낸다. 편재(偏財)가 비겁(比劫)을 만나니 활달하며 호쾌하고, 의를 중시하며 외연이 좋고, 재물을 가볍게 여긴다. 홍염(紅艶)이 있으니 풍정이 많고 여자연이 좋다. 명궁(命宮)에 녹(祿)이 있으니 타인의 배려를 많이 받고 사회에 일찍 진출한다. 월덕귀인(月德貴人)이 있으니 곤란한 가운데 귀인의 도움을 받는다.

부부운은 아내궁에 식신(食神)이 있으니 어질며 너그럽고 살림을 잘 하는 아내를 만나 화합한다. 형제가 많고, 평생 소인배의 재물손실이 따르니 동업은 좋지 않다. 건강은 간장과 심장을 조심하라.

9~18세에는 몸이나 학업이 순조롭지 않다. 29~38세에는 매우 좋다. 특히 33~34세가 좋은데 금수(金水)년은 좋지 않다. 39~48에는 앞 5년은 재성(財星)운이니 겉으로는 번화해 보이나 실제는 중겁이 쟁재(爭財)하여 불길하고, 뒤 5년은 자(子)를 합(合)하여 충(沖)을 풀리게 하는 것은 좋으나 건강을 조심해야 한다. 49~58세에는 앞 5년은 점점 좋아지고, 뒤 5년은 재성(財星)의 녹지(祿地)이니 재리가 있다. 59~68세에는 앞 5년은 겁(劫)을 제(制)하고 재성(財星)을 보호하니 명리를 모두 이루나 뒤 5년은 기복과 막힘이 많으니 지키는 것이 좋다. 69세 이후에는 청한하며 순조롭다.

時	日	月	年		68	58	48	38	28	18	8	
丁	壬	癸	丁		丙	丁	戊	己	庚	辛	壬	男
未	子	丑	亥		午	未	申	酉	戌	亥	子	命

본명은 임수(壬水)가 축(丑)월에 태어났는데 지지(地支)에 해자축 (亥子丑) 수국(水局)이 있으니 신왕(身旺)하다. 토(土)가 부족하니 화토(火土)운은 길하나 금수(金水)운은 흉하다. 방위는 중앙과 동방은 이로우나 서방과 북방은 불리하고, 직업은 벼슬길이나 화토 (火土)와 관계있는 일이 좋다.

사람됨은 신왕(身旺)하니 총명하며 활동적이고, 비겁(比劫)이 많으니 굳세며 당당하나 성급하며 화를 잘 내고 남에게 쉽게 머리를 숙이지 않는다. 정재(正財)가 일주(日柱)와 합(合)하니 정을 아쉬워하나 검소하며 사업심이 강하다.

비겁(比劫)이 많으니 형제가 많고, 조상의 재산을 받기 어렵다. 부부운은 지지(地支)에 회국(會局)이 있으니 화합하고, 자녀는 길하다. 사업은 동업은 좋지 않고, 평생 금전거래·보증·담보 등은 하지 않는 것이 상책이다. 노년에는 심장과 위장을 조심해야 한다.

32세 이전에는 금수(金水)운이니 투지가 필요하다. 33~37세에는 술토(戌土)운이라 좋은 것 같으나 유년(流年)이 모두 금수(金水)운이니 좋다고 보기 어렵다. 38~42세에는 기토(己土) 정관(正官)운이니 명예가 좋고 견실하며 순탄하다. 44~47세는 유금(酉金) 정인(正印)운이니 욕망이 높아지나 아름답지는 않으니 지키는 것이 좋다. 48~52세에는 필생의 운이다. 58~62세에는 평범하다.

10장. 계수(癸水) 일주(日主)

時	日	月	年		67	57	47	37	27	17	7	
甲	癸	戊	庚		乙	甲	癸	壬	辛	庚	己	男
寅	酉	寅	寅		酉	申	未	午	巳	辰	卯	命

본명은 계수(癸水)가 인(寅)월에 태어났는데 목(木)이 많으니 신약(身弱)하다. 금(金)이 부족하니 금수(金水)운은 길하나 화토(火土)운은 흉하다. 방위는 서방과 북방은 이로우나 중앙과 남방은 불리하고, 직업은 기술이나 가공업 또는 금수(金水)와 관계있는 일이 좋다. 노년운이 형통하다.

사람됨은 상관(傷官)이 왕하니 꿋꿋하며 패기가 높고 다재다능하나 거만하며 남에게 쉽게 복종하지 않는다. 눈빛이 예리하고 대담하며 사소한 일에 구애받지 않으나 충동적이다. 정인(正印)이 투간(透干)했으니 책임감이 있고 이지적이며 권력이 따른다. 편인(偏

印)이 용신(用神)이니 정명하고, 상관(傷官)이 중하니 다정하며 품위가 있다. 부부운은 아내궁에 희신(喜神)이 앉았으니 수려한 아내를 만나 도움을 받는다. 자녀운은 시주(時柱)에 상관(傷官)이 있으니 박한 편이며 자녀가 많지 않다.

7~16세에는 좋은 일이 없다. 17~26세에는 비교적 순탄하다. 27~36세에는 좋은 편이다. 37~46세에는 바쁘며 재리가 좋으나 밝음이 암실을 만나니 방비해야 한다. 47~56세에는 평범하다. 57~66세에는 만사가 형통한다. 67~76세에는 청한하며 순탄하다.

時	日	月	年	71	61	51	41	31	21	11	
壬	癸	庚	庚	丁	丙	乙	甲	癸	壬	辛	男
戌	亥	辰	子	亥	戌	酉	申	未	午	巳	命

본명은 계수(癸水)가 진(辰)월에 태어났는데 금수(金水)가 많으니 신왕(身旺)하다. 목화토(木火土)운은 길하나 금수(金水)운은 흉하다. 방위는 남방에 길하고, 직업은 직장생활을 하다가 창업하는 것이 좋은데 목화토(木火土)와 관계있는 일이 좋다. 비록 화(火)가 부족하나 운을 만나면 부자가 될 수 있다.

사람됨은 금수(金水)가 왕성하니 총명하며 다정하고, 이지적이며 책임감이 있고 권력이 따른다. 재고(財庫)가 있으니 평생 의식이 풍족하고, 일을 할 때 기교를 부리고, 천을귀인(天乙貴人)이 있으니 상사의 배려를 받는다. 부부운은 유능한 아내를 만나 화목하게 지낸다. 혼기는 28세나 31세가 좋은데 배우자는 축인미신(丑寅未申)

년생이 좋다. 동업은 좋지 않고, 만년은 비교적 좋아 대기만성한다.

21~30세에는 앞 5년은 힘이 따르지 않으니 뜻이 있어도 펴기 어려우나 뒤 5년은 근면하면 이익이 있다. 31~40세에는 앞 5년은 좋은 운이 아니니 지키는 것이 좋고, 뒤 5년은 점점 좋아진다. 41~50세에는 앞 5년은 욕망은 높으나 이익은 크지 않고, 뒤 5년은 아내의 몸이 불편하거나 파재가 따르니 마음대로 투자하면 안 된다. 51~60세에는 평범하다. 61~70세에는 형통하니 뜻을 이룬다.

時	日	月	年		68	58	48	38	28	18	8	
甲	癸	癸	丙		丙	丁	戊	己	庚	辛	壬	女
寅	巳	巳	申		戌	亥	子	丑	寅	卯	辰	命

본명은 계수(癸水)가 사(巳)월에 태어났는데 목화(木火)가 많으니 신약(身弱)하다. 금수(金水)운은 길하나 목화토(木火土)운은 흉하다. 방위는 서방과 북방은 이로우나 동방과 남방은 불리하고, 행운의 색상은 흑색과 백색이다. 직업은 금수(金水)와 관계있는 일이 좋다.

사람됨은 단정하며 활동적이고, 승부욕이 강하며 유능하고, 기획력이 강하며 남에게 쉽게 복종하지 않는다. 평생 수고하는 편이다. 조상덕이 있고, 아버지는 도덕적이며 재능이 있고 방정하다. 부부간에는 많이 참아야 하고, 자녀운은 박하며 유산이나 낙태가 따르고, 귀인의 도움이 있다. 몸에 드러나지 않는 병이 있다.

26~29세에는 순풍에 돛을 단듯이 순조롭다. 31~32세에는 분주하

나 재리는 크지 않다. 33세에는 시비가 많고 부부가 반목하는데 특히 인사신해(寅巳申亥)월에 심하다. 34세에는 이롭지 않으니 만사를 삼가하는 것이 좋으나 귀인(貴人)이 있다. 35~36세에는 점점 좋아진다. 평생 가장 좋은 운은 43~47세의 축(丑)운과 53~57세의 자(子)운이다. 49세와 64세에는 나쁜 편이니 평안을 구하는 것이 좋고, 만년에는 신장을 조심하라.

時	日	月	年	66	56	46	36	26	16	6		
戊	癸	丙	丁	己	庚	辛	壬	癸	甲	乙		男
午	酉	午	亥	亥	子	丑	寅	卯	辰	巳		命

본명은 계수(癸水)가 오(午)월에 태어났는데 수(水)는 약하고 화(火)는 매우 많으니 금수(金水)운은 길하나 목화(木火)운은 흉하다. 방위는 서방과 북방은 이로우나 동방과 남방은 불리하다. 직업은 금수(金水)와 관계있는 일이 적합한데 재다신약(財多身弱)하니 회계나 은행도 좋다.

사람됨은 일주(日主)가 정관(正官)을 합(合)하니 감정이 풍부하며 정을 아쉬워한다. 정재(正財)와 편재(偏財)가 많으니 온화하고 우아하며 기개가 있고 여자연과 외연이 모두 좋다. 편인(偏印)이 용신(用神)이니 정명하며 솜씨가 있다.

부부운은 아내궁이 깨졌으니 부부간에 구설이나 감정의 변화가 많으나 내조를 받는다. 태어나는 날 태양이 높이 비쳤고, 명궁(命宮)에 진(辰)이 있으니 술을 좋아하며 곤란한 가운데 귀인의 도움을 받는다. 노년에는 폐를 조심해야 한다.

6~15세에는 불길하며 학업운이 좋지 않다. 16~25세에는 뒤 5년이 앞 운보다 좋고 전환의 기회가 있다. 26~36세에는 뒤 5년은 부부간에 반목하며 심정이 좋지 않고 몸이 불편하다. 36~45세에는 앞 5년은 매우 길하니 도모해도 좋으나 뒤 5년은 사업을 지키는 것이 좋다. 46~55세에는 운이 좋아져 백사가 통한고, 56~65세에는 평길하며 건강을 조심해야 한다.

時	日	月	年	66	56	46	36	26	16	6	
己	癸	丙	丙	癸	壬	辛	庚	己	戊	丁	男
未	亥	申	申	卯	寅	丑	子	亥	戌	酉	命

본명은 계수(癸水)가 신(申)월에 태어났는데 금수(金水)가 왕하니 신왕(身旺)하다. 화토(火土)가 부족하니 화토(火土)운은 길하나 금수(金水)운은 흉하다. 방위는 중앙과 남방은 이로우나 서방과 북방은 흉하다. 직업은 화토(火土)와 관계있는 일이나 벼슬길이나 공직이 좋다.

사람됨은 총명하며 다정하고, 활동적이며 늠름하다. 정재(正財)가 2개나 노출했으니 외연이 좋다. 부부간에는 화합하며 자녀는 2~3남을 두는데 길상하다.

6~15세에는 길흉이 반반이다. 26~35세에는 도모하는 일이 이롭다. 25~29세에는 불길하고, 26세와 29세에는 홍염(紅艶)이 움직인다. 30세에는 평범하고, 31~34세에는 길하나 34세에는 건강과 가정

풍파를 조심해야 한다. 36~45세에는 평범하나 유지하는 것이 좋고 여색을 조심해야 한다. 46~55세에는 평범하고, 56~65세에는 만사가 길하나 사업확장은 좋지 않다.

時	日	月	年	66	56	46	36	26	16	6	
甲	癸	辛	癸	戊	丁	丙	乙	甲	癸	壬	女
寅	亥	酉	丑	辰	卯	寅	丑	子	亥	戌	命

본명은 계수(癸水)가 유(酉)월에 태어났는데 금수(金水)가 많으니 신왕(身旺)하다. 목화(木火)운은 길하나 금수(金水)운은 흉하다. 방위는 동방과 남방은 이로우나 서방과 북방은 불리하고, 행운의 색상은 적색이다. 직업은 예술이나 목화(木火)와 관계있는 일이 좋다. 46세 이후에는 운도가 매우 좋아져 부자가 될 수 있다.

사람됨은 총명하며 활동적이고, 유능하며 재능이 있다. 기회가 매우 많으며 외연이 좋고, 곤란한 가운데서도 귀인의 도움을 받는다. 부부간에는 화합하며 본인의 명의로 집을 살 수 있다. 자녀는 2남을 두는데 화합한다. 혼기는 26세가 좋은데 미(未)년생은 좋지 않다. 만년에는 심장을 조심해야 한다.

6~15세에는 평범하나 12~13세에는 학업과 문장에 좋다. 16~25세에는 굳센 의지로 학업에 임해야 하는데 16세에는 시험운이 좋지 않고, 17세에는 신심이 번거로우나 귀인의 도움이 있고, 18세에는 지식욕이 강하나 자동차와 치한을 조심해야 하고, 19세에는 평범하다. 26~35세에는 앞 5년은 좋으나 뒤 5년은 지키는 것이 좋다.

36~45세에는 범사를 역량대로 해도 좋다. 46~55세에는 병인(丙寅) 정묘(丁卯)가 목화(木火)운이니 재성(財星)이 높이 비쳐 반드시 길하다. 56~65세에는 명성이 점점 좋아지며 선행을 많이 하면 천수를 누린다. 29·39·60세에는 평안을 구하는 것이 좋다.

時	日	月	年	62	52	42	32	22	12	2	
甲	癸	甲	甲	丁	戊	己	庚	辛	壬	癸	女
寅	巳	戌	辰	卯	辰	巳	午	未	申	酉	命

본명은 계수(癸水)가 술(戌)월에 태어났는데 목토(木土)가 많으니 신약(身弱)하다. 수(水)가 부족하니 금수(金水)운은 길하나 화토 (火土)운은 흉하다. 방위는 서방과 북방은 이로우나 동방과 남방은 불리하고, 행운의 색상은 백색과 흑색이다. 직업은 금수(金水)와 관계있는 일이 적합하다.

 사람됨은 지혜와 재능이 뛰어나고 구상이 매우 많으며 이상주의자이다. 움직이는 것을 좋아하고 마음내키는 대로 하며 간섭받는 것을 싫어한다. 혼인은 늦게 하는 것이 좋은데 첫사랑과는 어렵고 북방에 배우자가 있다. 남편에게 기대지 않고 자신의 힘으로 먹고 살며, 혼인 후에도 매우 자유롭게 생활한다.

 자녀는 많지 않고, 곤란한 가운데 귀인의 도움을 받는다. 시골출생이며 초년은 매우 아름답다. 눈이 크고 말솜씨가 좋으며 이야기를 좋아한다. 29세에는 건강과 자동차가 위험한데 특히 인사신해(寅巳申亥)월을 조심해야 한다. 건강은 신장과 위장을 조심해야 한다.

時	日	月	年		63	53	43	33	23	13	3	
丁	癸	乙	甲		壬	辛	庚	己	戊	丁	丙	男
巳	巳	亥	午		午	巳	辰	卯	寅	丑	子	命

본명은 계수(癸水)가 해(亥)월에 태어났는데 목화(木火)가 많고 금(金)이 부족하니 재다신약(財多身弱)의 명이다. 금수(金水)운은 길하나 목화토(木火土)운은 흉하다. 방위는 서방과 북방은 이로우나 동방과 남방은 불리하다. 직업은 식상(食傷)이 생재(生財)하니 사업이 좋은데 금수(金水)와 관계있는 일이 적합하다.

사람됨은 야심이 크고 명석하며 지혜롭다. 꾀가 많고 남에게 쉽게 복종하지 않는다. 식상(食傷)이 생재(生財)하니 근면하고, 편재(偏財)가 노출했으니 담박하며 활달하고 호쾌하며 외연이 매우 좋다. 정재(正財)와 편재(偏財)가 거듭 나타나니 다정하며 여자연이 좋다. 월지(月支)에 용신(用神)이 있으니 평생 의식이 풍족하고 조상 덕이 있다. 역마(驛馬)가 충(沖)되었으니 분주하며 변화가 많다.

부부운은 아내궁이 충(沖)되어 의견이 맞지 않으니 서로 참고 이해하는 것이 중요하다. 명궁(命宮)에 녹(祿)이 있으니 타인의 배려를 많이 받고, 곤란한 가운데 귀인의 도움을 받는다. 해(亥)년을 만나면 항상 모든 일을 삼가고, 혼인은 늦게 하는 것이 좋다.

3~12세에는 평범하다. 13~22세에는 학업에 이롭다. 23~32세에는 득실이 무상하니 뜻이 있어도 펴기 어렵다. 33~42세에는 욕망은 높으나 재리는 크지 않다. 43~52세의 경진(庚辰)대운과 53세의 신(辛)운은 필생의 기회이니 재물을 모으기는 어렵지 않다. 그러나

사(巳)운은 용신(用神)인 해(亥)를 충(沖)하니 일체 탐하지 말고 몸을 보호하는 것이 상책이다. 63~72세에는 위태로움이 편안함으로 변하니 청한하며 순조롭다.

時	日	月	年		64	54	44	34	24	14	4	
丙	癸	庚	辛		癸	甲	乙	丙	丁	戊	己	男
辰	未	子	丑		巳	午	未	申	酉	戌	亥	命

본명은 계수(癸水)가 자(子)월에 태어났는데 금수(金水)가 많으니 신왕(身旺)하다. 목화(木火)운은 길하나 금수(金水)운은 흉하다. 방위는 동방과 남방은 이로우나 서방과 북방은 불리하고, 행운의 색상은 청색과 적색이고, 행운의 숫자는 1·2·3·4이다. 직업은 사업이 좋은데 목화(木火)와 관계있는 일이 적합하다.

사람됨은 원만하며 인정이 있고, 활발하며 실천력이 있고, 이지적이며 믿음을 중히 여기고, 다정하며 품위가 있고, 굳세며 권력이 따르고, 2가지 직업을 겸할 수 있다. 부부운은 아내의 도움을 받고, 자녀는 2남 1녀를 두는데 귀엽다. 만년에는 심장을 조심하라.

초년운은 좋다고 보기 어렵다. 14~23세에는 투지와 의지가 있어야 한다. 24~33세에는 정유(丁酉)운과 병신(丙申)운은 바쁘나 안정적이지 못하여 얻어도 근심 잃어도 근심이다. 26세에는 홍란성(紅鸞星)이 움직이니 좋은 편이다. 30세에는 여자와 벗을 사귈 때도 조심해야 한다. 31세에는 홍란성(紅鸞星)이 움직인다. 32~33세에는 좋지 않으니 재물손실을 방비하라. 44~63세에는 을미(乙未)운과 갑오(甲午)운은 목화(木火)운이니 부자가 되는 것은 어렵지 않다. 64~73세에는 청한하며 순조로우니 편안하게 만년을 누린다.

時	日	月	年		65	55	45	35	25	15	5	
己	癸	乙	癸		壬	辛	庚	己	戊	丁	丙	女
未	酉	丑	卯		申	未	午	巳	辰	卯	寅	命

본명은 계수(癸水)가 몹시 추운 축(丑)월에 태어났는데 금수(金水)는 많으니 신왕(身旺)하다. 화(火)가 부족하니 화(火)운은 길하나 금수목(金水木)운은 흉하다. 천간(天干)의 무토(戊土)도 좋다. 방위는 남방은 이로우나 서방과 북방은 불리하고, 몸에 금속성을 지니는 것은 좋지 않다. 직업은 상업이 좋은데 화(火)와 관계있는 일이 적합하다.

사람됨은 총명하며 움직이는 것을 좋아한다. 사주가 모두 음(陰)이니 듬직하며 굳세고 인내심이 많다. 식신(食神)이 제살(制殺)하니 기백이 있다. 시주(時柱)에 재고(財庫)가 있으니 때를 만나면 부자가 된다. 곤란한 가운데 귀인의 도움을 받는다. 혼인은 늦게 하는 것이 좋은데 부부가 비록 화합하나 서로 많이 참고 이해해야 한다. 사주에 화(火)가 부족하니 심장을 조심해야 하고, 투기성 장사에는 손대지마라.

5~14세에는 매우 길하니 가운이 융창하며 부모덕이 있다. 15~24세에는 학업에 매우 이롭다. 25~34세에는 학업에 좋으나 진(辰)운은 평범하다. 35~44세에는 불길하나 절개가 있으면 좋다. 45~54세

에는 경(庚)운은 평범하나 오(午)운은 대길대리하며 필생의 기회
이다. 55~64세에도 역시 좋다. 65세 이후에는 남의 일에 상관하지
말고 건강을 지키는 것이 좋다.

조화원약 평주

신비한 동양철학 35

명리학의 정통교본!

이 책은 자평진전, 난강망, 명리정종, 적천수 등과 함께 명리학의 교본에 해당하는 것으로 중국 청나라 때 나온 난강망이라는 책을 서낙오 선생께서 설명을 붙인 것이다. 기존의 많은 책들이 격국과 용신으로 감정하는 것과는 달리 십간십이지와 음양오행을 각각 자연의 이치와 춘하추동의 사계절의 흐름에 대입하여 인간의 길흉화복을 알 수 있게 했다.

• 동하 정지호 편역

용의 혈·풍수지리 실기 100선

신비한 동양철학 30

실전에서 실감나게 적용하는 풍수지리의 길잡이!

이 책은 풍수지리 문헌인 조선조 고무엽(古務葉) 태구승(泰九升) 부집필(父輯筆)로 된 만두산법(巒頭山法), 채성우의 명산론(明山論), 금랑경(錦囊經) 등을 알기 쉬운 주제로 간추려 풍수지리의 길잡이가 되고자 했다. 그리고 인간의 뿌리와 한 사람의 고유한 이름의 중요성을 풍수지리와 연관하여 살펴보아야 하기 때문에 씨족의 시조와 본관, 작명론(作名論)을 같이 편집했다.

• 호산 윤재우 저

천직·사주팔자로 찾은 나의 직업

신비한 동양철학 34

역경없이 탄탄하게 성공할 수 있는 방법!

잘 되겠지 하는 막연한 생각으로 의욕만 갖고 도전하는 것과 나에게 맞는 직종은 무엇이고 때는 언제인가를 알고 도전하는 것은 근본적으로 다르고, 결과 또한 다르다. 더구나 요즈음은 I.M.F.시대라 하여 모든 사람들이 정신까지 위축되어 생기를 잃어가고 있다. 이런 때 의욕만으로 팔자에도 없는 사업을 시작했다고 하자, 결과는 불을 보듯 뻔하다. 그러므로 이런 때일수록 침착과 냉정을 찾아 내 그릇부터 알고, 생활에 대처하는 지혜로움을 발휘해야 한다.

· 백우 김봉준 저

통변술해법

신비한 동양철학 ㉑

가닥가닥 풀어내는 역학의 비법!

이 책은 역학에 대해 다 알면서도 밖으로 표출되지 않아 어려움을 겪는 사람들을 위한 실습서다. 특히 틀에 박힌 교과서적인 역술의 고정관념에서 벗어나, 한차원 높게 공부할 수 있도록 원리통달을 설명하는데 중점을 두었다. 실명감정과 이론강의라는 두 단락으로 나누어 역학의 진리를 설명했기 때문에 누구나 쉽게 이해할 수 있다. 역학계의 대가 김봉준 선생의 역서 「알기쉬운 해설·말하는 역학」의 후편이다.

· 백우 김봉준 저

주역육효 해설방법上·下

신비한 동양철학 38

한 번만 읽으면 주역을 활용할 수 있는 책!

이 책은 주역을 해설한 것으로, 될 수 있는 한 여러 가지 사설을 덧붙이지 않고 주역을 공부하고 활용하는데 필요한 요건만을 기록했다. 따라서 주역의 근원이나 하도낙서, 음양오행에 대해서도 많은 설명을 자제했다. 다만 누구나 이 책을 한 번 읽어서 주역을 이해하고 활용할 수 있도록 하는데 중점을 두었다.

· 원공선사 저

사주명리학 핵심

신비한 동양철학 ⑲

맥을 잡아야 모든 것이 보인다!

이 책은 잡다한 설명을 배제하고 명리학자들에게 도움이 될 비법만을 모아 엮었기 때문에 초심자가 이해하기에는 다소 어려운 부분도 있겠지만 기초를 튼튼히 한 다음 정독한다면 충분히 이해할 것이다. 신살만 늘어놓으며 감정하는 사이비가 되지말기를 바란다.

· 도관 박흥식 저

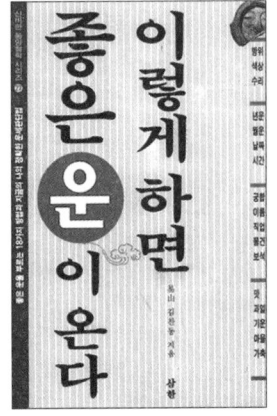

이렇게 하면 좋은 운이 온다

신비한 동양철학 ㉗

한 가정에 한 권씩 놓아두고 볼만한 책 !

좋은 운을 부르는 방법은 방위·색상·수리·년운·월운·날짜·시간·궁합·이름·직업·물건·보석·맛·과일·기운·마을·가축·성격 등을 정확하게 파악하여 자신에게 길한 것은 취하고 흉한 것은 피하면 된다. 간혹 예외인 경우가 있지만 극소수에 불과하고 대부분은 적중하기 때문에 좋은 효과를 본다. 이 책의 저자는 신학대학을 졸업하고 역학계에 입문했다는 특별한 이력을 갖고 있기 때문에 더 많은 화제가 되고 있다.

· 역산 김찬동 저

말하는 역학

신비한 동양철학 ⓫

신수를 묻는 사람 앞에서 말문이 술술 열린다!

이 책은 그토록 어렵다는 사주통변술을 이해하기 쉽고 흥미롭게 고담과 덕담을 곁들여 사실적인 인물을 궁금해 하는 사람에게 생동감있게 통변하고 있다. 길흉작용을 어떻게 표현하느냐에 따라 상담자의 정곡을 찔러 핵심을 끄집어내고 여기에 대한 정답을 내려주는 것이 통변술이다. 역학계의 대가 김봉준 선생의 역작이다.

· 백우 김봉준 저

술술 읽다보면 통달하는 사주학
신비한 동양철학 ㉗
술술 읽다보면 나도 어느새 도사!
당신은 당신 마음대로 모든 일이 이루어지던가. 지금까지 누구의 명령을 받지 않고 내 맘대로 살아왔다고, 운명 따위는 믿지도 않고 매달리지 않는다고, 이렇게 말하는 사람들이 많다. 그러나 그것은 우주법칙을 모르기 때문에 하는 소리다.

· 조철현 저

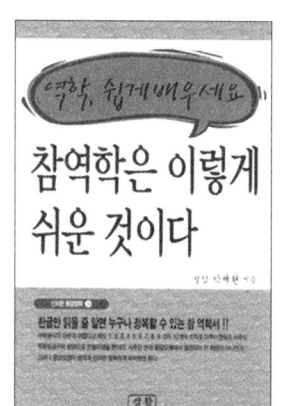

참역학은 이렇게 쉬운 것이다
신비한 동양철학 ㉔
음양오행의 이론으로 이루어진 참역학서!
수학공식이 아무리 어렵다고 해도 1, 2, 3, 4, 5, 6, 7, 8, 9, 0의 10개의 숫자로 이루어졌듯이, 사주도 음양과 목, 화, 토, 금, 수의 오행으로 이루어졌을 뿐이다. 그러니 용신과 격국이라는 무거운 짐을 벗어버리고 음양오행의 법칙과 진리만 정확하게 파악하면 된다. 사주는 단지 음양오행의 변화일 뿐이고, 용신과 격국은 사주를 감정하는 한가지 방법에 지나지 않는다.

· 청암 박재현 저

나의 천운 운세찾기

신비한 동양철학 ⑫

놀랍다는 몽골정통 토정비결 !

이 책은 역학계의 대가 김봉준 선생이 놀랍다는 몽공토정비결을 연구 ·분석하여 우리의 인습 및 체질에 맞게 엮은 것이다. 운의 흐름을 알리고자 호운과 쇠운을 강조했으며, 현재의 나를 조명해보고 판단할 수 있도록 했다. 모쪼록 생활서나 안내서로 활용하기 바란다.

· 백우 김봉준 저

쉽게푼 역학

신비한 동양철학 ❷

쉽게 배워서 적용할 수 있는 생활역학서 !

이 책에서는 좀더 많은 사람들이 역학의 근본인 우주의 오묘한 진리와 법칙을 깨달아 보다 나은 삶을 영위하는데 도움이 될 수 있도록 가장 쉬운 언어와 가장 쉬운 방법으로 풀이했다. 역학계의 대가 김봉준 선생의 역작이다.

· 백우 김봉준 저

이름이 운명을 바꾼다

신비한 동양철학 ㉕

이름은 제2의 자신이다 !

이름에는 각각 고유의 뜻과 기운이 있어서 그 기운이 성격을 만들고 그 성격이 운명을 만든다. 나쁜 이름은 부르면 부를수록 불행을 부르고 좋은 이름은 부르면 부를수록 행복을 부른다. 만일 이름이 거지 같다면 아무리 운세를 잘 만나도 밥을 좀더 많이 얻어 먹을 수 있을 뿐이다. 이 책의 저자는 신학대학을 졸업하고 역학계에 입문했다는 특별한 이력을 갖고 있기 때문에 더 많은 화제가 되고 있다.

· 역산 김찬동 저

작명해명

신비한 동양철학 ㉖

누구나 쉽게 배워서 활용할 수 있는 체계적인 작명법 !

일반적인 성명학으로는 알 수 없는 한자이름, 한글이름, 영문이름, 예명, 회사명, 상호, 상품명 등의 작명방법을 여러 사례를 들어 체계적으로 분석하여 누구나 쉽게 배워서 활용할 수 있도록 서술했다.

· 도관 박흥식 저

관상오행

신비한 동양철학 ⑳

한국인의 특성에 맞는 관상법 !

좋은 관상인 것 같으나 실제로는 나쁘거나 좋은 관상
이 아닌데도 잘 사는 사람이 왕왕있어 관상법 연구에
흥미를 잃는 경우가 있다. 이것은 중국의 관상법만을
익히고, 우리의 독특한 환경적인 특징을 소홀히 다루었
기 때문이다. 이에 우리 한국인에게 알맞는 관상법을
연구하여 누구나 관상을 쉽게 알아보고 해석할 수 있
도록 자세하게 풀어놓았다.

· 송파 정상기 저

물상활용비법

신비한 동양철학 31

물상을 활용하여 오행의 흐름을 파악한다 !

이 책은 물상을 통하여 오행의 흐름을 파악하고, 운명
을 감정하는 방법을 연구한 책이다. 추명학의 해법을
연구하고 운명을 추리하여 오행에서 분류되는 물질의
운명 줄거리를 물상의 기물로 나들이 하는 활용법을
주제로 했다. 팔자풀이 및 운명해설에 관한 명리감정법
의 체계를 세우는데 목적을 두고 초점을 맞추었다.

· 해주 이학성 저

운세십진법 · 本大路

신비한 동양철학 ❶

운명을 알고 대처하는 것은 현대인의 지혜다!

타고난 운명은 분명히 있다. 그러니 자신의 운명을 알
고 대처한다면 비록 운명을 바꿀 수는 없지만 충분히
향상시킬 수 있다. 이것이 사주학을 알아야 하는 이유
다. 이 책에서는 자신이 타고난 숙명과 앞으로 펼쳐질
운명행로를 찾을 수 있도록 운명의 기초를 초연하게
설명하고 있다.

・ 백우 김봉준 저

국운 · 나라의 운세

신비한 동양철학 ㉒

역으로 풀어본 우리나라의 운명과 방향!

아무리 서구사상의 파고가 높다하기로 오천년을 한결
같이 가꾸며 살아온 백두의 혼이 와르르 무너지는 지
경에 왔어도 누구하나 입을 열어 말하는 사람이 없으
니 답답하다. IMF라는 특수한 상황에서 불확실한 내일
에 대한 해답을 이 책은 명쾌하게 제시하고 있다.

・ 백우 김봉준

동양철학전문출판 삼한

명인재

신비한 동양철학 43

신기한 사주판단 비법!

살(殺)의 활용방법을 완벽하게 제시하는 책!

이 책은 오행보다는 주로 살을 이용하는 비법이다. 시중에 나온 책들을 보면 살에 대해 설명은 많이 하면서도 실제 응용에서는 무시하고 있다. 이것은 살을 알면서도 응용할 줄 모르기 때문이다. 그러나 이 책에서는 살의 활용방법을 완전히 터득해, 어떤 살과 어떤 살이 합하면 어떻게 작용하는지를 자세하게 설명하고 있다.

· 원공선사 지음

사주학의 방정식

신비한 동양철학 18

가장 간편하고 실질적인 역서!

이 책은 종전의 어려웠던 사주풀이의 응용과 한문을 쉬운 방법으로 터득할 수 있게 하는데 목적을 두었고, 역학의 내용이 어떤 것이며 무엇이 어디에 속하는지를 알고자 하는데 있다.

· 김용오 저

원토정비결

신비한 동양철학 53

반쪽으로만 전해오는 토정비결의 완전한 해설판

지금 시중에 나와 있는 토정비결에 대한 책들을 보면 옛날부터 내려오는 완전한 비결이 아니라 반쪽의 책이다. 그러나 반쪽이라고 말하는 사람이 없다. 그것은 주역의 원리를 모르기 때문이다. 따라서 늦은 감이 없지 않으나 앞으로의 수많은 세월을 생각하면서 완전한 해설본을 내놓기로 한 것이다.

· 원공선사 저

내가 보고 내가 바꾸는 DIY사주

신비한 동양철학 40

내가 보고 내가 바꾸는 사주비결 !

이 책은 기존의 책들과는 달리 한 사람의 사주를 체계적으로 도표화시켜 한 눈에 파악할 수 있고, DIY라는 책 제목에서 말하듯이 개운하는 방법을 제시하고 있다. 초심자는 물론 전문가도 자신의 이론을 새롭게 재조명해 볼 수 있는 케이스 스터디 북이다.

· 석오 전 광 지음

남사고의 마지막 예언

신비한 동양철학 29

이 책으로 격암유록에 대한 논란이 끝나기 바란다

감히 이 책을 21세기의 성경이라고 말한다. 〈격암유록〉
은 섭리가 우리민족에게 준 위대한 복음서이며, 선물이
며, 꿈이며, 인류의 희망이다. 이 책에서는 〈격암유록〉
이 전하고자 하는 바를 주제별로 정리하여 문답식으로
풀어갔다. 이 책으로 〈격암유록〉에 대한 논란은 끝나기
바란다.

• 석정 박순용 저

진짜부적 가짜부적

신비한 동양철학 7

부적의 실체와 정확한 제작방법

인쇄부적에서 가짜부적에 이르기까지 많게는 몇백만원
에 팔리고 있다는 보도를 종종 듣는다. 그러나 부적은
정확한 제작방법에 따라 자신의 용도에 맞게 스스로
만들어 사용하면 훨씬 더 좋은 효과를 얻을 수 있다.
이 책은 중국에서 정통부적을 연구한 국내유일의 동양
오술학자가 밝힌 부적의 실체와 정확한 제작방법을 소
개하고 있다.

• 오상익 저

한눈에 보는 손금

신비한 동양철학 52

논리정연하며 바로미터적인 지침서

이 책은 수상학의 연원을 초월해서 동서합일의 이론으로 집필했다. 그야말로 완벽하리만치 논리정연한 수상학을 정리한 것이다. 그래서 운명적, 철학적, 동양적, 심리학적인 면을 예증과 방편에 이르기까지 아주 상세하게 기술했다. 이 책은 수상학이라기 보다 한 인간의 바로미터적인 지침서 역할을 해줄 것이다. 독자 여러분의 꾸준한 연구와 더불어 인생성공의 지침서가 될 수 있을 것이다.

· 정도명 저

만세력 | 사륙배판·신국판
사륙판·포켓판

신비한 동양철학 45

찾기 쉬운 만세력

이 책은 완벽한 만세력으로 만세력 보는 방법을 자세하게 설명했다. 그리고 역학에 대한 기본적인 내용과 결혼하기 좋은 나이·좋은 날·좋은 시간, 아들·딸 태아감별법, 이사하기 좋은 날·좋은 방향 등을 부록으로 실었다.

· 백우 김봉준 저

수명비결

신비한 동양철학 14

주민등록번호 13자로 숙명의 정체를 밝힌다

우리는 지금 무수히 많은 숫자의 거미줄에 매달려 허우적거리며 살아가고 있다. 1분 · 1초가 생사를 가름하고, 1등 · 2등이 인생을 좌우하며, 1급 · 2급이 신분을 구분하는 세상이다. 이 책은 수명리학으로 13자의 주민등록번호로 명예, 재산, 건강, 수명, 애정, 자녀운 등을 미리 읽어본다.

· 장충한 저

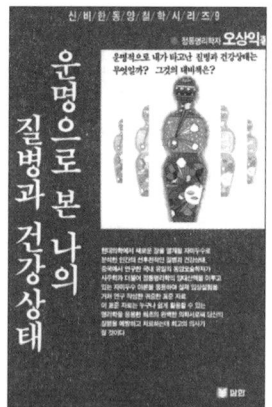

운명으로 본 나의 질병과 건강상태

신비한 동양철학 9

타고난 건강상태와 질병에 대한 대비책

이 책은 국내 유일의 동양오술학자가 사주학과 더불어 정통명리학의 양대산맥을 이루는 자미두수 이론으로 임상실험을 거쳐 작성한 표준자료다. 따라서 명리학을 응용한 최초의 완벽한 의학서로 질병을 예방하고 치료하는데 활용한다면 최고의 의사가 될 것이다. 또한 예방의학적인 차원에서 건강을 유지하는데 훌륭한 지침서로 현대의학의 새로운 장을 여는 계기가 될 것이다.

· 오상익 저

오행상극설과 진화론

신비한 동양철학 5

인간과 인생을 떠난 천리란 있을 수 없다

과학이 현대를 설정하여 설명하고 있으나 원리는 동양 철학에도 있기에 그 양면을 밝히고자 노력했다. 우주에 서 일어나는 모든 일을 과학으로 설명될 수는 없다. 비과학적이라고 하기보다는 과학이 따라오지 못한다고 설명하는 것이 더 솔직하고 옳은 표현일 것이다. 특히 과학분야에 종사하는 신의사가 저술했다는데 더 큰 화 제가 되고 있다.

· 김태진 저

사주학의 활용법

신비한 동양철학 17

가장 실질적인 역학서

우리가 생소한 지방을 여행할 때 제대로 된 지도가 있 다면 편리하고 큰 도움이 되듯이 역학이란 이와같은 인생의 길잡이다. 예측불허의 인생을 살아가는데 올바 른 안내자나 그 무엇이 있다면 그 이상 마음 든든하고 큰 재산은 없을 것이다.

· 학선 류래웅 저

쉽게 푼 주역

신비한 동양철학 10

귀신도 탄복한다는 주역을 쉽고 재미있게 풀어놓은 책

주역이라는 말 한마디면 귀신도 기겁을 하고 놀라 자
빠진다는데, 운수와 일진이 문제가 될까. 8×8=64괘라
는 주역을 한 괘에 23개씩의 회답으로 해설하여 1472괘
의 신비한 해답을 수록했다. 당신이 당면한 문제라면
무엇이든 해결할 수 있는 열쇠가 이 한 권의 책 속에
있다.

· 정도명 저

핵심 관상과 손금

신비한 동양철학 54

사람을 볼 줄 아는 안목과 지혜를 알려주는 책

오늘과 내일을 예측할 수 없을만큼 복잡하게 펼쳐지는
현실에서 살아남기 위해서는 사람을 볼줄 아는 안목과
지혜가 필요하다. 시중에 관상학에 대한 책들이 많이
나와있지만 너무 형이상학적이라 전문가도 이해하기
어렵다. 이 책에서는 누구라도 쉽게 보고 이해할 수 있
도록 핵심만을 파악해서 설명했다.

· 백우 김봉준 저

진짜궁합 가짜궁합

신비한 동양철학 8

남녀궁합의 새로운 충격

중국에서 연구한 국내유일의 동양오술학자가 우리나라 역술가들의 궁합법이 잘못되었다는 것을 학술적으로 분석·비평하고, 전적과 사례연구를 통하여 궁합의 실체와 타당성을 분석했다. 합리적인「자미두수궁합법」과「남녀궁합」및 출생시간을 몰라 궁합을 못보는 사람들을 위하여「지문으로 보는 궁합법」등을 공개한다.

·오상익 저

좋은꿈 나쁜꿈

신비한 동양철학 15

그날과 앞날의 모든 답이 여기 있다

개꿈이란 없다. 꿈은 반드시 미래를 예언한다. 이 책은 프로이드의 정신분석학적인 입장이 아닌 미래판단의 근거에 입각한 예언적인 해몽학이다. 여러 형태의 꿈을 체계적으로 정리했으니 올바른 해몽법으로 앞날을 지혜롭게 대처해 보자. 모쪼록 각 가정에서 한 권씩 두고 이용하면 생활하는데 많은 도움이 될 것이다.

·학선 류래웅 저

완벽 만세력

신비한 동양철학 58

착각하기 쉬운 썸머타임 2도 인쇄

시중에 많은 종류의 만세력이 나와있지만 이 책은 단순한 만세력이 아니라 완벽한 만세경전으로 만세력 보는 법 등을 실었기 때문에 처음 대하는 사람이라도 쉽게 볼 수 있도록 편집되었다. 또한 부록편에는 사주명리학, 신살종합해설, 결혼과 이사택일 및 이사방향, 길흉보는 법, 우주천기와 한국의 역사 등을 수록했다.

· 백우 김봉준 저

주역 · 토정비결

신비한 동양철학 40

토정비결의 놀라운 비결

지금 시중에 나와 있는 토정비결에 대한 책들을 보면 옛날부터 내려오는 완전한 비결이 아니라 반쪽의 책이다. 그러나 반쪽이라고 말하는 사람이 없다. 그것은 주역의 원리를 모르기 때문이다. 따라서 늦은 감이 없지 않으나 앞으로의 수많은 세월을 생각하면서 완전한 해설본을 내놓기로 했다.

· 원공선사 저

현장 지리풍수

신비한 동양철학 48

현장감을 살린 지리풍수법

풍수를 업으로 삼는 사람들이 진(眞)과 가(假)를 분별할 줄 모르면서 24산의 포태사묘의 법을 익히고는 많은 법을 알았다고 자부하며 뽐내고 있다. 그리고는 재물에 눈이 어두워 불길한 산을 길하다 하고, 선하지 못한 물(水)을 선하다 하면서 죄를 범하고 있다. 이는 분수 밖의 것을 망녕되게 바라기 때문이다. 마음 가짐을 바로 하고 고대 원전에 공력을 바치면서 산간을 실사하며 적공을 쏟으면 정교롭고 세밀한 경지를 얻을 수 있을 것이다.

· 전항수 · 주관장 편저

완벽 사주와 관상

신비한 동양철학 55

사주와 관상의 핵심을 한 권에

자연과 인간, 음양(陰陽)오행과 인간, 사계와 절후, 인상(人相)과 자연, 신(神)들의 이야기 등등 우리들의 삶과 관계되는 사실적 관계로만 역(易)을 설명해 누구나 쉽게 이해할 수 있도록 썼으며 특히 역(易)에 대한 관심과 흥미를 갖게 하고자 인상학(人相學)을 추록했다. 여기에 추록된 인상학(人相學)은 시중에서 흔하게 볼 수 있는 상법(相法)이 아니라 생활상법(生活相法) 즉 삶의 지식과 상식을 드리고자 했으니 생활에 유익함이 있기를 바란다.

· 김봉준 · 유오준 공저

동양철학전문출판 삼한

해몽 · 해몽법

신비한 동양철학 50

해몽법을 알기 쉽게 설명한 책

인생은 꿈이 예지한 시간적 한계에서 점점 소멸되어 가는 현존물이기 때문에 반드시 꿈의 뜻을 따라야 한다. 이것은 꿈을 먹고 살아가는 인간 즉 태몽의 끝장면인 죽음을 향해 달려가고 있는 인간이기 때문이다. 꿈은 우리의 삶을 이끌어가는 이정표와도 같기에 똑바로 가도록 노력해야 한다.

· 김종일 저

역점

신비한 동양철학 57

우리나라 전통 행운찾기

주역을 무조건 미신으로 치부해버리는 생각은 버려야 한다. 주역이 점치는 책에만 불과했다면 벌써 그 존재가 없어졌을 것이다. 그러나 오랫동안 많은 학자가 연구를 계속해왔고, 그 속에서 자연과학과 형이상학적인 우주론과 인생론을 밝혀, 정치 · 경제 · 사회 등 여러 방면에서 인간의 생활에 응용해왔고, 삶의 지침서로써 그 역할을 했다. 이 책은 한 번만 읽으면 누구나 역점가가 될 수 있으니 생활에 도움이 되길 바란다.

· 문명상 편저

명리학연구

신비한 동양철학 59

체계적인 명확한 이론

이 책은 명리학 연구에 핵심적인 내용만을 모아 하나의 독립된 장을 만들었다. 명리학은 분야가 넓어 공부를 하다보면 주변에 머무르는 경우가 많아, 주요 내용을 잃고 헤매는 경우가 많다. 그러므로 뼈대를 잡는 것이 중요한데, 여기서는 「17장. 명리대요」에 핵심 내용만을 모아 학문의 체계를 잡는데 용이하게 하였다.

· 권중주 저

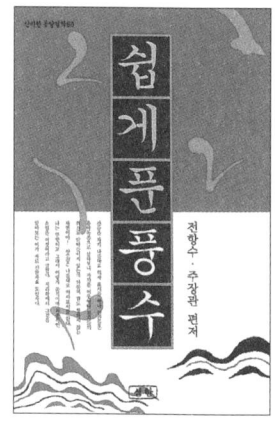

쉽게 푼 풍수

신비한 동양철학 60

현장에서 활용하는 풍수지리법

산도는 매우 광범위하고, 현장에서 알아보기 힘들다. 더구나 지금은 수목이 울창해 소조산 정상에 올라가도 나무에 가려 국세를 파악하는데 애를 먹는다. 그러므로 사진을 첨부하니 많은 도움이 되길 바란다. 물론 결록에 있고 산도가 눈에 익은 것은 혈 사진과 함께 소개하니 참고하기 바란다. 이 책을 열심히 정독하면서 답산하면 혈을 알아보고 용산도 할 수 있을 것이다.

· 전항수·주장관 편저

동양철학전문출판 삼한

올바른 작명법

신비한 동양철학 61

세상의 부모들에게 가장 소중한 것이 무엇이냐고 물으면 누구든 자녀라고 할 것이다. 그런데 왜 평생을 좌우할 이름을 함부로 짓는가. 이름이 얼마나 소중한지를. 이름의 오행작용이 사람의 일생을 어떻게 좌우하는지를 모르기 때문이다. 세상만물은 음양오행의 영향을 받지 않는 것이 없다. 봄이 가면 여름이 오고, 여름이 가면 가을이 오고, 가을이 가면 겨울이 오고, 겨울이 가면 봄이 오는 것 또한 음양오행의 원리다.

· 이정재 저

신수대전

신비한 동양철학 62

흉함을 피하고 길함을 부르는 방법

신수를 보는 방법은 여러 가지가 있는데 대부분이 주역과 사주추명학에 근거를 둔다. 수많은 학설 중에서 몇 가지를 보면 사주명리, 자미두수, 관상, 점성학, 구성학, 육효, 토정비결, 매화역수, 대정수, 초씨역림, 황극책수, 하락리수, 범위수, 월영도, 현무발서, 철판신수, 육임신과, 기문둔갑, 태을신수 등이다. 역학에 정통한 고사가 아니면 제대로 추단하기 어려운데 엉터리 술사들이 넘쳐난다. 그래서 누구나 자신의 신수를 볼 수 있도록 몇 가지를 정리했다.

· 도관 박흥식

음택양택

신비한 동양철학 63

현세의 운·내세의 운

이 책에서는 음양택명당의 조건이나 기타 여러 가지를 설명하여 산 자와 죽은 자의 행복한 집을 만들 수 있도록 했다. 특히 죽은 자의 집인 음택명당은 자리를 옳게 잡으면 꾸준히 생기를 발하여 흥하나, 그렇지 않으면 큰 피해를 당하니 돈보다도 행·불행의 근원인 음양택 명당에 관심을 기울여야 한다.

· 전항수·주장관 지음

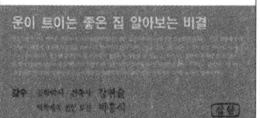

이런 집에 살아야 잘 풀린다

신비한 동양철학 64

운이 트이는 좋은 집 알아보는 비결

힘든 상황에서 내 가족이 지혜롭게 대처하고 건강을 지켜주는, 한마디로 운이 트이는 집은 모두의 꿈일 것이다. 가족이 평온하게 생활할 수 있는 집, 나가서는 발전을 가져다 줄 수 있는 그런 집이 있다면 얼마나 좋을까? 그런 소망에 한 걸음이라도 가까워지려면 막연하게 운만 기대해서는 안 된다. '호랑이를 잡으려면 호랑이 굴로 들어가라' 는 속담이 있듯이 좋은 집을 가지려면 그만한 노력이 있어야 한다.

· 강현술·박흥식 감수

동양철학전문출판 삼한

사주에 모든 길이 있다

신비한 동양철학 65

사주를 간명하는데 조금이라도 도움이 되었으면 하는 바람에서 이 책을 쓰게 되었다. 간명의 근간인 오행의 왕쇠강약을 세분해서 설명했다. 그리고 대운과 세운, 세운과 월운의 연관성과, 십신과 여러 살이 운명에 미치는 암시와, 십이운성으로 세운을 판단하는 방법을 설명했다.

· 정담 선사 편저

사주학

신비한 동양철학 66

5대 원서의 핵심과 실용

이 책은 사주학을 체계적으로 공부하려는 학도들을 위해 꼭 알아야 할 내용과 용어를 수록하는데 중점을 두었다. 이 학문을 공부하려고 찾아온 사람들에게 여러 가지 질문을 던져보면 거의 기초지식이 시원치 않다. 그런 상태로 사주를 읽으려니 제대로 될 리가 없다. 이 책으로 용어와 제반지식을 터득하면 빠른 시일에 소기의 목적을 이룰 수 있을 것이다.

· 글갈 정대엽 저

주역 기본원리

신비한 동양철학 67

주역의 기본원리를 통달할 수 있는 책

이 책에서는 기본괘와 변화와 기본괘가 어떤 괘로 변했을 경우 일어날 수 있는 내용들을 설명하여 주역의 변화에 대한 이해를 돕는데 주력하였다. 그러나 그런 내용을 구분할 수 있는 방법을 전부 다 설명할 수는 없기에 뒷장에 간단하게설명하였고, 다른 책들과 설명의 차이점도 기록하였으니 참작하여 본다면 조금이나마 도움이 될 것이다.

· 원공선사 편저

사주특강

신비한 동양철학 68

자평진전과 적천수의 재해석

이 책은 『자평진전(子平眞詮)』과 『적천수(滴天髓)』를 근간으로 명리학(命理學)의 폭넓은 가치를 인식하고, 실전에서 유용한 기반을 다지는데 중점을 두고 썼다. 일찍이 『자평진전(子平眞詮)』을 교과서로 삼고, 『적천수(滴天髓)』로 보완하라는 서낙오(徐樂吾)의 말에 깊이 공감한다.

청월 박상의 편저

동양철학전문출판 삼한

복을 부르는방법

신비한 동양철학 69

나쁜 운을 좋은 운으로 바꾸는 비결

개운하는 방법은 여러 가지가 있으나, 이 책의 비법은 축원문을 독송하는 것이다. 독송이란 소리내 읽는다는 뜻이다. 사람의 말에는 기운이 있는데, 이 기운은 자신에게 돌아온다. 좋은 말을 하면 좋은 기운이 돌아오고, 나쁜 말을 하면 나쁜 기운이 돌아온다. 이 책은 누구나 어디서나 쉽게 비용을 들이지 않고 좋은 운을 부를 수 있는 방법을 실었다.

· 역산 김찬동 편저

인터뷰 사주학

신비한 동양철학 70

쉽고 재미있는 인터뷰 사주학

얼마전까지만 해도 사주학을 취급하는 사람들은 미신을 다루는 부류로 취급되었다. 그러나 지금은 하루가 다르게 이 학문을 공부하는 사람들이 폭증하고 있는 것으로 보인다. 젊은 층에서 사주카페니 사주방이니 사주동아리니 하는 것들이 만들어지고 그 모임이 활발하게 움직이고 있다는 점이 그것을 증명해준다. 그뿐 아니라 대학원에는 역학교수들이 점차로 증가하고 있다.

· 글갈 정대엽 편저

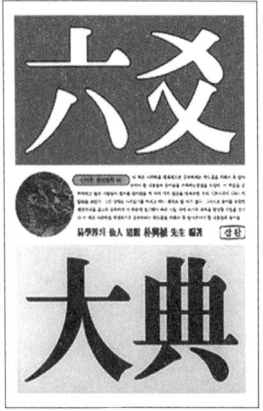

육효대전

신비한 동양철학 37

정확한 해설과 다양한 활용법

동양의 고전 중에서도 가장 대표적인 것이 주역이다.
주역은 옛사람들이 자연의 법칙을 거울삼아 인간이 생
활을 영위해 나가는 처세에 관한 지혜를 무한히 내포
하고, 피흉추길하는 얼과 슬기가 함축된 점서)인 동시
에 수양·과학서요 철학·종교서라고 할 수 있다.

· 도관 박흥식 편저

사람을 보는 지혜

신비한 동양철학 73

관상학의 초보에서 완성까지

현자는 하늘이 준 명을 알고 있기에 부귀에 연연하지
않는다. 사람은 마음을 다스리는 심명이 있다. 마음의
명은 자신만이 소통하는 유일한 우주의 무형의 에너지
이기 때문에 잠시도 잊으면 안된다. 관상학은 사람의
상으로 이런 마음을 살피는 학문이니 잘 이해하여 보
다 나은 삶을 삶을 영위할 수 있도록 노력해야 한다.

· 이부길 편저

명리학 | 재미있는 우리사주

신비한 동양철학 74

사주 세우는 방법부터 용어해설 까지!!

몇 년 전 『사주에 모든 길이 있다』가 나온 후 선배 제현들께서 알찬 내용의 책다운 책을 접했다면서 매월 한 번만이라도 참 역학의 발전을 위하여 학술세미나를 열자는 제의를 받았다. 그러나 사주의 작성법을 설명하지 않아 독자들에게 많은 질타를 받고 뒤늦게 이 책을 출판하기로 결심했다. 이 책은 한글만 알면 누구나 역학과 가까워질 수 있도록 사주 세우는 방법부터 실제 간명, 용어해설에 이르기까지 분야별로 엮었다.

· 정담 선사 편저

성명학 | 바로 이 이름

신비한 동양철학 75

사주의 운기와 조화를 고려한 이름짓기

사람은 누구나 타고난 운명, 즉 숙명이라는 것이 있다. 숙명인 사주팔자는 선천운이고, 성명은 후천운이 되는 것으로 이름을 지을 때는 타고난 운기와의 조화를 고려함이 중요하다. 따라서 역학에 대한 깊은 이해가 선행되어야 함은 지극히 당연한 일이다. 부연하면 작명의 근본은 타고난 사주에 운기를 종합적으로 분석하여 부족한 점을 보강하고 결점을 개선한다는 큰 뜻이 있다고 할 수 있다.

· 정담 선사 편저

운을 잡으세요 | 개운비법

신비한 동양철학 76

염력강화로 삶의 문제를 해결한다!

염력(念力)이 강한 사람은 운명을 개척하며 행복하게 살고, 염력이 약한 사람은 운명의 노예가 되어 불행하게 살아간다. 때문에 행복과 불행은 누가 주는 것이 아니라 자기 자신이 만든다고 할 수 있다. 한 마디로 말해 의지의 힘, 즉 염력이 운명을 바꾸는 것이다. 이 책에서는 이러한 염력을 강화시켜 삶에서 일어나는 문제를 해결하는 방법을 알려준다. 누구나 가벼운 마음으로 읽고 실천한다면 반드시 목적을 이룰 수 있을 것이다.

· 역산 김찬동 편저

작명정론

신비한 동양철학 77

이름으로 보는 역대 대통령이 나오는 이치

사주팔자가 네 기둥으로 세워진 집이라면 이름은 그 집을 대표하는 문패라고 할 수 있다. 사람은 태어나면서 사주를 통해 운을 타고나고 이름이 주어진 순간부터 명(命)이 작용한다. 사주와 이름이 곧 운명을 결정한다는 것이다. 따라서 이름을 지을 때는 사주의 격에 맞추어야 한다. 사주 그릇이 작은 사람이 원대한 뜻의 이름을 쓰면 감당하지 못할 시련을 자초하게 되고 오히려 이름값을 못할 수 있다. 즉 분수에 맞는 이름으로 작명해야 하기 때문에 사주의 올바른 분석이 필요하다.

· 청월 박상의 편저

원심수기 통증예방 관리비법

원심수기 통증예방
관리비법

78

원공 선사 지음

신비한 동양철학 78

쉽게 배워 적용할 수 있는 통증관리법

이 책을 세상에 내놓는 것은 우리 전통 민중의술도 세상의 그 어떤 의술에 못지 않게 아주 훌륭한 치료술이 있고 그 전통이 수백 년, 또는 수천 년을 내려오면서 전해지고 있는데 현재 사회를 보면 무조건 외국에서 들어온 것만이 최고라고 하는 식으로 하여 우리의 전통 민중의술을 뿌리째 버리려고 하는데 문제가 있는 것 같기에 우리것을 지키고자 하는데 그 첫째의 목적이 있다 할 수 있을 것이다.

· 원공 선사 저

사주비기

四柱秘記

사 | 주 | 비 | 기

청월 박상의 편저

역학으로 보는 역대 대통령들이 나오는 이치!!

79

신비한 동양철학 79

역학으로 보는 대통령이 나오는 이치!!

이 책에서는 고서의 이론을 근간으로 하여 근대의 사주들을 임상하여, 적중도에 의구심이 가는 이론들은 과감하게 탈피하고 통용될 수 있는 이론만을 수용했다. 따라서 기존 역학서의 아쉬운 부분들을 충족시키며 일반인도 열정만 있으면 누구나 자신의 운명을 감정하고 피흉취길할 수 있는 생활지침서로 활용할 수 있을 것이다.

청월 박상의 편저

찾기 쉬운 명당

신비한 동양철학 44

풍수지리의 모든 것 !

이 책은 가능하면 쉽게 풀려고 노력했고, 실전에 도움이 되도록 했다. 특히 풍수지리에서 방향측정에 필수인 패철(佩鐵)사용과 나경(羅經) 9층을 각 층별로 간추려 설명했다. 그리고 이 책에 수록된 도설, 즉 오성도, 명산도, 명당 형세도 내거수 명당도, 지각(枝脚)형세도, 용의 과협출맥도, 사대혈형(穴形) 와겸유돌(窩鉗乳突)형세도 등은 국립중앙도서관에 소장된 문헌자료인 만산도단, 만산영도, 이석당 은민산도의 원본을 참조했다.

• 호산 윤재우 저

명리입문

신비한 동양철학 41

명리학의 필독서 !

이 책은 자연의 기후변화에 의한 운명법 외에 명리학도들이 궁금해 했던 인생의 제반사들에 대해서도 상세하게 기술했다. 따라서 초보자부터 심도있게 공부한 사람들까지 세심히 읽고 숙독해야 하는 책이다. 특히 격국이나 용신뿐 아니라 십신에 대한 자세한 설명, 조후용신에 대한 보충설명, 인간의 제반사에 대해서는 독보적인 해설이 들어 있다. 초보자들에게는 더할 수 없이 훌륭한 길잡이가 될 것이다.

• 동하 정지호 편역

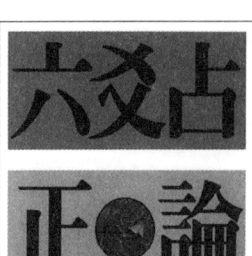

육효점 정론

신비한 동양철학 80

육효학의 정수!

이 책은 주역의 원전소개와 상수역법의 꽃으로 발전한 경방학을 같이 실어 독자들의 호기심을 충족시키는데 중점을 두었습니다. 주역의 원전으로 인화의 처세술을 터득하고, 어떤 사안의 답은 육효법을 탐독하여 찾으시기 바랍니다.

· 효명 최인영 편역

작명 백과사전

신비한 동양철학 81

36가지 이름짓는 방법과 선후천 역상법 수록

이름은 나를 대표하는 생명체이므로 몸은 세상을 떠날지라도 영원히 남는다. 성명운의 유도력은 후천적으로 가공 인수되는 후존적 수기로써 조성 운화되는 작용력이 있다. 선천수기의 운기력이 50%이면 후천수기도의 운기력도50%이다. 이와 같이 성명운의 작용은 운로에 불가결한조건일 뿐 아니라, 선천명운의 범위에서 기능을 충분히 할 수 있다.

· 임삼업 편저 | 송충석 감수

사주대성

신비한 동양철학 33

초보에서 완성까지

이 책은 과거 현재 미래를 모두 알 수 있는 비결을 실었다. 그러나 모두 터득한다는 것은 어려울 것이다.역학은 수천 년간 동방의 석학들에 의해 갈고 닦은 철학이요 학문이며, 정신문화로서 영과학적인 상수문화로서 자랑할만한 위대한 학문이다.

· 도관 박흥식 저

해몽정본

신비한 동양철학 36

꿈의 모든 것 !

막상 꿈해몽을 하려고 하면 내가 꾼 꿈을 어디다 대입시켜야 할지 모를 경우가 많았을 것이다. 그러나 이 책은 찾기 쉽고, 명료하며, 최대한으로 많은 갖가지 예를 들었으니 꿈해몽을 하는데 어려움이 없을 것이다.

· 청암 박재현 저

적천수 정설

신비한 동양철학 82

적천수 원문을 쉽고 자세하게 해설

적천수(滴天髓)는 명나라 개국공신인 유백온(劉伯溫) 선생이 처음으로 저술한 후 여러 사람이 각각 자신의 주장을 내세워 해설하여 오늘날에는 많은 분량이 되었다. 그러나 원래 유백온(劉伯溫) 선생이 저술한 적천수(滴天髓)의 원문은 내용이 그렇게 많지가 않다. 저자는 적천수(滴天髓) 원문을 보고 30년 역학(易學)의 경험을 총동원하여 감히 해설해 보았다.

· 역산 김찬동 편역

궁통보감 정설

신비한 동양철학 83

궁통보감 원문을 쉽고 자세하게 해설

『궁통보감(窮通寶鑑)』은 5대원서 중에서 가장 이론적이며 사리에 맞는 책이라고 생각한다. 이 책은 조후(調候)를 중심으로 설명하며 간명한 것이 특징이다. 역학을 공부하는 학도들에게 도움을 주려고 먼저 원문에 음독을 단 다음 해설하였다. 그리고 예문은 서낙오(徐樂吾) 선생이 해설한 것을 그대로 번역하였고, 저자가 상담한 사람들의 사주와 점서에 있는 사주들을 실었다.

· 역산 김찬동 편역

왕초보 내 사주

신비한 동양철학 84

초보 입문용 역학서

이 책은 역학을 너무 어렵게 생각하는 초보자들에게 조금이나마 도움을 주고자 쉽게 엮으려고 노력했다. 이 책을 숙지한 후 역학(易學)의 5대 원서인 『적천수(滴天髓)』,『궁통보감(窮通寶鑑)』,『명리정종(命理正宗)』,『연해자평(淵海子平)』,『삼명통회(三命通會)』에 접근한다면 훨씬 쉽게 터득할 수 있을 것이다. 이 책들은 저자가 이미 편역하여 삼한출판사에서 출간한 것도 있고 앞으로 모두 갖출 것이니 많이 활용하기 바란다.

· 역산 김찬동 편저

스스로 공부하게 하는 방법과 천부적 적성

신비한 동양철학 85

내 아이를 성공시키고 싶은 부모들에게

자녀를 성공시키고 싶은 마음은 부자나 가난한 사람이나 모두 같을 것이다. 그러나 가난한 부모를 둔 아이들은 공부할 수 있는 환경이 열악하다. 빈익빈 부익부 현상이 배우는 아이들 때부터 시작되기 때문이다. 그러니 가난한 집 아이가 좋은 성적을 내기는 매우 어렵고, 원하는 학교에 들어가기도 어렵다. 그러나 실망하기에는 아직 이르다. 내 아이가 훌륭한 인재로 성장해 아름답고 멋진 삶을 살아가는 방법이 이 책에 있다.

· 청암 박재현 지음

기문둔갑 비급대성

신비한 동양철학 86

기문의 정수

기문둔갑은 천문지리·인사명리·법술병법 등에 영험한 술수로 예로부터 은밀하게 특권층에만 전승되었다. 그러나 아쉽게도 기문을 공부하려는 이들에게 도움이 될만한 책이 거의 없다. 필자는 이 점이 안타까워 천견박식함을 돌아보지 않고 감히 책을 내게 되었다. 한 권에 기문학을 다 표현할 수는 없지만 이 책을 사다리 삼아 저 높은 경지로 올라간다면 제갈공명과 같은 지혜를 발휘할 수 있을 것이다.

· 도관 박흥식 편저

아호연구

신비한 동양철학 87

여러 가지 작호법과 실예 모음

필자는 오래 전부터 작명을 연구했다. 그러나 시중에 나와 있는 책에는 대부분 아호에 관해서는 전혀 언급하지 않았다. 그래서 아호에 관심이 있어도 자료를 구하지 못하는 분들을 위해 이 책을 내게 되었다. 아호를 짓는 것은 그리 대단하거나 복잡하지 않으니 이 책을 처음부터 끝까지 착실히 공부한다면 누구나 좋은 아호를 지어 쓸 수 있을 것이라고 생각한다.

· 임삼업 편저

점포, 이렇게 하면 부자됩니다

신비한 동양철학 88

부자되는 점포, 보는 방법과 만드는 방법

사업의 성공과 실패는 어떤 사업장에서 어떤 품목으로 어떤 사람들과 거래하느냐에 따라 판가름난다. 그리고 사업을 성공시키려면 반드시 몇 가지 문제를 살펴야 하는데 무작정 사업을 시작하여 실패하는 사람들이 많다. 그래서 이 책에서는 이러한 문제와 방법들을 조목조목 기술하여 누구나 성공하도록 도움을 주는데 주력하였다.

· 김도희 편저

새로 나온 완성 주역비결

신비한 동양철학 92

반쪽으로 전해오는 토정비결을 완전하게 해설

지금 시중에 나와 있는 토정비결에 대한 책들은 옛날부터 내려오는 완전한 비결이 아니라 반쪽의 책이다. 그러나 반쪽이라고 말하는 사람은 없다. 그것은 주역의 원리를 모르기 때문이다. 그래서 늦은 감이 없지 않으나 앞으로 수많은 세월을 생각해서 완전한 해설판을 내놓기로 했다.

· 원공선사 편저

동양철학전문출판 삼한

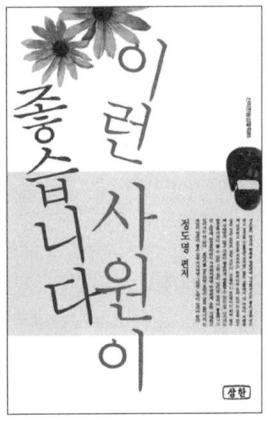

이런 사원이 좋습니다

신비한 동양철학 90

사원선발 면접지침

사회가 다양해지면서 인력관리의 전문화가 매우 필요하며 인력수급 계획이 기업주들의 애로사항이 되었다. 필자는 그동안 수많은 기업의 사원선발 면접시험에 참여했는데 한결같이 기업주들이 면접지침에 관한 책이 하나쯤 있으면 좋겠다는 것이었다. 그리하여 필자가 경험한 사례들을 참작하여 이 책을 내게 되었으니 좋은 사원을 선발하는데 많은 도움이 될 것이라고 믿는다.

• 정도명 지음

새로 나온 평생만세력

신비한 동양철학 91

착각하기 쉬운 썸머타임 2도인쇄

시중에 많은 종류의 만세력이 있지만 이 책은 단순한 만세력이 아니라 완벽한 만세경전이다. 그리고 만세력 보는 법 등을 실러 처음 대하는 사람이라도 쉽게 볼 수 있도록 편집하였다. 또 부록편에는 사주명리학, 신살종합해설, 결혼과 이사 택일, 이사 방향, 길흉보는 법, 우주의 천기와 우리나라 역사 등을 수록하였다.

• 백우 김봉준 편저

한글이미지 성명학

신비한 동양철학 93

이름감정서

이 책은 본인의 이름은 물론 사랑하는 가족 그리고 가까운 친척이나 친구들의 이름까지도 좋은지 나쁜지 알아볼 수 있도록 지금까지 나와 있는 모든 성명학을 토대로 하여 썼다. 감언이설이나 협박성 감명에 흔들리지 않고 확실한 이름풀이를 볼 수 있을 것이다. 그리고 아름답고 멋진 삶을 살아갈 수 있는 이름을 짓는 방법도 상세하게 제시하였다.

• 청암 박재현 지음

명리실무

신비한 동양철학 94

명리학의 총 정리서

명리학(命理學)은 오랜 세월 많은 철인(哲人)들에 의하여 전승 발전되어 왔고, 지금도 수많은 사람이 임상과 연구에 임하고 있으며, 몇몇 대학에 학과도 개설되어 체계적인 교육을 하고 있다. 그러나 아직도 실무에서 활용할 수 있는 책이 부족한 상황이기 때문에 나름대로 현장에서 필요한 이론들을 정리해 보았다. 초학자는 물론 역학계에 종사하는 사람들에게 큰 도움이 될 것이라고 믿는다.

• 박흥식 편저

음파메세지(氣) 성명학

신비한 동양철학 51
새로운 시대에 맞는 새로운 성명학

지금까지의 모든 성명학은 모순의 극치를 이루고 있다. 이제 새로운 시대에 맞는 음파메세지(氣) 성명학이 탄생했으니 차근차근 읽어보고 복을 계속 부르는 이름을 지어 사랑하는 자녀가 행복하고 아름다운 삶을 살아갈 수 있도록 하는데 도움이 되었으면 한다.

· 청암 박재현 저

정법사주

신비한 동양철학 49
독학과 강의용 겸용의 책

이 책은 사주추명학을 연구하고자 하는 분들에게 심오한 주역의 이해를 돕고자 하는 의도에서 시작되었다. 음양오행의 상생상극에서부터 육친법과 신살법을 기초로 하여 격국과 용신 그리고 유년판단법을 활용하여 운명판단에 첩경이 될 수 있도록 했고 추리응용과 운명감정의 실례를 하나 하나 들어가면서 독학과 강의용 겸용으로 엮었다.

· 원각 김구현 저

기문둔갑옥경

신비한 동양철학 32

가장 권위있고 우수한 학문!

우리나라의 기문역사는 장구하지만 상세한 문헌은 전무한 상태라 이 책을 발간하기로 했다. 기문둔갑은 천문지리는 물론 인사명리 등 제반사에 관한 길흉을 판단함에 있어서 가장 우수한 학문이며 병법과 법술방면으로도 특징과 장점이 있다. 초학자는 포국편을 열심히 익혀 설국을 자유자재로 할 수 있도록 하고 개인의 이익보다는 보국안민에 일조하기 바란다.

· 도관 박흥식 저

정본·관상과 손금

신비한 동양철학 42

바로 알고 사람을 사귑시다

이 책은 관상과 손금은 인생을 행복으로 이끌기 위해 있다는 관점에서 다루었다. 그야말로 관상과 손금의 혁명이라고 할 수 있을 것이다. 여러분도 관상과 손금을 통한 예지력으로 인생의 참주인이 되기 바란다. 용기를 불어넣어 주고 행복을 찾게 하는 것이 참다운 관상과 손금술이다. 이 책으로 미래의 좋은 예지력을 한번쯤 발휘해 보기 바란다. 이 책이 일상사에 고민하는 분들에게 해결방법을 제시해 줄 것이다.

· 지창룡 감수

동양철학전문출판 삼한

사주 속으로

신비한 동양철학 95

역학서의 고전들로 입증하며 쉽고 자세하게 푼 책

십 년 동안 역학계에 종사하면서 나름대로는 실전과 이론에서 최선을 다했다고 자부한다. 역학원의 비좁은 공간에서도 항상 후학을 생각하는 마음으로 역학에 대한 배움의 장을 마련하고자 노력한 것도 사실이다. 이 책을 역학으로 이름을 알리고 역학으로 생활하면서 조금이나마 역학계에 이바지할 것이 없을까라는 고민의 산물이라 생각해주기 바란다.

· 김상회 편저